Nadine Recktenwald
Räume der Obdachlosen

Quellen und Darstellungen zur Zeitgeschichte

Herausgegeben vom Institut für Zeitgeschichte

Band 141

Nadine Recktenwald
Räume der Obdachlosen

Urbane Erfahrungen zwischen
Fürsorge und Repression, 1924–1974

DE GRUYTER
OLDENBOURG

Dies ist die überarbeitete Fassung einer Dissertation, die unter dem Titel „Räume der Obdachlosen. Obdachlosigkeit und Stadt, 1924–1974" im Sommersemester 2019 von der Ludwig-Maximilians-Universität München angenommen wurde.

ISBN 978-3-11-221516-6
e-ISBN (PDF) 978-3-11-110723-3
e-ISBN (EPUB) 978-3-11-110772-1
ISSN 0481-3545

Library of Congress Control Number: 2023936397

Bibliografische Information der Deutschen Nationalbibliothek
Die Deutsche Nationalbibliothek verzeichnet diese Publikation in der Deutschen Nationalbibliografie; detaillierte bibliografische Daten sind im Internet über http://dnb.dnb.de abrufbar.

© 2025 Walter de Gruyter GmbH, Berlin/Boston
Dieser Band ist text- und seitenidentisch mit der 2023 erschienenen gebundenen Ausgabe.
Titelbild: Schlafender Mann in einem Schließfach in München, 1972
Copyright: Al Herb/Süddeutsche Zeitung Photo

Satz: Meta Systems Publishing & Printservices GmbH, Wustermark
Druck und Bindung: Beltz Bad Langensalza GmH

www.degruyter.com

Inhalt

Einleitung 1

I. Die Straße: Obdachlose im öffentlichen Raum 25
   1. Wege in die Stadt: Urbanität und Obdachlosigkeit 26
      1.1 Dimensionen der Obdachlosigkeit 26
      1.2 Zwischen den Orten der Repression, oder: Das Leben des Otto H. im „Dritten Reich" 36
      1.3 Vom Land- zum Stadtstreicher 43
   2. „Dunkle Winkel": Obdachlose als konstruierte Gefahr der Großstadt 47
      2.1 Obdachlose als kriminelle Gefahr 48
      2.2 Sittliche und gesundheitliche Bedrohungen, oder: Das Leben der Therese H. 60
   3. „Kein Platz für Penner": Sichtbarkeiten von Obdachlosen im Stadtbild 69
      3.1 Die Straße als Bühne: Praktiken des öffentlichen Auftretens .. 70
      3.2 Kontrollierte Straßen: Interaktionen und Topografie 83
   4. Der Bahnhof: Die Drehscheibe urbaner Obdachlosigkeit 93
      4.1 Das Bahnhofsviertel: Sozialer Kontaktpunkt 94
      4.2 Die Bahnhofsmission: Vermittlungsstelle am Bahnhof 99
      4.3 Der Wartesaal: Der Bahnhof als Schutz- und Kontrollort 107

II. Das Amt: Verwalten und Verhandeln von Obdachlosigkeit 115
   5. Sozialamt, Polizei und Wohlfahrtspflege: Polykratische Obdachlosenbetreuung 115
      5.1 „Gefühlsmäßige Feststellung": Deviante Zuschreibungen in der Obdachlosenfürsorge 117
      5.2 Die Obdachlosenhilfe im Sozialstaat 125
      5.3 Maßnahmen gegen Obdachlosigkeit im Sozialsystem 137
   6. Obdachlose vor Gericht: Zwischen Marginalisierung und Subjektivierung 153
      6.1 Im Visier der Justiz 154
      6.2 Marginalisierungen 159
      6.3 Subjektivierungsformen 171

Inhalt

III. Das Obdach: Isolierung im Raum 177
   7. Das Obdachlosenasyl: Ein roter Faden im 20. Jahrhundert? 178
      7.1 Reformen des Obdachlosenasyls 179
      7.2 Das Obdachlosenasyl als Barometer des Elends 195
      7.3 Die (Haus-)Ordnung: Alltag im Asyl 205
   8. Die Obdachlosensiedlung 240
      8.1 Drei Stufen der Obdachlosigkeit: Sozialer Auf- und Abstieg durch räumliche Selektion 240
      8.2 Die Abkehr vom Drei-Stufen-Modell 262
      8.3 Leben und Alltag in der Obdachlosensiedlung 272
   9. Der Bunker 289
      9.1 Schutz- und Übernachtungsstätte im Krieg 290
      9.2 „Notasyl" für Flüchtlinge und Obdachlose 291
      9.3 Bunkerasyl und „Wohnbunker" 297
      9.4 Bunkerräumungen 308
   10. Wilde Siedlungen 311
      10.1 Obdachlos im Grünen: Der Grasweg und der Moosgrund .. 312
      10.2 Neue oder letzte Chance? Wege in die wilde Siedlung 316
      10.3 Selbst bestimmtes „wildes" Leben? 319
      10.4 Räumung der wilden Siedlung 324
      10.5 Wildes Siedeln nach dem Zweiten Weltkrieg 331

Schluss 337

Anhang
   Dank 349
   Abbildungen 351
   Grafiken 353
   Abkürzungen 355
   Quellen und Literatur 357
   Personenregister 379

Einleitung

> „Und in die Kösliner Straße ging ich, in die Lumpen eines Obdachlosen gekleidet, um die Frage: ‚Wie groß ist Deutschlands Armut?' zu ergründen."[1]

Der amerikanische Journalist und Pulitzer-Preisträger Hubert Renfro Knickerbocker reiste im Winter 1931/32 nach Deutschland, um für die *New York Evening Post* zur politischen, sozialen und wirtschaftlichen Situation des Landes zu recherchieren. Knickerbocker begann seine Reportage bei den „Ärmsten der Armen". Als Obdachloser verkleidet, wagte er sich auf die Kösliner Straße in den Wedding und in das größte Obdachlosenasyl Deutschlands in der Berliner Fröbelstraße. Für ihn waren diese Orte das Brennglas, um die Lage einer ganzen Nation zu ergründen.

Die vorliegende Arbeit tut es Knickerbocker gleich. Sie nimmt die Perspektive der Obdachlosen als zentralen Ausgangspunkt und blickt auf die Orte, die ihren Alltag formten, um nach den Lebenswelten und Erfahrungen jener Bevölkerungsgruppe zu fragen, die immer da waren, ohne je zentral im öffentlichen Fokus zu stehen. Scheinbar unbeeinflusst von politischen Zäsuren, wirtschaftlichen Konjunkturen und sozialen Entwicklungen gab es im Deutschland des 20. Jahrhunderts zu jeder Zeit Menschen, die auf der Straße oder in Notunterkünften lebten und deren Alltag von der Suche nach einem Schlafplatz bestimmt war. Ihnen widmet sich diese Studie in einer historischen Phase, die von einer Ambivalenz zwischen Fürsorge und Strafe geprägt war. Bis in die 1970er-Jahre war Obdachlosigkeit ein Straftatbestand. Zugleich sollte den Betroffenen im Wohlfahrts- und später im Sozialstaat Hilfe zuteilwerden. In diesem Zeitraum, in dem die entgegengesetzten Handlungsansätze nebeneinander existierten, untersucht die Arbeit die Erfahrungen der Obdachlosen und deren Veränderungen. Sie fragt dabei nach Verdrängungs- und Verfolgungsmechanismen ebenso wie nach Unterstützungsangeboten und Hilfeleistungen und stellt die Rolle der Obdachlosen als Akteure innerhalb dieser Prozesse in den Mittelpunkt. Ihre ambivalente Position bot ihnen Handlungsspielräume, die sie zur Gestaltung ihres Lebensraums nutzten.

Dass Knickerbocker in Berlin auf Obdachlose traf, war kein Zufall. Obdachlosigkeit war im 20. Jahrhundert ein städtisches Phänomen, das nicht nur seinen Kristallisationspunkt in den urbanen Zentren fand, sondern durch Wohnungsnot, Landflucht und soziale Krisen dort produziert wurde. Deshalb fokussiert sich diese Studie auf Obdachlose in Städten. Innerhalb der deutschen Metropolen waren es vor allem die Obdachlosenasyle, an denen das soziale Phänomen Obdachlosigkeit greifbar wurde. Die Asyle waren nicht nur für Knickerbocker der erste Zugang zu den Armen, sondern sind auch heute noch für viele Menschen der Ort, der als *Pars pro Toto* für Obdachlosigkeit steht. Neben dem Asyl existierten seit der Jahrhundertwende aber eine Reihe unterschiedlicher Lebensorte von Obdachlosen. Sie ähnelten sich stadtübergreifend in Struktur, Nutzen sowie Zielsetzung und

---

[1] Knickerbocker, Deutschland, XI.

determinierten den Alltag der dort Anwesenden. Diese Orte waren jedoch nicht einfach da. Sie und die Menschen, die an ihnen lebten, haben eine Geschichte. Diese Studie untersucht erstmals in historischer Betrachtung die wechselseitigen Beziehungen von Obdachlosen zu den *Räumen der Obdachlosigkeit*, um der Frage nach Perzeption, Umgang sowie Erfahrungen von Obdachlosen an diesen Orten nachzugehen. Ziel ist, die soziale Verortung der Obdachlosen in Stadt und Gesellschaft zu bestimmen und nicht zuletzt die aktuellen Reflexionen zu Obdachlosigkeit zu schärfen.

Dafür analysiert die vorliegende Arbeit das Handeln von Obdachlosen als alltägliche, soziale Praxis in drei Räumen der Obdachlosen: Sichtbar waren Obdachlose erstens auf den *Straßen* der Stadt. Sie waren Teil der urbanen Öffentlichkeit und gleichzeitig als gesellschaftliches und großstädtisches Randphänomen marginalisiert. Wo war der soziale Platz der Obdachlosen im städtischen Gefüge? Welche Reaktionen und Strategien entwickelten sie gegen ihre Verortung? Zweitens betritt die Studie den fürsorge-, verwaltungs- und strafrechtlichen *Amtsraum* und arbeitet die Institutionalisierung von Obdachlosigkeit zwischen Fürsorge und Strafe heraus. Wo lagen die Grenzen der staatlichen Verwaltung von Obdachlosen? Inwieweit ergaben sich für Obdachlose Gestaltungsmöglichkeiten und Teilhabeprozesse an ihrer fürsorgerischen Erfassung? Schließlich wagt sich die Studie drittens in das *Obdach* und damit in die verschiedenen Unterkunftsarten. Welche Determinanten bestimmten das Leben an diesen isolierten Orten und wie veränderten sie sich im Untersuchungszeitraum? Welche eigenen Unterkunftsformen schufen die Bewohnerinnen und Bewohner abseits der staatlichen Angebote?

Die *Straße*, das *Amt* und das *Obdach* modellieren als Handlungs- und Erfahrungsräume der Betroffenen Obdachlosigkeit als soziale Kontinuität im 20. Jahrhundert. Sie werden an den spezifischen Orten der Obdachlosigkeit untersucht und dienen der Arbeit als Leitfaden, um epochenübergreifende Alltagsmodi und gesellschaftliche Zuschreibungen ebenso wie Anpassungen und Veränderungen im Spannungsgefüge zwischen Weimarer Republik, Nationalsozialismus und Bundesrepublik darzustellen.

Ambivalenz von Obdachlosigkeit als Kontinuität im 20. Jahrhundert

Knickerbocker gelang mit seiner Reportage lediglich eine kurze, letztlich subjektive Momentaufnahme vom Leben der Obdachlosen. Obdachlosigkeit war jedoch ein komplexer Zustand, der historisch wie aktuell nicht nur bedeutete, ohne festen Wohnsitz zu leben, sondern *a priori* mit disparaten Vorstellungen von Devianz, Delinquenz und Armut konfrontiert zu sein. Aus heutiger Perspektive scheint es nur allzu offensichtlich, dass es sich bei Obdachlosigkeit um eine Erscheinungsform von Armut handelt. Doch diese Zuordnung war bis vor einigen Jahrzehnten weit weniger selbstverständlich.

Obdachlosigkeit war von 1872 bis 1974 Tatbestand des (Reichs-)Strafgesetzbuches. Dieses definierte in § 361 Absatz 8 als schuldhaftes, kriminelles Verhalten:

„Wer nach Verlust seines bisherigen Unterkommens binnen der ihm von der zuständigen Behörde bestimmten Frist sich kein anderweitiges Unterkommen verschafft hat und auch nicht nachweisen kann, daß er solches der von ihm angewandten Bemühungen ungeachtet nicht vermocht habe."[2]

Der Paragraf schrieb folgende Praxis vor: Personen, die kein Unterkommen nachweisen konnten, erhielten von der zuständigen Behörde – in der Regel war dies die örtliche Polizei (in der Bundesrepublik in manchen Städten das Ordnungsamt) – einen sogenannten Unterkommensauftrag, der sie verpflichtete, sich eine Unterkunft zu suchen. Konnten sie eine solche nach Ablauf der Auftragsfrist nicht nachweisen und auch nicht glaubhaft versichern, dass sie sich ernsthaft um eine Unterkunft bemüht hatten, wurden sie wegen Nichterfüllung bestraft. Obdachlos zu sein, bedeutete in diesem Sinne, sich vorsätzlich um keine Unterkunft gekümmert zu haben, und war daher schuldhaftes Verhalten, das vom Staat mit Haft und von der Gesellschaft mit Verachtung gestraft wurde. Ziel der Norm war es, zu verhindern, dass Personen, die eigentlich in der Lage waren, sich selbstständig eine Unterkunft zu beschaffen, der Armenfürsorge zur Last fielen.[3] Strafbare Obdachlosigkeit korrelierte damit von Beginn an mit dem Verdacht der „Arbeitsscheue" und des Missbrauchs von Fürsorgeleistungen. Diese Verknüpfung hatte sich noch aus dem Preußischen Strafgesetzbuch (PStGB) erhalten, wo schuldhafte Obdachlosigkeit als ein Teilaspekt des „verbotenen Müßiggangs" in § 119 angeführt worden war. Von Anfang an erklärte sich damit die strafrechtliche Verfolgung von Obdachlosen in Abhängigkeit zu ihrer armenrechtlichen Diskriminierung.

Historisch betrachtet wurde Obdachlosigkeit somit nicht immer als Form von Armut gesehen. Obdachlose galten vielmehr als „unwürdige Arme" und im 20. Jahrhundert als „asoziale", „unzumutbare", „unangepasste" oder „sozial auffällige" Menschen. Diese Differenzierungen gehen zurück auf Armutstypen, die bereits im Spätmittelalter entstanden waren. Bis Mitte des 14. Jahrhunderts galten Obdachlose – vornehmlich in der Gestalt des Bettlers – noch als durchaus ehrbar und gottgefällig, weil sie als Ziele der christlichen Nächstenliebe für den Spender das Seelenheil sicherstellten. Dabei spielte es lange Zeit keine Rolle, inwieweit es sich bei den Bettlern um tatsächlich Bedürftige handelte. Dies änderte sich, als das Betteln und Almosengeben im Zuge einer „Rationalisierung der städtischen Armenfürsorge" stärker organisiert und reglementiert wurden und nun die tatsächliche Bedürftigkeit der Betroffenen kontrolliert wurde. Die fortschreitende Bürokratisierung des Armenwesens in der Frühen Neuzeit brachte schließlich die gesellschaftliche Ächtung von Armut hervor, die einerseits zu deren Kriminalisierung – beispielsweise in Form der Bettelverbote – und andererseits zur Formie-

---

[2] RStGB § 361, 8. Zur historischen Entwicklung des Paragrafen vgl. die Historisch-synoptische Online Edition von Thomas Fuchs, URL: https://lexetius.com/StGB/361/ [2. 2. 2019].
[3] Schwarze, Commentar, S. 781. Vgl. Rudolph, Kooperation, S. 28.

rung einer Randgruppe oder „Unterschicht" der Armen führte.[4] Schon diese frühen obdachlosen Lebensformen waren damit vom Versuch der Unterscheidung zwischen Würdigkeit und Unwürdigkeit der Armut geprägt. Mit dem Pauperismus und der Industrialisierung erhärtete sich die Position der Obdachlosen auf der untersten Ebene der Armutshierarchie als sogenanntes Sub- oder „Lumpenproletariat", das weder der politischen noch der fürsorgerischen Teilhabe für würdig befunden wurde.[5] Als Reaktion auf diese Ausgrenzungen aus der staatlichen Armenfürsorge bei gleichzeitigem quantitativen Anstieg der Obdachlosen entwickelte sich die Wandererfürsorge in der zweiten Hälfte des 19. Jahrhunderts in Form von privaten Wohlfahrtsinitiativen. 1854 entstanden die ersten Herbergen auf dem Lande und in den 1860er-Jahren eröffneten die ersten Obdachlosenasyle in Großstädten. Der Staat beschränkte sich im Kaiserreich zumeist auf armenpolizeiliche und damit repressiv-vorbeugende Maßnahmen in der Obdachlosenhilfe. Erstmals grundlegend als Armutserscheinung fixiert wurde Obdachlosigkeit im Weimarer Wohlfahrtsstaat. Die Weimarer Reichsverfassung versprach „jedem Deutschen" eine „gesunde Wohnung".[6] Die wohlfahrtsstaatlichen Aufträge der Verfassung setzten die Fürsorgegesetze von 1924 um. In den Reichsgrundsätzen für Voraussetzung, Art und Maß der öffentlichen Fürsorge (RGr) wurde erstmals der „notwendige Lebensbedarf" definiert, zu dem „insbesondere die Unterkunft" zählte.[7] Damit war der Grundstein für die staatlich-institutionalisierte Obdachlosenfürsorge gelegt, die Menschen ohne Unterkommen einen Anspruch auf ein notdürftiges Obdach zugestand und sie als „Hilfsbedürftige" auffasste. Zugleich war der Weimarer Wohlfahrtsstaat jedoch in der Einteilung der Fürsorgegruppen stark hierarchisierend. Die über Jahrhunderte tradierte Wahrnehmung von Obdachlosen als „arbeitsscheue" und „unehrbare" Arme ging in der Weimarer Republik in der Kategorie der „asozialen" Fürsorgeempfänger auf, deren soziale Notlage nicht zuletzt an personenbezogenen erbbiologischen Faktoren festgemacht wurde. Dies stand letztlich in Kontinuität zu medizinischen Erklärungsversuchen von Obdachlosigkeit seit dem ausgehenden 19. Jahrhundert. Kriminologen und Mediziner bewerteten Obdachlosigkeit als Symptom einer psychischen Erkran-

---

[4] Sachße/Tennstedt (Hrsg.), Bettler, S. 34–48; Hippel, Armut; Küther, Menschen, S. 9; Roeck, Außenseiter, S. 66–79.
[5] Althammer, Vagabunden, S. 17–20. Der Begriff wurde von Karl Marx geprägt. Marx grenzte das „Lumpenproletariat" vom eigentlichen Proletariat, der Industriearbeiterschaft, ab. In *Das Kapital* spricht Marx vom „Lumpenproletariat" als „Vagabunden, Verbrechern, Prostituierten" und zählt sie zur „Sphäre des Pauperismus", dem „Invalidenhaus der aktiven Arbeiterarmee" und das „tote Gewicht der industriellen Reservearmee" Marx, Kapital, S. 673. Vgl. Schwartz, Proletarier, 537 f.
[6] Art. 155 WRV.
[7] § 6 RGr v. 9. 12. 1924, in: RGBl. I (1924), S. 766. Die Reichsverordnung über die Fürsorgepflicht (RFV), die Reichsgrundsätze für Voraussetzung, Art und Maß der öffentlichen Fürsorge (RGr) und die dritte Steuernotverordnung markieren die zentralen Wegmarken zum Neuaufbau des modernen Fürsorgerechts nach der Inflation, vgl. Sachße/Tennstedt, Armenfürsorge Band 2, S. 142–184.

kung der Betroffenen, die zu „minderwertigem" oder „triebhaftem" Verhalten führe, und pathologisierten den Zustand.[8]

Als Obdachlose zu Beginn des 20. Jahrhunderts in die Städte drängten und diese ihrerseits neue Ausprägungen der Obdachlosigkeit hervorbrachten, verschwommen die epigonalen Bezüge und damit auch der Platz der Obdachlosen in der Gesellschaft. Nun waren es aber gerade die städtischen Räume, in denen sich „gesellschaftliche Strukturen, Differenzierungen und Routinen an einem Ort" verdichteten und in denen folglich die Ambivalenzen von Obdachlosigkeit besonders hervortraten.[9] Die Zuschreibungen zwischen Devianz, Delinquenz und Armut überlagerten, ergänzten oder ersetzten sich und ließen Obdachlosigkeit als ein Konglomerat von Erfahrung, Wahrnehmung und Handeln hervortreten. Diese Verdichtung der Ambivalenzen wird in der Arbeit an den verschiedenen Lebensorten von Obdachlosen dekonstruiert. Dies lässt sich jedoch nicht durch die Momentaufnahme einer Nacht erfassen, wie es Knickerbocker versuchte, sondern bedarf einer langfristigen Betrachtung und historischen Kontextualisierung. Die Arbeit setzt daher die Periode der Ambivalenzen als Untersuchungszeitraum fest, und analysiert die Lebensorte der Obdachlosen zwischen dem Beginn ihres fürsorgerechtlichen Versorgungsanspruchs 1924 in der Weimarer Republik und dem Ende ihrer strafrechtlichen Verurteilungen 1974 in der Bundesrepublik. Sie fokussiert damit auf die Kontinuitäten von Obdachlosigkeit als soziales und urbanes Phänomen. In der DDR wurde § 361 Absatz 8 StGB zwar bereits 1968 im Zuge der Strafrechtsreform aufgehoben. Zu einer Entkriminalisierung von Obdachlosigkeit führte dies allerdings nicht. Obdachlosigkeit galt dem sozialistischen Staat als spezifisch westdeutsche Armutserscheinung, die durch die kapitalistische Wirtschaftsform bedingt sei. Dementsprechend durfte es in der DDR keine Obdachlosen geben. Sie gingen zumindest begrifflich in den Stigmatisierungen der „Arbeitsscheuen" und „Asozialen" auf, die ihrerseits nach § 249 StGB der DDR wegen „Gefährdung der öffentlichen Ordnung" verurteilt werden konnten. Die vorliegende Studie wird anhand kurzer Seitenblicke aufzeigen, wie Obdachlose aus der DDR und damit auch aus überlieferten Quellenbeständen verschwanden. Inwieweit sich innerhalb der Stigmatisierungen von „Asozialen" und „Arbeitsscheuen" auch in der DDR obdachlose Lebensformen fanden, kann im Rahmen dieser Arbeit nicht systematisch nachverfolgt werden.[10]

Raum als Grenze: Untersuchungsfeld

Welche Personen aber bezeichnet die Arbeit im Folgenden als Obdachlose? Schon im historischen Rückblick ist deutlich geworden, dass Menschen ohne festen Wohnsitz nicht immer unter dem Begriff *Obdachlose* bekannt waren, sondern sich

---

[8] Althammer, Grenzziehung; Schenk, Grenzen, S. 26.
[9] Nassehi, Räume, S. 212.
[10] Siehe hierzu das Dissertationsprojekt von Oliver Gaida *Exklusion und Inklusion. Die Berliner Wohlfahrts- und Jugendbehörden von 1920 bis 1961*, URL: https://www.geschichte.hu-berlin.de/de/bereiche-und-lehrstuehle/dtge-20jhd/forschung/laufende-dissertationen [19. 2. 2019].

obdachloses Leben beispielsweise in der Kennzeichnung des Bettlers oder des Wanderers wiederfand. Bis heute gibt es „keine ‚offizielle' Definition" von Obdachlosigkeit, aber ein diverses Definitionsfeld.[11] Bis vor Kurzem war es in der sozialwissenschaftlichen Forschung, in Politik und Verwaltung durchaus üblich, zwischen den Phänomenen Obdachlosigkeit und Wohnungslosigkeit zu unterscheiden. Dabei wurde Obdachlosigkeit als ein Teilaspekt unter der weiter gefassten Armutserscheinung Wohnungslosigkeit subsumiert. Wohnungslos waren demnach Menschen, wenn sie über keinen eigentumsrechtlichen oder mietvertraglich abgesicherten Wohnraum verfügten und auf ordnungs- oder sozialrechtlicher Grundlage in eine kommunale Wohnung oder in ein Heim der Wohnungslosenhilfe eingewiesen worden waren. Als obdachlos wurden hingegen nur die Menschen bezeichnet, die ohne jegliche Art von Unterkunft auf der Straße lebten. Diese Unterscheidung fand sich bis vor Kurzem auch als Definition auf der Homepage der Bundesarbeitsgemeinschaft Wohnungslosenhilfe (BAG W). Inzwischen wurde diese jedoch gelöscht und durch die „Wohnungsnotfalldefinition" ersetzt, die nun die wohnungslosen Personen gemäß ihrer behördlichen Zuordnung sektioniert.[12] Diese Änderung wurde nicht zuletzt aufgrund der neuen Herausforderungen im Bereich der Wohnungslosenhilfe seit etwa 2010 durch eine verstärkte Migration herbeigeführt.[13] Der Europäische Dachverband der Wohnungslosenhilfe (FEANTSA) klassifiziert Menschen ohne festen Wohnsitz nach ihrer Wohnsituation sogar entlang 13 verschiedener Typen.[14] Dies zeigt zugleich, wie variabel die Definitionen bis heute sind und welcher verwaltungsrechtlichen Willkür sie unterliegen.

Die heutigen Unterscheidungen können demnach kaum als fruchtbarer Zugriff für eine historische Untersuchung dienen. In der frühen Bundesrepublik verstand man unter Obdachlosen beispielsweise gerade nicht die Menschen auf der Straße, sondern diejenigen, die noch ein Obdach hatten und in städtischen Notwohnungen untergebracht waren. Diejenigen auf der Straße waren mehrheitlich als „Nichtsesshafte" bekannt. Daneben fanden sich zu verschiedenen Zeitpunkten des 20. Jahrhunderts die teils umgangssprachlichen Benennungen: Vagabunden, Wanderer, Kunden, Exmittierte, Land- und Stadtstreicher, Tippelschicksen und Tippelbrüder, „Gefährdete", „Asoziale", Streunerinnen und Streuner, Penner, Wermutbrüder und Berber.[15] Obdachlosigkeit umfasst damit historisch wie zeit-

---

[11] Busch-Geertsema, Wohnungslosigkeit, S. 15.
[12] Wohnungsnotfälle finden sich im ordnungsrechtlichen Sektor, sozialhilferechtlichen Sektor oder im Zuwanderersektor, URL: https://www.bagw.de/de/themen/zahl_der_wohnungslosen/wohnungsnotfall_def.html [5. 2. 2019].
[13] Auch Geflüchtete befinden sich nach dieser Definition in temporär befristeten Notunterkünften und verfügen über keine mietvertragsrechtliche Absicherung. Die BAG W ging für das Jahr 2016 von 440 000 wohnungslosen Geflüchteten aus, URL: https://www.bagw.de/de/presse/index~147.html [29. 10. 2018].
[14] Vgl. European Typology on Homelessness and Housing Exclusion (ETHOS) seit 2005, URL: https://www.feantsa.org/en/toolkit/2005/04/01/ethos-typology-on-homelessness-and-housing-exclusion [5. 2. 2019].
[15] Hiermit sind nur die am häufigsten verwendeten Begriffe erfasst. Daneben existieren einzelne lokal-spezifische Bezeichnungen wie beispielsweise in München die „Pilgersheimer" in Anlehnung an den Standort des Asyls für obdachlose Männer in der Pilgersheimerstraße 11. Die

genössisch eine Vielzahl von Begriffen. Meist ist ihnen ein pejorativer Charakter eigen. Jede dieser Fremd- oder Selbstzuschreibungen hat ihre individuellen Bedeutungen und historischen Kontexte. Jeder Ansatz, obdachlose Personen mittels einer dieser Bezeichnungen zu erörtern, verkennt zugleich die Komplexität der Erfahrungen dieses Armutszustandes, rekapituliert Vorurteile gegenüber der Betroffenengruppe und verhindert den Zugriff auf das soziale Phänomen Obdachlosigkeit.[16]

Als historische sowie gegenwärtig meist verbreitete und konstant existierende Kennzeichnung verwendet die vorliegende Studie den Begriff *Obdachlose* in Form einer Sammelbezeichnung.[17] Es ist nicht Ziel dieser Studie, Obdachlosigkeit durch eine Definition zu umfassen und dadurch zu begrenzen, vielmehr geht sie von ihr als erfahrbarem Zustand aus und rückt die Menschen in den Fokus, die ohne Unterkunft lebten und von den Ambivalenzen dieser Lebensform betroffen waren.[18] Diese Zustandsidentifizierung kann sowohl durch die Zuschreibung Dritter erfolgen, als auch aus der Selbstwahrnehmung der Betroffenen hervorgehen. Dadurch können die Kunden der 1920er-Jahre und die Verfolgten des NS-Regimes ebenso wie Kriegsopfer, Flüchtlinge und Verlierer des Wirtschaftswunders in den Blick genommen sowie die unterschiedlichen Einflussfaktoren dieser Erscheinungsformen für das Gesamtphänomen gewürdigt werden. Um nach gemeinsamen Momenten im alltäglichen Handeln zu fragen, werden die Obdachlosen entsprechend ihrer Heterogenität in den Mittelpunkt gestellt. Greifbar wird dieses Handeln an den Orten der Obdachlosigkeit. Als Obdachlose versteht die Arbeit demnach die Menschen, die an diesen Orten lebten und in ihrem alltäglichen Handeln von ihnen beeinflusst waren. Sie entgeht damit der Notwendigkeit einer begrifflichen Abgrenzung, vielmehr wird die Untersuchungsgruppe durch den raumperspektivischen Zugriff entgrenzt und bleibt variabel.

Gleichzeitig begrenzt der Raum das Thema. Obdachlosigkeit stellt sich aus heutiger Perspektive als dezidiert städtisches Phänomen dar. Man denke nur an die Diskussionen zu Obdachlosen im Berliner Tiergarten oder zur Räumung des

---

Studie schließt bei ihrer Untersuchung nicht die Lebensformen der Sinti und Roma ein. Obwohl sich auch unter Sinti und Roma Fälle finden, die denen der Obdachlosen ähneln, sind sie aufgrund rassistischer und antiziganistischer Zuschreibungen in anderen historischen Kontexten und Ambivalenzen zu verorten, die eine eigenständige Untersuchung notwendig machen. Vgl. zur Abgrenzung Althammer, Vagabunden, 27 f. Zur Geschichte der Sinti und Roma vgl. Hanschkow, Kriminalisierung; Tatarinov, Kriminalisierung; Patrut, Zigeuner.

[16] Vgl. dazu auch Ravenhill, Culture, S. 5.

[17] Der Begriff wird in der Arbeit im Plural verwendet und subsumiert obdachlose Frauen und Männer. Geschlechtsspezifische Ausführungen werden im Einzelfall hervorgehoben. Die Arbeit verzichtet bewusst auf die Verwendung der heutigen Sammelbezeichnung Wohnungslose: Erstens war diese Benennung im Untersuchungszeitraum nicht üblich und wurde auch von den Betroffenen selbst kaum gebraucht. Zweitens steht der Begriff mit dem Bezugsrahmen „Wohnung" in Einklang mit einer bürgerlichen Vorstellung von Wohnformen und lässt keinen Spielraum für eigensinnige Lebensformen.

[18] Gemäß dieser Definition werden Obdachlose für die vorliegende Studie erst zum Untersuchungsobjekt, wenn der Zustand der Obdachlosigkeit eingetreten ist. Die Ursachen, die dazu führten, sind dementsprechend nicht Untersuchungsgegenstand. Zur Ursachenforschung von Obdachlosigkeit vgl. John, Wohnsitz.

Obdachlosenlagers unter der Reichenbachbrücke in München.[19] Obdachlosigkeit und Stadt gehören heute gedanklich und in den Lebenserfahrungen des überwiegenden Teils der Betroffenen zusammen. Doch Obdachlosigkeit als urbane Armutsform ist das Ergebnis einer Entwicklung des 20. Jahrhunderts. Noch im 19. Jahrhundert waren Obdachlose als „Brüder der Landstraße" bekannt und galten als mehrheitlich rurales Phänomen. Erst die Industrialisierungs- und Urbanisierungsprozesse führten sie in die Städte und ließen sie als soziale Erscheinung im Laufe der Jahrzehnte mit diesen verschmelzen. Wie sich dieser Prozess der Verlagerung des Lebensraums vom Land in die urbanen Zentren gestaltete und wie es den Obdachlosen gelang, städtische Orte zu besetzten, wird die Arbeit nachzeichnen.

Die Obdachlosen werden dabei als inhärenter Teil der Großstädte erfasst, der sich im urbanen Umfeld zum Massenphänomen entwickelte und sich nicht durch individuelle Lösungen auffangen ließ. Vielmehr verschärften sich in den Städten Konjunkturkrisen durch interne und externe Einflüsse wie Wohnungsnot, Kriegsauswirkungen oder Strukturwandel, die wiederum Reaktionen, Strategien und Anpassungen bei den Betroffenen ebenso wie bei den staatlichen und kommunalen Behörden hervorriefen. Obdachlose werden damit zum integralen Teil städtischer Gesellschaften und eben nicht am figurativen „Rand der Gesellschaft" verortet. Die Orte der Obdachlosigkeit als Teil eines räumlichen Gesamtkonzeptes der Stadt brechen somit die Denkstruktur einer binären Opposition zwischen einem gesellschaftlichen Zentrum und einer gesellschaftlichen Peripherie auf. Die Studie konzentriert sich auf die urbanen Lebensorte der Obdachlosen wie beispielsweise Obdachlosenasyle, Obdachlosensiedlungen, Bahnhöfe, öffentliche Park- und Grünanlagen. Orte der Obdachlosigkeit auf dem Land – wie Arbeiterkolonien oder Arbeitshäuser – sind angesichts dieser Fokussierung von einer systematischen Analyse ausgeschlossen und werden auf Basis der Forschungsliteratur lediglich punktuell im Verhältnis zu den städtischen Orten berücksichtigt.[20] Besonders zu den Arbeitshäusern und deren Funktion zur Disziplinierung von Armen liegt bereits eine ausführliche Forschung vor, dahingegen blieben die städtischen Orte der Obdachlosen – insbesondere für das 20. Jahrhundert – bislang weitgehend unbeachtet.

---

[19] Vgl. Stadt räumt Obdachlosenlager an der Reichenbachbrücke, in: SZ, 27. 11. 2018; Stadtrat diskutiert über Räumung der Obdachlosenlager, in: Abendzeitung, 23. 1. 2019. In Berlin löste im September 2017 der Mord an der Passantin Susanne Fontaine im Tiergarten durch den obdachlosen Asylbewerber Ilyas A. eine Debatte über die Obdachlosen im Stadtgebiet und insbesondere deren Camps im Tiergarten aus, vgl. Der Fehler hat System, in: Der Tagesspiegel, 17. 10. 2017; Wieder wurde ein Obdachlosencamp in Berlin geräumt, in: Der Tagesspiegel, 12. 1. 2019.

[20] Ebenso von einer systematischen Analyse ausgeschlossen bleiben die Konzentrationslager im „Dritten Reich". Zu diesen Orten liegt bereits eine Reihe an Forschungsliteratur vor. Für die Einweisung von Obdachlosen als „Asoziale" in Konzentrationslager vgl. Schikorra, Kontinuitäten; Ayaß, Asoziale; Ayaß, Einweisung; Hörath, Asoziale; Hörath, Terrorinstrument; Scherer, Asozial. Für die Orte der Arbeitshäuser und Wanderarbeitsstätten vgl. Ayaß, Arbeitshaus; Scheffler (Hrsg.), Bürger; Framke, Arbeitshaus; Gélieu, Arbeitshaus; Eberle, Herzogsägmühle; Althammer, Vagabunden; Daners/Wißkirchen, Arbeitsanstalt; Lerche, Alltag; Elling-Ruhwinkel, Sichern.

Obdachlose fielen von staatlicher Seite primär in kommunale Zuständigkeiten, bei denen die beteiligten Institutionen eine relative Autonomie genossen. Ihre praktischen Umgangsmuster mit den Obdachlosen waren in erster Linie durch die Eigendynamiken der Behörden bestimmt. Zugleich war Obdachlosigkeit in der Erfahrung der Betroffenen ein Zustand, der sich nicht ausschließlich auf eine einzige Stadt beschränkte, sondern in den meisten Fällen das Leben in verschiedenen Städten zur Folge hatte. Besonders in urbanen Ballungsgebieten wie dem Ruhrgebiet war eine eindeutige städtische Zuordnung der Obdachlosen kaum möglich, da diese zum Teil an einem Tag in mehreren Städten präsent waren. Das Untersuchungsfeld soll diese Lebenspraxis widerspiegeln und erforscht – losgelöst vom kommunalen Einzelbeispiel – die strukturellen Bezüge zwischen Obdachlosigkeit und urbanem Raum, um Forschungsfragen zum Verhältnis von Armut und Stadt neu auszuloten.[21]

In der Analyse fließen Erkenntnisse aus verschiedenen Untersuchungsstädten zusammen.[22] Die einzelnen Beispiele werden nicht in vergleichender Perspektive gegenübergestellt, sondern in den stadtübergreifenden Lebensorten der Obdachlosen in einer analytischen Kategorie vereint. Um dennoch lokale Spezifika und stadtgeschichtliche Zusammenhänge zumindest für eine Untersuchungsstadt einfangen zu können, dient der Arbeit das Beispiel der Stadt München als roter Faden, anhand der kommunale Eigeninteressen und lokalpolitische Debatten im Verhältnis zu den stadtübergreifenden Modi bestimmt werden.

Raum als Erfahrung und Stigma: Forschungsansatz

Knickerbocker war weder der Erste noch der Letzte, der in einem Selbstexperiment versuchte, einen Eindruck vom Alltag der Menschen zu gewinnen, die als Sinnbild von Deutschlands Armut galten. Was heute als Sozialreportage oder investigativer Journalismus bezeichnet wird, entwickelte sich in der zweiten Hälfte des 19. Jahrhunderts als neue Form der Berichterstattung. In Großbritannien erschienen um die Jahrhundertwende regelrechte Bestseller, die aus den Common Lodging Houses und Casual Wards der Londoner Armenvierteln berichteten – ein Trend, der um die Jahrhundertwende auch das Kaiserreich erreichte.[23] Eine Motivation dieser frühen *Social Investigators* lag sicherlich darin, die Sensationslust und Neugierde einer gehobenen Bürgerschicht für die ihnen so unbekannte und fremde Lebenswelt der Armen in den Städten zu stillen.

Authentisch wirkte dieser Versuch jedoch nur, wenn der Autor die Perspektive der Betroffenen einnahm und die Dimensionen dieses Armutszustandes als eigene Erlebnisse präsentierte. Für Knickerbocker wurden diese Erfahrungen dadurch

---

[21] Lürbke, Armut.
[22] Als Untersuchungsstädte wurden herangezogen: München, Berlin, Frankfurt am Main, Leipzig, Gelsenkirchen, Düsseldorf, Bochum, Essen und Stuttgart.
[23] Vgl. Freeman/Nelson, Vagrants; Ostwald, Winkel; Liebich, Obdachlos; Grulich, Dämon.

spürbar, indem er sich an die städtischen Orte der Obdachlosen begab. Nach seinen Recherchen erkannte er:

„Es war alles andere als amüsant, eine Nacht als obdachloser Vagabund in Berlin zu verbringen, und als der Winterwind durch meine Lumpen blies, hörte die Untersuchung der Frage, ‚Wie groß ist Deutschlands Elend?' auf, eine Zerstreuung zu sein."[24]

Erfahrungen stellten sich als soziale und individuelle Praktiken, als Aneignungs- wie als Abgrenzungsprozesse von spezifischen Orten dar. Erfahrung ist insofern nicht nur eine psychologische Kategorie, sondern beinhaltet alltägliches Wahrnehmen und Handeln, Sinnesdeutung und Körperlichkeit und nicht zuletzt Räumlichkeit.[25] Erfahrungen waren damit aber zugleich wandelbar, indem sie die Perzeption, das Handeln und im Sinne Reinhart Kosellecks die Erwartungen eines Individuums ständig miteinander koordiniert wurden und dann die alltägliche Praxis beeinflussten.[26]

Auf diesen Erkenntnissen aufbauend stützt sich die Arbeit auf einen wissenssoziologischen Erfahrungsbegriff, der die Wandelbarkeit von Erfahrungen als Teil sozialer Kommunikations- und Deutungsprozesse versteht und der die Möglichkeit bietet, den praxeologischen Bezug der Ambivalenzen von Obdachlosigkeit sichtbar zu machen.[27] An spezifischen Orten verdichteten sich die sozialen Beziehungsgeflechte zwischen Obdachlosen und Stadtbevölkerung, Obdachlosen und staatlichen Behörden sowie der Betroffenen untereinander. Hier verräumlichten sich Machtkonstellationen und Gesellschaftshierarchien, die nicht nur die subjektiven Erfahrungen jedes oder jeder Einzelnen formten, sondern darüber hinaus symbolische Kraft für das Gesamtphänomen Obdachlosigkeit entwickelten.[28] In welcher Weise diese Orte von den Obdachlosen besetzt wurden, wird damit zu einer der zentralen Fragen, wenn es darum geht, Handlungsweisen und damit Erfahrungen von Betroffenen im urbanen Raum zu verstehen.

Es ist daher nur die logische Konsequenz, die Stigmatisierungen der Obdachlosen in ihren räumlichen Dimensionen zu begreifen. Von gesellschaftlicher, politischer und verwaltungsrechtlicher Seite wurde die Abwesenheit eines fest zugeschriebenen Raums im Leben der Obdachlosen zum Stigma erklärt. Die Stigmatisierung bedingt sich damit vor allem durch eine sozial-räumliche Zuordnungsschwierigkeit der Betroffenengruppe. Es war gerade der Kampf um privaten wie öffentlichen Raum, der die Aushandlungsprozesse von Obdachlosigkeit seit der Industrialisierung bestimmte. Obwohl *Obdachlosigkeit* ihrer begrifflichen Zusammensetzung nach sich durch das Fehlen eines festen Raums definierte, war sie kein Zustand, der sich durch „das Fehlen örtlicher Bindungen" formierte, wie es der Politikwissenschaftler Dieter Aderhold 1970 für die „Nichtsesshaften" erklärte und

---

[24] Knickerbocker, Deutschland, S. 10.
[25] Davis/Wildt/Lindenberger, Einleitung, S. 13.
[26] Koselleck, Zukunft, S. 352.
[27] Buschmann/Carl, Zugänge, S. 18.
[28] Saldern, Stadt, S. 3.

den Betroffenen jegliche Fähigkeiten bewussten Handelns absprach.[29] Die vorliegende Studie zeigt, dass es in den Erfahrungen der vom Stigma betroffenen Personen die (zwanghafte) Zuweisung sowie die Aneignung spezifischer Orte waren, die das Leben als Obdachlose figurierten. Fremdzuschreibungen und Selbstaneignungen dieser Orte waren letztlich Versuche, die räumliche Leerstelle zu füllen, die Stigmatisierung zu kompensieren und Obdachlosigkeit als soziales Phänomen greifbar sowie erfahrbar zu machen. Diese Studie sieht die Obdachlosen nicht als Opfer von Stigmatisierung und Verfolgung, sondern fragt nach deren Selbstbehauptungsstrategien und Interventionsmöglichkeiten im Raum. Der Raum ist Element zur Erfahrung von Obdachlosigkeit. Zwar wäre es zu weit gegriffen zu sagen, dass Orte wie die Obdachlosensiedlung und das Obdachlosenasyl Obdachlosigkeit produzierten, sicherlich ist es aber wert, die Frage zu verfolgen, inwieweit sich Obdachlosigkeit durch die Erfahrungen und die gleichzeitigen Stigmatisierungen an diesen Orten als soziale Kontinuität im Untersuchungszeitraum verfestigte.

Raumanalyse als Theorie und Praxis

Die Geschichtsschreibung zu sozialen Entwicklungen zählt sicherlich mit zu den meist debattierten Feldern historischer Forschung. Zwar sind die innerhalb und außerhalb der Zunft geführten Grabenkämpfe zwischen der Historischen Sozialwissenschaft, der Alltags- und Mikrogeschichte sowie der Neueren Kulturgeschichte weitgehend ausgefochten, die zentralen Fragen der Debatten sind allerdings nach wie vor aktuell.[30] Konsens besteht heute darin, dass sich das Soziale nur mit dem Menschen als Akteur fassen lässt. Dadurch ist der Mensch selbst stärker in den Untersuchungsfokus gerückt und wird vor dem Hintergrund neuerer Subjekttheorien hinterfragt: „Wie werden Menschen zu Subjekten gemacht, und wie machen sie sich selbst zu Subjekten?"[31] Für die vorliegende Studie lassen sich diese Fragen für das soziale Phänomen Obdachlosigkeit umschreiben: Wie werden Menschen ohne festen Wohnsitz zu Obdachlosen gemacht, und welche Gestaltungsmöglichkeiten kommen ihnen dabei selbst zu? Damit werden die Obdachlosen als aktiv Handelnde verstanden und somit ihrer marginalisierten und passiven Position innerhalb der Gesellschaft enthoben. Dennoch bleibt das Subjekt immer im sozialen und kulturellen Gefüge verankert, was Andreas Reckwitz mit seiner Theorie zu Subjektkulturen einfängt. An ihn anlehnend versteht die vorliegende Studie das Subjekt als „sozial-kulturelle Form [...], als kontingentes Produkt symbolischer Ordnungen, welche auf sehr spezifische Weise modellieren, was ein Subjekt ist, als was es sich versteht, wie es zu handeln, zu reden, sich zu bewegen hat, was es wollen kann".[32]

---

[29] Aderhold, Nichtseßhaftigkeit, S. 4, 118 f.
[30] Die zentralen Texte zu dieser Forschungskontroverse der 1970er- und 1980er-Jahre sind vor Kurzem in einem Band gesammelt vorgelegt worden, Hitzer/Welskopp (Hrsg.), Sozialgeschichte.
[31] Wiede, Subjekt; Reckwitz, Subjekt; Alkemeyer/Budde/Freist (Hrsg.), Selbst-Bildungen.
[32] Reckwitz, Subjekt, S. 34.

Über diesen Ansatz rückt aber zugleich die ältere Debatte über das Verhältnis zwischen der Struktur und dem Handeln der Menschen in den Fokus. Sie geht auf den zentralen Konfliktpunkt zwischen Historischer Sozialwissenschaft und Alltagsgeschichte zurück. Während die Sozialgeschichte in den 1970er-Jahren versuchte, das Soziale als großes Ganzes in Form von gesellschaftlichen Strukturen und losgelöst vom Akteur zu begreifen, erstrebte die Alltagsgeschichte – um hier mit einem ihrer bekanntesten Vertreter zu sprechen –, den „Eigen-Sinn" der Menschen in der Geschichte zu begreifen. Sie verzichtete dabei auf Theoriemodelle, wie es für die Bielefelder Schule üblich war, was ihr den Vorwurf einbrachte, „theoriearm, theorieskeptisch, theoretisch selbstgenügsam" zu sein.[33]

Die Vermittlerrolle zwischen diesen beiden Positionen nimmt seit einigen Jahren die Historische Praxeologie ein.[34] Sie erschließt die Vergangenheit über die Analyse von Praktiken. Die Geschichte und insbesondere deren „Sozialwelten" werden als eine „Verkettung von Praktiken" erkannt. Die Praktiken werden in Erweiterung der Alltagsgeschichte als „rekonstruierbare (Alltags-)Muster vergangenen menschlichen Tuns und Sprechens" verstanden sowie in Anlehnung an die Historischen Sozialwissenschaften als Kategorien, die Strukturen schafften und von ihnen abhängig waren.[35] Einzelpraktiken führen im kollektivistischen Handeln zu übergeordneten Systemen und Ordnungen, die auch die Rückkoppelung zu den gesellschaftspolitischen Bezügen ermöglichen.[36]

Um das soziale Phänomen Obdachlosigkeit zu erfassen, müssen demnach Analyseelemente in den Fokus genommen werden, durch die Alltagsmuster im Handeln der Obdachlosen deutlich werden und die zugleich die strukturellen Bezüge der Lebenswelten von Obdachlosen bedingten. Das Handeln der Obdachlosen zielte darauf, ihre gesellschaftliche Stigmatisierung als „Raumlose" zu kompensieren. Die Frage, „wie lassen sich diese Muster historiographisch greifen", verzahnt sich im Falle der Obdachlosen mit der Frage: *Wo* lassen sich diese Muster greifen?[37] Ihre Handlungsmuster können als Prozesse der Raumkonstitution interpretiert werden. Die vorliegende Studie findet im Raumkonzept der Soziologin Martina Löw einen fruchtbaren Zugriff, um die alltäglichen Praktiken der Obdachlosen als Teil relationaler (Orts-)Strukturen sowie alltäglicher Handlungsmuster der Subjekte fassbar zu machen.[38] Wie dies in der Studie konkret umgesetzt wird, soll im Folgenden entlang der Theorie Löws skizziert werden.

---

[33] Lüdtke, Eigen-Sinn; Lüdtke, Geschichte Zur Kritik: Kocka, Perspektiven, S. 33.
[34] Grundlegend für die Historische Praxeologie: Reichardt, Geschichtswissenschaft; Buschmann, Persönlichkeit; Freist, Bild; Certeau, Kunst. Die Praxeologie ist nicht nur eine Erwiderung auf diesen älteren Dualismus, sondern wendet sich auch gegen neuere kulturalistische Ansätze, in denen der Akteur im Zuge einer Diskursgeschichte nach Michel Focault sogar noch weiter zurückgedrängt wurde.
[35] Haasis/Rieske, Einführung, S. 16.
[36] Vgl. Welskopp, Unternehmen, S. 55–76.
[37] Haasis/Rieske, Einführung, in: Haasis/Rieske (Hrsg.), Praxeologie, S. 17.
[38] Löw, Raumsoziologie.

Löw bezieht ihre Theorie nicht auf einen materiellen oder gar absoluten Raum, sondern entwirft verschiedene, sich überlagernde Räume. In Anlehnung an Denkkategorien des *Spatial turns* wird Raum nicht als „Container" begriffen, sondern als soziales Beziehungsgeflecht, das zum Teil durch widersprüchliche und vielschichtige Aneignungs- und Abgrenzungsprozesse entsteht. Raumkonstitution ist somit immer soziale Praxis und der Raum damit durch die Handlung des Menschen wandel- und veränderbar sowie für die historische Forschung erkenntnisleitend. Konkret betrachtet Löw den Raum als eine „relationale (An)Ordnung sozialer Güter und Menschen (Lebewesen) an Orten".[39] Die sozialen Güter werden in der vorliegenden Studie als historische Bestände erfasst – also unter anderem als Gesetze, Verordnungen, Hausordnungen sowie Diskurse. Diese „(An)Ordnung" wird nach Löw bewusst durch das „Spacing" vollzogen.[40] Das heißt, sowohl die sozialen Güter als auch die Menschen sind in einer sie bestimmenden Art und Weise errichtet und positioniert. Für die vorliegende Studie bedeutet dies: Die Position der Obdachlosen im Raum sowie die Anwendung der historischen Bestände sind für die Konstitution des Raums entscheidend. Nach Löw determiniert diese „Plazierung" allein allerdings noch keinen Raum. Dazu braucht es die „Syntheseleistungen" der Menschen, die Löw unter anderem als „Wahrnehmungs-, Vorstellungs- und Erinnerungsprozesse" definiert.[41] Syntheseleistungen sind die Praktiken der Obdachlosen, die das Handeln sowie die Erfahrungen der Betroffenen und somit ihre Selbst-Bildung prägten. Die sozialen Güter (also die historischen Bestände), die die materielle Basis jedes Raums bilden, entwickeln ihre symbolische Kraft in der Geschichte nur über diese individuellen und kollektiven Verknüpfungsleistungen des Menschen. Damit kommt diesem eine doppelte Bedeutung innerhalb des Raums zu: Zum einen ist die Aneignung des Raums nur durch menschliches Handeln möglich, zum anderen sind die Menschen selbst Element zur Verknüpfung des Raums. Löw vermeidet dadurch eine Trennung zwischen sozialem Handeln einerseits und Raumstruktur andererseits. So integriert sie den Raum in den Handlungsverlauf der Menschen. Damit werden alle Räume zu sozialen Räumen, da kein Raum existieren kann, der nicht durch die Syntheseleistungen der Menschen gebildet wurde. Zugleich wird damit jede subjektive Handlung in Relation zu ihren historischen Strukturen gesehen. Die in Löws Theorie verankerte Gleichzeitigkeit des „Spacings" und der „Syntheseleistung", bestimmt auch die methodische Grundannahme der vorliegenden Studie und das „wechselseitig bedingte dialektische Verhältnis" zwischen Handeln und Struktur: Die Obdachlosen gestalteten die sie prägenden Räume aktiv mit.[42]

---

[39] Ebenda, S. 224.
[40] Raum konstituiert sich nach Löw „durch das Plazieren von sozialen Gütern und Menschen bzw. das Positionieren primär symbolischer Markierungen, um Ensembles von Gütern und Menschen als solche kenntlich zu machen. […] Spacing bezeichnet bei beweglichen Gütern oder bei Menschen sowohl den Moment der Plazierung als auch die Bewegung zur nächsten Plazierung", ebenda, S. 158.
[41] Ebenda, S. 159.
[42] Füssel, Rückkehr, S. 152.

Die Verknüpfungsleistungen formen sich aber nicht allein durch den Menschen, sondern sind vom spezifischen Ort abhängig, an dem der jeweilige Raum entsteht. Es ist einer der großen Vorteile der Raumsoziologie von Martina Löw, dass sie zwischen Ort und Raum differenziert. Der Ort unterscheidet sich vom Raum, indem er konkret und benennbar ist. Orte existierten auch ohne die Handlungen der Menschen. Das Obdachlosenasyl bleibt auch, während es für die Obdachlosen über Tag geschlossen ist, als städtischer Ort erhalten. Der Raum des Obdachs konstituiert sich indessen nur durch die Synthese der Obdachlosen mit denen am Ort befindlichen historischen Beständen, also am Beispiel des Asyls etwa durch die Interaktion der Obdachlosen mit der Hausordnung. Für die geschichtswissenschaftliche Forschung ist daher der jeweilige historische Kontext der Orte, also die geschichtlichen Strukturen, in denen sie eingebettet waren, zu berücksichtigen. Davon ausgehend werden Orte je nach Klasse, Geschlecht, Habitus und historischen Kontexten ungleich angeeignet, was bedeutet, dass am gleichen Ort unterschiedliche Räume entstehen können.[43]

Ein letzter Faktor, der besonders zur Herausarbeitung von Stigmatisierungen und Wahrnehmungsmuster berücksichtigt werden muss, ist die Wirkungsweise der Räume auf Außenstehende. Aus seiner charakteristischen Ausformung heraus entwickelt jeder Raum eine eigene „Atmosphäre", die zum Teil durch bewusste Inszenierung und Positionierung der sozialen Güter und Menschen im Raum vorbereitet wird.[44] Dies bedeutet, dass die Außenwirkung jedes Raums erstens aus dem Entstehungsprozess heraus manipulierbar und zweitens abhängig vom Wahrnehmenden ist. Die Obdachlosen konnten demnach durch bestimmte Handlungen im Raum gezielt Wahrnehmungen auslösen.

Auf dieser methodischen Basis lässt sich der historische Lebensraum der Obdachlosen zu drei vorrangigen Einzelräumen verdichten: der *Straße*, dem *Amt* und dem *Obdach*. Diese Einzelräume dürfen jedoch nicht als selbstständige Konstruktionen gesehen werden, sondern sie überlagerten sich, waren voneinander abhängig und können nur gemeinsam den Lebensraum der Obdachlosen abbilden. Sie werden an verschiedenen konkreten Orten in der Stadt greifbar. Ziel der vorliegenden Studie ist es, die historischen Erfahrungen zu analysieren, die sich durch das Zusammenspiel von Obdachlosen, Orten und gesellschaftlich-staatlichen Akteuren ergaben. Damit werden die Praktiken herausgearbeitet, die sich zwischen sozialen und materiellen Gütern (historischen Beständen) und Personen an spezifischen Orten (historischen Strukturen) mit den Obdachlosen (Subjekten) zu einem Raumgefüge zusammenschlossen.

---

[43] Löw, Raumsoziologie, S. 198–203.
[44] Unter Atmosphäre versteht Löw, „die in der Wahrnehmung realisierte Außenwirkung sozialer Güter und Menschen in ihrer räumlichen (An)Ordnung", ebenda, S. 205.

Forschung

Die Vereinten Nationen erklärten das Jahr 1987 zum „International Year of Shelter for the Homeless".[45] Diese Würdigung ist ein Spiegelbild für die Bedeutungszunahme von Obdachlosigkeit in der Politik, in der Öffentlichkeit und letztlich auch der in der Wissenschaft. Es waren vor allem die Sozialwissenschaften, die in den 1970er-Jahren zur öffentlichen Problematisierung des Themas beitrugen und dieses neue Forschungsfeld besetzten – einerseits eigeninitiativ, andererseits im Zuge von Auftragsstudien für Kommunen.[46] In diesem sensibilisierten öffentlichen Klima erschienen Ende der 1980er-Jahre auch erste Untersuchungen, die aus der zeitgenössischen Perspektive einen Blick zurückwarfen. Die ersten Studien stammten aber ausschließlich von Autoren, die selbst in der Obdachlosenbetreuung tätig gewesen waren.[47] Ziel dieser sozialwissenschaftlichen Studien war es weniger, Obdachlosigkeit in ihren historischen Dimensionen zu untersuchen, sondern wie Wolfgang John es für sich beanspruchte, „sozialpädagogische und sozialpolitische Konzepte einer veränderten Nichtsesshaftenhilfe" der 1980er-Jahre vorzulegen.[48] Ralf Könen hoffte, dass durch seine Arbeit „Obdachlosigkeit und Armut effektiver verhindert" werden könne und Eberhard von Treuberg wollte nicht nur seine praktischen Erfahrungen mit einer „wissenschaftlichen Aufarbeitung" verbinden, sondern gleichermaßen zu einer „nicht diskriminierenden realistischen Sichtweise" auf „Nichtsesshafte" beitragen.[49] Zwar liefern die drei Arbeiten wertvolle Erkenntnisse – vor allem in Form empirischer Ergebnisse –, dennoch beleuchten sie jeweils nur Teilaspekte des Gesamtphänomens. John und von Treuberg beschränken sich auf die „Nichtsesshaften".[50] Könen sieht Obdachlosigkeit einzig als Faktor der Wohnungsnot im Sozialstaat. Nicht nur verzichten die Untersuchungen stellenweise auf Belege, sondern ihre Quellengrundlage stützt sich ausschließlich auf publiziertes Material, wodurch sie an vielen Stellen die zeitgenössische Darstellung von Obdachlosigkeit durch Wohlfahrtsverbände und Staat nachbilden, anstatt zu erforschen.

Die erste geschichtswissenschaftliche Arbeit 1999 war angeregt durch die breite Rezeption von Michel Foucault. Florian Oberhuber sah die Obdachlosen als ein „Substrat einer Fokussierung von Biomacht und Gesetzesmacht", sprich: Obdach-

---

[45] UN, General Assembly v. 4. 12. 1981, URL: http://www.un.org/Docs/journal/asp/ws.asp?m=A/RES/36/71 [18. 2. 2019].

[46] Vgl. z. B.: Abels, Obdachlose; Vaskovics, Eingliederung; Vaskovics, Stand; Adams, Nachhut; Albrecht, Obdachlose; Bura, Obdachlosigkeit; Kögler, Obdachlosigkeit.

[47] Dies ist ein Spezifikum der Forschungen zu Obdachlosigkeit, das bis heute erhalten geblieben ist, vgl. z. B.: Arbeitsgemeinschaft Wohnungslosenhilfe München und Oberbayern, Ausgegrenzt.

[48] John motivierten seine persönlichen Erfahrungen in der „praktischen Nichtsesshaftenhilfe", eine Studie zu verfassen, wie er im Vorwort ausdrücklich betont, John, Wohnsitz, 12 f.

[49] Könen arbeitete mehrere Jahre in einer Obdachlosensiedlung, Könen, Wohnungsnot, S. 13. Treubergs Arbeit war ebenfalls angeregt durch seine Tätigkeit in einem Heim für „Nichtsesshafte", Treuberg, Mythos, 5 f.

[50] John verwendet in seiner Studie zwar konsequent die unbelastete Bezeichnung „Wohnungslose", seine Untersuchungsgruppe entspricht aber den „Nichtsesshaften". Treuberg untersucht fast ausschließlich die Entwicklung der privaten Wandererfürsorge.

lose würden nicht von sich aus existieren, sondern seien ein Produkt gesellschaftlicher Machtprozesse.[51] Auch wenn er wertvolle Ansätze zur Untersuchung fürsorgerischer Disziplinierungsstrategien aufzeigte, so blieben die Betroffenen als Akteure innerhalb dieser Machtprozesse außen vor und ihre scheinbare gesellschaftliche Randständigkeit wurde damit unreflektiert reproduziert.[52] Beate Althammer analysierte 2017 in ihrer Habilitationsschrift zu „Vagabunden" die Kontinuitäten vom 19. Jahrhundert bis zum Ende der Weimarer Republik und verortete Obdachlosigkeit systematisch zwischen Armut, Kriminalität und Mobilität.[53] Britta-Marie Schenk weitete dies ein Jahr später für das 20. Jahrhundert in einem kurzen, überblicksartigen Beitrag aus und wies hier auf die Kontinuitäten exkludierender Repressions- und inkludierender Hilfsmaßnahmen vom späten 19. Jahrhundert bis in die heutige Zeit hin.[54] Zum Aspekt der Mobilität der Obdachlosen – insbesondere die durch die Weltwirtschaftskrise ausgelösten Wanderungen – hat Jan Kaufhold jüngst publiziert.[55] Am Beispiel der sogenannten „Palme" in Berlin hat jüngst Florian Bielefeld eine detailreiche Studie zu den Lebensverhältnissen im Obdachlosenasyl Berlins zwischen Kaiserreich und Nationalsozialismus vorgelegt.[56] Damit erschöpft sich die Literatur derer, die Obdachlosigkeit als übergreifendes Phänomen darzustellen versuchten.

Jedoch kann die vorliegende Studie auf angrenzende Forschungsfelder zurückgreifen, für die innerhalb der Epochenabschnitte bereits zentrale Arbeiten vorliegen, die auch den Aspekt Obdachlosigkeit streifen. Im Wesentlichen handelt es sich dabei um zwei Themenkomplexe: Erstens ist dies die Geschichte von Armut und Sozialfürsorge. Die vorliegende Arbeit knüpft direkt an aktuelle Debatten zu einer integrierten Forschung von Armut und Sozialfürsorge an, die die beiden Themenfelder nicht separat, sondern als sich bedingende Einheit betrachtet.[57] Im Gegensatz beispielsweise zur britischen Historiografie wurde dieser Konnex in der

---

[51] Oberhuber, Erfindung, S. 104.
[52] Dies trifft nicht nur speziell für Oberhuber zu, sondern die Passivität der Akteure ist einer der großen Kritikpunkte an Foucaults Diskurs- und Machttheorien. Auch Oberhuber verzichtet in seiner Diskursanalyse auf die Auswertung von unveröffentlichtem Quellenmaterial zu Obdachlosen.
[53] Althammer, Vagabunden.
[54] Schenk, Geschichte; Vgl. dazu auch ihr derzeitiges Habilitationsprojekt an der Christian-Albrechts-Universität Kiel: *Ohne Unterkunft? Eine Geschichte der Obdachlosigkeit und der Obdachlosen im 19. und 20. Jahrhundert*, URL: https://www.histsem.uni-kiel.de/de/das-institut-1/abteilungen/geschichte-des-19-bis-21-jahrhunderts/promotions-und-habilitationsprojekte/aktuelle-forschungsprojekte-1 [19. 2. 2019].
[55] Kaufhold, Migration.
[56] Bielefeld, Rande.
[57] Vgl. hierzu den programmatischen Sammelband und insbesondere den Forschungsstand in der Einleitung: Raphael (Hrsg.), Poverty; Raphael, Introduction. Eine bis heute grundlegende Darstellung einer integrierten Geschichte der Armenfürsorge ist das vierbändige Werk von Christoph Sachße und Florian Tennstedt, Sachße/Tennstedt, Armenfürsorge Band 1; Sachße/Tennstedt, Armenfürsorge Band 2; Sachße/Tennstedt, Wohlfahrtsstaat; Sachße/Tennstedt, Armenfürsorge Band 4.

deutschen Geschichtswissenschaft lange vernachlässigt.[58] Armut scheint, umso mehr man sich der Zeitgeschichte nähert, als Forschungsthema zunehmend uninteressanter geworden zu sein. Während sie in den Studien zum Mittelalter und zur Frühen Neuzeit seit den 1980er-Jahren zum festen Themenkanon zählt, wurden für das 19. Jahrhundert und das Kaiserreich entsprechende Forschungen erst Ende der 1990er-Jahre angestellt.[59] Für die Weimarer Republik hat die Alltagsgeschichte das Themenfeld Obdachlosigkeit im Zusammenhang mit einer „Geschichte des Wohnens" angeschnitten.[60] Als Teil einer Untersuchung zu Wohnformen der Arbeiterklasse entwarf Adelheid von Saldern eine „über einhundert Jahre währende Kontinuitätslinie" von Obdachlosigkeit, die sie vom Kaiserreich bis in die 1990er-Jahre zieht.[61] Ihr Blick blieb dabei an den isolierten Lebensformen der Obdachlosen haften, wodurch sie die Kontinuitäten primär in der randständigen Verortung der Obdachlosen fand. Inwiefern die Handlungsweisen der Betroffenen die Kontinuitäten und das von Saldern inspirierte „Doppelprofil" des staatlichen Umgangs und der gesellschaftlichen Perzeption von Obdachlosigkeit stützten oder diesen entgegenliefen, blieb offen. Für die Bundesrepublik hat die geschichtswissenschaftliche Forschung in den letzten Jahren das Themenfeld Armut neu ausgelotet

---

[58] Rudloff, Welfare, 106 f.
[59] Vor allem die Historiografie zum Mittelalter und der Frühen Neuzeit erforschte Armut in Gestalt des Bettlers und des Vagabunden, Sachße/Tennstedt (Hrsg.), Bettler; Schubert, Leute; Küther, Menschen; Roeck, Außenseiter Für das 19. Jahrhundert liegen grundlegende Studien zur Entstehung der Wandererfürsorge, ihrer Akteure und Einrichtungen vor, auf die die Dissertation aufbauen kann. Einschlägig ist hier die Jubiläumsschrift: Kiebel (Hrsg.), Jahrhundert. Darin hervorzuheben ist der Beitrag: Holtmannspötter, Wanderarmenhilfe. Außerdem hat Jürgen Scheffler einige Publikationen zum Herbergssystem des Diakonischen Verbandes vorgelegt und eine zweibändige Quellenedition herausgegeben: Scheffler (Hrsg.), Bürger; Scheffler, Wandererfürsorge. In einem Aufsatz hat er darüber hinaus, die Relationen von Obdachlosigkeit und Urbanisierung bis zum Ersten Weltkrieg aufgezeigt, auf die diese Arbeit aufbauen kann, Scheffler, Weltstadt. Für eine systematische Einordnung der Wandererfürsorge in den geschichtlichen Kontext vgl. Strauss, Wandererfürsorge; Frie, Fürsorgepolitik; Kaiser (Hrsg.), Protestantismus. Für Armut und Sozialfürsorge im 19. Jahrhundert vgl. den Forschungsstand in Althammer, Vagabunden, S. 17–20. Grundlegend für die Obdachlosenbetreuung in Berlin vor dem Ersten Weltkrieg ist Hitzer, Netz. Für eine erste Einordnung kommunaler Reaktionen auf Obdachlose im Kaiserreich vgl. Schenk, Grenzen.
[60] Reulecke (Hrsg.), Geschichte; Davon war für die vorliegende Arbeit besonders zentral: Zadach-Buchmeier, Anstalten; Kähler (Hrsg.), Geschichte; Flagge (Hrsg.), Geschichte; Schildt (Hrsg.), Massenwohnung; Außerdem hat Klaus Trappman mit seinen Untersuchungen zur „Bruderschaft der Vagabunden" Forschungen zu Obdachlosen vorgelegt und mit der Ausstellung *Wohnsitz: Nirgendwo* in Berlin auch erstmals den öffentlichen Blick auf das Themenfeld gelenkt, Trappmann, Landstrasse; Kerner/Trappmann, Berlin; Künstlerhaus Bethanien (Hrsg.), Wohnsitz. Vgl. Wohnsitz: Nirgendwo, in: Die Zeit Nr. 9, 26. 2. 1982. Die Forschungen zu Vagabunden ergänzten außerdem die Arbeiten von Walter Fähnders in literaturgeschichtlicher Perspektive: Fähnders (Hrsg.), Existenzen; Fähnders, Exklusion; Fähnders/Zimpel (Hrsg.), Epoche; Zum Versuch beide Perspektiven zusammenzuführen vgl. Recktenwald, Kunde.
[61] Saldern, Häuserleben, S. 427. Außerdem sind aus dem Projektzusammenhang Aufsätze zum Themenfeld Obdachlose in der Weimarer Republik erschienen, die für diese Arbeit auch in ihrem lokalperspektivischen Zuschnitt grundlegend sind: Saldern, Arme; Nabasik/Seeger/Wolff/Ziegan, Wanderarme.

und Studien vorgelegt, auf die diese Untersuchung aufbauen kann.[62] Christoph Lorkes Studie ist vor allem für die Verortung von Obdachlosigkeit im öffentlichen Raum zentral.[63] Maike Haunschild erweitert die Ergebnisse Lorkes mit einer deutlicheren Einbeziehung der Akteure, die Armutsvorstellungen in der frühen Bundesrepublik prägen und liefert für die vorliegende Studie gewinnbringende Erkenntnisse zum Wandel der öffentlichen Wahrnehmung von Obdachlosigkeit im Umfeld der 68er.[64] Dorothea Lürbke erarbeitet am Beispiel von Castrop-Rauxel erste Analysen zur selektierenden Unterbringung von obdachlosen Familien und hat mit ihren Forschungen zum spezifischen Verhältnis von Armut und Stadt für die Bundesrepublik Neuland betreten.[65] Einschlägig zu diesem Aspekt ist die 2021 veröffentlichte Studie von Christiane Reinecke.[66] Sie ordnet die Obdachlosensiedlungen in der Bundesrepublik und in Frankreich in den Gesamtzusammenhang urbaner Problemzonen ein und nimmt dabei auch das Wechselverhältnis von Raum und Gesellschaft als Ausgangspunkt.

In den zahlreichen Studien, die zur Entwicklung der staatlichen Sozialfürsorge in den 1920er-Jahren und in der Bundesrepublik vorliegen, blieb Obdachlosigkeit bisher erstaunlich unbeachtet.[67] Ziel neuerer Forschungsansätze ist es, beide Forschungsgebiete zusammenzudenken, woraus sich neue Perspektivenhorizonte ergeben, die auch diese Arbeit nutzt: Zum einen treten die Inklusions- und Exklusionsmechanismen sozialer Prozesse in den Untersuchungsfokus, zum anderen kommen damit Konzepte von Armut und Devianz ins Forschungsinteresse.[68] Einen entscheidenden Beitrag hat hier der DFG-Sonderforschungsbereich *Fremdheit und Armut* geleistet, der Armut innerhalb gesellschaftlicher Devianz- und Delinquenzprozesse

---

[62] Zudem für die Arbeit relevante Aufsätze: Schenk, Männer; Rudloff, Schatten. Programmatisch für diese Entwicklung ist auch das späte Erscheinen des vierten Bandes von Sachße und Tennstedt im Jahr 2012. Vgl. dazu den Forschungsüberblick von Axel Schildt und seine Feststellung: „eine Sozialgeschichte der Armut im ‚Wirtschaftswunder' ist noch nicht geschrieben worden", Schildt, Sozialgeschichte, S. 98 f.
[63] Lorke, Armut; Lorke, Inszenierung; Lorke, Landstraße; Lorke, Utopien.
[64] Haunschild, Elend, S. 331–347.
[65] Lorke, Armut; Lürbke, Armut. Vgl. DFG-Projekt *Armut in Deutschland 1950 bis 1990* am Historischen Seminar der Albert-Ludwigs-Universität Freiburg.
[66] Reinecke, Ungleichheit; Reinecke, Wohnungsnot.
[67] Für Obdachlosigkeit in der Weimarer Republik sind folgende Publikationen zur Sozialpolitik sowie dem Aufbau und der Entwicklung des Wohlfahrtsstaates relevant: Peukert, Grenzen; Crew, Germans; Harvey, Youth. Für die Bundesrepublik vgl. die Reihe zur Geschichte der Sozialpolitik, von der insbesondere die Bände 3 und 4 für diese Arbeit Ansatzpunkte bieten: Schulz (Hrsg.), Geschichte; Hockerts (Hrsg.), Geschichte; Ruck (Hrsg.), Sozialpolitik. Außerdem zur Bundesrepublik: Föcking, Fürsorge. Einzelaspekte zu Obdachlosigkeit in der Sozialfürsorge finden sich am ehesten aus der entgegengesetzten Perspektive der Wohnungsfürsorge, vgl. Führer, Mieter; Führer, Exmissionen; Geyer, Wohnungsnot; Rudloff, Wohlfahrtsstadt; Schildt, Wohnungspolitik; Harlander/Hater/Meiers, Siedeln; Haerendel, Wohnungspolitik.
[68] Zur Vollständigkeit ist auch auf die Rolle von Experten in der Sozialfürsorge zu verweisen, die sich vor allem in neueren Studien zum *Social Engineering* niederschlugen. Die Rolle von Sozialexperten wird dem methodischen Zuschnitt dieser Arbeit folgend, jedoch nur am Rande von Interesse sein, vgl. Brückweh/Schumann/Wetzell/Ziemann, Engineering; Mergel, Ungleichheit.

verortet.[69] Die vorliegende Studie ergänzt diese Prozesse durch die Rolle der Betroffenen und zeigt, welchen Einfluss sie auf gesellschaftliche und staatliche Integrations- und Ausgrenzungsmodi hatten, und wie diese mit der Selbstwahrnehmung der Unterstützungsempfänger korrelierten.

Als zweites Themenfeld profitiert diese Arbeit von den umfangreichen Studien zu „Asozialen" im Nationalsozialismus und in der DDR, die sich zwischen den Themenfeldern Fürsorge und Verfolgung bewegen.[70] Erst durch die Studien von Wolfang Ayaß haben die „Asozialen" als Opfergruppe des „Dritten Reiches" Beachtung in der Geschichtswissenschaft gefunden.[71] Die Forschungen von Ayaß wurden aus zwei Richtungen ergänzt: Erstens durch kommunalgeschichtliche Studien zum Armenwesen und zur Sozialpolitik im Nationalsozialismus, die vor allem im Zusammenhang mit der Debatte um die Funktionen der „Volksgemeinschaft" auch eine punktuelle Neuverortung der „Asozialen" vorgenommen haben.[72] Und zweitens hat die KZ-Forschung die historische Perspektive auf die vielfältigen Verfolgungsmethoden spezifiziert.[73] Mit ihrer Fokussierung auf die Obdachlosen als Akteure wird die vorliegende Arbeit zeigen, welche Handlungsspielräume sich für die Betroffenen trotz der mörderischen Verfolgung ergeben konnten, welche Formen von Obdachlosigkeit auch im „Dritten Reich" präsent blieben, und damit zu einer Kontinuität obdachloser Lebensformen im 20. Jahrhundert beitrugen.

Quellen

Der Frage nach der Quellengrundlage dieser Studie muss die Frage vorangestellt werden: Was bleibt von einem Leben als Obdachloser? Von Obdachlosen finden

---

[69] Gestrich/Raphael (Hrsg.), Inklusion; Raphael/Uerlings (Hrsg.), Ausschluss; Raphael, Figurationen. Zur transnationalen Perspektive des SFB vgl. Gestrich/Raphael, Poor; Althammer/Raphael/Stazic-Wendt, Rescuing. Vgl. zudem den umfangreichen Begleitband zur Ausstellung *Armut – Perspektiven in Kunst und Gesellschaft*: Uerlings (Hrsg.), Armut. Für die vorliegende Studie besonders relevant sind die Publikationen von Beate Althammer zum Wandel von obdachlosen Lebensformen in der Industrialisierung, Althammer/Gerstenmayer (Hrsg.), Bettler; Althammer (Hrsg.), Bettler. Außerdem die früheren Studien zur Verortung von Obdachlosen zwischen Armut und Kriminalität: Rudolph, Kooperation; Roth, Kriminalitätsbekämpfung; Roth, Kriminalisierung; Rosenblum, Prison.

[70] Für die DDR vgl. Korzilius, Parasiten; Korzilius, Asoziale; Windmüller, Zwang; Zeng, Asoziale.

[71] Vgl. hier stellvertretend für die Fülle an Publikationen die einschlägigsten: Ayaß, Asoziale; Ayaß, Pik As; Ayaß, Arbeitshaus; Ayaß, Beispiel; Ayaß, Vagabunden. Vgl. zudem die Zusammenstellung grundlegender Quellen zur Verfolgung „Asozialer" im Nationalsozialismus: Ayaß (Hrsg.), Gemeinschaftsfremde. Außerdem den Begleitband zur Wanderausstellung *Wohnungslose im Nationalsozialismus* Ayaß (Hrsg.), Wohnungslose. Zudem an frühen Studien Eberle, Herzogsägmühle; Brunner, Bettler.

[72] Wimmer, Ordnung; Lohalm, Wohlfahrtsdiktatur; Roth, Asozialen; Roth, Verbrechensbekämpfung.

[73] Hörath, Asoziale; Hörath, Terrorinstrument; Hörath, Kriminalprävention; Gaida, Arbeitshaus; Schikorra, Kontinuitäten; Ayaß, Einweisung, in: Sedlaczek/Lutz/Puvogel/Tomkowiak (Hrsg.), Minderwertig; Sedlaczek/Lutz/Puvogel/Tomkowiak (Hrsg.), Minderwertig. Vgl. zudem Schleupner, Arbeitsscheu; Steinhöfel, Wohnungsfürsorgeanstalt.

sich keine schriftlichen Nachlässe in Archiven; selbst publizierte, tagebuchähnliche Dokumentationen ihres Lebens zählen für den Untersuchungszeitraum zu den Ausnahmen.[74] Die Studie muss sich daher in ihrer Quellenbasis überwiegend auf die Fremdüberlieferungen über diese Personen stützen – also auf das Archivgut der Akteure der Obdachlosenbetreuung in den Städten. Als Elemente der Raumkonstitution im Sinne der vorgestellten Raumanalyse können diese historischen Bestände jedoch durch die Syntheseleistung mit den Obdachlosen diese als Akteure aufzeigen und Aufschluss über deren Erfahrungen und Selbstverortung geben.

Als Überlieferungsträger der Obdachlosen können diagnostiziert werden: Erstens die kommunalen Verwaltungen und hier im Besonderen die Sozial- und Wohnungsfürsorgeämter sowie in preußischen Städten die sogenannte Obdachlosenpolizei.[75] Sie waren vor allem für den praktischen Umgang und direkte Betreuung der Obdachlosen zuständig. Die Akten enthalten Verwaltungsrichtlinien zur Betreuung des Personenkreises, Berichte über die Situation in den Unterkünften mit Hausordnungen und Sanierungsplänen, Belegungslisten sowie vielfältige Korrespondenzen mit weiteren Akteuren der Obdachlosenbetreuung und mit anderen Städten. Darüber hinaus sind in einigen Städten Einzelfallakten zu obdachlosen Familien in kommunalen Notunterkünften vorhanden – allerdings liegen diese unverzeichnet und in großem Umfang vor. Sie konnten im Rahmen dieser Arbeit nicht systematisch ausgewertet werden und wurden mittels Stichproben eingebunden.[76] Zwischen dem Verwaltungsschriftgut finden sich darüber hinaus auch Eingaben, Bittgesuche und Beschwerden der Obdachlosen. Diese sind nicht systematisch geordnet, sondern vielmehr dem Überlieferungszufall überlassen und eignen sich deshalb kaum zu einer strukturierenden Analyse. Dennoch sind es einige der wenigen schriftlichen Hinterlassenschaften der Obdachlosen, die für den individuellen Zusammenhang die seltene Möglichkeit bieten, die subjektive Perspektive einzelner Betroffener direkt einzufangen. Neben den Akten in den einzelnen Ämtern treten als weitere zentrale Quellen innerhalb der Stadtverwaltung die Proto-

---

[74] Schick, Jugend. Eine Anfrage beim Deutschen Tagebucharchiv Emmendingen blieb für den Untersuchungszeitraum ohne nennenswerten Erfolg.

[75] Im Stadtarchiv München (StadtAM) die Bestände Wohlfahrt und Wohnungsamt. Im Stadtarchiv Leipzig (StadtAL) der Bestand Armen-, Fürsorge- und Sozialamt (AFSA). Im Institut für Stadtgeschichte Frankfurt a. M. (ISG FRA) die Bestände Wohlfahrtsamt und Fürsorgeamt. Im Landesarchiv Berlin (LAB) die Akten der Senatsverwaltung für Arbeit und Soziales, Städtisches Obdach (A Rep. 003-01-01) sowie die Überlieferungen in den einzelnen Bezirksverwaltungen von Zehlendorf (B Rep. 210), Neukölln (A Rep. 044-08), Steglitz (A Rep. 042-08), Reinickendorf (A Rep. 050-08 und B Rep. 220), Wedding (B Rep. 203) und Prenzlauer Berg (C Rep. 134-16). Im Institut für Stadtgeschichte Gelsenkirchen (ISG) die Bestände Fürsorge/ Wohlfahrtsamt (GE 5), Soziales (GE 50), Stadt Gelsenkirchen und Städtische Polizeiverwaltung (GE 32). Für das Haus der Essener Geschichte (HdEG) die Bestände Wohnungsamt und Stadt Essen (Rep. 102). Im Stadtarchiv Stuttgart (StadtAS) die Zentralregistratur Fürsorge für Nichtsesshafte/Wandererfürsorge (18/1 Hauptaktengruppe 4).

[76] HdEG Stadtamt 50/9 Abt. Obdachlosenhilfe Kästen 1–74; StadtAM Wohnungsamt Abgabeverzeichnis Frauenholz Bündel 1–29. Ein erster Versuch zu einer systematischen Auswertung von Obdachlosen in Notunterkünften findet sich für das Beispiel Castrop-Rauxel bei Lürbke, Armut, S. 318 f.

kolle und Aufzeichnungen der Versammlungen der städtischen Vertreter.[77] Hier werden die Leitlinien, Konflikte und Probleme deutlich, mit denen die Kommunen bei der Verwaltung der Obdachlosen konfrontiert waren. Ergänzt wird diese Perspektive durch die Überlieferungen des Deutschen Gemeinde- bzw. Städtetages als kommunales Diskussionsforum.[78]

Den behördlichen Zugriff auf Obdachlose ergänzen zweitens die Überlieferungen von Polizei und Justiz.[79] Obdachlose als Gefährdung der öffentlichen Ordnung und Sicherheit waren Aufgabe der Polizei und die Beamten waren damit für deren Behandlung im öffentlichen Raum zuständig. Anordnungen, Berichte, Statistiken und internes Schriftgut geben Einblicke in die alltägliche Arbeit der Polizei mit Obdachlosen. Darüber hinaus findet sich in München ein umfangreicher Bestand personenbezogener Strafakten, die die polizeiliche Verfolgung von Obdachlosen von der Weimarer Republik bis in die Bundesrepublik abbilden. Insbesondere die Vernehmungsprotokolle können hier als Quellen gelesen werden, die zwar nicht von den Betroffenen selbst verfasst wurden, in denen diese aber über ihr Leben und ihre soziale Situation Auskunft geben. Sie können als Ego-Dokumente im erweiterten Verständnis ausgewertet werden.[80] Dieser Zugriff bestimmt auch die protokollierten Aussagen von Obdachlosen vor Gericht. Die Überlieferung der Gerichtsakten ist jedoch von einer Besonderheit in der Verurteilungspraxis von Obdachlosigkeit als Straftatbestand beeinflusst. Obdachlosigkeit galt als ein Kleindelikt, das durch ein beschleunigtes Verfahren möglichst keinen Verwaltungsaufwand verursachen sollte. Zu diesem Zweck kennt die Justiz bis heute die Instanz des sogenannten Schnellrichters, der in vielen Städten im Polizeipräsidium ansässig war oder ist. Von ihm konnten ohne lange Fristen und lediglich durch mündliche Anklage Personen im begrenzten Strafrahmen unmittelbar verurteilt werden. Der historischen Analyse verschließen sie sich aber insofern, als sie kaum Akten produzieren und somit keine Überlieferungen hinterließen. Die vorhandenen Gerichtsakten behandeln daher in den wenigsten Fällen eine Verurteilung gemäß

---

[77] StadtAM Ratssitzungsprotokolle (RSP) des Stadtrates sowie der jeweiligen Unterausschüsse. StadtAL Stadtverordnetenversammlung und Rat der Stadt Leipzig (StuVR). ISG FRA Magistratsakten und Stadtverordnetenversammlungen. LAB Akten des Magistrats (C Rep. 118) sowie des Regierenden Bürgermeisters von Berlin/Senatskanzlei (B Rep. 002). HdEG Oberstadtdirektion, Oberbürgermeister.

[78] Die für die Arbeit einschlägigen Sachgruppen des Deutschen Gemeindetags (DGT) von 1918–1945 liegen im Bundesarchiv Berlin (BArch) im Bestand Deutscher Gemeindetag (R 36). Der Deutsche Städtetag hat seine neueren Bestände noch nicht an das Bundesarchiv abgegeben. Die Arbeit stützt sich für die Bundesrepublik deshalb auf die Parallelüberlieferungen in Archiven der Mitgliedsstädte.

[79] Im Staatsarchiv München (StaatsAM) der Bestand Polizeidirektion München (Pol. Dir. Mü.), Staatsanwaltschaft München I (Staanw. Mü. I). Im Staatsarchiv Leipzig (StaatsAL) Polizeipräsidium Leipzig (PP Leipzig) und Amtsgericht Leipzig (AG Leipzig). Im LAB Stadtbezirksgericht Berlin-Mitte (C Rep. 341) und Polizeipräsident in Berlin (C Rep. 303-09).

[80] Gestrich, Leben. Wie gerichtliche Verhörprotokolle die Vorstellungen der Menschen widerspiegelten, zeigten schon in den 1970er-Jahren Carlo Ginzburg und Emmanuel Le Roy Ladurie als Teil neuer mikro-geschichtlicher Ansätze, Ginzburg, Käse; Le Roy Ladurie, Montaillou.

§ 361, sondern enthalten Verhandlungen, bei denen Obdachlose aufgrund anderer Straftaten angeklagt waren.[81] Dennoch sind diese Quellen nicht zu vernachlässigen, sie beinhalten Vernehmungsprotokolle, Gnadengesuche und Beschwerdebriefe sowie medizinische Gutachten und zeigen, wie die Obdachlosen auf ihre soziale Situation rekurrierten und inwiefern die Obdachlosigkeit ihr Selbstverständnis formte.

Die Obdachlosenfürsorge lag im 19. Jahrhundert überwiegend in der Hand privater Wohlfahrtsvereine. Diese blieben, auch nachdem sich Staat und Kommunen auf diesem Feld etablierten, weiterhin aktiv. An erster Stelle zu nennen, sind hier die Bahnhofsmissionen, die Ende des 19. Jahrhunderts als dezidiert großstädtische Hilfe entstanden und in gewisser Weise einen Gegentrend zur damals ansonsten sehr ländlich orientierten privaten Wandererfürsorge darstellten. Die Rolle der privaten Wohlfahrtsvereine in der Interaktion mit Kommunen und Betroffenen wird in der Arbeit am Beispiel Münchens veranschaulicht. Entsprechend der katholisch geprägten Tradition der Stadt werden in erster Linie die katholischen Fürsorgeverbände berücksichtigt.[82] Dafür wurden die Bestände der Bahnhofsmissionen sowie weiterer katholischer Mitgliedsvereine im Caritasverband wie beispielsweise dem Katholischen Fürsorgeverein für Frauen, Mädchen und Kinder (KFV) im Archiv des Caritasverbandes der Erzdiözese München und Freising e. V. (DiCV) sowie im Archiv des Caritasverbandes in Freiburg (ADCV) herangezogen. In München ist zudem seit 1951 der Katholische Männerfürsorgeverein (KMFV) maßgebend in der Obdachlosenhilfe, der seit 1952 das Unterkunftsheim für Männer verwaltet und dessen Vereinsüberlieferungen einen detaillierten Blick auf den Alltag im Obdachlosenasyl bieten.[83] Außerdem kann am Beispiel des KMFV eindrücklich veranschaulicht werden, wie die private Wohlfahrt nach dem Zweiten Weltkrieg die Stadt als Aktionsraum besetzte.

Zuletzt sieht die Arbeit viertens auch die städtischen Öffentlichkeiten als einen zentralen Akteur, der den Lebensraum von Obdachlosen erheblich beeinflusste. Dies kommt vor allem in Form der zeitgenössischen Berichterstattung über Obdachlose zum Ausdruck. Neben der systematischen Auswertung einzelner Medien wurde hierfür auf die in vielen Stadtarchiven vorhandenen Zeitungsausschnittsammlungen zum Themenfeld Obdachlosigkeit zurückgegriffen.[84] Ein besonderes Augenmerk wird dabei – auf Grundlage neuerer Ansätze der Ikonografie – auf die visuelle Repräsentation der Obdachlosen in den Medien geworfen, die das „Image" der Betroffenen in der Öffentlichkeit entscheidend prägten. Ergänzt wird dieses öf-

---

[81] Eine Ausnahme bilden hiervon die Akten im LAB C Rep. 341, die jeweils eine Anklage nach § 361 Abs. 8 RStGB enthalten.

[82] Die Beteiligung der protestantischen Wohlfahrtsverbände an der Obdachlosenfürsorge ist durch die langjährige Tradition der Bodelschwinghschen Anstalten bereits gut erforscht und zentrale Quellen ediert: Scheffler (Hrsg.), Bürger; Mylonas, Wiederaufbau.

[83] Die Überlieferung findet sich in der Zentralverwaltung des KMFV in der Kapuzinerstraße München. Darüber hinaus wurden einzelne Akten im Unterkunftsheim in der Pilgersheimerstraße 11 gesichtet. Für Quellenhinweise und die Hilfe bei der Suche sei insbesondere Dr. Michael Heidegger gedankt.

[84] Die *Frankfurter Allgemeine Zeitung* (FAZ), *Der Spiegel*, *Die Zeit*, die *Vossische Zeitung* und der *Vorwärts* wurden systematisch ausgewertet.

fentliche Bild durch zeitgenössische Fachliteratur aus Medizin, Sozialwissenschaften und Strafrecht, die den Diskurs über Obdachlosigkeit vervollständigte.

Räume der Obdachlosen: Leitlinien und Aufbau

Ausgehend vom methodischen Ansatz und der Quellenbasis gliedert sich die vorliegende Studie in drei Erfahrungs- und Handlungsräume der Obdachlosen: Die *Straße*, das *Amt* und das *Obdach*. Diese drei analytischen Räume waren im Alltag der Obdachlosen omnipräsent, sie überlagerten und bedingten sich. Die Räume bilden die übergreifende Klammer und Leitlinie der Studie. Sie zeigen die Konjunkturen und Kontinuitäten von Obdachlosigkeit im Untersuchungszeitraum und strukturieren die Arbeit. Greifbar und benennbar werden sie jedoch nur an konkreten städtischen Orten, nach denen die Arbeit unterteilt ist. An diesen spezifischen Orten der Obdachlosigkeit wurden die Räume der Obdachlosen in unterschiedlicher Form für die Betroffenen erfahrbar und bestimmten damit ihr Handeln.

Im Mittelpunkt des Raums der *Straße* steht die Frage nach der Verortung von Obdachlosen in der urbanen Öffentlichkeit. Die Arbeit begibt sich hierfür zunächst auf die Straßen der Stadt. Das *erste* Kapitel zeigt, welche neuen Dimensionen das Phänomen Obdachlosigkeit zu Beginn des 20. Jahrhunderts ausmachten (Kap. 1.1) und zeigt, wie sich Obdachlosigkeit bis in die bundesrepublikanische Zeit (Kap. 1.3) von einem ländlichen zu einem urbanen Phänomen entwickelte, obwohl es zugleich vor allem im „Dritten Reich" gegenläufige Verdrängungsmechanismen gab (Kap. 1.2). Im *zweiten* Kapitel blickt die Studie auf die „dunklen Winkel" und schmalen Gassen der Städte und untersucht wie Obdachlose nach geschlechterspezifischen Kriterien zu einem Gefahrenpotenzial für die Gesellschaft erklärt wurden. Während obdachlose Männer oft als Bettler und Arbeitsscheue als kriminell galten (Kap. 2.1), fanden sich viele Frauen in einem Teufelskreis zwischen Prostitution und Obdachlosigkeit wieder und wurden als sittliche und gesundheitliche Bedrohung stigmatisiert (Kap. 2.2). Das *dritte* Kapitel nimmt Orte der Öffentlichkeit mit sichtbaren Formen von Obdachlosigkeit wie Plätze, Parkanlagen, Brücken und Einkaufspassagen in den Fokus. Es fragt, welche unterschiedlichen Strategien Obdachlose für ihre öffentliche Darstellung nutzten (Kap. 3.1) und inwieweit sie durch die Besetzung öffentlicher Orte Einfluss auf Räume einer Stadt nehmen konnten bzw. diese in ihren Lebensraum integrieren konnten (Kap. 3.2). Das *vierte* Kapitel behandelt den Bahnhof als Drehscheibe urbaner Obdachlosigkeit. In dessen Umfeld zentrierte sich das vermeintlich kriminelle, sittliche und gesundheitliche Gefahrenpotenzial von Obdachlosigkeit (Kap. 4.1). Zugleich stellte er durch die Bahnhofsmissionen umfangreiche Hilfsleistungen bereit (Kap. 4.2) und wurde von Obdachlosen als eigensinniger Lebensraum genutzt (Kap. 4.3).

Mit dem *fünften* Kapitel begibt sich die Arbeit in den Raum des *Amtes*, der sich durch die Ambivalenz von Obdachlosigkeit zwischen Fürsorge- und Strafrecht und demnach im Sozialamt und im Gericht konstituiert. Zunächst wird gezeigt wie devianten Zuschreibungen die Fürsorgepraxis beeinflussten (Kap. 5.1) und in welches

Zuständigkeitsgeflecht zwischen Wohlfahrt und Polizei sich die Obdachlosenhilfe im 20. Jahrhundert verstrickte (Kap. 5.2). Anschließend wird gezeigt, welche Fürsorgemaßnahmen der Sozialstaat für Obdachlose bereitstellte (Kap. 5.3). Im *sechsten* Kapitel wird schließlich untersucht, wie die Fürsorgepraxis durch das Strafrecht komplementiert wurde. Obdachlose wurden nicht nur strafrechtlich verfolgt (Kap. 6.1), sondern zugleich durch die gerichtliche Praxis marginalisiert (Kap. 6.2). Gleichzeitig konnten sie als Angeklagte aber ihre Position im Raum des Gerichts vertreten und diese Verortung nutzen, um sich als individuelle Subjekte in die Verhandlung einzubringen und dadurch ihrer Marginalisierung entgegen zu treten (Kap. 6.3).

Im letzten Teil der Arbeit fokussiert die Studie unter dem Titel *Obdach* auf jene Orte, die der räumlichen Kompensation der Stigmatisierung der Obdachlosen entsprachen. Sie ging einher mit Isolationserfahrungen, die sich an vier Orten unterschiedlich ausprägten. Zunächst blickt die Studie im *siebten* Kapitel auf das Obdachlosenasyl und arbeitet heraus, wie dieses im Verlauf des 20. Jahrhunderts zu einer festen Konstante im Alltag der Obdachlosen wurde und zugleich verschiedenen Reformansätzen unterlag (Kap. 7.1). Die Asyle waren zu jeder Zeit ein Barometer für die soziale Situation und wurden dementsprechend öffentlich inszeniert (Kap. 7.2). In einem letzten Unterkapitel steht der Alltag der Obdachlosen im Asyl im Fokus (Kap. 7.3). Entlang von Hausordnungen arbeitet die Studie das Handeln der Obdachlosen heraus und zeigt wie die Disziplinierungsmaßnahmen nicht nur einseitig das Leben der Obdachlosen regulierten, sondern wie diese wiederum in ihrer Erwiderung auch eine nachhaltige Praxisänderung im Obdachlosenasyl erzwingen konnten. Neben dem Asyl wird *achtens* ein Ort untersucht, der in den 1920er-Jahren als Reaktion auf neue urbane Formen von Obdachlosigkeit entstand: die Obdachlosensiedlung. Die Kommunen hierarchisierten die Obdachlosen, hier insbesondere Familien, von der Weimarer Republik an nach einem Drei-Stufen-Modell (Kap. 8.1), das in Ostdeutschland schon mit Gründung der DDR, in Westdeutschland erst in den 1970er-Jahren abgeschafft wurde (Kap. 8.2). Wie sich die Kriterien zum sozialen Auf- und Abstieg veränderten, wie die Bewohnerinnen und Bewohner darauf Einfluss nehmen konnten und welche Folgen ein Leben in den Siedlungen hatte, zeigt Kapitel 8.3. Der Bunker war nicht nur ein temporärer Aufenthaltsort, sondern prägte in vielen Städten bis in die 1970er-Jahre das alltägliche Leben von Obdachlosen. Wie sich an diesem Ort Obdachlosigkeit von der kriegsbedingten Folge zum sozialen Randphänomen entwickelte, wird im *neunten* Kapitel nachgezeichnet. Im *zehnten* Kapitel werden schließlich die Eigeninitiativen der Obdachlosen zur Kompensation ihres Stigmas am Beispiel der wilden Siedlungen gewürdigt. In den wirtschaftlichen Krisen der Weimarer Republik führten viele Wege in diese selbst errichteten Siedlungen (Kap. 10.1 und 10.2). Die Bewohnerinnen und Bewohner erhofften sich in erster Linie ein selbst bestimmtes Leben (Kap. 10.3), dass sie auch im „Dritten Reich" trotz Repressionen nicht aufgeben wollten (Kap. 10.4). In der Not der Nachkriegszeit fanden viele alte Siedlungen wieder Zulauf und entwickelten sich an den Stadträndern der westdeutschen Städte zu regelrechten Slums. Die anfängliche Euphorie der Betroffenen über ein eigenständiges Leben endete in vielen Fällen in der sozialen Isolation (Kap. 10.5).

I. Die Straße:
Obdachlose im öffentlichen Raum

„Tatsachenberichte aus erster Hand" zum Leben auf der Straße wollte die Münchner *Abendzeitung* mit ihrer im Oktober 1960 veröffentlichten Artikelserie bereitstellen. Die Berichte sollten den Leserinnen und Lesern einen Einblick in das Leben obdachloser Menschen in der bayerischen Landeshauptstadt geben.[1] Die bildhafte Darstellung sowie die Beschreibungen präsentieren ein passives Bild der Obdachlosen: arm, schutzlos, männlich, faul und herumlungernd. Stereotype und stigmatisierende Bilder wie diese bestimmten über weite Strecken des 20. Jahrhunderts die öffentliche Repräsentation von Obdachlosen. Die Artikelserie war somit weniger ein „Tatsachenbericht" über die Münchner Obdachlosen im Jahr 1960 als vielmehr ein Spiegel des Verhältnisses zwischen Obdachlosen und urbanem Raum.

Diese Beziehung steht im ersten Erfahrungsraum *Straße* im Fokus, wobei sich der Raum durch zwei Relationen konzipiert: erstens durch die Wechselwirkungen zwischen Obdachlosigkeit und städtischer Öffentlichkeit – die Straße steht hier als eine Metapher für Öffentlichkeit sowie als Forum städtischer Kommunikation und als „Massenmedium".[2] Das zweite Verhältnis verläuft zwischen Obdachlosigkeit und Urbanität – die Straße wird hier zum Synonym städtischer Ordnungsstrukturen und urbaner Orte. Beide Dimensionen bedingten die Erfahrungen und die Wahrnehmungen von Obdachlosigkeit im urbanen Raum.

Der erste Teil dieser Studie bricht stereotype Bilder und zeigt, dass die Obdachlosen nicht als passive Objekte auf der *Straße* verharrten, sondern die Orte der Stadt aktiv nutzten und zu ihren Räumen synthetisierten. Dazu zeichnet die Arbeit zunächst die Wege der Obdachlosen vom Land in die Stadt nach und blickt auf die unterschiedlichen Lebensformen und Dimensionen von Obdachlosigkeit. Anschließend untersucht das Kapitel die gesellschaftliche Verortung der Obdachlosen an den „dunklen Winkeln" der Städte und zeigt, wie Obdachlose mit eben diesen Orten verschmolzen und dadurch selbst zum Gefahrenmoment in der Stadt wurden. Am Beispiel öffentlicher Plätze lässt sich nachvollziehen, wie Obdachlose urbane Orte umdeuteten und durch ihre dauerhafte Besetzung gegen die Verdrängungsmaßnahmen von Staat und Gesellschaft in ihren Lebensraum integrierten. Am Bahnhof, der Drehscheibe von Obdachlosigkeit im 20. Jahrhundert, liefen schließlich die Verdrängungs- und Integrationsmaßnahmen zusammen.

---

[1] Harmann, Ihr Heim ist die Straße, in: Abendzeitung München Nr. 248, 15./16. 10. 1960.
[2] Lindenberger, Straßenpolitik, S. 11. Unter Kommunikation werden im Folgenden „soziale Beziehungen, die über reine Informationsvermittlung hinausgehen", verstanden. Kommunikation offenbart sich damit als „konkrete, macht- und hierarchiegefügte Praxis", Saldern, Kommunikation, S. 15.

1. Wege in die Stadt: Urbanität und Obdachlosigkeit

Obdachlosigkeit ist eine Form der Armut, die fast ausschließlich in der Stadt existiert. Stereotype Bilder von Obdachlosen zeigen uns Menschen (meist Männer) auf der Straße, unter Brücken, auf öffentlichen Plätzen oder am Bahnhof. Diese für uns heute nahezu unwiderruflich erscheinende Verknüpfung von Obdachlosigkeit und Urbanität ist eine Entwicklung des 20. Jahrhunderts und war wenige Generationen zuvor keineswegs selbstverständlich.

Die traditionellen Vorstellungen von Obdachlosigkeit begründeten sich auf unterschiedlichen Vorbildern und Diskursen, die sich räumlich zwischen Stadt- und Landstraßen abspielten. Im Laufe des 20. Jahrhunderts waren diese Diskurse zunehmend weniger mit den zeitgenössischen Entwicklungen von obdachlosen Lebensformen vereinbar. Die „Brüder der Landstraße" fanden sich in den 1920er-Jahren auf Stadtstraßen, öffentlichen Plätzen und in verwinkelten Gassen wieder. Zugleich produzierte der urbane Raum durch Massenarbeitslosigkeit, Wohnungsnot und Landflucht neue Formen städtischer Obdachlosigkeit. In den Erfahrungen der Betroffenen passte sich ihr Lebensraum an und machte Obdachlosigkeit im 20. Jahrhundert zu einem spezifisch urbanen Phänomen. In der Weimarer Republik ergab sich daher das grundlegende Problem der sozialen (Neu-)Verortung von Obdachlosen. Ein Prozess, der in den 1920er-Jahren begonnen wurde und wie das folgende Kapitel zeigen wird, Fragen aufwarf, die bis heute aktuell geblieben sind: Wo war der soziale Platz der Obdachlosen? Wie wurden Obdachlose zu einem dezidiert städtischen Phänomen? Wie konkurrierten und überlagerten sich neue Lebensformen von Obdachlosigkeit mit den tradierten Vorstellungen?

1.1 Dimensionen der Obdachlosigkeit

Emil Münsterberg stellte 1895 auf der Jahresversammlung des „Deutschen Vereins für Armenpflege und Wohlthätigkeit" die „Frage nach der Fürsorge der Obdachlosen in den Städten".[3] Die Not der Obdachlosen war in den urbanen Ballungsgebieten in den beiden letzten Jahrzehnten sichtbarer geworden. Die seit den 1880er-Jahren – überwiegend aus privaten und konfessionellen Initiativen – aufgebaute Wandererfürsorge war jedoch in erster Linie auf dem Land aktiv. Den Visionen von Friedrich Bodelschwingh – dem Gründer der ersten Arbeiterkolonie im Deutschen Reich – hing sogar ein ausgesprochen „antiurbaner Impetus" an.[4] Großstadt- und Industriekritik in weiten Teilen der evangelischen Kirchen bedingten daher mitunter die rurale Lage der Arbeiterkolonien.[5] Man müsse sich eingestehen, so Münsterberg auf der Jahresversammlung, dass „die geschlossene Fürsorge durch Verpflegungsstationen sofort lückenhaft würde, sobald der der

---

[3] Münsterberg, Fürsorge, S. 20.
[4] Althammer, Vagabunden, S. 450–465, Zitat S. 450.
[5] Scheffler, Gründerjahre, S. 29.

Fürsorge Bedürftige in die Stadt eintritt".[6] Die Stadt verfüge weder über entsprechende Einrichtungen, noch könnten die bisherigen Anstaltssysteme des Landes auf die Städte übertragen werden. Obdachlosigkeit war zu Beginn des 20. Jahrhunderts für die Städte zu einem akuten Problem geworden.[7]

Mobilität

Wer waren die Menschen, die zu Beginn des 20. Jahrhunderts Gefahr liefen, obdachlos zu werden? Zeitgenössisch gingen Fürsorgeexperten von zwei getrennten Phänomenen aus: eine erste Gruppe waren die wandernden und vagabundierenden Armen, die Münsterberg als „nicht sesshafte" Obdachlose bezeichnete. Die Arbeitslosigkeit im 19. und 20. Jahrhundert veranlasste viele Menschen zu Wanderungen. Im Zuge von Industrialisierung und Landflucht drängten sie in der Hoffnung, Arbeit zu finden in die städtischen Zentren.[8] Nicht immer war ihre Suche erfolgreich, doch ohne Einnahmen waren die Menschen auch nicht in der Lage, eine Unterkunft zu bezahlen. Andere konnten zwar eine Anstellung finden, aber dennoch keine Wohnung, denn die Wohnraumerweiterung hielt in den großen Städten mit der Landflucht nicht mit, sodass die Wohnungsknappheit insbesondere für die unteren Schichten gegen Ende des Jahrhunderts zu einem sozialen Problem erster Ordnung geworden war. Dieser ersten Gruppe war der städtische Lebensraum fremd. Ihr Leben beschränkte sich in der Regel auch nicht auf eine einzige Stadt, sondern sie wanderten von Stadt zu Stadt. Eine der ersten Reaktionen der urbanen Zentren war daher auch die massenhafte Einweisung von Obdachlosen in die ländlichen Arbeitshäuser, die allerdings um die Jahrhundertwende an ihre Aufnahmegrenzen stießen.[9] In den meisten deutschen Großstädten entwickelten sich erst um diese Zeit Obdachlosenasyle, Ledigenheime und Bahnhofsmissionen.[10] Jene Orte waren zum einen eine Reaktion auf den Migrationsdruck in die Stadt, zum anderen machten sie durch ihre Hilfsangebote die urbanen Zentren attraktiver und waren zugleich Anziehungspunkte.

Eine zweite Gruppe setzte sich aus denjenigen zusammen, die bereits vor ihrer Obdachlosigkeit in der Stadt lebten – meist aber in prekären Verhältnissen. Erkrankung, Tod oder Arbeitsverlust des Haupternährers brachten vor allem Familien schnell in finanzielle Bedrängnis. Sie gerieten mit ihrer Mietzahlung in Verzug. Ohne schützendes Mietrecht oder ausreichende Armenpflege waren sie vom Wohnungsverlust durch Zwangsräumung bedroht. Sie stellten die Betroffenengruppe

---

[6] Münsterberg, Fürsorge, S. 20.
[7] Massow, Fürsorge, S. 79.
[8] Kranstedt, Migration, S. 52–60.
[9] Althammer macht bei den Einweisungen in das Arbeitshaus Brauweiler um die Jahrhundertwende ein starkes Stadt-Land-Gefälle aus. Der Großteil der Insassen kam nicht aus ländlichen Gebieten, sondern aus Städten und industriellen Ballungsräumen, Althammer, Vagabunden, S. 270.
[10] Zur Entstehung des Obdachlosenasyls siehe Kap. 7.1, S. 179–186. Vgl. zu dieser Einschätzung auch die Berichte der Berliner Bahnhofsmission, Kirchhof, Dienstfräulein, S. 46.

dar, die Münsterberg als „sesshafte Obdachlose" charakterisierte. Das entscheidende Differenzierungskriterium zwischen beiden Ausformungen der Obdachlosigkeit war somit ihre Mobilität und die sozial räumliche Nähe zur Stadt.

Gemäß dieser Unterscheidung behandelte auch der Deutsche Verein in seinen Diskussionen 1895 beide Formen städtischer Obdachlosigkeit getrennt. Statt sich auf die Lebensentwürfe der Bedürftigen zu konzentrieren, sah man sich zunächst den Mitteln verpflichtet, die die bisherige Fürsorge bestimmt hatten – die Wandererfürsorge auf der einen und die städtische Armen- und Wohnungsfürsorge auf der anderen Seite.[11] Dem Erfahrungsraum der Betroffenen entsprach diese Differenzierung nicht. Vielmehr stellte sie für Verwaltungs- und Fürsorgeexperten idealtypische Bilder bereit. Anhand dieser Bilder sollte sich städtische Obdachlosigkeit konkret verorten und beurteilen lassen und die Grenzen in der amtlichen Zuständigkeit gezogen werden. Dabei bemerkte Münsterberg schon 1895 kritisch:[12]

„Die Unterscheidung zwischen seßhaften und nichtseßhaften Obdachlosen wird in städtischen Verhältnissen den Erscheinungen des wirklichen Lebens nicht ganz gerecht."[13]

Die Obdachlosen können nicht länger durch den Stadt-Land-Gegensatz abgegrenzt werden, sondern befänden sich in einem ständigen Wechsel zwischen Land- und Stadtstraße, zwischen Mobilität und Sesshaftigkeit. Münsterberg fand mit diesem vergleichsweise fortschrittlichen Denken allerdings wenig Rückhalt innerhalb des Vereins und anderen sozialreformerischen Foren. Erst in den 1980er-Jahren sollten die beiden Kennzeichnungen im Wohnungslosen aufgehen.[14]

Urbanität

Nach dem Ersten Weltkrieg, in Folge der wirtschaftlichen und sozialen Not der Republik und besonders nach der Weltwirtschaftskrise glich sich der Lebensraum von Wanderern und sesshaften Obdachlosen zunehmend an. Fürsorgeexperten und kommunale Verwaltungsbeamte stießen mit ihren traditionellen Bildern von Obdachlosen an ihre Definitionsgrenzen und wurden nicht müde, auf die unterschiedlichen Erscheinungsformen von Obdachsuchenden in den Städten hinzuweisen:

---

[11] Münsterberg, Fürsorge, S. 68.
[12] Dies war 1895 sogar der konkrete Anlass für die erneute Diskussion des Themas: Die Fürsorge der Obdachlosen war schon zwei Jahre zuvor auf der Tagesordnung gestanden, die Erörterungen konnten allerdings nicht sinnvoll zu Ende geführt werden, so Münsterberg einleitend, weil die Problematik der sesshaften und nichtsesshaften Obdachlosen gemeinsam besprochen worden war, ebenda, S. 19.
[13] Ebenda, S. 57. Hier auch das nachfolgende Zitat. Für weitere Stellen, an denen Münsterberg mit der Differenzierung bricht vgl. ebenda, S. 35, 68.
[14] Lürbke, Armut, S. 307.

1. Wege in die Stadt: Urbanität und Obdachlosigkeit

„Bei den Obdachlosen eines Großstadtasyls lassen sich zwei grosse Gruppen unterscheiden: die eine, die auf der Durchreise sich befindet und zunächst nicht beabsichtigt, am Orte zu bleiben, die also zur nichtsesshaften, wandernden Bevölkerung gehört, und die andere, die am Orte selbst oder jedenfalls in seiner Nähe bleibt und also zwar obdachlos ist, aber doch zur sesshaften Bevölkerung zählt."[15]

„Die sogenannten Pennbrüder und Berufsbettler sind mehr und mehr von der Straße verschwunden. Sie halten sich meistens in den Städten als Ortsbettler auf, aber wagen sich nicht allzu weit auf das Land."[16]

Die Stadt etablierte sich in der Weimarer Republik als priorisierter Lebensraum beider Ausformungen von Obdachlosigkeit. Für „nichtsesshafte Obdachlose" war sie nun mehr denn je integraler Bestandteil der Wanderung. Die Städte lockten mit kurzzeitigen Arbeitsangeboten, temporären Unterkunftsmöglichkeiten sowie kostenlosen Versorgungsleistungen.

Sie wurden so immer öfter zum Daueraufenthalt statt zum kurzzeitigen Zwischenstopp.[17] Während die kommunalen Obdachlosenasyle in den Zentren wuchsen und reformiert wurden, ging die Anzahl der Wanderarbeitsstätten auf dem Land stetig zurück.[18] Die Mobilität blieb nach dem Ersten Weltkrieg jedoch weiterhin ein zentraler Bestandteil im Leben der Obdachlosen. Sie war jetzt allerdings nicht mehr Selbstzweck ihrer Lebensform, sondern vielmehr Mittel zum Zweck. Mobil war der urbane Obdachlose des 20. Jahrhunderts ebenso wie der Landstreicher und Vagabund des 19. Jahrhunderts – nun aber mobil innerhalb eines städtischen Raums und mobil zwischen verschiedenen Städten. Wer das meist auf wenige Nächte im Monat beschränkte Übernachtungskontingent im Obdachlosenasyl erschöpft hatte, zog in ein Asyl in einer nächstgelegenen Stadt weiter.[19] Die reichsweit ähnlich konfigurierten Orte wie Asyle oder Bahnhofsmissionen beförderten die Mobilität sogar insofern, als sie das Wandern von Stadt zu Stadt für die Betroffenen vereinfachten und standardisierten, was nicht zuletzt eine Folge der „Verreichlichung" der Fürsorge in der Weimarer Republik war.[20] Teilweise unterstützten die Kommunen die mobile Lebensform zwischen den einzelnen Städten sogar aktiv, indem sie Fahrkarten zur Weiterreise bezahlten und damit die Obdachlosen weiterschoben – aus Angst vor langfristig anfallenden Unterstützungskosten.

Auch der Einfluss des technischen Fortschritts in der Fortbewegung darf nicht unterschätzt werden. Während die Wanderer im 19. Jahrhundert mehrere Tage oder Wochen von Stadt zu Stadt auf der Landstraße zu Fuß unterwegs waren, konnten die Obdachlosen nach dem Ersten Weltkrieg die Eisenbahn nutzen, um weiterzuziehen, und mieden so den ruralen Raum. Gleichzeitig setzte sich die Landflucht des Kaiserreichs nach dem Ersten Weltkrieg ungebrochen fort und ließ

---

[15] Referat, Die Fürsorge für Obdachlose und mittellose Wanderer unter besonderer Berücksichtigung großstädtischer Verhältnisse, undat., ADCV 288 + 288.90 Fasz. 01.
[16] Braune, Wanderer, S. 210.
[17] Zwischen zwei Landstraßen, 27. 11. 1930, enthalten in: HdEG Zeitungsausschnittsammlung.
[18] Vgl. die statistische Auflistung bei John, Wohnsitz, S. 352.
[19] Vgl. zu den Übernachtungskontingenten in den Obdachlosenasylen, Kap. 7.3, S. 215–217.
[20] Sachße/Tennstedt, Armenfürsorge Band 2, S. 86.

die Städte weiter wachsen.[21] Sichtbares Kennzeichen dieser Verlagerung ist die Etablierung der Bahnhofsmission in der Weimarer Republik als feste Vermittlungsstelle für Obdachlose in der Stadt. Der Caritasverband forderte in seinem Jahresbericht 1928 den Aufbau weiterer solcher Transitzentren und verwies dabei auf die 200 000 Personen, die alljährlich im „Asphalt der Großstadt versickern" würden.[22] Statistische Überlieferungen der Bahnhofsmissionen zeigen, dass ein Großteil des betreuten Personenkreises entweder aus einer anderen Großstadt kam oder gar direkt aus der jeweiligen Stadt stammte.

Angesichts des Wohnungsmangels wurden auch für Familien die traditionellen Orte der Obdachlosen zentrale Bezugspunkte des Lebens. Der zugereiste alleinstehende Obdachlose, lag im Gemeinschaftsschlafsaal des Asyls neben dem Familienvater und nahm mit ihm gemeinsam das Mittagessen in der städtischen oder kirchlichen Suppenküche ein. Rund um den Bahnhof oder auf öffentlichen Plätzen konnten sie während der Weltwirtschaftskrise auf Gelegenheitsarbeiten oder Almosen hoffen. So musste sich die Münchner Bahnhofsmission 1930 gegenüber dem städtischen Wohlfahrtsamts rechtfertigen, weil mehr obdachlose Münchner die Einrichtung in Anspruch nahmen als zugereiste Wanderer.[23] Bei den Münchnern handelte es sich überwiegend um Erwerbslose, Kriegsgeschädigte oder zwangsgeräumte Personen, die bereits vor ihrer Obdachlosigkeit einen festen Wohnsitz in der Stadt gehabt hatten. An diesen Orten waren die Exmittierten den gleichen Stigmatisierungen, Vorurteilen und Erfahrungen ausgesetzt wie die „nichtsesshaften Obdachlosen". Was erst 50 Jahre später ins öffentliche Bewusstsein übergehen sollte, war seit den 1920er-Jahren Realität für die von Obdachlosigkeit betroffenen Personen geworden. Die gemeinsame Not hatte an den städtischen Orten der Obdachlosen zu einer weitgehenden Verschmelzung der beiden Ausformungen von Obdachlosigkeit geführt. Kriterium zur Differenzierung war damit nicht mehr die Mobilität, sondern der jeweilige Ort in der Stadt. Das Urbane war zum zentralen Element von obdachlosen Lebensweisen geworden.

Über die gemeinsamen Orte entwickelte sich in den 1920er-Jahren der Ansatz eines gemeinsamen Auftretens und Bewusstseins in der Öffentlichkeit, die die Obdachlosen in der Großstadt zwischenzeitlich sogar als „Klasse für sich" darstellte und den urbanen Raum zum priorisierten Lebensraum machte.[24] Vertreter der Wohlfahrtsverbände fürchteten, dass damit auch ein gewandeltes Handlungspotenzial der Obdachlosen entstehe. Caritasdirektor Walter Baumeister warnte 1933 in der Verbandszeitschrift vor den „ganz neuen Kategorien von Menschen", die sich unter den Obdachlosen befände und die „im Gegensatz zu den mehr passiv veranlagten" Wanderern „eine aktive Note in das Problem bringen" würde.[25]

---

[21] Zwischen 1925 und 1933 nahm der Bevölkerungsanteil in Großstädten (mehr als 100 000 Einwohner) von 26,8 auf 30,4% zu, während der in ländlichen Gemeinden (unter 2000 Einwohner) von 35,6 auf 32,9% sank, Langewiesche, Wanderungsbewegungen.
[22] Katholischer Caritasverband der Erzdiözese München Freising: Jahres-Bericht 1928, S. 24.
[23] Neuregelungen bei der Abgabe von Speisemarken v. 15. 11. 1930, StadtAM Wohlfahrt 4692.
[24] Ayaß, Pik As, in: Verachtet, S. 153. Eine Nacht im Asyl, in: Welt am Sonntag Nr. 30, 22. 7. 1928.
[25] Walter Baumeister, Strandgut des Lebens, in: Caritas 38 (1933), S. 301, enthalten in: ADCV 288+698.9 Fasz. 01.

Quantität

Presse und Verwalter der Asyle betonten – quer durch den Untersuchungszeitraum hindurch –, dass es längst nicht mehr nur die „alten Tippelbrüder" seien, die im Asyl eine Unterkunft suchten.[26] „Ein bunter Filmstreifen" von „Hilfsarbeiter[n], Schlosser[n], Leuten aus allen Handwerken kommend, aber auch [...] Kaufleuten, Prokuristen, [...] Techniker[n] und Architekten" suche jeden Abend Obdach.[27] Auch nach dem Zweiten Weltkrieg änderte sich an dieser Einschätzung wenig: In Düsseldorf meldete 1952 die Verwaltung des Obdachlosenheimes, dass „alle Berufe" und besonders stark Berufsgruppen aus der Metallindustrie und dem Bauhandwerk vertreten waren.[28] In München stellten in den 1960er-Jahren Handwerker nach den ungelernten Arbeitskräften die am häufigsten vertretene Berufsgruppe im Asyl.[29]

Diese neuen Lebensumstände der Obdachlosen zeigen, dass Obdachlosigkeit kein soziales Randphänomen war, sondern quer durch die Gesellschaft lief. Wie sich dies auch quantitativ bedingte, ist historisch schwer zu bemessen, da zeitgenössische einheitliche statistische Erhebungen fehlen. Stattdessen gibt es eine Fülle von lokalen Erhebungen zu einzelnen Einrichtungen und Städten. Jan Andreas Kaufhold hat solche Statistiken jüngst zusammengesetzt und versucht, ein Gesamtbild der Wanderströme in der Weimarer Republik zwischen 1929 und 1932 zu entwerfen.[30] Dennoch bleibt eine Aussage zu absoluten Zahlen schwierig. Der Mangel an verlässlichem quantitativen Datenmaterial ist ein grundlegendes Problem der Obdachlosenforschung. Bis heute liegen in Deutschland nur jährliche Schätzungen der BAG W über die Anzahl der Obdachlosen vor. Dies hat sich durch das im März 2020 verabschiedete Wohnungslosenberichterstattungsgesetz geändert, dass seit 2022 jährlich zum Stichtag 31. Januar die Wohnungslosen in Deutschland statistisch erfassen soll.[31]

Aufgrund der räumlichen Definitionsgrenzen dieser Studie wird versucht, anhand von Übernachtungszahlen in den städtischen Asylen eine Entwicklung der Obdachlosenzahlen im Untersuchungszeitraum zu skizzieren. Diese kann nur lokale Schlaglichter auf die Verläufe werfen und Konjunkturen und grobe Entwicklungslinien nachzeichnen.

Zunächst kann festgehalten werden, dass zu Beginn des 20. Jahrhunderts in den deutschen Großstädten die Obdachlosenzahlen kräftig stiegen. In Berlin und München erhöhte sich die Anzahl der von der Fürsorge betreuten Obdachlosen

---

[26] Vgl. hierfür z. B.: Nicht Nachtasyl, sondern Heim. Wie es heute in den Leipziger Herbergen aussieht, in: Neue Leipziger Zeitung, 2. 9. 1938; Die Not nimmt kein Ende, in: Rheinische Post Nr. 84, 11. 4. 1953; Die Obdachlosen unserer Stadt, in: FAZ, 14. 3. 1959; Der lachende Vagabund – eine Rarität, in: SZ, 24. 9. 1958.
[27] Letztes Obdach, in: Münchener Zeitung Nr. 307/308 (1930); Bei den Obdachlosen, in: MNN Nr. 95 (1931).
[28] Die Not nimmt kein Ende, in: Rheinische Post Nr. 84, 11. 4. 1953.
[29] Zusammenstellung auf Grundlage der Jahresberichte des KMFV von 1963, 1966 und 1968.
[30] Kaufhold, Migration, S. 105–110.
[31] Wohnungslosenberichterstattungsgesetz (WoBerichtsG) v. 4. 3. 2020, BGBl. I, S. 437, URL: http://www.bgbl.de/xaver/bgbl/start.xav?startbk=Bundesanzeiger_BGBl&jumpTo=bgbl120s0437.pdf [7. 5. 2021]

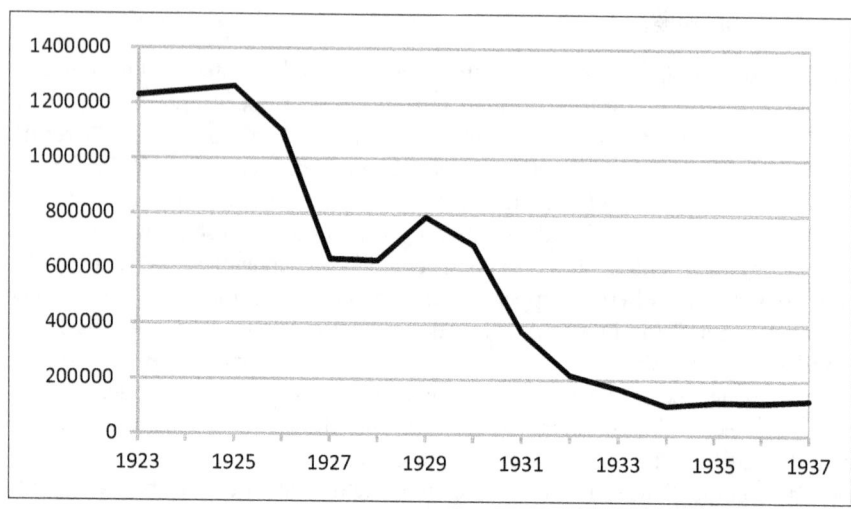

Grafik 1: Anzahl der Übernachtungen im städtischen Obdach Berlin, 1923 bis 1937[32]

zwischen 1908 und 1926 jeweils um 30 Prozent. Mit knapp 1,5 Millionen Übernachtungen von Obdachlosen im Jahr 1926 hielt die Reichshauptstadt den traurigen Spitzenwert unter den deutschen Metropolen.[33] Berlin kann, was die absoluten Zahlen von Obdachlosen betrifft, sicher als Ausnahme gekennzeichnet werden. Jedoch fielen die prozentualen Zuwachsraten in anderen Städten sogar zum Teil drastischer aus. In Leipzig verdreifachte sich die Zahl und Hamburg verzeichnete gar eine Steigerung um 373 Prozent. Die Hansestadt verdeutlicht aber auch, dass die Entwicklungen nicht zwangsläufig linear verliefen. So ging hier die Zahl der Übernachtungen in den Notunterkünften zwischen 1924 und 1926 bereits wieder um etwa 50 000 auf knapp 330 000 zurück.[34] Kommunalvertreter aus Hamburg beruhigte dieser leichte Rückgang indessen kaum, sie warnten vor dem Anziehungseffekt, den Fürsorgeleistungen und Unterkunftsbereitstellung hatten:

„Hamburg werde zweifellos niemals in der Lage sein, den zur Grossstadt drängenden Menschen ein menschenwürdiges Obdach zu gewähren. Jede Verbesserung werde den Zustrom nur vergrössern, ohne damit die Kaschemmen zu vertreiben."[35]

Ganz falsch lagen sie mit dieser Einschätzung nicht. Die Zahl der Obdachlosen unterlag in der Weimarer Republik großen Schwankungen, die zum Teil auch saisonal bedingt waren.[36] In Berlin stiegen sie vor allem in den ersten Jahren an, und ver-

---

[32] Statistisches Jahrbuch der Stadt Berlin, jeweilige Jahrgänge.
[33] Statistisches Jahrbuch deutscher Städte 22 (1927), S. 126.
[34] Vgl. Statistisches Jahrbuch deutscher Städte 23 (1928), S. 156; Statistisches Amt der Stadt München, Obdachlosenfürsorge, S. 10 f.
[35] Sitzung der Vereinigung nordwestdeutscher Wohlfahrtsämter v. 26./27. 11. 1926, BArch R 36/1906.
[36] Kaufhold, Migration, S. 108.

Grafik 2: *Übernachtungszahlen der Münchner Asyle Lothstraße 54/56 und Entenbachstraße 41/43 von 1913 bis 1933*[37]

zeichneten ab 1925 einen starken Fall, der lediglich durch die Jahre der Weltwirtschaftskrise 1929/30 unterbrochen wurde.

Die sinkende Kurve darf indessen nicht darüber hinwegtäuschen, dass die Zahlen in den 1920er-Jahren stets über dem Wert von 600 000 Übernachtungen pro Jahr lagen. In München erreichten die Übernachtungszahlen indessen selbst auf ihrem Höchststand von 1931 gerade einmal 140 000 Beherbergungen. Im Gegensatz zu Berlin zeichnet die Münchner Kurve allerdings einen kontinuierlichen Anstieg über die 1920er-Jahre.[38]

Zudem stieg im Zuge von Wohnungsnot und der Lockerung der Mieterschutzrechte sowie steigender sozialer Unsicherheit die Zahl der Zwangsgeräumten – der sogenannten Exmittierten – in der zweiten Hälfte der Weimarer Republik stark an. In München warnte der Wohnungsreferent nach der Änderung des Reichsmieterschutzgesetzes von 1926 vor der daraus resultierenden „Gefahr einer

---

[37] Eigene Grafik. Die Werte stammen aus: Asylverein für Obdachlose (Hrsg.): Rechenschaftsbericht 40 (1920)–41 (1921); Städtisches Wohlfahrts- und Jugendamt, Wohlfahrts- und Jugendamt, S. 122–128; Abteilung für männliche Obdachlose an Barmherzige Brüder v. 14. 8. 1928, StadtAM Wohlfahrt 4710; Verwaltungsbericht der Landeshauptstadt München 1913–1920, hrsg. v. Statistischen Amt der Stadt München; Verwaltungsbericht der Landeshauptstadt München 1924–1926, hrsg. v. Statistischen Amt der Stadt München; Landeshauptstadt München 1927–1929, hrsg. v. Statistischen Amt der Stadt München; Verwaltungsbericht der Landeshauptstadt München 1930–1932, hrsg. v. Statistischen Amt der Stadt München; Verwaltungsbericht der Hauptstadt der Bewegung 1933/34–1935/36, hrsg. v. Statistischen Amt der Hauptstadt der Bewegung.

[38] Vgl. zu München, Grafik 4, S. 156.

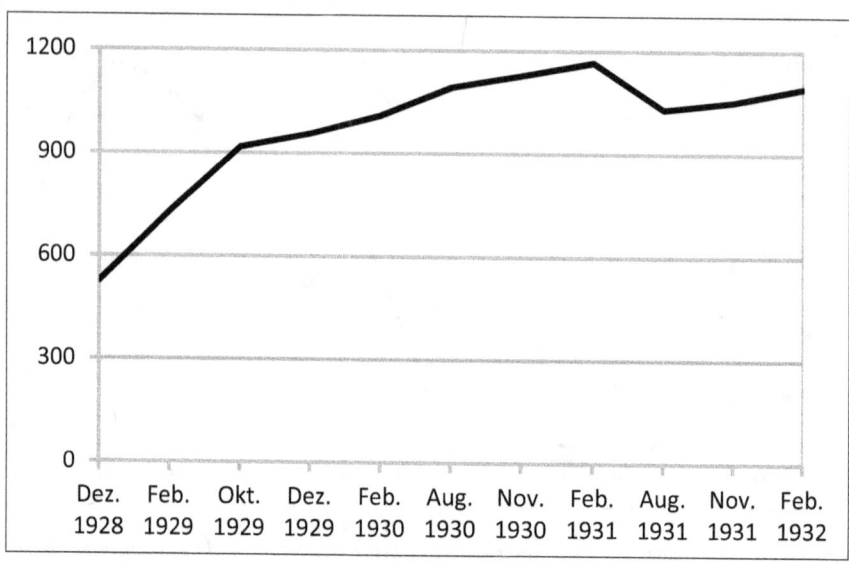

Grafik 3: Anzahl der obdachlosen Familien in Gelsenkirchen[39]

Obdachlosigkeit, wie wir sie bisher vielleicht nicht gehabt haben".[40] Nicht nur in München hatte die Unterbringung obdachloser Familien die Behörden vor neue Probleme gestellt, wie die steigenden Zahlen aus Gelsenkirchen beweisen. Dort hatte sich zwischen Dezember 1928 und Februar 1930 die Anzahl der obdachlosen Familien verdoppelt – insgesamt 1011 Haushalte mussten von der Stadt untergebracht werden.[41]

Die Statistischen Erhebungen aus Berlin, München und Gelsenkirchen zeigen aber auch, dass der quantitative Rückgang der Obdachlosen schon 1931 eingeleitet wurde. Im Gegensatz zur nationalsozialistischen Propaganda gingen die Obdachlosenzahlen nach 1933 nicht mehr maßgeblich zurück, stattdessen pendelten sie sich auf einem gleichbleibenden Niveau ein. Wenige Monate nach der „Bettlerrazzia" – im Dezember 1933 verzeichnet das Münchner Asyl sogar wieder einen kurzzeitigen Anstieg und blickt man nur auf die Frauenheime, setzte sich dieser Anstieg in den 1930er-Jahren sogar fort.[42] Im Mai 1937 zählten die Berliner Heime 1442 Übernachtungen von Frauen und 2329 von Kindern, dagegen nur 446 von Männern.[43] Der Grund hierfür lag vor allem in der Aufhebung der Wohnungszwangswirtschaft, wodurch nach wie vor viele Räumungsurteile vollstreckt wur-

---

[39] Unterbringung obdachloser Familien in Gelsenkirchen, ISG GE 32 Nr. 175.
[40] Helmreich in Geheimer Sitzung des Wohnungsausschusses, 18. 8. 1926, StadtAM RSP 699/9. Zu den Auswirkungen der Lockerung des Mieterschutzes und den Folgen für das Wohnungsamt der Stadt München vgl. den zeitgenössischen Bericht: Gut, Wohnungsfürsorge, S. 83–85.
[41] Unterbringung obdachloser Familien in Gelsenkirchen, ISG GE 32 Nr. 175.
[42] Sitzung des Hauptausschusses v. 7. 12. 1933, StadtAM RSP 706/5.
[43] Aufstellung zur Verfügung v. 4. 6. 1937, LAB A Rep. 003-01-01 Nr. 10.

1. Wege in die Stadt: Urbanität und Obdachlosigkeit

den und vermehrt Frauen und Kinder ihre Wohnungen verloren. Mit dem Ende der Wohnungszwangswirtschaft hatten auch die Wohnungsämter ihre zentrale Vermittlungs- und Kontrollfunktion auf dem Wohnungsmarkt verloren und wurden in vielen Städten aufgelöst.[44] Weiterhin möglich war jedoch die polizeirechtliche Beschlagnahmung von Wohnraum zur Einweisung von Zwangsgeräumten.[45] 1936 mahnten Kommunalvertreter aus Hannover im Reichsverwaltungsblatt: „So gibt es Gemeinden, die jede Familie, der Obdachlosigkeit droht, in die zu räumende Wohnung wieder polizeilich einweisen."[46] Die Anzahl der obdachlosen Familien blieb damit im „Dritten Reich" weitgehend unverändert. Als weitere Ausweichunterkunft für Familien stand ihnen oftmals nur das Asyl zur Verfügung. Die Stadt München stieß mit ihren 80 Betten schnell an ihre Grenzen und war im „Dritten Reich" weiterhin maßgeblich auf die Heime der konfessionellen Träger angewiesen, was sie selbst als unerträglichen Zustand wahrnahm:

„Da in der Frauenherberge nicht alle obdachlosen Frauen und Mädchen untergebracht werden können, sind wir gezwungen, vor allem junge, anständige Mädchen oder Gefährdete, die einer erziehlichen Betreuung bedürften und Frauen aus besseren Wirtschaftskreisen in konfessionell geleitete Heime unterzubringen."[47]

Von 137 obdachlosen Frauen, die im November 1937 in München untergebracht werden mussten, fanden 65 ein Obdach im städtischen Asyl. 72 mussten indessen in einer der acht weiteren Herbergen untergebracht werden.

In Berlin ersuchten 1937 immerhin noch 5806 Personen um ein Obdach im städtischen Asyl und in der Münchner Männerherberge übernachteten im gleichen Jahr 5771 Personen, von diesen wurde durch die Verwaltung nur 546 als „ordentliche Wanderer" im nationalsozialistischen Sinne eingestuft.[48] Was demnach nicht auf die von den Nationalsozialisten intendierte qualitative Änderung innerhalb der Gruppe der Obdachlosen schlussfolgern lässt.

Im Verwaltungschaos der Kriegs- und Nachkriegsjahre liegen kaum Übernachtungsziffern aus den oft provisorisch betriebenen Einrichtungen für Obdachlose vor. Das Ende des Zweiten Weltkrieges brachte schließlich eine neue Dimension in die Obdachlosenproblematik, in der die bisherigen Obdachlosen im Millionenheer der Ausgebombten, Displaced Persons, Flüchtlingen und Vertriebenen verschwammen. Die Notunterkünfte waren überfüllt und leerten sich erst langsam Ende der 1940er-Jahre. Die in der Bundesrepublik ab 1950 neu errichteten Obdachlosenasyle verzeichneten von Beginn an einen starken Zulauf und erreichten schon 1951 wieder ihren Höchststand aus der Weimarer Republik.

---

[44] Führer, Mieter, S. 335–338; Haerendel, Wohnungspolitik, S. 340–346.
[45] Polizeiliche Unterbringung von Obdachlosen, in: Die Polizei v. 5. 3. 1935, HdEG Rep. 102 Nr. 40.
[46] Schütte/Naß: Unterbringung.
[47] Referat 6/3 an Referat 6/2 v. 22. 12. 1937, StadtAM Wohlfahrt 4702. Vgl. Wimmer, Ordnung, S. 168 f.
[48] Für Berlin: Statistisches Jahrbuch der Stadt Berlin 14 (1938), S. 184. Für München: Sitzung der Beiräte für allgemeine Fürsorgeangelegenheiten v. 18. 7. 1938, StadtAM RSP 711/9.

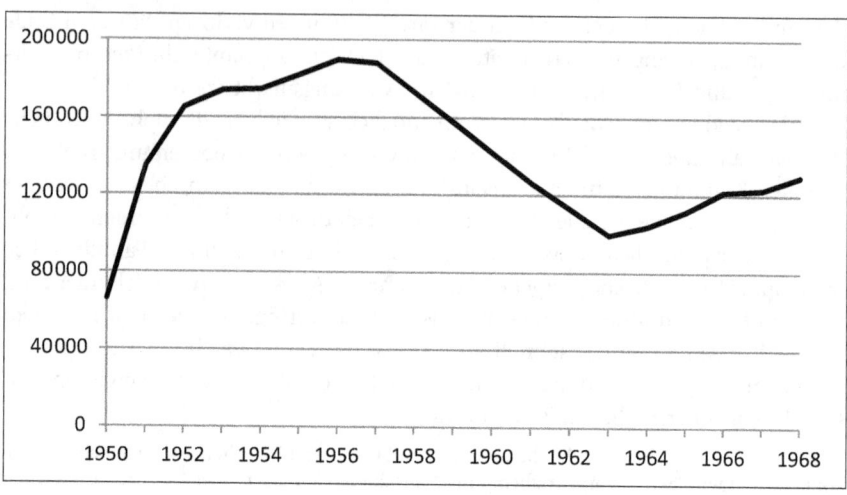

Grafik 4: Übernachtungen in Bunkern und Asylen des KMFV München, 1950-1969[49]

Ab 1957 waren die Zahlen zunächst rückläufig, was bei Kommunen und Fürsorgevertretern die Hoffnung weckte, dass nun auch Obdachlosigkeit als Kriegsfolge beseitigt wäre und damit das Gesamtphänomen weitgehend der Vergangenheit angehöre. Dass die Zahlen indessen ab 1964 „merkwürdigerweise" wieder anstiegen, konnte sich der KMFV, der Träger des Münchner Asyls, nur schwer erklären.[50] Er sah darin, eine „Hypothek des sozialen Wohlstandes". Wo dieser eine gewisse Höhe habe, entstünden „einfach Malheurs", die dem „Wohlstandsleben" aufgrund körperlicher oder psychischer Einschränkungen nicht gewachsen seien.[51]

1.2 Zwischen den Orten der Repression, oder: Das Leben des Otto H. im „Dritten Reich"

Obwohl Obdachlose in den urbanen Zentren in der Weimarer Republik quantitativ und qualitativ präsent waren, bedeutet dies nicht, dass sie an den urbanen Orten auch akzeptiert wurden. Ziel der kommunalen Behörden war es, die Obdachlosen aus der Öffentlichkeit zu verdrängen. Während in der Weimarer Republik meist mit subtiler Methodik gegen die Obdachlosen vorgegangen wurde, verschärften sich die Verdrängungsmaßnahmen im „Dritten Reich". Obdachlose hatten ebenso wie andere Formen devianten Straßenlebens im nationalsozialistischen Gesellschafts- und

---

[49] KMFV, Jahresberichte, entsprechende Jahrgänge.
[50] Ordentliche Mitgliederversammlung v. 28. 11. 1964, Zentralverwaltung, Vereinsangelegenheiten 1963-1972.
[51] Bericht der Jahreshauptversammlung v. 26. 11. 1966, KMFV Zentralverwaltung Vereinsangelegenheiten 1963-1972.

Stadtbild keinen öffentlichen Raum. Für sie waren hingegen gemäß der nationalsozialistischen „Neugestaltung der Raum- und Menschenordnung" nicht sichtbare Orte vorgesehen.[52]

Die ersten Maßnahmen zur sogenannten „Reinhaltung des Straßenbilds" wurden bereits drei Wochen nach Machtübernahme gegen die Straßenprostitution erlassen und fanden im September 1933 ihren vorläufigen Höhepunkt mit der reichsweiten Verhaftungswelle gegen Obdachlose, die als „Bettlerrazzia" in die Geschichtsbücher eingegangen ist.[53] Innerhalb weniger Tage wurden mindestens zehntausend Obdachlose in Arbeitshäuser, Wandererarbeitsstätten und Konzentrationslager eingewiesen.[54] Trotz entsprechender Erfolgsmeldungen hatte das schlagartige Vorgehen vor allem den kommunalen Vertretern vor Augen geführt, wo die Probleme bei der Verdrängung der Obdachlosen lagen. Die Razzia hatte bei den Betroffenen zwar eine abschreckende Wirkung erzielt. Wanderer, die seit Jahren unterwegs waren, entschlossen sich nun zur Rückkehr in ihre Heimatgemeinden. Für die Kommunen führte dies aber zu einer unerwarteten Mehrbelastung: In München musste die städtische Obdachlosenfürsorge in den vier Wochen nach der „Bettlerrazzia" 200 Rückkehrer versorgen. Sie lebten auch nach der Zuwanderung meist als Obdachlose im städtischen Asyl. Zugleich entschieden sich ehemalige Wanderer durch den staatlichen Druck zur Sesshaftwerdung. Sie blieben in der Stadt, in der sie sich zuletzt aufgehalten hatten, und bekundeten hier den Willen, sich dauerhaft niederzulassen und zu arbeiten. Eine Ablehnung durch den Bezirksfürsorgeverband war schwierig. Die Stadtverwaltung suchte stattdessen nach Möglichkeiten, um die Fürsorgesätze für die Zugezogenen zu kürzen und damit die Attraktivität Münchens zu mindern.[55] Obwohl die Bettlerrazzia somit auf den ersten Blick die Obdachlosen von der Straße vertrieb, bewirkte sie „praktisch genommen, [dass] auf diese Weise alles in die Grosstadt hereingezogen" wurde, wie der Münchner Wohlfahrtsreferent Friedrich Hilble konstatierte. Er ermahnte im Nachgang zur Razzia: „Die Leute gehören z. Zt. von der Strasse weg. Es ist nur vergessen worden zu bestimmen, wohin sie gehören."[56]

Im Arbeitshaus

Es waren die Kommunen, die ausgehend von ihren örtlichen Gegebenheiten hier unterschiedliche Lösungswege einschlugen. Die heterogenen Ansätze verhinderten jedoch ein einheitliches Vorgehen gegen Obdachlose und eröffneten den Betroffe-

---

[52] Bayerischer Landesverband für Wanderdienst (Hrsg.), Mensch.
[53] Erlass des preußischen Innenministers Hermann Göring an die Polizeibehörden v. 22. 2. 1933, abgedruckt in: Ayaß (Hrsg.), Gemeinschaftsfremde, Nr. 4. Zur Bettlerrazzia siehe Kap. 2.1, S. 53–55. Für einen umfassenden Überblick zur „Säuberung des Straßenbilds" von sozialen Randgruppen vgl. Roth, Verbrechensbekämpfung, S. 168–174.
[54] Ayaß, Asoziale, S. 24.
[55] Fiehler in Wohlfahrtsausschuss v. 31. 10. 1933, StadtAM RSP 706/10.
[56] Hilble in Wohlfahrtsausschuss v. 31. 10. 1933, StadtAM RSP 706/10. Für ähnliche Klagen in Köln vgl. Roth, Verbrechensbekämpfung, S. 174.

nen Handlungsspielräume zwischen den Orten der Repression. Einer der Obdachlosen war Otto H.[57] Er war regelmäßiger Benutzer des Münchner Obdachlosenasyls und wusste diese Möglichkeiten für sich zu nutzen.[58] Seit Ende der 1920er-Jahre hielt er sich in München auf und hatte hier zunächst selbstständig einen Zigarrenhandel betrieben. Nach dem Verlust seines Geschäftes erhielt er zunächst Wohlfahrtsunterstützung und bettelte zudem erstmals im Stadtgebiet. 1932 war er deshalb zu wenigen Tagen Haft verurteilt worden. Erneuten Kontakt mit der Polizei hatte Otto H. 1935. Inzwischen versuchte er, seinen Lebensunterhalt mit dem Verkauf von Postkarten zu verdienen – Wohlfahrtsunterstützung erhielt er seit 1933 nicht mehr. Bei der Polizei erweckte er den Verdacht, dass er dabei auch der Bettelei nachgehe. Als völlig unberechtigt kann dieser Vorwurf nicht gelten, zumindest hatte er sich die Postkarten nicht auf legalem Wege verschafft, sondern gestohlen. Jedoch war Otto H. sicher kein notorisch verbrecherischer „Berufsbettler", sondern versuchte lediglich zu überleben. Ein kriegsbedingtes Lungenleiden – von 1914 bis 1918 war er Soldat im Ersten Weltkrieg gewesen – machten es dem damals 40-Jährigen zudem schwer, eine geregelte Arbeit zu finden. Außerdem war Otto H. nach Verlust seines Geschäftes alkoholkrank. Seine Strafakte zählte für das Jahr 1935 insgesamt neun Festnahmen und vier Aufenthalte im Gefängnis, die in unmittelbarem Zusammenhang zu seinem Leben als Obdachloser standen. H. erhielt mehrere Unterkommensaufträge, die er durch temporäre Aufenthalte in den Obdachlosenasylen zu erfüllen suchte.[59] Auch meldete er sich einige Male für ein Nachtobdach beim Polizeigefängnis. Im Dezember 1935, nachdem H. erneut bei einer Arbeitskontrolle ohne Unterkunft und Beschäftigung angetroffen worden war, wurde er schließlich für ein halbes Jahr ins Arbeitshaus Rebdorf eingewiesen.

Otto H. war kein Einzelfall. Die Kommunen nutzten die weitgehend verwaisten Arbeitshäuser nun wieder zur Unterbringung und Isolierung. Damit verstärkten die Städte die Zentralisierung von Obdachlosigkeit an isolierten Orten und deren Verdrängung aus dem öffentlichen Sichtfeld. Zur besseren Überwachung durch den Verwaltungsapparat erweiterten die Kommunen die behördlichen Zugriffsmöglichkeiten von Polizei und Justiz auf die Wohlfahrtsämter. Das Berliner Landeswohlfahrt- und Jugendamt verfolgte unter der Leitung von Karl Spiewok mit der Unterbringung von „Asozialen" im städtischen Arbeitshaus Rummelsburg eine „Bewahrungs-Strategie" auch ohne ein gültiges „Bewahrungsgesetz".[60] Formal waren die Betroffenen dort „freiwillig" nach § 11, 13 RGrs untergebracht, in Wirklichkeit verbarg sich hinter dieser „Freiwilligkeit" ein Akt der Erpressung. Die Wohlfahrtsbehörden konnten auch nach 1933 keine selbstständigen Einweisungen – das heißt Einweisungen ohne Richterspruch – ins Arbeitshaus vornehmen. Sie sperrten daher als „asozial" stigmatisierten Menschen die Fürsorgeleistungen

---

[57] Zum Schutz der Persönlichkeitsrechte der Betroffenen wurden alle Namen anonymisiert.
[58] Für die folgenden Ausführungen vgl. die Strafakte von Otto H., StaatsAM Pol. Dir. Mü. 13466.
[59] Vgl. Meldekarte von Otto H., StadtAM EWK 65 H22.
[60] Spiewok, Vorschläge zum Bewahrungsgesetz auf Grund der Bewahrungsmaßnahmen des LaWohl Berlin v. 5. 11. 1936, LAB A Rep. 003-01-01 Nr. 10.

und drohten ihnen mit Entmündigung, sollten sie nicht „freiwillig" in ein Arbeitshaus gehen.[61] Für das Münchner Wohlfahrtsreferat reichte dieses Druckmittel nicht aus. Auf seine Initiative hin konnten bayerische Kommunen männliche „Asoziale" seit Oktober 1934 in das Konzentrationslager Dachau einweisen, das zuvor vom Bayerischen Staatsministerium zur Unterbringungsstätte im Sinne des § 20 RFV erklärt worden war. Wer dem gesellschaftlichen Anpassungsdruck des NS-Regimes nicht entsprach, lief in Bayern Gefahr, in Schutzhaft genommen zu werden.[62]

Im Netz des Bayerischen Landesverbands für Wanderdienst

Otto H. war hiervon zunächst nicht betroffen. Nur drei Tage nach seiner Entlassung aus Rebdorf wurde er nachts um 3 Uhr, weil er am Karlsplatz auf einer Parkbank nächtigte, von der Polizei festgenommen. Diesmal stand seine Festnahme im Zusammenhang mit der bayernweiten „Bettlerrazzia" im Juli 1936. Sie sollte die am 1. April in Kraft getretene Wanderordnung verfestigen. Otto H. wurde deshalb auch nicht zurück ins Arbeitshaus eingewiesen, sondern in die Wandererarbeitsstätte Herzogsägmühle, eine Einrichtung, die nun dem neu gegründeten Bayerischen Landesverband für Wanderdienst (LVW) unterstand. Damit wurde Otto H. Opfer einer zweiten Lösungsstrategie.

Statt die Obdachlosen aus den Großstädten zu verdrängen, sollten sie vielmehr am Betreten der Städte gehindert werden und in Einrichtungen außerhalb der Stadt zur Sesshaftmachung gedrängt werden. Alarich Seidler versuchte in Bayern das Problem aus der entgegengesetzten Perspektive zu beheben.[63] Der SA-Sonderkommissar und Gründer des LVW konnte 1936 nach ersten gescheiterten Versuchen auf Reichsebene zumindest in Bayern, mithilfe von Fürsorgeexperten aus der privaten Wohltätigkeit, ein „Wandernetz" und eine „Wanderordnung" durchsetzen.[64] Innerhalb dieses Netzes durften sich hilfsbedürftige und arbeitsfähige Wanderer bewegen, die in Besitz eines vom LVW ausgestellten Wanderarbeitsbuches waren. In den Einrichtungen des LVW – die in der Regel den Arbeiterkolonien des 19. Jahrhunderts entsprachen – mussten sie arbeiten. Bei ausreichender Bewährung, das heißt bei glaubhafter Versicherung des Arbeitswillens, wurden sie entlassen oder zum Teil gleich in reguläre Arbeitsstellen ver-

---

[61] Behandlung Asozialer, Auszug aus dem Dienstblatt Teil VII v. 29. 3. 1938, LAB A Rep. 003-01-01 Nr. 10. Vgl. Gaida, Arbeitshaus, in: Osterloh/Wünschmann (Hrsg.), Willkür, S. 259f; Ayaß, Asoziale, S. 92–96.
[62] Wimmer, Ordnung, S. 287; Hörath, Asoziale, S. 109–118.
[63] Zu Alarich Seidler vgl. Wimmer, Ordnung, S. 135; Strauss, Wandererfürsorge, S. 221–225.
[64] Seidler hatte 1934 zunächst einen reichsweiten Wanderdienst angestrebt, für den der Staat die Arbeiterkolonien und Wandererherbergen zu Bewahrungsstationen umfunktionieren sollte. Seine hochgesteckten Pläne scheiterten jedoch: einerseits am Widerstand der Kommunen, für sich damit erhebliche finanzielle Verpflichtungen ergaben, andererseits aber auch an Seidlers diffusen, realitätsfremden Vorstellungen vom Leben auf der Straße, vgl. Strauss, Wandererfürsorge, S. 225–232.

mittelt.[65] Das Netz war freilich kein Abbild der realen Lebenswirklichkeit der Betroffenen, sondern unterwarf die Obdachlosen fremdbestimmten Wanderzyklen. Wer sich außerhalb der Wanderordnung bewegte, dem drohte die Einweisung in ein Arbeitshaus oder ein Konzentrationslager.

Der „Wanderdienst" fand positive Resonanz. Das Reichsarbeitsministerium stellte fest, dass „schon in den ersten Jahren der nationalen Erhebung [...] die Landstraße ein wesentlich anderes Gesicht" erhalten habe.[66] Auch die Kommunen waren begeistert, der Münchner Wohlfahrtsreferent berichtete, dass die nicht wanderfähigen und diejenigen ohne Wanderbuch nun in den „Wanderhöfen zusammengefangen oder zum Teil in Dachau zugegangen" werden. Was mit ihnen geschehe sei „unsicher" aber es sei nicht damit zu rechnen, dass sie „wieder in die Grossstadt flüchten" und die hiesigen Kassen belasten. Für die Städte stellte sich durch die Ersatzzahlungen die neue Regelung gar als lukratives Geschäft heraus.[67] Als überregionaler Verband, der die Obdachlosen auf den Landstraßen kontrollierte und über Arbeit und Sesshaftmachung wieder in die Gesellschaft eingliederte, war er eine Institution, wie sie die Vertreter der Wandererfürsorge bereits seit der Jahrhundertwende gefordert hatten – auch im Kreise der nicht staatlichen Wohltätigkeit fand Seidler daher breite Unterstützung. Das bayerische Vorbild weckte auch in anderen Ländern entsprechende Forderungen, was schließlich zur reichsweiten Einführung von Wanderarbeitsbüchern führte.[68]

In Stuttgart brachte der Leiter des Arbeitsamtes den Vorschlag ins Spiel, „den Bodensatz der Großstädte", womit er Bettler, „Arbeitsscheue" und Obdachlose meinte, in einer „Beschäftigungsanstalt möglichst 200 km weit weg und in einer möglichst menschenleeren Gegend" unterzubringen. Fernab von allen großstädtischen Verhältnissen und Beziehungen sollten die Betroffenen dort ein „absolut einförmiges und sensationsfremdes Leben im Einklang mit der Natur" führen.[69] Der Vorschlag zu einer solchen Einrichtung, die in ihrer Ausrichtung zwischen Arbeitshaus und Wanderarbeitsstätte angesiedelt war, stieß beim Staatsministerium jedoch auf Ablehnung und wurde nicht weiter verfolgt.[70]

Der Lebensweg von Otto H. relativiert indessen Erfolgsmeldungen des LVW, denn er ließ sich durch die Wanderordnung und Wanderarbeitsstätte nicht dauerhaft von der Großstadt fernhalten. Bereits im Dezember 1936 war er wieder auf den Münchner Straßen zurück. Bis März übernachtete er abwechselnd im Ob-

---

[65] Der Erhalt eines Wanderarbeitsbuches knüpfte sich an Kriterien wie Alter, Arbeitsfähigkeit und Berufsausbildung. Vorbestrafte Bettler und Landstreicher hatten kaum Aussicht auf ein solches, vgl. ebenda, S. 253; Eberle, Herzogsägmühle, S. 36.
[66] Reichs- und Preußisches Arbeitsministerium, Vermerk v. 2. 8. 1936, BArch R 3901/9180.
[67] Referent in Sitzung der Beiräte für allgemeine Fürsorgeangelegenheiten v. 24. 6. 1936, StadtAM RSP 709/6.
[68] Ayaß (Hrsg.), Wohnungslose, S. 23 f.
[69] Jaeck, Denkschrift „Der Kampf gegen den ‚Bodensatz' der Großstädte" v. 5. 6. 1934, HStAS E 130b 189.
[70] Vgl. Vermerk zu Schreiben Reiher an Kultusminister Mergenthaler v. 16. 6. 1934, HStAS E 130b 189.

dachlosenasyl, in Parkanlagen, Hauseingängen oder im Bahnhof. Für kurze Zeit musste er für den Reichsarbeitsdienst beim Autobahnbau in Freising mitwirken. Da bei der Arbeitsstelle keine passenden Unterkünfte zur Verfügung standen, wurden die Arbeiter im Münchner Obdachlosenasyl einquartiert – Otto H. blieb also weiterhin an den urbanen Orten der Obdachlosigkeit präsent.

Im Konzentrationslager

Nach einer Festnahme im Frühjahr 1937 wurde er schließlich erneut ins Arbeitshaus eingewiesen, diesmal nicht für ein halbes, sondern gleich für ein Jahr. Kaum zurück, geriet Otto H. im Zuge der „Aktion Arbeitsscheu Reich" im April 1938 ins Visier der Polizeibehörden. Wie etwa 1500 bis 2000 weitere als „asozial" und „arbeitsscheu" stigmatisierte Personen, wurde er im Mai im Konzentrationslager Buchenwald interniert, wo er als Steineträger schwere Zwangsarbeit leisten musste. Mit dieser reichsweiten Lösungsstrategie schalteten sich schließlich die Reichsbehörden in die Verdrängungsprozesse ein.

Mittels „Schutz"- und „Vorbeugehaft" wurden 1938 die Straßen in zwei großen Verhaftungswellen von Kriminalpolizei und Gestapo „gesäubert" – insgesamt kamen mindestens 10 500 Personen in Konzentrationslager.[71] Vor allem in den Verwaltungen der Großstädte hatte es zuvor rumort. Die Kommunalvertretungen hatten sich nach den Razzien und Repressionsmaßnahmen 1933 offensichtlich mehr von Polizei und Justiz erwartet – nicht nur hinsichtlich der Obdachlosen, sondern der ganzen Gruppe der „Asozialen".[72] Zwar zeigen die seit 1934 durchgeführten Stichtagszählungen, dass die Anzahl der Wanderer auf der Landstraße rückläufig war. 1939 wurden nur rund halb so viele Menschen gezählt, die unterwegs waren. Dies lässt aber die Entwicklungen in den Städten weitgehend unbeachtet. Insbesondere in Berlin hielt sich die Anzahl der Übernachtungen im städtischen Obdachlosenasyl in den 1930er-Jahren zunächst stabil. Sicher gingen auch dort die Zahlen zurück und einige mittlere Städte konnten auf ihre Obdachlosenasyle verzichten. Auf die Großstädte traf dies jedoch nicht zu.[73] Der Gesamtverband Deutscher Wanderarbeitsstätten forderte die „Aufhebung der Obdachlosenheime – mit Ausnahme derjenigen in den großen Städten."[74] Die Stadtverwaltungen größerer Städte waren daher auch eher unzufrieden in ihren Beurteilungen zur Lage der Obdachlosenproblematik, wie eine Kritik des Münchner Oberbürgermeisters und überzeugten Nationalsozialisten Karl Fiehler zeigt:

„Die Großstadt bleibt immer wieder ein Anziehungspunkt für alle möglichen Elemente, in ihr können Personen leichter untertauchen[,] sie bietet viel mehr Gelegenheit zu lichtscheuem Gewerbe als kleinere Gemeinden; sie lockt auch wegen der hohen Unterstützungssätze."[75]

---

[71] Hörath, Asoziale, S. 307.
[72] Gaida, Arbeitshaus, in: Osterloh/Wünschmann (Hrsg.), Willkür, S. 257.
[73] „Hotel des Westens" geschlossen v. 31. 1. 1937, enthalten in BArch R 3901/9180.
[74] Entschließung des Gesamtverbands Deutscher Wanderarbeitsstätten v. 11. 11. 1938, ADCV 288.013.
[75] Fiehler an Staatsministerium des Inneren v. 5. 4. 1935, StadtAM Wohlfahrt 4099.

Dass sich für Obdachlose vor allem in den ersten Jahren der NS-Diktatur Möglichkeiten des Lebens auf der Straße ergaben, zeigt auch eine Stichtagszählung von 1935, die rund 30 000 Wanderer erfasste. Insgeheim schätzten die Behörden aber, dass noch ca. 200 000 Wanderer im „Dritten Reich" lebten.[76] Auch Otto H. fand nach seiner Entlassung aus dem Konzentrationslager im August 1940 wieder seinen Weg zurück nach München. Er war einer von den „Leuten draussen, wenn auch nicht Wanderer, so doch obdachlose Münchener, etwa 100, die tagtäglich draussen sind.".[77] Er bemühte sich bei mehreren städtischen Werken um Anstellung, wurde aber unter Verweis auf seinen Gesundheitszustand abgelehnt – auch war er längere Zeit in einer Nervenklinik in Behandlung. Mehrmals wurde er in der Folgezeit wegen Diebstahls festgenommen und zu kurzen Haftstrafen verurteilt. Als Nachtquartier diente ihm unter anderem das Josefspital, das als Sammelasyl für alle Erscheinungsformen von Obdachlosigkeit fungierte. Hier übernachteten obdachlose Familien, die als „Asoziale" stigmatisiert wurden, alleinstehende Männer und Frauen sowie Zwangsarbeiter. Die Kommunen versuchten mittels Auflösung und Zusammenlegung der bisher gruppenspezifischen Asyle und Herbergen, die Obdachlosen an einem Ort zu isolieren und damit eine einfachere Kontrolle über sie im urbanen Raum zu erhalten.[78] Nach nur wenigen Wochen entzog sich Otto H. dieser Kontrolle und war wieder in den Münchner Straßen unterwegs, bevor im Juli 1941 seine Odyssee wieder von vorne begann und er für zwei Jahre ins Arbeitshaus eingewiesen wurde.

Der Lebensweg von Otto H. führt eindrücklich vor, dass, trotz früher repressiver Initiativen, Obdachlose sich nicht allzu leicht aus dem urbanen Raum verdrängen ließen. Da viele Maßnahmen eher einem Aktionismus statt langfristigen Lösungsansätzen folgten, taten sich die städtischen Behörden im Nationalsozialismus – trotz gegenteiliger Beteuerung – schwer, durchgreifende und dauerhafte Maßnahmen zur Verdrängung zu finden. Zwischen den verschiedenen Orten der Repression bewegte sich Otto H. im öffentlichen Raum und blieb damit an den urbanen Orten der Obdachlosen sichtbar. Während die Forschungen zu antijüdischen Repressionen eine wechselseitige Dynamisierung des Radikalisierungsprozesses zwischen Städten und Reich betonen, eröffneten die unterschiedlichen kommunalen und staatlichen Initiativen in der Verfolgung von Obdachlosen Zwischenorte, die für die Betroffenen durchaus ein temporäres Vakuum vor den Verfolgungsmaßnahmen darstellen konnten.[79]

---

[76] Treuberg, Mythos, S. 89.
[77] Referent in Sitzung der Beiräte für allgemeine Fürsorgeangelegenheiten v. 24. 6. 1936, StadtAM RSP 709/6.
[78] Vgl. die Ausführungen zum Münchner Josefspital, Kap. 8.1, S. 252 f., 255 f.
[79] Zum wechselseitigen Radikalisierungsprozess vgl. Gruner, NS-Judenverfolgung; Irlinger, Versorgung, S. 263–266. Zur Rolle der Stadtverwaltungen im Nationalsozialismus vgl. vor allem Gotto, Kommunalpolitik. Zu Effizienzeinbußen vgl. Christians, Amtsgewalt; Coché, Psychiatrie.

In Kriegs- und Nachkriegszeit

Als Otto H. im Juli 1943 aus dem Arbeitshaus entlassen wurde, waren Teile Münchens nach einem großflächigen Luftangriff im März zerstört. Im kriegsbedingten Chaos und inmitten von Tausend ausgebombten Obdachlosen war es für ihn nun leichter, in den Straßen und Trümmern der Stadt unterzutauchen. Die Stadtverwaltungen versuchten indessen erneut das Problem Obdachlosigkeit – nun vor allem durch die Ausgebombten repräsentiert – durch Evakuierungen und Umquartierungen aufs Land zu verlagern. Obdachlosigkeit und Not blieben dennoch omnipräsent – nicht nur während des Krieges, sondern auch in den ersten Nachkriegsjahren, als die Flüchtlingsströme die Bahnhöfe erreichten und damit die Gegenbewegung in die Städte einsetzte.

In dieser Zeit wurde Otto H. nicht strafrechtlich auffällig, obwohl er weiterhin in Unterkünften der Obdachlosenfürsorge unterkam – nicht, weil er ein anderes Leben führte, sondern weil die Gesellschaft aufgrund der sozialen Verhältnisse seine Obdachlosigkeit nicht kriminalisierte. In den ersten Nachkriegsjahren lebte er zeitweise im Auffanglager für Flüchtlinge an der Weinbergstraße in München. Seine Obdachlosigkeit wurde nun nicht auf sein deviantes Sozialverhalten zurückgeführt, sondern galt als Kriegsfolge. Als mit dem Wiederaufbau die kriegsbedingten Erscheinungsformen von Obdachlosigkeit von der Straße verschwanden, wurde auch Otto H. dort wieder sichtbar.

1.3 Vom Land- zum Stadtstreicher

Um die Jahrhundertwende verlagerte sich der Lebensraum der Obdachlosen vom Land in die Städte. Dieser Prozess verfestigte sich in der Bundesrepublik. Zwar hatten Kommunen sowie staatliche Repressionsmaßnahmen im „Dritten Reich" zuvor nochmal versucht, die Entwicklung als „geordneten Wanderbetrieb" auf das Land abzuwenden, dennoch hatten sich Lebensformen, wie die von Otto H., auch im Nationalsozialismus nicht dauerhaft aus der Stadt verdrängen lassen. In den unmittelbaren Nachkriegsjahren – als die Städte ohnehin Anziehungspunkt für eine Vielzahl von Bevölkerungsgruppen waren – gelang es den Obdachlosen nun, ihren Lebensraum in den städtischen Strukturen zu verankern. Dass sie trotz ihres vermeintlichen Erfolgs und der „Eroberung" des urbanen Raums zum gesellschaftlichen Randphänomen wurden, ist letztlich die Tragik in ihrer Geschichte.

Alte Typen und neue Kennzeichnungen – oder: die Rückkehr von Otto H.

Die Obdachlosen, die nach Beseitigung der Kriegslasten für die Stadtgesellschaft wieder auf der Straße und an den innerstädtischen Plätzen sichtbar wurden, erschienen Beobachtern als neue – dezidiert städtische – Ausprägungen von Obdachlosigkeit. Für sie wurden alte und neue Begrifflichkeiten gesucht, wie ein Bericht in der *Frankfurter Allgemeinen Zeitung* exemplarisch veranschaulicht:

„Die Nachkriegszeit hat einen neuen Typus des Kriminellen geschaffen. Genauer, sie hat einen alten Typus ersetzt. Landstreicher gibt es nur noch in der Schnulzenromantik von Heimatfilmen. Der Tippelbruder alten Stils ist vom modernen Stadtstreicher verdrängt worden. [...] Aus dem Strauchrittertum ist eine Genesis von Großstadtvagabunden hervorgegangen, und ihr Wanderlied heißt Rock 'n' Roll."[80]

Hinter den neuen Bezeichnungen und Definitionen verbargen sich indes Lebensschicksale von Menschen, deren Aufenthaltsorte über die politischen Machtwechsel und Deutungswandel hinweg die städtischen Plätze und Straßen blieben – wie im Beispiel Otto H. veranschaulicht. Im Januar 1950 war dieser erstmals wieder für die Behörden sichtbar geworden. Er hatte betrunken auf der Straße genächtigt und war hier von einer Polizeistreife aufgelesen worden. Es habe ihm „unter den vielen Menschen" im Flüchtlingslager nicht gefallen und er habe deswegen lieber wieder unter „Brückenbögen, Toreinfahrten und im Freien" geschlafen.[81] Otto H. zählte in den nächsten Jahren zu den regelmäßigen Besuchern der Münchner Obdachlosenunterkünfte, von den provisorischen Notasylen in den Bunkern bis zum neu errichteten Asyl in der Pilgersheimerstraße. Zwischen seinen Aufenthalten in Unterkünften lebte er in Parkanlagen, auf der Straße oder im Bahnhof. Im Verhör auf der Polizeiwache machte er genauere Angaben zu seiner Lebenssituation:

„Meinen Lebensunterhalt bestreite ich vom Verkauf von Postkarten, auch habe ich in letzter Zeit des öfteren [sic] gebettelt. Meine kleine Einnahme setzte ich gestern in einem Lokal in Thalkirchen in Märzenbier um."

An der alltäglichen Lebensweise von Otto H. hatte sich wenig geändert. Auch in der Nachkriegszeit hielt er sich zwischen den verschiedenen isolierten Orten im öffentlichen und urbanen Raum auf, verkaufte Postkarten, bettelte und war alkoholkrank. In der Ansicht von Fürsorge- und Verwaltungsexperten zählte Otto H. zur Gruppe der „Nichtsesshaften". Zwar entstammte die Begriffsbestimmung dem „Dritten Reich", ihre praktische Anwendung fand sie allerdings erst in der Nachkriegszeit, wo man sich gemäß nationalsozialistischer Prägung auf die individuellen Defizite der Personen konzentrierte. Dementsprechend wird Otto H. auch 1955 erstmals in seiner Strafakte als „unverbesserlicher Asozialer" bezeichnet.[82] Als „Nichtsesshafter" geriet er nun auch in den „Verdacht der Landstreicherei". Bisher war er ausschließlich wegen Bettelei, Arbeitsscheue, schuldhafter Obdachlosigkeit sowie anderer kleinkrimineller Delikte belangt worden. Otto H. stritt den Vorwurf ab und erklärte zu seiner Verteidigung: „Der Landstreicherei bin ich nicht nachgegangen. Ich halte mich ausdrücklich im Stadtgebiet Münchens auf."[83]

Otto H. folgte mit seiner Rechtfertigung der Argumentation des Obersten Landesgerichts in München von 1949 – ob bewusst oder unbewusst, lässt sich nicht nachverfolgen. Lebensweisen wie seine konnten nicht als Landstreicherei verur-

---

[80] Stadtstreicher, in: FAZ, 31. 1. 1957.
[81] Erklärung des Vorgeführten auf Vorführnote v. 10. 8. 1950, StaatsAM Pol. Dir. Mü. 13466. Dort auch das folgende Zitat.
[82] Kriminalpolizei München an Stadtpolizei Donauwörth v. 18. 5. 1955, StaatsAM Pol. Dir. Mü. 13466.
[83] Vernehmung von Otto. H. v. 21. 5. 1955, StaatsAM Pol. Dir. Mü. 13466.

teilt werden, denn dafür war laut Gesetz der Ortswechsel zwingend notwendig. Der Mobilitätsradius der Stadtstreicher in der Bundesrepublik beschränkte sich in vielen Fällen jedoch auf eine einzige Stadt. Dort hatten sie ihre festen Plätze und Routen und wussten, wie sie sich durch den Tag und die Nacht schlagen konnten: Sie wanderten „von Asyl zu Asyl".[84] „Das Durchstreifen einer Großstadt unter häufigem Wechsel des Nachtquartiers" erfüllte hingegen nicht den Tatbestand der Landstreicherei.[85] Diese Argumentation ist deutliches Zeichen dafür, dass der Raum als Beurteilungskriterium von Obdachlosigkeit ganz entscheidend den staatlichen Umgang mit der Gruppe bestimmte – nicht erst 1949, sondern schon zuvor. Denn die Debatte hierüber war nicht neu. Schon 1907 wurde diskutiert, inwiefern die neuen Lebensweisen von „Stadtbummelanten" und „Stadtvaganten" nach § 361 Absatz 3 verurteilt werden konnten.[86] Eine erhöhte Priorität wurde der Problematik allerdings bis in die 1950er-Jahre nicht beigemessen. Erst der Stadtstreicher als vermeintlich „eigenes Produkt der Nachkriegszeit" brachte eine neue Aktualität in die alte Debatte.[87] In der Öffentlichkeit stieß die Anwendung des Landstreicherparagrafen auf Unverständnis und die Justiz geriet wegen fehlender Nähe zur Realität in die Kritik: „Der Landstreicher paßt zwar vielleicht immer noch in das markgräflich-großherzogliche Milieu der heutigen Bundesgerichtshof-Residenz, aber in der Praxis einer Weltstadt gehen auch die Kriminellen mit der Zeit."[88] Zwar waren bei verschiedenen Entwürfen zur Erneuerung des Strafgesetzbuches immer wieder entsprechende Anpassungen des § 361 Absatz 3 vorgesehen gewesen, zur Umsetzung einer Reform kam es allerdings nicht.[89]

Der Stadtstreicher

Inwiefern aber unterschied sich das Leben des Stadtstreichers in der Bundesrepublik vom einstigen Landstreicher? Der idealtypische Stadtstreicher war zwar wie der Landstreicher überwiegend männlich, wurde im Durchschnitt aber jünger geschätzt. Von 1167 registrierten männlichen Obdachlosen im Düsseldorfer Stadtgebiet 1958/59 waren 66 Prozent zwischen 20 und 34 Jahren alt. Dahingegen wurden nur 277 Frauen als Stadtstreicherinnen festgestellt, von denen sogar 71 Prozent dieser Altersklasse entstammten.[90] Während der Landstreicher stets unter dem Generalverdacht gestanden hatte, seinen Lebensunterhalt mit Bettelei zu bestreiten, verdiene der Stadtstreicher, so die weitläufige Ansicht, sein Geld durch Gelegenheitsarbeiten oder strafbare Handlungen wie das Aufbrechen von Zigarettenautomaten, Autodiebstähle oder prostituiere sich. Insbesondere unter

---

[84] Sie wandern von Asyl zu Asyl, in: SZ Nr. 253, 21. 10. 1960.
[85] OLG München, Urteil v. 13. 7. 1949 1 Ss 87/49, in: NJW 1950, Heft 6, S. 240.
[86] Rotering, Landstreichertum, S. 194.
[87] Wehner, Stadtstreicherei, S. 1.
[88] Stadtstreicher, in: FAZ, 31. 1. 1957.
[89] Kobus, Leitsätze, S. 102; Schmitz, Strassen, S. 24. Vgl. § 356 in Entwurf eines Strafgesetzbuches E 1962 v. 4. 10. 1962, Deutscher Bundestag Drucksache 4/659, S. 544.
[90] Wehner, Stadtstreicherei, S. 2.

den Frauen wurde der Anteil an „heimlichen Prostituierten" sehr hoch bewertet.[91] Die Düsseldorfer Statistik schien diesen Eindruck zu bestätigen. Immerhin waren auch unter der jüngeren Altersklasse 66 Prozent der Männer vorbestraft und 41 Prozent der Frauen gingen der verdeckten Prostitution nach.[92] Allerdings lagen die Beurteilungen zum Kriminalitätspotenzial der Stadtstreicher zum Teil weit auseinander. Während ein Vertreter der Düsseldorfer Kriminalpolizei 1962 der Meinung war, „der Landstreicher dürfte nämlich in seiner asozialen und kriminellen Gefährlichkeit nennenswert hinter dem Stadtstreicher zurückstehen", kam der Deutsche Städtetag einige Jahre später zum Schluss: „Der Stadtstreicher ist in aller Regel nicht ein Krimineller. Er lebt am Rande der Kriminalität."[93] Die Gemeinsamkeit zwischen beiden Lebensformen machten Experten in dem Faktor „Arbeitsscheu" fest. Dabei wurde dem Stadtstreicher der Arbeitswille nicht gänzlich abgesprochen, sondern vielmehr eine Abneigung gegen eine feste und langfristige Form der Arbeit attestiert.[94]

Die zum Teil widersprüchlichen Beurteilungen zu den Stadtstreichern in den 1950er-Jahren sind nicht überraschend. Schon in der Weimarer Republik taten sich Sozialexperten und Kommunalvertreter schwer, die neuen Formen von urbaner Obdachlosigkeit zu bewerten. 1927 wies der Caritasverband eindringlich auf die Verbindung von Großstadtnot und Obdachlosigkeit hin und zeichnete hier ein akutes Bedrohungsszenario: Die Großstadt erscheint dabei als Gefahrenquelle, die den schutzlosen Wanderer in den Sog der städtischen Unterwelt führe und ihn von dort wieder freigebe als „asozialen, schliesslich [sic] antisozialen Menschen [...], der in seiner tiefsten Form zum Verbrechertum, zum Banditentum, zum Raubmördertum" neige.[95] Dahingegen stellte ein Berliner Kommunalbeamter fest:

„Bemerken möchte ich [...], daß sich etwa von 1926 ab ganz allgemein eine beachtliche Aenderung des Niveaus der Obdachlosen ergeben hat. Diejenigen, die früher die Obdächer bevölkerten und allgemein als „Penner" bezeichnet wurden, sind z. T. [...] verschwunden. An ihre Stelle sind vollkräftige, gesunde Obdachlose in den besten Lebensjahren aus geordneten Familienverhältnissen mit guten Arbeitspapieren usw. getreten."[96]

Die Einschätzungen sind ein eindrückliches Beispiel dafür, wie weit die Perzeptionen von Obdachlosigkeit schon in der Weimarer Republik divergierten. Dass sich diese Problematik in den 1950er-Jahren erneut stellte, hängt vor allem damit zusammen, dass weiterhin krampfhaft versucht wurde, die Obdachlosen entlang schematischer Typisierung zu bestimmen. Dabei griffen die Verantwortlichen sowohl in Weimar als auch in der Bundesrepublik nur allzu gerne auf traditionelle Bewertungskriterien zurück: Die Caritas blickte auf das Obdachlosenproblem 1927 durch die Brille der Wandererfürsorge, die es als rurales Armutsphänomen

---

[91] Vgl. Stümper, Stadtstreicherei, S. 7; Stadtstreicher, in: FAZ, 21. 1. 1957.
[92] Wehner, Stadtstreicherei, S. 3.
[93] Ebenda, S. 3; DST, Stadtstreicher (1978), S. 8.
[94] Stümper, Stadtstreicherei, S. 7.
[95] Referat „Wanderernot und Notwanderer" auf der Mitgliederversammlung des Caritasverbandes v. 5. 9. 1927, ADCV 112 055–1927.
[96] Grand, Fürsorge, S. 69 f.

verstand. Die Kommunen betrachteten die Obdachlosen als Empfänger der städtischen Fürsorge und somit als Bestandteil von urbaner Armut. Darin reiht sich auch ein, dass Otto H. 1955 nach dem „Landstreicherparagrafen" verurteilt werden sollte. Der Stadtstreicher war letztlich die „urbanisierte Form des Landstreichers", wie es der Polizeivizepräsident von München gegenüber dem Bayerischen Kriminalamt 1976 formulierte, und in diesem Sinne die sichtbare Verschiebung des Lebensraums der Obdachlosen vom Land in die Städte.[97]

2. „Dunkle Winkel": Obdachlose als konstruierte Gefahr der Großstadt

> *„Dämon Berlin – keine packendere Bezeichnung kann man für den Riesenorganismus wählen, den die ihre Fangarme von Tag zu Tag, von Jahr zu Jahr immer weiter austreckende Hauptstadt des Deutschen Reiches heute darstellt! [...] Nicht zum wenigstens sind es auch die geheimnisvollen Kräfte, die in der Großstadt den einen – oft über Nacht und oft fast mühelos – zu Macht und Reichtum gelangen lassen, indessen sie den andern nicht minder Befähigten unbarmherzig und unerbittlich zermürben und vernichten."*[98]

Dies waren die Erfahrungen des jungen Malers Paul Grulich, der sich 1907 für vier Wochen als Obdachloser durch die Straßen von Berlin kämpfte. Berlin war im Kaiserreich zur ersten deutschen Metropole gewachsen. Ihr Wachstum, ihre Dynamik und Vielseitigkeit waren nicht nur für Grulich, sondern für immer weniger Menschen fassbar, und die Großstadt entwickelte sich zunehmend zur unbekannten Größe. Ihre undurchsichtigen Strukturen weckten einerseits Neugierde, andererseits führten sie zu einer scheinbar fortlaufenden Entfremdung zur Stadt.

Diesem Reiz des Verborgenen und Unzugänglichen gingen im ausgehenden 19. Jahrhundert zahlreiche Sozialreporter – oder wie man heute sagen würde investigative Journalisten – nach.[99] Einer der bekanntesten und erfolgreichsten Vertreter dieser frühen Sozialreportagen war Hans Ostwald.[100] „Aus dem Leben" heraus wollte der Ethnograf seine Leserschaft auf die neuen urbanen Herausforderungen vorbereiten und begab sich dafür selbst ins „Labyrinth der Großstadt".[101] Den

---

[97] Wolf an Bayerisches Kriminalamt v. 27. 4. 1976, StaatsAM Pol. Dir. Mü. 17519. Vgl. zudem die Beurteilung: „Der Stadtstreicher ist seinem Wesen nach nichts anderes als der im StGB wörtlich benannte ‚Landstreicher'. Der Unterschied liegt nur im Tat- bzw. Aufenthaltsort", Polizeiamt West an Direktion der Schutzpolizei v. 3. 2. 1972, StaatsAM Pol. Dir. Mü. 15631.
[98] Grulich, Dämon, S. 5.
[99] Für eine Zusammenstellung der bekanntesten Publikationen vgl. Bergmann (Hrsg.), Reportagen. In Großbritannien entstanden um die Jahrhundertwende regelrechte Bestseller, die aus den Comming Lodging Houses und Casual Wards der Londoner Armenvierteln berichteten, vgl. Freeman/Nelson, Vagrants.
[100] Zu Hans Ostwald vgl. Thies, Ethnograph; Fritzsche, Vagabond. Für die vorliegende Arbeit sind die Reihe Großstadt-Dokumente einschlägig: Ostwald, Nachtbilder; Ostwald, Winkel.
[101] Ostwald, Winkel, Vorwort. Ostwald wurde mit seiner Reihe auch in kriminalpsychologischen Kreisen durchaus positiv rezipiert, vgl. Aschaffenburg, Besprechung.

Auftakt zur Serie legte der Herausgeber mit dem Band *Dunkle Winkel in Berlin* selbst vor – eine Reportagensammlung, von denen einzelne Kapitel vorab im *Berliner Tageblatt* erschienen waren.[102] Neun verschiedene Orte – vom Bouillonkeller bis zur Kaschemme – stellte der Autor darin vor, wobei ihm eine Personengruppe an diesen dunklen Winkeln immer wieder begegnete: die Obdachlosen. Im Scheunenviertel traf er auf obdachlose Frauen, die vor dem Frauenasyl in der Füsilierstraße auf Einlass warteten. Einen Abend begab er sich direkt in das städtische Asyl in der Fröbelstraße und eine andere Nacht begleitete er einen „Pennbruder" bei seiner Suche nach einem Schlafplatz im großstädtischen „Dschungel". Ostwalds Schilderungen verdeutlichen: Obdachlose waren um die Jahrhundertwende ein existierendes, aber doch neuartiges Phänomen in der Hauptstadt, das dadurch umso mehr faszinierte.[103] Um sie zu sehen, musste man sich an die dunklen Orte der Stadt begeben. Obdachlose dienten gar als bevorzugte Betrachtungsobjekte, um die verborgenen Orte und Schlupfwinkel der Stadt zu erfassen. Daraus können zwei Schlussfolgerungen für das Verhältnis von Obdachlosigkeit und städtischem Raum abgeleitet werden: Zum einen war seit der Urbanisierung Obdachlosigkeit Teil der dunklen Strukturen der Großstadt und zum anderen dienten die Obdachlosen als Sinnbild dieser dunklen Seite der Stadt und wurden für deren Darstellung gerne missbraucht. Dies bestätigte sich nicht zuletzt darin, dass Sozialethnografen das Obdachlosenasyl als favorisierten Zugang zur urbanen „Unterwelt" nutzten.[104]

Über die weithin unbekannten und für den Großteil der Stadtbevölkerung unzugänglichen „dunklen Winkel" bauten die Autoren an diesen Orten ein Bedrohungsszenario auf, das auf die dort agierenden Personen übertragen wurde. Für das 20. Jahrhundert können drei wesentliche Gefahren ausgemacht werden, die in der Wahrnehmung von den Obdachlosen ausgingen: Erstens galten sie als kriminelle Gefahr, was am Beispiel des Bettlers skizziert wird. Zweitens wurde im Kontext von Obdachlosigkeit die gesundheitliche Bedrohung und drittens die sittliche Gefährdung thematisiert, die am biografischen Beispiel von Therese H. betrachtet werden.

2.1 Obdachlose als kriminelle Gefahr

Die Verbindung zwischen Obdachlosigkeit und Kriminalität illustrierte das *Kriminalmagazin* 1929 in dem Bericht „Die unterirdische Stadt" eindrücklich. Ziel des Artikels war es, einen Einblick in die Berliner Verbrecherwelt zu geben, die sich in der Weimarer Republik mit der Ausbildung von sogenannten Ringvereinen zu einem professionalisierten System entwickelt hatte – so zumindest der Begleit-

---

[102] Zu diesen Vorabdrucken zählte u. a. das Kapitel „Bei den Obdachlosen", vgl. Thies, Ethnograph, S. 194.
[103] Althammer, Faszination.
[104] Scheffler, Weltstadt, 160 f. Vgl. hierfür auch Liebich, Obdachlos.

2. „Dunkle Winkel": Obdachlose als konstruierte Gefahr der Großstadt

Abb. 1: Artikel „Die unterirdische Stadt" im Kriminalmagazin

text.[105] Die Bilder der Illustrierten zeigten indessen nicht den erwarteten „Paten" der Ringvereine, sondern nächtliche Aufnahmen von Obdachlosen in Berlin.

In keiner der Fotografien nahmen die Obdachlosen eine bedrohliche Haltung ein. Im Gegenteil, der „Penner" mit seinen aufgeblasenen Backen und lockeren Haltung konnte durchaus ein Schmunzeln beim Betrachter hervorrufen, während die drei zusammengekauerten Obdachlosen unter den Brücken des Kanals in erster Linie Mitleid erweckten. Die Person auf der Parkbank war sogar nur durch die nebenstehende Bildbeschriftung „Obdachlos" entsprechend zu erkennen. Das Bedrohungspotenzial des Bildes erklärte sich einzig über die Dunkelheit, von der der Mann auf der Parkbank umgeben ist. Demnach ist es weniger die Person als vielmehr die Kombination von Ort und Zeit, die die Gefahrenquelle markierte. Säße der Mann bei Sonnenschein und blauem Himmel auf der Bank, hätte er wohl als gewöhnlicher Parkbesucher kaum Aufmerksamkeit erregt. In der Nacht indessen wurden die Obdachlosen sichtbar. Sie verfügten über keine privaten Rückzugsorte, sondern blieben auch dann auf die öffentlichen urbanen Orte angewiesen und verstießen somit gegen gesellschaftliche Ordnungsvorstellungen. Ohne Schutzraum vor der Nacht wurden sie selbst als Teil der Dunkelheit – als „lichtscheue Gestalten" – stilisiert und Ausdruck dieser nächtlichen Bedrohung. Dem eigentlichen Straftatbestand Obdachlosigkeit (RStGb § 361 Abs. 8) wohnte kein Gefahrenmoment inne, sondern die Strafe sollte vielmehr verhindern, dass Obdachlose die öffentliche Fürsorge belasteten. Die Stilisierung von Obdachlosen zur kriminellen Gefahr basierte damit auf einer Korrelation von Obdachlosigkeit mit weiteren Straftatbeständen sowie wie im Folgenden gezeigt wird mit ihrer Verknüpfung zu den „dunklen Winkeln" der Großstadt.

Obdachlosigkeit und Bettelei

Auf der größten Messe der Weimarer Republik, der GESOLEI in Düsseldorf 1926, hatte die Deutsche Liga der freien Wohlfahrtspflege einen eigenen Ausstellungspunkt zum Gefahrenpotenzial von Obdachlosen eingerichtet.[106] In bewegten Bildern wurden Bettelei, Diebstahl, Einbruch, Brandstiftung und Gewalttätigkeit als die häufigsten Strafdelikte vorgestellt, die von den Obdachlosen für die Bevölkerung ausgehen würden.[107] Die Kriminalisierung der Obdachlosen knüpfte sich demnach eng an die Vorstellung von einem lasterhaften Leben auf der Straße.

Besonders Bettelei wurde oft in einem Atemzug mit Obdachlosigkeit genannt und in weiten Teilen der Gesellschaft synonym verwendet. In den „Ohren der Spießbürger [sei] der Begriff ‚Bettler' gleichbedeutend mit ‚Vagabund' und ‚Tage-

---

[105] Die unterirdische Stadt, in: Das Kriminalmagazin, 1. 4. 1929.
[106] Die GESOLEI fand vom 8. Mai bis 15. Oktober 1926 in Düsseldorf statt. Sie widmete sich den Themen GEsundheit, SOziale Fürsorge und LEIbesübungen, vgl. Stöckel, Ausstellung.
[107] Anmerkungen zum Bericht von O. A. Hack und O. I. Sesar zur Dienstreise von 13. bis 20. 8. 1926 zur GESOLEI, StadtAM Wohlfahrt 4688.

2. „Dunkle Winkel": Obdachlose als konstruierte Gefahr der Großstadt

dieb", monierte der *Vorwärts* schon 1892.[108] Dabei lagen die Überschneidungen zwischen Bettlern und Obdachlosen in ihrer gemeinsamen sozialen Not begründet. Zum Bettler wurden Obdachlose durch Handlungsweisen, die von der Gesellschaft als solche anerkannt waren, also die Almosenbitte an Personen oder Einrichtungen, die zu einer Mildtätigkeit nicht verpflichtet waren. Dabei musste das Betteln nicht unbedingt sprachlich geäußert werden. Es konnte sich ebenso in bestimmten Körperhaltungen oder Gesten ausdrücken, die die materielle Hilfsbedürftigkeit des Bittenden begründeten.[109] Obdachlosigkeit war hier eine der offensichtlichsten Handlungsweisen und ging meist mit existenzieller Armut einher. Bettelei war für die Betroffenen oftmals keine freie Entscheidung, sondern ein Mittel zum Überleben.

Dennoch waren Bettelei, Landstreicherei und Obdachlosigkeit im traditionellen juristischen Diskurs verankert und korrelierten.[110] Alle drei Tatbestände waren als sozialschädliches Verhalten klassifiziert – eine genaue Legaldefinition fehlte im Reichsstrafgesetzbuch.[111] Ihre Strafbarkeit fußte darauf, dass der Gesellschaft ein moralischer und finanzieller Schaden entstehe.[112] Das kriminelle Moment gründete sich darin, dass den Bettlern unterstellt wurde, nicht aus Notdürftigkeit heraus zu handeln, sondern der Bettelei berufsmäßig nachzugehen. Wie schnell man als Bettler in den Verdacht geraten konnte, kriminelle Machenschaften zu planen, zeigt sich wiederum im Leben von Otto H. Die Polizei München nahm diesen im Oktober 1935 wegen „verdächtigen Umhertreibens und verschleierter Bettelei" fest. Otto H. hatte sich mehrmals im Umfeld einer Hausmeisterwohnung aufgehalten, bei der zu diesem Zeitpunkt die umliegenden Mietparteien ihre Monatsmiete entrichteten. Der vorbeikommende Polizeibeamte schlussfolgerte daraus:

„Es ist nicht ausgeschlossen, das H. einen Überfall auf eine Person, die die Miete ablieferte, oder auf den Hausmeister selbst plante oder zumindestens auskundschaftete."[113]

Obwohl Otto H. in der größeren Wohnanlage lediglich seine Postkarten anbieten wollte, geriet er sogleich in den Verdacht schwerwiegendere Straftaten wie einen Überfall zu begehen.

Auffallend ist, dass Bettler nahezu ausschließlich männlich konnotiert waren. Die einleitend analysierte Bilderserie im *Kriminalmagazin* war keine Ausnahme. 1922 nahm die Berliner Polizei 1949 Bettler in Gewahrsam – davon waren lediglich 45 weiblich.[114] Als Erkennungsmerkmal diente das vermeintlich „arbeitsscheue"

---

[108] „Umschau verboten!", in: Der Vorwärts Nr. 31, 6. 2. 1892.
[109] Althammer, Einleitung, S. 8 f.
[110] Hippel, Armut, S. 32.
[111] Roth, Kriminalitätsbekämpfung, S. 295–298; Rudolph, Kooperation, S. 24–29. Vgl. zeitgenössisch zum Verzicht auf eine genauere strafrechtliche Definition des Bettelns, Rotering, Bettel.
[112] Roth, Kriminalisierung, in: Borck/Dorfey (Hrsg.), Unrecht, S. 136.
[113] Vorführungs-Note v. 1. 10. 1935, StaatsAM Pol. Dir. Mue 13466.
[114] Statistisches Amt Berlin, Taschenbuch, S. 93. In etwa die gleiche Anzahl an Personen wurde zudem als „Arbeitsscheue" festgenommen.

Verhalten der Bettler. Der „Gewohnheitsbettler" zeige an richtiger Arbeit kein Interesse, da er mit der Bettelei mehr verdiene – so die geläufige Unterstellung.[115]

Leitgebend dafür war die Vorstellung einer „organisierten Bettelei" als großstädtische Gefahr, wobei hier insbesondere der Faktor Stadt eine wesentliche Rolle spielte.[116] Der urbane Raum – so die Unterstellung von Wohlfahrtsverbänden und Kommunen – lockte ortsfremde Bettler an, die gewillt waren, sich in Banden zusammenzuschließen. Zudem garantiere die Stadt eine ausreichende Anonymität und stelle die entsprechende Infrastruktur bereit, um Bettelei als professionellen Geschäftszweig aufzubauen. Dazu zählten die Nutzung moderner Verkehrsmittel, mit deren Hilfe das gesamte Stadtgebiet erschließbar und untereinander teilbar war. Der Ehrenkodex zwischen den Bettlern verhindere, dass diese sich die „Arbeitsgebiete" untereinander streitig machten. Dazu gehörte auch eine „Bettlerbörse", die sich meist in Obdachlosenasylen oder privaten Herbergen befand.[117] Die Übergänge zwischen den Bettlerbanden und der kriminellen städtischen Unterwelt wurden von einigen Wohlfahrtsexperten als fließend beschrieben – was nicht zuletzt auch in der Darstellung im *Kriminalmagazin* deutlich geworden ist.[118] Die öffentliche Berichterstattung bediente nur zu gerne das Bild des „Berufsbettlers":

„Eine eigene Gruppe sind die Gewohnheitsbettler. Ihr verschmitztes Gesicht, die berufsmäßige zerrissene Kleidung sind ihre auffälligsten Merkmale. Wenn sie von der ‚Tour' kommen, dann tauschen sie ihre Erfahrungen aus [...]. Sogar einen Tagesplan können sie vorzeigen, auf dem aber auch jede Wohlfahrtseinrichtung verzeichnet ist."[119]

Der „Berufsbettler" verstehe es, mit der passenden Kleidung am richtigen Ort aktiv zu sein, und habe zudem die Nutzung der öffentlichen Armenspeisen und Obdachlosenunterkünfte professionalisiert. Das Polizeipräsidium Leipzig warnte 1925 die Stadtbevölkerung, vor dem Bund arbeitsloser und obdachloser Wanderer, der in Geschäften vorstellig werde und sich mittels eines Berechtigungsausweises als offizielle Sammlung von Kleidung, Lebensmittel und Geld vorstelle. Der Bund habe jedoch keine Sammelerlaubnis und es handele sich hier vielmehr um notorische Bettler.[120]

---

[115] Wie viel verdient der Bettler, in: Vossische Zeitung Nr. 68, 20. 2. 1924.
[116] Diese Form des „bandenmäßigen" Bettelns ist bis heute Kern der Diskussionen um Bettler in deutschen Städten und führte dort in den letzten Jahren zu entsprechenden Verbotszonen. Für München vgl. Sicherheitsrechtliche Allgemeinverfügung über die Untersagung bestimmter Formen des Bettelns in Teilen des Stadtgebietes München, in: Amtsblatt der Landeshauptstadt München v. 11. 8. 2014.
[117] Vgl. die Flugblätter „Bekämpfung des Bettlerwesens" und „Nicht gedankenlos geben", beide Anlage zu Caritasdirektor Erzd. München-Freising an Kath. Stadtpfarrämter v. 3. 11. 1925, DiCV AR 902.
[118] Zwei Stimmen zur Frage der Wohlfahrtsschecks, in: Scheffler (Hrsg.), Bürger, S. 235.
[119] Letztes Obdach, in: Münchener Zeitung Nr. 307/308 (1930), enthalten in: StadtAM ZA 1597. Für weitere Schilderungen des Berufsbettlers unter den Obdachlosen vgl. Bettler und „Bettler", in: Vorwärts Nr. 379, 13. 8. 1932; Bei den Obdachlosen, in: MNN Nr. 95, 9. 4. 1931.
[120] Vermerk des Polizeipräsidiums, undat. [1925], StaatsAL PP Leipzig 20031/4243.

Als Beweis für die professionalisierte Bettelei werteten Experten und Beamte auch das massenhafte Auftreten von „Bettler-Zinken" in den Städten.[121] Diese grafischen universalen Zeichen, die Bettler in der Nähe von Haustüren einritzten, um anderen Bettlern Hinweise über die Bewohnerinnen und Bewohner zu hinterlassen, gab es schon seit Jahrhunderten. Nachdem sie bereits als „ausgestorben" galten, erlebten sie nach Ansicht zeitgenössischer Beobachter der Weimarer Republik eine „Blütezeit" und Einzug in den urbanen Raum.[122] Die Wohlfahrtsverbände warnten in den 1920er-Jahren inständig vor dieser „Gaunersprache".[123] Während die Gaunerzinken im 19. Jahrhundert zuweilen noch als kulturelle Errungenschaft der Landstreicher zu deren romantisierendem Bild beitrugen, waren sie in den 1920er-Jahren Ausdrucksform des städtischen „Verbrecherproletariats".[124]

Bekämpfungen des Bettelwesens

Die Weimarer Behörden gingen auf zwei Arten gegen das Bettelproblem vor. Einerseits setzten sie auf verstärkte polizeiliche „Bettlerstreifen" und damit auf die strafrechtliche Verfolgung der entsprechenden Personen. Andererseits führten die Wohlfahrtsämter und die privaten Wohlfahrtsvereine in vielen Städten „Wohlfahrtsschecks" oder „Wohlfahrtsgutscheine" ein. Die Wertmarken konnten über die Stadtverwaltung oder die Verbände bezogen werden, die damit indirekt das Betteln unterstützten. Diese Teillegalisierung der Bettelei stieß in den 1920er-Jahren auf heftige Kritik, der stets entgegengestellt wurde, dadurch nur das „gedankenlose Almosengeben" zu steuern und letztlich über die Einlösung der Wohlfahrtsschecks die Bettler ins kontrollierte Fürsorgesystem zurückzuführen.[125]

Besonders in den letzten Jahren der Weimarer Republik nahmen infolge hoher Arbeitslosigkeit und erstarkter Wanderungsbewegung die Meldungen über die „Bettlerplage" und betrügerische Bettelei zu.[126] Es war schließlich auch die mutmaßlich organisierte Bettelei, mit der die Nationalsozialisten ihr rigoroses Vorgehen gegen Obdachlose und andere soziale Außenseiter in den Städten offiziell begründeten. Der erste Höhepunkt war die als „Bettlerrazzia" bekannt gewordene Verhaftungswelle im September 1933. Erneut war es das Bedrohungspotenzial der

---

121 Vgl. Hans Carls, Das Bettelunwesen und seine Bekämpfung vom fürsorgerischen Standpunkt aus gesehen, DiCV AR 902.
122 Streicher, Gaunerzinken, S. 21 f. Zu Bettlerzinken vgl. Streicher, Gaunerzinken (1928).
123 Flugblatt „Bekämpfung des Bettelwesens", Anlage zu Caritasdirektor Erzd. München-Freising an Kath. Stadtpfarrämter v. 3. 11. 1925, DiCV AR 902.
124 Rothe, Kultur, S. 309–312. Rotering führte noch 1908 die „Zinkenherrlichkeit" als Gegenbild zum kriminellen Landstreicher an, vgl. Rotering, Landstreicherei, S. 477.
125 Lehmann, Bekämpfung; Zwei Stimmen zur Frage der Wohlfahrtsschecks, in: Der Wanderer 47 (1930), S. 149–150, beides abgedruckt in: Scheffler (Hrsg.), Bürger, S. 231–236. Flugblatt „Nicht gedankenlos geben", Anlage zu Caritasdirektor Erzd. München-Freising an Kath. Stadtpfarrämter v. 3. 11. 1925, DiCV AR 902.
126 Roth, Verbrechensbekämpfung, S. 147.

Bettler und Obdachlosen, das Hermann Göring in seiner Funktion als preußischer Innenminister im Vorfeld heraufbeschwor:

„Trotz der Strafandrohung des § 361 Ziff. 4 StGB hat das Betteln auf öffentlichen Straßen, Wegen und Plätzen und das Betteln von Haus zu Haus in den letzten Jahren einen derartigen Umfang angenommen, daß darin eine ernstliche Gefahr für die öffentliche Ordnung zu erblicken ist."[127]

Das Propagandaministerium unter Joseph Goebbels tat zudem sein Bestes, um zur Razzia auf dem Bild des kriminellen und „berufsmäßigen Bettlers" basierende Ängste und Vorurteile zu schüren.[128] Die internen Korrespondenzen offenbaren indessen die wahren Beweggründe der Nationalsozialisten. Zum einen steckten finanzielle Interessen dahinter. Sie hofften durch die Ausschaltung des Betteltums, die Konkurrenz zur anstehenden Winterhilfssammlung der NSV zu beseitigen und entsprechende Mehreinnahmen zu erzielen. Zum anderen sollte mit dem Verschwinden der Bettler aus dem Straßenbild der Schein der wirtschaftlichen Erholung und des Wiederaufstiegs Deutschlands gegenüber der eigenen Bevölkerung sowie dem Ausland vorgetäuscht werden. Zuletzt war damit eine Abschreckung und Einschüchterung des betroffenen Personenkreises intendiert.[129]

Entsprechend umfassend und „schlagartig" gingen Polizei und NS-Verbände zwischen dem 19. und 23. September 1933 gegen Bettler und Obdachlose vor. Sie verhafteten die Betroffenen nicht nur auf offener Straße, sondern auch ganz gezielt an den städtischen Orten der Obdachlosen, wie den Asylen und Herbergen. Innerhalb dieser wenigen Tage wurden Schätzungen zufolge mehrere Zehntausend Menschen festgenommen. Mittels der bewährten Strafverfolgung von Bettelei und Obdachlosigkeit im Strafgesetzbuch verurteilten Schnellrichter die Mehrheit zu kurzen Haftstrafen, so dass viele der Festgenommen nach wenigen Tagen wieder freikamen. Ein Teil wurde allerdings mit korrektioneller Nachhaft bestraft und in Arbeitshäuser eingewiesen.[130] Dass mancherorts die Verhaftungen auch mit der Einweisung in Konzentrationslagern enden konnten, hat Julia Hörath jüngst erstmals systematisch erforscht. An einzelnen Orten knüpften die Behörden bereits an frühere „extra-legale Haftpraktiken" an und internierten Bettler und Landstreicher als „Schutzhaftgefangene" im Konzentrationslager. An manch anderen Orten wirkten die KZ-Einweisungen indessen als „Initialzündung" zur Radikalisierung im Vorgehen gegen soziale Randgruppen und waren in gewisser Weise auch ein öffentlicher Testlauf.[131]

---

[127] Erlass des preußischen Innenministers Hermann Göring an die Polizeibehörden v. 1. 6. 1933; Erlass des württembergischen Innenministers Jonathan Schmid und des württembergischen Wirtschaftsministers Oswald Lehnich an das Polizeipräsidium Stuttgart und die Oberämter v. 12. 9. 1933, beide abgedruckt in: Ayaß (Hrsg.), Gemeinschaftsfremde, Nr. 4 und Nr. 18.
[128] Zum Bild des Berufsbettlers, Aufruf der bayerischen Staatsregierung v. 18. 9. 1933, abgedruckt in: Ayaß (Hrsg.), Gemeinschaftsfremde, Nr. 20. Vgl. auch Ayaß, Wandererfürsorge, S. 275.
[129] Ayaß, Asoziale, S. 21 f.
[130] Ebenda, S. 30–32.
[131] Hörath, Asoziale, S. 172–186, Zitat S. 175; Gaida, Arbeitshaus.

2. „Dunkle Winkel": Obdachlose als konstruierte Gefahr der Großstadt 55

Die kommunalen ebenso wie die freien Wohlfahrtsverbände begrüßten und unterstützten das Vorgehen aktiv. Die Wohlfahrtsämter lieferten schon im Vorfeld Namen von bereits auffällig gewordenen Personen und die freien Wohlfahrtsverbände stellten „wirkungsvolles Propagandamaterial" bereit.[132] Der Münchner Wohlfahrtsreferent Friedrich Hilble empfahl in einer nachträglichen Beurteilung eine „periodische Wiederholung" solcher Razzien.[133] Einer solchen regional begrenzten Razzia war auch Otto H. zum Opfer gefallen. Am 10. Juli 1936 wurde er am Karlsplatz festgenommen, dass er zu diesem Zeitpunkt in der Zentralherberge gemeldet war, spielte keine Rolle.[134] Ziel der Nationalsozialisten war die „Stadt ohne Bettler", die schließlich mit der „Aktion Arbeitsscheu Reich" 1938 umgesetzt werden sollte.[135]

In der Forschung werden unter dieser „Aktion" zwei Großrazzien zusammengefasst: Eine erste im April, die von der Gestapo geleitet wurde, und eine zweite im Juni, die unter Führung der Kriminalpolizei stattfand.[136] Beide konnten gezielt vorgehen, dank Wohnungslosen- und „Asozialen"-Meldungen der Wohlfahrtsämter und einer „Fahndungskartei für Asoziale", die der *Wanderer* seit 1934 regelmäßig veröffentlichte.[137] Die Frühjahrsaktion der Gestapo führte zur Einweisung von ca. 2000 Personen ins Konzentrationslager Buchenwald – unter ihnen auch Otto H. Für die Juni-Aktion gab Heydrich die Anweisung an die Kriminalpolizei, „mindestens 200" „Asoziale" pro Kriminalleitstelle festzunehmen.[138] Die lokalen Polizeiämter übertrafen diese Vorgabe aber bei Weitem und nahmen über 10 000 Personen in polizeiliche Vorbeugehaft.[139] Die Forschung bettet die Verhaftungswellen gegen „Arbeitsscheue" und „Asoziale" lange Zeit als Maßnahmen zur Arbeitskräfterekrutierung ein, sei es nun im Zusammenhang mit der Einrichtung der SS-eigenen Produktionsstätten, der Durchsetzung der allgemeinen Arbeitsdienstpflicht oder dem Vierjahresplan.[140] Patrick Wagner schreibt der Juni-Aktion zudem kriminalpräventive und disziplinierende Wirkkräfte zu.[141] Hörath betont indessen die unterschiedlichen Zielrichtungen der beiden Aktionen.

---

[132] Althaus, Leiter der Wohlfahrtsabteilung der Reichsführung der NSV, an den Zentralausschuss für die Innere Mission, den Deutschen Caritasverband und das Deutsche Rote Kreuz v. 28. 8. 1933, abgedruckt in: Ayaß (Hrsg.), Gemeinschaftsfremde, Nr. 16.
[133] Hilble an DGT v. 20. 11. 1933, BArch R 36/1034.
[134] Für die Razzien in München und Bayern vgl. Ayaß, Asoziale, S. 146; Strauss, Wandererfürsorge, S. 258 f. In Berlin wurde der Druck auf Bettler und Obdachlose im Stadtbild vor den Olympischen Spiele 1936 erneut erhöht, Weber, Berlin, S. 328 f.
[135] Berlin, die Stadt ohne Bettler, in: Deutsche Allgemeine Abendzeitung, 12. 10. 1933; Weber, Berlin.
[136] Zur Frühjahrsaktion vgl. Schleupner, Arbeitsscheu.
[137] Ayaß, Asoziale, S. 143.
[138] Erlass des Chefs der Sicherheitspolizei und des Sicherheitsdienstes Reinhard Heydrich an die Kriminalpolizeileitstellen v. 1. 6. 1938, abgedruckt in: Ayaß (Hrsg.), Gemeinschaftsfremde, Nr. 66.
[139] Ayaß, Asoziale, S. 156.
[140] Einen pointierten und aktuellen Überblick zur Forschung gibt Hörath, Asoziale, S. 308 f.
[141] Wagner, Volksgemeinschaft, S. 291.

Himmlers April-Aktion sieht sie als „konzentrierten, kriminalpräventiven Überraschungsangriff", der vor allem dazu diente, die nicht auf den ersten Blick erkennbare Gruppe der sesshaften „Asozialen" und „Arbeitsscheuen" zu identifizieren. Damit wollte er verhindern, dass sich diese, um erwarteten Verhaftungen zu entgehen, zum Schein in den Arbeitsprozess eingliedern würden. Die Juni-Aktion sollte hingegen vor allem obdachlose Personen ins Visier nehmen, deren Lebenswandel als „asozial" oder kriminell galt.[142] Dass zur Verhaftungswelle ebenso „Bettler, auch wenn diese einen festen Wohnsitz haben", hinzugezählt wurden, zeigt erneut die strafrechtliche Nähe und Verknüpfung von Bettlern und Obdachlosen.[143]

Nach der „Aktion Arbeitsscheu Reich" stellten „Asoziale" die größte Häftlingsgruppe in den Konzentrationslagern. Dass ausgerechnet sie den „schwarzen Winkel" als Identifizierungsmerkmal tragen mussten, korrespondiert mit der traditionellen Verortung dieser Personen in den „dunklen Winkeln" der Großstadt. Ihre gesellschaftliche Randständigkeit reproduzierte sich auch in ihrer Stellung im Lager. Die heterogene Gruppe der „Asozialen" gründete im Konzentrationslager keine eigenen Lagerorganisationen und rangierte innerhalb der von der SS geförderten Häftlingshierarchien auf der untersten Stufe. Von ihren Mithäftlingen wurden sie als unzuverlässige und „willensschwache" Personen gekennzeichnet, die nicht aufgrund ihrer Gegnerschaft zum Nationalsozialismus inhaftiert worden seien, sondern aufgrund moralischer Minderwertigkeit.[144]

Diese Deutung beeinflusste die Wahrnehmung und das Handeln der Betroffenen nach dem „Dritten Reich". Aus der Häftlingsgruppe der „Asozialen" konnten sich bis auf eine Ausnahme keine Opferverbände organisieren.[145] Erst im Februar 2020 sprach sich der Deutsche Bundestag dazu aus, von den Nationalsozialisten verfolgte „Asoziale" und „Berufsverbrecher" als Opfergruppe anzuerkennen.[146] Aus der DDR sind sogar Einzelfälle überliefert, denen der Opferstatus nach einer kurzen Phase der Anerkennung wieder entzogen wurde – meist mit der Begründung, dass der Lebenswandel der Betroffenen nach 1945 weiterhin als „asozial" zu bewerten sei.[147] Auch wenn die Nationalsozialisten das Bettlertum aus der Öffentlichkeit verdrängten, so überdauerte im Konzentrationslager in der Kategorie der „Asozialen" das Bild vom „Berufsbettler".

---

[142] Hörath, Asoziale, S. 310–315, Zitat S. 312.
[143] Erlass des Chefs der Sicherheitspolizei und des Sicherheitsdienstes Reinhard Heydrich an die Kriminalpolizeileitstellen v. 1. 6. 1938, abgedruckt in: Ayaß (Hrsg.), Gemeinschaftsfremde, Nr. 66.
[144] Ayaß, Asoziale, S. 168–169, Zitat S. 169.
[145] Zur Problematik der Wiedergutmachung bei „Asozialen" vgl. Goschler, Wiedergutmachung, S. 87–90. Goschler schildert die Initiativen der Opfergruppe „Die Vergessenen", die die Anerkennung und Betreuung der „Asozialen" anstrebte.
[146] Vgl. Deutscher Bundestag (Hrsg.), Plenarprotokoll 19/146, S. 18325–18333, URL: https://dserver.bundestag.de/btp/19/19146.pdf#P.18325 [30. 9. 2022].
[147] Vgl. Korzilius, Parasiten, S. 52–60.

Der Bettler als „Schande" des Wiederaufbaus

Bereits ein Jahr nach Kriegsende fand das Stigma des „Berufsbettlers" wieder eine entsprechende öffentliche Verbreitung. Der Polizeipräsident von Berlin ließ eine neue Bettlerkartei anlegen, wobei sich die Behörden zunächst bei der strafrechtlichen Verfolgung zurückhielten. Ersttäter und jene, die aus offensichtlicher Not bettelten, sollten verschont bleiben, die vermeintlichen Berufsbettler kamen jedoch schnell wieder in den Fokus der Strafverfolgungsbehörden.[148] Dass ausgerechnet das kommunistische Blatt *Tribüne* 1947 vor dieser Gruppe warnte und dabei die gleichen Argumente anführte wie die Nationalsozialisten, zeigt den parteiübergreifenden Konsens sowie die zäsurübergreifende Kontinuität in der Diskriminierung und Kriminalisierung.[149] Aus sozialistischer Perspektive galten die Bettler als „gemeinschaftsgefährdend", weil sie sich – so die Annahme – nicht an der „Enttrümmerung" beteiligten, stattdessen auf Kosten der übrigen Bevölkerung lebten und dabei unter Umständen noch mehr verdienten als der „ehrbare" Arbeiter. Festnahmen und Einweisungen von Bettlern in Arbeitshäuser waren in der sowjetischen Besatzungszone und der DDR keine Seltenheit. Fast immer genügte die fehlende Mitwirkung am Wiederaufbau als Grund. Hans H., der, weil er aus seinem rumänischen Heimatort ausgewiesen wurde, seit 1947 als Obdachloser im Berliner Plaza- oder Zoobunker unterkam, wurde im März 1949 aufgrund von „Bettelei und strafbarer Obdachlosigkeit" zu einer Haftstrafe von einer Woche und anschließender Arbeitshauseinweisung verurteilt. Als Begründung gab das Amtsgericht Berlin-Mitte an:

„Wer jedoch bis jetzt nichts getan hat um durch notwendige gesellschaftliche Arbeiten und ordentliches Unterkommen die Verhältnisse in unserm Sektor zu verbessern, muß deshalb bestraft werden."[150]

Erst im April 1952 wurde Hans H. nach einem Gnadengesuch aus dem Arbeitshaus entlassen. In seinem Schreiben beteuerte er, dass seine damaligen Taten auf jugendlichen Leichtsinn zurückzuführen seien und es nunmehr sein sehnlichster Wunsch sei, die „Freiheit wieder zu gewinnen und ein nützliches Mitglied der DDR [zu] werden".[151]

Hans H. blieb kein Einzelfall. Schon im Artikel der *Tribüne* war der Ruf nach erneuten Bettlerrazzien ertönt. Die Berliner Polizeibehörden stimmten mit den öffentlichen Forderungen überein und intensivierten ab Juni 1947 die „Bekämpfung der Bettelei". Dafür wurden „schlagartig einsetzende Razzien" durchgeführt. Diesen gingen jeweils ausführliche Pressenotizen voraus, die der „Aufklärung der

---

[148] Vgl. Schreiben an Polizeipräsident Berlin v. 9. 6. 1947, LAB C Rep. 303-09 Nr. 238; Korzilius, Asoziale, S. 24 f.
[149] Bettler, in: Tribüne, 21. 5. 1947, enthalten in: LAB C Rep. 303-09 Nr. 238. Vgl. „Ich komm eben nicht aus, Herr Rat!", in: Neues Deutschland Nr. 254, 30. 10. 1947; Bettler, in: Neues Deutschland Nr. 276, 26. 11. 1947.
[150] Urteil des Amtsgerichts Berlin-Mitte v. 3. 3. 1949, LAB C Rep. 341-440.
[151] Gnadengesuch Hans H. an die Staatsanwaltschaft, Eingangsstempel 10. 3. 1952, LAB C Rep. 341-440.

Bevölkerung" dienten und die Öffentlichkeit vor unangebrachter Mildtätigkeit gegenüber den Berufsbettlern warnten.[152] Das geplante und öffentlichkeitswirksame Vorgehen deckte sich mit dem Muster der „Bettlerrazzia" von 1933.

Eine besondere Aufmerksamkeit erfuhren dabei Bettler in Militäruniformen. Bereits mit den ersten Heimkehrerzügen warnten die Behörden davor, bettelnde Rückkehrer zu unterstützen. Für sie sei von Seiten der Sozialbehörden gesorgt und wer dennoch um Almosen bitte, tue dies aus „betrügerischer" Motivation heraus:

> „Es ist bezeichnend, daß die Meisten in dieser Maske Aufgegriffenen nie Soldat waren, geschweige denn in Gefangenschaft. Wenigstens nicht in Kriegsgefangenschaft, die Plötzenseer Gitter sind ihnen oft wesentlich bekannter. Ueberwiegend sind es also asoziale und arbeitsscheue Elemente, die sich so ‚durchschlauchen'."[153]

Selbst angesichts der weiten gesellschaftlichen Not in den unmittelbaren Nachkriegsjahren wurde Bettelei nicht als sichtbare Form der Armut akzeptiert, sondern als Ausdruck krimineller und betrügerischer Gefahren stigmatisiert – und das nicht nur unter dem Druck des sozialistischen Wiederaufbauethos.

Die Münchner Polizei führte ab 1948 in regelmäßigen Abständen „Bettlerbekämpfungsaktionen" durch, um damit die fortschreitende Ausbreitung des Bettelwesens einzudämmen.[154] Auch Otto H. geriet nun wieder in das Visier der Behörden. Die Aktionen hatten eher kriminalpräventiven Charakter, was sich vor allem darin zeigte, dass sie jährlich Anfang September – einige Wochen vor Beginn des Oktoberfestes – intensiviert wurden. Auch Otto H. wurde im September 1950 und 1951 wegen Bettelei verurteilt und saß insgesamt 6 Wochen im Gefängnis.[155] Von der Bettelei hielt dies Otto H. dennoch nicht ab. Außerdem sind in den entsprechenden Berichten keine nennenswerten Ergebnisse hinsichtlich der Anzahl der Festgenommenen enthalten, was eher gegen eine große Erfolgsquote spricht. Auch wenn die Beamten durchaus von ihrem Konzept überzeugt waren, so erkundigte sich doch immerhin das Bayerische Statistische Landesamt beim Caritasverband, wie gegen das „aktuell gewordene Bettlerproblem" vorzugehen sei.[156] Der Freiburger Caritasdirektor Baumeister empfahl den bayerischen Behörden unter anderem die bereits in der Weimarer Republik heftig umstrittenen „Wohlfahrtsmarken". Diese waren von der Caritas noch bis 1943 ausgegeben, dann aber im späteren Kriegsverlauf eingestellt worden.[157] Anfang der 1950er-Jahre erfreuten sie sich

---

[152] Tagesbericht Nr. 2147/47 an Polizeipräsident Berlin v. 9. 6. 1947, LAB C Rep. 303-09 Nr. 238. Zur Bekanntgabe in der Presse vgl. Betteln ist ein gutes Geschäft, in: Neues Deutschland Nr. 165, 18. 7. 1947. Zum Ergebnis der Razzien vgl. *Bettler* mit Karte. Sonderaktion der Polizei, in: Berliner Zeitung Nr. 241, 16. 10. 1947.
[153] Lumpen machen Bettler, in: Neue Zeit Nr. 189, 15. 8. 1947. Vgl. Soldaten als Bettler?, in: Berliner Zeitung Nr. 64, 17. 3. 1946; Heimkehrer sind keine Bettler, in: Neues Deutschland Nr. 2, 3. 1. 1947.
[154] Sonderbekanntmachung des Chefs der Schutzmannschaften an alle Dienststellen v. 8. 9. 1950, StaatsAM Pol. Dir. Mü. 11023.
[155] Auszug aus Strafregister v. 6. 11. 1952, StaatsAM Pol. Dir. Mue 13466.
[156] Bayer. Statistisches Landesamt an Deutschen Caritasverband v. 21. 2. 1952, ADCV 288+358.
[157] Caritasverband Koblenz an Deutschen Caritasverband Freiburg v. 4. 2. 1953, ADCV ZA 288.065 Fasz. 01.

2. „Dunkle Winkel": Obdachlose als konstruierte Gefahr der Großstadt

einer Wiederbelebung. Nun waren sie aber ganz in den Dienst der Bettler gestellt und firmierten fortan als „Bettlerchecks". Die Diskussionen um deren Wirksamkeit und die damit einhergehende Legalisierung von Bettelei entfachten erneut – eine Lösung zum Problem der Bettelei war das Gutscheinsystem in den 1950er-Jahren genauso wenig wie in den 1920er-Jahren.[158] Auch ansonsten konnte Mailänder wenig neue Erkenntnis zum Bettelwesen vermitteln und verwies darauf, dass „auf diesem Gebiet zurzeit alles im Schweben" sei und nahm dabei Bezug zu seinen Ausführungen zum „Strandgut des Lebens" von 1933.[159]

Auch ein anderes Bettlerproblem aus den 1920er-Jahren schien sich wieder auszubreiten: Anfang der 1950er-Jahre tauchte das Gerücht auf, dass kriegsversehrte Bettler eine „Bettlerorganisation" gründen würden. Die westdeutschen Wohlfahrtsverbände und Behörden reagierten höchst besorgt, da ein solcher Zusammenschluss für sie aus zwei Perspektiven ein Problem dargestellt hätte: Erstens wäre damit die tot geglaubte organisierte Bettelei reaktiviert worden und mit ihr ein zentrales kriminelles Gefahrenpotenzial für die Bevölkerung. Zweitens wäre der kriegsversehrte Bettler eine „Kulturschande" für die Versorgungsleistungen der bundesrepublikanischen Ämter für die Verletzten des Krieges gewesen. Bilder von verwahrlosten Kriegsversehrten in den Städten, wie sie nach dem Ersten Weltkrieg alltäglich waren, sollten auf alle Fälle vermieden werden.[160] Da sich die Wahrnehmung sozialer Probleme in den ersten Nachkriegsjahren vor allem auf die „sozial- und integrationspolitischen Folgen des Krieges" richtete,[161] rückten die Bettler in Westdeutschland zunächst als Kriegsversehrte in die öffentliche Aufmerksamkeit. Erst Ende der 1950er-Jahre gelangte die Bettelei als direkte Verbindung zu Obdachlosigkeit durch einen Perspektivenwechsel auf die Problemgruppen wieder stärker in den Fokus. Nach der Beseitigung der Kriegsfolgen waren es die „gemeinlästigen Leute", deren Armut nicht aus der sozialen Not der Zeit entstand, sondern als Entsprechung tiefergreifender individueller Sozialisationsdefizite und Stigmatisierungsprozesse gesehen wurde.[162] Als Konsequenz aus der jahrhundertealten Verknüpfung von Bettelei und Obdachlosigkeit wurden „bettlerähnliche Gestalten" vornehmlich als Stadtstreicher oder „Wermutbrüder" identifiziert.[163] In einer Sonderverfügung der Münchner Polizei von 1970 zum „Einschreiten gegen Bettler" heißt es hierzu ausdrücklich:

„Eine vorläufige Festnahme [der Bettler] ist nur möglich, wenn diese Personen in der Bundesrepublik keinen festen Wohnsitz oder Aufenthalt haben oder sich über ihre Person nicht ausweisen können."[164]

---

[158] Vgl. Bekämpfung des Bettelunwesen, in: Zeitschrift für das Fürsorgewesen Nr. 22, 15. 11. 1951.
[159] Baumeister an Bayer. Statistisches Landesamt v. 3. 6. 1952, ADCV 288+358.
[160] Rundschreiben von Baumeister v. August 1950, ADCV ZA 288+288.6 Fasz. 03
[161] Rudloff, Schatten, S. 351.
[162] Steigerthal, Leute. Zur Einordnung von Steigerthals Aufsatz vgl. Althammer: Vagabunden, S. 640–654.
[163] Kirnberger an Polizeiamt Süd v. 7. 8. 1968, StaatsAM Pol. Dir. Mü. 15624.
[164] Polizeivizepräsident Wolf an die Polizeiämter v. 11. 8. 1970, StaatsAM Pol. Dir. Mü. 17519.

Allerdings war die öffentliche Haltung gegenüber Bettlern in den 1960er-Jahren durchaus gespalten, was selbst in der Münchner Verfügung zum Ausdruck kam. Als Legitimation zum energischen Vorgehen verwies der Vizepräsident auf die rapide steigenden „Beschwerden aus der Öffentlichkeit". Zugleich wurde den Vollzugsbeamten zum praktischen Vorgehen geraten, die Bettler zur Feststellung der Personalien zum Revier zu führen, da sich „wegen der Solidarität vieler Straßenpassanten" mit den Bettlern und den „damit verbundenen Affronts gegen die einschreitenden Straßenbeamten" Schwierigkeiten ergeben könnten.

Woher rührte dieses öffentliche Verständnis für Bettelei in Zeiten der Vollbeschäftigung? Die Bettler waren seit Anfang der 1960er-Jahre ein Feld der sozialwissenschaftlichen Randgruppenforschung, die diese nun als dezidert soziales Problem verorteten. Bettlern wurde so ihr delinquenter Charakter nach und nach entzogen. Die Abschaffung des Bettelparagrafen im Zuge der Strafrechtsreform war eine der Konsequenzen dieser veränderten Perzeption. Nach 1974 wurde versucht, Bettelei auf kommunaler Ebene – und hier insbesondere in den Städten – unter dem Stichwort der „Stadtstreicherei" mit Platzverweisen und ähnlichen Maßnahmen „im Griff zu behalten".[165] Die Polizeibehörden sahen es nicht länger als ihre Aufgabe an, Bettelei zu beseitigen oder einzudämmen, vielmehr seien sie lediglich für die „Auswirkungen dieser Erscheinungsformen, soweit sie die öffentliche Sicherheit und Ordnung beeinträchtigen und gefährden", zuständig. Ein ernsthaftes „Sicherheitsrisiko" und eine Gefahr für die Stadtbevölkerung konnten sie in dieser „Bagatellkriminalität" allerdings nicht mehr erkennen.[166]

2.2 Sittliche und gesundheitliche Bedrohungen, oder: Das Leben der Therese H.

> „Wer als Neuling in eine Grossstadt kommt, ist sehr häufig als passiver Teil gleich in ein Problem verwickelt, das unzertrennlich mit dem Getriebe einer Grossstadt verknüpft ist, in das Problem der Prostitution, die als dunkelste Schattenseite der Grossstadt manchen als erstes Grossstadterlebnis bekannt wird."[167]

Für obdachlose Frauen blieb Prostitution oftmals nicht passives Erlebnis, sondern bestimmte in vielen Fällen ihr Leben und ihren Alltag. Obdachlose Frauen standen als „Gefährdete" oder „Gefallene" unter dem Generalverdacht, der Prostitution nachzugehen.[168] Ähnlich wie die Bettelei für Männer war die Prostitution oft eine Möglichkeit, ihre soziale Notlage zu kompensieren.[169] In vielen Fällen wurden die sexuellen Dienste nicht durch Geld beglichen, sondern direkt durch die Bereitstellung einer Unterkunft.[170]

---

[165] Haimerl an Polizeipräsidenten v. 23. 1. 1976, StaatsAM Pol. Dir. Mü. 15630.
[166] Kirchmann, Stellungnahme zum Jahresbericht v. 2. 6. 1976, StaatsAM Pol. Dir. Mü. 15630.
[167] Werheit, Prostitution, S. 3.
[168] Zum Stigma „Gefährdete" vgl. Kirchhof, Dienstfräulein, S. 42–45.
[169] Scheffler, Weltstadt, S. 166; Roth, Kriminalitätsbekämpfung, S. 319.
[170] Freund-Widder, Frauen, S. 15.

Weibliche Obdachlosigkeit galt als dezidiert urbanes Problem, dass sich vor allem mit sexuellen Devianzen verknüpfte. Die Frauen waren die Verkörperung der sittlichen wie auch der gesundheitlichen Gefahren von Obdachlosigkeit in der Großstadt: Sie standen symbolhaft für den großstädtischen Sündenpfuhl und im Verruf, ehrbare Männer oder auch junge Frauen vom rechten Weg abzubringen. Da ihnen zugleich immer der Verdacht anhing, Trägerinnen von Geschlechtskrankheiten zu sein, ging von ihnen auch ein gefühltes gesundheitliches Risiko aus.[171]

Im Folgenden wird gezeigt, wie weibliche Obdachlosigkeit seit der Jahrhundertwende als Sinnbild für Gefahren und urbane Verwahrlosung herangezogen wurde, was sich in der ambivalenten Zuschreibung der „Gefährdeten" widerspiegelte. Obdachlosigkeit wurde hier gleichermaßen zur Sünde der Großstadt und zum selbst verschuldeten Zustand. Die Intersektionalität von Prostitution und Obdachlosigkeit setzte die Frauen einer mehrfachen Verfolgung und Diskriminierung aus.

Ankunft in der Großstadt

Mit gerade einmal 18 Jahren kam Therese H. am 1. August 1931 am Münchner Hauptbahnhof an.[172] Ihre Anstellung als Hausmädchen in Planegg hatte sie aufgegeben, nachdem ihr der Lohn gekürzt werden sollte. In der Hoffnung auf eine neue Beschäftigung fuhr sie nach München. Therese war eine von vielen Frauen, die es in die Großstadt zog – meist unvorbereitet. Die Mehrzahl der Frauen vom Land konnte dem „Anspruch der städtischen Dienststellen nicht genügen" und fand angesichts der ohnehin anspannten Arbeitsmarktlage nur schwer eine passende Arbeit.[173] Auch Therese H's. Suche blieb erfolglos, obwohl sie bereits Berufserfahrungen vorweisen konnte. Ohne Arbeit war es für die Frauen geradezu aussichtslos, eine Unterkunft zu finden. Viele waren gezwungen, die kommunalen Obdachlosenunterkünfte aufzusuchen, die wiederum ohnehin als Orte der urbanen Verwahrlosung galten und zum moralischen Verfall der Frauen beitrugen.[174]

Die Ursachen für weibliche Obdachlosigkeit wurden daher auch durchaus ambivalent gedeutet. Einerseits wurde die soziale Notlage in der Weimarer Republik und die Arbeitslosigkeit als entscheidende Faktoren gewürdigt. Andererseits wurde den Frauen durch ihren Leichtsinn eine Mitschuld zugeschrieben. Als zentraler Begriff für diese vermeintliche Kausalbeziehung hatte sich seit der Jahrhundertwende die Bezeichnung der „Gefährdung" herausgebildet. Die obdachlose Frau war zum einen selbst „gefährdet", in die Sittenlosigkeit abzurutschen und zum anderen eine Bedrohung für die Gesellschaft. Obdachlose Frauen waren gleichermaßen Teil und Opfer der großstädtischen Gefahren.

---

[171] Fritzsche, Stadt; Schürmann, Stadtraum.
[172] Für die folgenden Ausführungen vgl. die Strafakte von Therese H., StaatsAM Pol. Dir. Mü. 13537.
[173] Vgl. Stellungslose Hausangestellte. Wo sollen sie bleiben? in: Vorwärts Nr. 7, 6. 1. 1932. Vgl. dazu Anselm/Beck, Triumph.
[174] Carls, Arbeitsplatz, S. 27.

Therese H. hatte zunächst Glück und fand notdürftig ein Unterkommen bei ihrer Schwester Rosa, die ebenfalls in München lebte. Allerdings wohnte sie in einer städtischen Obdachlosenwohnung, die kaum genug Platz für Rosas Familie bot und in der zudem eine langfristige Untervermietung untersagt war. Therese ging immer seltener zu ihrer Schwester und verweilte stattdessen nachts in Bars und Lokalitäten in der Innenstadt.

Es war genau dieses Verhalten, das die Vertreter auf der Caritastagung vor Augen hatten, als sie ausführten, dass die „Abenteuerlust" und „Vergnügungssucht" die Frauen „obdachlos und haltlos" machen würden; haltlos, weil angenommen wurde, dass die Frauen ohne Heim und Familie kaum eine gefestigte Persönlichkeit entwickeln könnten, um den Gefahren der Großstadt zu widerstehen.[175] Dies knüpft nicht zuletzt an die bürgerliche „Ordnung der Geschlechter", die Frauen als Fremdkörper im öffentlichen Raum sah und sie stattdessen im privaten Haushalt verortete.[176] Diese Ordnungsvorstellung betonte nicht nur die biologisch-physischen Unterschiede von Mann und Frau, sondern stellte auch psychische „Geschlechtseigentümlichkeiten" auf, wonach Frauen stets passiv agierten, was sie schwach, bescheiden und wankelmütig mache.[177] Diese naive Lebensweise und die Abhängigkeit vom männlichen Geschlecht lasse sie in der Großstadt zur sittlichen Gefahr werden.[178] Zudem meinten zeitgenössische Beobachter zu Beginn des Jahrhunderts, eine allgemeine gesellschaftliche Demoralisation zu diagnostizieren, die unter anderem durch die fehlende Erziehung junger Frauen im Elternhaus bedingt sei.[179] Auch Therese H. hatte ihr Elternhaus früh verlassen müssen. Aufgewachsen war sie in einer einfachen Bauernfamilie mit insgesamt sieben Kindern im ländlichen Eichendorf. In Anbetracht der knappen Versorgungslage musste sie für ihren eigenen Unterhalt sorgen. Ihrer Schwester Rosa war es ähnlich ergangen. Rosa hatte schon erfahren, was es bedeutete, obdachlos zu sein.

All diese Grundvoraussetzungen führten in der Wahrnehmung von Fürsorgevertretern gepaart mit den großstädtischen Einflüssen fast zwangsläufig zu einer „sittlichen Entgleisung" und Willensschwäche junger Frauen.[180] Die konfessionellen Wohlfahrtsträger warnten schon im ausgehenden 19. Jahrhundert vor Obdachlosigkeit als Ursache und ersten Schritt der „Frauenverwahrlosung" und sahen in der steigenden Anzahl Obdachloser in der Weimarer Republik ein sicht-

---

[175] Zur Verortung von Frauen in der Stadt und deren imaginiertes Gefahrenpotenzial liegt inzwischen eine umfangreiche Forschungsliteratur vor, Überblick bei Schürmann, Stadtraum. Für München vgl. Leitner, Großstadtlust.

[176] Fritzsche, Stadt; Honegger, Ordnung.

[177] Meyers Lexikon vermerkt 1907 unter dem Lemma „Geschlechtseigentümlichkeiten": „Auch psychische G. finden sich vor; beim Weibe behaupten Gefühl und Gemüt, beim Mann Intelligenz und Denken die Oberhand", Meyers Großes Konversations-Lexikon, Band 7, Leipzig 1907, S. 684–685.

[178] Hausen, Polarisierung, S. 368.

[179] Zur Bindelosigkeit zum Elternhaus als Merkmal einer „Gefährdung", vgl. Nicolay-Fischbach, Erziehung, S. 187.

[180] Vgl. die Ausführungen von Caritas Direktor Hans Carls, Carls, Arbeitsplatz, S. 27 f. Zur weiblichen Verwahrlosung vgl. ebenda, S. 186–189.

bares Zeichen des zunehmenden „sittlichen Abwärtsgleiten des Volkes"[181] Sie waren es, die zur Vermeidung von Obdachlosigkeit und dem Schutz der Frauen präventive Hilfen anboten wie die „Mädchenschutzvereine", die mit den Bahnhofsmissionen feste Anlaufstellen im urbanen Raum schufen. Oder Mädchen- und Frauenheime, die nicht nur Unterkunft, sondern auch eine nachhaltigere Betreuung anboten.[182] Vordergründiges Ziel müsse es sein, junge Frauen vom „Sumpf der Strasse" und der „Wirrniss der Großstadt" fernzuhalten.[183] Die „unbedingte Trennung der Mädchen von dem Straßenleben" führte jedoch in vielen Fällen zu einer vollkommenen Abschottung der Betroffenen gegenüber der Außenwelt. Die Leiterin eines Heimes in Gelsenkirchen sah es bereits als unzumutbaren Zustand an, dass sich im angrenzenden Hof des Hauses ein Fotoatelier befand, das einen regelmäßigen Publikumsverkehr mit sich brachte. Sie forderte beim Wohlfahrtsdirektor die Räumung des benachbarten Ateliers, denn schon der Blickkontakt zwischen den Frauen und vorbeieilenden Passanten könne eine beiderseitige Gefährdung sein.[184] Die Intervention zeigt, dass die Isolierung der Frauen nicht nur deren eigenem Wohl diente, sondern zugleich den Schutz der Stadtbevölkerung intendierte. Die kirchlichen Wohlfahrtsvertreter sahen die obdachlosen Frauen als biblische Allegorie der Eva, die junge Männer in der Großstadt zur Sünde verleite. Ein sehr plastisches Bild zeichnet hier zum Beispiel ein „Ratgeber für verziehende junge Männer" der Inneren Mission:

„Geht Frauen und Mädchen aus dem Weg, die Euch in den Straßen der Großstadt ansprechen! Sie wollen nur Euer Geld und bringen Euch um Ehre und Gesundheit."[185]

Im Fall von Therese H. ereignete sich nach den Aussagen von Therese indessen eher das Gegenteil. Am 25. August 1931 lernte sie auf der Straße einen Mann kennen: „Er hat mir etwas zu essen gekauft. Wir gingen die Nacht über spazieren und in der Früh in den Hauptbahnhof, wohin er mich mitgenommen hat."[186] Am Bahnsteig wurde Therese dann von der Polizei festgenommen, weil sie ohne Fahrkarte war und sich damit der Übertretung bahnpolizeilicher Vorschriften schuldig gemacht hatte.

Im „Sündenpfuhl der Großstadt"

Den Beamten zeigte sich an diesem Morgen kein ungewöhnliches Bild: Eine junge Frau, die ohne Fahrkarte und ohne glaubwürdig vermitteln zu können, eine Reiseabsicht zu verfolgen, am Bahnsteig saß. Sie gestand gegenüber den Beamten ein,

---

181 Steinweg, Begriff, S. 7. Die eigentliche Wortbedeutung von Gefährdetenfürsorge hat indessen einen sehr weiten Bezugskreis und beinhaltet die Fürsorge für „alle, die irgendwie gesundheitlich, sittlich oder wirtschaftlich, leidlich oder seelisch gefährdet sind", ebenda.
182 Schröder, Wohlfahrt, S. 379.
183 Spendenaufruf von Amelie von Godin v. 10. 10. 1921, DiCV AR 872.
184 KFV an Direktor Lenz v. 17. 10. 1924, ISG GE 5 Nr. 110. Dort auch das vorausgehende Zitat.
185 Ratgeber für verziehende junge Männer, undat., DiCV München AR 776.
186 Vorführungsnote v. 26. 8. 1931, StaatsAM Pol. Dir. Mue 13537

dass sie derzeit ohne Arbeit sei, kaum Geld habe und die Morgenstunden am Hauptbahnhof verbracht habe. Eine obdachlose Frau mit einem ihr fremden Mann am Bahnhof, ohne Ausweispapiere – eine „Herumtreiberin" –, ließ bei den zuständigen Beamten den Verdacht der gewerbsmäßigen Unzucht aufkommen.[187] Automatisch stand damit die Befürchtung im Raum, Therese H. leide an einer Geschlechtskrankheit. Statt eines einfachen Platzverweises wurde sie festgenommen. Therese war hier kein Einzelfall. Unbegleitete oder ledige Frauen, die sich zu Beginn des 20. Jahrhunderts an Orten wie dem Bahnhof oder zur Nachtzeit aufhielten, setzten sich schnell dem Verdacht aus der Prostitution nachzugehen.[188]

Dass Therese zudem keinen Ausweis und damit auch keine Unterkunft nachweisen konnte verstärkte diesen Eindruck. Obdachlosigkeit als großstädtisches Phänomen wurde als Symptom der zeitgenössisch diagnostizierten ungesunden und krankhaften Ausformung der Großstädte gesehen. Bereits im vorindustriellen Zeitalter galten Städte als moralisch verdorben und ungesund. Durch die Industrialisierung, die Entstehung von schmutzigen und ärmlichen Vierteln sowie dem Massenzuzug entstand die Deutung vom „erregten Großstadtmenschen". Die urbanen Zentren galten fortan als Sündenpfuhl, mit dem es zur Sexualisierung der großstädtischen Laster kam. Vor allem bürgerlich-konservative sowie christliche Kreise sahen die Großstädte als Ausgangspunkt der Unsittlichkeit und Krankhaftigkeit sowie der „Vergnügungssucht". Ab der zweiten Hälfte des 19. Jahrhunderts warnten sie eindringlich vor dem wachsenden Gewerbe der Prostitution und seinen Negativfolgen, wie Geschlechtskrankheiten und außerehelichem Geschlechtsverkehr, sexueller Früherziehung, der Verbreitung von Verhütungsmitteln und pornografischer Literatur sowie letztlich der Homosexualität.[189] Geschlechtskrankheiten wurden weit ins 20. Jahrhundert hinein als Symbol einer krankhaften Gesellschaft gesehen. Sie waren für die Erkrankten wie ein Brandmal, das ihr Leben als unmoralisch markierte und gleichermaßen für den sittlichen wie physischen Verfall stand.[190] Obdachlosigkeit galt in diesem Sinne als frühes Anzeichen für eine mögliche Erkrankung, wodurch sich die Kausalkette von Obdachlosigkeit – Verwahrlosung – Prostitution – Geschlechtskrankheiten eröffnete. Die Verlagerung des Lebensraums der Obdachlosen in die Städte trug demzufolge zu einer Pathologisierung von Obdachlosigkeit zu Beginn des 20. Jahrhunderts bei.[191] Am Beispiel obdachloser Frauen zeigt sich allerdings, dass das Krankheitsbild nicht zwangsläufig auf die Erklärung ihrer Obdachlosigkeit zielte, sondern als Nachweis ihrer sexuellen Devianz diente.

Auch bei Therese H. war die Festnahme aufgrund der bahnpolizeilichen Übertretung nur vorgeschoben. Noch auf dem Polizeirevier musste sie sich einer ersten amtsärztlichen Untersuchung unterziehen, bei der ein „zweifelhafter Befund" fest-

---

[187] Zur Begrifflichkeit des „Herumtreibens" vgl. Ayaß, Asoziale, S. 195.
[188] Lindenberger, Straßenpolitik, 68–72; Schürmann, Stadtraum, S. 55.
[189] Leitner, Frauen, S. 158; Krafft: Zucht, S. 57–64.
[190] Lindner, Gesundheitspolitik, S. 283 f.
[191] Schenk, Grenzen; Althammer, Grenzziehung; Althammer, Vagabunden, S. 516–544.

gestellt wurde, worauf Therese für eine ausführlichere Begutachtung am nächsten Tag einbestellt wurde. Seit 1927 erlaubte das „Gesetz zur Bekämpfung von Geschlechtskrankheiten" bei Personen, die „dringend verdächtig" waren, Träger von Geschlechtskrankheiten zu sein, die Vorlage oder den Erwerb eines ärztlichen Zeugnisses.[192] Insbesondere obdachlose Frauen, deren Lebensstil a priori als unmoralisch angesehen wurde, brachte dies verstärkt ins Visier der Gesundheitsbehörden. Statt sittenpolizeilicher Reglementierung sollten sie gesundheitspolitisch überwacht werden, wofür die neu entstandenen Gesundheitsämter zuständig waren. Therese ignorierte diese Aufforderung jedoch, verließ München und kehrte zu ihren Eltern aufs Land zurück. Allerdings holte sie der Verdacht, geschlechtskrank zu sein, auch zuhause ein. Geschlechtskrankheiten galten in den 1920er-Jahre als „Staatsgefahr" erster Ordnung und wurden entsprechend nachdrücklich verfolgt.[193] Das Polizeirevier München wandte sich mit seiner Untersuchungsaufforderung an Therese H's. Heimatgemeinde. Obwohl nichts außer einem vagen Verdacht wegen des einmaligen nächtlichen Aufenthalts am Bahnhof bestand, brachten die Behörden die junge Frau damit in Verruf. Therese blieb nicht lange bei ihren Eltern, sondern zog in eine kleine Gemeinde in Baden-Württemberg. Anfang Oktober ließ sie sich dort von einem Arzt untersuchen, der keine Geschlechtserkrankungen feststellte. Man könnte annehmen, dass sich damit das Thema für Therese erledigt hatte. Doch ihr Ruf war nun ruiniert. Einmal mit dem Sündenpfuhl der Großstadt in Kontakt getreten, ließ sich dieses Stigma nicht einfach wieder abstreifen. Zurück zu ihren Eltern konnte sie nicht mehr.

Sie blieb in Baden-Württemberg. Wie sie dort lebte, geht aus den Aufzeichnungen nicht hervor. Einiges deutet darauf hin, dass sie zunächst eine reguläre Beschäftigung und Unterkunft hatte, die sie im April 1932 verlor oder aufgab. Innerhalb eines Monates wurde sie dann dreimal wegen Obdachlosigkeit festgenommen und jeweils mit Haft bestraft – beim ersten Mal mit drei Tagen, beim zweiten Mal mit fünf Tagen, beim dritten Mal mit 14 Tagen. Zwischen den Gefängnisaufenthalten habe sie sich – wie sie später selbst aussagte – meist „herumgetrieben". Nach erneuter Festnahme im Juli wurde sie schließlich für ein halbes Jahr in eine Besserungs- und Erziehungsanstalt eingewiesen, wo sie nun auch wegen Gonorrhö in Behandlung war.

Damit schien sie schlussendlich den Generalverdacht der Münchner Beamten zu bestätigen. Doch war im Fall von Therese H. nicht die Obdachlosigkeit Anlass der Geschlechtserkrankung, vielmehr trieb der Verdacht, geschlechtskrank zu sein, Therese H. in die Obdachlosigkeit.

„Gefahr völliger Verwahrlosung ist gegeben"[194]

Nicht wissend, wohin sie sich nach ihrer Entlassung wenden konnte, kehrte sie nach München zurück und stand so am gleichen Ausgangspunkt wie im August

---

[192] Gesetz zur Bekämpfung von Geschlechtskrankheiten v. 12. 2. 1927, in: RGBl. I (1927), S. 61–63.
[193] Finger, Geschlechtskrankheiten.
[194] Referat 6 an Polizeipräsidium v. 31. 3. 1937, StaatsAM Pol. Dir. Mue 135370.

1931. Ohne Arbeit und Unterkunft verbrachte sie die Nächte auf der Straße, in Kneipen und am Bahnhof. Ob sie in dieser Zeit auf den Straßenstrich ging, wie sie es später angeben sollte, oder durch wechselnde Partner ihren Lebensunterhalt sicherte, lässt sich nicht eindeutig rekonstruieren. Allerdings gerät sie nach ihrer Entlassung aus der Erziehungsanstalt im Januar 1933 tiefer in den Strudel des großstädtischen Sündenpfuhls. Dass sie sexuellen Kontakt hatte, der zu einer Syphilis-Erkrankung führte, belegt ihr stationärer Aufenthalt im Schwabinger Krankenhaus von Oktober 1933 bis Mai 1934. Nach ihrer Genesung fand sie kurze Zeit Unterkunft bei ihrer Schwester in der Obdachlosenwohnung und bei Bekannten. Zudem erhielt sie als Übergangslösung Unterstützung vom Wohlfahrtsamt. Ende September nahm man sie erneut nachts am Hauptbahnhof fest und erteilte ihr den Auftrag, sich Arbeit und Unterkommen zu verschaffen. Dem versuchte Therese H. auch nachzukommen und meldete sich beim freiwilligen Arbeitsdienst im Wohlfahrtsamt. Sie konnte aber nicht vermittelt werden, da das Amt beabsichtigte, sie in den auswärtigen Arbeitsdienst unterzubringen. Sie sollte damit nicht nur Verdienst, sondern auch Kost und Logis bekommen. Für die Stadt hätte dies den großen Vorteil bedeutet, dass sie Therese H. aus dem eigenen Zuständigkeitsbereich ausgewiesen hätte – auch hier zeigt sich erneute die Praxis der Städte, Obdachlose aufs Land zurückzudrängen.

Therese meldete sich fortan im drei Wochen Turnus auf dem Amt, dazwischen pendelte sie zwischen Eichendorf und München. Das Wohlfahrtsamt konnte sie nicht vermitteln, denn wie sich wenig später herausstellte war Therese H. schwanger. Die Schwangerschaft warf Therese H. nun endgültig aus der Bahn. Am 6. November versuchte sie sich durch die Einnahme von Tabletten das Leben zu nehmen. Der Suizidversuch misslang. Das Wohlfahrtsamt erhielt davon allerdings keine Kenntnis, am 19. November stellte es Therese die Arbeitslosenkontrollkarte aus und die Polizei nahm sie am 29. November, wegen der Nichterfüllung ihres Arbeitsauftrages vom September fest. Therese wurde allerdings nicht belangt, da sie glaubhaft vermittelte, sich um Arbeit bemüht zu haben. Obwohl ihre Schwangerschaft zu diesem Zeitpunkt offensichtlich gewesen sein muss – Therese war bereits im siebten Monat – ist davon im Vernehmungsprotokoll keine Notiz. Ihr Sohn Erich H. kam im Februar 1935 auf die Welt. Er litt an angeborener Syphilis, musste mehrere Monate im Krankenhaus stationär behandelt werden und kam anschließend im Mütter- und Säuglingspflegeheim in die Obhut des Stadtjugendamtes.

Nach der Geburt ihres Kindes änderte sich das Leben von Therese H. nicht. Zwischen 1935 und 1937 beging Therese mehrere Suizidversuche, erschien sogar auf der Polizeiwache und drohte damit, sich und ihren Sohn umzubringen, woraufhin ihr das Sorgerecht entzogen wurde. „Das Leben habe für sie keinen Wert mehr", denn seit zwei Jahren sei sie geschlechtskrank, erklärte Therese H. Mehrmals befand sie sich in dieser Zeit aufgrund ihrer körperlichen Verletzungen und psychischen Verfassung in geschlossener psychiatrischer Behandlung im Krankenhaus sowie in der Nervenklinik. Dazwischen schaffte sie es durch die Angabe falscher Meldeadressen immer wieder, dem Zugriff der Behörden zu entgehen.

2. „Dunkle Winkel": Obdachlose als konstruierte Gefahr der Großstadt

Zwar befand sie sich zeitweise in der Betreuung der Obdachlosenfürsorge und lebte in Fürsorgeheimen und dem städtischen Frauenasyl. Allerdings blieb sie auch hier nie lange. Sie zählte zu jenen Frauen, die kurzzeitig in den Einrichtungen unterkamen, um dann wieder im „Strudel der Leidenschaft und des Elends" unterzutauchen, wie es der Katholische Fürsorgeverein für Mädchen, Frauen und Kinder (KFV) in einem Bericht skizzierte.[195] Das Beispiel von Therese zeigt, ein typisches Muster in der Behandlung obdachloser Frauen. Sie befanden sich kurzzeitig in intensiver Betreuung, wurden allerdings danach meist an die urbanen Orte der Obdachlosigkeit zurückverwiesen und standen in vielen Fällen damit am Ausgangspunkt ihrer Leidensgeschichte.[196] Einen Absprung aus diesem Kreislauf schafften nur die wenigsten.

Nicht nur für die betroffenen Frauen hatte diese Praxis erhebliche Negativfolgen, sondern auch für die Orte der Obdachlosigkeit. Sie galten als Gefahrenherde für die Ausbreitung von Seuchen und Krankheiten. Die im medizinischen Diskurs anschwellende Pathologisierung der Obdachlosen am Ende des 19. Jahrhunderts übertrug sich in eine sozialhygienische Behandlung der Obdachlosen.[197] Vor allem die Lebensweisen der Personen und damit die Orte wurden als krankmachend determiniert und galten als Seuchenherde und Infektionsquellen. Im Fall von weiblicher Obdachlosigkeit besonders als Ursprung von Geschlechtskrankheiten. In Berlin hatte dies sogar dazu geführt, dass die Geschlechtskrankenstation bis 1924 eine Abteilung des kommunalen Obdachlosenasyls war. Das Asyl selbst war so zu einem Treffpunkt für Zuhälter und Prostituierte verkommen, was seine Wahrnehmung als „dunkler Winkel" der Großstadt reproduzierte.

Mit neuen Hygiene- und Desinfektionsrichtlinien versuchten Kommunen und Wohlfahrtsvertreter zwar, das vermeintliche Krankheitsbild in den Anstalten zu behandeln und eine den bürgerlichen Normen entsprechende Reinigung der Obdachlosen zu gewährleisten. Besonders Heime in der Trägerschaft privater Wohltätigkeitsvereine standen in Verdacht, geschlechtskranke Frauen unterzubringen, ohne Meldungen an das Gesundheitsamt zu geben. Zur Kontrolle und gleichzeitiger Verunsicherung führten die Gesundheitsbehörden Razzien in den Heimen durch.[198] Dennoch blieben die Orte als urbane Quellen der gesundheitlichen Bedrohung in Verruf.

Die Frauen selbst blieben meist nicht lange an diesen Orten. Als der Neubau eines Unterkunftsheims für „gefallene" Frauen in München 1947 wegen Finanzierungsschwierigkeiten zurückgestellt wurde, führte der verantwortliche Referent zu seiner Verteidigung an:

„Eine Umfrage bei diesen verwahrlosten Frauen würde ergeben, dass sie selbst doch nicht das mindeste Interesse an einer Einweisung in dieses Heim haben, sondern die Oeffentlichkeit ist an

---

[195] Bericht über den KFV, undat. [1928], DiCV AR 870.
[196] Vgl. Grundsatzvereinbarung zwischen Wohlfahrtsamt und Jugendamt v. 13. 2. 1924, StadtAM Wohlfahrt 4688.
[197] Schenk, Grenzen, S. 29; Schreber, Obdachlosenasyle.
[198] Bericht von Groe v. 20. 11. 1952, DiCV München II/ZTR-Verband 57.

einer solchen interessiert. Es ist keineswegs so, als ob man mit der Schaffung eines solchen Heimes diesen verwahrlosten Frauen und Mädchen entgegenkommen würde."[199]

Auch Therese H. zog leer stehende Gartenhäuser oder den Bahnhof einer Übernachtung in Frauenheimen vor. Hier war sie ohnehin nicht gern gesehen, da sie mehrmals gegen Richtlinien der Hausordnungen verstoßen hatte. Eine erneute Unterbringung im städtischen Asyl lehnte sie mit den Worten ab, „dann werde sie sich wieder herum treiben und auf den Strich gehen".[200] Spätestens mit dieser Aussage ist klar, dass sich auch für Therese H. der Teufelskreis von Obdachlosigkeit, Prostitution und Geschlechtserkrankung geschlossen hatte.

„Asozial"

Im „Dritten Reich" geriet Therese H. nun wegen allen drei Stigmatisierungen zunehmend in den Fokus der Verfolgung, für Therese verschärfte sich die Situation ab 1937.

Einen Ausweg von der sittlichen Verfolgung auf der Straße fand Therese H. zunächst in der Verlagerung ihres Lebensraums an geschlossene Orte. Ab 1937 war sie in verschiedenen Haushalten offiziell als Dienstmädchen beschäftigt und fand dort Unterkunft. Da es sich bei den Arbeitgebern jedoch ausschließlich um Bordellbetreiber handelte, stand der Verdacht im Raum, dass sie weiterhin unangemeldet der Prostitution nachginge. Therese wurde längere Zeit von der Polizei überwacht, die allerdings keine Beweise hierfür fand. Für Therese H. waren Bordelle ein Mittel, der Obdachlosigkeit und den immer repressiveren Verfolgungsmaßnahmen der NS-Behörden auf der Straße zu entgehen. Dies entsprach letztlich der Behandlung von Prostituierten im „Dritten Reich": Während die Straßenprostitution bekämpft wurde, konnte hinter den Türen von polizeilich ausgewiesenen und kontrollierten Gaststätten und Bordellen Prostitution existieren – streng reglementiert und in vielen Fällen von der Willkür der Kriminalpolizei abhängig.[201]

Ins polizeiliche Visier geriet Therese H. 1942 wegen eines Verleumdungsfalls. Auf Grundlage ihrer Zeugenaussage wurden mehrere Kriminalbeamte beschuldigt, in einem der Bordelle, in dem Therese als Dienstmädchen tätig war, an „Saufgelagen" teilgenommen zu haben. Nach der „verantwortlichen Vernehmung" zog Therese ihre Aussage zurück – ob dies freiwillig geschah oder sie den Verhörmethoden im „Dritten Reich" nachgab, lässt sich nicht feststellen. So oder so hatte sie nach Ansicht des zuständigen Kriminalkommissars durch ihr Verhalten „ihre bisherige asoziale Gesinnung auf die Spitze getrieben und sich außerhalb jeder Volksgemeinschaft gestellt".[202]

---

[199] Stadtrat Reindl in Wohlfahrts- und Gesundheitsausschuss v. 20. 1. 1947, StadtAM RSP 720/9.
[200] Obdachlosenfürsorge an Polizeidienststelle 221 v. 31. 3. 1937, StaatsAM Pol. Dir. Mü. 135370.
[201] Thoben, Prostitution, S. 644–648. Eine solche „Verhäuslichung" der Prostitution gab es auch in der Bundesrepublik zwischen 1960 und 1990, Löw/Ruhne, Prostitution, S. 71–104; Löw/Ruhne, Konzeption.
[202] Staatliche Kriminalpolizei, Krimineller Lebenslauf von Therese H. v. 9. 5. 1942, StaatsAM Pol. Dir. 135370.

Obwohl Frauen von Repressionsmaßnahmen wie der „Aktion Arbeitsscheu Reich" ausgenommen blieben, kann für die zweite Hälfte der 1930er-Jahre eine „Feminisierung der Asozialenbekämpfung" festgestellt werden, von der insbesondere „herumtreibende Frauen" betroffen waren.[203] Frauen, für die eine erzieherische Beeinflussung aufgrund ihrer langen Vorstrafen als aussichtslos angesehen wurde, hatten im Nationalsozialismus keinen Anspruch auf Fürsorgebetreuung. Eine Festnahme wegen Landstreicherei und Prostitution konnte nach dem Erlass über die vorbeugende Verbrechensbekämpfung durch die Polizei ab 1937 nicht nur eine Gefängnisstrafe oder eine Einweisung in ein Arbeitshaus nach sich ziehen, sondern auch die Internierung im Konzentrationslager. Damit exkludierte die NS-Fürsorge einen Teil der obdachlosen Frauen unter der Stigmatisierung „asozial".[204]

Auch Therese H. ereilte nun dieses Schicksal. Im September 1942 wurde sie ins Konzentrationslager Ravensbrück mit dem Vermerk „asozial" eingeliefert. Auch sie dürfte den schwarzen Winkel getragen haben.[205] Im Außenlager Neurohlau musste sie bis Kriegsende Zwangsarbeit verrichten.

Nach dem Krieg kehrte Therese H. nach München zurück und lebte zusammen mit Gertrud S., einer Mitinsassin aus dem Konzentrationslager, zur Untermiete. Ihren Unterhalt erwarb sie als Hausangestellte, für zwei Monate wurde sie zudem von der KZ-Betreuungsstelle unterstützt. Als ihre Vermieterin allerdings erfuhr, dass die beiden Frauen ehemalige KZ-Häftlinge waren, meldete sie der Polizei den Verdacht der gewerbsmäßigen Unzucht. Das Stigma der „gefallenen" Frau wurde Therese H. damit auch nach dem Krieg nicht los. Im Gegenteil, ihre Inhaftierung im Konzentrationslager schien für ihre Vermieterin sogar ein Beleg für ihre Verwahrlosung zu sein. Erneut musste Therese H. eine Befragung über sich ergehen lassen, die für die Polizei allerdings diesmal keine weiteren Handlungen nach sich zog. Therese kehrte jedoch der Großstadt den Rücken und zog in eine kleine Vorortgemeinde von München.

3. „Kein Platz für Penner": Sichtbarkeiten von Obdachlosen im Stadtbild

In München beschlossen 1973 Bürgermeister und Polizeireferent, dass in der Innenstadt zukünftig „kein Platz für Penner" mehr sei.[206] Platzverweise und Betretungsverbote sollten fortan „Penner, Gammler und Wermutbrüder" aus der Stadtmitte fernhalten. Die Stadt reagierte mit diesen Anweisungen auf den Unmut der Stadt-

---

203 Vgl. Ayaß, Asoziale, S. 184; Schikorra, Herumtreiberei. Für München vgl. Wimmer, Ordnung, S. 290 f.
204 Amesberger/Halbmayr/Rajal, Stigma.
205 Transportliste in das Konzentrationslager Ravensbrück, URL: https://www.alvin-portal.org/alvin/image Viewer.jsf?dsId=ATTACHMENT-0271&pid=alvin-record:109656 [24. 1. 2019].
206 Kein Platz für Penner, in: Abendzeitung München Nr. 140, 30. 6./1. 7. 1973.

bevölkerung, der sich seit Mitte der 1960er-Jahre aufgestaut hatte. Die Schlagzeile „Kein Platz für Penner" weist darauf hin, dass der Kern der Diskussionen eine räumliche Komponente beinhaltete. Platz für Obdachlose – in seiner quantitativen Bedeutung – war reichlich. Platz für Obdachlose – in einer sozial-räumlichen Bedeutung – war indessen nach Ansicht eines Teils der Stadtbevölkerung nicht vorhanden.

Obdachlosigkeit provozierte und polarisierte – historisch wie aktuell. Obdachlose auf der Straße lösten und lösen bei Passantinnen und Passanten zwangsläufig Reaktionen aus: Sei es in Form von Mitleid, Fürsorge, Ignoranz, Ekel oder Verdrängung bis hin zur verbalen und physischen Gewalt. Das Diakonische Werk fasste diese besondere Position der Obdachlosen in einer 1974 erschienenen Informationsbroschüre mit den Worten zusammen: „Nichtseßhafte sind Personen, die ihre Armut prostituieren".[207] Einerseits besagt der Satz, dass sich Obdachlose durch ihre soziale Situation tagtäglich gegenüber der Öffentlichkeit erniedrigten. Andererseits weist er darauf hin, dass Obdachlose versuchten, aus ihrer Armut einen Nutzen zu ziehen. Die Äußerung vereinte die aktiven wie die passiven Lebenswelten von Obdachlosen.

An öffentlichen Orten waren Obdachlose zum einen für die Gesellschaft als Objekte wahrnehmbar und zum anderen selbst Teil der städtischen Öffentlichkeit. Auf den innerstädtischen Plätzen kamen Menschen unabhängig von Geschlecht, Alter oder sozialer Herkunft zusammen. Diese Orte waren in gewisser Weise die Gegenorte zu den „dunklen Winkeln". An ihnen waren die soziale Segregation und die topografische Verdrängung von Obdachlosen aufgehoben. Die Orte brachen soziale Distanzen, die gesellschaftliche und normative Ordnungsgrundlagen zwischen Obdachlosen und der übrigen Stadtbevölkerung konstruierten. Für die Obdachlosen entstanden dadurch neue Handlungsräume. Wie nutzten Obdachlose städtische Öffentlichkeiten? Und welchen Einfluss hatten sie wiederum auf urbane Orte?

3.1 Die Straße als Bühne: Praktiken des öffentlichen Auftretens

In Stuttgart luden am 12. und 13. September 1981 Obdachlose und Sozialarbeiter zum ersten deutschen Berberkongress ein. Hervorgegangen war die Initiative der Berber – wie sich die Obdachlosen selbst bezeichneten – aus der sogenannten Marktplatzgruppe in Stuttgart, einer Ansammlung von circa dreißig Obdachlosen, die sich während der Sommermonate dauerhaft an einem zentralen Platz in Stuttgart aufhielten.[208] Ähnlich wie die Obdachlosen am Münchner Rindermarkt riefen sie dort Beschwerden hervor. Für die Wintermonate 1979 hatte die Stadt ihnen eine notdürftige Unterkunft in einem Abbruchgebäude bereitgestellt. Als im Frühjahr der Abriss des Gebäudes bevorstand, formierte sich dagegen die „Initiativgruppe Nichtsesshaftigkeit". Unterstützt wurden sie von Sozialarbeitern. Mit Info-

---

[207] Nichtseßhafte, hrsg. v. Diakonische Werk, S. 18.
[208] Vgl. Vorwort, in: Der Berber Nr. 4 (Mai 1981), S. 1.

ständen machten sie ihre Situation publik und sammelten Unterschriften. Zwar konnten sie den Abriss des Gebäudes nicht verhindern, aber immerhin stellte ihnen die Stadt eine Ersatzunterkunft. In der „Berberinitiative" wollte die Gruppe diesen Erfolg fortsetzen und versuchte, über sozialpolitische Aktivitäten das öffentliche Bewusstsein für die Situation der Obdachlosen zu sensibilisieren.

Seit 1980 gab sie die Zeitschrift *Der Berber* heraus, die allen Obdachlosen in Deutschland ein Forum bieten sollte, „sich einmal richtig auszukotzen", um die interessierte Öffentlichkeit über ihre Lebenssituation und ihre Abhängigkeiten zu informieren. Der Kongress im September 1981 sollte die Initiative auf eine neue Ebene heben und durch aktives gemeinschaftliches Auftreten eine neue Öffentlichkeit für sie schaffen. Stuttgart wurde für zwei Tage zur „Bundeshauptstadt der Berber". Bereits im Vorfeld zum Kongress waren die örtlichen Behörden in Alarmbereitschaft und Stuttgart stand im Fokus der überregionalen Medien.[209] Ziel war es, auf Missstände in der bundesrepublikanischen Obdachlosenfürsorge aufmerksam zu machen. Hierfür bedienten sich die Initiatoren drei verschiedener Inszenierungsstrategien: Erstens sollte der Kongress eine große Anzahl von Obdachlosen an einem Standort zusammenführen und damit die Massenhaftigkeit dieses Armutsphänomens deutlich machen. Damit sollte gleichzeitig die Armut vom Individuum losgelöst und Obdachlosigkeit als soziales Problem präsentiert werden. Zweitens diente der Kongress der Politisierung der Obdachlosen und drittens wollten die Veranstalter damit provozieren – nicht nur mit ihren Forderungen nach Wohnraum, sondern auch durch ihr Auftreten, was nicht zuletzt schon im Motto – „Alleine machen sie dich ein und gemeinsam sind wir unausstehlich ..." deutlich wird.[210] Der Berberkongress war insofern ein Konglomerat verschiedener Inszenierungsstrategien, die Obdachlose im 20. Jahrhundert bedienten. Nicht immer waren diese authentisch und stimmten mit den realen Lebensbedingungen auf der Straße überein.

Die „Bruderschaft der Vagabunden"

Der Berberkongress war nicht das erste Treffen dieser Art in Stuttgart. Bereits an Pfingsten 1929 kamen Obdachlose aus dem Deutschen Reich auf Einladung der „Bruderschaft der Vagabunden" zum „Vagabundenkongress" in die badische Hauptstadt. Ziel der Veranstaltung war es, die Obdachlosen für die Ideen der „Bruderschaft der Vagabunden" zu rekrutieren. Die „Bruderschaft der Vagabunden" unternahm damit zwischen 1927 und 1931 den bis heute bekanntesten Versuch, Obdachlose als Bewegung zu politisieren.[211]

---

209 Die Berber kommen, in: Der Spiegel Nr. 25 (1981); Berberkongreß und die „Lust am Untergang", in: Esslinger Zeitung, 28. 8. 1981.
210 Flugblatt für 1. Stuttgarter Berberfest, abgedruckt in: Der Berber Nr. 4 (Mai 1981).
211 Trappmann, Landstrasse; Fähnders (Hrsg.), Existenzen; Künstlerhaus Bethanien (Hrsg.), Wohnsitz; Althammer, Vagabunden, S. 632–634.

Prominentes Mitglied und Initiator war Gregor Gog, der von der Presse gar als „König der Vagabunden" bezeichnet wurde. Zusammen mit anderen anarchistischen und linksintellektuellen Künstlern gab er ab 1927 die Zeitschrift *Der Kunde, die Zeit- und Streitschrift der Vagabunden* heraus.[212] Die Bruderschaft sah in den Obdachlosen ein ungenutztes politisches Potenzial, das sie in einer antibürgerlichen Sammlungsbewegung zusammenführen wollte. An ihre Adressaten stellte sie hohe Ansprüche: Ziel des „bewußten Kunden" und damit „echten Vagabunden" müsse sein, zum „Revolutionär und Kämpfer" zu werden und „in sich den Bürger zu überwinden".[213] Der Prozess des Vagabundwerdens koppelte sich an die Loslösung von bürgerlichen Normen. Dazu gehörte, der Lohnarbeit zu entsagen, sich zum „Generalstreik das Leben lang" zu bekennen und ein selbst bestimmtes, vagabundisches Leben ohne staatliche Repressionen aktiv (und auch politisch) einzufordern.[214] Vagabund war man nicht durch ein Leben auf der Straße, sondern durch das bewusste Bekenntnis zur Straße. Als eine Art Anleitung zu einem solchen bewussten Leben entwickelte Gog im *Kunden* die „Philosophie der Landstraße".[215]

Trotz ihrem elitären Charakter versuchte die Bruderschaft vor allem, den *Kunden* als leicht zugängliche Informations- und Kommunikationsplattform für und zwischen den Obdachlosen zu positionieren und ganz unmittelbar Einfluss auf deren Leben zu nehmen. Neben philosophischer Prosa von Gog und Gastbeiträgen von bekannten deutschen Schriftstellern wie Oskar Maria Graf und Hermann Hesse, enthielt die Zeitschrift auch Erfahrungsberichte von Obdachlosen sowie praktische Hinweise.[216] Das Ideal der Bruderschaft war es, die Obdachlosen in die publizistische Tätigkeit des *Kunden* einzubinden. Es erschienen „Selbstbildnisse" und in der Rubrik „Von unterwegs", erzählten Betroffene kurze Erfahrungen aus ihrem Alltag.[217] Der partizipative Ansatz diente letztlich aber vor allem der Legitimation der Bruderschaft als Sprachrohr der Obdachlosen und sollte suggerieren, dass hinter dem kleinen Zirkel von Literaten, der maßgeblich für die Inhalte der Zeitschrift verantwortlich war, eine breitere Basis von Obdachlosen stand.

Höhe- und zugleich Wendepunkt der Initiative war schließlich der „Vagabundenkongress" in Stuttgart. Er sollte den Austausch zwischen den Obdachlosen stärken und Solidarisierungen nach sich ziehen. Nach Ansicht der Behörden gipfelte im Vagabundentreffen der „revolutionäre Charakter der Veranstaltung und

---

[212] Für die folgenden Ausführungen vgl. Recktenwald, Kunde.
[213] Der Kunde 1 (1927), Nr. 1, o. S. [letzte Seite].
[214] Gog, Bruderschaft, S. 15.
[215] Gog, Philosophie; Gog, „Philosophie".
[216] Hesse, Landstreicher; Hesse, Bruder; Graf, Bleibe. Beide standen der „Bruderschaft der Vagabunden" jedoch sehr zurückhaltend gegenüber. Graf fand den Kunden „nicht gar arg notwendig" und Hesse störte sich vor allem an der antibürgerlichen Ausrichtung, vgl. Herman Hesse an Gregor Gog v. Juli 1928, FHI Gog-64; Oskar Maria Graf an Gregor Gog v. 22. 9. 1927, FHI Gog-48.
[217] Der Kunde 1 (1928), Nr. 9/10, S. 2–18. Vgl. auch den Aufruf zur Vagabunden-Kunstausstellung, in: Der Kunde 2 (1928), Nr. 1/2, S. 32; vgl. für die Rubrik „Von unterwegs", Der Kunde 2 (1929), Nr. 7/8, S. 16 f.

3. „Kein Platz für Penner": Sichtbarkeiten von Obdachlosen im Stadtbild

die nihilistische und anarchistische Einstellung der Veranstalter".[218] Die Stadt Stuttgart versuchte von Beginn an, das Treffen zu unterbinden, denn sie befürchtete, dass die Stadt als „Sitz der Organisation der Vagabunden" in Verruf bringen könnte.[219] Nachdem ein Verbot scheiterte, sollte das Treffen zumindest entsprechend unauffällig verlaufen und das Stadtimage nicht gefährden.[220] Um ein Vagabundieren in der Innenstadt zu vermeiden, wurden vom Wohlfahrtsamt ausreichend Betten für die Teilnehmer zur Verfügung gestellt.[221] Gleichzeitig ging an das Städtische Nachrichtenamt die Anweisung, keine Informationen zu der geplanten Veranstaltung zu veröffentlichen. Doch die Maßnahmen verhinderten nicht, dass die nationale wie internationale Presse über das Vagabundentreffen umfangreich berichteten.[222]

Obwohl weit weniger Teilnehmer nach Stuttgart kamen, als erwartet, war das Treffen für die Bruderschaft der Vagabunden dennoch ein Erfolg. Sie stand 1929 auf dem Zenit ihres Bekanntheitsgrades, konnte diese Position jedoch nicht nutzen. Gog widmete sich anderen Projekten und unternahm eine einjährige Reise durch die Sowjetunion. Danach gab er dem Blatt als überzeugter Kommunist eine politisch klare Ausrichtung. *Der Kunde* wandelte sich zum *Vagabund, der Zeit- und Streitschrift der Internationalen Bruderschaft der Vagabunden,* und aus dem romantisierten „Tippelbruder" wurde sprachlich ein „Kumpel [und] Genosse[n]".[223] Der *Vagabund* sollte in diesem Prozess die „Brücke von der Landstraße zum Proletariat" schlagen.[224] Die Gastbeiträge warteten nicht mehr mit Landstreicher-Geschichten auf, die unterschiedliche Facetten des Lebens auf der Straße beinhalteten, sondern nun forderte beispielsweise Maxim Gorki „die Vagabunden Deutschlands und anderer Länder" auf, sich mit dem Proletariat zu verbinden und Verantwortung zu übernehmen – ein Appell, der die ideologisierte und dogmatische Neuausrichtung verdeutlicht.[225] Auch die Selbstbildnisse von Vagabunden beschränkten sich auf die Anklage von „echten Vagabunden" gegen ignorante Kunden und vermittelten eher ein Gegeneinander als ein Solidaritätsgefühl.[226] Die „Bruderschaft der Vagabunden" verlor mit der Einstimmung in die Internationale ihr Alleinstellungs-

---

[218] Polizeibericht „Das Vagabundentreffen in Stuttgart", StaatsALB PL 413 Bü 149.
[219] Stadtamtmann an Städt. Nachrichtenamt Stuttgart v. 28. 12. 1928, StadtAS 10 Depot A 4641.
[220] Das Treffen war ursprünglich als meldepflichtige Tagung geplant, die von den Behörden unterbunden wurde. Die Veranstalter hatten daraufhin ein formloses Treffen ausgerufen und den Veranstaltungsort in den Garten der Freidenker verlegt, vgl. Das Vagabundentreffen in Stuttgart, in: Stuttgarter Tageblatt, 22. 5. 1929. Der Stuttgarter Gemeinderat befürchtete Negativfolgen für den Tourismus, Niederschrift der Inneren Abteilung des Gemeinderats v. 18. 12. 1928, StadtAS 10 Depot A 4641.
[221] Verwaltung der Städt. Fürsorgeanstalten an Stadtschultheißenamt v. 25. 5. 1929, StadtAS 10 Depot A 4641.
[222] Vgl. die Zeitungsausschnittsammlungen in StaatsALB PL 413 Bü 149; HStAS E 151/09 Bü 247; StadtAS 10 Depot A 4641; Brotherhood of Vagabonds, in: The Times, 24. 5. 1929, S. 13.
[223] Der Vagabund 4 (1931), Nr. 1; Müller, Kumpel.
[224] Aus einem Brief, in: Der Vagabund 4 (1931) Nr. 4, S. 30.
[225] Gorki, Vagabunden; Trappmann, Landstrasse, S. 29.
[226] Reif, Schuft.

merkmal als politisch unabhängiges „Sprachrohr der Landstraße". Die letzte Ausgabe des *Vagabunden* erschien 1931.

Obdachlose als Zielgruppe politischer Vereinnahmung

Die Bruderschaft war im politisch explosiven Klima der Weimarer Republik nicht der einzige Akteur, der versuchte, die Obdachlosen als bewusste Masse zu vereinnahmen. Auch bei den etablierten Parteien weckten sie politische Begehrlichkeiten. Insbesondere die Kommunisten sahen sich gerne in der Vertreterposition der „Ärmsten der Armen". So waren es meist kommunistische Blätter, die Proteste von Obdachlosen abdruckten oder sich für die Verbesserung der Verhältnisse in den Asylen und Siedlungen im Stadtrat einsetzten.[227] Vertreter der KPD gingen proaktiv durch die Obdachlosensiedlungen an den Stadträndern und warben dort um neue Mitglieder. In vielen Städten hatten sich dadurch die Siedlungskomplexe am Ende der Weimarer Republik zu Hochburgen der Kommunisten entwickelt.[228] Dementsprechend häufig kam es dort auch zu politischen Straßenkämpfen.[229]

Denn auch in der NSDAP gab es Tendenzen zur Vereinnahmung der Obdachlosen. Der spätere Oberbürgermeister der „Hauptstadt der Bewegung", Karl Fiehler, inszenierte sich als politische Vertretung der Obdachlosen in den Siedlungen.[230] Auch die SA hoffte, durch Versprechungen, wie Nahrungsmittel, Übernachtungsmöglichkeiten und Kleidung möglichst viele Obdachlose anlocken und rekrutieren zu können. Den idealisierten Weg von der „Straße zu Hitler" zeichnet sie mit der gleichnamigen Publikation. Der Roman beschrieb die Geschichte des jungen arbeitslosen Hans Krenzlin „auf der Walz". Von Antifa und der Sozialistischen Arbeiterjugend wurde er im Stich gelassen und fand schließlich über die Hitler-Jugend und die SA wieder den Weg aus der Obdachlosigkeit in feste Arbeit.[231] Die Botschaft war unmissverständlich: Die NS-Bewegung als Ausweg aus der sozialen Not.

Ein reales Beispiel findet die Geschichte im Leben des Obdachlosen Josef K.[232] Allerdings zeigt dessen Lebensweg keineswegs den romantisch verklärten Verlauf. 1932 war Josef K. noch KPD-Mitglied und trat nach der Machtübernahme der Nationalsozialisten der SA bei. Auf sein unmittelbares Leben hatte dies nur gering-

---

[227] Für Leipzig vgl. Obdachlosenhaus Leipzig-Thonberg, in: Sächsische Arbeiterzeitung Nr. 232, 8. 10. 1932. Für München vgl. „Kinder herstellen, das könnt ihr!", in: Neue Zeitung Nr. 32, 22. 2. 1932.
[228] Josef S. an Polizeiinspektor Dobler v. 18. 2. 1932, StadtAM Wohlfahrt 4712.
[229] Vgl. Attacke gegen Münchner Obdachlosensiedlung, in: Telegrammzeitung der MNN Nr. 183, 9. 8. 1932; Verhinderter politischer Zusammenstoß, in: Bezirks Stadtanzeiger Nr. 183, 10. 8. 1932.
[230] Fiehler in Hauptausschuss v. 11. 7. 1929, in: MGZ Nr. 33 (1929), S. 628; Vgl. auch Antrag Nr. 981 der NSDAP, Sitzung des Stadtrates v. 16. 4. 1929, in: MGZ Nr. 32 (1929), S. 301 f.
[231] Hagen, Straße. Hinter dem Pseudonym Peter Hagen verbirgt sich Willi Krause, Autor der nationalsozialistischen Zeitung *Der Angriff*.
[232] Vgl. die Akte von Josef K., StaatsAM Pol. Dir. Mü. 14796.

fügigen Einfluss. Wie zuvor wanderte Josef K. zwischen verschiedenen bayerischen Städten umher. Sein SA-Mitgliedsausweis konnte nicht verhindern, dass er bei der lokalen Bettlerrazzia im Juli 1936 festgenommen und anschließend ins Konzentrationslager Dachau eingeliefert wurde. Wolfgang John hat 1988 konstatiert, dass sich jüngere Wohnungslose zwischen 1930 und 1933 „massenhaft" von den Versprechungen der SA locken ließen, wobei er sich in erster Linie auf die Berichte aus einer Arbeiterkolonie bezieht, in der 1931 ein Trupp von neun SA-Männern geschlossen von der Kolonie in das benachbarte SA-Heim wanderte.[233] Inwieweit die Politisierung innerhalb der NS-Bewegung auch einen Ausweg aus der Obdachlosigkeit bedeuten konnte, muss vor allen vor dem Beispiel von Josef K. kritisch betrachtet werden. Auf eine Sonderbehandlung konnten obdachlose SA- oder NSDAP-Mitglieder jedenfalls kaum hoffen. Schon im Januar 1934 gab die NSV die Weisung heraus, dass die Mitgliedschaften zur NS-Bewegung während des Anstaltsaufenthalts ruhten, bei Verstößen gegen die Ordnung sei sogar der zuständige Ortsverband zu benachrichtigen, um einen Ausschluss zu prüfen.[234]

In der Nachkriegszeit und frühen Bundesrepublik stellte sich die politische Vereinnahmung von Obdachlosen vor dem Hintergrund des Ost-West-Konfliktes aus einer neuen Perspektive dar. Zugewanderte Flüchtlinge aus der DDR waren eine der neuen großen Benutzergruppen in den Asylen und an den Bahnhofsmissionen. Sie galten einerseits selbst als politische Bedrohung, zum anderen trafen sie an den Orten der Obdachlosigkeit auf die vermeintlich leicht manipulierbaren westdeutschen Obdachlosen, die sich dadurch zum Gefahrenpotenzial entwickeln könnten. Der Träger des Münchner Obdachlosenasyls warnte in einem Jahresrückblick für 1952:

„Es ist staatspolitisch unklug, diese Menschen nicht sehen zu wollen. Es entsteht ein gefährlicher Herd der Verzweiflung und damit ein glänzender Nährboden für jeden Radikalismus."[235]

Der Landesfürsorgeverband Westfalen forderte 1950 daher ein „Bundesgesetz zur Erfassung und vorläufigen Unterbringung der Nichtsesshaften". Die Nichtsesshaften – und hier insbesondre die aus der DDR zugewanderten – wurden als Bedrohung des bundesrepublikanischen „Ordnungs- und Wirtschaftssystems" sowie als „Infektionsherd für staatszersetzende Ideen" gesehen. Sie sollten zentral erfasst werden, „ordnungsfeindliche Elemente" seien auszuweisen.[236] Auch der Württembergische Wandererfürsorgeverband war der Meinung, dass sich „zweifellos auch politisch gefährliche Elemente" unter den Obdachlosen befänden und forderte ebenfalls eine zentrale Registrierung.[237]

---

[233] John, Wohnsitz, S. 320, 382–386.
[234] Vgl. Althaus (NSV) an Reichsgemeinschaft der freien Wohlfahrtspflege Deutschlands v. 25. 1. 1934, ADCV ZA 288.70 065 Fasz. 01.
[235] Mathes, Allgemeiner Rückblick auf das Jahr 1952 v. 31. 1. 1953, Zentralverwaltung KMFV, Vereinsangelegenheiten 1950–62.
[236] Vorschlag von Wagner für ein Bundesgesetz zur Erfassung und vorläufigen Unterbringung der Nichtsesshaften v. 27. 9. 1950, ADCV ZA 288.70 030 Fasz. 07.
[237] Protokoll der Sitzung „Fürsorge für Nichtsesshafte" v. 20. 1. 1953, ADCV ZA 288.70.030 Fasz. 07.

Ähnliche Entwicklungen finden sich auch für die DDR. Obdachlose galten hier ohnehin als Problem mit „entscheidender politischer Bedeutung".[238] Obdachlosigkeit als sichtbarstes Zeichen von Armut durfte im sozialistischen Einheitsstaat nicht existieren und wurde als spezifisch kapitalistisches Produkt des Westens verunglimpft.[239] Dass es allerdings gerade in der Frühphase der DDR eine nicht unerhebliche Anzahl an Obdachlosen gab, zeigen nicht zuletzt zahlreiche Verurteilungen von Obdachlosigkeit gemäß § 361 Absatz 8 RStGb vor dem Amtsgericht Berlin-Mitte oder beispielsweise der Fall von Hans H.[240] Die Volkspolizei in Berlin ging 1951 noch von schätzungsweise „2000 Obdachlosen bzw. Asozialen" aus.[241] Sie zählten zur Personengruppe, die sehr häufig zwischen den Zonen- bzw. Staatsgebieten von Ost und West wechselten und auch aus diesem Grund als politische Bedrohung galten. Zudem befanden sich unter ihnen auch Westflüchtlinge, deren Motive für die Übersiedlung bei den Staatsvertretern der DDR Zweifel hervorriefen. Ihre vorläufige Unterbringung in Ost-Berlin erfolgte in der Regel in den Lagern Ruschestraße und Greifswalder Straße, wo die Verwaltung „ausgesprochen westliche Tendenzen" zu beobachten meinte.[242] Auch die Volkspolizei warnte:

„Wenn man darüber hinaus bedenkt, dass in diesen Lagern auch Westberliner, die sich als politische Flüchtlinge ausgeben, untergebracht sind, so kann man ermessen, welche Angriffsbasis unseren Gegnern dadurch geboten wird."[243]

Der Berliner Magistrat beschloss 1951, die Obdachlosen zu differenzieren und richtete hierfür das Lager Fürstenwalde als „Sichtungs- und Weiterleitungslager" außerhalb Berlins ein.[244] Mit dessen Einrichtung sollte sowohl der „dauernde Wechsel von Ost nach West" unterbunden werden als auch verhindert, dass die Obdachlosen in der Hauptstadt einen politischen Nährboden fanden. So warnte die Berliner Volkspolizei 1951 ausdrücklich vor der Gefahr eines Zusammenschlusses von Obdachlosen mit dem Künstler und Gründer des Berliner Kulturkollektiv Cuno Fischer und deutet auf Analogien zur Bruderschaft der Vagabunden.[245]

Öffentlichkeit als Druckmittel

Als Kollektiv wurden Obdachlose vor allen bei Demonstrationen, Versammlungen oder in Zeitungsartikeln sichtbar. Unmittelbare Anlässe zu solchen Initiativen

---

[238] Abteilung PM, Protokoll der Arbeitsbesprechung im PVP Berlin v. 5. 9. 1951, LAB C Rep. 118 Nr. 25.
[239] Lorke, Armut, S. 227 f. Vgl. dazu auch die Ausführungen zum Obdachlosenasyl als Sinnbild von Armut, Kap. 7.2, S. 196–199.
[240] Vgl. Kap. 2.1, S. 57 f.
[241] Vermerk über eine Besprechung im Innenministerium zur Lösung des Berliner Obdachlosen- und Asozialenproblems v. 6. 11. 1951, BArch DO 1 16616.
[242] Achtelstetter an Hauptsozialamt Berlin v. 16. 10. 1951, LAB C Rep 118 Nr. 25.
[243] Präsidium der VP an Ministerium des Innern v. 15. 11. 1951, BArch DO 1 16616.
[244] Beschluss-Protokoll über die Besprechung am 1. 12. 1951 v. 3. 12. 1951, BArch DO 1 16616.
[245] Protokoll der Arbeitsbesprechung im PVP Berlin v. 5. 9. 1951, LAB C Rep. 118 Nr. 25.

lieferten in der Regel Vorkommnisse an den isolierten Orten. Der Zwang und die Kontrolle unterdrückten dort jegliche Form von Vergemeinschaftung. Dadurch suchten Obdachlose im öffentlichen Raum nach Ausdruckskanälen.

In Berlin entlud sich im September 1920 der Unmut der Obdachlosen über die „Verwarnungspraxis" im städtischen Obdachlosenasyl, wonach jeder Neuankömmling automatisch einen Unterkommensauftrag erhielt. In der Wahrnehmung der Betroffenen war dieser aufgrund der Wohnraumknappheit in Berlin kaum erfüllbar und kam damit faktisch für Viele einem Haftbefehl gleich. Den Forderungen der Obdachlosen in Berlin nahm sich Fritz Achtelstetter an, der bereits in der Revolution 1918/19 aktiv war und sich zum Arbeiterrat der Obdachlosen wählen ließ.[246] Mit einem revolutionär geschulten Anführer erreichte die angespannte Stimmung zwischen Obdachbesuchern und Beamten am 21. September 1920 schließlich eine neue Eskalationsebene. Etwa 200 Obdachlose versammelten sich im Stadtteil Weißensee zu einer Kundgebung, in der sie sich gegen die strafrechtlichen und unmenschlichen Verhältnisse im Asyl wandten. Sie formierten sich zu einer Demonstration und marschierten gemeinsam mit Arbeitern des Stadtteils zum städtischen Obdach, wo es zu gewalttätigen Übergriffen an den dortigen Verwaltungsbeamten kam. Erst das Einschreiten einer Polizeimannschaft konnte den „Sturm auf das Asyl" – wie der *Vorwärts* berichtete – beenden.[247] Doch Vorfälle wie dieser hatten den Behörden gezeigt, dass die Obdachlosen bei geschickter Führung als Kollektiv durchaus öffentlichen Druck erzeugen konnte. Umso mehr war man daher auch bemüht, die „Rädelsführer" um Achtelstetter anschließend gerichtlich zu belangen.

Auch in anderen Städten kam es zwischen Obdachlosen und den Stadtverwaltungen zu Konflikten. In Leipzig versammelten sich 1928 die Asylbewohner, um in der Öffentlichkeit „Klarheit über ihre Lage zu schaffen" und für Solidarität aus anderen Bevölkerungsgruppen zu werben:

„Man war sich auch darüber klar, daß ein erfolgreicher Kampf [gegen die Verhältnisse im Asyl und die Behandlungen durch die städtischen Beamten] nur dann geführt werden könne, wenn diese Bewegung die Gesamtarbeiterschaft Leipzigs unterstütze."[248]

In beiden öffentlichen Auftritten konnten die Obdachlosen als Masse Solidaritätsbekundungen, insbesondere bei der linken Arbeiterbewegung, hervorrufen und ihren Forderungen dadurch mehr Nachdruck verleihen.

In München versuchte Karl Blüml indessen mithilfe der Presse öffentlichen Druck zu erzeugen. 1926 publizierte er seine individuellen Erfahrungen mit dem Münchner Asyl in der *Neuen Presse*. Obwohl er selbst betroffen war, nimmt er die Position des neutralen Berichterstatters ein und beschreibt Obdachlosigkeit als Massenphänomen.[249] Gleichzeitig beanspruchte er die Rolle des Stellvertreters al-

---

[246] Die Vorgänge im Städtischen Obdach, in: Freiheit Nr. 412, 1. 10. 1920.
[247] Der Sturm auf das Asyl, in: Vorwärts Nr. 491, 18. 10. 1921; Gewalttakte gegen Obdachlose, in: Freiheit Nr. 398, 23. 9. 1920; Über die Vorgänge [Gegendarstellung], in: Freiheit Nr. 399, 23. 9. 1920; Nochmals: Die Vorgänge im Städtischen Obdach, in: Freiheit Nr. 409, 29. 9. 1920.
[248] Der Kampf der Asylisten, in: Sächsische Arbeiter-Zeitung Nr. 12, 14. 1. 1928.
[249] Karl Blüml: Mit Gummiknüppeln und Hunden gegen die Münchner Obdachlosen, in: Neue Zeitung Nr. 76, 2. 4. 1926.

ler Münchner Obdachlosen. Damit verlieh er einerseits seinen eigenen Erlebnissen mehr Nachdruck und Gewicht. Andererseits gab er der unbekannten Masse von Obdachlosen ein konkretes Gesicht und Identifizierungsmerkmal. Insofern ist Blümls Artikel ein eindrückliches Beispiel für die Darstellung individuellen Elends als allgemeine Not. Die im Artikel angeprangerten gewaltsamen Übergriffe auf die Asylbewohner und die unhygienischen Zustände sowie die kritisierte, ungenießbare Verpflegung seien bisher nur noch nicht öffentlich geworden, weil die Bewohner aus Angst vor Repressalien sich nicht zu Wort melden würden. Karl Blüml setzte die Obdachlosen damit in ein Abhängigkeitsverhältnis, das er in seinem Artikel mithilfe von drei Szenen aus dem Asyl veranschaulichte. In der ersten Szene wird ein Kranker vom Verwalter gewaltsam seines Bettes verwiesen; zwei Stunden später musste der Mann ins Krankenhaus eingeliefert werden. In der zweiten Szene habe der Verwalter wegen einer Nichtigkeit seine Hunde auf Blüml gehetzt. Und in der dritten Momentaufnahme wurde Blüml am späten Abend vom Verwalter ohne jeglichen erkennbaren Grund des Asyls verwiesen und musste die Nacht auf der Straße verbringen. Um den Wahrheitsgehalt seiner Aussagen zu festigen, nannte er jeweils die genaue Datierung der Vorkommnisse und führte Zeugen an. In allen drei Szenen erschienen die Obdachlosen als wehrlose Opfer des Asylverwalters. Die Bewohner seien dessen Willkür ohne rechtliche Handhabe ausgesetzt. Auch am groben Umgangston, der im Asyl herrsche, ließ Blüml die Leser teilhaben und verlieh seinen Schilderungen mit wörtlichen Zitaten entsprechende Authentizität.

Die Beschuldigte im Artikel – die Stadt München – reagierte prompt auf die Anklagen. Bereits Ende April gab der Artikel Anlass zu einer heftigen Diskussion im Münchner Stadtrat und Anstoß zu einer umfangreichen Inspektion des Münchner Obdachlosenasyls. Auch wenn der Stadtrat die Anschuldigungen offiziell als falsch zurückwies, führten Artikel wie dieser dazu, dass der Wohlfahrtsreferent der Stadt München im Herbst 1926 aufgrund „unliebsamer Vorkommnisse [...] die, insbesondere in der Presse Anlaß zu Besprechungen gegeben haben", eine umfassende Umstrukturierung der Obdachlosenfürsorge anstieß.[250] Das Bekanntwerden der Zustände im Asyl übte Druck auf die Behörden aus. Karl Blüml war es gelungen die Not der Obdachlosen durch das Medium der Presse über den öffentlichen Raum in den Amtsraum zu übertragen und dort nachhaltig auf Norm und Praxis der Obdachlosenfürsorge einzuwirken. Dies zeigt auch, dass die konstruierten Räume der Obdachlosen nicht als starre, nebeneinanderstehende Gebilde zu begreifen sind, sondern sich überlagerten und gegenseitig beeinflussten.

Provokationen im Stadtbild: „Wermutbrüder" und „Gammler"

Die öffentliche Inszenierung von Obdachlosigkeit weckte nicht immer Mitleid und Empathie in der Bevölkerung. Besonders angesichts des steigenden Wohl-

---

[250] Hilble in Wohlfahrtsausschuss v. 22. 2. 1927, in: MGZ Nr. 17 (1927), S. 196. Vgl. Debatte im Wohlfahrtsausschuss v. 28. 4. 1926, in: MGZ Nr. 36 (1926), S. 517–519; Ruf in Wohlfahrtsausschuss v. 28. 4. 1926, in: MGZ Nr. 36 (1926), S. 519.

standes in der Bundesrepublik konnten die Betroffenen auf wenig Verständnis hoffen und sahen sich mit neuen abfälligen Zuschreibungen konfrontiert. Seit 1964 war im süddeutschen Raum der Begriff „Wermutbruder" als Kennzeichnung von alkoholisierten Stadtstreichern in aller Munde. Signalwirkung hatte ein Artikel der Münchner *Abendzeitung* im Januar 1964, der mit der Überschrift „Penner, Wermut und Gestank" das Leben der Obdachlosen in der bayerischen Hauptstadt darstellte.[251] Der Wermut als preiswerte und zugleich sehr eigene, geruchsintensive Form des Alkohols stand symbolhaft für die als „übelriechend" empfundene Gruppe der Stadtstreicher.

Die Polizeidienststellen wurden angehalten, ihr spezielles Vorgehen gegen die vermeintlich neue Gruppe von Stadtstreichern zu schildern, die in großem Ausmaß öffentlich dem Alkohol zusprach. Polizeipräsident Schreiber verwies in seiner Antwort an den Oberbürgermeister lediglich auf die ohnehin bekannten Mittel des § 361 Absatz 8 StGB.[252] Die öffentliche Diskussion veranlasste auch den KMFV die „Wermutbrüder" zu thematisieren.[253] Dabei waren obdachlose Männer, die im Übermaß dem Alkohol zusprachen, kein Phänomen der 1960er-Jahre. Neu war vielmehr der öffentliche Konsum. Zwar standen schon die Landstreicher im 19. Jahrhundert unter dem Generalverdacht, an Trunksucht zu leiden, dennoch konzentrierte sich deren Konsum vor allem an geschlossenen Orten. Besonders deutlich wurde dies, als um die Jahreswende 1911/12 im Berliner Asyl über 50 Obdachlose an einer Schnapsvergiftung starben. In den Kneipen in unmittelbarer Nähe des Asyls war mit Methylalkohol versetzter Schnaps ausgeschenkt worden. Die Vorfälle in Berlin entwickelten sich zum größten Skandal der Obdachlosenbetreuung im Kaiserreich.[254] Gleichzeitig war im Obdachlosenasyl der alkoholisierte Zustand einer der häufigsten Abweisungsgründe bzw. eines der größten Konfliktpotenziale. Der KMFV hatte schon 1955 außerhalb der Stadt eine „Heilstätte für alkoholkranke Männer" eingerichtet, deren Bewohnerkreis sich hauptsächlich aus Personen aus dem Unterkunftsheim in der Pilgersheimerstraße rekrutierte.[255] Die individuelle Suchtbehandlung musste nach Ansicht des Vereins unabhängig vom Ort des Asyls und außerhalb der Großstadt durchgeführt werden.

Denn trotz eines offiziellen Verbots war Alkohol im Asyl ständig präsent. In erster Linie war dies durch die umliegenden Kneipen bedingt, die in vielen Städten zu jenen mit dem größten Alkoholumsatz zählten. Dieser Umstand wurde von

---

[251] Penner, Wermut und Gestank, in: Abendzeitung München Nr. 4/5, 4./5./6. 1. 1964. Vgl. Und finden keine Herberge?, in: FAZ, 25. 11. 1967.
[252] Polizeipräsident Schreiber an Oberbürgermeister v. 30. 9. 1964, StaatsAM Pol. Dir. Mü. 11022.
[253] Protokoll der Mitgliederversammlung v. 28. 11. 1964, Zentralverwaltung KMFV, Vereinsangelegenheiten 1963–1972.
[254] Vgl. Bielefeld, Rande, S. 69–77. Fünfzig Tote, hundert Erkrankungen unter den Asylisten, in: Berliner Tageblatt Nr. 658, 28. 12. 1911; Weitere Todesopfer unter den Asylisten, in: Berliner Tageblatt Nr. 659, 28. 12. 1911; Verbrechen der Gesellschaft, in: Vorwärts Nr. 1, 3. 1. 1912; Die Massenvergiftung im städtischen Obdach, in: Berliner Volkszeitung Nr. 2, 3. 1. 1912; Luxemburg: Asyl.
[255] Vgl. KMFV, Jahresbericht 1954, S. 2.

den Stadtverwaltungen lange Zeit stillschweigend geduldet. Im Zweiten Weltkrieg war es für Wehrmachtsangehörige in Frankfurt verboten, Kneipen zu besuchen, die das Obdach umgaben. Repräsentanten des Militärs mussten im NS-Staat in gewisser Weise vor den Obdachlosen weichen, weil man diese in den dunklen Kaschemmen vor der restlichen Bevölkerung verdeckt halten wollte.[256]

In der Bundesrepublik versuchte man es indessen mit der umgekehrten Taktik. Die vermeintlichen Quellen des ungehemmten Alkoholkonsums im Umfeld der Asyle sollten stärker kontrolliert werden.[257] Der Wohlfahrtsausschuss München ließ 1958 prüfen, ob es Möglichkeiten gebe, einen „Schnapsausschank in nächster Nähe des Obdachlosenheimes" zu schließen. Auch in Frankfurt versuchte die Stadtverwaltung den unschönen Szenen im Ostende der Stadt damit zu begegnen, indem sie die Sperrstunde des vermeintlichen Stammlokals der Obdachlosen vorverlegte.[258] In beiden Fällen scheiterten die Stadtverwaltungen, weil nur die Nachbarschaft zu einem Asyl nicht ausreiche, um dem Inhaber die Ausschanklizenz zu entziehen. Die Wirte hätten ihren Betrieb freiwillig verlegen müssen, was angesichts des guten Umsatzes nicht sehr aussichtsreich war.[259] Die Kneipen rund um die Asyle waren fortan aber Ziel verstärkter polizeilicher Razzien. Dies führte zwar dazu, dass die Obdachlosen die Kneipen in der Umgebung mieden, aber gleichzeitig auf die Straße auswichen.

In Reaktion darauf erlaubte die Obdachverwaltung in München schließlich das Trinken von Bier im Aufenthaltsraum und hoffte die Konsumenten wieder von der Straße zu bekommen und die Männer zum Verzehr von Bier statt Schnaps oder Wein anhalten zu können. Da das Asyl allerdings nur in den Abendstunden geöffnet war, änderte dies für die Sichtbarkeit der alkoholisierten Obdachlosen am Tag nur wenig. Hier versuchten die Kommunalbehörden durch Sondernutzungserlasse das Verhalten der Obdachlosen an Orten der Innenstadt zu regulieren. Das Kommunalreferat München erließ so beispielsweise 1971 für weite Teile des Altstadtbereichs und der Fußgängerzone ein Alkoholverbot – also an zentralen Plätzen, an denen sich Obdachlose sammelten.[260] Die Provokationen durch Alkoholisierung der Obdachlosen entstanden demnach nicht durch eine veränderte Verhaltensweise der Obdachlosen, sondern weil sie nun an öffentlichen Orten tranken.

Eine solche örtliche Verschiebung brachte auch alkoholbedingte anstößige Handlungen – wie öffentliches Urinieren oder lauten Meinungsaustausch – in die Öffentlichkeit und führte dazu, dass Obdachlose pauschal mit hygiene- und sittlichkeitswidrigem Benehmen in Relation gebracht wurden. Welche Tragweite, dies

---

[256] Beschwerde Hans V. v. 26. 5. 1942, ISG FRA Konzessionsakten 1161.
[257] Für München vgl. Ärger mit Obdachlosenheim, in: Münchner Stadtanzeiger Nr. 79, 2. 10. 1973.
[258] Dunkle Existenzen im Ostend, in: Frankfurter Neue Presse, 25. 7. 1958.
[259] Gewerbe- und Preisamt an Magistrat Frankfurt a. M. v. 28. 8. 1958, ISG FRA Magistratsakten 1212.
[260] § 6 Satzung über die Sondernutzungen an Fußgängerbereichen in der Altstadt (Altstadt-Fußgängerbereiche-Satzung) v. 21. 7. 1971, StaatsAM Pol. Dir. Mü. 15618.

für den einzelnen Betroffenen haben konnte, zeigt der Fall von Heinrich K., der von der Münchner Polizei 1959 schlafend auf der Straße vorgefunden wurde. Weil sich Heinrich K. nur schwankend fortbewegte, wurde er von den Beamten wegen Trunkenheit festgenommen. Auf dem Revier stellte sich jedoch heraus, dass er nicht alkoholisiert, sondern wegen eines Hüftleidens stark gehbehindert war und sich lediglich auf seinem Weg ins Obdachlosenasyl ausruhen wollte. Die Beamten korrigierten ihre voreiligen Schlüsse und brachten Heinrich K. in das Unterkunftsheim für Männer, wo er schon seit einem Jahr lebte.[261]

Es gab allerdings durchaus Initiativen der Obdachlosen, die sich gegen diese verallgemeinernde Verurteilung wehrten und die Öffentlichkeit zu einer differenzierenden Sichtweise aufforderten: „Sind wir das? Die morgens schon mit der Flasche vorm Bunker stehen? Wer ist das?", fragten die Bewohnerinnen und Bewohner einer Bremer Bunkerunterkunft 1973. Mit einer eigenen Zeitung wollten sie gegen ihr schlechtes Image ankämpfen:

„Achtet mal darauf, ‚wir sind es nicht', es sind immer die GLEICHEN. Ob die GLEICHEN sich schon einmal Gedanken gemacht haben, was mit den ANDEREN, die nicht mit vorm Bunker stehen. Die ANDEREN haben alle darunter zu leiden, denn wir ANDEREN sind in den Augen der umliegenden Bewohner die GLEICHEN, wie die vor den Türen mit den Flaschen. Wir sind es leid, immer zu den GLEICHEN zu gehören, wir haben es nicht nötig, immer über den gleichen Kamm geschert zu werden, denn wir ANDEREN arbeiten auch und leben nicht nur von der Flasche."[262]

Der Verfasser bemerkte abschließend zudem, dass die eigentlichen Bewohnerinnen und Bewohner des Notasyls im Bunker ihre Flasche Bier trinken könnten, „weshalb also vor der Tür, vor den Augen aller Nachbarn". Das wiederum macht das Provokationspotenzial deutlich, das in der öffentlich dargestellten Handlung der „GLEICHEN" steckte.

Dass die Provokation durch Obdachlose in der Bundesrepublik stärker ins Zentrum der Obdachlosenbetreuung rutschte, machen auch die geplanten Änderungen der Deliktbestände Landstreicherei und strafbare Obdachlosigkeit im Zuge der Strafrechtsreform 1962 deutlich. Künftig solle bereits eine Strafbarkeit vorliegen, „wenn das Verhalten geeignet ist, die Allgemeinheit oder einzelne andere zu beunruhigen oder zu belästigen".[263] Demnach qualifizierte sich der Straftatbestand nicht über das Verhalten der Täter, sondern durch tatsächliche oder erwartete Reaktionen der Allgemeinheit.[264] Konkret benennbare Kennzeichen einer strafbaren Verwahrlosung der Betroffenen wurden nicht angeführt. Die Verhaltensweisen der Obdachlosen wurden als nonkonform klassifiziert und grenzten sich insofern als Negativ-Definition vom gesellschaftlichen Idealbild ab.

---

261 Vorführungsnote des Polizeireviers 13 zu Heinrich K. v. 21. 10. 1959, StaatsAM Pol. Dir. Mü. 10960.
262 Bunker-Kurier. Zeitung von und für die Bewohner der Obdachlosenunterkunft Mühlhauser Weg 2, 1 (1973), 1. 8. 1973, BArch B 122 15075.
263 § 356 in Entwurf eines Strafgesetzbuches E 1962 v. 4. 10. 1962, Deutscher Bundestag Drucksache 4/659, S. 544.
264 Vgl. Deutscher Städtetag, Stadtstreicher (1978), S. 24.

Das hierbei schon der bloße Anblick der Obdachlosen beunruhigend wirkte, verdeutlichen eine Reihe von Beschwerden, die Anfang der 1970er-Jahre den Münchner Bürgermeister erreichten: Als anstößig und „Ekel" wurde das „unappetitliche Aussehen" der Obdachlosen am Rindermarkt markiert.[265] Zudem störten sich viele am offensichtlichen „Nichtstun" der vermeintlichen „Faulenzer" und forderten die Obdachlosen an Orte zu verweisen, wo sie „nicht so unangenehm auffallen".[266] Besonders vehement sind solche Ausführungen in den Jahren vor den Olympischen Spielen in München 1972 festzustellen.[267] Verschiedentlich wurden die Beschwerden sogar direkt an das Olympische Komitee gerichtet.[268] Dabei hatte das Investitionsplanungs- und Olympiaamt in München schon 1967 einen Arbeitskreis zur Behandlung von Obdachlosenfragen eingerichtet, der neben den innerstädtischen Zentren auch die Obdachlosensiedlungen im Norden der Stadt – unweit des olympischen Geländes in den Blick nahm.[269] Die Beschwerden zeigen, dass sich die Gesellschaft weniger am sozialen Gesamtphänomen Obdachlosigkeit störte, sondern lediglich an der Präsenz obdachloser Personen in der Öffentlichkeit.

Dass mit der Inszenierung von Verwahrlosung und Nichtstun Aufmerksamkeit und Provokation zu erreichen war, machte sich sogar eine jugendliche Protestbewegung zunutze. Die „Gammler" kultivierten seit 1965 Erwerbslosigkeit, Faulheit, Wohnungslosigkeit und Bettelei als bewusste Lebensformen.[270] Sie verstärkten damit das Gesamtbild der Verwahrlosung der Innenstädte und wurden von Bevölkerung und Polizei mit den gleichen Methoden bekämpft wie Obdachlose. Dabei saßen hier meist keine Menschen in sozialen Notlagen auf der Straße, sondern aus der Mitte der Gesellschaft, die durch ihr Verhalten ihre Unzufriedenheit mit der bestehenden Gesellschaftsordnung zum Ausdruck bringen wollten und eben provozieren wollten.[271] Ihr Protest formulierte sich primär performativ. Die direkte Wahrnehmung durch die Bevölkerung sowie die Rezeption in den Medien waren unabdingbare Voraussetzungen. Einer Umfrage des Instituts für Demoskopie Allensbach zufolge hatten 1967 lediglich elf Prozent der westdeutschen Bevölkerung noch nie von der Subkultur gehört. Mehr als die Hälfte hielt Gammler für faule und nicht arbeitende „Tagediebe", ein Viertel betrachtete sie als ungepflegte und verwahrloste Erscheinungen.[272] Gerade zu Beginn der Gammlerproteste 1964/65 wurden die Jugendlichen auch von vielen Seiten belächelt und zum harmlosen Jugendtrend erklärt. Dabei gab es von Anfang an eine starke interne Hierarchisierung der Bewegung, die entlang der Intensität des Gammelns zwischen „Freizeit-

---

[265] Hiebel an Müller-Heydenreich v. 8. 6. 1973, StaatsAM Pol. Dir. Mü. 15629.
[266] Thea R. an Polizeipräsidium München v. 6. 6. 1972, StaatsAM Pol. Dir. Mü. 15629.
[267] Thea R. an Polizeipräsidium München v. 6. 6. 1972, StaatsAM Pol. Dir. Mü. 15629.
[268] Anwohnergemeinschaft an Olympisches Komitee v. 3. 12. 1971, StaatsAM Pol. Dir. Mü. 15636.
[269] Rundschreiben des Direktorium Investitionsplanungs und Olympiaamt an Stadtreferate und Polizeipräsidenten v. 28. 9. 1967, StaatsAM Pol. Dir. Mü. 15785.
[270] Vgl. Recktenwald, Makel.
[271] Vgl. zum sozialen und familiären Umfeld der Gammler, Hollstein, Untergrund, S. 42.
[272] Allensbacher Berichte 16/Juli 1968. Vgl. Siegfried, Time, S. 403.

und Wochenendgammlern", "Ferien- und Saisongammlern" und "Dauergammlern" unterschied. Insbesondere Letztere standen unter dem Verdacht, in die Kriminalität abzurutschen, wie ein Polizeibericht eindrücklich zeigte:

"Echte kriminelle Handlungen begehen häufig die sogenannten Dauergammler, die sich aus Stadtstreichern und sonstigen asozialen Personen zusammensetzen."[273]

Als die "Gammlerwelle" am Ende der 1960er-Jahre abklang, machte die Polizei eine endgültige "Umwandlung" innerhalb der Gruppe der Gammler aus. Nicht länger sei es der abenteuerlustige Jugendliche, der die Straßen bevölkere; die Gruppe rekrutiere sich zunehmend aus "Asozialen, Kriminellen, entlaufenen Fürsorgezöglingen und mitunter auch aus APO-Anhängern".[274] Die öffentlichen Debatten verstummten, und die Gammlerkultur verlor an Attraktivität. Diejenigen, die jetzt noch auf der Straße saßen, galten als jugendliche Stadtstreicher. Deren Auftreten wurde zwar immer noch als Provokation, jedoch nicht mehr als Protest empfunden.

Die Entwicklung der Gammlerproteste führt eindrücklich vor, wie weit die Provokation von der öffentlichen Wahrnehmung abhängig war und sich mit dieser verändern konnte. Für den Sonderausschuss zur Strafrechtsreform des Bundestages waren die Reaktionen der Allgemeinheit, "zu unscharf und zu weitgehend". Zwar räumte der Ausschuss ein, "daß von einer bestimmten Gruppe von Stadtstreichern eine Gefährdung der Allgemeinheit ausgeht, so daß erwogen werden könnte, das Umhertreiben aus Arbeitsscheu und ohne feste Unterkommen in einer Weise, welche die Sicherheit anderer gefährdet, mit Strafe zu bedrohen", allerdings würde ein solcher Tatbestand auf eine Art "Verdachtsstrafe" hinauslaufen und wäre "wenig praktikabel".[275] Die gewünschte schärfere Erfassung konnte die Strafdefinition nicht herbeiführen und der Reformvorschlag abgelehnt wurde.

3.2 Kontrollierte Straßen: Interaktionen und Topografie

Die verschiedenen öffentlichen Positionierungen von Obdachlosen zeigen, dass diese den urbanen Raum nicht nur passiv nutzten, sondern gezielt Einfluss auf ihre Sichtbarkeit nahmen. Sie platzierten sich bewusst an urbanen Orten und integrierten diese in ihren Erfahrungsraum. Als dezidierte Zentren der Obdachlosen im Stadtgebiet wies die Münchner Polizei 1974 aus:

"[...] Hauptbahnhof, Fußgängerzone, Alter Botanischer Garten, U- und S-Bahnhöfe, Englischer Garten, Isarauen, Hochwasserbett der Isar bei der Brudermühl- und Thalkirchner- und Wittelsbacherbrücke, Schyrenplatz, Großmarkthalle, Schlachthof, Arbeitsamt, Südlicher Friedhof, sowie leerstehende Gebäude."[276]

---

[273] Direktion der Schutzpolizei an Polizeipräsident, Maßnahmen gegen Gammler v. 9. 4. 1969, StaatsAM Pol. Dir. Mü. 15630.
[274] Direktion der Schutzpolizei, Vormerkung v. 1. 10. 1969, StaatsAM Pol. Dir. Mü. 15623.
[275] Zweiter Schriftlicher Bericht des Sonderausschusses für die Strafrechtsreform, Deutscher Bundestag Drucksache 5/4095, S. 48.
[276] Bauer an Direktion der Schutzpolizei v. 27. 8. 1974, StaatsAM Pol. Dir. Mü. 15618.

Im Folgenden wird gezeigt, wie Obdachlose mit ihrer Sichtbarkeit den Charakter dieser Orte veränderten und Einfluss auf deren Struktur nahmen. Mit ihrer Besetzung veränderten sie die räumliche „Atmosphäre" der Orte. Aus Orten der Sicherheit entstanden in der Perspektive der Stadtbevölkerung und Verwaltungsbehörden Räume der Unsicherheit, was wiederum Reaktionen zu einer Sicherstellung nach sich zog.[277]

Integration städtischer Orte in die Räume der Obdachlosen

Die innerstädtischen Plätze, Parkanlagen aber auch Brückenunterführungen galten als „regelrechte Tummelplätze" für Obdachlose.[278] Sie waren beliebte Treffpunkte und boten Obdachlosen einen temporären Ort zum Verweilen. An einigen dieser Orte richteten sich Obdachlose wohnlich ein. Sie bauten Verschläge, stapelten Matratzen, stellten Tische oder Stühle auf. Bis heute finden sich in vielen Städten solche dauerhafte Schlaf- und Wohnquartiere.[279]

Für die Betroffenen waren die Orte in gewisser Weise öffentliche Refugien. Sie boten nicht nur Schutz vor Kälte und Nässe, sondern auch vor neugierigen Blicken. Sie waren universelle Orte und in allen Städten vorhanden und zugänglich. Für die Stadtbevölkerung, Polizei und den Verwaltungsapparat waren sie jedoch „Schandflecken" im Stadtbild, die es zu beseitigen galt.[280] Der Deutsche Städtetag sprach in diesem Zusammenhang von einer regelrechten „‚Möblierung' und Bepflanzung der Straßen" und kritisierte die Aneignung solcher frei zugänglichen Orte durch die Obdachlosen.[281] Die Kritik offenbart einmal mehr die sozial-räumliche Dimension der Obdachlosenproblematik.

Obdachlos zu sein, bedeutete über keinen selbst genutzten und kontrollierbaren privaten Raum zu verfügen. Die isolierten Orte der Obdachlosen wie das Asyl konnten und wollten den Wunsch nach Privatheit nicht erfüllen. Die Errichtung von selbst erbauten Schutzorten war demnach auch der Versuch, sich einen kleinen Raum von Privatheit zu verschaffen. Dies brach allerdings mit der strikten Trennung von Privatheit und Öffentlichkeit und rüttelte zudem an der gesellschaftlichen Ordnungsvorstellung, die die Obdachlosen als Randgruppen der Gesellschaft an die Peripherie der Städte oder in entsprechend isolierte Orte wie die Asyle verwiesen.

---

[277] Conze, Sicherheit, S. 83.
[278] Direktion der Schutzpolizei an Polizeipräsident v. 12. 6. 1974, StaatsAM Pol. Dir. Mü. 15618.
[279] Für Hamburg vgl. Kersten-Miles-Brücke, Der Zaun ist weg, das Problem nicht, in: Hamburger Abendblatt, 1. 8. 2012; Die Obdachlosen von der Helgoländer Allee sind wieder da, in: Hamburger Abendblatt, 9. 10. 2017. Für Frankfurt: Obdachlose Schläfer am Main, in: Frankfurter Rundschau Nr. 169, 23. 7. 1949. Vgl. dazu Fürsorgeamt an Redaktion der Frankfurter Rundschau v. 28. 7. 1949, ISG FRA Fürsorge 768.
[280] Vormerkung des Polizeipräsidenten Schreiber v. 25. 7. 1968; Max H. an Polizeipräsident v. 26. 8. 1968, beide StaatsAM Pol. Dir. 15624
[281] Deutscher Städtetag, Stadtstreicher (1978), S. 25.

3. „Kein Platz für Penner": Sichtbarkeiten von Obdachlosen im Stadtbild

Das Zusammentreffen zwischen Stadtbevölkerung und Obdachlosen war dementsprechend konfliktbeladen. Auf die provokante Sichtbarkeit von Armut reagierten viele Bürgerinnen und Bürger nicht nur mit Empörung, sondern mit Abscheu und Angst.[282] Die subjektive Gefährdung der eigenen, persönlichen Sicherheit durch Obdachlose ergab sich nicht durch die Sichtbarkeit von deren Armut – besonders im allgemeinen Wohlstand der Bundesrepublik fühlte sich kaum jemand davon bedroht, selbst in die Obdachlosigkeit abzurutschen. Sie resultierte vielmehr aus der Verknüpfung von Obdachlosen mit kriminellen Handlungen sowie mit Unsitte und gesundheitlicher Bedrohung.

Besonders eindrücklich zeigt sich die Änderung in der Atmosphäre urbaner Orte am Beispiel der Großmarkthallen. Das Polizeiamt München-Süd erteilte 1968 insgesamt 356 Unterkommensaufträge an Obdachlose im Bezirk, davon gingen 286 an Gelegenheitsarbeiter der Großmarkthalle. Sie alle waren ohne festen Wohnsitz und nächtigten nach Angaben des Beamten „auf Kraftfahrzeuganhängern im Großmarkthallenbereich, im Fruchthof, im Lagerschuppen einer Rohproduktenhandlung und in Rohbauten".[283] Es handelte sich hier um keine Münchner Eigenart. In Frankfurt galt die Umgebung der Großmarkthalle sogar als „Vagabundenviertel".[284] In dieser Kennzeichnung zeigt sich erstens, dass die Obdachlosen auch in der Bundesrepublik weiterhin in der öffentlichen Wahrnehmung in der Tradition der Vagabunden standen, und zweitens, dass ihnen feste Orte – in diesem Fall sogar ein ganzes Viertel – zugeschrieben werden konnten.

Die Großmarkthallen waren jeden Morgen zum Be- und Entladen der Transporter und Markstände auf eine große Anzahl von Hilfsarbeitern angewiesen. Die Arbeitsvergabe funktionierte nach der Anheuer-Praxis, bei der die Obdachlosen jeden Tag um die Arbeit konkurrierten und das Tagespensum sehr unterschiedlich ausfiel. Für die Obdachlosen wiederum bot dies die Möglichkeit eines geringen, aber unmittelbaren Zuverdienstes. In erster Linie profitierten allerdings die Betreiber der Markthalle, indem sie sich für die unangemeldeten Arbeiter Versicherungsabgaben sparten. Arbeitsbeginn war in der Regel um fünf Uhr früh. Um rechtzeitig bei der Großmarkthalle anheuern zu können, nutzten nicht wenige Obdachlose die leeren Kisten und Container als Übernachtungsstätten sowie im Sommer die im Umfeld der Großmarkthalle gelegenen Parkanlagen – in München ganz besonders die Flaucheranlagen an der Isar. Die Polizei fand hier selbst gestaltete Unterkünfte von Obdachlosen:

„Ein Trampelpfad [führt] zu einem Erdloch, dem Eingang zu einer verhältnismäßig geräumigen Höhle mit 4 Hauptkammern. Wir trafen dort einen 41-jährigen Deutschen, der zur Festnahme ausgeschrieben war und eine 45-jährige Deutsche ohne Ausweis. [...] Die Personen hausten dort in höchst asozialen und gesundheitsschädlichen Verhältnissen angeblich seit drei Jahren."[285]

---

282 Kriminelle Elemente unter den Wermutbrudern, in: SZ, 19. 11. 1967.
283 Stempfle an Direktion der Schutzpolizei v. 3. 1. 1969, StaatsAM Pol. Dir. Mü. 15618.
284 Nachtasyl unter Kisten und Stroh, in: FAZ 5. 12. 1957. Hier auch die nachfolgenden Schilderungen zur Großmarkthalle Frankfurt.
285 Dienststelle Verkehrsunfälle an Polizeiamt München-Süd v. 28. 7. 1974, StaatsAM Pol. Dir. Mü. 15629.

Bei ihren nachfolgenden Sucharbeiten entdeckte die Polizei insgesamt sieben weitere Höhlen. Es handelte sich hier um „Erdlöcher", die allerdings zum Teil mit betonierten Eingängen und Eisentüren versehen waren und vermutlich ehemalige Luftschutzbunker waren.[286] Um ihre weitere Verwendung als „Schlupfwinkel" für Obdachlose zu verhindern, ließ die Polizei sie zuschütten.[287]

In Frankfurt befand sich in unmittelbarer Nähe zur Großmarkthalle der Ostbahnhofbunker – ein Unterkunftsheim für Obdachlose. Die Nähe dieser beiden Orte führte im Bahnhofsviertel zu einer besonderen Problematik.[288] Nicht wenige Obdachlose setzten ihren Tageslohn in den umliegenden Kneipen in Alkohol um. Auch verblieben diejenigen an der Großmarkthalle, die am Morgen keine Arbeit erhalten hatten, in der Hoffnung auf ein paar Essensreste oder um auf ihre arbeitenden Mitstreiter zu warten. Aus dieser Praxis entwickelte sich der Eindruck eines „Vagabundenviertels". Aus Sicht von Stadtverwaltung und Polizei war dieser Zustand nicht zu dulden. Das Arbeitsamt Frankfurt versuchte 1957 mit einer „Vermittlungsstelle für Gelegenheits-Jobber" in der Großmarkthalle, diese als Ort der Obdachlosen zu untergraben. Damit sollten die Anheuer-Praxis und das dadurch begünstigte Übernachten in unmittelbarer Nähe des Großmarktes beendet werden. Zugleich ließ die Vermittlungsstelle nur noch diejenigen Personen zur Arbeit zu, die sich einer ärztlichen Untersuchung unterzogen. Nach Beschwerden aus der Bevölkerung war auch beim Gesundheitsamt die Sorge aufgekommen, durch die Obdachlosen würden Krankheiten auf das Gemüse und Obst übertragen werden, die zu einer Epidemie in der Stadt führen könnten.[289] Dies führte eindrücklich vor, wie sich in den Augen der Stadtbevölkerung über die Personen das gesundheitliche Bedrohungspotenzial der „dunklen Winkel" auch auf die von Obdachlosen angeeigneten Orte übertrug.

Die Vermittlungsstelle und die angeordneten Untersuchungen hatten einen ambivalenten Erfolg: Statt sich einer Untersuchung zu unterziehen, verzichtete der überwiegende Teil der Obdachlosen auf den Zuverdienst. Die Großmarkthalle und ihre Umgebung wurden damit als Lebensraum für Obdachlose zunehmend unattraktiver. Doch für den urbanen Raum und die Stadtbevölkerung erledigte sich damit das vermeintliche Problem der Obdachlosen nicht. Diese waren zum Frankfurter Osthafen weitergezogen und be- und entluden nun Schiffs- statt Lkw-Container.

Reaktionen auf polizeiliche Verdrängungsmaßnahmen

Die Institutionalisierung zu einem urbanen Raum der Obdachlosen, machte diese Orte aber zugleich zum Ziel polizeilicher Sanktionen. Wie schon 1932 in Berlin, versuchten auch in den 1970er-Jahren die Sicherheitsbehörden durch Razzien, die

---

[286] Bericht des Revier 21 an Polizeiamt München-Süd v. 13. 2. 1974, StaatsAM Pol. Dir. Mü. 15629.
[287] Direktion der Schutzpolizei an Amt für öffentliche Ordnung v. 6. 5. 1975, StaatsAM Pol. Dir. Mü. 15629.
[288] Vgl. Kap. 4.1, S. 97–99.
[289] Vgl. Dunkle Existenzen im Ostend, in: Frankfurter Neue Presse, 25. 7. 1958.

3. „Kein Platz für Penner": Sichtbarkeiten von Obdachlosen im Stadtbild

als „Schwerpunktstreifen" oder „Pennerstreifen" firmierten die Obdachlosen von diesen Orten zu verdrängen – meist mittels Erteilung eines Unterkommensauftrags.[290] Dieser bot jedoch keine unmittelbaren Lösungen, sondern vertagte die Beseitigung des „Problems" zunächst, bis die jeweiligen Obdachlosen nach Ablauf der gesetzten Frist erneut aufgegriffen wurden. Erschwerend hinzu kam, dass mit dem Unterkommensauftrag ein erheblicher verwaltungsrechtlicher Aufwand zwischen der Polizei und dem Amt für öffentliche Ordnung verbunden war. Das Ordnungsamt war die Anordnungsbehörde, die Polizei lediglich die Zustellerin und stets von der vorausgehenden Anweisung des Amtes abhängig. Diese Praxis war mit der realen Situation auf der Straße kaum vereinbar. Bis das Amt Strafanzeige stellte, waren die Betroffenen meist an einen anderen Ort oder in eine andere Stadt weitergezogen. In manchen Fällen kam es zudem vor, dass die Polizei wegen mangelnder Erreichbarkeit des Ordnungsamtes nicht feststellen konnte, ob bereits ein Auftrag gegen eine bestimmte Person lief, sodass sie einen neuen ausstellte. Damit wurde der erste Bescheid aber automatisch aufgehoben, was für die Betroffenen einer stillschweigenden Fristverlängerung gleichkam.[291] Die Polizei hatte somit faktisch durch den Unterkommensauftrag keine direkte Handhabe. Die Obdachlosen wussten um diesen Umstand, ignorierten die Maßnahme schlichtweg oder tauchten bis zu ihrer Verjährung unter.

„In einem Fall wurde der Unterkommensauftrag noch in der Wache zerrissen; außerdem wurde schon wiederholt die Unterschrift über die Aushändigung verweigert."[292]

Dennoch betrachteten einige Polizeibeamte schon den erzwungenen temporären Ortswechsel als Erfolg, da sich dann meist die Beamten eines anderen Reviers oder gleich einer anderen Stadt mit den Betreffenden auseinandersetzen mussten.

„Das Verfahren wird als gute Handhabe gegen den betroffenen Personenkreis angesehen; die Betroffenen werden entweder gezwungen, sich ein festes Unterkommen zu verschaffen oder zumindest einen Ortswechsel vorzunehmen."[293]

Um das Verwaltungsdilemma zu lösen und die Praxis zu vereinfachen, erteilte das Münchner Amt für öffentliche Ordnung ab 1967 bei gestelltem Unterkommensauftrag zugleich mittels Vormerkkarten in der Fahndungskartei eine Pauschalstrafanzeige gegen die Betroffenen, die dann in Kraft trat, wenn die Obdachlosen nach Ablauf ihrer Frist kein Obdach nachweisen konnten.[294] In diesem Fall wurde der Polizei der sofortige Zugriff auf die Personen ermöglicht, die anschließend dem Schnellrichter vorgeführt wurden. Dennoch blieb der Unterkommensauftrag in erster Linie eine „präventivpolizeiliche Möglichkeit", um mit der Personen-

---

[290] Stempfle an Direktion der Schutzpolizei v. 15. 6. 1937, StaatsAM Pol. Dir. Mü. 15629.
[291] Maier an Direktion der Schutzpolizei v. 9. 11. 1957, StaatsAM Pol. Dir Mü. 15618.
[292] Maier an Direktion der Schutzpolizei, Bericht des Revier 2 v. 2. 11. 1966, StaatsAM Pol. Dir. Mü. 15618.
[293] Maier an Direktion der Schutzpolizei, Bericht des Revier 5 v. 2. 11. 1966, StaatsAM Pol. Dir. Mü. 15618.
[294] Präsidialverfügung Nr. 31/67 v. 10. 5. 1967, StaatsAM Pol. Dir. Mü. 15618.

gruppe überhaupt in Kontakt zu kommen.[295] Auch nach der Vereinfachung des Verfahrens klagten die Polizeibeamten, dass der „Erfolg in keinem Verhältnis zum Verwaltungsaufwand" stehe.[296] Resignierend verwiesen die Polizeiämter zunehmend darauf, dass es sich bei den Obdachlosen um kein „polizeiliches, sondern um ein soziales" Problem handele, und versuchten die Obdachlosen aus ihrem Zuständigkeitsbereich auszulagern und über Sprechakte die Orte als Sicherheitszonen zu markieren.[297]

Dem trug 1974 schließlich der Gesetzgeber Rechnung und strich den in der Praxis nahezu wirkungslosen § 361 RStGB Absatz 8 ersatzlos aus dem Strafgesetzbuch – allerdings, ohne alternative Betreuungsmöglichkeiten für die Personen im sozialtherapeutischen Bereich zu schaffen oder die Sozialgesetzgebung anzupassen.[298] Aus der Zuständigkeit der Polizeibehörden fielen die Obdachlosen unter den Brücken damit nicht, und viele Beamte sehnten sich nach 1974 wieder das komplizierte Verfahren des Unterkommensauftrags zurück. Zwar wurde formell Obdachlosigkeit entkriminalisiert, nicht aber die Obdachlosen selbst. Die Gefahr, die diese für die öffentliche Sicherheit darstellten, ergab sich vor allem daraus, dass ihre Lebenssituation mit anderen kriminellen Straftaten assoziiert wurde. An dieser Verortung im subjektiven Empfinden der Stadtbevölkerung konnte auch die Abschaffung des Strafrechtsparagrafen nichts ändern.

Fortan war die Polizei auf das Ordnungsrecht und das Polizeiaufgabengesetz angewiesen, das ihr lediglich Möglichkeiten der Personenkontrolle und des Platzverweises an die Hand gab. In der Wahrnehmung der Polizeibeamten führten die eingeschränkteren Zugriffsmöglichkeiten zu einem „wesentlich dreisteren und aufdringlichen" Auftreten der Obdachlosen.[299] Die im Untersuchungszeitraum weitgehend unveränderte Praxis, mit Razzien und der Gegenpräsenz der Polizei, die Anwesenden an den Orten der Obdachlosen zu verunsichern, bediente letztlich vor allem das subjektive Sicherheitsempfinden der Stadtbevölkerung und hatte wenig praktischen Nutzen. Nur wenige Tage vor Erscheinen des Artikels „Kein Platz für Penner" schlussfolgerte ein Polizeibeamter in einem internen Bericht zur Situation am Rindermarkt:

„Da die Penner meist nur tatenlos herumsitzen, kann dieser Personenkreis durch ständige Kontrollen zwar verunsichert, jedoch kaum vertrieben werden."[300]

Der Münchner Polizeipräsident meinte zu dieser Problematik, dass „Dreck und Gestank mit polizeilichen Mitteln nur bedingt schwer und kurzfristig beseitigt werden

---

[295] Polizeivizepräsident an SZ v. 16. 2. 1970, StaatsAM Pol. Dir. Mü. 15639.
[296] Polizeirevier 26 an Direktion der Schutzpolizei v. 3. 10. 1971, StaatsAM Pol. Dir. Mü. 15636.
[297] Ebenda; Kirchmann, Stellungnahme zum Jahresbericht v. 2. 6. 1976, StaatsAM Pol. Dir. Mü. 15630.
[298] Vgl. Polizeivizepräsident Wolf an Polizeipräsident Schreiber v. 9. 3. 1973, StaatsAM Pol. Dir. Mü. 15632.
[299] Bauer an Direktion der Schutzpolizei v. 27. 8. 1974, StaatsAM Pol. Dir. Mü. 15618.
[300] Stempfle an Dir. Schutzpolizei v. 15. 6. 1973, StaatsAM Pol. Dir. Mü. 15629.

könnten".[301] Platzverweise und Betretungsverbote durften nur ausgestellt werden, wenn die Obdachlosen sich entsprechender Vergehen wie dem dauerhaften Lagern auf den Grünflächen schuldig machten. Bloßes Verweilen auf Bänken und der Konsum von Alkohol waren nicht verboten. Von Anfang Mai bis Ende Juni 1973 hatte die Polizei zwar 147 Personen am Rindermarkt überprüft – in nur 10 Fällen führte dies allerdings zu weiteren Maßnahmen; nur einmal wurde ein Betretungsverbot ausgestellt.[302]

Die Obdachlosen wussten um diesen Umstand und verhielten sich während der Streifen der Polizei maßvoll. Mehrere Beschwerden aus der Bevölkerung behaupteten, dass das schamlose und provozierende Verhalten stets erst nach der Kontrolle der Polizei erfolge. Auch wenn die Betroffenen aufgrund von Ordnungswidrigkeiten in Konflikt mit der Polizei gerieten, schützte ihre Wohnungslosigkeit sie bisweilen sogar. Betretungsverbote und Bußgeldbescheide mussten schriftlich zugestellt werden, was sich für die Behörden bei einer Person ohne festen Wohnsitz in der Praxis schwierig gestaltete. Eine Meldung vom Juni 1973 gestand ein, dass man derzeit immer noch versuche, einen Bescheid aus dem Jahr 1971 zuzustellen.[303] Dass ein nicht zugestellter Bescheid zugleich nach zwei Jahren seine Gültigkeit verlor, lässt das Vorgehen der Polizei in diesem Fall geradezu grotesk wirken.

Da es sich bei Plätzen wie dem Rindermarkt oder dem Alten Botanischen Garten um städtische Grünanlagen handelte, griff hier zudem die kommunale Grünanlagensatzung. Für die Einhaltung der Ordnung war das Baureferat als Aufsichtsbehörde der Stadtgartendirektion zuständig. Ähnlich wie beim Unterkommensauftrag konnte die Polizei damit vor Ort nicht unabhängig agieren, sondern war von der Anzeigeerstattung durch das Baureferat abhängig, was nicht nur das Vorgehen in Bezug auf die Obdachlosen erschwerte, sondern auch Konflikte zwischen den beiden Behörden zur Folge hatte.[304] Dies war jedoch kein Resultat einer zunehmenden Bürokratisierung, schon in der Weimarer Republik wurden städtische Grünanlagen in vielen Städten von sogenannten Parkwärtern kontrolliert. Die Wärter verfügten aber über keine ausreichende Handhabe, gegen sich widersetzende Personen vorzugehen. Einzelne Stadtbezirke in Berlin diskutierten daher schon 1924, ob man die Parkwärter nicht als „Polizeihilfsbeamte" anerkennen und damit die rechtliche Grauzone beseitigen könne.[305] Die Münchner Grünanlagensatzung von 1973 erlaubte es den Wärtern, Platzverweise an Obdachlose auszusprechen. Auch wenn diese nur sehr kurzzeitig wirkten, erhofften sich die Ordnungspersonen dadurch

---

[301] Polizeipräsidenten Schreiber an Siegfried Sommer v. 5. 6. 1973, StaatsAM Pol. Dir. Mü. 15629. Vgl. dazu auch seine Haltung zu den Gammlern von 1966: „Dreck allein ist noch kein Straftatbestand", Gammler: Schalom aleichem, in: Der Spiegel, 19. 9. 1966.
[302] Stempfle an Dir. Schutzpolizei v. 15. 6. 1973, StaatsAM Pol. Dir. Mü. 15629.
[303] Vormerkung der Einsatzabteilung v. 27. 6. 1973, StaatsAM Pol. Dir. Mü. 15629.
[304] Vgl. zum Konflikt zwischen Polizei und Baureferat die handschriftlichen Vermerke von Polizeivizepräsident Wolf Schreiben zum Schreiben Kasimir (Baureferat) an Direktion der Schutzpolizei v. 19. 6. 1973, StaatsAM Pol. Dir. Mü. 15629.
[305] Bezirksamt Zehlendorf an Stadtrat Matérn v. 16. 9. 1924, LAB A Rep. 040-08 Nr. 356.

in erster Linie lästig zu sein, wie ein entsprechender Maßnahmenkatalog offen eingestand:

„Maßnahmen besitzen einen Abschreckungseffekt: Durch ständige Platzverweise werden die Gammler und Penner in ihrer Ruhe gestört, so daß der Ort ihres Aufenthalts ihnen verleidet wird."[306]

Eine langfristige Vertreibung war nun selbst durch fortwährende Streifendienste und Razzien kaum noch möglich, wie in einem Schreiben an das Bayerische Landeskriminalamt deutlich wird:

„Diese Maßnahmen führen aber auch bei konsequenter Anwendung nur zu einer kurzfristigen örtlichen Verlagerung der Stadtstreicher. Eine dauerhafte Lösung des Obdachlosenproblems ist (auch) mit (erweiterten) polizeirechtlichen Mitteln nicht zu erreichen."[307]

Die Behörden verschoben die Obdachlosen folglich nur topografisch. Die Taktik der Polizei ging schließlich mehr und mehr dazu über, die Obdachlosen nicht von ihren bisherigen Orten zu vertreiben, sondern sie vielmehr auf die diese Orte zu beschränken und damit zumindest die Besetzung weiterer öffentlicher Orte zu verhindern. Dies versuchte die Polizei, indem sie die Obdachlosen selbst an diesen Orten „verunsicherten":

„Voraussetzung für eine befriedende Eindämmung dieses Unwesens ist das rechtzeitige Erkennen der Brennpunkte und die sich daraus ergebenden präventiven und repressiven polizeilichen Maßnahmen. Durch schwerpunktmäßiges Vorgehen wurden die Gammler und Stadtstreicher ständig verunsichert. Massierungen wurden rechtzeitig erkannt, unterbunden sowie in der Folge verhindert."[308]

Die Münchner Polizei nahm schließlich die Obdachlosen unter den Isarbrücken als das kleinere Übel resignierend in Kauf. Eine Verdrängung von dort hätte in seiner Konsequenz nur zu einer Verlagerung der Obdachlosen an „noch ungünstigere", innerstädtische Orte bedeutet.[309] An diesen Orten waren die Obdachlosen durch ihre jahrzehntelange Präsenz widerwillig geduldet und in das Stadtbild übergegangen. Dies zeigt, dass die hier untersuchten Orte zwar jeweils einen einzelnen Schauplatz darstellten, aber in ihrer Interaktion als ein Erfahrungsraum der Obdachlosen verbunden waren. Um die gefühlte Sicherheit der Bevölkerung an zentralen Plätzen zu gewährleisten, duldete die Polizei folglich die Unsicherheiten an anderer Stelle.

Auch die Stadtbevölkerung schloss sich der sicherheitsbehördlichen Akzeptanz dieser Orte an. Während sie sich Anfang der 1960er-Jahre noch über die unmöglichen Zustände durch Obdachlose an der Isar beschwert hatte, forderten 1972 bereits die ersten Bürgerinnen und Bürger, dass die Obdachlosen aus der Innenstadt verdrängt werden sollten, „dafür gäbe es doch Plätze an der Isar, wo sie nicht so unangenehm auffallen würden".[310] Damit bestätigten sie die Orte der Obdachlosen, die aber zugleich mit deren randständiger Verortung korrespondierten.

[306] Marondel, Vormerkung an Direktion der Schutzpolizei v. 4. 8. 1971, StaatsAM Pol. Dir. Mü. 15629.
[307] Wolf an Bayerisches Landeskriminalamt v. 27. 4. 1976, StaatsAM Pol. Dir. Mü. 17519.
[308] Direktion der Schutzpolizei an Polizeipräsidenten v. 13. 3. 1972, StaatsAM Pol. Dir. Mü. 15630.
[309] Vermerk der Einsatzabteilung v. 27. 6. 1973, StaatsAM Pol. Dir. Mü. 15629.
[310] Thea R. an Polizeipräsidium v. 6. 6. 1972, StaatsAM Pol. Dir. Mü. 15629.

Einfluss auf städtebauliche Strukturen

Neben den bisher beschriebenen Maßnahmen, die auf die Präsenz der Obdachlosen an den Orten der Obdachlosigkeit zielten, versuchten Polizei und Stadtverwaltung auch das Verhalten der Obdachlosen durch Eingriffe in die urbanen Strukturen zu ändern. In Absprache mit der Stadtgartendirektion sollte durch die Veränderung der baulichen Gestaltung der Orte eine Nutzungseinschränkung herbeigeführt werden. Schon 1971 waren am Rindermarkt ein Großteil der Bänke entfernt und die Rasenflächen bepflanzt worden. 1973 schlug man nun vor, die Sträucher durch Dornenbüsche auszutauschen, da die bisherige Bepflanzung keine abschreckenden Effekte gehabt, sondern sogar das unsittliche Verhalten zwischen den Sträuchern befördert habe.[311] Ähnlich ging man an der Mariensäule vor, wo die bis heute bestehende blumige Zierde auf einen Vorschlag des Polizeiamtes von 1972 zurückgeht, um das Verweilen von Obdachlosen auf den Balustraden zu verhindern.[312] Solche städtischen Umgestaltungsmaßnahmen konnten bis zu einem Eingriff in die bauliche Beschaffenheit reichen. Was seit einigen Jahren unter dem Stichwort „defensive Architektur" (gerne auch „feindliche Architektur") kritisch in den Medien diskutiert wird, nahm bereits in den 1960er-Jahren seinen Anfang und ist inzwischen fester Bestandteil der Gestaltung öffentlicher Orte.

Ein anonymes Protestschreiben mehrerer Polizeibeamter forderte das Baureferat zu einer Forcierung dieser Taktik auf. Insbesondere die Kaufingerstraße biete zu viele „unbewirtschaftete Sitzgelegenheiten", die zu einem Verweilen am Tag auffordern und die Hauptgeschäftsstraße in eine „nächtliche Schlafallee" verwandeln würden. Statt Bänke solle man große Pflanzentöpfe aufstellen, die zwar Sitzmöglichkeiten bereitstellen, aber zu einem dauerhaften Verweilen – besonders in der Nacht – zu unbequem seien.[313] Ähnliche Denkweisen finden sich heute beispielsweise in der Konstruktion von Wartebänken an Haltestellen des öffentlichen Nahverkehrs, die durch feste Armlehnen als Schlafplätze ungeeignet sind.

Neue Grauzonen mit alten Problemen ergaben sich in der Bundesrepublik bei der Entstehung urbaner innerstädtischer Orte, wie den Sperrengeschossen der U- und S-Bahnen. Die Stadt Frankfurt schilderte 1969, wie die Anlagen zur Nachtzeit zu einem regelrechten Anziehungspunkt für Obdachlose wurden:

„Vor allem die Zugänge und Vorräume von Toiletten sowie die Telefonzellen und andere Winkel sind beliebte Nachtquartiere. Aber auch inmitten der Passage stehen, hocken oder liegen oft ‚Penner' um die Stützpfeiler herum."[314]

---

311 Vormerkung der Einsatzabteilung v. 27. 6. 1973, StaatsAM Pol. Dir. Mü. 15629.
312 Vermerk der Schutzpolizei über Gespräch mit Stadtgartendirektion v. 6. 7. 1972, StaatsAM Pol. Dir. Mü. 15629.
313 Anonymes Schreiben einiger Polizeibeamter an Direktor Wurzer, Stadtbaurat Zech und den Stadtrat München, undat. [Eingangsstempel v. 3. 4. 1973], StaatsAM Pol. Dir. Mü. 15629.
314 Littmann, Polizeipräsident Frankfurt a. M. an Schreiber, Polizeipräsident München v. 17. 10. 1969, StaatsAM Pol. Dir. Mü. 15624.

In München kumulierte das Problem in den neu erbauten Stachuspassagen am Karlsplatz. Schon während des Baus kletterten Obdachlose immer wieder über die Absperrungen und nächtigten in der Unterführung.[315]

Hausherren waren die Stadtwerke und das Baureferat. Ein Eingreifen der Polizei war also nur auf deren ausdrücklichen Antrag möglich. Zudem handelte es sich hier um Orte, an denen ein öffentliches Wegerecht existierte, was die Ahndung wegen Hausfriedensbruch gleichermaßen verkomplizierte.[316] Anstatt sich weiterhin auf die umständlichen Verfahren die jeweiligen Einzelorte betreffend zu beschränken, gingen die Stadtverwaltungen dazu über, die Innenstädte pauschal zu „pennerfreien Zonen" zu erklären. Dass dies notwendig sei, darüber war man sich 1980 parteiübergreifend einig. Der Weg dorthin spaltete jedoch den Münchner Stadtrat: Während Vertreter der CSU zu einer Erneuerung der strafrechtlichen Maßnahmen und nötigenfalls zu einer „gewaltsamen Überzeugung" drängten, riet die SPD von einer neuerlichen Kriminalisierung der Betroffenen ab und hoffte durch soziale Mittel, die Obdachlosen aus den Innenstädten herauszubekommen.[317]

Die Idee solcher sozialen Verdrängungsmaßnahmen war in anderen Städten schon einige Jahre zuvor aufgekommen. Um den unliebsamen und für die Öffentlichkeit „nicht dekorativen" Szenen im Stadtbild entgegenzuwirken, entstanden als Gegenpart zum Obdachlosenasyl auch isolierte Orte für den Tagesaufenthalt von Obdachlosen. Sie sollten die Betroffenen zum freiwilligen Ortswechsel bewegen. Aber nicht nur ästhetische Gründe bewegten die Behörden zu einem Umdenken. Das bayerische Justizministerium brachte diesen Vorschlag 1967 gegenüber dem Innenministerium vor, weil es damit hoffte, die hohen Verurteilungsziffern von Obdachlosen wegen Hausfriedensbruch im Bahnhof senken zu können.[318] Allerdings war der zuständige Beamte im Innenministerium von dieser Anregung wenig angetan. Er verwies auf das „bewußt gesellschaftsfeindliche Verhalten" der Obdachlosen, das durch solche Aufenthaltsorte „aus fürsorgerischer Erwägung" nicht auch noch bestärkt werden dürfe. Außerdem befürchtete er, dass München dadurch zusätzliche Anziehungskraft erhielte und sich die Problematik wiederum verschärfe.[319]

Der Gedanke, Obdachlose auch tagsüber an abgeschirmten Orten in der Stadt unterzubringen, war indessen nicht neu, sondern entstand schon Ende des 19. Jahrhunderts mit den sogenannten Wärmehallen. Allerdings waren dies noch öffentliche Gemeinschaftsunterkünfte, die nicht nur Obdachlosen offenstanden. Ge-

---

[315] Verkehrsabteilung an Abteilung I v. 6. 8. 1970, StaatsAM Pol. Dir. Mü. 15624.
[316] Vormerkung zum Stadt- und Landstreicherunwesen in Fußgängerunterführungen und U-Bahnhöfen v. 5. 7. 1970, StaatsAM Pol. Dir. Mü. 15624.
[317] Den Stadtstreichern droht in München die „rote Karte", in: Münchner Merkur Nr. 95, 23. 4. 1980.
[318] Ministerialdirigent Gelbert an Bayerisches Innenministerium v. 5. 5. 1967, HStAM MArb IV/0463/1.
[319] Ministerialdirigent Knies an Bayerisches Justizministerium v. 12. 7. 1967, HStAM MArb IV/0463/1.

nutzt wurden die Hallen auch von mittellosen Familien oder älteren Menschen ohne Arbeit, die es sich im Winter nicht leisten konnten, ihre Wohnung ganztägig zu heizen. Zwar waren die Wärmehallen damit ein Ort der allgemeinen Fürsorge, besonders in Bezug auf die Obdachlosen galten sie aber als „notwendige Ergänzung zu den Asylen für Obdachlose" und ermöglichten deren Isolierung von der städtischen Öffentlichkeit auch am Tag.[320] Die Wärmehallen waren allerdings – gemäß ihrem ursprünglichen Zweck – nur während der Wintermonate in Betrieb. Als solche gab es sie auch noch in den Nachkriegsjahren.[321] Durch das Wirtschaftswunder und die bessere Wohnungsversorgung wurden sie zunehmend obsolet. Ihre Neuerrichtung sollte nun „eine Lücke in der Nichtsesshaftenfürsorge" schließen und ganz dezidiert als innerstädtischer Aufenthaltsort für Obdachlose am Tag dienen.[322] Ziel war es, dass die Betroffenen „die Möglichkeit zum Ausruhen bekommen, es muss sich jemand um sie kümmern. Dadurch würde die Gefahr, dass sie aufs Neue straucheln, sehr verringert." Zugleich führten die Initiatoren aus der freien Wohlfahrt aber auch die positiven Effekte auf, die solche Aufenthaltsräume für das Stadtbild haben würden. In Frankfurt sollte ein solcher Aufenthaltsraum in der Nähe der Hauptwache entstehen und damit direkt die Obdachlosen aus der Innenstadt aufnehmen. Die Suche nach einem geeigneten Gebäude gestaltete sich allerdings als äußerst schwierig. Die Stadt entschied sich stattdessen für einen Aufenthaltsort in der Nähe der Großmarkthalle – also an jenem Ort, an dem sie einige Jahre zuvor noch versucht hatte, die Obdachlosen zu verdrängen.

4. Der Bahnhof: Die Drehscheibe urbaner Obdachlosigkeit

Der Bahnhof war ein Ort der Bewegung und Fluktuation. Er galt als „Schnitt- und Schaltstelle" innerhalb der Stadt, aber auch zwischen ländlicher Idylle und großstädtischem Moloch. In diesem Sinne fungierte er als Tor der Landbevölkerung zur Großstadt und war gerade für die Verschiebung des Lebensraums der Obdachlosen in die urbanen Zentren essenziell.[323] In der Forschung besticht der Ort meist mit positiven Assoziationen: als Sinnbild des technischen Fortschritts, der Mobilität sowie als Repräsentant moderner Architektur – eben als dynamischer Ort. Dort trafen Fremde und Einheimische, Menschen aus unterschiedlichen Klas-

---

[320] Schreber, Obdachlosenasyle, S. 384.
[321] Für München vgl. Errichtung von Wärmestuben für das Jahr 1950/51, in: Wohlfahrts- und Jugendausschuss v. 15. 11. 1950, StadtAM RSP 723/18. Für Frankfurt a. M. vgl. Verzeichnis der Wärmestuben als Anlage 1 Fürsorgeamt an Bundesbahndirektion [Antwort zu Schreiben v. 17. 1. 1955], ISG FRA Magistratsakten 1212.
[322] Für Frankfurt a. M. vgl. Vermerk des Sozialamts Frankfurt v. 12. 8. 1970, ISG FRA Fürsorgeamt 4563. Für Stuttgart vgl. Sozialausschuss des Gemeinderats v. 7. 12. 1959, StadtAS 18/1 – Hauptaktei Gruppe 4 Nr. 554.
[323] Hengartner, Welten, S. 66; Brunn/Praeckel, Hauptbahnhof.

sen sowie unterschiedlicher Herkunft aufeinander.[324] Dies alles machte den Bahnhof zum „Inbegriff von Öffentlichkeit".[325]

Gleichzeitig war er auch der Ort, an dem sich die Anonymität der Großstadt verdichtete. Als Teil dieser Öffentlichkeit oft unbeachtet blieben Bevölkerungsgruppen, die dem dynamischen Bild des Bahnhofs auf den ersten Blick widersprachen: Obdachlose, Verbrecher, Prostituierte, Suchtkranke.[326] Sie werden wenn überhaupt nur am Rande erwähnt, vermittelten sie doch eher Stagnation als Fortschritt.[327] Der Infrastrukturhistoriker Dirk van Laak spricht sogar von parallelen Welten, die in den Schattenbereichen moderner Infrastrukturbauten entstanden und geradezu in Opposition zur Dynamik der Orte existierten.[328] Dabei war der Bahnhof besonders für Obdachlose die erste Anlaufstelle und Tor zur Stadt.

Nach ihrer Ankunft strandeten nicht wenige, wie Therese H., am Bahnhof. Andere fanden in den Wartehallen, wie Otto H., einen Ort, der sie vor Nässe und Kälte schützte und der auch nachts geöffnet blieb. Dies machte den Bahnhof zum Kristallisationspunkt moderner Widersprüche: Zwischen Mobilität und Stillstand, zwischen städtischer Repräsentation und sozialer Armut sowie zwischen öffentlichen Plätzen und „dunklen Winkeln".[329] Der Bahnhof war insofern ein Konglomerat beider urbaner Orte von Obdachlosigkeit, an dem die Grenzen zwischen sichtbarer und verborgener Obdachlosigkeit verwischten, und damit ein „halböffentlicher Raum".[330] Er fungierte als „Drehscheibe" zwischen den verschiedenen Orten und Erfahrungen von Obdachlosigkeit.

4.1 Das Bahnhofsviertel: Sozialer Kontaktpunkt

Zum Bahnhof gehörte das Bahnhofsviertel. Durch den Lärm und den Schmutz des Bahnhofs waren die umliegenden Viertel als Wohn- und Geschäftsgebiete unattraktiv und entwickelten sich so zu Zentren des Proletariats.[331] Die niedrigen Grundstückspreise ließen billige Herbergs- und Hotelbetriebe, kleine Kneipen sowie Bordelle entstehen, die dem Bahnhofsviertel seinen bis heute verbreiteten zweifelhaften und lasterhaften Ruf einbrachten.[332] Prostituierte trafen hier auf Freier und Kunden, Obdachlose fanden einen wärmenden Platz und spontane Möglichkeiten des Zuverdiensts, Süchtige suchten ihre Dealer auf. Im Bahnhofs-

---

[324] Wucherpfennig, Phasenwechsel, S. 131.
[325] Hengartner, Welten, S. 66.
[326] Dies gilt primär für die Geschichtswissenschaft. In den Sozialwissenschaften dienen Bahnhöfe indessen schon länger als Untersuchungsorte, vgl. Girtler, Bahnhöfe; Löw/Ruhne, Prostitution; Benkel, Sichtbarkeiten.
[327] Gottwaldt, Bahnhof, S. 23.
[328] van Laak, Fluss, S. 252 f.
[329] Vgl. Wucherpfennig, Mikrokosmos, S. 130–133.
[330] Fritzsche, Stadt, S. 24.
[331] Wucherpfennig, Phasenwechsel, S. 91; Hardtwig, Räume, S. 65, 73. Schivelbusch, Geschichte, S. 152.
[332] Schmincke, Bahnhof, S. 107.

viertel verdichte(te) sich „mehr als in anderen Stadtteilen, eben doch deutlich sichtbar Devianz im öffentlichen Raum".[333]

Für Obdachlose waren der Bahnhof und seine Umgebung die erste Anlaufstelle in einer Stadt – nicht allein wegen der Bahnhofsmission, sondern primär zum Austausch mit anderen Leidensgenossen, das war auch der Polizei bekannt:

„Die Stadtstreicher sehen im Bahnhof ihre Zentrale. Hier trifft man sich, tauscht Erfahrungen aus und begeht kleinere Gaunereien, um sich den Lebensunterhalt zu ‚verschaffen'"[334]

Berichte der Münchner Kriminalpolizei aus den Jahren 1947 und 1948, die die Festnahmen von Personen wegen Ausweislosigkeit, Landstreicherei oder Obdachlosigkeit dokumentieren, führen als die häufigsten Begehungsorte den Bahnhof, Kneipen im Bahnhofsviertel und den angrenzenden Botanischen Garten an.[335] Die Reisenden am Bahnhof mit ihren gefüllten Geldbörsen boten eine gute Zielgruppe für kleinere Diebstähle, zum Betteln – aber auch als Kunden.[336] Die Bahnhofsviertel waren in vielen Städten ein Zentrum der Prostitution und des sogenannten Straßenstrichs.[337]

Die Verbindung zwischen Obdachlosigkeit und Prostitution war kein spezifisch weibliches Phänomen und nicht nur Frauen nutzten die Prostitution zum Überleben und zur Beschaffung eines Obdachs. Insbesondere nach jungen Männern gab es am Bahnhof eine Nachfrage, was sich jugendliche Obdachlose in ihrer ausweglosen Lebenssituation zunutze machten. Da Homosexualität staatlich verboten war und entsprechend verfolgt wurde, fand sich für homosexuelle Männer in der Prostitution eine Möglichkeit, ihren sexuellen Neigungen nachzugehen. Dies traf allerdings weniger auf die Prostituierten selbst als auf die Kunden zu. Arbeitslose und obdachlose Jugendliche stellten die Mehrheit der „Stricherjungen" an den Bahnhöfen, die sich wegen ihrer sozialen Notlage und zu Erwerbszwecken darboten und nicht homosexuell waren.[338]

Die Intersektionalität von Obdachlosigkeit und Homosexualität führte bei den Männern zu einer mehrfachen Ausgrenzung und Marginalisierung: Erstens waren sie als Obdachlose in der Gesellschaft an den Rand gedrängt und vom Staat aufgrund ihrer Homosexualität verfolgt. Zweitens waren sie aber auch unter den Obdachlosen selbst nicht akzeptiert. Sie trafen in den meist geschlechterspezifischen Orten der Isolierung auf Gewalt und Ausgrenzung. Die Obdachlosen Paul G. und Willi L., die von 1950 bis 1954 in der Wanderarbeitsstätte Herzogsägmühle in Bayern lebten und den Anteil an Homosexuellen unter den Obdachlosen auf etwa ein Drittel schätzten, forderten in einem Zwölf-Punkte-Katalog an den Bundesinnen-

---

[333] Benkel, Vorwort, S. 8.
[334] Polizeiamt West an die Direktion der Schutzpolizei, Jahresbericht über das Auftreten von Gammlern und Stadtstreichern v. 3. 1. 1974, StaatsAM Pol. Dir. Mü. 15633.
[335] Sachbestands- und Schlussberichte von 1947/48, StaatsAM Pol. Dir. Mü. 11336 und Pol. Dir. Mü. 11337.
[336] Zum Bahnhof als Ort des Straßenstrichs vgl. Krafft, Zucht, S. 41.
[337] Ebenda; Löw/Ruhne, Prostitution.
[338] Jellonnek, Homosexuelle, S. 299 f.

minister nicht nur eine schärfere strafrechtliche Verfolgung homosexueller Obdachloser, sondern „medizinische Eingriffe".[339]

Dass in den Obdachlosenunterkünften Homosexualität nicht nur „einen vielfach behandelten Gesprächsstoff bildet", sondern der Ort zugleich eine „Brutstätte männlicher Prostitution" sei, diagnostizierte Magnus Hirschfeld – Sexualforscher und Begründer der Homosexuellen-Bewegung schon 1914: Insbesondere junge Männer würden hier sehr leicht Erfahrungen mit gleichgeschlechtlichen sexuellen Kontakten machen und diese als Ausweg aus ihrer Notsituation auch außerhalb des Asyls praktizieren.[340] Noch 1964 beschreibt ein Reporter, der undercover im Münchner Unterkunftsheim für Männer unterwegs war, dass es „nur drei Wochen gedauert habe, um aus Paul eine Pauline zu machen."[341] Inwiefern bot der isolierte Raum des Asyls also sogar freiere Möglichkeiten für Homosexualität in Zeiten gesellschaftlicher Inakzeptanz und strafrechtlicher Verfolgung? Anzunehmen ist, dass Männer und Frauen, die gleichgeschlechtlichen Kontakt oder entsprechende Beziehungen hatten, in der homosozialen Sphäre weniger Aufmerksamkeit erregten als außerhalb des Asyls. Dies würde auch erklären, warum homosexuelle Vorkommnisse in internen Berichten nur selten Erwähnung fanden. Blieben sie schlicht unentdeckt? In der Bundesrepublik wurden nicht wenige Obdachlosenheime zudem von konfessionellen Trägern verwaltet, eine Tolerierung homosexueller Praktiken war im Einklang mit den kirchlichen Lehren nicht möglich und wurde vehement abgestritten.[342] Denkbar ist auch, dass die Verwalterinnen und Verwalter ebenso wie die Stadtverwaltungen solche Vorfälle bewusst verschwiegen, weil dadurch letztlich die geschlechterspezifische Ordnung in den Asylen auf den Prüfstand gestellt worden wäre. Dazu passt, dass die wenigen Schilderungen von homosexuellen Vorfällen in den recherchierten Aktenbeständen jeweils externe Berichte sind. Ein Vertreter der VEB Werkzeugmaschinen besichtigte 1951 unangekündigt das Frauenwohnheim Greifswalderstraße im Berliner Osten, weil mehrere Angestellte, die in diesem Heim wohnten, nicht zur Arbeit erschienen waren. In seiner nachfolgenden Beschwerde an den Bürgermeister über die „anstoßenden Szenen", die er dort erblickte, wurde auch erwähnt, dass im Heim Prostitution betrieben werde und mehrere Frauen „homosexuell veranlagt" seien.[343] Auch eine Jugendgruppe, die 1974 über einige Wochen einen freiwilligen Sozialdienst im Frauenheim an der Wrangelstraße absolvierte, sprach in ihrem Abschlussbericht das Thema Homosexualität offen an und bezog in ihren Überlegungen sogar die räumliche Komponente mit ein:

„Inwieweit die Homosexualität einiger Frauen aufgrund der Wohnsituation im Heim entstanden ist oder schon vorher da war, lässt sich nicht feststellen. Sicher ist, dass lesbische Tendenzen

---

[339] Paul G. und Willi L. an Brigitte Schröder v. 10. 1. 1954, BArch B 106/20052.
[340] Hirschfeld: Homosexualität, S. 717.
[341] Penner, Wermut und Gestank, in: Abendzeitung, 4./5./6. 1. 1964.
[342] Vgl. Punkt 5 der Ausführungen, Mathes an Friedberger v. 7. 1. 1964, KMFV Zentralverwaltung Presseberichte ab 1964.
[343] VEB Werkzeugmaschinen an Hauptsozialamt v. 3. 1. 1951, LAB C Rep. 118 Nr. 25.

in diesen engen Räumen gefördert werden. Wir haben festgestellt, dass dies zu harmonischen Zweierbeziehungen führen kann, aber auch zu schwerwiegenden Konflikten mit den heterosexuell veranlagten Personen."[344]

Die isolierten Orte konnten insofern auch Chancen zur Entfaltung von Homosexualtiät bieten.

Eine weitere Marginalisierung erfuhren homosexuelle Obdachlose zu den nichtobdachlosen Homosexuellen. In den Augen der Freier nutzten die obdachlosen Männer die Homosexualität nur, um daraus Profit zu schlagen. Die Behörden interessierte dies freilich kaum: Wurden sie festgenommen, machten sie sich nicht der gewerbsmäßigen Unzucht strafbar, sondern homosexueller Handlungen nach § 175 RStGB. Dies hing nicht zuletzt mit der geschlechtlichen Ausrichtung des Prostitutionsgesetzes zusammen, das Prostituierte ausschließlich weiblich definierte.[345] Wer allerdings versuchte, aus der mann-männlichen Sexualität Gewinn zu schlagen, sollte nach Ansicht der Strafrechtsexperten härter bestraft werden. Im ersten Drittel des 20. Jahrhunderts entwickelte sich daher auch im Strafrecht die Differenzierung zwischen „qualifizierten" und „einfachen Fällen" der Homosexualität, die zu einer völligen Verkehrung der realen Verhältnisse führte. Die Freier als „einfachere Fälle" konnten auf eine wesentlich mildere Strafe hoffen als die männlichen Prostituierten.[346]

Die Strafbarkeit der Handlungen konnten die Obdachlosen allerdings zu ihrem eigenen Vorteil umwerten. Nicht selten kam es vor, dass sie sich nicht mit der einmaligen Bezahlung zufriedengaben, sondern ihre Freier anschließend erpressten.[347] Sie drohten, deren homosexuelle Neigungen in der Familie oder am Arbeitsplatz öffentlich zu machen, und hatten damit in manchen Fällen durchaus Erfolg. Die Kunden forderten daher sogar vom Staat eine Entkriminalisierung der „einfachen" Homosexualität, denn nur deren Strafbarkeit mache sie zu Opfern dieser „Erpresser und Verführer".[348] Im Fall von Manfred L. aus München brachte ihn der Erpressungsversuch ins Visier der Strafbehörden. Eines seiner Erpressungsopfer sandte einen anonymen Brief an die Münchner Polizeibehörden, was diese zu näheren Nachforschungen veranlasste. Manfred L. wurde daraufhin bei neuen Anwerbungsversuchen am Bahnhof auf frischer Tat festgenommen.[349] Im Gegensatz zur weiblichen Prostitution motivierte sich die Verfolgung der männlichen Prostituierten nicht aus der Gefahr vor Geschlechtskrankheiten, sondern konzentrierte sich auf den Straftatbestand der „widernatürlichen Unzucht" und damit auf Handlungsweisen, die bürgerlichen Normen von Sexualität entgegenliefen.

Solche Vorkommnisse ließen 1958 die Stimmung rund um den Frankfurter Ostbahnhof eskalieren. Anwohner und Gewerbetreibende forderten die Stadtver-

---

344 Bericht Obdachlos aus Obdachlosenheim Wrangelstrasse Berlin v. September 1974, LAB B Rep. 002 Nr. 17805.
345 Lücke, Hang. Grundlegend zur männlichen Prostitution vgl. Lücke, Männlichkeit.
346 Lücke, Männlichkeit, S. 112–119.
347 Tagesbericht v. 9. 10. 1950; K5 Tagesbericht v. 23. 12. 1952, beide StaatsAM Pol. Dir. Mü. 11336.
348 Jellonnek, Homosexuelle, S. 300 f.
349 Vgl. Tagesbericht v. 18. 1. 1950, StaatsAM Pol. Dir. Mü. 11335.

waltung auf, gegen das unsittliche Verhalten der Obdachlosen sowie deren öffentliche Trunkenheit vorzugehen. Sie fühlten sich belästigt, bedroht und fürchteten um die sittliche Moral. Die angesiedelten Geschäftsinhaber drohten sogar mit der Zurückhaltung der Gewerbesteuer, da das von der Stadt missachtete „öffentliche Übel" geschäftsschädigend sei.[350] Ein Artikel in der *Frankfurter Neuen Presse* widmete sich unter der schlagkräftigen Überschrift „Dunkle Existenzen im Frankfurter Ostend" dem Thema. Den Grund für die Probleme im Frankfurter Osten machte der Artikel in der räumlichen Konzentrierung der Obdachlosen fest:

„Die Ursache für die Zusammenballung zweifelhafter Personen in der Ostbahnhofgegend ist die durch die Großmarkthalle und den Osthafen gebotene Möglichkeit zur Gelegenheitsarbeit. Dieser Anreiz wird noch verstärkt durch die Chance, für wenig Geld in aller nächster Nähe – im Ostbahnhofbunker – übernachten zu können."[351]

Mit dem Bunker, der Großmarkthalle und der dort angeschlossenen Vermittlungsstelle des Sozialamtes sowie dem Bahnhof trafen im Frankfurter Osten drei Orte aus verschiedenen urbanen Erfahrungsräumen der Obdachlosen aufeinander. Auch der Grund für den übermäßigen Alkoholkonsum der Obdachlosen wurde in Verbindung mit einem Ort gesehen, nämlich im „Stammlokal" der Obdachlosen „Zum Pius". Diese Kumulation war für das Bahnhofsviertel nicht unüblich. Auch in München entstanden in der unmittelbaren Nachkriegszeit Baracken zur Unterbringung von Obdachlosen in direkter Nähe zum Bahnhof.

Während sich die Frankfurter Stadtbevölkerung 1958 an der räumlichen Sammlung der Obdachlosen störte, war dies zuvor jahrelang ignoriert worden. Städtische Behörden waren sogar erleichtert über die „Zusammenballung von asozialen und kriminellen Elementen in außerhalb des Zentrums liegenden Gegenden" gewesen und hatten stets die „günstigen Faktoren" dieses Umstandes reflektiert, der die Obdachlosen damit aus den innerstädtischen Zentren heraushalte. Die soziale Segregation der Obdachlosen im urbanen Raum war in Frankfurt jahrelang Realität:

„Nirgendwo in Frankfurt war der Gegensatz zwischen Hell und Dunkel, zwischen Anstrengung und dumpfen Beharren im Nichts so tief und provozierend wie zwischen dem strahlenden Verkaufszentrum der Innenstadt und dieser [Ostend] Schattenwelt an seiner Flanke."[352]

Zum offenen Konflikt kam es erst durch die Gentrifizierung des Stadtteils im Osten. Die zitierten Presseberichte veranlassten eine Diskussion im Frankfurter Magistrat, der Sozialamt und Polizeidirektion zu einer eingehenden Prüfung aufforderte. Diese blieben jedoch vom öffentlichen Protest weitgehend unbeeindruckt, ja verwiesen sogar darauf, dass die Zustände im Ostend in letzter Zeit weder schlechter noch besser geworden seien – nur, dass aufgrund der Sommermonate die beschuldigten Stadtstreicher eben präsenter seien als an kalten und nassen Tagen. Die Polizei riet auf Grundlage ihrer Erfahrungen indessen zu einer „Radikallösung". Diese sah vor,

---

[350] Bericht des Polizeipräsidenten v. 31. 7. 1958, ISG FRA Magistratsakten 1212.
[351] Dunkle Existenzen im Ostend, in: Frankfurter Neue Presse, 25. 7. 1958. Für die weitere Berichterstattung vgl. „Sie waren frecher denn je", in: Frankfurter Neue Presse Nr. 179, 6. 8. 1958; Lagerplatz der Unbehausten, in: FAZ, 9. 8. 1958.
[352] Lagerplatz der Unbehausten, in: FAZ, 9. 8. 1958.

die Obdachlosen von den Gelegenheitsarbeiten an der Großmarkthalle auszuschließen und den Ostbahnhofbunker als Unterkunft aufzulösen.

Für den Lebensraum der Obdachlosen bedeutete diese Maßnahme demnach die Beseitigung zweier zentraler Erfahrungsorte. Durchsetzen konnte sich dieser Vorschlag nicht. Die Vermittlungsstation ging aber zu einer härteren Kontrolle der Arbeiter über, was – wie bereits gezeigt – zu deren Abwanderung an den Osthafen führte. Am Ostbahnhof sollten regelmäßige Razzien in den Kneipen und „Säuberungsaktionen" die Obdachlosen abschrecken und vertreiben. Langfristig war zudem die Schließung des Ostbahnhofbunkers vorgesehen, von der man sich den größten Erfolg versprach.[353] Solche Verdrängungsmechanismen hatten jedoch nur kleinere Auswirkungen. Selbst im „Dritten Reich", wo schon im Februar 1933 die ersten Razzien gegen Personenkreise im Umfeld des Bahnhofs vorgingen, zeigten die Maßnahmen in der Umgebung des Bahnhofs nur geringfügige Verbesserungen, wie Mitarbeiter des Bahnhofsdienstes berichteten:

„Durch das energische Zugreifen der Polizei ist, wie dies aus mannigfachen Berichten hervorgeht, die Gefährdung an den Bahnhöfen selbst zurückgegangen; sie besteht aber vielfach weiter in dunklen Ecken, Winkeln und Gassen in näherer oder weiterer Umgebung des Bahnhofs. [...] Wir werden z. B. unsere Schützlinge nicht ohne weiteres allein in das Übernachtungsheim schicken, sondern einer unserer Helfer wird sie begleiten müssen. Es ist auch wichtig, dass das Gebiet in der Nähe des Bahnhofs mit in unsere Arbeit einbezogen wird."[354]

Die Umgebung des Bahnhofs darf allerdings nicht einseitig aus der Perspektive des Vergnügungs- und Rotlichtviertels betrachtet werden. Im Umfeld vieler Bahnhöfe fanden und finden sich bis heute ungenutzte Brachflächen oder Abstellflächen für Züge und Waggons. In diesen konnten Obdachlose auf einen Schlafplatz spekulieren. Üblicherweise dienten dazu leere Güterzugwägen. In Frankfurt machten es sich 1962 zwei Obdachlosen gar im Salonwagen des Bundesbahnpräsidenten bequem – nicht ohne am nächsten Morgen einige wertvolle Gegenstände zu entwenden, wofür sie mit zwei Jahren Haft bestraft wurden.[355]

4.2 Die Bahnhofsmission: Vermittlungsstelle am Bahnhof

Inmitten bahnhöfischer Gefahren entwickelte sich um die Jahrhundertwende in der Obdachlosenfürsorge ein Stabilitätsfaktor am Bahnhof, der bis heute existiert: die Bahnhofsmission. Ihre primäre Aufgabe und ihren Entstehungskontext erklärte die Evangelische Bahnhofsmission 1926 als Hilfe zur Überbrückung der Bedrohungen am Bahnhof:

„Sie [Die Bahnhofsmission] will gesicherte Hindurchleitung durch die Zone der Gefährdung sein. Sie ist Überleitungsarbeit und als solche bewußt in erster Linie vorbeugende Fürsorge."[356]

---

[353] Zu den Bunkerschließungen in Frankfurt a. M. vgl. Kap. 9.4, S. 308–310.
[354] Rundschreiben Nr. 7/1933 der Hauptgeschäftsstelle der Katholischen Bahnhofsdienste in Freiburg v. 18. 12. 1933, DiCV AR 776.
[355] Vom Salonwagen hinter die Gitter, in: FAZ, 17. 8. 1962.
[356] Zitiert nach Reusch, Bahnhofsmission, S. 60.

Ihr Auftrag konzentrierte sich zu Beginn auf junge arbeitssuchende Frauen, die die Landflucht und die gestiegene Nachfrage nach weiblichen Dienstboten in die Großstädte lockten.[357] Frauen wie Therese H. waren für die Bahnhofsmissionen die bevorzugten Adressatinnen, und einen Lebensweg wie den ihren zu verhindern, war das Ziel.

Die Idee entstammte der Initiative protestantisch bürgerlicher Frauen, die sich schon 1870 zur Internationalen Vereinigung der Freundinnen des jungen Mädchens zusammenschlossen. Wenig später zogen dann auch die katholischen Frauen im Marianischen Mädchenschutzverein nach. Ihnen folgte in einigen Städten auch der jüdische Frauenbund. Die Hilfe am Bahnhof war konfessionell geprägt. Anfänglich gab es nur einen einfachen Abholdienst, der die ankommenden Frauen am Bahnsteig in Empfang nahm. Dieser entwickelte sich zu notdürftigen Ständen in der Wartehalle, bis sich die Bahnhofsmissionen mit eigenen Räumen nach dem Ersten Weltkrieg als feste Fürsorgeeinrichtung in den Städten etablierten. Auf dem Weg zur dauerhaften und institutionalisierten Bahnhofsmission waren entscheidende Schritte die Einrichtung eines Nachtdienstes, der eine Ganztagesbetreuung am Bahnhof gewährleistete, und die Schulung des Personals und Einstellung von ausgebildeten Wohlfahrtspflegerinnen und -pflegern.[358]

Doch worin genau bestand die Arbeit der Bahnhofsmission? Ihrem Selbstverständnis nach war sie in erster Linie eine Vermittlungsstelle. Sie sah sich als eine Anlaufstelle für die „entchristlichten Massen der Großstädte" „inmitten der Großstadtquartiere" und trug zur Behebung eines der „Kernproblem[e] der Großstadthilfe" bei.[359] Neben Obdachlosen fielen in ihren Betreuungskreis auch ältere und kranke Menschen oder alleinreisende Kinder. Die Bahnhofsmission war die soziale Drehscheibe am Bahnhof. Parallel zur ihrer Professionalisierung weitet sie ihr Hilfsangebot vom anfänglichen Abholservice zu Unterkunftsbereitstellung in ihren eigenen Heimen und in den städtischen Obdachlosenasylen, Arbeitsvermittlung sowie Weiterleitung an die zuständigen kommunalen Referate, Verpflegung und Nahrungsausgabe, Ausgabe von Fahrkarten zur Heim- und Weiterreise, Beratungsgespräche und Reisebegleitung aus.

Mit dem quantitativen Anstieg der Betreuungsfälle in der Weimarer Republik widmeten sich die Bahnhofsmissionarinnen zudem der Not von Männern. Ausschlaggebend hierfür war die Zunahme jugendlicher Obdachloser in den Groß-

---

[357] Kranstedt, Migration, S. 60–75.
[358] Kirchhof, Bahnhofsfürsorge. Zu Schulungszwecken wurden innerhalb der Landesverbände des Bahnhofsdienstes Tagungen, Arbeitsbesprechungen und Wochenendkurse veranstaltet. Außerdem wurden in einzelnen Städten zusammen mit anderen Wohltätigkeitsvereinen örtliche Helferschulungen abgehalten und ausführliches Schriftmaterial zur Verfügung gestellt. Das Material umfasste Artikel der Zeitschrift *Der Weg* ebenso wie medizinische Fachbroschüren zur sanitären Arbeit am Bahnhof. Zu den Schulungsmaßnahmen vgl. Degen und Baumeister, Niederschrift der Zweiten Arbeitsbesprechung des Katholischen Bahnhofsdienstes in Frankfurt a. M., 4. 6. 1930; van de Loo, Ärztliche Winke für den Helfer im katholischen Bahnhofsdienst, beide DiCV AR 776.
[359] Referat Caritas und Großstadtnot v. 5. 9. 1927, ADCV 112 055-1927.

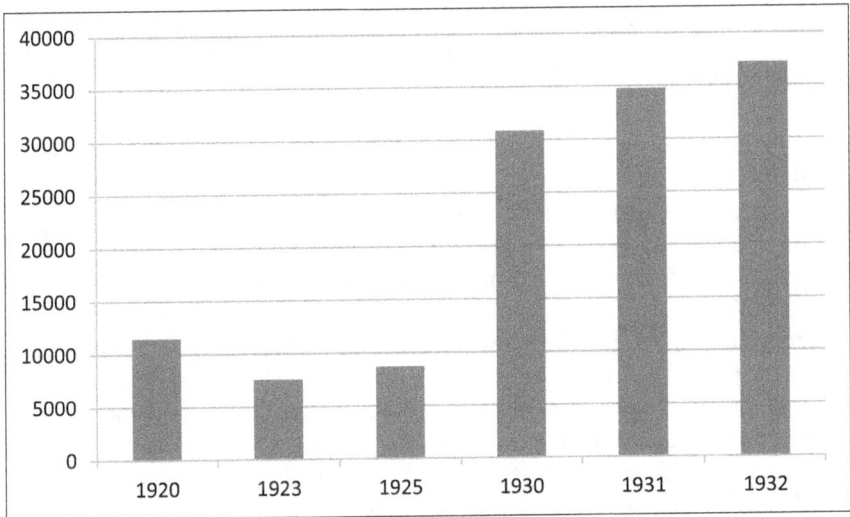

Grafik 5: Anzahl der von der katholischen Bahnhofsmission und vom katholischen Bahnhofsdienst betreuten Personen, 1920 bis 1932[360]

städten. Mitte der 1920er-Jahre definierte die Bahnhofsmission gemäß dem veränderten Nutzerkreis ihre Zielsetzung neu. Nicht mehr länger sollten nur reisende Mädchen, Frauen und Kinder betreut werden, sondern allen Menschen sollte christlicher Beistand zuteilwerden, die von wirtschaftlicher und sozialer Not dazu gezwungen waren, unterwegs zu sein.[361] Diese Verschiebung lässt sich auch anhand der Statistiken nachvollziehen: 1920 waren lediglich 9 Prozent der von den katholischen Bahnhofsmissionen betreuten Personen Männer. Ihr Anteil stieg aber 1925 auf 26 und 1932 auf 38 Prozent an.[362]

Die Erweiterung der Zielgruppe der katholischen Fürsorge institutionalisierte sich in München 1926 durch die Gründung des Katholischen Bahnhofdienstes für Männer – auch in anderen deutschen Städten wurden dementsprechende Forderungen laut.[363]

---

[360] Eigene Grafik. Daten aus: Jahresbericht des Marianischen Mädchenschutz-Vereins 1920, DiCV AR 542; Jahresberichte des Marianischen Mädchenschutz-Vereins 1923 und 1925, DiCV AR 029; Tätigkeitsbericht des Bahnhofsdienstes 1930, 1931 und 1932, DiCV AR 776; Tätigkeitsbericht des Marianischen Mädchenschutz-Vereins, undat. [Ende 1932, Anfang 1933], DiCV AR 442.

[361] Reusch, Bahnhofsmission, S. 62.

[362] Vgl. Jahresbericht des Marianischen Mädchenschutz-Vereins 1920, DiCV AR 542; Jahresbericht des Marianischen Mädchenschutz-Vereins 1925, DiCV AR 029; Tätigkeitsberichte des Bahnhofsdienstes 1930, 1931 und 1932, DiCV AR 776; Tätigkeitsbericht des Marianischen Mädchenschutz-Vereins, undat. [Ende 1932 Anfang 1933], DiCV AR 442.

[363] Für München vgl. Vertrag zwischen Deutschen Reichsbahngesellschaft und Katholischen männlichen Bahnhofsdienst v. 7. 3. 1927, DiCV AR 776. Für Frankfurt a. M. vgl. Pfarrer Hüfner in Niederschrift über Besprechung v. 28. 11. 1924, ISG FRA Wohlfahrt 1333.

Mit der Gründung dieser Einrichtungen waren in vielen Städten unter Umständen vier Organisationen am Bahnhof tätig, die die soziale Arbeit unter konfessionellen und geschlechtlichen Gesichtspunkten aufteilten.[364] Schon seit 1910 existierte zwar eine interkonfessionelle Kommission, die sich allerdings erst durch die wachsende Konkurrenz durch andere Wohlfahrtsverbände in der Bahnhofsarbeit wie der Arbeiterwohlfahrt zu einer grundlegenderen Zusammenarbeit durchringen konnte.[365] Man einigte sich, dass eine „Einwirkung aus religiösen Motiven" auf die Hilfsbedürftigen nicht am Bahnhof direkt als in den Heimen erfolgen sollte.[366] Die Konkurrenz blieb dennoch bestehen. Der Direktor der Caritas warnte 1931 die Katholische Bahnhofsmission und den KFV davor, dass im Mädchenzufluchtsheim des Deutschen Evangelischen Frauenbunds (DEFB) eine große Anzahl von katholischen Mädchen untergebracht sei. Die Oberin des Heimes sei sogar schon des Öfteren in der Nähe des Bahnhofs gesehen worden, um die „ankommenden Mädchen ohne Auswahl in ihr Heim zu locken".[367] Die geschlechterspezifische Ausrichtung blieb erhalten und korrespondierte mit der geschlechtlich getrennten Obdachlosenfürsorge im Amtsraum.

Mit ihrer Institutionalisierung und der Abwendung von konfessionellen Dogmen ging die Bahnhofsmissionen einen entscheidenden Schritt in Richtung einer professionellen Obdachlosenfürsorge am Bahnhof. Dabei war ihre Etablierung an den großstädtischen Bahnhöfen auch ein weiterer Indikator für die zunehmende Verschiebung des Lebensraums der Obdachlosen vom Land in die Städte und die damit einhergehende Verlagerung der karitativen Arbeit in den urbanen Raum. Der Anteil derjenigen, die ohne Unterkunft in der Stadt ankamen, stieg seit 1929 enorm an.[368] Durchschnittlich 97 Prozent der obdachlosen Männer zwischen 1930 und 1932 wurden vom Münchner Bahnhof in das städtische Obdachlosenasyl verwiesen.[369] Frauen wurden indessen mehrheitlich in den spezifischen Fürsorgeheimen der christlichen Träger untergebracht.[370]

Die Bahnhofsmission war zur zentralen Vermittlungsstelle für Obdachlose im urbanen Raum geworden und hielt am Bahnhof eine soziale Monopolstellung

---

[364] Die jüdische Wandererfürsorge beteiligte sich finanziell am Katholischen Bahnhofsdienst für Männer, Aktenvermerk Katholischer Bahnhofsdienst, 2. 4. 1931, DiCV AR 776.

[365] Zur interkonfessionellen Entwicklung der Bahnhofsarbeit vgl. Reusch, Bahnhofsmission, S. 50–55. Grundsätzlich zur Konkurrenz zur Arbeiterwohlfahrt vgl. Generalsekretärin des Nationalverbandes der katholischen Mädchenschutzvereine an Diözesan-Caritasdirektor Fritz v. 31. 3. 1930, DiCV AR 442.

[366] Fritz, Niederschrift der Sitzung v. 30. 7. 1928, DiCV AR 776.

[367] Fritz an Bahnhofsmission des Katholischen Mädchenschutzvereins, 10. 11. 1931; Fritz an Katholischen Fürsorgeverein für Mädchen, Frauen und Kinder v. 10. 11. 1931, beide DiCV AR 871.

[368] 1928 wurde nur für 9% der Männer eine Unterkunft gesucht. 1929 stieg dieser Anteil auf 30%, vgl. Tätigkeitsberichte des Katholischen Bahnhofsdienstes 1928 und 1929, DiCV AR 776.

[369] Tätigkeitsberichte des Katholischen Bahnhofsdienstes 1930, 1931 und 1932, DiCV AR 776.

[370] Dass besonders für Frauen, Mädchen und Kinder eigene Heime existierten, bedingte sich durch die ursprüngliche Fokussierung der Bahnhofsmission. In München gab es das Fürsorgeheim Thalkirchen des KFV sowie das Mädchenzufluchtsheim des DEFB, vgl. Baier, Liebestätigkeit.

4. Der Bahnhof: Die Drehscheibe urbaner Obdachlosigkeit

inne. Finanziert wurde sie allerdings weitgehend aus dem kommunalen Haushalt. Knapp 80 Prozent der Unterstützungsausgaben des Katholischen Bahnhofsdienstes gingen 1932 zu Lasten des Münchner Wohlfahrtsamtes.[371] Nicht zuletzt deshalb gerieten die Stadtverwaltungen in einen zunehmenden Konflikt mit der Stellung der Bahnhofsmissionen in der Obdachlosenfürsorge und schränkten deren Kompetenzen sukzessive ein. Der Bahnhofsmission wurde eine selbstständige fürsorgerische Betreuung der Obdachlosen nur noch außerhalb der Arbeitszeiten des Wohlfahrtsamts gestattet. In den zwischen Stadt und Bahnhofsmissionen vereinbarten Grundsätzen hieß es weiterhin:

„Die gesamte, den Bahnhofsmissionen zugedachte Fürsorge stellt eine Ausnahme dar, während die Hilfeleistung durch das Wohlfahrtsamt die Regel ist. Dementsprechend ist – <u>insbesondere</u> bei der Unterstützung Männlicher – Zurückhaltung geboten, wenn auch engherzige Prüfung <u>nicht</u> erforderlich ist."[372]

Der erstarkende Wohlfahrtsstaat verlagerte seine Kompetenzen aus dem Amtsraum in den öffentlichen Raum und drängte zunehmend die konfessionelle Obdachlosenfürsorge zurück. Die Bahnhofsmissionen befürchteten, dass sie mit dieser Entwicklung zu einer „Abschiebe- und Weiterschiebestelle grossen Stils" verkommen würden und vor allem die „seelische Rettung" der Hilfesuchenden nicht mehr gewährleisten könnten.[373] Mehrmals kam es zu Auseinandersetzungen über die Arbeitsweise der Bahnhofsmissionen, da die Helferinnen und Helfer nach Ansicht der Behörden zu freizügig mit den Hilfeleistungen umgingen.[374] Doch als Ausnahme, wie im obigen Zitat, konnte die Bahnhofsarbeit in der Weimarer Republik nicht mehr beschrieben werden.

Dies mussten auch die Verantwortlichen im „Dritten Reich" eingestehen. Statt die Hilfe am Bahnhof an sich in Frage zu stellen, ging es ihnen um deren „Entkonfessionalisierung". In einem Doppelspiel zwischen „Kooperationsbeteuerung und Verdrängungsabsichten" gelang es der Nationalsozialistischen Volkswohlfahrt (NSV) schließlich, die Bahnhofsarbeit an sich zu ziehen und die christlichen Träger in den meisten Städten spätestens bis Kriegsbeginn auszuschalten.[375] Die jüdischen Wohlfahrtsträger am Bahnhof wurden schon 1933 verdrängt und jüdische Hilfesuchende durften von den verbliebenen Wohlfahrtsträgern nicht mehr betreut werden.[376]

Auch während des stetigen Zurückdrängens und nach der Übernahme durch die NSV blieb die Vermittlungsarbeit am Bahnhof – besonders während der ge-

---

[371] Rechenschaftsbericht des Katholischen Bahnhofsdienstes 1932, DiCV AR 776.
[372] Hilble an Katholische und Evangelische Bahnhofsmission v. 19. 2. 1924, StAM Polizeidirektion Oberbayern 7035 [Hervorhebung im Original].
[373] Generalsekretärin des Nationalverbandes der katholischen Mädchenschutzvereine an Diözesan-Caritasdirektor Fritz v. 31. 3. 1930, DiCV AR 442; Faulhaber, Anerkennung, S. 17–18.
[374] So beschwerte sich die städtische Obdachlosenfürsorge beispielsweise über die große Menge der abgegebenen Speisemarken durch die Bahnhofsmission, Abteilung für männliche Obdachlose an die Direktion des Referats VI v. 3. 10. 1930, StadtAM Wohlfahrt 4692.
[375] Wimmer, Ordnung, S. 161–163.
[376] Rundschreiben Nr. 7/1933 der Hauptgeschäftsstelle der Katholischen Bahnhofsdienste in Freiburg v. 18. 12. 1933, DiCV AR 776.

stiegenen Mobilitätswellen im Zweiten Weltkrieg – essenzieller Teil der Obdachlosenfürsorge. Der Berliner Wohlfahrtsreferent Karl Spiewok verwies beispielsweise in seinem Plan zur Zentralisierung der „Asozialen" explizit auf die Vermittlungsfunktion und Einweisungsbefugnisse für „gefährdete Frauen" des Bahnhofsdienstes.[377] Bei der Unterbringung der Personen musste die NSV in einigen Städten sogar weiterhin auf die konfessionellen Heime zurückgreifen. Das Münchner Wohlfahrtsreferat sah es als unhaltbar an, dass es aufgrund des veralteten Zustandes und der unzureichenden Bettenzahl des Frauenasyls gezwungen sei, „junge, anständige Mädchen oder Gefährdete, die einer erziehlichen Betreuung bedürfen und Frauen aus besseren Wirtschaftskreisen in konfessionell geleitete Heime unterzubringen".[378] Das Referat strebte daher als eine der „dringendsten Maßnahmen" den Neubau eines Heimes für weibliche Obdachlose an, was allerdings auf Grund des Rohstoffmangels im Krieg zurückgestellt wurde.[379]

Nachdem die Bahnhofsmissionen im „Dritten Reich" der NSV weichen mussten, waren sie in den Nachkriegsjahren gefordert wie nie zuvor. Zwar waren ihre Räume am Bahnhof aufgelöst worden, nicht aber die Verbände dahinter, die sich schnell wieder konstituierten und den Bahnhof als Arbeitsort zurückeroberten. In München nahm in den ersten Nachkriegsjahren wieder der Katholische Mädchenschutzverein seine Arbeit auf. Der Verband hielt zur Situation am Bahnhof im Juli 1945 fest:

„Das Elend der Wandernden auf der Landstraße wird mit dem Einsatz eines jeden neuen Güter- oder Personenzuges mehr und mehr ein Elend der Bahnhöfe."[380]

Der Bahnhof wurde zum Zentrum der Nachkriegsnot. Angesichts der Masse an Obdachlosen, Flüchtlingen, Heimkehrern und Vertriebenen, die alle betreut, vermittelt und untergebracht werden mussten, entstanden in unmittelbarer Bahnhofsnähe Baracken für Männer und Frauen. Das Alltagsgeschäft war nun von der Abhilfe der schlimmsten materiellen Not geprägt. Eine tiefergehende – vor allem auch seelische – Betreuung, wie es das eigentliche Ziel der Bahnhofsmissionen war, konnte angesichts der großen Anzahl an Hilfesuchenden in dieser Zeit kaum gewährleistet werden. Die Bahnhofsmission drohte dadurch zunehmend von ihrem ursprünglichen Ziel abzurücken, nämlich die Hilfesuchenden vor den Gefahren des Bahnhofes zu schützen. Statt einer Vermittlungsstelle war die Bahnhofsarbeit „durch das Elend der Nachkriegsjahre […] zu einem Obdachlosenasyl geworden", wie eine der Schwestern 1950 klagte.[381] Die Bahnhofsmission etablier-

---

[377] Niederschrift über die Sitzung im Städtischen Obdach Berlin v. 30. 4. 1937, LAB A Rep. 003-01-01 Nr. 10.
[378] Abteilung Obdachlosenfürsorge weiblich an Dezernatsleitung v. 22. 12. 1937, StadtAM Wohlfahrt 4702. Zu Heimen konfessioneller Träger in München vgl. Baier, Liebestätigkeit, S. 194.
[379] Schloimann an Schätzungsamt v. 12. 11. 1938, StadtAM Wohlfahrt 4702. Vgl. Wimmer, Ordnung, S. 168.
[380] Denis, Arbeitsmaterial des Katholischen Mädchenschutzverbands v. 21. 7. 1945, ADCV 329.1001 Fasz. 3.
[381] „Nachtasyle" müssen geräumt werden, in: Münchner Merkur, 28. 2. 1950.

te sich in den ersten Nachkriegsjahren wieder als zentrale städtische Anlaufstelle für Obdachlose und arbeitete eng mit der kommunalen Obdachlosenfürsorge zusammen. In München passte diese sich sogar den veränderten örtlichen Zentren an und baute im Dezember 1946 auf dem Bahnhofsvorplatz die „Leitstelle der Obdachlosenfürsorge" auf.[382] Von hier aus wurden die Einweisungen in die städtischen Übernachtungsbunker vorgenommen. Das zuständige Referat erklärte zu seiner Entscheidung, dass es für die reibungslose Koordinierung der Obdachlosenfürsorge „unbedingt notwendig" sei, vor Ort zu sein, und war sogar bestrebt, Räumlichkeiten innerhalb des Bahnhofsgebäudes zu beziehen. Mit dem Abklingen der Flüchtlingsströme zog sich die kommunale Obdachlosenfürsorge indes wieder vom Bahnhof zurück – die Leitstelle wurde am 8. Januar 1950 aufgelöst.[383]

Dabei war die Not der Obdachlosen noch nicht beseitigt. Regelmäßig führten die Bahnhofsmissionen in den 1950er-Jahren Stichtagszählungen durch, die zumindest einen vagen Eindruck vom Ausmaß der Obdachlosigkeit erkennen lassen: Am 23. April 1954 befanden sich insgesamt 3480 Personen in der Betreuung der evangelischen und katholischen Bahnhofsmissionen in der Bundesrepublik, die als „Nichtsesshafte" galten. Von ihnen wurden 1652 Personen in Bunker, Obdachlosenasyle oder Heime vermittelt.[384] Seit 1957 wurden die „Nichtsesshaften" auch in der Jahresstatistik der Bahnhofsmissionen gesondert aufgelistet, was ihren quantitativen Anstieg belegt. 1959 waren allein im Rheinland, in Westfalen und Bayern knapp 70 000 „Nichtsesshafte" von der Bahnhofsmission betreut worden, was 17 Prozent der insgesamt dort hilfesuchenden Erwachsenen und Jugendlichen entsprach.[385]

Während die Sozialverwaltungen in der Weimarer Republik eine starke Stellung der Missionen am Bahnhof gefürchtet hatten, waren sie in der frühen Bundesrepublik froh, dass diese sich der Zustände am Bahnhof annahmen.[386] Jedoch wollten sich nun die Bahnhofsmissionen nach der Bewältigung der kriegsbedingten Flüchtlingsströme von ihrem Image als Auffangstelle für Obdachlose Stück für Stück befreien und reduzierten ihre Tätigkeiten an den Bahnhöfen. Gab es 1950 noch 335 evangelische und katholische Bahnhofsmissionen, existierten dreißig Jahre später nur noch 193.[387] Die Missionen besannen sich in diesem Zusammenhang wieder auf ihren anfänglichen Anspruch, Frauen und Kindern, Alten und Kranken eine Hilfe bei der Reise oder auf ihrem Weg durch die Großstadt zu sein.

---

[382] Verwaltungsoberinspektor Hoffmeister an Reichsbahndirektion v. 28. 6. 1948, StadtAM Wohlfahrt 4690.
[383] Vormerkung von Framberger v. 24. 1. 1950, StadtAM Wohlfahrt 4690.
[384] Stichtagszählungen der Katholischen sowie der Evangelischen Bahnhofsmissionen im Bundesgebiet v. 23. 4. 1954, ADCV ZA 281,20 030 Fasz. 10.
[385] Knapp 40% der betreuten „Nichtsesshaften" waren Frauen, etwa ein Viertel waren Jugendliche im Alter von 14 bis 21 Jahren, Statistiken der Katholischen Bahnhofsmissionen im Rheinland, in Westfalen und in Bayern, 1959, ADCV 281.20.030 Fasz. 11.
[386] Besprechung zur Arbeit der Evangelischen Stadtmission in München im Wohlfahrts- und Jugendausschuss v. 26. 1. 1951, StadtAM RSP 724/17.
[387] Reusch, Bahnhofsmission, S. 71 f.

Die einzelnen Verbände drängten zudem wieder auf die geschlechtergetrennten Zuständigkeiten. In München sah es der Mädchenschutzverein nicht als seine vordringliche Aufgabe, männliche Obdachlose zu betreuen, und gab die Bahnhofsbaracke für Männer schon im März 1950 auf.

Die Gründe der Missionen, die Obdachlosenbetreuung als Arbeitsschwerpunkt abzugeben, waren vielfältig. Ein ganz praktischer lag sicherlich im hohen Verwaltungsaufwand, den die Zusammenarbeit mit den kommunalen Fürsorgeämtern bedeutete, und den daraus resultierenden Konflikten.[388] Im Streit um die korrekte Ausgabe von Essensgutscheinen durch die Frankfurter Bahnhofsmission wies die Leiterin das Fürsorgeamt recht unverblümt darauf hin, dass es sich bei der Bahnhofsmission um eine „ausgesprochene caritative Einrichtung [handele], die anders als eine Behörde, freizügig verfahren müsse, weswegen es nicht angehe, ihre Gabe mit bürokratischen Maßnahmen zu belasten."[389] Statt sich zukünftig mit den mühseligen Verwendungsnachweisen für die Essensgutscheine zu beschäftigen, verzichtete die Bahnhofsmission lieber auf die städtischen Zuschüsse und bezahlte aus eigener Tasche. Auch am Münchner Bahnhof wurde die von Caritasdirektor Jandl beschriebene „entente cordiale" zwischen Obdachlosenfürsorge und Bahnhofsmission immer wieder wegen verwaltungsrechtlicher Unstimmigkeiten auf die Probe gestellt.[390]

Zugleich gerieten die Bahnhofsmissionen aber in einen Gewissenkonflikt. Ihr eigentliches Ziel war es, Personen vor den großstädtischen Gefahren am Bahnhof zu schützen. Nun galten Obdachlose zwar durchaus als „Gefährdete", zugleich wurden sie aber insbesondere in der Bundesrepublik immer stärker als Teil der bahnhöfischen Unterwelt wahrgenommen, von der eine Bedrohung ausging. Weil die Bahnhofsmission mit ihren Vermittlungsdiensten aufgrund der unzureichenden Unterkunftsplätze in den Kommunen aber immer wieder an ihre Grenzen stieß, kam es vor, dass Obdachlose in ihren Wartesälen übernachteten. Diese waren eigentlich für Frauen und Kinder auf der Durchreise vorgesehen. Dass jene nun auf Obdachlose trafen, wurde zunehmend als „ungute" Situation gesehen und sollte verhindert werden. 1965 stellte die Frankfurter Bahnhofsmission in einem Bericht der *Frankfurter Allgemeinen Zeitung* deshalb nochmal unmissverständlich fest:

„Die Bahnhofsmission ist kein Asyl für Obdachlose. Ihre Hauptaufgabe besteht darin, Reisenden zu helfen, besonders Frauen, Mädchen und Kindern Schutz vor den ein- und zweideutigen Angeboten im Bahnhof zu bieten."[391]

Anstatt für Obdachlose eine soziale Anlaufstelle oder gar ein Unterkommen bereitzustellen, wollte die Bahnhofsmission ihre Zielgruppen vielmehr vor den Ob-

---

[388] Ebenda, S. 75 f.
[389] Niederschrift über Besprechung zwischen Sozialverwaltung Frankfurt a. M. und Vertretern der Bahnhofsmission v. 16. 9. 1958, ISG FRA Fürsorge 769.
[390] Briefwechsel zwischen Stadtrat Hamm und Caritasdirektor Jandl v. 11. und 14. 12. 1951, DiCV AR 57.
[391] Ein Ruhepunkt der Hilflosen, in: FAZ, 11. 12. 1965.

dachlosen schützen. Diese Bestrebungen liefen aber nicht nur ihrem historischen Selbstverständnis entgegen, sondern brachen mit einer über Jahrzehnte bestehenden Praxis der Obdachlosenbetreuung im urbanen Raum. Die Bestrebungen, die Hilfe für Obdachlose vom Ort des Bahnhofs zu lösen, korrespondierte mit dem bahnpolizeilichen Versuch, die Kontrollen des Personenkreises in den Wartesälen zu intensivieren und die Bahnhöfe in der Nacht zu schließen, wie die Bahnhofsmissionen in einem Artikel betonten:

„Aber Fürsorgestelle soll der Bahnhofsdienst der evangelischen Inneren Mission und der katholischen Caritas ja nicht sein, sondern Quartier für eine Nacht, unter Umständen auch für zwei und drei Nächte. [...] Denn die Bundesbahn möchte natürlich nicht, daß sich auf ihrem Terrain ein Stück Obdachlosenfürsorge allgemeiner Art abspielt, sie wünscht die rasche Hilfe an Bedürftige – eben für die Zeitspanne, die zwischen ihren Zügen, auch zwischen Bahnhof und Ziel in Frankfurt liegt."[392]

Ein solches Selbstverständnis stand in starkem Kontrast zu den Anfängen der Bahnhofsmissionen und deren Kampf um den Bahnhof als Feld konfessioneller Sozialarbeit. Es veranschaulicht zugleich, dass sich auch die christliche Fürsorge am Bahnhof ein Stück weit in die Verdrängungsmechanismen und in die Strukturen des Ortes einreihte, der eben immer ein Zwischenort blieb.

4.3 Der Wartesaal: Der Bahnhof als Schutz- und Kontrollort

Fast schon zynisch bezeichnete das *Kleine Journal Berlin* die Wartesäle an den Bahnhöfen 1927 als „Eldorado für Obdachlose" und spielte damit darauf an, dass die Bahnhöfe die Obdachlosen magisch anzogen.[393] Dabei führte weder ein Mythos noch die Suche nach Gold die Obdachlosen zum Bahnhof, sondern die Not und der Wille zum Überleben. Die allabendliche Überfüllung der städtischen Obdachlosenasyle ließ den Betroffenen in vielen Städten insbesondere in den Wintermonaten keine Alternativen. Um der nächtlichen Kälte zu entfliehen, suchten sich 1924 nach der Polizeistunde und der Schließung der letzten Kneipen allein im Bahnhof Alexanderplatz in Berlin jeden Abend circa 250 Obdachlose einen Schlafplatz. Es war die Erfahrung von Kälte, die Obdachlose in die Wartesäle der Bahnhöfe trieb und der Bahnhof daher ein Ort der Schutz bot. Um dem Erfrierungstod zu entgehen, nahmen sie auch Repressions- und Kontrollmaßnahmen in Kauf.

Die Reaktionen zum Aufenthalt der Obdachlosen waren gespalten. Zwar forderte die Deutsche Volkspartei im März 1924 den Berliner Magistrat auf, wegen des „Mißbrauchs der Wartesäle in den Berliner Bahnhöfen durch allerhand Gesindel bei den zuständigen Behörden vorstellig zu werden", sie machte aber nicht die Obdachlosen selbst für diesen Zustand verantwortlich, sondern konfrontierte vielmehr die Stadtverwaltung mit dem Vorwurf, dass diese nicht ausreichend für

---

[392] Mission am Bahnhof, in: FAZ, 4. 12. 1958.
[393] Zitiert nach: Schlör, Nachts, S. 160.

die Unterbringung der Obdachlosen sorge.[394] Verständnis für die Not der Betroffenen und Abscheu vor den Personen trafen im Wartesaal aufeinander. Wie auf der Straße evozierten Obdachlose am Bahnhof Scham, Mitleid, aber auch Abneigung bei den Reisenden und ließen den Bahnhof zu einem Ort des Unbehagens werden. Einig waren sich die Stadträte in Berlin daher, dass der Aufenthalt der Obdachlosen in den Wartesälen der Bahnhöfe sowohl aus sozial- wie aus sicherheitspolizeilicher Perspektive kein Dauerzustand sein dürfe. Wie Verdrängungsmaßnahmen der Behörden und Besetzungsmethoden der Obdachlosen am Bahnhof aufeinandertrafen, wird im Folgenden gezeigt.

Durch die zentralen Hilfestellen am Bahnhof wurde der Ort in der Nachkriegszeit zum regelrechten Umschlagplatz für Obdachlose. Zudem waren die Bahnhöfe in vielen Städten die Zentren der Schwarzmärkte und somit auch ein Ort mit krimineller Anziehungskraft.[395]

„Der Bahnhof ist seit Kriegsende ein Treffpunkt für Streuner und eine Art Arbeitsmarkt für Ganoven, ein Umschlagplatz für gestohlene oder geschmuggelte Waren und für falsche Papiere."[396]

Mit diesen Worten beschrieb der bekannte Sozialreporter Johann Freudenreich in der *Süddeutschen Zeitung* noch 1969 die zentrale Rolle des Bahnhofs innerhalb des Lebensraums der Obdachlosen. Der Artikel erschien unter der Überschrift „Der Hauptbahnhof als Unterwelt-Station". Als Illustration diente das Bild eines schlafenden Obdachlosen in der Schalterhalle, womit unmissverständlich die Obdachlosen mit der bahnhöfischen Unterwelt verschmolzen. Daran änderte auch die Beteuerung des Autors nichts, die Obdachlosen seien im Gegensatz zu den Zuhältern und Verbrecherbanden „harmlos". Wie im bereits analysierten Artikel des *Kriminalmagazins* von 1929 mussten sie auch vierzig Jahre später illustrativ als Image für Kriminalität und Gefahren herhalten. In den Bahnhofskneipen, Unterführungen und Wartehallen war der Bahnhof zum „dunklen Winkel" der Großstadt geworden und die Obdachlosen waren als stetige Benutzergruppe eng mit diesem verbunden.

Dabei fanden sich die meisten Obdachlosen nicht freiwillig am Bahnhof ein, sondern suchten hier lediglich einen trockenen Schlafplatz. Dies war durchaus bekannt, doch gerade Ende der 1950er-Jahre, als die Obdachlosenheime jeden Abend wegen Überfüllung schon früh ihre Tore schlossen, konnte die Stadt hier nur wenig Abhilfe schaffen.[397] Über 3000 Namen umfasste die Kartei derer, die bis 1969 wegen Hausfriedensbruchs am Münchner Hauptbahnhof verurteilt worden waren. Fast in jedem Strafregisterauszug von Obdachlosen findet sich der Eintrag „Übertretung bahnpolizeilicher Vorschriften" oder „Hausfriedensbruch am Bahnhof".

---

[394] Die Spesen der Kriminalbeamten, in: Vossische Zeitung Nr. 126, 24. 3. 1924.
[395] Zierenberg, Stadt, S. 209 f.
[396] Der Hauptbahnhof als Unterwelt-Station, in: SZ Nr. 64, 15./16. 3. 1969.
[397] Vgl. Daur, Bericht für den Sozialausschuss v. 16. 11. 1959, StadtAS 18/1 – Hauptaktei Gruppe 4 Nr. 554.

Zuständig für die Ahndung innerhalb des Bahnhofsgeländes war die Bahnpolizei. Das Bahnhofsviertel wurde indessen von der örtlichen Polizei kontrolliert. Für die Unterbringung der Obdachlosen war wiederum die Stadtverwaltung verantwortlich. Die fehlende institutionelle Kooperation zwischen Bundes-, Staats- und Kommunalbehörden führte regelmäßig zu Schwierigkeiten in der Lösung des Obdachlosenproblems am Bahnhof. Statt zusammen zu arbeiten, blockierten sie sich gegenseitig, verschoben die Zuständigkeiten und eröffneten den Obdachlosen dadurch Schlupfwinkel und Handlungsspielräume.

Insbesondere die örtlichen Polizeibehörden nutzten den Bahnhof gerne als Abschiebeort für Obdachlose im Stadtgebiet. Nach seiner Entlassung aus der Münchner Strafanstalt wandte sich etwa Manfred R. in der Suche nach einem Obdach an das Polizeipräsidium in der Ettstraße. Der Beamte an der Pforte wies ihn an den Wartesaal der Bahnhofsmission am Hauptbahnhof aufzusuchen. In einigen Fällen machten sich die Beamten sogar die Mühe, Obdachlose, die sie im Stadtgebiet auf der Straße schlafend vorfanden, persönlich zum Bahnhof zu fahren.[398]

Das Bahnhofsverbot wussten die Obdachlosen zudem zu ihrem eigenen Vorteil umzuwerten. Ein fester Kreis von Obdachlosen suchte pünktlich zur Winterzeit trotz Bahnhofsverbot gezielt die Bahnhallen auf, nicht nur um temporär einen Schlafplatz zu erhaschen, sondern in der Hoffnung auf eine langfristige Unterkunft in den Wintermonaten. Je nachdem, ob es sich um eine Wiederholungstat handelte oder nicht, mussten die Obdachlosen mit Haftstrafen zwischen einem Tag und drei Monaten rechnen. Eine Festnahme garantierte ihnen unter Umständen eine warme Unterkunft und regelmäßige Mahlzeiten im Gefängnis. Den Münchner Polizeibeamten war durchaus bekannt, dass viele Obdachlose „froh sind, wenn sie von der Polizei in Gewahrsam genommen werden, da sie so zu einem Quartier kommen".[399] Das Münchner Gefängnis Stadelheim hatte unter den dortigen Obdachlosen aus diesem Grund auch schon den Beinamen „Pension Sankt Adelheim" bekommen.[400] Der Artikel von Freudenreich schilderte aus diesem Grund auch ein entsprechend gleichgültiges Verhalten der Bahnpolizei gegenüber den Obdachlosen am Bahnhof – nur eine einzige Frau, die bereits 17 Mal wegen Hausfriedensbruchs am Bahnhof vorbestraft war, wurde festgenommen.

Der dargestellte nachlässige Umgang der Bahnpolizei mit den Obdachlosen gab Anlass zu einer grundlegenden internen Debatte über die Zusammenarbeit zwischen Stadt- und Bahnpolizei. Das in Bahnhofsnähe ansässige Polizeirevier beschwerte sich vehement und verwies auf die steigende Anzahl von Festnahmen im

---

398 Meldung der Bahnpolizeiwache München Hbf an die Bundesbahndirektion v. 10. 12. 1973, StaatsAM Pol. Dir. Mü. 9765.
399 Vgl. Hutterer an Direktion der Schutzpolizei v. 14. 11. 1967, StaatsAM Pol. Dir. Mü. 15618.
400 Wenn es den Wermutbrüdern draußen zu kalt wird, beginnt sie wieder: Die Stadelheim Saison, in: Abendzeitung Nr. 268, 7. 11. 1968; Ins Winterquartier nach Stadelheim, in: SZ, 9. 1. 1967; Winterquartier auf Staatskosten, in: FAZ, 17. 12. 1960. Zum Teufelskreis von Obdachlosigkeit und Haft vgl. Kap. 6.2, S. 160–165.

und um den Bahnhof, die sich seit 1965 mehr als verdoppelt habe.[401] Als Konsequenz wurde ein tägliches Informationsgespräch zwischen dem Polizeirevier und der Bahnpolizeiwache angesetzt. Damit verband sich die Hoffnung, dass sich das „offensichtlich gegenseitige Streben nach dem Primat im Bahnhofsbereich auf vernünftige Weise von selbst erledigen" würde.[402]

In Frankfurt trat die Bundesbahndirektion mit dem Wunsch an die Stadt heran, diese möge zur Entlastung der Wartesäle in der Nähe des Bahnhofes Wärmehallen zum Tagesaufenthalt der Obdachlosen schaffen. Die Stadt lehnte diesen Vorschlag mit Hinweis auf die bereits existierenden Wärmehallen im Stadtgebiet ab und war indessen der Ansicht, der Präsenz der Obdachlosen am Bahnhof nur mit energischeren Streifendiensten und Kontrollen anstatt mit der Bereitstellung von zusätzlichen Unterkünften Abhilfe schaffen zu können. Die zuständige Polizeidirektion kündigte zwar ihre Unterstützung an, machte jedoch gleichzeitig deutlich, dass sie „keine Gewähr" dafür übernehmen könne, dass sich keine Obdachlosen in den Wartesälen der Bundesbahn aufhielten.[403] Zur Problematik führte sie aus:

> „Weder kann die Bundesbahn von der allgemeinen Polizei verlangen, dass sie dafür sorge, dass Obdachlose, die sich bisher im Gebiet der Stadt Frankfurt a. M. aufgehalten haben, nicht das Bahngebiet betreten, noch kann die allgemeine Polizei von der Bundesbahn verlangen, dass Obdachlose, die mit der Eisenbahn angekommen sind, nicht vom Bahngebiet auf das Stadtgebiet überwechseln. Jeder muss die Gefahr für die öffentliche Sicherheit und Ordnung dort bekämpfen, wo sie ihm entgegentritt."[404]

Anfang der 1960er-Jahre griffen die Städte zu einem schärferen Mittel, um ihre Bahnhöfe vom schlechten Image zu befreien und für Obdachlose zumindest in der Nacht unzugänglich zu machen. In vielen Städten der Bundesrepublik wurden die Bahnhöfe nachts abgeriegelt. Als eine der ersten Städte versuchte es Frankfurt am Main.[405] Auch in Stuttgart und München schlossen einige Jahre später nachts die Tore am Bahnhof, was allerdings nicht verhindern konnte, dass die Obdachlosen sich in den Nebenbahnhöfen – in München vor allem im sogenannten Starnberger Kopfbahnhof – niederließen. Eine Komplettabriegelung war angesichts der vielen Ausgänge kaum zu garantieren, sodass diese Praxis lediglich einen ersten Abschreckungseffekt hatte, die Obdachlosen aber nicht dauerhaft fernhalten konnte. Zudem musste eine beschränkte nächtliche Zugänglichkeit für die Reisenden sichergestellt werden und das Übernachten für Durchreisende weiterhin möglich bleiben. Wer eine gültige Fahrkarte zur Weiterreise besaß, konnte kaum zum Verlassen des Bahnhofsgebäudes oder der durchgängig geöffneten Bahnhofskneipen aufgefordert werden.

---

[401] 1965 wurden von Stadt- und Bahnpolizei 1587 Personen festgenommen, 1968 waren es schon 3598, Rösener, Polizeirevier 26 an Direktion der Schutzpolizei v. 14. 3. 1969, StaatsAM Pol. Dir. Mü. 9790.
[402] Vormerkung von Oberpolizeirat Bleimhofer v. 1. 4. 1969, StaatsAM Pol. Dir. Mü. 9790.
[403] Polizeipräsident Littmann an Oberbürgermeister Frankfurt a. M. v. 17. 2. 1955, ISG FRA Magistratsakten 1212.
[404] Polizeipräsident Littmann an Oberbürgermeister Frankfurt a. M. v. 17. 2. 1955, ISG FRA Magistratsakten 1212.
[405] Gitter gegen Streuner im Hauptbahnhof, in: FAZ, 12. 12. 1963.

Von daher lief auch der Vorwurf der Frankfurter Stadtpolizei an die Bahnpolizei ins Leere, dass es schließlich deren eigenes Verschulden sei, wenn sie Personen ohne gültige Fahrkarte in ihren Warteräumen dulde. Diesem war ohnehin nicht der Fall – der überwiegende Teil der Obdachlosen in den Wartesälen besaß nämlich eine Fahrkarte. „Ich habe mir die Fahrkarte nur gelöst, um am Hauptbahnhof nächtigen zu können. Es ist mir bekannt, dass der unberechtigte Aufenthalt am Hauptbahnhof verboten ist, denn ich wurde bereits einige Male verwarnt und aus dem Bahnhof verwiesen", gab Rosina F. unverblümt zu. Zudem würde sich die „Polizei beim Gericht lächerlich machen, wenn sie Bahnhofsstreuner einliefere. Weiterhin äußerte sie der Richter wird sie doch wieder entlassen, da sie ja hingehen könne, wohin sie wolle."[406] Die Einschätzungen zeigen Rosina F. als sehr selbstbewusste und mit ihren Rechten vertraute Frau.[407] Falsch lag sie mit ihrer Einschätzung nicht. 1954 wurde ein Fall überregional bekannt, in dem ein Obdachloser vom überfüllten Asyl an die Bahnhofsmission verwiesen wurde. Der Mann fand sich anschließend im Wartesaal des Hauptbahnhofes ein, wo ihn die Polizei wegen Hausfriedensbruch festnahm. Der zuständige Richter sprach den Obdachlosen allerdings mit der Begründung frei, „wenn der Staat für die Obdachlosen nichts tue, [könne] er den Mann nicht bestrafen".[408] Damit arbeiteten die Behörden und Justiz ihren eigenen Verdrängungsmaßnahmen im Bahnhofsviertel und in den Wartehallen entgegen und hielten letztlich nur eine Art örtliche Verschiebepraxis für Obdachlose im Fluss, statt Abhilfe zu schaffen.

Streunerinnen am Bahnhof

Rosina F. zählte seit 1945 zu den regelmäßigen Schlafgästen im Wartesaal am Münchner Bahnhof und war unter den Bahnbeamten als eine „[...] notorische unbelehrbare und ständige Bahnhofsstreunerin" bekannt.[409] Die Stigmatisierung von Rosina F. als sogenannte „Streunerin" knüpfte ungebrochen an die Verurteilung junger obdachloser Frauen in den Städten seit der Jahrhundertwende an: Als sogenanntes „Streunen" war zu Beginn des 20. Jahrhunderts gemeint, dass junge Frauen versuchten, „durch auffälliges Benehmen und Fixieren, auffällige Kleidung u.s.w. Herren an sich zu locken", und wurde bei Prostituierten als sittenpolizeiliche Übertretung geahndet.[410] „Streunen" wurde somit als sexuell deviante Verhaltensform verstanden, die mit bestimmten äußerlichen Merkmalen von Frauen in der

---

406 Vorführungsnote v. 24. 5. 1948, StaatsAM Pol. Dir. Mü. 15480.
407 Vgl. zu einem solch selbstbewussten Auftreten von obdachlosen Frauen auch die Klage vorm Verwaltungsgericht gegen die Razzien am Bahnhof in Düsseldorf, Straßenmädchen klagt gegen Polizei, in: Düsseldorfer Nachrichten, 16. 5. 1960, enthalten in: StadtADü Wohlfahrtsamt IV 22999.
408 Auszug aus der Niederschrift über die Besichtigung der Sozialabteilung München durch den Stuttgarter Gemeinderat v. 26. 9. 1954, StadtAS 18/1 – Hauptaktei Gruppe 4 Nr. 554.
409 Vorführungsnote v. 24. 5. 1948, StaatsAM Pol. Dir. Mü. 15480.
410 Zitiert nach Leitner, Großstadtlust, S. 273.

Öffentlichkeit verbunden war. Der Begriff „Streune" war im 18. und frühen 19. Jahrhundert zudem noch eine auf dem Land gängige Bezeichnung für Prostituierte.[411]

In der Nachkriegszeit erlangte die Bezeichnung schließlich Berühmtheit. In Anlehnung an die begriffsgeschichtlichen Ursprünge wurden damit junge Frauen – großteils noch Minderjährige – bezeichnet, die nach Kriegsende alleine von Stadt zu Stadt zogen und im Verdacht standen, ihren Lebensunterhalt durch Prostitution zu bestreiten. Sie galten als kein dezidiert urbanes Phänomen, sondern die Mehrheit – so wurde zeitgenössisch vermutet – stamme aus ländlichen Gebieten. Schon im November 1946 plante der Münchner Stadtrat daher die Errichtung eines Heimes für verwahrloste Frauen und Mädchen. Die konkrete Umsetzung verzögerte sich allerdings, weil sich der Leiter des Baureferats weigerte, für diesen Personenkreis zu bauen, während Krankenhäuser, Schulen und andere öffentliche Einrichtungen fehlten. In einer erneuten Diskussion drei Monate später betonten die Befürworter, dass das Heim nicht den Frauen diene, sondern im Interesse der Öffentlichkeit liege. Sie warnten vor einer moralischen Vorverurteilung der Betroffenen und sahen die „streunenden" Frauen als Kriegsfolge.

„Wir dürfen nicht vergessen, dass diese Frauen auch Opfer des Krieges sind. Wir dürfen hier nicht bloss verurteilen, sondern müssen auch den Gründen nachgehen, warum diese Mädchen verwahrlost sind. Es sind oft Geschöpfe, die heimat- und elternlos von Ort zu Ort wandern, die von der geregelten Arbeit herausgerissen wurden durch die Kriegsereignisse. Wir dürfen nicht die moralische Verwildung der letzten 12 Jahre vergessen, der diese Leute ausgesetzt waren."[412]

Unter ihnen befanden sich auch ehemalige Zwangsarbeiterinnen, die in der Nachkriegszeit zur Gruppe der „Displaced Persons" gehörten. Ihnen fehlte nicht nur der feste Wohnsitz, sondern in vielen Fällen waren die Frauen auch „staatenlos". Obwohl die NS-Herrschaft und der Krieg sie obdachlos gemacht hatten und sie damit ohne jeden Zweifel unverschuldet in ihre soziale Notlage geraten waren, blieben sie von den ortsspezifischen Stigmatisierungen Obdachloser nicht verschont.

Auch Rosinas Lebenslauf beinhaltet einige dieser Wegmarken. Sie kam ursprünglich aus dem ländlichen Kulmbach. Nach München war sie gekommen, um eine Anstellung als Dienstmädchen anzutreten, die ihr dann jedoch verweigert worden war. In ihren Heimatort konnte sie nicht zurück, da ihr Vater, selbst mehrfach vorbestraft, sie verstoßen hatte und die Mutter verstorben war. Rosina F. war während des „Dritten Reiches" im Fürsorgeerziehungsheim untergebracht. Von dort war sie mit gerade einmal 17 Jahren bei Kriegsende ausgerissen. Stattdessen blieb sie in München und machte den Bahnhof und die umliegenden Übernachtungsstätten zu ihrem neuen Lebensort. Bereits im Oktober 1945 wurde sie wegen des Verdachts auf Geschlechtskrankheiten im Münchner Luftschutzbunker am Hauptbahnhof festgenommen, nachdem sie sich dort – eigenen Angaben zufolge – mit einem Soldaten unterhalten hatte.[413]

---

[411] Vgl. Deutsches Wörterbuch von Jacob Grimm und Wilhelm Grimm, URL: http://woerterbuchnetz.de/cgi-bin/WBNetz/genFOplus.tcl?sigle=DWB&lemid=GS52141 [10. 2. 2019].
[412] Stadtrat Reindl in Wohlfahrts- und Gesundheitsausschuss v. 20. 1. 1947, StadtAM RSP 720/9.
[413] Einlieferungsanzeige v. 15. 10. 1945, StaatsAM Pol. Dir. Mü. 15480.

Solche Handlungen genügten, um junge Frauen verdächtig wirken zu lassen.[414] Geschlechtskrankheiten waren unter den männlichen Besatzungsmitgliedern stark verbreitet. Gepaart mit dem weiten Bewegungsradius großer Bevölkerungsgruppen kam es 1945/46 im gesamten deutschen Besatzungsgebiet zu einem starken Anstieg von Geschlechtserkrankungen – wobei die urbanen Zentren hier eine wesentlich höhere Ansteckungsrate verzeichneten als ländliche Gebiete.[415] Im Zuge dessen gerieten vor allem umherziehende Frauen als mutmaßliche Infektionsquellen ins Visier der Gesundheitsbehörden.[416] In Bayern wurde bereits im April 1946 eine Verordnung über die Unterbringung verwahrloster Frauen und Mädchen erlassen. Ähnliche Regelungen ergingen auch in Hessen und Württemberg sowie in der französischen Besatzungszone. Frauen, die ohne Ausweis und ohne Wohnsitz umherzogen und in den Verdacht gerieten, geschlechtskrank zu sein, konnten in eine entsprechende Anstalt eingewiesen werden. Auch Rosina F. musste mehrmals polizeiliche Kontrollen und Untersuchungen beim Gesundheitsamt über sich ergehen lassen – stets ohne Befund.[417]

Trotz neuer Heilungsmethoden galten Syphilis und Gonorrhöe noch immer als Kennzeichen einer verwahrlosten und unmoralischen Lebensführung, mit der insbesondere obdachlose Frauen assoziiert wurden. Eng damit verknüpft ist auch die zweite Erklärung für die Ursachen des „Streunens". Trotz der sozialen Not wurde den Frauen eine Selbstverschuldung nicht gänzlich abgesprochen. Die unterstellte „Vergnügungssucht", die Frauen in den 1920er-Jahren in Tanzlokalen getrieben habe, führe sie nun in die Amüsierkneipen der Truppenstützpunkte. Die Frauen standen unter Generalverdacht, gezielt den Kontakt zu Besatzungssoldaten zu suchen und sich von diesen als Gegenleistung für sexuelle Dienstleitungen aushalten zu lassen. Vielen „Streunerinnen" wurde unterstellt, die chaotischen Zustände am Kriegsende genutzt zu haben, um dem Elternhaus zu entlaufen und ihrer Abenteuerlust nachzugehen, wobei diese „Lust" immer eine sexuelle Konnotation in sich barg, die wiederum unverkennbar an die begrifflichen Wurzeln des „Streunens" anschloss.

Die alliierten Besatzungsmächte hatten daher ihre eigene Motivation zur Wegsperrung der Frauen, das beweisen mehrere Fälle, bei denen es zu sexuellen Kontakten zwischen den Frauen und ausländischen Soldaten gekommen war.[418] Sie fürchteten nicht nur um die Gesundheit ihrer Soldaten, sondern auch den Ausbruch von Seuchen in den Städten und gingen frühzeitig mit scharfen Kontrollen und Maßnahmen zur Eindämmung der Geschlechtskrankheiten vor.[419] Die Militärpolizei führte gemeinsam mit den örtlichen Kriminalabteilungen Razzien durch.

---

[414] Lindner, Gesundheitspolitik, S. 290–305.
[415] Sauerteig, Krankheit.
[416] Vgl. die zeitgenössische Einschätzung dazu, Eiserhardt, Bekämpfung.
[417] Untersuchung durch Gesundheitsamt München v. 7. 5. 1947, 24. 5. 1948 und 17. 3. 1952 beide StaatsAM Pol. Dir. Mue 15480.
[418] Vgl. Tagesbericht 5399a/43 v. 11. 8. 1947; 6356a v. 10. 9. 1948, beide StaatsAM Pol. Dir. Mü. 11339.
[419] Foitzik, Sittlich.

Schnellgerichte des US-Militärs verurteilten die Festgenommenen fast ohne Ausnahmen zu kurzen Haftstrafen. Durch den frühzeitigen Verdacht der Geschlechtskrankheiten war das Problem umherziehender Frauen bereits in den ersten Nachkriegswochen virulent geworden. Im Gegensatz zu Männern konnten Frauen in der Nachkriegszeit nicht so leicht in der allgemeinen Massenobdachlosigkeit untertauchen, sondern blieben ungebrochen im Visier der Behörden. In den ohnehin fast leer stehenden Arbeitshäusern stellten Frauen nach dem Krieg erstmals die größte Insassengruppe.[420]

---

[420] Vgl. dazu Kap. 6.1, S. 156 f.

II. Das Amt:
Verwalten und Verhandeln von Obdachlosigkeit

Fürsorge und Strafe waren die bestimmenden staatlichen Parameter im Leben der Obdachlosen. Sie standen mitunter aber auch in Konkurrenz zueinander oder führten zu widersprüchlichem Vorgehen. Dementsprechend gab es seit den Fürsorgereformen der Weimarer Republik Initiativen, das Verhältnis der Behörden besser zu organisieren – so auch auf dem Deutschen Fürsorgetag 1957. Der Vorsitzende der Bundesarbeitsgemeinschaft für Nichtseßhaftenhilfe (BAG) hielt in seinem Referat fest:

> „Im Raum der Nichtseßhaftenfürsorge bleibt ein Personenkreis zurück, dem wir allein fürsorgerisch nicht helfen können. Ein fürsorgerischer Versuch wäre unzweckmäßig und zum Scheitern verurteilt. Wir brauchen auch von der Polizei eine echte Unterstützung und Hilfestellung. [...] Es geht im wesentlichen also nur darum die Zusammenarbeit zwischen Strafverfolgungsbehörden und unserer fürsorgerischen Tätigkeit besser als bisher zu gestalten und zu ergänzen."[1]

Anlässlich der Neugestaltung des deutschen Fürsorgewesens sollte die bisherige Nichtsesshaften- bzw. Obdachlosenfürsorge keine grundlegende Neuausrichtung erfahren, vielmehr sollten die existierenden Strukturen in ihrer Effizienz gestärkt werden. Die Obdachlosenfürsorge war nach Ansicht der BAG nur effektiv, wenn parallel auch die Strafverfolgung tätig werden würde. Die verschiedenen Behörden des Fürsorge- und des Strafsystems sollten folglich keine Gegenpole sein, sondern ineinandergreifen und sich ergänzen. Beide Systeme zeichnen sich durch einen bürokratischen Umgang mit Obdachlosen aus und werden folglich als gemeinsamer Raum des Amtes betrachtet.

Der retrospektive Weg in diesen Raum führt in die unterschiedlichen Abteilungen und Ämter des Wohlfahrts- bzw. Sozialamtes sowie den Gerichtssaal. An diesen Orten werden die Gesetze und Verordnungen mit den Erfahrungen von Obdachlosen abgeglichen, um die Merkmale der Hilfe für und staatliche Repressionen gegen Obdachlose im 20. Jahrhundert zu bestimmen.

5. Sozialamt, Polizei und Wohlfahrtspflege: Polykratische Obdachlosenbetreuung

„Es ist eine bekannte Tatsache, daß die Obdachlosenhilfe in den bundesdeutschen Gemeinden den verschiedensten Behörden oder Ämtern zugeordnet ist. Wir finden sie im Verwaltungsgliederungsplan der Polizei (Obdachlosenpolizei), eines Ordnungsamtes, des Wohnungsamtes oder eines Sozialhilfeträgers."[2]

---

[1] Diakon Peter Frank in der Aussprache, in: Muthesius (Hrsg.), Neuordnung, 142 f.
[2] Ist die Zuordnung der Obdachlosenhilfe an sogenannte Ordnungsbehörden heute noch sinnvoll?, in: Der Wanderer Nr. 2 (1965), S. 28 f.

Das Zitat führt eindrücklich vor, welche administrativen Ausmaße die Verortung der Obdachlosen annahm: Obdachlosigkeit war erstens ein Wohnungsnotstand, für dessen Beseitigung das Wohnungsamt verantwortlich war; zweitens eine Bedrohung der öffentlichen Ordnung, wofür die Polizei bzw. die Obdachlosenpolizei und in der Folge auch die Strafgerichte zuständig waren, und schließlich drittens eine Armutserscheinung, die in das Aufgabengebiet des Wohlfahrts- bzw. Sozialamtes fiel und in vielen Städten zudem von privaten und konfessionellen Sozialhilfeträgern mitübernommen wurde. Auch wenn die Zuordnungen auf den ersten Blick nachvollziehbar erscheinen, so brachte ihre praktische Umsetzung die Behörden tagtäglich in Konflikte.

Die jeweilige Zuordnung bedingte sich letztlich aus den Ursachen der Obdachlosigkeit, die jedoch in den seltensten Fällen monokausal und damit eben nicht eindeutig zuordenbar waren. Die Obdachlosen waren keine homogene Gruppe. Neben alleinstehenden Männern und Frauen fanden sich auch viele Familien mit Kindern unter der Fürsorgeklientel, was wiederum eine auf den Einzelfall bezogene Hilfe notwendig machte. Zudem waren die verwaltungsrechtlichen Kompetenzen in den wenigsten Städten so klar voneinander abgegrenzt, wie es die Auflistung suggeriert. Vielmehr gingen sie ineinander über, waren teilweise in einer Stelle zusammengeführt und unterlagen Veränderungsprozessen. Das Zuständigkeitschaos zog indes keine Kompetenzkonflikte in dem Sinne nach sich, dass sich die unterschiedlichen Behörden um das Aufgabenfeld stritten. Im Gegenteil, Obdachlosigkeit gehörte zu jenen Teilbereichen, bei denen Fürsorge- wie Strafbehörden versuchten, sie aus ihrem Zuständigkeitsbereich auszuschließen und in die Verantwortung des jeweils anderen zu schieben.

Die einzelnen Felder der Obdachlosenhilfe waren weder zwischen privaten Wohlfahrtsträgern und Kommunen noch zwischen Polizei und Kommune klar abgegrenzt und entsprachen eher polykratischen Ordnungsstrukturen: Fürsorge- und ordnungsrechtliche Bestimmungen von Obdachlosigkeit existierten seit 1924 nebeneinander. Beide überlagerten und blockierten sich in vielen Fällen. Zudem waren innerhalb der städtischen Verwaltungen verschiedene Referate beteiligt und zu guter Letzt war die Kostenübernahme ein ständiger Aushandlungsprozess zwischen Gemeinden und Ländern. Nicht nur rückblickend ist dieses Geflecht des Obdachlosenwesens kaum zu entwirren, sondern auch für die Betroffenen war es zeitgenössisch nur schwer zu durchschauen sowie für die Beamten zu koordinieren. Dennoch mussten die Ämter Lösungen für die Not der Menschen finden. Als Folge waren die Betreuungsmaßnahmen und Zuständigkeiten immer weiter ausdifferenziert worden. Statt schlanker Strukturen suchten die Kommunen ihr Heil in vielschichtigen Zuständigkeitszuweisungen. Diese ergaben sich nicht aus der verwaltungsrechtlichen Gesetzmäßigkeit, sondern aus devianten und geschlechterspezifischen Zuschreibungen sowie lokalen Eigenheiten.

5.1 „Gefühlsmäßige Feststellung":
Deviante Zuschreibungen in der Obdachlosenfürsorge

Mit den Fürsorgereformen von 1924 trat die Individualisierung der Fürsorge in den Fokus der Wohlfahrtsbehörden. Fortan solle die „Eigenart der Notlage" und „Person des Hilfsbedürftigen" stärker Beachtung finden.[3] In der Praxis war es für die Ämter aber sehr schwierig, die Spezifika der jeweiligen Notsituation der Obdachlosen zu beurteilen – waren diese doch meist multikausal.

Programmatisch zeigt sich dies an einer Diskussion, die 1926 das Münchner Wohlfahrtsamt beschäftigte. Im Zuge seiner Neugestaltung war eine eigene Abteilung für weibliche Obdachlose und Gefährdete entstanden. Uneinigkeit herrschte nun darüber, welche Abteilung und unter welchen Beurteilungskriterien darüber entscheiden sollte, wer als „gefährdet" einzustufen war und damit in den Zuständigkeitsbereich dieser neuen Abteilung fiel. Die Zuschreibung sei eine ganz und gar „gefühlsmässige Feststellung", meinte ein Vertreter. Es sei

„undenkbar, dass irgendjemand in der Lage ist, [...] auf den ersten Blick oder sei es auch auf Grund der ersten Verhandlung zu entscheiden, ob eine Unterstützung suchende Person ‚sittlich gefährdet' ist, sei es durch Veranlagung, durch besonderen Notstand oder aus anderen Gründen! Es ist ja ebenso ganz ausgeschlossen, in anderen Fällen sofort ein "asoziales Verhalten" bindend festzustellen!"[4]

Er führte weiterhin aus, dass die bisherigen Erfahrungen gezeigt hätten, dass weder die Altersgrenze, noch äußere Merkmale wie etwa die Kleidung der Personen eindeutige Beurteilungskriterien liefern würden. Die Aussagen zeigen, dass sich die Wohlfahrtsvertreter der Beliebigkeit und Subjektivität der Begriffe „gefährdet" und „asozial" durchaus bewusst waren. Von Beginn an waren diese Zuschreibungen daher von kontroversen Diskussionen, Definitionsschärfungen sowie alternative Wortschöpfungen begleitet. Dennoch hielten sich die Zuschreibungen hartnäckig in der Obdachlosenfürsorge im 20. Jahrhundert und dienten zuweilen als Fürsorgemaßstab für die Betreuung von obdachlosen Personen. Im folgenden Abschnitt sollen die Begriffe „asozial", „unzumutbar" und „nichtsesshaft" kurz erläutert werden. Sie spielten neben anderen Zuschreibungen, wie „unwürdig", „selbstverschuldet" oder „gefährdet" eine zentrale Rolle im Umgang mit Obdachlosen im Wohlfahrtssystem.[5]

„Asozial"

Die Zuschreibung und Zuordnung von Personen mit deviantem Sozialverhalten zur Gruppe der „Asozialen" ist eine Praxis, die vor allem für die Zeit des Nationalsozialismus überliefert ist. Dabei geht der Ursprung des Begriffs auf die Jahrhun-

---

[3] Reichsgrundsätze für Voraussetzung, Art und Maß der öffentlichen Fürsorge (RGr), RGBl. I (1924).
[4] Allgemeine Fürsorge, Organisation und Zuständigkeitsfragen v. 20. 5. 1926, StadtAM Wohlfahrt 4689 [Hervorhebungen im Original].
[5] Vgl. zum Begriff „gefährdet" die Ausführungen zu Therese H. S. 76–77.

dertwende zurück und war keineswegs eine nationalsozialistische Wortschöpfung. Um 1900 tauchte das Wort in Schriften von Emil Durkheim und Sigmund Freud auf, allerdings nicht in der bis heute bekannten ausgrenzenden und negativen Form, sondern zur Beschreibung des Sozialverhaltens von Neugeborenen.[6] Um 1910 setzte die Verknüpfung des Begriffs mit ärmeren Schichten ein.

Erstmals umfassend diskutiert wurde der Terminus 1922 innerhalb einer Kommission aus Psychiatern, Medizinern, Vertretern unterschiedlicher Wohlfahrtsverbände und Politikern in Bielefeld.[7] Die Kommission spiegelte damit in ihrer Zusammensetzung schon die unterschiedlichen diskursiven Verläufe von „asozial" wider. Die konkrete Frage, die die Kommission umtrieb, lautete, wie in der geplanten Reform des öffentlichen Fürsorgewesens der Weimarer Republik mit vermeintlich „asozialen" Unterstützungsempfängern umzugehen sei.

Als solche galten „Menschen, die den Fortbestand und die Entwicklung der Gesellschaft hemmen oder schädigen."[8] Der Beitrag und die Bereitschaft eines Individuums am gesellschaftlichen Zusammenleben aktiv teilzuhaben – selbstverständlich entlang der von der Gesellschaft festgesetzten bürgerlichen Normen –, war das entscheidende Kriterium zur Klassifizierung „Asozialer".[9] Die Fachtagung in Bielefeld verwob den aus dem 19. Jahrhundert hervorgegangenen Bewahrungsgedanken devianter Armut mit dem modernen Kriminalitätsdiskurs, der wiederum um die Jahrhundertwende von einer medizinischen, biologischen und psychoanalytischen Ursachenforschung von straffälligem Verhalten bestimmt war. Aus dieser Vermengung entwickelte sich ein neuer Diskurs zwischen Fürsorge und Strafe, in dessen Zentrum u. a. die Behandlung des „asozialen" Menschen stand.[10] Neben straffälligen und geistig behinderten Menschen stand vor allem delinquentes Verhalten gemäß § 361 RStGB im Fokus: Bettler, Landstreicher, Prostituierte, Alkoholiker, „Arbeitsscheue" und Obdachlose. Diese breite Definition exkludierte kaum eine Form devianten Verhaltens. Auch Personen des fahrenden Gewerbes, „Zigeuner", Hausierer oder Frauen, deren Sexualverhalten nicht den bürgerlichen Moralvorstellungen entsprach, konnten zur Gruppe der „Asozialen" gezählt werden. Ebenso betroffen waren entlaufene Fürsorgezöglinge oder Jugendliche, die als unerziehbar galten. Ihnen allen wurde unterstellt, dass sie keiner regelmäßigen Arbeit nachgingen und mit ihrer Lebensweise das Fürsorgesystem belasten oder bewusst ausnutzen würden. Zudem drohten sie in die Kriminalität abzurutschen, wodurch sie jederzeit zu einer Gefahr für die Gesellschaft werden könnten. Die Ursachen der vermeintlichen „Asozialität" wurden schon in den frühen fürsorgerischen Debatten nicht nur in den Umweltbedingungen, wie zum Beispiel dem familiären Umfeld, gesehen, sondern waren sozialrassistisch motiviert. Das devi-

---

[6] Vgl. Ayaß, Beispiel, in: Kramer/Nolzen (Hrsg.), Ungleichheiten; Ayaß, Vagabunden.
[7] Deutscher Verein für Armenpflege und Wohltätigkeit, Versorgung.
[8] Aschaffenburg, Reformbedürftigkeit, S. 3. Vgl. zu Gustav Aschaffenburg: Wetzell, Inventing, S. 63–69.
[9] Düring, Elemente, S. 63; Amesberger/Halbmayr/Rajal, Arbeitsscheu, S. 22.
[10] Rosenblum, Prison, 73 f.

ante Sozialverhalten von „asozialen" Personen galt als erbbiologische „Minderwertigkeit", die es zu überwinden bzw. zu bekämpfen gelte.[11]

Die Nationalsozialisten konnten an diese Vorstellungen nahtlos anknüpfen, und die Bekämpfung der „Asozialen" in die rassenhygienisch begründetete Verfolgung unerwünschter Gruppen integrieren. Eine definitorische Schärfung nahmen sie nicht vor. Weiterhin behalf man sich mit Aufzählungen deviantem Sozialverhaltens.[12] Anstelle der Gesellschaft trat nunmehr die nationalsozialistische „Volksgemeinschaft". So definierte Reinhard Heydrich beispielsweise in seinem Erlass zur vorbeugenden Verbrechensbekämpfung durch die Polizei:

„Als asozial gilt, wer durch gemeinschaftswidriges, wenn auch nicht verbrecherisches Verhalten zeigt, daß er sich nicht in die Gemeinschaft einfügen will."[13]

Er spezifizierte weiter, dass mit diesem Erlass in erster Linie „Asoziale ohne festen Wohnsitz" zu berücksichtigen seien und richtete sich damit gezielt gegen Obdachlose. Neben die Bezeichnung „asozial" trat im Nationalsozialismus schließlich synonym der Begriff „gemeinschaftsfremd". Popularität gewann er vor allem rund um die Diskussion eines sogenannten „Gemeinschaftsfremdengesetz", der nationalsozialistischen Variante des Bewahrungsgesetzes. Darüber hinaus wurde er in Kreisen der Fürsorge wenig rezipiert.[14]

„Asozial" blieb im Krieg die Sammelbezeichnung zur Beschreibung deviantem und delinquentem Sozialverhaltens und büßte auch nach dem Zweiten Weltkrieg weder in Ost- noch in Westdeutschland an Popularität ein.[15] 1947 erschien vom Jurist und Mediziner Hans Göbbels eine Abhandlung zu „Asozialität".[16] Unverkennbar ist, dass diese zu weiten Teilen während des „Dritten Reiches" verfasst wurde. „Asoziale" waren „Gemeinschaftsunfähige", die insbesondere im Krieg und den Nachkriegswirren schnell zu „Unruheherden" werden konnten. Dass Erlebnisse im Krieg und Kriegsfolgen verstärkt zur Verwahrlosung von Menschen und damit zu „asozialen" Verhalten verleiten könnte, war auch die Ansicht von Walter Baumeister. Statt erblicher Ursachen betonte er nun auch die psychischen Defizite von Personen „asozialen" Verhaltens:

„Zur erstgenannten Ursachenreihe zählen körperlich oder geistige Mängel (Verkrüppelung, Schädeltraumen, Schwachsinn, psychopathische Willensschwäche, neurotische Abwegigkeit, charakterliche, insbesondere sexuelle Entartungen, nicht gelöste Pubertätsschwierigkeiten udgl.m.)."[17]

---

[11] Amesberger/Halbmayr/Rajal, Arbeitsscheu, 22 f.
[12] Vgl. die Einschätzung von Spiewok in Entwurf für ein Bewahrungsgesetz v. 15. 12. 1936, abgedruckt in: Ayaß (Hrsg.), Gemeinschaftsfremde, Nr. 45; Amesberger/Halbmayr/Rajal, Stigma, S. 36.
[13] Richtlinien zum Erlass Vorbeugende Verbrechensbekämpfung durch die Polizei v. 4. 4. 1938, abgedruckt in: Ayaß (Hrsg.), Gemeinschaftsfremde, Nr. 62.
[14] Ayaß, Vagabunden, S. 93 f.
[15] Den besten Überblick zum „Asozialendiskurs" in DDR und Bundesrepublik gibt: Lorke, Armut, S. 100–108.
[16] Göbbels, Asozialen.
[17] Vgl. Baumeister, Abhandlung zu „Asozialität", in: ADCV ZA 288 013.

Neben die erbbiologische Ursachenforschung traten damit in der Bundesrepublik Erklärungsansätze, die den Anstoß in der „Psychohygiene" suchten.[18] Dennoch blieb „Asozialität als biologisches und sozialbiologisches Problem" präsent, wie dieser Titel einer Arbeit von 1961 belegt. Der Autor Hans W. Jürgens attestierte der Bundesrepublik ein „Asozialenproblem" und ging von etwa 400 000 betroffenen Personen aus. Damit diese das Volk nicht weiter belasten würden, plädierte er zusätzlich zu deren räumlicher Trennung auch für Methoden der Zwangssterilisation und drückte sein Bedauern aus, dass die Vorkommnisse im „Dritten Reich" eine wissenschaftlich neutrale Sicht auf solche Maßnahmen verhindert hätten.[19]

Doch es gab auch leise Gegenstimmen in der Bundesrepublik, die sich von den psychohygienischen und eugenischen Ursachen abzuwenden begannen und das vermeintlich „asoziale" Verhalten aus der sozialen Umgebung heraus erklärten. Besonders im Umgang mit „asozialen" Familien rückte verstärkt die Frage nach „Schuld" ins Zentrum. Zu einer gängigen Praxis wurde es, die „Asozialen" in „selbstverschuldet" und „unverschuldet" einzuteilen. Dass dabei dennoch wiederholt genetische Dispositionen gegenüber den Betroffenen mitschwangen, zeigt die Aussage einer Fürsorgerin des Gesundheitsamtes Reinickendorf über obdachlose Familien in einer Barackensiedlung:

„Bei Menschen, die – wenn auch z. T. durch eigene Schuld gezwungen sind, in diesen unerfreulichen Verhältnissen zu leben, wird sich die etwa vorhandene asoziale bezw. kriminelle Veranlagung immer stärker entwickeln."[20]

Die sozialen Verhältnisse sah sie als Motor einer bereits vorhandenen „asozialen" Veranlagung. Selbst die bekannte Sozialreporterin Vilma Sturm, die in ihren Artikeln die Elendsverhältnisse in deutschen Obdachlosensiedlungen anprangerte, entkam diesen tradierten Denkmustern nicht vollständig. Sie kritisierte die 1960 noch übliche Gleichsetzung von Obdachlosen mit „Asozialen" in deutschen Amtsstuben. Schließlich seien von den 50 000 Obdachlosen im Regierungsbezirk Düsseldorf „nur 25 Prozent wirklich Asoziale". Der Rest sei „Opfer verschiedener sozialer Umstände".[21] Aussagen wie die des Münchner Bunkerpfarrers Adolf Mathes von 1954 zählten zu den Ausnahmen:

„kein Mensch ist von Haus aus a'sozial [sic]", aber: „jeder Mensch [kann] a'sozial [sic] werden, wenn man ihm lange genug die Möglichkeit zur Sozialität genommen hat".[22]

Mathes sprach „Asozialität" eugenische und psychohygienische Ursachen ab und sah indessen die sozialen Verhältnisse der Nachkriegszeit und die Unterbringungsgegebenheiten in den Asylen als Quelle. Insofern deckte er indirekt einen Teufelskreis auf: Indem die Gesellschaft bestimmte Personengruppen als „Asozia-

---

[18] Bock, Psychologie.
[19] Jürgens, Asozialität.
[20] Fürsorgerin des Gesundheitsamts Reinickendorf v. 9. 10. 1954, LAB B Rep. 220 Nr. 6627.
[21] Vilma Sturm, Das Lager am Bahndamm, in: FAZ 2. 1. 1960.
[22] Vortrag Mathes auf Konferenz v. 13. 10. 1954, Zentralverwaltung KMFV, Vereinsangelegenheiten 1950–1962, o. Sig.

le" von der sozialen Teilhabe ausschloss, ermöglichte sie deren vermeintliches „asoziales" Verhalten – ähnlich einer selbsterfüllenden Prophezeiung.

„Unzumutbar"

Nach der nationalsozialistischen Verfolgung von „Asozialen" standen die Behörden vor dem Problem, dass die Begrifflichkeit „asozial" als belastet galt. Zumindest in der Öffentlichkeit wollte der bundesrepublikanische Sozialstaat in seiner Frühphase hierzu eine gewisse Distanz suggerieren, wobei die Begrifflichkeit in der Umgangssprache und wissenschaftlichen Publikationen weiterhin verbreitet war.[23] Während der Begriff in der DDR an Bedeutung gewann und 1968 sogar Eingang ins Strafrecht fand, suchten bundesrepublikanische Fürsorgekreise nach neuen devianten Zuschreibungen wie zum Beispiel die Einstufung von Personen als „unzumutbar".[24] Besonders eindrücklich nachvollziehen lässt sich diese Umdeutung im Umgang mit obdachlosen Familien in der West-Berliner Obdachlosenpolizei.

Die Obdachlosenpolizei stand Anfang der 1950er-Jahre vor dem Problem, dass in den Wirren der Nachkriegszeit obdachlose Familien plan- und ziellos in unterschiedliche Notunterkünfte eingewiesen worden waren, ohne dass hier eine genauere Prüfung stattgefunden hatte. Hier lebten nun – stellte man 1953 fest – „asoziale" neben „unverschuldet in Not geratenen" Familien. Um ein Abgleiten der „ordentlichen" Familien zu verhindern, müsse eine „reinliche Scheidung" beider Gruppen erfolgen, schlussfolgerten die Verantwortlichen.[25] Doch so offensichtlich wie die Wohnungsleiter die Verhältnisse in der Siedlung schilderten, waren sie eben nicht. Symptomatisch für den administrativen Umgang mit Obdachlosen stellten sich erneut zwei Probleme: Wie können die Familien in der alltäglichen Praxis differenziert werden, und wer entscheidet über die Zuordnung und damit letztlich den Anspruch der Familie?

Einig war man sich darin, dass dies nicht leichtfertig geschehen dürfe, „weil sie den Betroffenen ausserordentlich hart treffe und ihm vermutlich sein ganzes Leben lang anhänge."[26] Zugleich waren sich die Wohnungsamtsleiter bewusst, dass die Zuteilungen dem Rechtsweg nicht standhalten würden, weil „nicht einmal die Merkmale fest stehen, die vorhanden sein müssen, um festzustellen, daß jemand asozial sei." Ebenso könne es keinesfalls im Ermessensspielraum einer einzigen Stelle liegen, Entscheidungen von solcher Tragweite zu fällen. Als Aufgabe der Obdachlosenpolizei wurde lediglich die Gewährung eines Obdachs angesehen: „Sie kann und darf niemanden zum Asozialen stempeln." Nach einigem Abwägen entschieden die Wohnungsamtsleiter schließlich von der Zuschreibung „asozial" ganz Abstand zu nehmen: „Am besten sei es, den Ausdruck ‚asozial' überhaupt nicht zu verwenden, sondern nur einen Unterschied zu machen zwischen zumutbaren

---

[23] Vgl. Ayaß, Vagabunden, S. 95.
[24] Vgl. „asozial" in der DDR: Zeng, Asoziale; Windmüller, Zwang; Korzilius, Parasiten.
[25] Protokoll der Sitzung der Wohnungsamtsleiter v. 21. 10. 1953, LAB B Rep. 210 Nr. 1286.
[26] Protokoll der Sitzung der Wohnungsamtsleiter v. 21. 10. 1953, LAB B Rep. 210 Nr. 1286.

und unzumutbaren Mietern." Auf welchen Merkmalen diese Zuschreibungen fundierten, wurde indessen nicht weiter erörtert. Letztlich stand hinter dieser Maßnahme nur der Versuch, die Umgangsmodi der Stadtverwaltung weniger angreifbar zu machen.

An der Wahrnehmung der obdachlosen Familien änderte die neue Wortwahl wenig. Dass zudem intern die Zuschreibung weiterhin gebräuchlich war, zeigt sich schon drei Jahre später, als erneut die Entscheidungsbefugnisse und die Kategorisierungen in die Diskussion gerieten. Eine neu gegründete Kommission für Obdachlosenangelegenheiten, die sich aus Vertretern des Wohnungs-, Rechts-, Jugend- und Sozialamtes zusammensetzte, sollte die Familien auf Grundlage der Fürsorgeakten in drei Gruppen einteilen und paritätisch auf die einzelnen Berliner Bezirke in unterschiedliche Unterkünfte verteilen. Ausschlaggebend für die jeweilige Zuordnung waren Angaben zur Erwerbssituation der Familie, die Anzahl der Kinder, bekannte Erkrankungen, strafrechtliche Vorkommnisse sowie die mietrechtlichen Vorgeschichten der Familien. Je nach Zuteilung galten sie nun als „zumutbare" Mieter (Gruppe 1), die „unverschuldet" wohnungslos geworden waren. Sie konnten auf die „beschleunigte" Zuweisung einer der besseren Übergangswohnungen hoffen. In Gruppe 2 fand sich die Mehrheit der zwangsgeräumten Familien wieder, die nur „vorübergehend unzumutbar" seien. Sie hatten ihre Wohnungen vor allem aufgrund von Mietrückständen oder Konflikten mit dem Vermieter verlassen müssen. Prinzipiell galten sie aber als „besserungswürdig". Die Obdachlosenpolizei, die für diese Gruppe verantwortlich zeichnete, rechnete damit, diesen Familien nach einer gewissen Zeit wieder eine reguläre Wohnung zuweisen zu können. Der Gruppe 3 gehörten schließlich alle „schweren Fälle" an, die für jeden Vermieter „unzumutbar" seien. Diese Familien betreute das Fürsorgeamt und brachte sie primär in gesonderten Obdachlosenunterkünften unter. Die Eingruppierungen gingen allerdings nur schleppend voran: Drei Jahre später waren insbesondere Personen der Gruppe 3 kaum umquartiert worden. Von 273 Haushalten, die zum Stichtag am 15. September 1960 nach Meinung der Kommission in die Gruppe der „Unzumutbaren" gehörten, wurden lediglich 71 eingruppiert und davon nur 29 tatsächlich in eine Unterkunft der Sozialämter überführt.[27]

„Nichtsesshaft"

Die Zuschreibung „nichtsesshaft" war seit der frühen Bundesrepublik das leitgebende Motiv der Obdachlosenhilfe. Erst 1991 nannte sich die 1954 gegründete Bundesarbeitsgemeinschaft für Nichtsesshaftenhilfe in Bundesarbeitsgemeinschaft Wohnungslosenhilfe um und leitete damit auch einen Paradigmenwechsel ein.

Schon Münsterberg hatte 1895 eine Unterscheidung zwischen sesshaften und nichtsesshaften Obdachlosen vorgenommen.[28] Im öffentlichen Diskurs konnte

---

[27] Anlage 1 von Radziejewski an Bezirksamt Zehlendorf v. 6. 10. 1960, LAB B. Rep. 210 Nr. 1259.
[28] Vgl. Kapitel 1.1, S. 27 f.

sich diese Differenzierung allerdings zunächst nicht durchsetzen. Auch in Fürsorgekreisen fand die Kennzeichnung nur vereinzelt Anwendung und selbst dann meist nur in der Schreibweise „nicht sesshaft" anstatt im Nominalgebrauch. Die Bezeichnung wurde erst 1938 durch den programmatischen Sammelband „Der nichtseßhafte Mensch" geformt und bekannt, an dem führende Fürsorgeexperten wie Wilhelm Polligkeit und Hilde Eiserhardt mitwirkten. Jedoch wurde der Begriff im Nationalsozialismus kaum angewandt – was letztlich wohl vor allem darauf zurückzuführen war, dass es nach den massenhaften Einweisungen von „Asozialen" in Konzentrationslager ab 1938 kaum noch „Nichtsesshafte" gab.[29] Auch deshalb kam die Bezeichnung nach 1945 in der Öffentlichkeit vergleichsweise unbelastet daher – zumindest unbelasteter als „asozial" oder gar „gemeinschaftsfremd". Der Begriff galt als unschuldig und bot die ideale Projektionsfläche zur begrifflichen Neubewertung der Obdachlosen gemäß rassenhygienischer NS-Diskurse. Nach 1945 ermöglichte er den Fürsorgeexperten begrifflich sowohl mit dem Wanderer der Weimarer Republik als auch mit den „Asozialen" und „Gemeinschaftsfremden" des „Dritten Reiches" zu brechen, ohne dass dieser Bruch zwangsläufig inhaltlich erfolgte. Wilhelm Bock nahm in seiner Abhandlung zu „Nichtsesshaften" beispielsweise eine Gleichsetzung von „Asozialen" und „Nichtsesshaften" vor:

„Unter den Asozialen sind jene Nichtsesshafte zu verstehen, die nach ihrer Lebensführung nach der Vorschrift des § 361 StGB bestraft werden können."[30]

Zur Bezeichnungsänderung sah man sich nicht nur wegen einer Distanzwahrung zum NS-Regime gezwungen, sondern vor allem wegen einer veränderten Klientel der Obdachlosenfürsorge in der Nachkriegszeit. Die „alten Tippelbrüder" waren von der Landstraße verschwunden. Der neue Typus der Obdachlosen befand sich stattdessen in den „Bunkern und Ruinen" der Großstädte und war wesentlich jünger.[31] Hinzu traten Zuwanderer aus der DDR. Ein Großteil derjenigen, die nach dem „Notaufnahmegesetz" abgewiesen wurden und damit keinen festen Wohnsitz bekamen, verblieb in der Bundesrepublik und wanderte meist ziellos umher.[32] Ebenso verlangten die Stadtstreicher als „Großstadtproblem der Obdachlosigkeit" nicht nur strafrechtliche Änderungen, sondern auch neue Fürsorgemaßnahmen.[33] Wie also definierte man nun „nichtsesshaft" in der frühen Bundesrepublik?

Diese Frage beschäftigte nicht mehr nur die Vertreter der Wandererfürsorge und der Kommunen, sondern löste auch Debatten auf Bundesebene aus. Das Problem der begrifflichen Eingrenzung war offensichtlich geworden, als Bund und

---

[29] Ayaß, Vagabunden, 94 f.
[30] Bock, Mensch, S. 2.
[31] Protokoll der Sitzung der Fürsorge für Nichtseßhafte der Zentralleitung für das Stiftungs- und Anstaltswesen in Württemberg v. 20. 1. 1953, ADCV ZA 288.70 030 Fasz. 07.
[32] Wagner in Vorwort für ein Bundesgesetz zur Erfassung und vorläufigen Unterbringung der Nichtsesshaften v. 27. 9. 1950, ADCV ZA 288.70 030 Fasz. 07. Zur Situation der wohnungslosen Zuwanderer aus der DDR vgl. Oesterreich, Situation, S. 131, 386.
[33] Treuberg, Mythos, S. 133.

Länder gemeinsam mit dem DST 1951 eine Zählung der „Wanderer und nicht sesshaften Personen" durchführen wollten, jedoch an praktischen Umsetzungsproblemen und definitorischen Schwierigkeiten scheiterten.[34] Im Juli 1953 erließ das Bundesinnenministerium daher „Richtlinien über die Fürsorge für Nichtseßhafte", in denen es zur Eingrenzung des Personenkreises hieß:

> „Eine feste Begriffsbestimmung der Nichtsesshaften existiert nicht. Der Kreis ist umfassender, als der durch die bisherige Wandererfürsorge erfaßte. Unter Nichtsesshaften werden im allgemeinen diejenigen Personen verstanden, die keinen festen Wohnsitz haben und daher in ständig wechselnden Unterkünften leben, sowie diejenigen Personen, die trotz eigenen Wohnsitzes nicht nur vorübergehend umherziehen."[35]

Das zentrale Merkmal zur Bestimmung der „Nichtsesshaften" war die Mobilität und stand damit in direkter Kontinuität zum „Wandertrieb" bei Landstreichern und Vagabunden, den man zu Beginn des 20. Jahrhunderts festzustellen glaubte. In Fürsorgekreisen populär geworden war der vermeintlich erblich bedingte „Wandertrieb" durch die psychologische Untersuchung von Ludwig Mayer aus dem Jahr 1899. Mayer sah „mehr oder minder die angeborene Persönlichkeit von ausschlaggebender Bedeutung" für den „Wandertrieb" an und stellte bei einem Großteil seiner Untersuchungsfälle einen scheinbar angeborenen „Bewegungsdrang von der Enge in die Weite, von der Gebundenheit in die Freiheit" fest.[36] Vor allem im „Dritten Reich" wurde damit eine vermeintliche Nichterziehbarkeit der Wanderer erklärt und die Verfolgung „Asozialer" begründet. Mobilität war dem repressiven NS-Ordnungsdenken nicht nur hier mehr als nur ein Dorn im Auge. Ebenso sah das NS-Regime in nomadischen Lebensweisen etwa von Sinti und Roma eine gesellschaftliche Gefahr, weshalb diese in Lagern zur Sesshaftigkeit gezwungen und massenhaft verfolgt und ermordet wurden.[37]

Die Ansicht, dass bestimmte Personenkreise aufgrund eines angeborenen Drangs zur Wanderschaft nicht in der Lage seien, sich in die Gesellschaft einzufügen, hielt sich bis in die Bundesrepublik. Als der DST 1954/1955 doch noch eine verkleinerte Erhebung zu den „Nichtsesshaften" in Hannover, Köln, München und Stuttgart durchführte, wurde bei 24 Prozent der Erfassten ein „Wandertrieb" als Ursache ihrer „Nichtsesshaftigkeit" in der Statistik festgehalten. Dies zeigt, wie selbstverständlich die biologistische Begründung in der alltäglichen Praxis mit „Nichtsesshaften" verwendet wurde und sogar auf neue Personenkreise ausgeweitet wurde.[38]

Während vor 1945 überwiegend Männern ein „Wandertrieb" unterstellt worden war, war nun auch für obdachlose Frauen, die von Stadt zu Stadt zogen, die Mobilität zum entscheidenden Beurteilungskriterium geworden:

---

[34] DST an Bundesinnenministerium v. 22. 4. 1952 sowie die Antwort v. 20. 5. 1952, BArch B 106/8626.
[35] Richtlinien über die Fürsorge für Nichtseßhafte v. 22. 7. 1953, ADCV ZA 288 010.
[36] Mayer, Wandertrieb, S. 6, 70.
[37] Vgl. für Bayern: Nerdinger (Hrsg.), Verfolgung.
[38] Die Wandererhebung (nicht seßhafte Personen) in den Städten Hannover, Köln, München, Stuttgart, Ende Januar/Anfang Februar 1954, BArch B 106/8626.

„Wir haben keineswegs den Eindruck, daß es sich bei den nichtseßhaften Mädchen und Frauen nur um eine äußere Obdachlosigkeit handelt. In den wenigen Fällen, in denen dies der Fall sein mag, kann Hilfe gefunden werden. Eine gute Haushaltsstellenvermittlung, eine Arbeitsvermittlung mit geeigneter Wohnheimunterbringung sind die Hilfsmittel, die zur Verfügung stehen."[39]

Die „äußere Obdachlosigkeit" wurde lediglich durch die soziale Notlage der Frauen begründet, die sich durch kurzfristige Hilfsmaßnahmen auch schnell beheben ließe. Die hier zwar nicht ausdrücklich erwähnte, aber dennoch unterschwellig implizierte innere Obdachlosigkeit, die sich in der Regel bei den mobilen, umherziehenden Frauen fände, wurde dagegen in persönlichen Defiziten der Betroffenen gesehen. Auf dem Deutschen Fürsorgetag wurde „nichtsesshaften" Frauen unterstellt, aufgrund von „Defekte[n] in körperlicher oder geistiger Hinsicht" behindert und nicht in der Lage zu sein, ein „geordnetes Lebens zu führen."[40] Dementsprechend müsse die Fürsorge fortan eine „sozialpädagogische bzw. sozialhygienische Aufgabe" erfüllen, dürfe aber niemals „Aufgaben der polizeilichen Gefahrenabwehr" übernehmen.[41] Diese Ansicht stand im Einklang mit einer Psychologisierung von Obdachlosigkeit seit Anfang der 1950er-Jahre. Vertreter aus Medizin und Psychologie sahen in Obdachlosigkeit das Symptom einer psychischen Erkrankung.[42]

5.2 Die Obdachlosenhilfe im Sozialstaat

Zwischen Wohlfahrt und Polizeipflege: Kooperationen und Konkurrenzen

Die Obdachlosenfürsorge entstand Anfang des 20. Jahrhunderts nicht aus dem Nichts, sondern konnte in den Städten auf bereits gewachsene private und konfessionelle sowie armenpolizeiliche Strukturen aufbauen. Diese galt es bei dem Aufbau der kommunalen Fürsorge zu berücksichtigen. Einerseits konnten hieraus fruchtbare Kooperationen entstehen, andererseits aber auch hemmende und konfliktreiche Konkurrenzen, wie das Beispiel der weiblichen Obdachlosenfürsorge in München zeigt.

Die dortige Obdachlosenfürsorge für Frauen ging aus einer doppelten polizeilichen Tradition hervor. Erstens standen Obdachlose im Kaiserreich unter armenpolizeilicher Kontrolle, die sich im Wesentlichen darauf beschränkte, die Betroffenen kurzfristig in Polizeiasylen unterzubringen.[43] Obdachlose Frauen wurden zudem als „Gefährdete" von den polizeilich geführten Pflegeämtern sowie der neu

---

[39] Evangelischer Gemeindedienst Wuppertal an Zentrale des KFV Dortmund v. 21. 5. 1957, ADCV SkF D 319.4 D02/21 Fasz. 03.
[40] Else Mues in Aussprache, in: Muthesius (Hrsg.), Neuordnung, S. 130.
[41] Kobus: Leitsätze, in: ebenda, 98 f.
[42] Zur Psychologisierung vgl. Kap. 6.2, S. 165–171.
[43] Zur Obdachlosenfürsorge im ausgehenden 19. Jahrhundert vgl. Frie, Fürsorgepolitik, in: Kaiser/Loth (Hrsg.), Reform; Schenk, Grenzen.

entstandenen „weiblichen Kriminalpolizei" betreut.[44] Daneben existierten für alleinstehende und schutzsuchende Frauen Angebote der privaten und konfessionellen Wohlfahrt, wie die Mädchenschutzvereine mit eigenen Frauenheimen und Bahnhofsmissionen.[45] In vielen Städten – wie auch in München – entwickelten sich Polizeipflege und private Wohlfahrtsverbände zeitgleich, wodurch sich von Beginn an die Frage nach Kooperationen und Konkurrenzen zwischen polizeilicher und wohlfahrtspflegerischer Zuordnung obdachloser Frauen stellte.[46]

Die Reaktionen der kommunalen Ämter nach dem Ersten Weltkrieg waren gespalten: Angesichts dieser ohnehin doppelten Besetzung verhielten sich einige sehr zurückhaltend. Die Kommunen wollten nicht als dritter Spieler auf dem Gebiet der weiblichen Obdachlosenfürsorge aktiv werden und sich die Kosten sparen. Gelsenkirchen weigerte sich 1924 sogar, den örtlichen Katholischen Fürsorgeverein für Frauen und Mädchen mit Zahlung fester Pflegesätze finanziell zu unterstützen, nachdem dieser wie viele andere im Zuge der Inflation nicht mehr imstande war, die laufenden Kosten zu tragen.[47] Erst nachdem eine Rundfrage bei anderen Städten der Rhein-Ruhr-Region eine solche Praxis als üblich bestätigte, willigte die Kommune ein.[48]

Das Wohlfahrtsamt München richtete indessen eine eigene Fürsorgestelle für weibliche Obdachlose und „sittlich gefährdete" Frauen ein. Sie trat neben die bereits existierende Polizeipflege und den KFV. Die Position der Gefährdetenfürsorge im kommunalen Gesamtbetreuungssystem änderte dies geringfügig. Eine zentrale Anlaufstelle für obdachlose Frauen war nicht entstanden, sondern lediglich die Arbeit des KFV sowie die polizeiliche Betreuung ergänzt worden. Damit folgte die Stadt München dem Leitgedanken, wie ihn Agnes Neuhaus für die städtische Gefährdetenfürsorge im Handwörterbuch der Wohlfahrtspflege 1924 formuliert hatte: Die Stadt solle die Gefährdetenfürsorge nicht selbst ausführen und die „Vereine nicht ersetzen, sondern mit ihnen Hand in Hand arbeiten." Dabei sollen die Vereine auch in engem Kontakt mit der Polizei stehen, die ihr die Betroffenen zuführe.[49] Die Stadt sollte demnach mehr koordinieren als selbst aktive Fürsorgearbeit leisten. Die Vielschichtigkeit schlug sich sogar in der Ausbildung neuer Arbeitskräfte nieder. Neue Wohlfahrtspflegerinnen mussten dementsprechend bei Dienstantritt erstmal die „nicht städtischen in gleicher Richtung arbeitenden Stellen" kennenlernen und ein zweiwöchiges Praktikum bei der Polizeipflege absolvieren.[50]

---

[44] Niggemeyer, Kriminalpolizei, S. 41; Jessen, Polizei, S. 171f, 177. Zu Polizeipflegerinnen in der Weimarer Republik vgl. Blum, Polizistinnen, S. 33–55. Sauerteig, Krankheit, S. 41–52.
[45] Haunschild, Elend, S. 350; Wollasch, Fürsorgeverein.
[46] Zum KFV vgl. Wollasch, Fürsorgeverein. Für München vgl. Rudloff, Wohlfahrtsstadt, S. 550–557.
[47] KFV Gelsenkirchen an Direktor Lenz v. 17. 10. 1924, ISG GE 5 Nr. 110. Auch der KFM in München war 1921 in eine finanzielle Schieflage geraten und suchte nach Spendern, vgl. Spendenaufruf von Amelie von Godin v. 10. 10. 1921, DiCV AR 872.
[48] Vgl. die entsprechenden Rückmeldungen aus Düsseldorf, Köln und Bielefeld an das Wohlfahrtsamt Gelsenkirchen, ISG GE 5 Nr. 110.
[49] Neuhaus, Gefährdetenfürsorge, S. 154.
[50] Hilble an Personalbüro v. 29. 1. 1927, StadtAM Wohlfahrt 4687.

5. Sozialamt, Polizei und Wohlfahrtspflege: Polykratische Obdachlosenbetreuung

Neue reichsweite Regelungen wie etwa das Reichsgesetz zur Bekämpfung von Geschlechtskrankheiten von 1927 erschwerten die Zusammenarbeit zwischen den einzelnen Stellen und erhöhten die Konkurrenz. Sie gipfelten in München in der Initiative, ein Pflegeamt zu gründen und dadurch die sittenpolizeilichen Befugnisse zurückzudrängen.[51] Dabei sollte der Name Pflegeamt „kein Programm bedeuten", sondern die bisherige Abteilung für weibliche Obdachlose und Gefährdete umbenannt werden und deren Kompetenzen auch intern gegenüber den Bezirkswohlfahrtsämtern, dem Jugendamt und den freien Wohlfahrtsvereinen ausgebaut werden.[52] Die Polizeiarbeit auf dem Gebiet der Gefährdetenhilfe sollte zurückgedrängt werden und das „Pflegeamt an ihre Stelle treten."[53] Denn nach wie vor kümmerten sich um die sittenpolizeilich Vorgeführten primär die Polizeipflegerinnen.[54] Von 2968 Personen, die diese noch 1926 betreuten, waren 1017 aufgrund von Obdachlosigkeit oder Streunens vorgeführt worden. Lediglich 598 wurden jedoch an die Gefährdetenfürsorge des Wohlfahrtsamtes verwiesen.[55] Dies sollte sich durch das neue Pflegeamt ändern. Die Abteilung für weibliche Obdachlose und Gefährdete führte zwar ab 1927 schon den Beisatz Pflegeamt. Trotz zahlreicher Versuche konnte die endgültige Streichung der als „anstössig" empfundenen Bezeichnungen „obdachlos" und „gefährdet" aber nicht durchgesetzt werden.[56]

Zur Errichtung eines Pflegeamtes kam es nicht, was auch an der fehlenden Bereitschaft der Wohlfahrts- und Polizeipflegerinnen lag. Obwohl die städtische Gefährdetenfürsorge und die Polizeipflegerinnen in ihrer praktischen Arbeit stets eine stärkere Zusammenarbeit angestrebt hatten, lehnten sie eine strukturelle Zusammenführung der Abteilungen ab. Die Begründung für die ablehnende Haltung verwies auf die „Bewegungsfreiheit", die den Polizeipflegerinnen in ihrer Arbeit zustand, die sich im Wohlfahrtsamt aber verbot. Die Polizeifürsorge könne – aufgrund fehlender Verordnungen – ihre Arbeit rein nach „erzieherischen" und „psychologischen" Gründen verrichten, wohingegen das Wohlfahrtsamt nicht nach „freiem Ermessen" und nur nach gründlicher Konsultation der Unterlagen Fürsorgemaßnahmen erlassen konnte.[57] Statt die Polizeipflege in den Wohlfahrtsstaat zu integrieren, drängte die Gefährdetenfürsorge nun darauf, die Abteilung stärker an die Polizeipflege anzubinden. Auf ausdrücklichen Wunsch der Wohlfahrtspflegerinnen verlegte das Wohlfahrtsamt die Amtsräume der Abteilung im November

---

[51] Preußischer Minister für Volkswohlfahrt, Richtlinien über die Abgrenzung des Aufgabenkreises der Pflegeämter und andrer Fürsorgestellen für sittliche Gefährdete gegenüber der Polizei v. 24. 7. 1924, StadtAM Wohlfahrt 4687.
[52] Bamberger, Über die Errichtung eines Pflegeamts v. 29. 11. 1927, StadtAM Wohlfahrt 4687.
[53] Aktenvermerk Referat 6 zur Errichtung eines Pflegeamts v. 1. 3. 1928, StadtAM Wohlfahrt 4687.
[54] Bericht der Wohlfahrtspflegerin Fries v. 17. 3. 1927, StadtAM Wohlfahrt 4687.
[55] 1925 waren es 56% aller Vorgeführten. Unter den sittlich Vorgeführten waren auch Männer. Allerdings war ihre Anzahl im Vergleich zu den Frauen gering. 1924 waren 9%, 1925 15% und 1926 10% der von den Polizeipflegerinnen betreuten Personen männlich, vgl. Tätigkeit der Polizeipflegerinnen, undat. [März 1927], StadtAM Wohlfahrt 4687.
[56] Referat 6/3 an Referat 6/2 v. 16. 4. 1928, StadtAM Wohlfahrt 4687.
[57] Fries, Über die Zusammenarbeit des Städt. Wohlfahrtsamtes für weibliche Obdachlose und Gefährdete mit den Polizeipflegerinnen v. 17. 3. 1927, StadtAM Wohlfahrt 4687.

1927 in die Polizeidirektion.[58] Die räumliche Verknüpfung der kommunalen Obdachlosen- und Gefährdetenfürsorge mit der Polizeidirektion unterstreicht deren Ausrichtung: Die weibliche Obdachlosenfürsorge der Stadt München war in den 1920er-Jahren der verlängerte Arm der Polizeipflege.

Die Obdachlosenpolizei: Gehobene Fürsorge

Verwaltungsrechtlich wurde grob zwischen zwei Arten von Obdachlosigkeit unterschieden: Erstens Obdachlosigkeit, die aufgrund armenrechtlicher Hilfsbedürftigkeit im Sinne der Fürsorgepflichtverordnung eingetreten ist und zweitens Obdachlosigkeit, die „nicht mangels finanzieller Mittel" eingetreten ist.[59] Für letztere Gruppe war nicht der Fürsorgeverband zuständig, sondern die sogenannte Obdachlosenpolizei. Das Allgemeine Landrecht verpflichtete die Polizei dazu, „nötige Anstalten zur Abwendung bevorstehender Gefahren" zu verrichten. Zugleich hatte das Oberste Verwaltungsgericht schon 1910 Obdachlosigkeit als eine solche Gefahr ausgewiesen.[60]

Folglich hingen die Zuständigkeiten im Wesentlichen von den Ursachen der Obdachlosigkeit ab, wie es ein Gericht in Dortmund 1927 ausdrücklich betonte:

„Ist die Obdachlosigkeit die Folge von Fürsorgebedürftigkeit, so wird die Polizei nötigenfalls dem Fürsorgeverband die Beschaffung eines Unterkommens nahe legen. [...], ist vielmehr der Obdachlose wegen der zur Zeit im Deutschen Reich allgemein herrschenden Wohnungsnot nicht in der Lage, sich selbst aus eigener Kraft und mit eigenen Mitteln ein Obdach zu beschaffen, so muß die Polizei selbst für die Beschaffung desselben mit den ihr zur Verfügung stehenden polizeilichen Mitteln sorgen."[61]

Während das Fürsorgeamt vor allem für die vermeintlich selbstverschuldeten Obdachlosen eine Anlaufstelle war, sollte die Polizei die unverschuldet in Not geratenen unterbringen. Damit war „Schuld" eine weitere Kategorie neben den bereits erläuterten devianten Zuschreibungen, die den Umgang mit Obdachlosen bestimmte. Hier zeigte sich erneut die Unterscheidung zwischen Fremd- oder Selbstverschulden, die ein zentrales Element in der Stigmatisierung von Obdachlosen war. Insbesondere die Obdachlosenpolizei nutzte diese, um ihre Zuständigkeit für Betroffene abzusprechen.

Dabei bewerteten potentiell gefährdete Schichten wie die Arbeiterschaft die Obdachlosenpolizei durchaus positiv, da ihr eine größere Tatkraft gegen den Wohnungsmangel zugesprochen wurde, während die Obdachlosenfürsorge und auch die Wohnungsämter schon seit den ersten Jahren der Weimarer Republik einen schlechten Ruf hatten.[62] In Gelsenkirchen war dies 1931 besonders evident

---

[58] Hilble an alle zuständigen Abteilungen v. 22. 11. 1927, StadtAM Wohlfahrt 4689.
[59] Pentz, Obdachlosigkeit, S. 365.
[60] Baak, Maßnahmen, S. 319.
[61] Abschrift der Verwaltungsstreitsache Polizeiverwaltung Dortmund wider Josef Witt v. 24. 3. 1927, BArch R 36/1906.
[62] Für den schlechten Ruf der Wohnungsämter am Beispiel Münchens vgl. Geyer, Wohnungsnot, in: Feldman/Ambrosius/Holtfrerich (Hrsg.), Anpassung, S. 138.

geworden. Das Wohnungsamt hatte versäumt, leer stehende Wohnungen zeitnah an neue Mieter zu übergeben, woraufhin die Obdachlosenpolizei kurzerhand diese Wohnungen beschlagnahmte und Zwangsgeräumte einwies. Damit habe – so ein Leserbrief – „die Polizei […] die Arbeit des Wohnungsamtes besorgt".[63] Die Möglichkeit der Wiedereinweisung hatte sich unter mietsäumigen Familien herumgesprochen und einige ließen es daher bewusst auf ein Räumungsurteil ankommen. Bei dieser Praxis ging die Obdachlosenpolizei allerdings mit zweierlei Maß vor. Sie wurde nicht müde, darauf hinzuweisen, dass es sich stets um Ausnahmefälle handele und drohte Exmittierten, die den Verlust ihrer Wohnung mitverschuldet hatten, mit der Einweisung ins Obdachlosenasyl oder Heim.[64]

Im „Dritten Reich" versuchte die Obdachlosenpolizei ihren Status als gehobene Fürsorge für „ordentliche" Familien weiter auszubauen. Ziel der nationalsozialistischen Obdachlosenpolitik bei Familien war deren „Wiedereingliederung in die völkische Wohngemeinschaft",[65] allerdings nach ideologischen und bevölkerungspolitischen Kriterien. Gemäß eines mehrstufigen Erziehungs- und Bewährungssystems sollten die „besserungsfähigen" Familien nicht dauerhaft im Status der Obdachlosigkeit verharren. Entscheidend war dafür die rassenideologische Beurteilung der Betroffenen. Dabei wurde die Betreuung vermeintlich „asozialer" Mieter auf die spezifischen Orte der Obdachlosigkeit beschränkt und aus dem Aufgabengebiet der Obdachlosenpolizei herausgelöst. Diese bemühte sich stattdessen vornehmlich um die vermeintlich „ordentlichen" Familien, deren Räumungen verstärkt durch Mietschuldübernahmen abgewendet werden sollten.

Die nationalsozialistische Verfolgungspolitik brachte zudem weitere Betreuungsgruppen in den Aufgabenbereich der Obdachlosenpolizei. So war sie beispielsweise bei der Unterbringung obdachloser Juden beteiligt, die zuvor mitunter gewaltsam aus ihren Wohnungen verdrängt worden waren. Dafür nutzte die Obdachlosenpolizei ihr Recht, für kurze Zeit Wohnraum Dritter zur akuten Beseitigung von Obdachlosigkeit als polizeiwidrigen Zustand zu beschlagnahmen. Aufzeichnungen aus Düsseldorf zeigen, dass die Obdachlosenpolizei für Juden, die in Folge der Ausschreitungen in der Reichspogromnacht in die Obdachlosigkeit getrieben worden waren – beispielsweise da ihre Wohnungen zerstört worden waren –, Hotelzimmer und ein Heim der Caritas beschlagnahmte.[66] Gleichwohl ging es hier nicht um gleichwertigen Ersatz oder humanitäre Hilfe, sondern lediglich um einen kurzzeitigen Zwischenschritt in der zunehmenden Verfolgung jüdischer Menschen im Deutschen Reich. Zugleich wollte die Obdachlosenpolizei selbst vom antisemitischen Radikalisierungsprozess profitieren und freigewordenen Wohnraum für ihre Zwecke nutzen. So versuchte sie leer stehende Wohnungen von Juden zu beschlag-

---

[63] Greift das Wohnungsamt ein? Die Obdachlosenpolizei bewährt sich, in: Buer'scher Zeitung Nr. 118, 1. 5. 1931, enthalten in: ISG GE 32 Nr. 179.
[64] Vgl. Verhalten bei Obdachlosigkeit. Eine wichtige Bekanntmachung der Polizeiverwaltung v. 11. 3. 1926, ISG GE 32 Nr. 173.
[65] Schütte/Naß, Unterbringung. Hier auch das nachfolgende Zitat.
[66] Sparing, Pogromnacht; Fleermann, Pogrom.

nahmen, die während der sogenannten „Polenaktion" abgeschoben und deportiert worden waren, um dort Obdachlose und Wehrmachtsangehörige einzuquartieren.[67] Damit partizipierte die Obdachlosenpolizei direkt an der nationalsozialistischen Verfolgungsspirale.

Im Zweiten Weltkrieg erweiterten sich die Aufgaben der Behörde zusätzlich. Die Obdachlosenpolizei war maßgeblich an der Unterbringung ausgebombter und luftkriegsgeschädigter Personen beteiligt, die eine privilegierte Betreuung erfuhren. Sie konnte damit im Krieg ihren Status als gehobene Obdachlosenhilfe festigen. Jedoch machten es die Masse an Familien ohne Unterkunft und der akute Wohnraummangel mit Kriegsverlauf zunehmend obsolet, weiter nach Würdigkeit der Betroffenen zu unterscheiden. Stattdessen wurde versucht, dem Problem Obdachlosigkeit durch Umquartierungen zu begegnen.

Nach dem Krieg entwickelten sich die Städte durch die Flüchtlingsströme und die Rückkehr der Evakuierten zu regelrechten Zentren der Obdachlosigkeit. Wohnraum war in den zerbombten Vierteln knapp. Die Obdachlosenpolizei sah sich auch in den Nachkriegsjahren nur für die unverschuldet in Not geratenen Obdachlosen – nun die kriegsgeschädigten Haushalte – zuständig und nahm erneut die Sozialämter in die Pflicht:

„Die Obdachlosenpolizei greift viel [sic] Leute auf der Strasse auf, für deren Unterkunft und Verpflegung gesorgt werden muss, [...] und muss sie dann den zuständigen Sozialämtern überweisen. Dabei ist es vorgekommen, dass die Sozialämter diese armen Leute mit dem Bemerken ‚nicht zuständig' abwiesen. Dies ist ein untragbarer Zustand, denn diese Leute wissen nicht wohin und werden halb erfroren wieder aufgefunden und es waren schon mehrere Todesfälle zu verzeichnen."[68]

Trotz massenhafter alltäglicher Not wurde schon 1946 wieder zwischen unverschuldet in Not geratenen Obdachlosen, deren Obdachlosigkeit als direkte Folge des Krieges gesehen wurde, und selbstverschuldeten unterschieden. Auch eine erneute Kennzeichnung Letzterer als „Asoziale" ließ in diesem Zusammenhang nicht lange auf sich warten, wobei nun auch Zuschreibungen wie „unzumutbar" im Verwaltungshandeln der Obdachlosenpolizei eine Rolle spielten.

Deutlich zeigt sich dies in einem Bericht des Bayerischen Städtetages von 1953, indem die rechtliche und praktische Herangehensweise bei der Unterbringung Obdachloser thematisiert wurde und weitgehend ungebrochen zur Vorkriegszeit blieb. Der Städtetag sah in erschreckender terminologischer Kontinuität zur Zeit des Nationalsozialismus vor, dass die Hilfsmaßnahmen nach „individuellen Eigenschaften des einzelnen Betroffenen" gemäß folgender Differenzierung bestimmt werden:

„(1) Asoziale Elemente, die sich durch ihr Verhalten weitgehend außerhalb der menschlichen Gesellschaft gestellt haben und in eine Hausgemeinschaft nicht mehr hineinpassen.
(2) Mieter, die individuell also relativ kurze Zeit einem Vermieter zum Abschluss eines Mietverhältnisses nicht zugemutet werden können.

---

[67] Sparing, Ostjuden.
[68] Abteilung für Sozialwesen, Bericht über Sitzung beim Magistrat von Groß-Berlin v. 30. 1. 1947, LAB B Rep. 203 Nr. 9345.

(3) Mietrechtlich völlig zumutbare Mieter, die sich kein mietschädigendes Verhalten und keine Nichtzahlung der Miete haben zuschulden kommen lassen."[69]

Eine solche Einteilung deckte sich mit dem gehobenen Selbstverständnis der Obdachlosenpolizei. Die Berliner Bezirksbürgermeister beschlossen beispielsweise, dass die Obdachlosenpolizei „asoziale" Obdachlose künftig nicht mehr betreuen sollte:

„Es ist unbedingt notwendig, daß die Asozialen aus den von der Obdachlosenpolizei betreuten Obdachlosenunterkünften herausgenommen werden. Dies läßt sich jedoch nur durchführen, wenn die Sozialverwaltung Aufnahmeheime für Asoziale baut."[70]

Die Obdachlosenpolizei war künftig nur noch für die „vorübergehend zumutbaren" und die „zumutbaren" Obdachlosen zuständig. Die „asozialen Elemente" betreute das Fürsorgeamt, und brachte sie primär in gesonderten Obdachlosenunterkünften unter. Die Obdachlosenpolizei gruppierte damit nicht nur wörtlich, sondern auch ganz praktisch die „Unzumutbaren" aus seinem Zuständigkeitsbereich heraus.

Dies hatte gar zur Folge, dass die Obdachlosenpolizei ihrem Auftrag, Obdachlosigkeit zu beseitigen, entgegenarbeitete. Anstatt Räumungsurteile abzuwenden, veranlasste sie diese selbst und versuchte unliebsame Einzelpersonen aus den von ihr betreuten Wohnunterkünften zu drängen.[71] Doch die Betroffenen wehrten sich:

„Ich muss sagen, es ist direkt zum Lachen, daß die Obdachlosenpolizei mich auf die Straße setzen will um andere unterzubringen. Ich glaube, ich habe wohl auch mal das Recht als Mensch zu wohnen und nicht immer wie ein Zigeuner. [...] Ich als alter Berliner kann wie ein Hund in seiner Hütte hausen, obwohl ich auch das Recht auf eine Wohnung habe, denn ich werde ja nicht jünger, sondern älter und möchte endlich mal sagen können, das ist mein zu Hause."[72]

Walter G. spielte dabei seinerseits auf die groteske Situation an, durch die Obdachlosenpolizei geräumt zu werden. Er weigerte sich, seine Notunterkunft zugunsten eines Untermietverhältnisses aufzugeben, was bei vielen alleinstehenden Personen nach dem Krieg übliche Praxis war. Wie die anderen Beschwerdeführer beanspruchte er eine ordentliche Wohnung. Die Begründungen waren unterschiedlich. Walter G. sah sich als gebürtiger Berliner und aufgrund seines Alters – er war zum Zeitpunkt der Beschwerde 56 Jahre alt – zu einer Art Alterswohnsitz berechtigt. Selma G., Marie K. und Margarethe K. hatten durch Kriegseinwirkungen ihre Wohnungen verloren.[73] Obwohl alle Betroffenen von der Obdachlosenpolizei bei

---

[69] Zusammenfassender Bericht über die 16. Tagung des Hauptausschusses des Bayerischen Städtetages v. 27. 11. 1953, insbesondere das Referat von Urschlechter „Die Gemeinden im Kampf gegen Obdachlosigkeit", ISG FRA Fürsorgeamt 722.
[70] Radziejewski in Sitzung der Wohnungsamtsleiter West-Berlin v. 19. 9. 1956, LAB B Rep. 210 Nr. 1286.
[71] Obdachlosenpolizei Zehlendorf an Senator für Bau- und Wohnungswesen v. 29. 1. 1957, LAB B Rep. 210 Nr. 1270.
[72] Walter G. an Obdachlosenpolizei Zehlendorf v. 13. 10. 1956, LAB B Rep. 210 Nr. 1270.
[73] Selma G. an Obdachlosenpolizei Zehlendorf v. 15. 10. 1956, Marie K. an Obdachlosenpolizei Zehlendorf v. 11. 10. 1956, Margarethe K. an Obdachlosenpolizei Zehlendorf v. 14. 10. 1956, alle LAB B Rep. 210 Nr. 1270.

ihrer Einweisung darüber informiert worden waren, dass die Unterbringung nur kurzzeitig war und sie sich selbstständig ein anderweitiges Unterkommen besorgen sollten, sahen sich die Betroffenen nicht in der Pflicht. Sie verwiesen darauf, dass es das Wohnungsamt bisher noch nicht geschafft habe, ihnen eine annehmbare Wohnung zu vermitteln. Die Beschwerden der Zwangsgeräumten sind nicht nur eine wertvolle Quelle für die Interaktionen zwischen Zwangsgeräumten und Obdachlosenpolizei, sondern veranschaulichen auch die internen Konkurrenzsituationen zwischen obdachlosen Familien und alleinstehenden Obdachlosen. Erneut machen die Beschwerden deutlich, dass Obdachlosenpolizei und kommunale Fürsorge oft nicht ineinandergriffen. Insbesondere die städtischen Ämter sahen sich vielfach schlichtweg überfordert.

Bundeseinheitliche Forderungen und kommunale Überforderungen

Der Kölner Sozialdezernent Ulrich Brisch beschrieb noch 1967 den verwaltungsrechtlichen Umgang mit Obdachlosigkeit als jahrzehntelange Improvisationskunst, die in den Kommunen langsam aber sicher „das ungute Gefühl" hervorriefe, „an Symptomen zu kurieren, statt die Ursachen freizulegen und hier den Prozeß der Heilung anzusetzen."[74] Brischs Worte waren sicherlich überspitzt und müssen vor dem Hintergrund einer Pathologisierung von Obdachlosigkeit mit Vorsicht betrachtet werden, doch lag er in seiner Tendenz nicht falsch: Die kommunale Obdachlosenfürsorge war bis in die 1970er-Jahre stets eine Reaktion auf akut auftretende Notlagen. Die konkreten Lösungsansätze wirkten im lokalen Raum und führten nicht zu einer gesamtstaatlichen Fürsorge für Obdachlose.

Schon Emil Münsterberg hatte kurz vor der Jahrhundertwende bemängelt, dass die Städte auf das neue Problem urbaner Obdachlosigkeit nicht vorbereitet seien. Diesen Eindruck bestätigten kommunale Verwaltungsbeamte in den 1920er-Jahren: „Wir sind mit unserer Obdachlosenfürsorge zurzeit in gewissen Schwierigkeiten", mahnte etwa der Münchner Wohlfahrtsreferent Friedrich Hilble 1925.[75] Auch von Seiten der Stadträte kamen ähnliche Einschätzungen: „Die karitativen Verbände sind allein nicht in der Lage, dieses Obdachlosenelend zu meistern, Staat und Gemeinde müssen unter allen Umständen mithelfen."[76] Schon hier wird klar, dass die Gemeinden dieser Aufgabe nicht alleine gewachsen waren, sondern auch das Reich in die Pflicht nehmen wollten. Nicht nur in München klagten die Verantwortlichen in den Behörden des Weimarer Wohlfahrtsstaates über die Situation in der Obdachlosenbetreuung. Der Kommunalbeamte Bernhard Baak bezeichnete

---

[74] Brisch, Obdachlosigkeit, S. 2. Ulrich Brisch war von 1957 bis 1969 Sozial- und Jugenddezernent der Stadt Köln und von 1970 bis 1988 Diözesan-Caritasdirektor im Erzbistum Köln, vgl. Lorke, Armut, S. 133.

[75] Hilble in Sitzung des Wohlfahrtshauptausschusses v. 22. 6. 1925 in: MGZ 54 (1925) Nr. 15, S. 789.

[76] Ruf in Sitzung des Wohlfahrtshauptausschusses v. 22. 6. 1926, in: MGZ 54 (1925) Nr. 15, S. 791.

in diesem Zusammenhang obdachlose Familien 1927 gar als „das Kreuz der Wohnungsämter und Polizeibehörden".[77]

Diese Überforderung war kein Spezifikum der Weimarer Republik, sondern durchzog den gesamten Untersuchungszeitraum. Der Berliner Bezirk Wedding meldete im April 1949 an den Magistrat: „Wir wissen nicht mehr, was wir mit den Obdachlosen anfangen sollen."[78] Im Juli 1950 kapitulierte die Fürsorgestelle für Wohnungslose und Flüchtlinge in Frankfurt am Main und gestand gegenüber der Amtsleitung ein „Versagen auf ganzer Linie ein". Praktisch habe „jede Unterbringung von Obdachlosen durch die hiesige Stelle aufgehört", so der zuständige Beamte.[79] 1962 meldete die Stadt Frankfurt, dass die „Obdachlosenfürsorge in der früher üblichen Weise als vollkommen unzureichend angesehen werden muß". Die Städte könnten die hierfür auftretenden Belastungen unmöglich alleine tragen, sondern bräuchten die Unterstützung der Länder.[80] Die Kommunen fühlten sich im Stich gelassen, sowohl in finanzieller als auch in moralischer Hinsicht und strebten nach landesweiten Maßnahmen im Obdachlosenwesen. Doch von diesen war man weit entfernt.

Ein durchgängiges Problem der kommunalen Fürsorgeämter war die Kostenübernahme für obdachlose Personen. Die RFV hatte hierfür 1924 den „Unterstützungswohnsitz" durch das Prinzip des „gewöhnlichen Aufenthalts" ersetzt, der die Zuständigkeiten vereinfachen und das verwaltungsrechtliche Handeln effizienter gestalten sollte. Personen mussten nun von dem Bezirksfürsorgeverband vorläufig unterstützt werden, in dem sie sich bei Eintritt der Hilfsbedürftigkeit befanden. Dies sollte gewährleisten, dass jedem Hilfsbedürftigen unabhängig von der Kostenfrage die notwendige Hilfe zu Teil und die Praxis des Weiterschiebens von Hilfsbedürftigen in den nächsten Bezirksfürsorgeverband untergraben wurde.[81] Zur endgültigen Kostenübernahme war schließlich der Bezirk, in dem die Hilfsbedürftigen ihren „gewöhnlichen Aufenthalt hatten", verpflichtet. Bei der Mehrzahl der Obdachlosen war allerdings der gewöhnliche Aufenthalt, der sich in der Regel über den Wohn- oder Arbeitsort erklärte, schwer auszumachen. Für diese Fälle waren die Landesfürsorgeverbände zur Kostenübernahme haftbar. Dies war einer der Gründe, warum die Obdachlosenfürsorge als einer der wenigen Fürsorgebereiche im wohlfahrtsstaatlichen Entstehungsprozess weiterhin in den meisten Städten der Wirtschaftsfürsorge angegliedert blieb und nicht dezentral den einzelnen Bezirksämtern. Verhandlungen um Kostenübernahmen mit dem Landesfürsorgeverband und mit den jeweiligen Landesversicherungsanstalten bestimmten zu großen Teilen den administrativen Alltag der Obdachlosenfürsorge.[82]

---

[77] Baak, Maßnahmen.
[78] Bezirksrat an Magistrat von Groß-Berlin Abteilung Sozialwesen v. 9. 4. 1949, LAB B Rep. 203 Nr. 9345.
[79] Fürsorgestelle für Flüchtlinge und Wohnungslose an Fürsorgeleitung v. 11. 7. 1950, ISG FRA Fürsorge 768.
[80] Rechenamt an Sozialverwaltung v. 22. 3. 1962, ISG FRA Fürsorgeamt 3533.
[81] Althammer, Vagabunden, S. 441–443.
[82] Rudloff, Wohlfahrtsstadt, S. 707.

Die Ausführungen zur Obdachlosenverfolgung im Nationalsozialismus haben bereits gezeigt, dass die Kommunen sich von den reichsweiten Bettlerrazzien mehr versprochen hatten und ihrerseits nicht nur auf Wiederholungen drängten, sondern solche auch lokal durchführten. Besonders laut hallte der Ruf nach reichsweiten Lösungen in der Obdachlosenfürsorge aber nach dem Zweiten Weltkrieg. Bereits 1953 war der „Kampf der Gemeinden gegen Obdachlosigkeit" Thema des Bayerischen Städtetages.[83] Dabei identifizierten die Vertreter der Kommunen das Obdachlosenproblem „als eine völlig neuartige Tatsache […], die sich unmittelbar und nicht nur mittelbar aus den Folgen des 2. Weltkrieges entwickelt hat." Mit dem „Problem alten Stils", wonach die Gemeinden lediglich für die Unterbringung der Gemeindearmen und Durchwanderer zuständig gewesen seien, hätte die Obdachlosigkeit „nach 1946" nichts mehr gemein. Dass eine solche Sicht die realen Verhältnisse seit Mitte der Weimarer Republik völlig verdrängte, muss an dieser Stelle nicht weiter ausgeführt werden. Es ist allerdings davon auszugehen, dass die kommunalen Vertreter weniger aus Unwissenheit als vielmehr aus finanziellem Kalkül Obdachlosigkeit zu einer reinen Kriegsfolge erklärten, denn als Kriegsfolgelast fiel Obdachlosigkeit in die Verantwortung des Bundes.

Anlass, um das Thema Obdachlosigkeit im Bayerischen Städtetag zu behandeln, war der geplante Entwurf zu einem Obdachlosenunterbringungsgesetz im bayerischen Landtag.[84] Das Gesetz sollte den Gemeinden gesicherte Befugnisse zur Beschlagnahmung von Wohnraum Dritter an die Hand geben und die bisherigen kommunalen „Gewohnheitsrechte" ablösen und vereinheitlichen.[85] Allerdings wären fortan ausschließlich die Kommunen für die Beseitigung von Obdachlosigkeit zuständig gewesen und damit Bund und Länder aus der Pflicht genommen worden.[86] Schon allein aus Finanzierungsfragen war dies nicht im Interesse der Gemeinden. In ihrer gemeinsamen Resolution hieß es hierzu:

„Die zur Beseitigung der Obdachlosigkeit erforderlichen Mittel stellen demnach eine Kriegsfolgelast dar, zu deren Aufbringung nach dem Grundsatz des Art. 120 der Bund verpflichtet ist."[87]

Das Obdachlosenunterbringungsgesetz sollte die ordnungsrechtlichen Befugnisse endgültig klären. Doch zu einer Verabschiedung kam es nicht.[88] Die rechtliche

---

[83] Für die folgenden Ausführungen und Zitate: Zusammenfassender Bericht über die 16. Tagung des Hauptausschusses des Bayerischen Städtetages v. 27. 11. 1953, insbesondere das Referat von Urschlechter „Die Gemeinden im Kampf gegen Obdachlosigkeit", ISG FRA Fürsorgeamt 722.
[84] Zur rechtshistorischen Entwicklung des Gesetzes vgl. Hecker, Rechtsgrundlagen, S. 43–53.
[85] Regierungsdirektor Mayer an Bayerisches Staatsministerium des Innern v. 10. 9. 1953, BayHStA MArb Abgabe 1997 IV/668.
[86] Entwurf für ein Obdachlosenunterbringungsgesetz v. 10. 9. 1953, BayHStA MArb Abgabe 1997 IV/668.
[87] Zusammenfassender Bericht über die 16. Tagung des Hauptausschusses des Bayerischen Städtetages v. 27. 11. 1953, insbesondere das Referat von Urschlechter „Die Gemeinden im Kampf gegen Obdachlosigkeit", ISG FRA Fürsorgeamt 722.
[88] Am 1. 8. 1997 gab das Bayerische Staatsministerium für Arbeit die „Empfehlungen für das Obdachlosenwesen" bekannt, die auch Regularien zur „Unterbringung von Obdachlosen nach Sicherheitsrecht" enthielten, vgl. URL: http://www.gesetze-bayern.de/Content/Document/BayVwV96998 [1. 3. 2019].

Regelung scheiterte jedoch weniger am Widerstand der Gemeinden als an Differenzierungshürden. Die politischen Vertreter befürchteten, dass es wieder zu einer verschärften Wohnungszwangswirtschaft komme, die dazu führe, „daß Asoziale in die Wohnungen ehrsamer Bürger eingewiesen werden".[89] Zudem ging ihnen die Unterscheidung zwischen „zumutbaren" und „unzumutbaren" Obdachlosen – wie sie das Gesetz formulierte – nicht weit genug. Sie forderten eine „klar differenzierte Regelung für die Einweisung Asozialer einerseits und sonstiger Obdachloser andererseits". Der zuständige Ausschuss sah dies als praktisch nicht umsetzbar an, da „eine starre Teilung des Kreises der Obdachlosen nicht gut möglich sei, da es viele Grenzfälle und Übergangsformen gebe."

Das Scheitern des Gesetzes verdeutlicht, wie tief die Stigmatisierung von Obdachlosen als „Asoziale" in der Bundesrepublik verankert blieb und weiterhin ihre verwaltungsrechtliche Zuordnung zwischen Ordnungs- und Fürsorgerecht bestimmte. Zudem wird deutlich, wie deviante Zuschreibungen einheitliche Regelungen und Reformen im Obdachlosenwesen hemmten.

Die „Nichtsesshaftenfürsorge"

Die Frage, wo zwischen Fürsorge und Strafe sich die „Nichtsesshaftenhilfe" verortete, bestimmte auch die Diskussionen um eine Neuausrichtung des Fürsorgerechts im Zuge der geplanten Sozialreform Ende der 1950er-Jahre. Zu diesem Zweck bildete der Deutsche Fürsorgetag 1957 eine eigene Arbeitsgruppe.[90] Dass die strafrechtliche Perspektive eine zentrale Rolle spielte, wurde schon daran deutlich, dass der Jurist Rudolf Sieverts, der der Kommission zur Strafrechtsreform angehörte, ein prominentes Referat hielt.[91] Die Diskussionen firmierten nun aber schon unter dem Obergriff der Gefährdetenfürsorge.[92]

Die Gefährdetenfürsorge wurde ihrerseits in den 1950er-Jahren kontinuierlich ausgeweitet und neu ausgerichtet. Obdachlosigkeit galt dabei als eine der zentralen Ursachen einer „Gefährdung". Im Zuge der Massenobdachlosigkeit der Nachkriegsjahre fühlte sich nun zunehmend die Wandererfürsorge für Gefährdete zuständig. Ausgerechnet jene Akteure, die unmittelbar nach dem Krieg den Aufbau der „Nichtsesshaftenfürsorge" vorantrieben und unter diesem neuen Namen versuchten, einen Bruch mit der traditionellen Wandererfürsorge zu vollziehen, waren 1938 federführend an der programmatischen NS-Schrift *Der nichtseßhafte Mensch* beteiligt gewesen.[93] Da sich die Not der Obdachlosen nach 1945 vornehm-

---

[89] Vormerkung, Sitzung des Ausschusses für sozialpolitische Fragen und des Rechts- und Verfassungsausschusses des Senats v. 5. 5. 1964, BayHStA MArb Abgabe 1997 IV/ 668. Hier auch die folgenden Zitate.
[90] Willing, Bewährungsgesetz, 260 f.
[91] Sieverts, Bestimmungen. Vgl. außerdem die Ausführung von Diakon Peter Frank (BAG) in der Aussprache, in: Muthesius (Hrsg.), Neuordnung, 142 f.
[92] Haunschild, Elend, 348 f.
[93] Bayerischer Landesverband für Wanderdienst (Hrsg.), Mensch.

lich in den Städten sammelte, verlagerte auch die „Nichtsesshaftenfürsorge" nun ihren zuvor ländlichen Arbeitsschwerpunkt in die urbanen Ballungsgebiete. Die „Nichtsesshaftenfürsorge" ging in den 1950er-Jahren in der „Gefährdetenfürsorge" auf und war damit Thema bundesweiter Debatten bei der Neukonzeption der Fürsorge in der frühen Bundesrepublik.

Die zentrale Frage lautete, ob es für die „Nichtsesshaftenhilfe" ein Sondergesetz brauche oder ob sie Teil eines allgemeinen Fürsorgegesetzes sein könne. Dieser Konflikt löste sich schließlich mit der Verabschiedung des BSHG 1961 auf, das in einem eigenen Unterabschnitt (§ 17 BSHG) die „Gestaltung der Hilfe für Nichtseßhafte" definierte. Hiernach war anzustreben, dass der Betroffene „auf Dauer seßhaft wird". Ihre konkrete Umsetzung fand die Sesshaftmachung wiederum als Teil der „Hilfen für Gefährdete". Personen, die „aus Mangel an innerer Festigkeit ein geordnetes Leben in der Gemeinschaft nicht führen können", sollten so zu einem „geordneten Leben" geführt werden. Ziel war es somit die gesellschaftliche Position der „Gefährdeten" zu verändern. Neben der „Arbeitsgewöhnung" konnten sich die Betroffenen dafür nach § 73 BSHG freiwillig in eine entsprechende Anstalt oder ein Heim begeben. Lehnten sie dies ab, war es gleichsam möglich, Personen gerichtlich in eine Anstalt einzuweisen, wenn sie „besonders willensschwach oder in [ihrem] Triebleben besonders hemmungslos" sowie „verwahrlost oder der Gefahr der Verwahrlosung ausgesetzt" seien. Dafür schränkte der Paragraf sogar die persönlichen Freiheitsrechte nach Artikel 2 Absatz 2 Satz 2 GG ein. Obwohl die Fürsorgeverbände damit ihr seit 1920 verfolgtes Ziel umgesetzt hatten, wurde der § 73 BSHG in den darauffolgenden Jahren praktisch fast nicht angewandt: Zwischen 1962 und 1967 waren von 26 gerichtlich verfügten Einweisungen lediglich 10 durchgesetzt worden.[94]

Der größte Konflikt sowohl vor als auch nach der Verabschiedung des Gesetzes war der Eingriff in die persönlichen Freiheiten der Betroffenen. Im Klima des Wertewandels der 1960er-Jahre und mit einem Generationenwechsel an den Spitzen der zentralen Fürsorgeverbände machten neue Methoden und die Professionalisierung der Sozialarbeit die Zwangsverwahrung obsolet.[95] Hamburg, Hessen und Niedersachsen baten 1967 das Bundesverfassungsgericht, die Verfassungsmäßigkeit des § 73 BSHG zu prüfen. Dieses stellte fest, dass der Paragraf weder dem Schutz der Allgemeinheit noch dem Schutz der Betroffenen diene, sondern allein eine „Besserung" – für „Nichtsesshafte" die Sesshaftmachung – beabsichtigte. „Der Staat hat aber nicht die Aufgabe, seine Bürger zu ‚bessern' und deshalb auch nicht das Recht, ihnen die Freiheit zu entziehen", urteilten die Verfassungsrichter.[96] Der schon in den Weimarer Fürsorgegesetzen verankerte Erziehungsauftrag wurde damit erstmals offen hinterfragt. Das Verfassungsurteil führte schließlich auch in der „Nichtsesshaftenhilfe" zur Resignation und einem Umdenken: Anfang der 1970er-Jahre war man innerhalb der BAG zur Ansicht gelangt, dass ein

---

[94] Willing, Bewahrungsgesetz, S. 230.
[95] Ebenda, S. 281.
[96] Urteil des Bundesverfassungsgerichts v. 18. 7. 1967, abgedruckt in: ebenda, S. 379–381.

Bewahrungsgesetz „politisch nicht erreichbar sei".[97] Erstmals hinterfragte man intern auch die Begrifflichkeit „nichtsesshaft".

Einen weiteren Schritt in diese Richtung machte schließlich die Novellierung des BSHG 1974, die einen zentralen Wendepunkt in der Obdachlosenfürsorge markierte. § 72 beschränkte sich künftig nicht mehr nur auf die „Hilfe für Gefährdete", sondern schloss nun „Menschen in besonderen sozialen Schwierigkeiten" ein. Mit dieser Ausweitung sollten nun auch Personen unterstützt werden, die den „steigenden Anforderungen der modernen Industriegesellschaft aus eigener Kraft nicht gerecht" werden könnten. Dies markierte einen Perspektivwechsel, der die Ursachen für diese Lebensformen nicht mehr an individuellen Fehlern festmachte, sondern an der gesellschaftlichen Umwelt. Ausdrücklich wurde in einer Besprechung des Entwurfs auf Obdachlose und „Nichtsesshafte" verwiesen. Zugleich wurde das Ziel der Sesshaftmachung aufgegeben.[98] Bei vielen Kommunen stieß die Gesetzesänderung auf Unmut. Die Stadt München bemerkte in einem Sozialplan von 1979, der die wesentlichen Änderungen durch das BSHG für die Obdachlosenhilfe festhielt:

„Die Aufgabenverteilung und die für diesen Personenkreis notwendigen Maßnahmen und Einrichtungen wurden bisher nach anderen Rechtspositionen – nämlich Gefährdetenhilfe, Ordnungsrecht und caritative Fürsorge – geregelt und fortgeschrieben. Die dadurch ‚gewachsenen Strukturen' sind in jahrelanger Praxis stabilisiert und konnten die durch die Gesetzesnovellierung zum Ausdruck gebrachte Tendenzwende nicht immer nachvollziehen."[99]

Die Stadt hatte sich inzwischen mit den jahrelangen unklaren Zuständigkeiten in der Obdachlosenbetreuung und den notwendigen Improvisationen arrangiert. Die Novellierung des BSHG überwarf diese gewachsenen Strukturen, ohne jedoch eindeutige Kompetenzen zuzuweisen und die Betroffenengruppe näher zu definieren. Die kommunale Obdachlosenhilfe blieb damit ein Konglomerat aus Polizei, Fürsorgeamt und freier Wohlfahrtspflege.

5.3 Maßnahmen gegen Obdachlosigkeit im Sozialsystem

Verhindern

Als Idealbild der Obdachlosenfürsorge galt die frühzeitige Abwendung von Obdachlosigkeit. Die Obdachlosenfürsorge sollte bereits dann einsetzen, wenn eine Person von Obdachlosigkeit bedroht war. Von dieser idealisierten und präventiven Fürsorge konnte jedoch nur eine kleine Gruppe profitieren, denn die Fürsorgebehörde konnte nur dann einschreiten, wenn genau geprüft worden war, ob der Status der „Hilfsbedürftigkeit" vorliege – so der Münchener Wohlfahrtsreferent 1926. Allerdings könne diese vor allem dann nicht abgesprochen werden,

---

[97] Sitzung des Beirats der BAG v. 6. 3. 1972, BArch B 189 3734.
[98] Entwurf eines Dritten Gesetzes zur Änderung des BSHG v. 13. 3. 1973, Deutscher Bundestag Drucksache 7/308, S. 16 f.
[99] Hilfen zur Überwindung besonderer sozialer Schwierigkeiten gemäß § 72 Bundessozialhilfegesetz. Gesamtplan, hrsg. v. Landeshauptstadt München Sozialreferat, 1979, Teil A S. 24 f.

„wenn es sich um grössere Familien handelt, in der [...] das Familienoberhaupt [...] den Verdienst nicht für die [...] Erhaltung des Obdachs verwendet (Asoziale Person), weil in diesen Fällen nicht gerechtfertigt wäre, diese Verfehlung der ganzen Familie entgelten zu lassen, sie also obdachlos zu machen."[100]

Primär handelte es sich hier um ortsansässige Familien, denen durch Zwangsräumung die Obdachlosigkeit drohte. Neben der Fürsorge standen hier auch den Ordnungsbehörden nach den jeweiligen Polizei- und Ordnungsgesetzen der Länder Mittel zur Verfügung, die Zwangsräumung zu verhindern. In Preußen übernahm dies die sogenannte Obdachlosenpolizei. In Bayern existierte eine solche Stelle nicht. Die Städte übertrugen ihre Befugnisse auf das Wohnungsamt bzw. die Wohnungsfürsorge.[101] Was waren die zur Verfügung stehenden Maßnahmen, um zu vermeiden, dass eine Familie obdachlos wurde?

Im Idealfall verfügten die Städte selbst über leer stehende Wohnungen, die sie geräumten Parteien zuweisen konnten. Angesichts des stetigen Wohnungsmangels war dies allerdings eine Ausnahme. Vom Ende des Ersten Weltkriegs bis 1960 – ausgenommen in einer kurzen Phase von 1930 bis 1935 – herrschte in Deutschland ein Wohnraummangel. Zwar gab es qualitative Unterschiede, die aber zeitgenössisch aufgrund ungenügender Marktanalysen kaum rezipiert wurden.[102]

Eine zweite Möglichkeit war die Erstattung der Mietschulden, die meist den konkreten Anlass zur bevorstehenden Räumung bildeten. Hierfür mussten die Wohlfahrtsämter aktiv werden.[103] Zwar hatten die Fürsorgegesetze eine „vorbeugende Hilfe" durchaus mitbedacht, die vor allem dann sinnvoll sei, wenn sie der Erhaltung der Gesundheit und Arbeitsfähigkeit diene oder, wie es das BSHG formulierte, eine „drohende Notlage" abwende.[104] Allerdings handelte es sich sowohl in den RGr als auch im BSHG um eine Kann- bzw. Soll-Bestimmung – einen Rechtsanspruch gewährleisteten die Fürsorgegesetze nicht.[105] Die Beurteilung, ob eine präventive Hilfe zweckmäßig sei, hing in den meisten Fällen von der Einschätzung des Wohlfahrtsamtes ab, also an der Einstufung der Familie als unverschuldete oder selbst verschuldete Exmittierte.[106] Wer trotz Arbeit mit seiner Miete in Verzug geraten war oder wem aufgrund schädigender Verhaltensweise die Zwangsräumung drohte, sollte aus erzieherischen Gründen keinesfalls eine Mietübernahme erhalten. Innerhalb des Wohnungs- und Wohlfahrtsamts wurden diese Familien nicht selten als „böswillige" und „asoziale" Mieter geführt.[107] Die Ämter taten sich damit aber keinen Gefallen. Familien mit einem schlechten Leumund konnten kaum in Normalwohnungen vermittelt werden. Stattdessen fielen sie dauerhaft der Fürsorge anheim und verursachten hohe Unterbringungskosten.

---

[100] Hilble in Geheimer Sitzung des Wohnungsausschusses v. 18. 8. 1926, StadtAM RSP 699/9.
[101] Hecker, Rechtsgrundlagen.
[102] Führer, Mieter, S. 27–46.
[103] Harlander/Hater/Meiers, Siedeln, S. 40.
[104] RGr und BSHG.
[105] Lürbke, Armut, 330 f.
[106] Vgl. Crew, Germans, S. 177–184.
[107] Maßnahmen gegen Obdachlosigkeit, in: Bayerische Kommunalkorrespondenz Nr. 9 (1931).

Zudem war die Prüfung jedes Einzelfalls mit viel Aufwand verbunden. In München ging das Wohlfahrtsamt 1927 deshalb dazu über, Mietrückstände bis 100 RM ohne eingehendere Prüfung der Familienverhältnisse zu übernehmen, denn die Zahlung der Mietrückstände kostete in vielen Fällen weniger, als eine Umquartierung und anschließende Unterbringung der Familien.[108]

Um zu verhindern, dass Familien überhaupt erst Mietrückstände anhäuften, fanden die Kommunen eigene Lösungen. Das Wohlfahrtsamt in Gelsenkirchen überwies beispielsweise die Leistungen zur Mietunterstützung innerhalb der Erwerbslosenfürsorge gleich dem Hausbesitzer anstatt dem Fürsorgeempfänger und versuchte, Exmittierungen von Arbeitslosen zu verhindern.[109] In Stuttgart arbeitete das Wohlfahrtsamt 1929 eng mit der Justiz zusammen. Das zuständige Gericht informierte das Amt bereits bei der Eintreibung von Mietschulden – und nicht erst bei der Festsetzung einer Räumung –, woraufhin meist weniger Kosten anfielen und ausreichend Zeit zur Prüfung der Familien blieb.[110] Die Möglichkeiten, Obdachlosigkeit zu verhindern, waren vielschichtig. Allerdings hingen sie vom Willen, der Effektivität und den Ressourcen der lokalen Sozialverwaltung und nicht zuletzt von den Zuschreibungen an die Betroffenen ab.

Verzögern

Mit dem quantitativen Anstieg der Räumungsurteile stießen die Städte Mitte der 1920er-Jahre an ihre Grenzen und mussten nach Alternativen suchen. Die Obdachlosen, die nach Ansicht der Sozialbehörden ihre Obdachlosigkeit selbst verschuldet hatten, sollten fortan von den Maßnahmen zur Abwendung der Obdachlosigkeit weitgehend ausgeschlossen werden. Für sie, die als „asoziale" und nichtvermittelbare Mieter galten, bauten die Städte sogenannte Obdachlosenwohnungen.[111]

Für die unverschuldet in Not geratenen Familien wurde indessen eine Art Kompensation ihrer Obdachlosigkeit priorisiert und hierzu die verwaltungsrechtlich letztmögliche Option genutzt: die zwangsweise Einweisung der Familie in beschlagnahmte Wohnräume Dritter. Praktisch bedeutete dies oftmals die Wiedereinweisung der Familie in ihre bisherige Wohnung, was nur über ein gerichtlich erwirktes Zwangsmietvertragsverfahren möglich war. Mit den polizeilichen Wiedereinweisungen griffen die Ordnungsbehörden damit in private Eigentumsrechte ein, was mit einer Flut von Rechtsstreitigkeiten und Konflikten verbunden war.[112] Sie durften rechtlich nur durchgesetzt werden, wenn es sich um die „einzige" und „letzte" Möglichkeit zur Abwendung der Obdachlosigkeit handelte – was sich in

---

[108] Referat 6 an Referat 7 und Referat 2 v. 12. 11. 1927, StadtAM Wohlfahrt 4704.
[109] Oberbürgermeister an Arbeitsnachweise v. 18. 11. 1927, ISG GE 32 Nr. 173.
[110] Städt. Fürsorgeamt Stuttgart an Kommunale Vereinigung für Wohnungswesen München v. 23. 4. 1929, StadtAS Sozialamt 1438.
[111] Siehe dazu Kapitel 8 „Obdachlosensiedlungen".
[112] Gut, Wohnungsfürsorge, S. 84; Unruh, Unterbringung, S. 15–26. Vgl. Führer, Exmissionen.

Zeiten akuten Wohnraummangels aber recht einfach begründen ließ.[113] Zugleich hieß dies aber, dass die Städte durchaus ein eigenes Interesse daran hatten, dass ihre Notunterkünfte stets nur den tatsächlichen Bedarf stellten.

Mit der Wiedereinweisung war zwar die unmittelbare Obdachlosigkeit zunächst abgewendet, rechtlich war die Einweisung allerdings nur kurzzeitig möglich. Die Bedrohung, bald doch obdachlos zu sein, schwebte über vielen Familien wie ein Damoklesschwert. Die Räumungsschuldner lebten in keinen gesicherten mietvertraglichen Wohnverhältnissen, verwaltungsrechtlich galten sie gar als Obdachlose. Für die Betroffenen ebenso wie für die Ämter begann mit der Wiedereinweisung oft eine jahrelange Wohnungsodyssee wie etwa bei der Familie von Julius H. aus Gelsenkirchen.[114]

Ihr wurde 1952 von der Bergbaugesellschaft wegen Eigenbedarfs gekündigt und eine Zwangsräumung vor Gericht bewirkt. Der Vater hatte zuvor wegen einer Erkrankung seine Arbeit im Bergbau verloren und musste nun mit seiner Familie die Werkswohnung verlassen. Für die Ruhrregion war dies ein häufiger Anlass für Zwangsräumungen. Der Arbeitsverlust war somit oft gleichbedeutend mit dem Wohnungsverlust. Große Entlassungswellen produzierten so große Zahlen von Zwangsräumungen, die die Kommunen kaum auffangen konnten.[115] Schon 1929 war es daher erstmals zu einer stillschweigenden Vereinbarung zwischen Bergbaugesellschaften und der Stadt gekommen. Zwar erwirkte die Polizei weiterhin die Zwangsräumungen, zugleich akzeptierten die Konzerne ihrerseits die Wiedereinweisungen der Familien. Für die Firmen hatte dies den Vorteil, dass sie trotz Massenentlassungen weiterhin regelmäßige Einnahmen aus den Werkswohnungen verbuchen konnten, da nun die Stadt die Mieten bezahlte. Die Stadt blieb indessen oft auf den Mietschulden sitzen, da viele Familien aufgrund lang anhaltender Arbeitslosigkeit nicht in der Lage waren, sie zurückzuzahlen.[116] Noch 1936 stellten in Essen Arbeiterfamilien, „die während der langen Dauer der Wirtschaftskrise nach Verlust des Arbeitsplatzes auch die Wohnung über den Weg der Exmittierung verloren" hatten, den Großteil der Bewohner in polizeilich beschlagnahmten Werks- und Privatwohnungen.[117]

An der Praxis der Weimarer Republik hatte sich in der frühen Bundesrepublik kaum etwas geändert, denn Julius H. erlebte Ähnliches. Im August 1952 erging das Räumungsurteil. Der Gerichtsvollzieher setzte die Räumung für den 4. Dezember 1952 an. Am gleichen Tag wies die Obdachlosenaufsicht Gelsenkirchen die Fami-

---

[113] Vgl. dazu die verschiedenen Stellungnahmen im DGT, BArch R 36/1909 und 36/1910.
[114] Zu den folgenden Ausführungen zur Familie Julius H. vgl. ISG GE 32 Nr. 213.
[115] Vgl. Diskussion in der Sitzung im Preußischen Landgemeindetag v. 20. 3. 1928, LAB B Rep. 142-05 Nr. 209.
[116] Eine Vielzahl solcher Fälle zwischen der Stadt Gelsenkirchen und der Bergwerks-AG Recklinghausen findet sich in ISG GE 32 Nr. 178. Zur Vereinbarung vgl. Gegenerklärung des Oberbürgermeisters zur Klage der Bergwerks-AG Recklinghausen v. 18. 2. 1929, ISG GE 32 Nr. 178. Zur Problematik der Zwangsräumung von Werkswohnung vgl. Gut, Fürsorge, S. 7.
[117] Berichtsmaterial für die Finanzierung der neuen Obdachlosenunterkünfte an Bürgermeister Richter, undat. [1936], HdEG Rep. 102 Nr. 40.

5. Sozialamt, Polizei und Wohlfahrtspflege: Polykratische Obdachlosenbetreuung 141

lie in ihre bisherige Wohnung ein. Praktisch bedeutete dies, dass sie die Wohnung erst gar nicht verlassen musste. Die drei Schritte – Zwangsräumung, polizeiliche Beschlagnahmung und zwangsweise Wiedereinweisung – waren nur mehr eine verwaltungsrechtliche Formalie – eine „Notstandsmaßnahme" zur Abwendung der „Gefahr von Leben und Gesundheit" der Familie. Die Einweisung war zunächst auf drei Monate begrenzt. Danach konnte die Frist maximal einmal verlängert werden. Die Stadt informierte Julius H., dass sich aus der Wiedereinweisung keinerlei mietrechtliche Ansprüche ableiten ließen, sondern er sich um eine eigene Wohnung bemühen müsse, da er sich sonst nach § 361 Absatz 8 StGB strafbar mache.

Julius H. konnte innerhalb der drei Monate keine neue Unterkunft für sich und seine vier Kinder finden. Dennoch hatte er keine Haftstrafe zu befürchten. Im Gegensatz zu alleinstehenden umherziehenden Obdachlosen wurden strafrechtliche Maßnahmen bei zwangsgeräumten Familien nicht durchgesetzt. Auch nicht in den Fällen, in denen Familien bewusst ihre Obdachlosigkeit in Kauf genommen hatten, beispielsweise indem sie sich weigerten, Mieten zu zahlen, obwohl sie dazu im Stande waren. Die Strafe bestand indessen in den meisten Fällen in einer Umquartierung in eine minderwertige Unterkunft. Für viele Familien bedeutete dies, in eine Obdachlosenwohnung eingewiesen zu werden, wodurch sich ihr Status als Obdachlose verstetigte. Julius H. musste in eine minderwertige Nissenhütte ziehen. Pikanterweise war die Hütte ebenfalls im Besitz der Bergbaugesellschaft. Die Familie blieb offiziell weiterhin „obdachlos". Das Unternehmen forderte die Stadt auf, für die neue Wohnung der Familie eine Beschlagnahmeverfügung auszustellen, damit ihr weiterhin die regelmäßigen Mieteinnahmen garantiert waren. Julius H. häufte dadurch in den nächsten Jahren einen beträchtlichen Schuldenberg bei der Stadt an. Im Februar 1956, die Familie wohnte noch immer in der Nissenhütte, betrug er über 600 DM. Seine Ehefrau Gisela H. bemühte sich deshalb um einen Schuldenerlass. In einem Brief an die Obdachlosenaufsicht beschrieb sie die finanzielle Notlage der Familie durch die anhaltende Krankheit ihres Mannes, dessen Bein inzwischen gelähmt war und der keine Arbeit fand. Ihr Gesuch war allerdings erfolglos. Stattdessen musste die Familie 1957 – also fast fünf Jahre nach dem ersten Räumungsurteil – erneut das Obdach wechseln, diesmal jedoch nur für kurze Zeit. Inzwischen war die Familie auf acht Personen angewachsen. Im Januar 1958 bezog sie eine Neubauwohnung. Ob sie diese von der Kommune zugewiesen oder durch eigenes Bemühen bekommen hatte, lässt sich aus den Akten nicht rekonstruieren.

Mit Einzug in die neue reguläre Wohnung wollte die Familie auch ihre Schulden aus der Zeit ihrer Obdachlosigkeit hinter sich lassen, die inzwischen auf über 800 DM angestiegen waren. Gisela H. zeigte durchaus guten Willen und verpfändete eine Zahlung des Lastenausgleichsamtes von 300 DM. Gleichzeitig bat sie um den Erlass der Restschuld. Die Stadt erkannte die „schwierigen Verhältnisse" der Familie an und stellte die Schuldeinforderungen vorübergehend ein. Zwei Jahre später überprüfte sie soziale Situation der Familie erneut. Julius H. hatte zwar inzwischen durch unregelmäßige Arbeit ein kleines Auskommen, allerdings konnte er seine Familie nur mit Unterstützung des Sozialamtes durch Miet-, Kleidungs-

und Essensbeihilfen versorgen. Zur Tilgung seiner Schuldenlast sah er sich außer Stande. Auch die Stadt hielt eine Schuldeneintreibung für „unangebracht" und sah keine Chance, dass sich die finanzielle Situation der Familie in absehbarer Zeit ändern könnte. Die Obdachlosenaufsicht setzte sich daher im April 1960 erfolgreich beim Rechnungsamt für die Niederschlagung der Schulden von Familie H. ein. Knappe acht Jahre nach dem ersten Räumungsurteil hatte die Familie damit letztmaligen Kontakt zur Obdachlosenaufsicht und konnte ihren Status als Räumungsschuldner und Obdachlose hinter sich lassen.

Lindern

Die Münchner Wohlfahrtspflegerin S. verbrachte einen Großteil ihrer täglichen Arbeitszeit in der Abteilung für weibliche Obdachlose und Gefährdete mit der Ausstellung von „Anträgen auf Unterkunft wegen Obdachlosigkeit". 1928 wies sie im Zeitraum von neun Monaten 1145 Frauen in Heime und 1200 ins städtische Obdachlosenasyl ein.[118] Die häufigste Fürsorgemaßnahme für obdachlose Personen bestand somit in der Bereitstellung einer Notunterkunft. Die Entscheidung, wer ins Asyl aufgenommen wurde, war von individuellen Kriterien abhängig: Zunächst musste kontrolliert werden, ob eine Unterbringung bei Verwandten oder Bekannten möglich und ob die anfragende Person wirklich hilfsbedürftig war. Anfragen beim letzten Arbeitgeber, der Krankenkasse und der Erwerbslosenfürsorge sollten die Einkommensverhältnisse und den Wohnstatus offenlegen. Diese ersten Ergebnisse entschieden darüber, ob den Obdachsuchenden eine Unterkunft in einem der Asyle gewährt wurde.[119] Neben dem städtischen Frauenasyl kam hierfür insbesondere das Fürsorgeheim für Frauen und Kinder des KFV in Thalkirchen in Frage, das über eine eigene Station für obdachlose Frauen verfügte.[120] Bei durchschnittlich 30 Fällen täglich blieben der Wohlfahrtspflegerin nur wenige Minuten für diese Erkundigungen.[121]

Der Tätigkeitsbericht der Wohlfahrtspflegerin führt jedoch noch weitere Hilfsmaßnahmen der Behörde auf. Obdachlosen fehlte es meist nicht nur an einer Unterkunft, sondern auch an weiteren lebensnotwendigen Dingen wie ausreichender Nahrung, schützender Kleidung oder gesundheitlicher Versorgung. Zu den Aufgaben der Wohlfahrtspflegerin S. zählte daher auch die Entgegennahme von Reisegeldanträge, Anträge zur Unterbringung von Schwangeren und Wöchnerinnen mit Kind, Anträge auf Mietübernahme der Privatwohnung, Anträge auf Essensmarken, Anträge für die Auslösung von Wäsche, Kleidung und Möbeln und andere

---

[118] Bericht der Wohlfahrtspflegerin S. v. Dezember 1928, StadtAM Wohlfahrt 589.
[119] Bericht der Wohlfahrtspflegerin S. v. Dezember 1928, StadtAM Wohlfahrt 589.
[120] Vgl. Jahresberichte des KFV für das Fürsorgeheim Thalkirchen, DiCV AR 033.
[121] Referat 6/3 an Referat 6/2, undat., StadtAM Wohlfahrt 4687. Die gleichen Angaben finden sich auch für das Rechnungsjahr 1930/31, Bericht über Rechnungsjahr 1930/ 31 der Abt. für weibl. Obdachlose, StadtAM Wohlfahrt 4687.

5. Sozialamt, Polizei und Wohlfahrtspflege: Polykratische Obdachlosenbetreuung   143

Sachbeschaffungen. Ebenso konnte sie die Einweisung obdachloser Frauen in Krankenhäuser veranlassen.

Nach Rücksprache mit dem Arbeitsamt händigte die Wohlfahrtspflegerin eine Arbeitskarte für die Betroffenen aus, holte weitere Informationen bezüglich der Heimatgemeinde und der Unterhaltsfähigkeit der Verwandten ein und forderte Polizeiakten und ein Leumundszeugnis an. Nicht zwangsläufig kam es danach auch zur Vermittlung einer Arbeitsstelle. Auf 120 arbeitssuchende Dienstmädchen, die in der Abteilung gemeldet waren, kamen 1928 zwei offene, beim Arbeitsamt registrierte Stellen.

Eine Bargeldunterstützung war nur in Ausnahmefällen vorgesehen und beschränkte sich auf durchschnittlich 10 RM.[122] Von 1927 bis 1930 lag der Anteil der Bargeldunterstützungen an den Gesamtausgaben der Abteilung für weibliche Obdachlose zwischen 1,2 und 2 Prozent. Auch in der Fürsorge der obdachlosen Männer stellte sich dies nicht anders dar. Einer Bargeldunterstützung wurde lediglich in 320 der 35 423 von der Abteilung für männliche Obdachlose im Jahr 1929 bearbeiteten Fällen stattgegeben.[123] Die Beamten beriefen sich hier auf § 13 der RGr, der erlaubte, die Unterstützung für „Arbeitsscheu[e] oder offenbar unwirtschaftliche Personen" auf Anstaltspflege und Sachmittel zu beschränken. Die weibliche Obdachlosenfürsorge gab dementsprechend 14 Prozent ihrer Gesamtausgaben 1928 für Asylkosten, Brot- und Speisemarken aus.[124]

Viele Obdachlose suchten zunächst um Unterstützung in den Bezirksfürsorgeämtern, von denen sie sich eine Besserbehandlung versprachen.[125] Allerdings unterschied sich das Vorgehen der Obdachlosenfürsorge nicht vom übrigen Wohlfahrtsamt. Dieses hatte bereits im Februar 1926 neue „Vorschriften für asoziale Personen" festgesetzt. Der Wohlfahrtsausschuss beschloss, den Fürsorgerichtsatz der „Allgemeinen Fürsorge" für „Asoziale" auf 80 Prozent zu senken und zukünftig nicht mehr bar, sondern in Sachgutscheinen auszuzahlen.[126] 95 Prozent der sesshaften Obdachlosen, die zwischen 1927 und 1930 im Obdachlosenasyl Unterkunft fanden, waren davon betroffen.[127] Mit dieser Maßnahme wollten die Behörden „asoziale" Personen schrittweise entmündigen, wie das Wohlfahrtsamt selbst in einem Bericht über die Zweckmäßigkeit der Lebensmittelgutscheine offen eingestand:

---

[122] Bedel, Fürsorgerische Tätigkeit der Abteilung v. 24. 4. 1928, StadtAM Wohlfahrt 4687.
[123] Zwischen 1927 und 1930 erhöhte sich zwar die Anzahl der Personen, die eine Barunterstützung erhielten, die Unterstützungssätze wurden aber gesenkt. So erhielten die Betroffenen 1927 noch durchschnittlich 10,40 RM, 1930 waren es hingegen nur noch 4,60 RM, vgl. Verwaltungsbericht der Landeshauptstadt München 1927–1929, S. 207.
[124] 1930 wurden 44 000 Essensmarken von der Abteilung ausgegeben, das waren mehr als doppelt so viele wie 1929 (20 900 Marken). Den Hauptanteil, im Durchschnitt ein Drittel, an den Gesamtkosten verursachten stationäre Krankenhausaufenthalte, vgl. Verwaltungsbericht der Landeshauptstadt München 1927–1929, S. 208.
[125] Referat 6/3 an Referat 6/2, undat., StadtAM Wohlfahrt 4687.
[126] Sitzung des Wohlfahrtsausschusses v. 11. 2. 1926, in: MGZ Nr. 13/14 (1926), S. 279. Vgl. Brunner, Bettler, S. 27–33; Rudloff, Wohlfahrtsstadt, S. 620 f.
[127] Verwaltungsbericht der Landeshauptstadt München 1927–1929, S. 207.

„Die ‚Naturalunterstützung' zwingt dem Hilfsbedürftigen einen fremden Willen auf. [...] Der Befürsorgte, der Gutscheine erhält, ist mit dieser Maßnahme in den meisten Fällen durchaus nicht einverstanden. Er fühlt sich bevormundet und an der seinem Willen entsprechenden Verwendung der Unterstützung gehindert."[128]

Schnell entwickelte sich allerdings ein reger Missbrauch und Handel mit den Gutscheinen, der wiederum eine verstärkte Kontrolle der Betroffenen nach sich zog. Die zugelassenen Geschäfte wurden zahlenmäßig beschränkt und angewiesen, diejenigen, die Gutscheine einlösten, zu erfassen.[129] Dennoch konnte dies die Abgabe von unerlaubten Lebensmitteln, die Ausbezahlung von Bargeld und den Tausch der Gutscheine auf dem Schwarzmarkt nicht eindämmen. Eine Überprüfung der Abgabepraxis stellte fest, dass „die Nachteile des Gutscheinsystems die Vorteile bei weitem überwiegen", woraufhin seine Auflösung beschlossen wurde.[130] Dies führte jedoch nicht zu mehr Freiheiten für die Obdachlosen. Die Abteilung für männliche Obdachlose und Wanderer verteilte nun ausschließlich Brot- und Suppenmarken.[131] Die Empfänger konnten über den Nutzen dieser Marken nicht frei entscheiden, denn sie waren nur für ein halbes Pfund Brot oder ein Mittagessen in einer Suppenküche einlösbar.

1931 verteilte die Fürsorge für männliche Obdachlose in München 92 000 Brotmarken und 106 000 Suppenmarken.[132] Zudem wurden 480 000 Suppenmarken mit einem Wert von 5 Pfennigen für die öffentlichen Speisehallen ausgegeben. Die Marken wurden in den Asylen verteilt, die nächste Ausgabestelle für Brot lag aber weit entfernt am Hauptbahnhof.[133] Dies verdeutlicht, wie sich auch die amtlichen Vorgänge an den Orten der Obdachlosigkeit orientierten. Nach Beschwerden durch die Obdachlosen über den weiten Weg zum Hauptbahnhof achtete die Abteilung bei der Neuvergabe der Abgabelizenzen darauf, dass die Marken auch in einer Bäckerei in der Nähe des Asyls eingelöst werden konnten.[134]

Das System der Gutscheine und Marken führt vor, dass selbst die grundlegenden Hilfsmaßnahmen wie die Bereitstellung von Nahrung an erschwerte Auflagen gekoppelt war. Begleitet von dem Vorurteil, die „asozialen" und „unwirtschaftlichen" Obdachlosen würden die Sozialmaßnahmen missbrauchen oder wären nicht in der Lage, selbstverantwortlich mit diesen umzugehen, wurde der Zugang zu diesen immer mehr eingeschränkt und kontrolliert.

---

[128] Aktenvermerk Referat 6 v. 14. 9. 1932, StadtAM Wohlfahrt 4113.
[129] Bezirkswohlfahrtsamt XII an Referat 6/2 v. 20. 3. 1930, StadtAM Wohlfahrt 4113.
[130] Aktenvermerk Referat 6 v. 14. 9. 1932, StadtAM Wohlfahrt 4113.
[131] Vgl. Auflistung aller im Rechnungsjahr 1931 ausgegebenen Gutscheine, Referat 3 an Referat 6 v. 5. 4. 1932, StadtAM Wohlfahrt 4113.
[132] Referat 3 an Referat 6 v. 5. 4. 1932, StadtAM Wohlfahrt 4113. Damit hatte sich die Abgabemenge innerhalb von zwei Jahren mehr als verdoppelt, denn im Rechnungsjahr 1929 gab die Abteilung nur 41 600 Brotmarken aus, Vormerkung Referat 6/3 v. 30. 10. 1929, StadtAM Wohlfahrt 3760.
[133] Schriftverkehr zwischen Polizeidirektion, Bahnpolizei und Abteilung für männliche Obdachlose und Wanderer v. Oktober 1929, StadtAM Wohlfahrt 3760.
[134] Vormerkung Referat 6 v. 30. 10. 1929, StadtAM Wohlfahrt 3760. Für die weiblichen Obdachlosen wurde eine Bäckerei in der Nähe des Asyls für Frauen gesucht, Abteilung für weibliche Obdachlose und Gefährdete an Referat 6/3 v. 7. 4. 1930, StadtAM Wohlfahrt 3760.

Disziplinieren

In der Ausgabe der Gutscheine und Marken deutete sich bereits das disziplinierende Moment an, das in den Fürsorgemaßnahmen der Obdachlosen steckt. Besonders offenkundig zeigt sich dieser Charakter jedoch in Bezug auf Arbeit. Die Anordnung von Arbeitsdienst war ein gängiges Mittel nach der RFV:

„Die Unterstützung Arbeitsfähiger kann in geeigneten Fällen durch Anweisung angemessener Arbeit gemeinnütziger Art gewährt oder von der Leistung solcher Arbeit abhängig gemacht werden."[135]

Die gesetzliche Regelung gab den Wohlfahrtsämtern zwei Optionen an die Hand: Zum einen konnten sie Fürsorgearbeit als Unterstützungsleistung vergeben. Zum anderen konnten sie die Gewährung von Unterstützung von einer geleisteten Pflichtarbeit abhängig machen. Bei Obdachlosen wurde Letzteres weitaus häufiger angewandt, weshalb in den kommunalen Obdachlosenasylen Werk- und Arbeitsplätze zur Verfügung standen.

Mit der Praxis „Arbeit statt Fürsorge" oder „Arbeit für Fürsorge" knüpfte der Weimarer Wohlfahrtsstaat an den zentralen Leitgedanken der Wandererfürsorge des 19. Jahrhunderts „Arbeit statt Almosen" an. Schon die Benennung der Abteilung für männliche Obdachlose und Wanderer verdeutlichte diese Wurzeln. Friedrich Bodelschwingh hatte den Gedanken seit 1884 durch die Gründung von Arbeiterkolonien verfestigt.[136] Die ländlichen Anstalten waren aus den Initiativen freier christlicher Liebestätigkeit entstanden und boten arbeitslosen Wanderern die Möglichkeit eines Aufenthalts, der durch Arbeitsleistungen abgegolten wurde. Der Eintritt in die Arbeiterkolonie war zwar freiwillig, der Aufenthalt jedoch durch die Hausordnung kontrolliert, die der christlich moralischen Erziehung der Insassen diente. Es stand ihnen zudem jederzeit frei, die Anstalt wieder zu verlassen. Allerdings konnten sie dann bei einer Festnahme wegen Landstreicherei und Bettelei kaum glaubhaft versichern, dass sie sich auf der Suche nach Arbeit befänden. Insofern ergänzten die frühen Arbeiterkolonien die strafrechtliche Verfolgung. Auch Bodelschwingh selbst sah darin den übergeordneten Sinn: Trotz seines Einsatzes für die „Brüder auf der Landstraße" fand er keine milden Worte für das sogenannte Vagabundentum. Jene Verbrecher, die nicht auf der Suche nach Arbeit seien und aus reiner Lust die Straßen bevölkern, dem Alkohol zusprechen, betteln und stehlen würden, waren ihm zutiefst verhasst.[137] Sie sollten aus dem Wanderstrom herausgetrennt werden und in die Verantwortung der Polizei und der Gerichte überstellt werden. Entscheidendes Trennungskriterium war hierfür der Wille zur Arbeit. Obwohl die Wandererfürsorge mit ihrer karitativen Ausrichtung auf keinen fruchtbaren Boden im reichseinheitlichen Fürsorgesystem des Weimarer

---

[135] § 19 RFV v. 13. 2. 1924, RGBl I Nr. 12 (1924), S. 104.
[136] Zu Bodelschwingh, vgl. Althammer, Vagabunden, S. 456–465. Für die folgenden Ausführungen zur Arbeiterkolonie vgl. Scheffler, Gründerjahre, in: Kiebel (Hrsg.), Jahrhundert.
[137] Althammer, Vagabunden, S. 458.

Wohlfahrtsstaats fiel, so fanden sich dennoch zentrale Leitgedanken in den Fürsorgegesetzen wieder.

Die Pflichtarbeit wurde in der Weimarer Republik jedoch selten durchgesetzt und diente den Wohlfahrtsämtern meist nur als Drohmittel. Erst mit dem Anstieg der Unterstützungsempfänger in der Weltwirtschaftskrise griffen die Ämter vermehrt auf diese Option zurück. Vordergründiges Ziel war es, potenzielle Leistungsempfänger abzuschrecken – stellenweise mit Erfolg.[138] Die Übernachtungszahlen in den Obdachlosenasylen gingen jedenfalls mit der Einführung der Pflichtarbeit zurück.[139] Nach 1933 stellte dies die primäre Motivation zur inflationären Anwendung der Pflichtarbeit bei „Asozialen" dar. Der fürsorgerechtliche Arbeitszwang sollte sie davon abhalten, überhaupt erst Fürsorgeansprüche gegenüber dem Wohlfahrtsamt zu stellen. Dass von dem Eifer der Wohlfahrtsämter, „Fürsorgeausnützer und -schmarotzer" durch Pflichtarbeit aus dem Fürsorgesystem zu exkludieren, auch eine Vielzahl von Obdachlosen betroffen war, wurde nicht zuletzt in der „Bettlerrazzia" im September 1933 deutlich. Die Wohlfahrtsämter hatten den Polizeibehörden hierfür bereitwillig ihre zuvor gesammelten Daten zu „Asozialen" zur Verfügung gestellt.[140] Die Pflichtarbeit blieb im „Dritten Reich" konsequentes Disziplinierungsmittel für Obdachlose – wovon auch Therese H. und Otto H. betroffen waren.

Auch nach 1945 wurde das Mittel der Pflichtarbeit weiterhin angewandt – insbesondere bei den „Streunerinnen". So musste zum Beispiel Rosina F., die uns schon „als notorische Bahnhofsstreunerin" begegnet ist, im Juli 1950 im Krankenhaus Pflichtarbeit leisten.[141] Zwar fand diese Maßnahme im Bundessozialhilfegesetz (BSHG) 1961 keine direkte Entsprechung, allerdings erlaubte § 20 Maßnahmen zur „Gewöhnung an Arbeit" und zur „Prüfung des Arbeitswillens". Insbesondere in den Obdachlosenheimen für Männer wurden auf dieser Grundlage Werkstätten eingerichtet, die im erzieherischen Sinne die „Arbeitsscheuen" wieder in geregelte Arbeit „resozialisieren" sollten. Die fürsorgerechtliche Knüpfung der Leistungen an Arbeit bei männlichen Obdachlosen unterstreicht deren bürgerlich moralische Wertung. Das Problem obdachloser Männer wurde insbesondere am Arbeitsverlust festgemacht, worin sich letztlich nach gesellschaftlichen Ansprüchen auch ein Ehrverlust widerspiegelte. Maßnahmen der Arbeitsbeschaffung sollten daher die Ehre des Einzelnen herstellen und ihn wieder zu einem funktionierenden Mitglied der Gesellschaft machen.

An diese Vorstellung schloss sich auch eine letzte Disziplinierungsmethode an. Die neuen Fürsorgegesetze von 1924 beinhalteten unverkennbare strafrechtliche Bezüge – insbesondere § 20 der RFV. Er schrieb die fürsorgerechtliche Arbeitshauseinweisung vor, die den Bestimmungen des preußischen „Arbeitsscheuenge-

---

[138] Ayaß, Asoziale, 58 f.
[139] Vgl. die Berichte aus Leipzig: Kobrak an städtisches Obdach Leipzig v. 6. 11. 1930, StadtAL AFSA 1720.
[140] Wimmer, Ordnung, 284 f.
[141] Vermerk v. Juli 1950, StaatsAM Pol. Dir. Mü. 15480.

setzes" von 1912 folgte und in der langen Tradition der armenrechtlichen Arbeitshausunterbringung stand. Voraussetzung für die Einweisung in ein Arbeitshaus oder in eine als „geeignet anerkannte Anstalt" war, dass die Fürsorgeempfänger sich weigerten, die ihnen auferlegte Pflichtarbeit zu erfüllen, ihre Bedürftigkeit infolge ihres „sittlichen Verschuldens" selbst verursacht hatten oder dass sie ihrer Unterhaltspflicht gegenüber Angehörigen nicht nachkamen und dadurch die Fürsorge belasteten. Als sittliches Verschulden galten unter anderem „Arbeitsscheue" sowie „Trink- oder Spielsucht". Der Paragraf zielte also auf die klassische Klientel der Obdachlosenhilfe. Auch in diesem Punkt war der Personenkreis der Fürsorgegesetze und des § 361 RStGB nahezu deckungsgleich, wie bereits ein zeitgenössischer Kommentar zu den RGr festhielt.[142] Mit der Einbeziehung sogenannter „säumiger Unterhaltszahler" ging er sogar über diesen hinaus.

Während in der Weimarer Republik der § 20 RFV kaum angewandt wurde, nutzten ihn die Behörden im „Dritten Reich" exzessiv und verschärften zudem die „geeigneten Anstalten". Das Bayerische Innenministerium erklärte im Oktober 1934 das Konzentrationslager Dachau als eine Anstalt im Sinne des § 20 RFV. Es sah darin „für die Fürsorgeverbände ein neues wirksames Zuchtmittel gegen asoziale Personen" und erhoffte sich „abschreckende Wirkungen".[143] Bayern war zwar Vorreiter, was den fürsorgerechtlichen Arbeitszwang im KZ betraf, blieb aber kein Einzelfall.[144] Julia Hörath wies jüngst auch für Baden fürsorgerechtliche KZ-Einweisungen nach und zeigte, dass es sich hier um eine gängige wohlfahrtspflegerische Praxis handelte.[145]

Nach dem „Dritten Reich" existierte § 20 RFV in der Bundesrepublik fort, war aber mit der Verabschiedung des Grundgesetzes (GG) nicht mehr anwendbar.[146] Er verstieß gegen Art. 104 Abs. 1 GG, der die Einschränkung der persönlichen Freiheit einer Person nur durch ein förmliches Gesetz erlaubte, wozu die RFV nicht gehörte.[147] Nach vehementen Protesten der Fürsorgeverbände wurde die RFV schließlich 1956 zu einem solchen und der Weg für die Arbeitshauseinweisung als Element kommender Fürsorgereformen geebnet. Das 1961 erlassene BSHG, dass die RFV ablöste, integrierte dann auch die Arbeitshausunterbringung in § 26, obwohl diese zu diesem Zeitpunkt kaum mehr eine praktische Bedeutung hatte und zudem deren Verfassungswidrigkeit im Raum stand.[148] Zur Anwendung kam sie daher kaum.[149] Nachdem schließlich 1969 die strafrechtliche Arbeitshauseinweisung nach § 362 StGB im Zuge der Großen Strafrechtsreform entfiel und damit die zuvor nur noch vereinzelt existierenden Arbeitshäuser endgültig abgeschafft wurden, war auch § 26 des BSHG obsolet geworden und fiel bei dessen

---

[142] Sachße/Tennstedt, Armenfürsorge Band 2, S. 175.
[143] Zitiert nach Hörath, Asoziale, S. 112.
[144] Auf die Vorreiterrolle Bayerns wies 1993 schon Brunner hin, Brunner, Bettler, S. 12.
[145] Hörath, Asoziale, 115 f.
[146] Bock, Mensch, S. 60–63.
[147] Föcking, Fürsorge, S. 251–254; Rudolph, Kooperation, S. 48–51.
[148] Willing, Bewahrungsgesetz, 277, 285; Föcking, Fürsorge, 374 f.
[149] Vgl. Ayaß, Arbeitshaus, S. 342–345.

Novellierung 1974 heraus. Dass dies im gleichen Jahr geschah, in dem auch § 361 StGB abgeschafft wurde, steht symptomatisch für die Relationen von Fürsorge und Strafe.

Ausschließen

Das Münchner Wohlfahrtsamt vereine unter dem Dach der *Abteilung für männliche Obdachlose und Wanderer*, die Personen, die „nach Weisung des bürgerlichen Stadtrats nicht würdig sind, Unterstützung zu erhalten."[150] So lautete der Vorwurf in der *Neuen Zeitung* 1928. Zwar handelte es sich hier um eine sehr pauschale Kritik, dennoch war eine der Maßnahmen um Obdachlosigkeit im Fürsorgeapparat zu begegnen, die Betroffenen von der Fürsorge auszuschließen. Dies bestätigte auch noch 1950 Karl Stracke in der Zeitschrift für das Fürsorgewesen: Der Erziehungsgedanke wäre im Bezug auf „Asoziale" im modernen Fürsorgerecht „nur schwach entwickelt" und stattdessen in vielen Fällen die Unterstützung gekürzt worden, was wiederum die Ursachen nur vermehrt und nicht beseitigt hätte.[151] Ein Beispiel aus dem direkten Amtsverkehr mit den Obdachlosen offenbart diesen Umgang.

Bernhard O. und Josef F. wollten sich am 20. September 1930 bei der Abteilung für männliche Obdachlose und Wanderer in München obdachlos melden. Doch dazu kam es erst gar nicht, denn die beiden wurden von einem Beamten wüst abgewiesen. Den Vorgang gaben die Betroffenen selbst zu Protokoll:

„Wir betraten das Zimmer und trugen unser Anliegen ruhig vor. Der Beamte hörte uns zu, als plötzlich aus dem Nebenzimmer ein älterer Herr das Zimmer 42 betrat. Er mischte sich in die Verhandlungen ein, hörte uns aber gar nicht an, sondern sagte: ,Naus, Ihr seid schon bekannt!' und stieß mich (Bernhard) zur Tür. F. ging selbst aus dem Zimmer. Wir beschweren uns über diese Behandlung und verlangen, daß man uns anhört."[152]

Sie wollten gehört werden und drohten damit, dass sie den „Fall vor die Presse bringen werden". Wie bereits Karl Blüml vor ihnen, versuchten Bernhard O. und Josef F. ihre Position im Amtsraum durch Einflussnahme auf den öffentlichen Raum zu stärken. Ohne den zusätzlichen Druck drohten Eingaben in den administrativen Abläufen ergebnislos unterzugehen. So wurden 1929 etwa im Gelsenkirchener Stadtteil Buer 19 von 31 Eingaben erst gar nicht bearbeitet oder nicht anerkannt.[153] Auch im Fall von Bernhard O. und Josef F. drohte die Beschwerde zunächst einmal wegen einer Formalie nicht weiter beachtet zu werden, denn die beiden hatten sie nicht selbstständig verfasst, sondern im Amt zu Protokoll gegeben.[154]

---

[150] Die Obdachlosen- und Wandererfürsorge der Stadt München, in: Neue Zeitung Nr. 124, 1928, enthalten in: StadtAM ZA 1597.
[151] Stracke, Asoziale, S. 171.
[152] Beschwerde von Bernhard O. und Josef F. v. 22. 9. 1930, StadtAM Wohlfahrt 804.
[153] Städtische Polizeiverwaltung Gelsenkirchen-Buer Abteilung Va an Abteilung XVII, 22. 1. 1929, ISG GE 32 Nr. 175.
[154] Vgl. dazu die handschriftliche Notiz auf der Rückseite der protokollierten Beschwerde, Beschwerde von Bernhard O. und Josef F. v. 22. 9. 1930, StadtAM Wohlfahrt 804.

5. Sozialamt, Polizei und Wohlfahrtspflege: Polykratische Obdachlosenbetreuung 149

Was war die Reaktion des Amtes? Der Leiter der Obdachlosenfürsorge musste sich vor Rechtsrat Hilble für den Vorfall rechtfertigen. Als Erklärung genügte dabei allerdings der Verweis, dass es sich bei Bernhard O. und Josef F. „um ausgesprochene asoziale Elemente handelt, die nicht zu Unrecht scharf behandelt wurden."[155] Worauf er diese Stigmatisierung der beiden stützte, erklärte er nicht weiter. Auch Hilble stellte das Verhalten des Beamten nicht prinzipiell in Frage, sondern betonte in seiner Stellungnahme lediglich, „daß ein Beamter niemals an einen Befürsorgten Hand anlegen darf. Man könne solche Leute eventuell auch durch einen Schutzmann abführen lassen." Dass der Sachbearbeiter den Obdachlosen ihren Fürsorgeanspruch verweigerte, wurde indessen nicht thematisiert. Dies zeigt, dass die Stigmatisierung „asozial" genutzt wurde, um Obdachlosen ihr Anrecht auf Fürsorge einzuschränken oder gar vollständig abzusprechen.

Dass Bernhard O. und Josef F. zudem auch ganz real aus dem Amtsraum verwiesen wurden, war kein Einzelfall, sondern hatte System. Seit der Personenverkehr in der Obdachlosenfürsorge angestiegen war, wollte das Wohlfahrtsamt München die Obdachlosen aus dem Amtsraum hinausdrängen. Hilbe schlug schon im August 1926 dem Stadtrat vor, die Räume der Abteilung für Obdachlosenfürsorge vom Rathaus ins Asyl zu verlegen. Damit solle erreicht werden, „dass nicht alle ‚Wanderer' und Obdachlosen das Rathaus aufsuchen müssen und dabei insbesondere in den Vormittagen nach dem Glockenspiel die Gänge des 1. Stocks mehr als wünschenswert bevölkern."[156] Im Rathaus selbst sollte kein direkter Parteienverkehr mehr stattfinden, lediglich ein bis zwei Beamte sollten zur Abfertigung des Kostenersatzwesens mit den Landesfürsorgeverbänden beschäftigt werden. Die Verdrängung der Obdachlosen aus dem Amtsraum bedeutete gleichzeitig die Beseitigung der Obdachlosen aus dem Stadtbild und aus dem Münchner Zentrum, sprich vom Marienplatz, wo sich das Rathaus befand. Damit korrespondierten die Exklusionsmaßnahmen im Amt auch mit den Verdrängungsmaßnahmen auf der Straße und der Zentralisierung im Asyl.

Im „Dritten Reich" wurden diese Exklusionsmechanismen gegenüber Obdachlosen weiter systematisiert. Viele Städte begannen damit sogenannte „Asozialen"-Karteien anzulegen. Sie sollten nicht nur einen schnellen Zugriff ermöglichen, sondern auch sicherstellen, dass die Betroffenen in allen Amtsstuben bekannt waren und keine Unterstützung mehr empfangen konnten.[157] „Asoziale" Obdachlose wurden aber im „Dritten Reich" nicht nur von der Fürsorge und aus dem Amtsraum ausgeschlossen, sondern auch aus der Gesellschaft bzw. der nationalsozialistischen „Volksgemeinschaft". Während das NS-Regime Anfang der 1930er-Jahre noch versuchte mittels Arbeitsmaßnahmen, „asoziale" Personen wieder in die „Volksgemeinschaft" zu integrieren, wandelte sich diese Taktik Mitte der 1930er-

---

[155] Referat 6/2 an Stadtsyndikus Hack v. 7. 10. 1930, StadtAM Wohlfahrt 804.
[156] Hilble, Exposé zur Obdachlosenfürsorge für die Fraktionen des Stadtrates v. 30. 8. 1926, StadtAM Wohlfahrt 4688.
[157] Gaida, Asoziale, S. 687 f.

Jahre hin zu einer systematischen Bekämpfung.[158] Die Einweisung von „Asozialen" in Konzentrationslager hat Julia Hörath 2019 umfassend erforscht und die verschiedenen Phasen der Inhaftierung systematisch an Fallbeispielen analysiert.[159] Die Nationalsozialisten griffen zunächst mehrheitlich auf die bekannten Maßnahmen sozialrassistischer und kriminalpräventiver Einweisungsbefugnisse wie die strafrechtliche Arbeitshausunterbringung und die Einweisung nach § 20 RFV zurück. Gleichzeitig konnten „Asoziale" aber auch mittels Schutzhaft in Gewahrsam genommen werden.[160] Die Möglichkeit gegen diese Personengruppe mittels „vorbeugender Verbrechensbekämpfung" vorzugehen, führte schließlich zu einer Radikalisierung in der Verfolgung dieser Häftlingsgruppe. Lokale Vorläufer mündeten schließlich im „Grunderlaß der Vorbeugenden Verbrechensbekämpfung", der 1937 reichsweit umgesetzt wurde. Die „Asozialen" waren nunmehr eine der erklärten Zielgruppen der „vorbeugenden Verbrechensbekämpfung". Der Erlass zentralisierte die bisherigen Maßnahmen bei der Kriminalpolizei und wies dieser umfassende Kompetenzen zu.[161] Ihren Höhepunkt fand die Verfolgung „Asozialer" in der „Aktion Arbeitsscheu Reich" im April und Juni 1938.[162] Gestapo und Kripo ließen mittels „Schutzhaft" und „Vorbeugender Verbrechensbekämpfung" mindestens 10 5000 Personen ins Konzentrationslager einweisen – wie Otto H. kam die Mehrheit ins KZ Buchenwald. Der Zugriff der Wohlfahrtsbehörden auf „Asoziale" wurde nach den beiden Razzien weiter zurückgedrängt. Sie hatten oftmals nur noch eine passive Melderolle. Die Zuständigkeiten lagen nun bei der Kriminalpolizei. Der Ausschluss „asozialer" Personen aus dem Fürsorgesystem war damit vollzogen.

Sesshaftmachen

Die Obdachlosenhilfe der frühen Bundesrepublik war geprägt durch den Leitgedanken der Sesshaftmachung der umherziehenden Obdachlosen. Schon 1953 hatte sich der Bund im Zuge der „Richtlinien über die Fürsorge für Nichtseßhafte" hierzu erklärt.[163] Allerdings hatte es sich bei den Richtlinien lediglich um Handlungsempfehlungen gehandelt – von den Kommunen wurden sie nur vereinzelt rezipiert und kaum praktisch umgesetzt.[164] Diese konzentrierten sich zunächst auf den dringlicheren Wiederaufbau der Obdachlosenasyle. Für umfassende Betreu-

---

[158] Die Forschungsliteratur zur Einweisung „Asozialer" in Konzentrationslager ist – nachdem sie jahrzehntelang stiefmütterlich behandelt wurde – inzwischen erschöpfend. Einschlägige Publikationen sind: Ayaß, Asoziale; Ayaß, Einweisung, in: Sedlaczek/Lutz/Puvogel/Tomkowiak (Hrsg.), Minderwertig; Schikorra, Kontinuitäten; Gaida, Arbeitshaus, in: Osterloh/Wünschmann (Hrsg.), Willkür; Hörath, Asoziale; Hörath, Terrorinstrument; Ayaß, Schwarze.
[159] Hörath, Asoziale.
[160] Ebenda, S. 248–254.
[161] Ebenda, S. 300.
[162] In der Forschung ist noch strittig, in welcher Tradition die „Aktion Arbeitsscheu Reich" stand. Die verschiedenen Erklärungsansätze fasst Hörath zusammen ebenda, S. 306–315.
[163] Richtlinien über die Fürsorge für Nichtseßhafte v. 22. 7. 1953, ADCV ZA 288.010.
[164] Föcking, Fürsorge, S. 359–361. Zur internen Einschätzung vgl. BAG, Chance, S. 8.

5. Sozialamt, Polizei und Wohlfahrtspflege: Polykratische Obdachlosenbetreuung 151

ungsmaßnahmen, die eine stärkere Differenzierung der Betroffenen voraussetzten, war in den provisorischen Bunkerasylen kaum Platz.[165] Für die Gemeinden hatten die Diskussionen auf Bundesebene akademischen Charakter, der wenig mit den realen Notständen vor Ort zu tun hatte.

Umso stärker wurde der Gedanke der Sesshaftmachung indessen von den Fürsorgeverbänden und insbesondere durch die 1954 gegründete Bundesarbeitsgemeinschaft der Nichtsesshaftenhilfe forciert. In einer gemeinsamen Vereinbarung gaben die Landesverbände der „Nichtsesshaftenhilfe" die Sesshaftmachung der umherziehenden Obdachlosen als das zentrales Ziel der Gegenwart aus.[166] Aber was verstanden die Verbände unter dem sehr sperrigen Begriff der Sesshaftmachung und welche Maßnahmen knüpften sie daran? Die Evangelische Gesellschaft für Nichtseßhaftenfürsorge lieferte folgende Definition an das Bundesministerium:

„Unter Seßhaftmachung versteht man, daß man einen Menschen, der bisher durch den dauernden Wechsel seines Aufenthaltsortes unter Umgehung einer geregelten Arbeit sein Leben fristet, wieder in eine feste Ordnung stellt, so daß er zu einem nützlichen Glied der menschlichen Gesellschaft wird."[167]

Die Ländervereinbarung sah zunächst die Erfassung mit einer anschließenden individuellen Betreuung der Betroffenen vor. Wie die Definition verdeutlicht, wurden die Mobilität und der fehlende Arbeitswille als die zentralen Probleme der „Nichtsesshaften" diagnostiziert. Bei letzterem sollten die Maßnahmen daher ansetzen. Hierfür sollte vor allem die Möglichkeit der Arbeitspflicht gemäß § 19 RFV bemüht werden, wobei statt von Pflichtarbeit nun von Arbeitstherapie gesprochen wurde. Nach wie vor war damit der zentrale Leitgedanke „Arbeit statt Almosen" wesentliches Element zur Integration der Obdachlosen. Die Vereinbarungen schrieben zudem fest, dass die jeweiligen Betreuungsstellen für „Nichtsesshafte" mit den Polizeidienststellen in „äußerlich zurückhaltender vertrauensvoller Form" zusammenarbeiten sollten. Der strafrechtliche Druck wurde in der Bundesrepublik zur Sesshaftmachung der Obdachlosen als unerlässlich angesehen, wie es ein Vertreter der BAG 1957 deutlich zum Ausdruck brachte:

„Ich habe [...] gesagt, daß die Fürsorge eine Erziehungsaufgabe hat. Ihre sozialpädagogische Aufgabe auf dem Gebiet der Nichtseßhaftenfürsorge ist von ganz besonderer Bedeutung. Sie wissen auch, daß es keine wahrhafte Erziehung ohne Strafe gibt, und daß immer auch da Zwangsmaßnahmen notwendig und berechtigt sind, wo der Wille zur Einsicht fehlt und dadurch die Allgemeinheit gefährdet wird."[168]

Die Ambivalenz im Umgang mit „Nichtsesshaften" zeigt sich besonders eindrücklich in der Betreuung obdachloser umherziehender Frauen in Nordrhein-Westfalen. Die BAG Nordrhein-Westfalen gab 1957 eine Liste mit sogenannten „Dauerläufe-

---

[165] Vgl. Kapitel 9.2.
[166] Ländervereinbarung über die Durchführung der Nichtseßhaftenfürsorge v. 1. 2. 1956, ADCV 288.70.030 Fasz. 07.
[167] Bericht der Ev. Gesellschaft Stuttgart zur Nichtsesshaftenfürsorge in Stuttgart, BArch B 106 Nr. 20050.
[168] Opp: Nichtseßhaftenproblem, S. 15.

rinnen" heraus.[169] Schon die Benennung machte deutlich, dass die Frauen hier ganz unter der Problematik eines mobilen obdachlosen Lebens gesehen wurden und wiederum in der Kontinuität der Wanderer standen. Aufgelistet fanden sich obdachlose Frauen, die bereits in mehreren Ortsverbänden Hilfe in Anspruch genommen hatten. Besonders in Nordrhein-Westfalen hatte sich aufgrund der Dichte der Städte das Problem der umherziehenden Frauen in der frühen Bundesrepublik um ein Vielfaches erhöht. Aufgrund der lokalen Nähe der einzelnen Hilfsstationen war es für die Frauen möglich, an einem Tag mehrmals um Hilfe anzufragen und damit nach Auffassung der Wohlfahrtsverbände die Fürsorge auszunutzen. Die Liste sollte die Ortsverbände vor den jeweiligen Frauen warnen und zugleich eine stärkere Kontrolle gewährleisten. Dazu forderte die Geschäftsführung die Ortsverbände auf, Informationen zu den gelisteten Frauen weiterzugeben. Ziel war es, die Frauen zur „Sesshaftmachung" zu bewegen, wobei die Schwierigkeiten hierbei in erster Linie an den individuellen Defiziten der Frauen festgemacht wurden. Nach Auffassung des KFV Düsseldorf handelte es sich bei den „Dauerläuferinnen" überwiegend um „Debile, Süchtige [und] Psychopathen".[170] Von 20 gelisteten obdachlosen Frauen war eine Person entmündigt. Bei zwei weiteren Frauen lief ein entsprechender Antrag. Fast allen wurde aber „Schwachsinn" und „sexuelles Triebwesen" unterstellt.[171] Übereinstimmend meldeten die Ortsverbände auf die Frage zur allgemeinen psychischen Verfassung der Frauen, dass es „nichtsesshaften" Frauen immer an „innerer Ordnung" mangle. Lediglich der KFV Düsseldorf nannte immerhin eine Frau, bei der diese Vorverurteilung nicht zutreffe.[172]

Die Berichte der Fürsorgerinnen aus den Ortsverbänden zeigen, dass umherziehende obdachlose Frauen nun zwar konsequent unter der Bezeichnung der „Nichtsesshaften" geführt wurden, ihnen aber dennoch eine nachhaltigere Betreuung zugestanden wurde und die Obdachlosigkeit nicht als die eigentliche Ursache ihres Lebens verantwortlich gemacht wurde:

„Bei Frauen ist die Nichtsesshaftigkeit durchweg mit schweren Verwahrlosungserscheinungen verbunden. Im Erscheinungsbild treten bei ihnen insbesondere Arbeitsunwilligkeit und Süchtigkeit (Alkoholismus, starkes Rauchen, Tablettensucht), die stärker ins Gewicht fallen als ihre Obdachlosigkeit."[173]

Dementsprechend umfangreich war das Betreuungsangebot an obdachlose Frauen. Fürsorgerinnen des KFV in Mönchengladbach begleiteten die Frauen zu Gerichtsverhandlungen und versuchten, für sie statt einer Haftstrafe eine Unterbringung

---

[169] Liste „Dauerläufer" hrsg. v. der BAG Landesgeschäftsstelle NRW v. 2. 5. 1957, ADCV SkF D 319.4 D02/21 Fasz. 03.
[170] Rückmeldung der Geschäftsführung des KFV Düsseldorf an BAG v. 20. 5. 1957, ADCV SkF D 319.4 D02/21 Fasz. 03.
[171] Liste „Dauerläufer" hrsg. v. der BAG Landesgeschäftsstelle NRW v. 2. 5. 1957, ADCV SkF D 319.4 D02/21 Fasz. 03.
[172] Vgl. die Rückmeldungen aus Düsseldorf und Köln v. 20. und 29. 5. 1957, beide ADCV SkF D 319.4 D02/21 Fasz. 03.
[173] KFV Dortmund an Sozialamt Dortmund v. 23. 5. 1960, ADCV SkF 319.41+125.71 Fasz. 05.

in ihrem Heim beim Richter zu erwirken.[174] Gängig war es auch, Kontakt mit dem Elternhaus der Frauen aufzunehmen. Schwierigkeiten gab es vor allem dabei, die Frauen in Arbeit zu vermitteln. Entweder fehlten entsprechende Arbeitsplätze oder eine Schwangerschaft der Frauen verhinderte eine Anstellung.[175] Die Mehrheit der Frauen, die die Ortsvereine des KFV in ihren Akten führten, waren Mütter oder schwanger, wobei sich die Kinder ausschließlich in Heimen befanden. Die Verbände sahen darin weniger ein Problem für die persönliche Situation der Frauen als vielmehr einen Kostenfaktor für die öffentliche Fürsorge. Die Vorsitzende des KFV Dortmund schilderte auf dem Deutschen Fürsorgetag 1957 den Fall einer 24-jährigen Frau, die über Jahre in verschiedenen Städten immer wieder mit kurzzeitigen Hilfsleistungen wie Kleidung, Übernachtungen und Fahrkarten zur Weiterreise ausgestattet worden sei.[176] Die Obdachlose habe es verstanden, stets glaubhaft ihren Arbeitswillen zu versichern, wodurch sie auch einem Entmündigungsverfahren entgangen sei. In dieser Zeit habe sie drei Kinder zur Welt gebracht, die sich nun allesamt in staatlicher Pflegschaft befänden. Jedes belaste die öffentliche Fürsorge monatlich mit 150 DM. Nach entsprechenden Bemühungen des KFV sei es nun endlich gelungen, die junge Frau von einem Richter wegen Landstreicherei und Verletzung der Unterhaltspflicht in ein Arbeitshaus einweisen zu lassen. Zugleich habe sich der KFV aber dafür eingesetzt, dass sie die zwei Jahre Anstaltsunterbringung nicht im Arbeitshaus, sondern im örtlichen Fürsorgeheim des KFV verbringen dürfe. Was die Vorsitzende hier als Erfolg präsentierte, zeigt wie strafrechtliche Mittel zu vermeintlich fürsorgerischen Zwecken umgedeutet wurden. Ob auf den Heimaufenthalt schließlich das langfristige Ziel der „Sesshaftmachung" der jungen Frau folgte, zeigen die Unterlagen des KFV indessen nicht.

6. Obdachlose vor Gericht: Zwischen Marginalisierung und Subjektivierung

„Verurteilt – weil sie ohne Obdach sind", unter dieser Schlagzeile erschien im Januar 1970 in der *Süddeutschen Zeitung* ein Artikel über die strafrechtliche Praxis gegen Obdachlose in der bayerischen Landeshauptstadt.[177] Der Autor warf den Sozialbehörden vor, dass diese sich allzu leicht ihrer Verantwortung für Obdachlose entziehen würden und stattdessen die Hauptlast den Polizei- und Ordnungsämtern und somit letztlich den Gerichten zufiele: „Wo die Sozialbehörden versagen, muß eben die Strafjustiz einspringen." Das „Einspringen" drückte sich für die Betroffenen meist in einem Unterkommensauftrag und einer bis zu sechswöchigen Haftstrafe bei Nichterfüllung aus. Die Richter selbst kennzeichneten diese Praxis

---

174 KFV Mönchengladbach an Elisabeth Wiese v. 18. 5. 1957, ADCV SkF D 319.4 D02/21 Fasz. 03.
175 Elisabeth Wiese an Scheitza v. 15. 2. 1960, ADCV SkF 319.41+125.71 Fasz. 05.
176 Elisabeth Zilken, in: Mutheius (Hrsg.), Neuordnung, S. 105.
177 Verurteilt – weil sie ohne Obdach sind, in: SZ Nr. 23, 27. 1. 1970.

als „antiquierte Strafbestimmung" und verwiesen damit auf die nicht mehr zeitgemäß erscheinende Strafbewehrung eines sozialen Phänomens. Auch die Leserkommentare zum Artikel teilten diese Einschätzung: Wie eine „Satire auf behördliche Herzlosigkeit und Weltfremdheit", mute dieses Verfahren an.[178] Die kritischen Stimmen sollten mit ihrem Eindruck nicht falsch liegen. Bereits vier Jahre nach Erscheinen des Artikels wurde die über einhundert Jahre alte Rechtspraxis beendet. Im Zuge der bundesrepublikanischen Strafrechtsreform wurde § 361 Absatz 8 aus dem Strafgesetzbuch gestrichen. Obdachlosigkeit war damit ab 1974 kein schuldhaftes und strafbares Verhalten mehr.

Während die Strafrechtsnorm von 1872 bis 1974 in ihrem Wortlaut unverändert blieb, verlief die Handhabung in der Praxis keineswegs konstant. Gemäß dem relationalen Raumverständnis wird der Erfahrungsraum der Obdachlosen im Gericht im Folgenden nicht ausschließlich über die Gesetzesparagrafen bestimmt – diese können nur materielles Gut sein. Der Raum konstituierte sich dagegen durch die praktische Anwendung der Behörden sowie in den Reaktionen der Betroffenen. Die Verfahrenspraxis bezog neben Gerichten und Betroffenen auch zahlreiche weitere Akteure wie Gutachter und Ärzte mit ein. Denn nicht selten ging es nicht nur um die konkreten Delikte, sondern der ganze Lebenswandel der Obdachlosen und ihre physische wie psychische Verfassung wurden verhandelt. Somit war die Intensität der strafrechtlichen Verfolgung von Obdachlosigkeit in erheblichem Maße von der praktischen Umsetzung der Rechtsnormen abhängig und weist trotz gesetzlicher Kontinuitäten starke Konjunkturen auf. Neben dem § 361 Absatz 8 StGB treten dabei auch andere gesetzliche Maßnahmen in den Fokus. Im Folgenden werden zunächst die rechtlichen Kontinuitäten in Bezug auf Obdachlosigkeit skizziert, also die materiellen Güter und der historische Kontext erschlossen, die den Ort der Gerichte bestimmten. Anschließend werden die Relationen zu diesen Gütern durch die Spezifika in der strafrechtlichen Praxis und Ahndung von Obdachlosigkeit dargestellt und gezeigt, wie die gesellschaftlichen Stigmatisierungen von Obdachlosen zu ihrer institutionellen sowie subjektorientierten Marginalisierung vor Gericht führten. Gleichzeitig ermöglichten es aber gerade die Gerichtsverhandlungen, die Perspektive der Betroffenen einzufangen, schließlich war die Anhörung des Angeklagten ein fester Bestandteil der Verfahren. Wie Obdachlose ihre soziale Situation vor Gericht deuteten und welche Subjektivierungsmöglichkeiten der judikative Raum ihnen bot, soll abschließend anhand ausgewählter Fallbeispiele analysiert werden.

6.1 Im Visier der Justiz

Wie bereits am Ort der „Dunklen Winkel" skizziert, ergänzten die in § 361 RStGB Absatz 3 und 4 festgelegten Delikte Bettelei und Landstreicherei bei männlichen Obdachlosen sowie die in Absatz 6 festgelegte Strafbewehrung von Prostitution

---

[178] Herzlos und unsinnig, in: SZ Nr. 25, 29. 1. 1970.

bei Frauen die Strafverfolgung. Ein Leben ohne festen Wohnsitz war demnach oft nicht nur aufgrund des § 361 Absatz 8 RStGB einer strafrechtlichen Verfolgung ausgesetzt. Gemessen an dem Aufwand, der in die Ahndung dieser Personenkreise von Seiten der Polizei investiert wurde, fiel das Strafmaß allerdings eher gering aus. Da es sich um „Übertretungen" handelte, drohten den Angeklagten kurzzeitige Freiheitsstrafen von bis zu sechs Wochen. Seit 1969 existierte zudem die Möglichkeit, statt der Haftstrafe eine Geldstrafe von bis zu 500 DM zu leisten. Für die meist mittellosen Obdachlosen war dies keine reale Alternative, die von den Richtern entsprechend selten verordnet wurde, auch deshalb, weil sie durch eine Geldstrafe den eigentlichen Zweck der Übertretung – die Aufhebung der Obdachlosigkeit – nicht als erfüllt ansahen. Mit der temporären Unterbringung der Obdachlosen im Gefängnis wurde diesem Ziel – nach der Ansicht von Polizei und Justiz – eher entsprochen. Die Haft sollte die verletzte Rechtsordnung wiederherstellen.

Für die präventive und erzieherische Beeinflussung der Verurteilten sah das Strafrecht die „korrektionelle Nachhaft" vor.[179] Übertretungen des § 361 Absatz 3 bis 8 konnten zusätzlich zur Haftstrafe noch mit einer Arbeitshauseinweisung von bis zu zwei Jahren geahndet werden. Im Kaiserreich füllten Bettler, Landstreicher und Prostituierte noch die Arbeitshäuser. 78,1 Prozent der Männer im Arbeitshaus Breitenau zwischen 1908 und 1911 wurden aufgrund von Bettelei, Landstreicherei oder Obdachlosigkeit eingeliefert. Die Anordnung einer korrektionellen Nachhaft lag immer im Ermessensspielraum der Richter. Sie war stets eine mögliche Option zur langfristigen Verwahrung der Obdachlosen, aber nie eine strafrechtliche Notwendigkeit. Zudem bestimmte nicht die Justiz, sondern die Landespolizeibehörde über die Dauer der Einweisung. Die Verordnungen fielen daher regional sehr unterschiedlich aus – sowohl was die Anzahl der Fälle der Arbeitshauseinweisungen wegen Obdachlosigkeit anbelangte als auch die angeordnete Aufenthaltsdauer.[180]

Obwohl die Rechtsnorm bis 1970 existierte, kam ihr in der strafrechtlichen Praxis zur Erziehung von Obdachlosen nach dem Ersten Weltkrieg eine immer geringfügigere Bedeutung zu – mit der Ausnahme der Zeit des Nationalsozialismus. In der Weimarer Republik gingen die Einweisungszahlen so stark zurück, dass die Arbeitshäuser zum Teil für andere Verwendungswecke umgewidmet wurden. Im Berliner Arbeitshaus Rummelsburg entstand ein Wanderarbeitsheim für sogenannte Schnitterfamilien und das Arbeitshaus Breitenau in der Nähe von Kassel wurde zum einem Strafgefängnis.[181] Im Zuge der Bemühungen um eine Straf-

---

[179] Zu dieser doppelten Internierungsform vgl. Galassi, Kriminologie, S. 393. Die korrektionelle Nachhaft wurde erstmals im Preußischen Allgemeinen Landrecht von 1794 kodifiziert. Ab 1843 war durch das Gesetz über die Bestrafung der Landstreicher, Bettler und Arbeitsscheuen auch diese Gruppe von Arbeitshauseinweisungen bedroht, vgl. Ayaß, Arbeitshaus, 30 f. Grundlegend für die folgenden Ausführungen auch Rudolph, Kooperation.

[180] Ayaß, Nachhaft; Ayaß, Arbeitshaus, S. 34–38, 87 f. Für eine Übersicht über die Insassen des Arbeitshaus Brauweiler von 1870–1932 vgl. Althammer, Vagabunden, S. 266.

[181] Steer, Rummelsburg, S. 21; Ayaß, Arbeitshaus, S. 244.

rechtsreform 1927 gab es Initiativen, die Rolle der Arbeitshäuser im Sinne von Resozialisierungsanstalten zu stärken. Für Delikte wie Bettelei, Landstreicherei, Obdachlosigkeit und unangemeldete Prostitution sollte das Arbeitshaus als Wiedereingliederungssystem an die Stelle der Bestrafung treten. Für die Betroffenen hätte dies in der Regel allerdings bedeutet, dass kurze Haftstrafen durch eine langjährige Arbeitshausunterbringung ersetzt würden – der Antrag, der von der SPD stammte, fand allerdings keine Mehrheit in den Reformverhandlungen.[182] In den ersten Monaten des „Dritten Reiches" dienten die Arbeitshäuser teilweise zur Unterbringung politischer Häftlinge und als „frühe Konzentrationslager".[183] Mit der „Bettlerrazzia" im Herbst 1933 wurden allerdings die meisten Anstalten wieder für Bettler, Landstreicher, Prostituierte, Obdachlose und „Arbeitsscheue" herangezogen und die in der Weimarer Republik halb leer gestandenen Arbeitshäuser waren übervoll.[184] Die korrektionelle Nachhaft wurde mit dem „Gesetz gegen gefährliche Gewohnheitsverbrecher und über Maßregeln der Sicherung und Besserung" von November 1933 wesentlich verschärft und auch in der Praxis exzessiver angewandt: Die Zwischeninstanz der Landespolizeibehörde wurde aufgehoben und die Arbeitshauseinweisung ganz in die Obhut der Justiz gelegt. Zugleich konnte die Dauer der Einweisung nun unbefristet – also auch lebenslänglich – angeordnet werden. Die NS-Strafbehörden schufen damit eine strafrechtliche Version des seit vielen Jahren geforderten „Bewahrungsgesetzes". Entsprechend begrüßt wurde die Gesetzesänderung daher innerhalb der Fürsorgeverbände.[185] Das Reichsjustizministerium forderte die Gerichte nachdrücklich auf, Obdachlose fortan so oft wie möglich zur Einlieferung ins Arbeitshaus zu verurteilen. Diese Phase endete jedoch mit der „Aktion Arbeitsscheu Reich" 1938, durch die Obdachlose direkt durch die Kriminalpolizei oder die SS als Vorbeugehäftlinge sowie mit den Möglichkeiten der Schutzhaft in Konzentrationslager eingewiesen und damit den Justizbehörden entzogen wurden. In vielen Fällen bedeutete dies den Tod der Betroffenen. Die Justiz versuchte jedoch weiterhin, einen Zugriff auf Obdachlose zu behalten und reihte sich bereitwillig in den Mordapparat des NS-Systems ein. 1942 vereinbarte Reichsjustizminister Otto Thierack mit Joseph Goebbels Regelungen zur „Vernichtung asozialen Lebens", wonach Gewohnheitsverbrecher mit entsprechend langem Vorstrafenregister von der Justiz an die SS und damit in die Konzentrationslager überstellt wurden.[186] Die Belegungszahlen in den Arbeitshäusern gingen parallel rapide zurück.

Die korrektionelle Nachhaft und damit auch die Arbeitshäuser als die Orte ihrer Durchführung blieben als Verwahrungsorte nach 1945 rechtlich erhalten. In den Nachkriegsjahren waren vor allem Streunerinnen davon betroffen, und die Ar-

---

[182] Müller, Verbrechensbekämpfung, 203 f.
[183] Ayaß, Arbeitshaus, S. 262 f.
[184] Ebenda, S. 264 f.
[185] Ebenda, S. 269–271. Zum Bewahrungsgesetz vgl. Willing, Bewahrungsgesetz.
[186] Vermerk des Reichsjustizministers zum Gespräch mit Goebbels v. 14. 9. 1942, abgedruckt in: Ayaß (Hrsg.), Gemeinschaftsfremde, Nr. 132.

beitshäuser erstmals in ihrer Geschichte in der Mehrzahl mit Frauen belegt.[187] Dennoch erlangte die Möglichkeit der längerfristigen Verwahrung von Obdachlosen durch die korrektionelle Nachhaft in der Bundesrepublik kaum mehr Bedeutung. Die Anzahl der Insassen in Arbeitshäusern nahm stetig ab. Von 3200 Personen 1952 sank die Zahl in der Bundesrepublik bis 1967 auf 850.[188] Dabei hatte sich die mögliche Aufenthaltsdauer im Strafgesetzbuch sogar verschärft.[189] Allerdings variierten die Zuständigkeiten und örtlichen Bedingungen je nach Bundesland sehr stark. Während in Ländern der ehemaligen amerikanischen Besatzungszone die Arbeitshäuser in der Obhut der Justiz lagen, befanden sie sich in anderen unter der Weisung der Landesfürsorgeverbände. Eine Einweisung war hier nach § 20 der RFV bzw. später nach § 26 des BSHG möglich. In einigen Ländern existierten allerdings überhaupt keine Arbeitshäuser, so klagte in Bayern ein Vertreter der Münchner Stadtverwaltung 1964 gegenüber dem Polizeipräsidenten, dass die praktische Anstaltsunterbringung bei Obdachlosen nicht durchzusetzen sei, weil entsprechende Einrichtungen fehlen würden.[190] Auch in West-Berlin bemühten sich 1954 die Wohnungsämter vergebens, um den Wiederaufbau eines Arbeitshauses, nun vor allem auch im Hinblick auf die Unterbringung von obdachlosen Familien.[191] Das Berliner Arbeitshaus, die Rummelsburg, lag im Osten der Stadt und ging nach der Teilung in die Verwaltung des dortigen Bezirkes über. In den ersten Jahren nach Gründung der DDR nutzten es die Gerichte ausgiebig für die Einweisung Obdachloser.[192] Die Ost-Berliner Behörden hielten an der strafrechtlichen Verwahrungspraxis der korrektionellen Nachhaft fest, obwohl die Arbeitshäuser in der SBZ unmittelbar nach dem Krieg zur Disposition gestanden hatte.[193] Ab 1951 wurde die Rummelsburg nicht mehr als Arbeitshaus, sondern als reguläres Gefängnis verwendet.[194]

Wie bereits bei den Verdrängungsmaßnahmen auf den öffentlichen Plätzen der Stadt gezeigt wurde, blieben die Polizeibehörden und die Justiz weitgehend auf die begrenzten Möglichkeiten innerhalb des § 361 beschränkt, obwohl auch diese zunehmend in die Kritik gerieten. Die Tatsache, dass die kurzen Haftstrafen keineswegs resozialisierend wirkten, sondern im Gegenteil die Obdachlosen in einem Teufelskreis von Obdachlosigkeit und Strafanstalt festhielten, wie das nachfolgende Kapitel zeigen wird, fügte sich auch in die Große Strafrechtsreform der Bundes-

---

[187] Ayaß, Arbeitshaus, S. 336 f.
[188] Rudolph, Kooperation, S. 50.
[189] Eine Ersteinweisung konnte für bis zu zwei Jahre erfolgen. Eine erneute Einweisung war sogar für vier Jahre möglich. Das RStGB hatte die maximale Aufenthaltsdauer noch auf zwei Jahre beschränkt.
[190] Verwaltungsdirektor Troidl an Polizeipräsidium v. 18. 11. 1964, StaatsAM Pol. Dir. Mü. 11022
[191] Vgl. Sitzungen der Wohnungsamtsleiter v. 19.5. und 15. 12. 1954, beide LAB B Rep. 210 Nr. 1286.
[192] Die Arbeitshauseinweisung wurde zwischen 1949 und 1953 insbesondere vom Berliner Amtsgericht Mitte exzessiv angewandt. Zur Nachnutzung der Rummelsburg vgl. Steer, Rummelsburg, S. 28 f., 31–35.
[193] Windmüller, Zwang, S. 31–33.
[194] Steer, Rummelsburg, S. 46–48.

republik ein. Der Kerngedanke der Reform, die sich von 1954 bis 1969 hinzog, war, die Strafbarkeit auf Verletzungen von Rechtsgütern zu beschränken und keine vermeintlich unmoralischen Taten zu bestrafen.[195] In diesem Sinne hatte es schon die Ausweitung des Landstreicherparagrafen auf die Stadtstreicher nicht zu einer Novellierung geschafft.[196] Neben den §§ 361 und 362 fielen auch andere, für die alltägliche Verfolgung von Obdachlosen nicht unwesentliche Straftatbestände wie beispielsweise Homosexualität. Zudem wurden kleinere, mit kurzen Haftstrafen bewehrte Delikte aus dem Strafrecht in das Ordnungsrecht überführt.

Dass die Strafrechtsreform mit ihrer 15 Jahre dauernden Entwicklungsphase nur langsam die Erwartungen und Probleme in den Kommunen löste, zeigt sich auch daran, dass einzelne Städte bereits vor Inkrafttreten des neuen Strafrechts auf eine Verurteilung von Obdachlosen nach § 361 StGB verzichteten. In Frankfurt hatte sich die Amtsanwaltschaft bereits 1971 angesichts der äußerst angespannten Wohnraumsituation in der Stadt zu einem solchen Schritt entschieden. Ausgerechnet der Sozialreferent reichte daraufhin beim Hessischen Justizministerium eine Dienstaufsichtsbeschwerde gegen die Praxis der Frankfurter Staatsanwälte ein. Diese wurde zwar zurückgewiesen, allerdings unter dem Vorbehalt, dass es sicherlich genug andere strafrechtliche Möglichkeiten gebe, Obdachlose zu verurteilen, wie beispielsweise den Hausfriedensbruch am Bahnhof.[197]

Damit rekurrierte das Gericht auf eine der am stärksten durch Kontinuität geprägte strafrechtliche Umgangsform gegenüber Obdachlosen. Die sozial prekäre und von Armut bestimmte Lebensweise brachte die Betroffenen immer wieder an die Grenzen der Legalität: Straftatbestände wie Trunkenheit, Ausweislosigkeit, Haus- und Landfriedensbruch oder Diebstahl zählten zu den häufigsten Delikten, die sich bei der Verurteilung von Obdachlosen in den Akten fanden. Auf die Bedeutung kleinkrimineller Delikte für die Konvergenz von Strafverfolgung und Fürsorge hat Waren Rosenblum für das ausgehende 19. Jahrhundert hingewiesen, wobei er aus der entgegengesetzten Perspektive Tatbestände wie Obdachlosigkeit, Bettelei und Landstreicherei als zentrale Faktoren zur repressiven Ausweitung der Fürsorge festmachte.[198] Für das 20. Jahrhundert lässt sich indessen eine Ausweitung der strafrechtlichen Verfolgung von obdachlosen Personen wegen kleinerer Vergehen ausmachen, wie es sich nicht zuletzt durch die Ahndung des Hausfriedensbruchs am Bahnhof gezeigt hat. Nachdem der Versuch zu einem Bewahrungsgesetz mit dem BSHG endgültig scheiterte und auch die Arbeitshäuser nicht mehr als Verwahrungsstätten zur Verfügung standen, schoben die Akteure in der Fürsorge Obdachlose nur zu gerne in den Verantwortungsbereich der Strafverfolgung ab. In Reaktion auf den Artikel der *Süddeutschen Zeitung* kamen in München

---

[195] Görtemaker/Safferling, Rosenburg, S. 359 f.
[196] Vgl. Kap. 1.3, S. 44 f.
[197] Stadtrat Gerhardt unterliegt, in: FAZ, 3. 8. 1971; Ein Haftbefehl nützt wenig, in: Frankfurter Neue Presse, 3. 8. 1971; Grünes Licht für Penner und Gammler?, in: Frankfurter Rundschau, 3. 8. 1971.
[198] Rosenblum, Prison, S. 41–74.

6. Obdachlose vor Gericht: Zwischen Marginalisierung und Subjektivierung   159

1970 Vertreter von Polizei, Gericht, Sozialamt, Bundesbahn und Ordnungsamt zur gemeinsamen Besprechung der Problematik Obdachloser am Hauptbahnhof zusammen. Als ersten zusammenfassenden Punkt, auf den sich alle verständigen konnten, nannte das Protokoll:

„Alle Stadtstreicher sind asozial und als zwangsläufige Folge nahezu alle kriminell. Ein großer Prozentsatz begeht auch schwerwiegende Delikte".[199]

Dies verdeutlicht, dass die Kategorisierung als „asozial", die zu Beginn des Jahrhunderts aus dem verworrenen Geflecht von Fürsorge und Kriminalisierung hervorgegangen war, hier auch 1970 noch präsent war und zur Begründung der strafrechtlichen Verfolgung devianter Armutsformen in der Alltagspraxis der Vollzugsbeamten herangezogen wurde.

6.2 Marginalisierungen

Polizeivizepräsident Georg Wolf beharrte in seiner Stellungnahme zum Artikel „Verurteilt – weil sie ohne Obdach sind" auf der Notwendigkeit der Unterkommensaufträge und betonte, dass sie eines der wenigen Mittel seien, präventiv mit dem Personenkreis in Kontakt zu kommen.[200] Dabei waren selbst polizeiintern die Reaktionen und Meinungen keineswegs so eindeutig, wie es die Antwort Wolfs an die Redaktion der *Süddeutschen Zeitung* vermuten ließe. Mehrmals schrieb Wolf seine Antwort um, nachdem aus den unterschiedlichen Polizeiämtern zum Teil widersprüchliche Einschätzungen in der Direktion eingelaufen waren.[201] Diese sind ein eindrückliches Beispiel für die auch strafrechtlich nicht ganz klare Position der Obdachlosen.

Das Polizeiamt West, in dessen Aufgabengebiet unter anderem der Hauptbahnhof lag und das somit in seiner alltäglichen Arbeit häufig mit Obdachlosen konfrontiert war, äußerte sich durchweg ablehnend zum Bild, das der Artikel von der Arbeitsweise der Polizei und der Justiz vermittle. Es verwies darauf, dass „angesichts der zahlreichen Gammler, Penner, Wermutbrüder usw., die sich vor allem in den größeren Städten [herumtreiben]", kaum von einem „veralteten Paragraphen" gesprochen werden könne. Dies würde sich schon allein daran zeigen, dass es sich bei den Empfängern der Unterkommensaufträge keineswegs um „alte, schwachsinnige und hilflose" Personen handele, sondern in der Mehrheit um „junge, aber arbeitsscheue Bahnhofsgammler". Gerade für diese „verwahrlosten Leute" sei die gesetzliche Bestimmung des § 361 Absatz 8 StGB wohl geschaffen worden. Zudem ginge ein „Großteil der kriminellen Delikte", in erster Linie Diebstähle, auf das

---

[199] Direktion der Schutzpolizei, Besprechungsprotokoll v. 16. 3. 1970, StaatsAM Pol. Dir. Mü. 15639.
[200] Zweiter Entwurf, Polizeivizepräsident Wolf an SZ v. 16. 2. 1970, StaatsAM Pol. Dir. Mü. 15639.
[201] Erster und zweiter Entwurf, Polizeivizepräsident Wolf an SZ v. 11.2. und 16. 2. 1970, beide StaatsAM Pol. Dir. Mü. 15639.

Konto der Obdachlosen.[202] Gerade an dem letzten Punkt zeigen sich in den internen Berichten allerdings erhebliche Divergenzen. Denn eine Statistik der Polizeidirektion Funkstreife von Oktober 1969 zeichnete ein anderes Bild. Bei insgesamt einhundert von Obdachlosen begangenen Straftaten waren zwar 17 Diebstähle verzeichnet, allerdings betrug der Wert des jeweiligen Diebesguts weniger als 200 DM. 14 Taten waren dokumentiert, bei denen die Obdachlosen Nahrungs- und Genussmittel entwendet hatten („Verbrauchsmittelentwendung") und in zwölf Fällen kam es zu Zechprellungen, bei denen die nicht bezahlten Rechnungen jeweils noch nicht einmal 20 DM überstiegen. Daneben wurden weitere zwölf Personen wegen Ausweislosigkeit festgenommen.[203] Dies führt eindrücklich vor, dass die Mehrzahl der kriminellen Straftaten von Obdachlosen eine Folge ihrer Mittellosigkeit und ihrer sozialen Situation war. Das Polizeiamt Funkstreife war daher auch der Meinung, dass Obdachlose „in der Regel nicht zu [den] gefährlichen Kriminellen" zu rechnen seien: „Straftaten wie Raub, schwerer Diebstahl, Erpressung, Notzucht oder Tötungsdelikte sind kaum in ihrem Vorstrafenregister zu finden." Es warnte indessen vor den gesellschaftlichen Folgen von Obdachlosigkeit: „Diese Menschen können sich aufgrund ihrer Willensschwäche und Haltlosigkeit nicht in unserer modernen Gesellschaftsordnung einfinden."[204] Es sah in der Zusammenarbeit zwischen der Gefährdetenhilfe des BSHG und der Polizei die beste Möglichkeit, sowohl die Gesellschaft als auch die Betroffenen zu schützen.

Das Polizeiamt Ost zog aus diesen divergierenden Ansätzen schließlich die Schlussfolgerung:

„In der Praxis ist es tatsächlich so, daß sogenannte Streuner, Penner und auch Wermutbrüder, die meist nicht als potenzielle Straftäter oder gar gefährliche Kriminelle angesprochen werden können, heute härter bestraft werden als Diebe und Betrüger, die einen festen Wohnsitz nachweisen können."[205]

Wie kam es zu dieser Marginalisierung der Obdachlosen vor Gericht? Im Folgenden sollen zwei Formen hervorgehoben werden: Erstens die in der Verfahrenspraxis und damit in der Struktur der Orte verankerte Benachteiligung der Obdachlosen durch ihren sozialen Status. Und zweitens die auf das Individuum bezogene Marginalisierung einzelner Obdachloser, denen aufgrund ihrer Lebensweise „Willensschwäche" oder gar eine psychische Erkrankung attestiert wurde.

Im Kreislauf von Obdachlosigkeit und Haft

Obdachlose waren durch ihre prekäre soziale Situation von strukturell verankerten Benachteiligungen im Justizsystem betroffen. In vielen Fällen führte die Tatsache,

---

[202] Polizeiamt West an Direktion der Schutzpolizei v. 16. 2. 1970, StaatsAM Pol. Dir. Mü. 15639.
[203] Polizeiamt Funkstreife an Direktion der Schutzpolizei v. 17. 2. 1970, StaatsAM Pol. Dir. Mü. 15639.
[204] Polizeiamt Funkstreife an Direktion der Schutzpolizei v. 17. 2. 1970, StaatsAM Pol. Dir. Mü. 15639.
[205] Polizeiamt Ost an Direktion der Schutzpolizei v. 20. 2. 1970, StaatsAM Pol. Dir. Mü. 15639.

dass die angeklagte oder verhaftete Person keinen festen Wohnsitz nachweisen konnte, zu einem von der Regel abweichenden – zum Teil marginalisierenden – judikativen Umgang. So folgte auf ihre Festnahme auch bei kleineren Delikten meist die Untersuchungshaft, „weil bei der Lebensweise des Beschuldigten Fluchtversuch besteht", wie beispielsweise der Ermittlungsrichter des Amtsgerichts München im Verfahren gegen Paul G. 1948 die Gefängniseinweisung begründete.[206] Paul G. war wegen des Nichtbesitzes von Ausweispapieren von der Polizei festgenommen worden.

Zudem kam es bei Fällen wie dem von Paul G. überhaupt nicht zu einem regulären Gerichtsverfahren vor einem Amtsgericht. Die Mehrzahl der Verfahren wegen Obdachlosigkeit, Landstreicherei, Bettelei, kleinerer Diebstähle, Ausweislosigkeit oder Hausfriedensbruch wurden vor sogenannten Schnellrichtern verhandelt – eine Instanz innerhalb der Strafprozessordnung, die als „beschleunigtes Verfahren" bis heute existiert. Der Schnellrichter tagte in der Regel nicht im Gerichtsgebäude, sondern direkt im Polizeipräsidium. Das beschleunigte Verfahren kam bei geringfügigen Delikten zur Anwendung, bei denen das Strafmaß nicht höher als ein Jahr Haft ausfallen konnte und wenn die Beweislast offensichtlich bzw. der Angeklagte geständig war. Obdachlosigkeit zählte hier mit zu den meist verhandelten Straftatbeständen, was dem Gericht in Berlin schon den Beinamen „Gerichtssaal der Obdachlosen" eingebracht hatte. Ein Artikel des *Vorwärts* von 1927 beschrieb eine eindrückliche Atmosphäre:

„Es ist der penetrante Geruch des Asyls für Obdachlose, der den Gerichtssaal erfüllt. Hierher verirrt sich kein Berichterstatter; hier gibt es auch keine Oeffentlichkeit, keine Zuhörer."[207]

Nicht nur die Öffentlichkeit fehlte bei dieser Verfahrensart – dies trifft ebenso für andere zu –, sondern auch zentrale Elemente der gerichtlichen Praxis wurden dem Vorsatz des beschleunigten Verfahrens geopfert. Ohne Anhörungs- und Vorladungsfristen konnte eine Verurteilung binnen eines Tages erfolgen. Eine schriftliche Anklage war nicht zwingend notwendig, sondern es genügte der mündliche Vortrag der Staatsanwaltschaft vor dem Schnellrichter. Zwar fielen die Haftstrafen verhältnismäßig gering aus, in Anbetracht der Häufung der Verurteilungen von Obdachlosen vor dem Schnellrichter waren allerdings die Folgen für den Lebenslauf der Angeklagten nicht unerheblich. Von den sechs geschilderten Einzelfällen im *Vorwärts* wurden drei Männer direkt aus dem städtischen Obdachlosenasyl in der Fröbelstraße vorgeführt, wo sie bei der ersten Übernachtung automatisch eine Verwarnung gemäß des § 361 Absatz 8 RStGB erhalten und es seitdem nicht geschafft hatten, sich ein Unterkommen zu verschaffen.[208] Zwei andere standen wegen Bettelei vor Gericht. Die Haftstrafen betrugen zwischen einer und vier Wochen. Die

---

[206] Ermittlungsrichter zu Vernehmung von Paul G. v. 3. 7. 1948, StaatsAM Staatsanw. Mü. I 6549. Vgl. auch den Fall von Arthur P., StaatsAM Staatsanw. Mü. I 6566.
[207] Bettler und Obdachlose, in: Vorwärts, 12. 1. 1927.
[208] Vgl. zur Verwarnungspraxis im Obdachlosenasyl in der Fröbelstraße Berlin, vgl. Kap. 7.3, S. 215 f.

Angeklagten nahmen die Urteile lächelnd in Kauf, bedeuteten sie doch letztlich für einen kurzen Zeitraum eine feste Unterkunft und eine Mittagssuppe.[209]

Mochte diese kurze Auszeit vom Leben im Asyl und auf der Straße für einige Betroffene noch positiv gewesen sein, befanden sie sich nun zugleich in einem Kreislauf innerhalb des Justizsystems, der durch die Verurteilung vor dem Schnellrichter angestoßen worden war und aus dem sie meist nicht ohne fremde Hilfe wieder herausfanden. Günter H. schrieb 1972 aus der Frankfurter Haftanstalt Preungesheim einen Brief an den Oberbürgermeister der Mainmetropole, in dem er seiner verzweifelten Lage Ausdruck verlieh:

„Ich wende mich in einer auswegslosen Lage um Rat an Sie. Ich liege seit genau einem Jahr [...] auf der Straße oder im Gefängniss [sic]. Angefangen hat es als ich im vorigen Jahr wieder nach Ffm [Frankfurt am Main] kam. [...] Als es zu kalt wurde beging ich in meiner Notlage einen Zechbetrug. Als ich mit fünf DM im Januar aus der Haft entlassen wurde, beging ich selbigen wieder, um von der Straße zukommen."[210]

Dies sind nur die einleitenden Worte eines insgesamt vierseitigen Briefes, indem Günter H. seinen Weg zwischen Obdachlosigkeit und Gefängnis beschrieb. Er sah seine Situation als Sackgasse, aus der er nicht zurückfand, und betrachtete sein Leben als nicht wertvoll. Angesichts seiner sprachlich gewandten Formulierungen im Brief muss davon ausgegangen werden, dass es sich bei dem Wortlaut, er läge auf der Straße und im Gefängnis, um eine bewusste Ausdrucksweise handelte. In der Hoffnung auf kommunale Unterstützung wandte er sich an die Stadtführung. Sein Anrecht auf Fürsorge begründete er durch die mehrmalige Betonung, dass er gebürtiger Frankfurter sei und jahrelang gearbeitet habe. Zugleich versuchte er, sich von den Obdachlosen um die Frankfurter Großmarkthalle und ihrem schlechten Ruf abzugrenzen, indem er angab, nie dort gearbeitet zu haben.[211] Zudem sei er ebenso wie der Adressat des Briefes Mitglied der SPD und er erinnere sich durch die Kälteerfahrungen auf der Straße an die „Zeit bei den Falken" – der sozialistischen Jugend Deutschlands. Neben diesen individuellen Punkten rekurrierte Günter H. auf zwei Aspekte, die symptomatisch für die Selbstwahrnehmung der Obdachlosen und ihrer Lebenswege standen. Erstens hielt er es für aussichtslos, der Kleinkriminalität zu entkommen, und zweitens machte er das Frankfurter Obdachlosenasyl hauptverantwortlich für seine Situation. Er erhob schwere Vorwürfe wegen mangelnder Verpflegung und Hygiene, wegen unbegründeter Ausweisungen sowie wegen Willkür der Verwaltung vor Ort. Seine Beschreibungen führten dazu, dass die Asylverwaltung aufgefordert wurde, Stellung zu nehmen. Der Verwalter beschäftigte sich allerdings weniger mit den Anschuldigungen als vielmehr mit Günter H. Obwohl er einräumte, ihn nicht zu kennen, stellte er ihn dennoch als unzuverlässige und zur Übertreibung neigende Person dar: „der Aktenvermerk

---

[209] Vgl. dazu auch die Ausführungen zu den Verhaftungen aufgrund des Bahnhofsverbots, Kap. 4.3, S. 109. Für die Bundesrepublik vgl. Nur zwanzig Schritte bis zum Polizeigewahrsam, in: FAZ, 30. 3. 1957.
[210] Günter H. an Oberbürgermeister v. 23. 11. 1972, ISG FRA Fürsorgeamt 3649.
[211] Vgl. Kap. 3.2, S. 85–86.

‚starker Rededrang' und ‚Alkoholiker' könnte gewisse Schlüsse auf Fantasie und übertriebenes Selbstbewußtsein zulassen." Die Taktik zur Entkräftung der Anschuldigungen war demnach nicht, die Vorwürfe zu den Mängeln zu dementieren, sondern vielmehr die Anschuldigungen über die Marginalisierung der Personen zu entkräften, also Günter H. als unglaubwürdig darzustellen.[212]

Der Fall Günter H. zeigte indessen für die Marginalisierungen innerhalb der Verfahrenspraxis, dass das Obdachlosenasyl ein wesentliches Element innerhalb dieses strafrechtlichen Kreislaufes war. Eine Haft bot schließlich in den meisten Fällen nur einen temporären Ausweg aus der Obdachlosigkeit. Ein Beamter des Münchner Polizeireviers Süd beschrieb dies mit den Worten:

„Nach der Entlassung aus der Strafanstalt wegen Nichterfüllens eines Unterkommensauftrages bekommen sie [die Obdachlosen] wieder einen neuen, so daß dies ein ewiger Kreislauf ist. Zu einem Ortswechsel sind sie dadurch jedoch nicht zu bewegen."[213]

Nach der Entlassung standen die Betroffenen ebenso ohne Obdach auf der Straße wie zuvor. Zugleich gab es jene, die durch die Haft erstmals zu Obdachlosen wurden. Entlassene Strafgefangene zählten zu den häufigsten Benutzerinnen und Benutzern der Obdachlosenasyle und privaten Herbergsbetriebe. In Bezug auf weibliche Obdachlose hatten die privaten Wohlfahrtsträger im Sinne einer präventiv orientierten Gefährdetenfürsorge schon in der Weimarer Republik Heime für strafentlassene obdachlose Frauen eingerichtet.[214] Für Männer fehlten solche Einrichtungen jedoch bis in die frühe Bundesrepublik. Ihre Rückkehrchancen in ein geordnetes Leben waren durch die Praxis der Unterkommensaufträge, die sie automatisch bei Entlassung aus der Strafanstalt erhielten, minimiert. Schon in seinem ersten Jahresbericht von 1951 bezeichnete der KMFV als eine der zentralen Benutzergruppen im damaligen Obdachlosenbunker „Männer, die aus einem Gefängnis kommen, und sonst keine Bleibe hatten."[215] Auch kommunale Vertreter sahen in der Haft eine der häufigsten Ursachen von Obdachlosigkeit.[216] Obwohl der KMFV von Beginn an versuchte, auf das Problem zu reagieren, stellten die entlassenen Strafgefangenen 1960 noch immer die Hauptgruppe unter seinen sogenannten „Sorgenkindern".[217] Das Problem lag vor allem darin, dass es der KMFV ablehnte, ein eigenes Heim für die entlassenen wohnungslosen Strafgefangenen zu errichten, weil dies nur zu deren zusätzlicher Absonderung führen würde. Der Verein setzte vielmehr darauf, die im Aufbau befindlichen Arbeitshöfe und Eingliederungsstätten mit solchen Kapazitäten aufzubauen, dass sie für diese Personengruppe genügend Aufnahmeplätze böten.[218] 1964 zogen die ersten woh-

---

212 Hübner an Schwoll v. 15. 12. 1972, ISG FRA Fürsorgeamt 3649.
213 Stempfle an Direktion der Schutzpolizei v. 3. 1. 1969, StaatsAM Pol. Dir. Mü. 15618.
214 Für weibliche Strafentlassene stand in München die Herberge „Ave" zu Verfügung. Sie wurde vom KFV geführt und beherbergte 1928 und 1930 insgesamt 210 bzw. 175 Frauen, vgl. KFV, Berichte von 1928 und 1930, DiCV AR 870.
215 KMFV, Jahresbericht 1 (1951), Zentralverwaltung KMFV, Vereinsangelegenheiten 1950–61.
216 Hoffmann, Ursachen, S. 9.
217 Mann in Not, in: Deutsche Tagespost, 19./20. 11. 1960.
218 Vgl. die Ausführungen zur „Probation für Strafgefangene", KMFV, Jahresbericht 3 (1952), S. 5.

nungslosen Strafentlassenen in das Eingliederungsheim und zweiten Arbeitshof Gelbersdorf, wobei der KMFV zu Anfang erhebliche Bedenken hatte:

„Es sei ein ziemliches Wagnis, aber bis jetzt sei nichts passiert und es sehe so aus, als ob es dem Heimleiter gelingen könnte, daß es dabei bleibt, was vielleicht bei voller Belegung nicht möglich wäre."[219]

Von den zunächst 16 Personen hatten acht mehr als zehn Jahre im Gefängnis Straubing eingesessen. Insgesamt sollte das Heim bei voller Belegung 38 Plätze zur Verfügung stellen. Damit konnten aber die durchschnittlich 1100 bis 1200 jährlich entlassenen wohnungslosen Strafgefangen kaum versorgt werden.[220] Für den Großteil blieben die Asyle zentrales Element im Teufelskreis zwischen Gefängnis und Obdachlosigkeit, was deren Bild als Sammelbecken krimineller Personen verstärkte und den Kreislauf der strafrechtlichen Marginalisierung von Obdachlosen über die Orte reproduzierte.

Die Verfahrenspraxis hatte allerdings nicht nur für die Betroffenen negative Folgen. Die hohe Anzahl der verurteilten Obdachlosen brachte die Strafvollzugssysteme in Bedrängnis. Die Gefängnisse waren überfüllt von Obdachlosen, die lediglich Haftstrafen von wenigen Wochen absaßen, aber dennoch zu den „Dauergästen" zählten. Die Verurteilungen vor den Schnellrichtern verliefen parallel zum Anstieg der Obdachlosenzahlen und nahmen stets über die Wintermonate zu. So erreichte beispielsweise nur die Anzahl der Obdachlosen, die wegen Bahnhofsverbot vor dem Schnellrichter im Münchner Polizeipräsidium verurteilt wurden, im Januar und Februar 1967 mit 307 und 313 Verurteilungen ihren Höchststand.[221] Ministerialdirigent Gelbert durchschaute den Kreislauf:

„Da für jenen Personenkreis in den Strafanstalten meist keine Arbeit zur Verfügung steht, ist eine Resozialisierung kaum möglich. Das zeigt sich besonders daran, daß ein erheblicher Teil dieser Gefangenen kurze Zeit nach der Entlassung erneut wegen desselben Delikts verurteilt wird. Damit wird die Strafanstalt zu einer reinen Verwahrungsanstalt für Asoziale. Mit ausschließlich strafrechtlichen Maßnahmen ist daher diesem Problem nicht beizukommen."

Er warnte vor drei Negativfolgen dieses Kreislaufes. Erstens führe er zu einer Überbelegung in den Strafanstalten und belaste damit die Justizbehörden. Zweitens seien die Obdachlosen aufgrund ihrer Lebensweise meist in einem schlechten Gesundheitszustand, der in der Strafanstalt die „Gefährdung von anderen Strafgefangenen" mit sich bringe. Und schließlich kämen drittens die meist wegen kleinerer und harmloser Delikte verurteilten Obdachlosen erst in den Strafanstalten in Kontakt „mit echten Verbrechern" und würden von diesen „negativ beeinflusst". Er schlug als Alternative eine vergleichsweise fortschrittliche und soziale Hilfe vor, indem er sich für die Bereitstellung ausreichender Tagesaufenthaltsräume für Obdachlose

---

[219] Protokoll der Ordentlichen Mitgliederversammlung v. 28. 11. 1964, Zentralverwaltung KMFV, Vereinsangelegenheiten 1963–1972.
[220] Mann in Not, in: Deutsche Tagespost, 19./20. 11. 1960.
[221] Gelbert an Bayerisches Staatsministerium des Innern v. 5. 5. 1967, BayHStA MArb IV/0463/1. Hier auch die nachfolgenden Zitate. Die Polizei macht zwei Jahre später den gleichen Vorschlag erneut, Stempfle an Direktion der Schutzpolizei v. 3. 1. 1969, StaatsAM Pol. Dir. Mü 15618.

einsetzte – allerdings ohne Erfolg.[222] Die Polizeibehörden sahen indessen in der zunehmenden Liberalisierung des Rechts das Hauptproblem und bemängelten das milde Vorgehen der Schnellrichter gegenüber Obdachlosen.[223]

Zwar wurde im Zuge der Abschaffung der Straftatbestände des § 361 StGB auch ein Teil der verhandelten Fälle vor dem Schnellgericht beseitigt, ebenso wurde eine erhebliche Anzahl kleinerer Delikte – wie beispielsweise die Ausweislosigkeit – in das Ordnungsrecht überführt und konnte folglich nicht mehr mit einer Haftstrafe geahndet werden. Zwar kennt das Ordnungsrecht die Erzwingungshaft als Beugemittel für nicht gezahlte Bußgeldbescheide, allerdings konnte diese nur verhängt werden, wenn die Geldstrafe als wirtschaftlich zumutbar galt. Bei mittellosen Obdachlosen war sie somit kein Erfolg versprechendes Rechtsmittel. Die Instanz des Schnellrichters existiert allerdings bis heute. Nach wie vor zählen Haftentlassene zu denjenigen, die von Obdachlosigkeit besonders gefährdet sind. Zwei Prozent der Männer, die 2016 im Unterkunftsheim in der Pilgersheimerstraße übernachteten, kamen direkt aus der Haft.[224] Der Großteil der Entlassenen in sozialer Not wird heute allerdings durch die Münchner Zentralstelle für Straffälligenhilfe des KMFV betreut.

Psychologisierung von Obdachlosigkeit

Wie bereits der Fall von Günter H. zeigte, war es im Umgang mit Obdachlosen durchaus üblich, diese als willensschwach zu kennzeichnen – hiervon blieb auch der Gerichtsraum nicht frei. Im Gegenteil, es war sogar gängige Praxis, um vermeintlich „unverbesserliche" Obdachlose, die im Kreislauf von Gefängnis und Obdachlosigkeit gefangen waren, durch die Diagnose psychischer Krankheiten in geschlossenen Verwahrungsanstalten wie Heim- und Pflegeanstalten unterzubringen. Einen nicht unerheblichen Einfluss nahmen darauf die kommunalen Fürsorgeämter, die in der Zwangsverwahrung der Obdachlosen eine Chance sahen, sich von unerwünschten Fürsorgeempfängern und „Dauergästen" im Asyl zu befreien. Während sie dies in der Weimarer Republik und im Nationalsozialismus über die fürsorgerechtliche Arbeitshausverwahrung noch eigenständig durchführen konnten, war ihnen diese Möglichkeit von 1949 bis 1956 nicht gegeben. Sie bemühten sich daher umso intensiver um eine strafrechtliche Zwangsverwahrung von Obdachlosen.

Als Mittel stand hierfür zunächst die Überprüfung zur Verfügung, inwiefern obdachlose Angeklagte überhaupt eine strafrechtliche Verantwortlichkeit zugesprochen werden konnte. Gemäß § 51b StGB konnte ihnen diese abgesprochen werden, wenn eine „Bewußtseinsstörung", „krankhafte Störung der Geistestätigkeit" oder

---

[222] Vgl. Kap. 3.2, S. 92 f.
[223] Jahresbericht über Gammler und Stadtstreicher v. 13. 3. 1972, StaatsAM Polizei Direktion München 15630.
[224] KMFV, Jahresbericht 2016. Haus an der Pilgersheimer Straße, S. 16, URL: https://www.kmfv. de/fileadmin/mediapool/downloads/Jahresberichte/2016-Jahresbericht-Haus_an_der_Pilgers heimer_Strasse.pdf [13. 2. 2019].

eine „Geistesschwäche" vorlagen. Versprach eine Diagnose der genannten psychischen Beeinträchtigungen einerseits eine Strafmilderung, schloss sich ihr in den meisten Fällen andererseits die Beurteilung an, ob die Notwendigkeit bestehe, die Betroffenen nach § 42b StGB in eine Heil- und Pflegeanstalt einzuweisen. Als letzte Maßnahme existierte die Möglichkeit, die Angeklagten zu entmündigen.[225] Alle drei strafrechtlichen Mittel kamen beim judikativen Umgang mit Obdachlosen zur Anwendung. Die folgenden Ausführungen beschränken sich auf Einzelfälle aus der westlichen Besatzungszone und der Bundesrepublik und damit innerhalb einer demokratischen Ordnung. Sie sind zugleich ein Kennzeichen der weitgehend ungebrochenen Pathologisierungs- und schließlich Psychologisierungsmodelle von Obdachlosigkeit vom Kaiserreich bis in 1970er-Jahre.

Die während des „Dritten Reiches" entwickelten Diagnosemethoden kamen in den 1950er-Jahren unhinterfragt weiterhin zum Einsatz. Wie verheerend, unklare und weitgefasste NS-Definitionen den Lebensalltag von Obdachlosen beeinflussten, zeigte sich bereits an der Erfassung der „Asozialen". Ähnliches traf auch für die Beurteilung von psychischen Krankheiten wie Schizophrenie oder „angeborener Schwachsinn" zu, die im Nationalsozialismus besonders durch Erbgesundheitsgerichte definiert wurden. Trotz der Radikalität in der Gesetzgebung ließ die Umsetzung große Handlungsspielräume für die Amtsärzte vor Ort.[226] Ein Kommentar zum „Gesetz zur Verhütung erbkranken Nachwuchses" (GzVeN) definierte „Schwachsinn" als „die Unfähigkeit, in einem geordneten Berufsleben seinen eigenen Unterhalt zu verdienen und sich sozial einzufügen."[227] Obdachlose, die im Nationalsozialismus als „asoziale Arbeitsscheue" verfolgt und aus der „Volksgemeinschaft" ausgeschlossen wurden, waren deshalb oft Opfer von Zwangssterilisationen. Allerdings erkannte nicht jedes Erbgesundheitsgericht „Asozialität" als Grund für eine Sterilisation an, weshalb sich führende NS-Forscher für eine entsprechende Ausweitung des GzVeN einsetzten.[228] Die Zwangssterilisationen betrafen vor allem Menschen aus sozial schwachen Schichten. Der Anteil der Zwangssterilisierten aus sozial schwachen Schichten stieg im Verlauf des „Dritten Reiches" zunehmend an.[229] Eine systematische Untersuchung, inwiefern Obdachlose als spezifische Opfergruppe von Zwangssterilisationen betroffen waren, steht jedoch noch aus. Bisher konnten lediglich Einzelbefunde nachgewiesen werden, wie beispielsweise die Sterilisationen von Mitgliedern „asozialer Familien" in der Wohnungsfürsorgeanstalt Hashude und von Arbeitshausgefangenen in Breitenau.[230] Im Rahmen dieser Studie können den bereits existierenden Einzelfunden ein paar neue Schlaglichter aus den urbanen Orten hinzugefügt werden. So zeigt sich besonders in den Obdachlosen-

---

[225] Dies war eine Maßnahme, die in § 6 Bürgerliches Gesetzbuch (BGB) festgehalten war.
[226] Christians, Amtsgewalt, S. 164–167.
[227] Zitiert nach Bock, Zwangssterilisation, S. 322.
[228] Ayaß, Asoziale, S. 115–118.
[229] Rothmaler, Belastungen, S. 64–69.
[230] Steinhöfel, Wohnungsfürsorgeanstalt, S. 91–97; Ayaß, Arbeitshaus, S. 275–282.

6. Obdachlose vor Gericht: Zwischen Marginalisierung und Subjektivierung

asylen eine Eigendynamik, die den gesetzlichen Regelungen vorausging.[231] Die Verwaltung des Leipziger Obdachlosenasyls meldete regelmäßig Fälle an das Erbgesundheitsgericht und setzte sich zudem für eine systematische Zusammenarbeit zwischen Wohlfahrts- und Gesundheitsamt ein. Sie erhoffte sich, dass Obdachlose zwangsweise verwahrt würden, sobald „Schwachsinn" oder „Geisteskrankheiten" unter den unmenschlichen Bedingungen im NS-Regime diagnostiziert waren. Die Psychologisierung der Obdachlosen war in diesem Fall ein Mittel der dauerhaften und zwangsweisen Unterbringung der Obdachlosen und griff insofern dem erwarteten Bewahrungsgesetz voraus. Die Verwaltung betonte ausdrücklich, dass angesichts der Zustände im Asyl eine gesetzliche Regelung nicht abgewartet werden dürfe. Stattdessen müsse man sich ein Beispiel an den Standesämtern nehmen, die sich bereits vor dem entsprechenden Gesetz geweigert hatten, eine Heirat zwischen Deutschen und als jüdisch verfolgten Personen vorzunehmen.[232] Das Gesundheitsamt räumte den Benutzerinnen und Benutzern des Asyls indessen keine Priorität ein:

„Zurzeit gibt es in Leipzig noch Hunderte vielleicht Tausende unter den hier Ansässigen, die nach und nach der Unfruchtbarmachung zugeführt werden müssen. Sie sind im Sinne der Zeugung erbkranken Nachwuchses nicht weniger gefährlich als die Wandernden. Es ist anzunehmen, daß die Reichsregierung für die Wandernden einmal besondere Bestimmungen herausbringen wird, wenn die Sterilisierung der Ansässigen bis zu einem gewissen Punkte gelangt ist.
In ganz eklatanten Fällen, insb[esondere] dann, wenn der Wandernde infolge seines Geisteszustandes offensichtlich eine Gefahr für sich oder andere bildete (Gemeinschaftsgefährlichkeit), bitten wir jedoch, ihn ohne weiteres, wenn nötig zwangsweise, dem Gesundheitsamt vorzuführen.[233]

Dass die im „Dritten Reich" einsetzende und danach nahezu ungebrochen fortgesetzte Psychologisierung der Obdachlosen auch mittelbar auf die Betroffenen einwirken konnte, zeigt das Beispiel von Harald R. in München. Dieser war 1951 wegen der Erregung öffentlichen Ärgernisses im Hauptbahnhof festgenommen worden. Aufgrund mehrerer Aufenthalte in verschiedenen Nervenkliniken wurde daraufhin ein amtsärztliches Gutachten in Auftrag gegeben. Der Gerichtsarzt sah sowohl den Tatbestand der Unzurechnungsfähigkeit erfüllt als auch die Notwendigkeit gegeben, Harald R. in eine Heil- und Pflegeanstalt einzuweisen. Darüber hinaus plädierte er für die Entmündigung des Betroffenen und betonte zur Bekräftigung seiner Befunde:

„Im dritten [sic] Reich wäre R. unter das Gesetz z[ur] Verh[ütung] erbkr[anken] Nachwuchses gefallen und sterilisiert worden, weil er durch sein haltloses Treiben mit Frauen ohne Zweifel als fortpflanzungsgefährlich anzusehen ist."[234]

Der Gerichtsarzt rekurrierte damit unreflektiert auf die NS-Verfolgungspraxis. Harald R. litt nach seiner Auffassung an einem „schizophrenalen Defektzustand".

---

[231] Zum voreilenden Aktionismus auf lokaler Ebene, vgl. Ayaß, Asoziale, S. 118. Zur einer „Radikalisierung von unten" im Obdachlosenwesen, vgl. Kap. 1.2, S. 37–41.
[232] Bericht der Verwaltung des Obdachlosenasyls an Stadtrat Teutsch v. 1. 11. 1935, StadtAL AFSA 1721.
[233] Gesundheitsamt an Wohlfahrtsamt v. 28. 11. 1935, StadtAL AFSA 1721.
[234] Gerichtsarzt an Oberstaatsanwalt v. 10. 3. 1951, StaatsAM Staatsanw. Mü. I 6676.

Dieser hätte ihn bereits „weitgehend verändert und abgehakt" und führe zur „Verwahrlosung und zum Alkoholmißbrauch".[235] Die Gefahr für die öffentliche Sicherheit und damit den Grund für eine Zwangsverwahrung sah der Arzt allerdings nicht durch die unmittelbare Untersuchung von Harald R., sondern durch „seine dauernden Handlungsweisen" bestätigt. Wie diese sich darstellten, erfuhr der Gutachter durch ein Schreiben der Münchner Herbergsleitung, in deren Unterkunft der Angeklagte das letzte halbe Jahr gelebt hatte. Hier war Harald R. vor allem wegen seiner Alkoholkrankheit negativ aufgefallen. Er sei unfähig, sich selbst zu versorgen, würde die Rente und Arbeitslosenunterstützung, die er vom Amt erhalte, direkt in Schnaps umsetzen und seinen Lebensunterhalt von der Bettelei bestreiten.[236] Diese Beurteilung diente der Herbergsverwaltung letztlich dazu, Harald R. dauerhaft vom Asyl fernzuhalten und passte sich somit nahtlos der Taktik des Leipziger Obdachlosenasyls von 1935 an. Das Gericht teilte allerdings nicht die Meinung von Fürsorge und Amtsarzt. Harald R. wurde zwar als unzurechnungsfähig für die Straftat des öffentlichen Ärgernisses erklärt, anschließend aber wieder an die Obdachlosenfürsorge der Stadt zurückgewiesen. Inwiefern er hier tatsächlich Unterstützung fand, bleibt zu bezweifeln.[237]

Auch im Fall des bereits erwähnten Paul G., scheute sich die Obdachlosenfürsorge weder direkten Einfluss auf seine Verhandlungen vor Gericht zu nehmen noch Vorverurteilungen aus dem „Dritten Reich" zu übernehmen. Paul G. war 1935 wegen Geistesschwäche entmündigt und bis Kriegsende in unterschiedlichen Heil- und Pflegeanstalten untergebracht worden. Nach dem Krieg lebte er überwiegend auf der Straße, bis er sich 1948 auf Rat seiner Schwester an die Obdachlosenfürsorgestelle in München wandte, die ihn wegen Nichtbesitzes von Ausweispapieren prompt an die Polizei überwies und somit versuchte, sich dem Fürsorgefall zu entledigen.[238] Unaufgefordert ließ sie der Polizei eine schriftliche Beurteilung und Beschreibung von Paul G. zukommen:

„G. war wiederholt in Anstalten untergebracht [...]. Seit Jahren lebt er nun aber in freien Verhältnissen. Er hat keinen festen Wohnsitz, sondern treibt sich bald da, bald dort herum, Er gibt sich als entlassener Kriegsgefangener aus, obwohl er nie Kriegsdienst geleistet hat. [...] Er wird der Polizei übergeben, damit nötigenfalls die Einweisung in eine geregelte Anstalt durch den Richter veranlaßt werden kann"[239]

Die Staatsanwaltschaft beauftragte anschließend ein Gutachten über die strafrechtliche Verantwortlichkeit und zur Frage einer möglichen Unterbringung von Paul G. in einer Heil- und Pflegeanstalt beim Landgerichtsarzt. Dieses stützte sich im Wesentlichen auf die Schilderungen aus der Obdachlosenfürsorgestelle und

---

[235] Gerichtsarzt an Oberstaatsanwalt v. 10. 3. 1951, StaatsAM Staatsanw. Mü. I 6676.
[236] Schreiben der Städt. Männerherberge v. 5. 3. 1951 und Vermerk des Referats 6 v. 5. 3. 1951, StaatsAM Staatsanw. Mü. I 6676.
[237] Vgl. handschriftlicher Vermerk des Oberstaatsanwalts auf dem Amtsärztlichen Gutachten, StaatsAM Staatsanw. Mü. I 6676.
[238] Vgl. Angaben zur Festnahme auf der Vorführungsnote des 24. Polizeireviers v. 2. 8. 1948, StaatsAM Staatsanw. Mü. I 6549.
[239] Referat 6/3 an Polizeipräsidium v. 2. 8. 1948, StaatsAM Staatsanw. Mü. I 6549.

war stellenweise sogar wortgleich.[240] Darüber hinaus attestierte der Gutachter aufgrund des „kleinen Hirnschädels" von Paul G. einen „angeborenen Schwachsinn mittleren Grades":

„G. ist aber auf psychischem Gebiet auffällig, er fasst nicht ganz schlecht auf, gibt auch, soweit Fragen in einfacher Form gestellt werden, sinngemäss Antwort. Er ist aber weinerlich, leicht erregt, ratlos, ängstlich."

Angesichts der Lebensweise von Paul. G. ging er zudem davon aus, dass dieser sich in Freiheit nicht zurechtfände und zu gefährlichen strafbaren Handlungen neige – Paul G. war zu diesem Zeitpunkt lediglich wegen Ausweislosigkeit angeklagt. Der Amtsarzt sah die Voraussetzungen einer strafrechtlichen Unzurechnungsfähigkeit von Paul G. erfüllt und empfahl zudem dessen Unterbringung in einer Heil- und Pflegeanstalt. Letzteren Vorschlag vereitelte allerdings das Gesundheitsamt, das auch in der frühen Bundesrepublik seine während des Nationalsozialismus gewachsene Rolle bei Zwangseinweisungen in Heil- und Pflegeanstalten fortsetzte.[241] Das Verfahren gegen Paul G. wurde zwar aufgrund des Gutachtens eingestellt, eine Einweisung in eine geschlossene Anstalt jedoch nicht veranlasst, weil eine „gemeingefährliche Geisteskrankheit" nicht vorliege.[242] Paul G. wurde nach knapp zwei Monaten Untersuchungshaft wieder entlassen und stand erneut obdachlos auf der Straße. Obwohl er damit nicht zwangsverwahrt wurde, war die Obdachlosenfürsorge mit ihrer Anzeige bei der Polizei erfolgreich, da davon auszugehen ist, dass Paul G. sich nicht noch einmal Hilfe suchend an die Behörde wandte.[243]

Im Fall von Harald R. bedauerte der Gerichtsarzt, dass dieser während der NS-Herrschaft von einer Zwangssterilisation verschont geblieben war. Und auch der Obdachlosenfürsorge diente die Unterbringung von Harald R. und Paul G. in einer Heil- und Pflegeanstalt während des „Dritten Reiches" als Beleg für deren erneute Verwahrung. Dies waren keine Einzelfälle. In der Mehrzahl der untersuchten Akten werden frühere Diagnosen obdachloser Personen aus der NS-Zeit unreflektiert bestätigt oder gar als Beleg für eine erneute Pathologisierung herangezogen. Der medizinische Fachdiskurs zwischen 1950 und 1970 stand in geradezu erschreckender Kontinuität zu den psychologisierenden Ansätzen aus dem „Dritten Reich".[244] Dies zeigt sich nicht nur in den alltäglichen Verfahren, sondern auch im Fachdiskurs. Ein Beispiel dafür war die 1958 an der LMU München eingereichte Dissertation „Die Psychologie der Obdachlosigkeit" von Harry Bock.[245] Bock hatte während seines Studiums der Psychologie von 1951 bis 1957 im Münchner Unterkunftsheim für Männer gearbeitet. Seine Ausführungen stützen sich auf

---

[240] Gerweck an Oberstaatsanwalt München I v. 2. 9. 1948, StaatsAM Staatsanw. Mü. I 6549.
[241] Coché, Psychiatrie, 116f; Christians, Amtsgewalt.
[242] Vermerk des Oberstaatsanwalts v. 4. 10. 1948, StaatsAM Staatsanw. Mü. I 6549.
[243] Mitteilung über Entlassung der Strafanstalt München-Stadelheim v. 28. 9. 1948, StaatsAM Staatsanw. Mü. I 6549.
[244] Ratzka, Wohnungslosigkeit, S. 1223 f.
[245] Bock, Psychologie. Weitere zentrale Schriften zur Psychologisierung von Obdachlosigkeit waren: Aderhold, Nichtseßhaftigkeit; Ritzel, Ätiologie.

Untersuchungen und Auswertungen in diesem Zeitraum. Für Bock schlossen sich Obdachlosigkeit und Gesundheit förmlich aus, weil er den Obdachlosen einerseits pauschal das „soziale Wohlbefinden" absprach und zugleich bei 95 Prozent seiner Untersuchungsgruppe „psychische Defekte" festzustellen glaubte. Die Möglichkeiten Obdachlose erzieherisch zu beeinflussen, schätzte er als aussichtslos ein, und meinte, dass „es wahrlich mehr Freude [mache], einen Hund abzurichten als eine solche menschliche Mißgeburt".[246] Die Schuldigkeit für diesen Zustand verortete er nicht bei den Betroffenen, sondern in ihrer frühkindlichen Prägung durch das Elternhaus, der Umwelt sowie ihren „seelischen Anlagen". Als zentrale „Diagnose" seiner Arbeit hielt Bock fest:

„Der chronische Obdachlose gehört zur guten Hälfte zwar noch zu den ‚seelisch Normalen', allerdings zu den ‚seelisch auffälligen Normalen' (Fehlhaltungen). Fast die Hälfte, gewiß aber ein Drittel (ohne Neurosen) ist seelisch krank."[247]

Zu welchen Fehlurteilen Bock mit seiner Psychologisierung kam, zeigte sich nicht zuletzt darin, dass er selbst körperliche Krankheiten der Obdachlosen auf „seelische Psychosen" zurückführte und letztlich die Ursache von Obdachlosigkeit im „seelischen Zustand" der Betroffenen zu finden glaubte, der in ein „soziales Abgleiten" führe. Bei „körperlichen und seelischen Mängel", so Bock, sei Obdachlosigkeit praktisch unvermeidlich und „liege in der Luft." Er schlussfolgerte daraus, dass die Beseitigung von Obdachlosigkeit nicht mit sozialen Hilfsmaßnahmen und Behebung akuter Notstände erreicht werden könne, sondern nur durch „innere Hilfsleistungen" wie der „Diagnose der obdachlosen Persönlichkeit und der Behandlung ihrer seelischen Schwächen." Auch der Psychologe Willi Bergien sah die „seelische Not" in einem Beitrag im *Wanderer* 1966 als „primäre Not" der Obdachlosen an, die seiner Auffassung nach vor allem durch Kindheitserlebnisse der Betroffenen hervorgerufen wurde. Die Obdachlosigkeit betrachtet er in diesem Zusammenhang als psychologischer und körperlicher Tiefpunkt, der allerdings für den psychotherapeutischen Heilungsprozess der Betroffenen notwendig sei.[248]

Die häufigste Diagnose bei angeklagten Obdachlosen lautete indessen Schizophrenie. Auch hier lässt sich ein deutlicher NS-Bezug feststellen. Galt doch Schizophrenie als einer der häufigsten Gründe für die Anordnung einer Zwangssterilisation, da sie als somatische Erkrankung und damit als vererbbar angesehen wurde.[249] Das Krankheitsbild ist indessen älter und wurde erstmals 1908 vorgestellt. Da keine bestimmbaren Erreger ursächlich waren, erklärte es sich über die Beschreibung verschiedener Symptome, die variabel und anpassbar waren und die bis heute ein breites Spektrum dessen begründen, was als schizophrene Erkrankung verstanden wird.[250] Heute wie historisch geht und ging man von verschiede-

---

[246] Bock, Psychologie, S. 186.
[247] Bock, Obdachlosigkeit, S. 17.
[248] Bergien, Möglichkeiten.
[249] Christians, Amtsgewalt, S. 173. Für Schizophrenie als Krankheitsbild in der NS-Zeit und dessen Kontinuitäten in die Bundesrepublik vgl. Coché, Psychiatrie, S. 168–189.
[250] Vgl. Schmitt, Ringen, S. 4 f., 42–69.

nen Abstufungen der Erkrankung aus. Die hier betrachteten Einzelfälle zeigen, welche Auswirkungen dies auf die betroffenen Personen haben konnte.

Während Harald R. und Paul G. als Gefahr für die öffentliche Sicherheit galten, wurde bei Martha S., die als Ostflüchtling in den Nachkriegsjahren nach München gekommen war, lediglich „harmlose Defektschizophrenie" diagnostiziert. Ihre Festnahme erfolgte im Dezember 1951, als sie versuchte, illegal die Zonengrenzen zu überschreiten, um zu ihrer Mutter in die Ostzone zu gelangen. Die Verhandlung fand in München statt, weil Martha S. zuvor längere Zeit im dortigen Obdachlosenbunker gelebt hatte und als Pflichtarbeiterin tätig gewesen war.[251] Das amtsärztliche Gutachten verwies auch bei ihr darauf, dass sie „bereits 1935 wegen ‚Schizophrenie' in einer Anstalt in Pommern unfruchtbar gemacht worden" sei. Ihre psychische Erkrankung zeige sich primär in Form von Halluzinationen und Verfolgungswahn, hielt der Gerichtsarzt fest. Dennoch sah er bei Martha S. „eine Gefährdung für die öffentliche Sicherheit nicht gegeben". Auch Katharina S., die in den Nachkriegsjahren überwiegend am Bahnhof lebte und im Oktober 1951 wegen Hausfriedensbruch festgenommen wurde, attestierte ein Amtsarzt eine „schizophrene Erkrankung", wodurch sie strafrechtlich nicht zu belangen sei. Eine Einweisung in eine geschlossene Anstalt sah er aber als nicht notwendig an, da „die öffentliche Sicherheit es nicht erfordere." Stattdessen regte er an, im Interesse ihrer eigenen Sicherheit ein Entmündigungsverfahren einzuleiten, da sie kaum in der Lage sei, ihre Angelegenheiten zu regeln – der Empfehlung folgte das Gericht allerdings nicht.[252] Dass es sich in beiden Fällen um Frauen handelte, ist sicherlich kein Zufall, sondern korrespondierte mit der öffentlichen Wahrnehmung von Obdachlosigkeit. Während die Männer im kriminellen Milieu verortet wurden und bei ihnen damit automatisch eine Gefahr für die öffentliche Sicherheit angenommen wurde, galten obdachlose Frauen selbst als gefährdet.[253] Auffällig ist zudem, dass in keiner der Akten der Frauen eine negative Beurteilung durch die Obdachlosenfürsorge vorlag.

Neben den strukturell verankerten Benachteiligungen in der Verfahrenspraxis war damit auch der Ort des Gerichts nicht von subjektiven Marginalisierungen der Betroffenen frei. Über die Einflussnahme der Obdachlosenfürsorge wirkten in den Raum des Gerichts damit auch die geschlechterspezifischen Devianzvorstellungen von Obdachlosen.

6.3 Subjektivierungsformen

Wie das vorausgegangene Kapitel gezeigt hat, standen Obdachlose nicht zwangsläufig wegen Obdachlosigkeit vor Gericht. Ihre soziale Lebensweise war in vielen Fällen erstens Ursache einer Benachteiligung der Betroffenen in der Verfahrens-

---

251 Gerichtsarzt an Staatsanwaltschaft München I v. 15. 4. 1952, StaatsAM Staatsanw. Mü. I 6753.
252 Gerichtsarzt an Staatsanwaltschaft München I v. 25. 10. 1951, StaatsAM Staatsanw. Mü. I 6736.
253 Vgl. vor Gericht Viktoria W., StaatsAM Staatsanw. Mü. I 6820.

praxis und zweitens Grund zu weiterführenden Prüfungen der rechtlichen Unzurechnungsfähigkeit sowie einer eventuellen Zwangsverwahrung. Die Obdachlosigkeit war damit der Anlass einer strukturellen sowie subjektbezogenen Marginalisierung der Betroffenen vor Gericht. Inwieweit wirkte sich diese aber auf die Selbstwahrnehmung der Betroffenen aus? Anders gefragt: Welche Rolle spielte die soziale Lebensweise für die Angeklagten selbst? Damit steht die Frage nach der Reflexion ihrer Armut als Teil der eigenen Selbst-Bildung im Fokus der nachfolgenden Betrachtungen.

Die häufigste Form der Subjektformulierung bei Obdachlosen vor Gericht war das Schuldeingeständnis: Die Angeklagten erkannten damit die ihnen zur Last gelegten Straftaten als solche an. Die Folge war zumindest stückweise die Identifizierung mit diesen Straftaten und damit zugleich die Unterordnung des Subjekts unter die rechtsprechende Gewalt, wobei dies nicht immer zwangsläufig zu einer Adaption der Marginalisierung führen musste, wie der Fall von Josef P. vor dem Amtsgericht Berlin-Mitte im Juli 1949 veranschaulicht. Josef P. gestand zwar bei der Festnahme am Stettiner Bahnhof:

„Wegen Raummangels ging ich der Wohnung verlustig und erhielt aber vom Juli 48 bis März 49 eine Unterkunft im Müllerbunker. Seitdem bin ich obdachlos."[254]

Das Amtsgericht verurteilte ihn schließlich auf Grundlage seiner eigenen Aussage zu zwei Monaten Haft. Doch trotz des Geständnisses legte Josef P. Berufung ein und begründete wenige Tage später seinen Aufenthalt als Obdachloser in Berlin in einem ausführlichen Schreiben an das Amtsgericht.[255] Seine Obdachlosigkeit erwähnte er darin mit keinem Wort, sie war für ihn lediglich eine unbedeutende Begleiterscheinung, mit der er sich nicht identifizierte. Er sah sich vielmehr in einem politischen „Kampf um Berlin" und um „Deutschlands Einheit im antifaschistischen Sinne". Er gab an, an der Proklamation der National-Demokratischen Partei Deutschlands beteiligt gewesen zu sein. Die Partei habe ihn aber betrogen und deswegen plane er nun eine neue Partei im Westen zu gründen. Um dieses Ziel zu verwirklichen, sei ihm keine andere Möglichkeit geblieben, als sich dauerhaft – zur Not auch obdachlos – in Berlin aufzuhalten. Obwohl sich Josef P. offen als Obdachloser bekannte, spielte seine Armut bei seiner Selbst-Bildung keine Rolle. In seinem Selbstverständnis fehlte jegliche Rückkoppelung an seine soziale Situation. Die Obdachlosigkeit erfüllte damit die Funktion des Fremdzweckes und wurde ganz im zeitgenössischen, vom Individuum unabhängigen Kontext verortet.

Das größte Potenzial zur Subjektbildung findet sich in der Formulierung von Bitten oder gar Forderungen an die Strafverfolgungsbehörden. Diese äußerten sich fast ausschließlich in dem Anspruch auf Teilhabe an der Gesellschaft und verknüpften sich mit der Darstellung des Subjekts des Obdachlosen als nützlichem Teil des gesellschaftlichen Lebens. Sie sind insofern eine Reaktion auf gesellschaftliche und rechtliche Marginalisierung der Obdachlosen als vermeintlich „willens-

---

[254] Einlieferungsanzeige zu Josef P. v. 16. 7. 1949, LAB C Rep. 341 Nr. 5862.
[255] Josef P. an das Polizeigefängnis Groß-Berlin v. 23. 7. 1949, LAB C Rep. 341 Nr. 5862.

schwache" Personen, die nicht in der Lage seien, sich in die Gesellschaftsordnung zu integrieren. Der Obdachlose Ernst H. wurde im April 1950 wegen unerlaubten Aufenthalts in Ost-Berlin, Nichtregistrierung auf dem Arbeitsamt und Obdachlosigkeit zu insgesamt sieben Monaten Haft mit anschließender Unterbringung im Arbeitshaus verurteilt. Ernst H. stand nicht zum ersten Mal vor einem Gericht. Sein Urteil begründete der Richter daher wie folgt:

„Sein neuerlicher Straffall zeigt, dass die Strafe ihren erzieherischen Zweck noch nicht erfüllt hat. Deshalb muss dem Angeklagten diesmal nochmals eindringlich zum Bewusstsein gebracht werden, dass er den örtlichen Anordnungen Folge zu leisten habe, seine Arbeitskraft dem Aufbau zur Verfügung zu stellen und sich durch einen gesetzlichen Lebenswandel den werktätigen Menschen anzuschließen."[256]

Um der Arbeitshauseinweisung zu entgehen, sandte Ernst H. wenige Monate nach Urteilsverkündung ein Gnadengesuch an die Staatsanwaltschaft, worin er die Argumentation des Gerichts offensiv aufgriff und sich dazu positionierte:

„So bitte ich den Herrn Oberstaatsanwalt ein Gnadenerlass zu erlassen, da der Strafgefangene Ernst H. seine Strafe einsied [sic] und da er aber auch wieder als freier Mänsch [sic] am auf bau [sic] des 5 Jahres Planes in der Deutschen Demokratischen Republik bereit ist[,] mitzuwirken."[257]

Seine Forderung nach Straferlass verknüpfte sich hier direkt mit der im zeitgenössisch anerkannten politischen Duktus formulierten Bereitschaft von Ernst H., sich wieder in die Gesellschaft zu integrieren und am sozialistischen Staatsaufbau teilzuhaben. Ernst H. verfasste seine Forderung in der dritten Person, was zunächst nicht ungewöhnlich ist, da dies die übliche Formulierungsweise für Gnadengesuche war. Nach dem formalen Gesuch wechselte Ernst H. allerdings in die Ich-Erzählform und versuchte damit eine Nähe und Authentizität seiner anschließenden Begründung und näheren Ausführungen zu seiner Person, seinem Lebensweg, seinen Motiven und Zukunftsaussichten zu bewirken:

„Da ich jetzt von Grund auf ein anständiger Mänsch [sic] geworden bin und in der Bedingung[,] das ich auf meiner Arbeitsstelle in der Arbeiterkolonie Dernbrück wieder als freier [sic] Mänsch [sic] anvangen [sic] kann, in dieser Bedingung bitte ich nochmals den Herrn Oberstaatsanwalt diese Strafe um zu wandeln, da diese Strafe für mich zu hoch ist und da ich wenn ich ins Arbeitshaus komme und später in einem Volkseigenen Betrieb oder einem Volkseigenen Gut anfangen möcht, dann wird mir immer wieder die Arbeitshaus Strafe vor geworfen und da ich diese Forhaltungen [sic] fermeiden [sic] möchte, bitte ich darauf Achtung zu nehmen."

Ernst H. stellte hier nicht ein reines Bittgesuch, sondern er knüpfte dieses an die Forderung, wieder als freier Mensch leben zu dürfen. Dabei deutete er die erzieherische Wirkung, die seine Arbeitshausunterbringung laut Urteilsbegründung haben sollte, zum Selbstzweck. Er machte deutlich, dass der Aufenthalt im Arbeitshaus ihm nicht helfen würde, sondern dieser ihm bei seiner Wiedereingliederung in die Gesellschaft im Weg stünde. Um seine Arbeitskraft daher im Sinne des Aufbaus zu nutzen, müsse die Arbeitshausstrafe abgewendet werden. Ernst H. zeigte

---

[256] Urteil gegen Ernst H. v. 16. 4. 1950, LAB C Rep. 341 Nr. 1217.
[257] Ernst H. an Oberstaatsanwalt, undat. [Eingangsstempel v. 20. 8. 1951], LAB C Rep. 341 Nr. 1217. Hier auch die nachfolgenden Zitate.

hier einen Weg, die Fremdbestimmungen im Kontext der eigenen Selbst-Bildung umzudeuten. Seine soziale Situation spielte für ihn keine Rolle. Vielmehr ordnete sich Ernst H. im Prozess der Selbst-Bildung einem Konformitätsdruck unter.

Während Ernst H. und auch Josef P. in ihren Schilderungen ihre soziale Situation völlig unerwähnt ließen, präsentiert das Beispiel des Obdachlosen Martin F., wie die Armut als zentrales Motiv des Handelns dargestellt werden konnte. Martin F. war in den 1920er-Jahren in München mehrmals straffällig geworden und stand wegen Entführung, schweren Diebstahls sowie Betrugs in 13 Fällen vor Gericht. Als am 24. November 1933 das sogenannte Gewohnheitsverbrechergesetz erlassen wurde, befand sich Martin F. gerade in Haft. Er war einer der Ersten, für den die Münchner Staatsanwaltschaft eine Sicherungsverwahrung im Anschluss an die Haftstrafe beantragte. Als Nachweis für sein Gewohnheitsverbrechertum führte die Staatsanwaltschaft in erster Linie die Anzahl seiner Vorstrafen auf – insgesamt 17 seit 1919 – und kam zu dem Ergebnis:

„Da sein bisheriges verbrecherisches Verhalten und seine ganze Persönlichkeit es wahrscheinlich machen, daß er sich auch in Zukunft erneut verbrecherisch betätigen wird und daß die Straftat deren Begehung von ihm in Zukunft zu erwarten ist, von einer gewissen Erheblichkeit sein wird, so handelt es ich bei ihm um einen gefährlichen Gewohnheitsverbrecher."[258]

Zur Verhandlung stand hier demnach nicht allein die Schwere der Straftaten von Martin F., sondern „seine ganze Persönlichkeit".[259] Für die Staatsanwaltschaft bedeutete dies allerdings nicht, sich mit der Person Martin F. auseinanderzusetzen. Ihr genügte die Häufigkeit der Straffälligkeiten als Begründung. Die Persönlichkeit von Martin F. und seine Lebenssituation wurden erst durch ein Schreiben des Angeklagten in den Verhandlungen thematisiert. Als entscheidenden Anlass für seine Taten betonte er seine soziale Situation. Er begann seinen insgesamt vierseitigen Brief mit den Worten: „Not und Elend waren die Motive meiner Taten. Nicht Gewohnheit ist es, sondern der Trieb zur Erhaltung meines Lebens".[260] Not und Elend können hier als Synonym für Obdachlosigkeit gelesen werden – seine Armut wird somit zum Motiv seines Handelns erhoben. Der zweite Satz verdeutlichte, dass Martin F. sich unfreiwillig in der sozialen Situation der Obdachlosigkeit sah. Die Kriminalität – wofür seine Obdachlosigkeit die Grundlage bilde – diene ihm zur Erhaltung seines Lebens und somit letztlich auch zur Erhaltung seines Selbst. Über seine Armut brachte Martin F. sich demnach als Subjekt in die Verhandlung mit ein. Die Obdachlosigkeit wurde bei ihm zum Argumentationsstrang, was sich auch in der Verteidigungsstrategie seiner Pflichtverteidigerin zeigte:

„Hunger und Obdachlosigkeit haben F. periodenweise auf den strafbaren Weg geführt. Die Not war da und wenn sich dazu eine günstige Gelegenheit bot[,] ist [Martin F.] kriminell geworden um diese zu überbrücken".

---

[258] Antrag der Staatsanwaltschaft v. 11. 2. 1934, StaatsAM Staatsanw. Mü. I 28655.
[259] Zur Verurteilung von „Täterpersönlichkeit" im Gewohnheitsverbrechergesetz vgl. Hörath, Asoziale, S. 125.
[260] Martin F. an Staatsanwaltschaft München I v. 25. 2. 1934, StaatsAM Staatsanw. Mü. I 28655.

6. Obdachlose vor Gericht: Zwischen Marginalisierung und Subjektivierung

Gegen die NS-Verfolgungsmechanismen hatte diese Argumentation freilich wenig Erfolg und wurde stattdessen nur als Beleg dafür gewertet, dass Martin F. kein „nützliches Mitglied der Volksgemeinschaft" sei und auch nicht sein werde. Seine Sicherungsverwahrung wurde am 2. Mai 1934 angeordnet.[261]

Im Gegensatz zu den drei vorausgegangenen Einzelfällen zeigt das vierte Beispiel, wie Obdachlosigkeit als freiwillige Lebensform adaptiert und zum eigentlichen Identifizierungsmoment erhoben werden konnte. Therese M. wurde 1911 geboren und bereits mit 17 Jahren zum ersten Mal strafrechtlich auffällig. Ihre Akte bei der Polizeidirektion München porträtierte ihr Leben als Obdachlose von 1928 bis 1972. Während des „Dritten Reiches" war sie mehrmals im Zuchthaus sowie im Arbeitshaus in Aichach untergebracht. Einer Einweisung ins Konzentrationslager konnte sie jedoch entgehen. Eigenen Angaben zufolge hatte sie die meiste Zeit ihres Lebens auf der Straße verbracht, weshalb sich bis 1972 insgesamt 30 Vorstrafen bei ihr angesammelt hatten.[262] Durch die dauerhaften Verfolgungsmaßnahmen und Stigmatisierungen als Obdachlose – demnach durch die Fremdzuschreibung – stellte sich bei Therese M. eine vollkommene Identifizierung ihrer eigenen Person mit ihrem sozialen Status ein. Nicht nur, dass sie sich offen zu ihrer Obdachlosigkeit bekannte; sie verteidigte und schützte ihre Armut. In einer Befragung durch das Polizeipräsidium München im März 1972 – nachdem M. wiederholt trotz Bahnhofsverbot im Münchner Hauptbahnhof aufgegriffen worden war – gab sie zu ihren Wohnverhältnissen an:

„Es ist richtig, dass ich manchmal in einem Gartenhaus übernachte, aber das ist ja dem Richter schon bekannt. Wo das Gartenhaus ist, will ich nicht sagen. Ich schlafe ja auch nur dort, wenn ich kein Geld habe, daß ich in einer Pension übernachten kann. Ich kann also das Gartenhaus nicht als festen Wohnsitz angeben und will auch ohne festen Wohnsitz bleiben."[263]

Therese M. hatte sich mit ihrem Leben als Obdachlose arrangiert und ihre eigenen Räume der Obdachlosigkeit gefunden – wie etwa das angesprochene Gartenhaus, das ihr als Zufluchtsort diente.

---

[261] Vermerk der Staatsanwaltschaft v. 2. 5. 1934, StaatsAM Staatsanw. Mü. I 28655. Der weitere Verbleib von Martin F. ließ sich aus der Akte nicht rekonstruieren.
[262] Strafregisterauszug von Therese M. v. 29. 3. 1972, StaatsAM Pol. Dir. Mü. 15041.
[263] Beschuldigtenvernehmung v. 9. 3. 1972, StaatsAM Pol. Dir. Mü. 15041.

III. Das Obdach: Isolierung im Raum

Der Begriff *Obdach* ist heute kein alltäglicher.[1] Er gilt als veraltet und umreißt grob einen Ort, an dem Menschen ein Zuhause oder zumindest einen Schlafplatz finden. Damit steht er jedoch programmatisch für die Obdachlosen, denn eine Wohnung oder auch nur eine temporäre Unterkunft war genau das, was fehlte und sie zu Obdachlosen machte. Von dieser Annahme ging auch die Polizeidirektion Gelsenkirchen 1931 aus:

„Die Obdachlosigkeit beheben heisst [sic] nicht der Familie eine ‚Wohnung', sondern ein ‚Obdach' verschaffen, sei es auch durch Unterbringung in einem Asyl, einem Arbeitshaus, einer Herberge, in einer leerstehenden Baracke oder in sonstigen Räumen irgendwelcher Art, auch wenn sie sonst zum dauernden Aufenthalt von Menschen nicht bestimmt sind."[2]

Der Begriff umfasst in diesem Kapitel die verschiedenen Unterkunftsformen, die für Obdachlose bereitgestellt wurden bzw. die sie sich selbst schufen. Obdach ist insofern der Sammelbegriff und zugleich der kleinste gemeinsame Nenner für die verschiedenen Unterkunftsarten zur Kompensierung des Zustandes ‚ohne Obdach' und damit zur Kompensation der Stigmatisierung der Betroffenen. Im Wesentlichen zählte hierzu der Schutz vor den Widrigkeiten der Umwelt. Diese Auffassung vertrat auch das Landesverwaltungsgericht Gelsenkirchen, als es 1959 urteilte: „Denn das Obdach, soll wie sein Name schon sagt, Schutz gegen Wind und Wetter bieten."[3] Alltägliche Versorgung mit Nahrung und Kleidung gehörten nicht zwangsläufig dazu. Das Obdach war auf die Not und den Übergang ausgelegt und sollte – wie im ersten Zitat formuliert – nicht von dauerhaftem Charakter sein. Damit ist das Obdach zugleich ein Raum, dem eine zeitliche Begrenzung inne wohnt. Temporäre und räumliche Beschränkung gingen Hand in Hand, wie das Polizeipräsidium Gelsenkirchen im Fortgang des obigen Zitats ausführte:

„Die Unbequemlichkeit des Obdachs, die mannigfache insbesondere die räumliche Beschränkung, die es mit sich bringt, sollen die zwangsweise Untergebrachten veranlassen, sich selbst nach Kräften nach einem angenehmeren Unterkommen umzusehen."[4]

Der Umgang der Verwaltungsbehörden mit dem Obdach ist demnach ein gespaltener: Zum einen waren die Kommunen gemäß den Fürsorgegesetzen verpflichtet, für Obdachlose entsprechende Unterkünfte bereitzustellen. Zum anderen hatten sie ein vornehmliches Interesse daran, dass die Nutzung zeitlich begrenzt blieb. Die räumliche Konzeption des Obdachs war somit ein Abbild der Ambivalenz der Obdachlosen zwischen Fürsorge und Repression.

---

[1] Der Duden kennzeichnet das Wort Obdach gar als Amtssprache und als sehr veraltet, Duden Online, URL: https://www.duden.de/rechtschreibung/Obdach [12. 1. 2018].
[2] Städtische Polizeiverwaltung Bochum-Gelsenkirchen an Regierungspräsident zu Münster v. 18. 3. 1931, ISG GE 32 Nr. 177.
[3] Zitiert nach: Könen, Wohnungsnot, S. 155.
[4] Städtische Polizeiverwaltung Bochum-Gelsenkirchen an Regierungspräsident zu Münster v. 18. 3. 1931, ISG GE 32 Nr. 177.

Die Bereitstellung eines Obdachs intendierte die räumliche Verschiebung der Obdachlosen. Auf der *Straße* waren die Betroffenen sichtbar und damit Teil der Gesellschaft. Dagegen bezweckte das *Obdach* sie von der Gesellschaft zu isolieren und Obdachlosigkeit als Randphänomen zu verorten. Die jeweiligen Orte im Obdach basierten auf einer doppelten Isolierung. Zum einen waren sie homogene Orte, die allein den Obdachlosen vorbehalten blieben und von der restlichen Gesellschaft nur in Ausnahmefällen betreten wurden. Zum anderen wirkten sie durch ihre geografische Lage am Stadtrand oder bauliche Beschaffenheit isolierend. Im Folgenden wird an vier Orten analysiert, wie die Erfahrung von Isolation den Alltag der Obdachlosen beeinflusste und wie Obdachlose ihr begegneten: Im Obdachlosenasyl, in der Obdachlosensiedlung, im Bunker sowie in der wilden Siedlung.

7. Das Obdachlosenasyl: Ein roter Faden im 20. Jahrhundert?

> *Und stehst du einmal am Ende*
> *und hast keine Bleibe, kein Brot –*
> *dann falte zufrieden die Hände,*
> *man sorgt für deine Not.*
> *Es gibt für solche Zwecke*
> *ein Asyl – da findet der Mob*
> *ein eisernes Bett, eine Decke*
> *und einen alten blechernen Topp.*[5]
> (Kurt Tucholsky)

Mit seiner unverkennbaren Ironie und viel Spott beurteilte Kurt Tucholsky im „Asyl für Obdachlose" die Hilfe, die der Staat den Obdachlosen anbiete: ein Bett, eine Decke und einen Nachttopf im Asyl.

Das Obdachlosenasyl prägte den Alltag und die öffentliche Wahrnehmung der Obdachlosen im 20. Jahrhundert so nachhaltig wie kein anderer Ort. Auf das Asyl war nicht nur das Brennglas der medialen und publizistischen Auseinandersetzung mit dem Thema Armut gerichtet; der Ort war auch Untersuchungs- und Experimentierfeld für Politiker und Sozialforscher. Das Asyl verfestigte sich in der Zeit der Weimarer Republik zum zentralen urbanen Ort von Obdachlosigkeit – mit Strukturen, die sich wie rote Fäden durch die Geschichte der Obdachlosen im 20. Jahrhundert ziehen.

Mit seiner gleichförmigen sozial-räumlichen (An-)Ordnung formte das Obdachlosenasyl Kontinuitäten im Lebensalltag der Obdachlosen – so die These dieses Kapitels. Im Folgenden wird gezeigt, wie das Asyl aus der privaten Wohltätigkeit des 19. Jahrhunderts in die kommunale Armenfürsorge eingegliedert wurde und wie sich im Zuge umfassender Umstrukturierungen in der Weimarer Repu-

---

[5] Theobald Tiger: Das Asyl für Obdachlose, in: Arbeiter Illustrierte Zeitung Nr. 37 (1928), S. 10.

blik Grundformen für diesen spezifischen Ort des „Obdachs" herausbildeten. Die Hausordnungen waren hierfür die zentralen Ordnungselemente, an denen sich besonders deutlich die Gegensätze von Diskurs und Praxis nachvollziehen lassen. Sie werden im nachfolgenden Kapitel rekonstruiert und zugleich mit Blick auf deren Bedeutung für die Handlungspraxis dekonstruiert. Entsprechend ist zu fragen, welche Auswirkungen die räumliche Kontinuität der Asyle auf die Betroffenen wie auf die staatlichen und kommunalen Akteure hatte? Glich das Leben als Obdachloser im Nationalsozialismus dem der Obdachlosen in der Bundesrepublik? Trotz aller struktureller Ähnlichkeiten muss vor eindimensionalen Vergleichen gewarnt werden: Die konvergenten Strukturen der Obdachlosenasyle unterlagen in der konkreten praktischen Umsetzung sehr wohl Konjunkturen, die im Leben der Betroffenen Unterschiede erzeugten. Das Asyl war ein Ort der Ordnung und sozialer Kontrolle und ließ seinen Bewohnerinnen und Bewohnern nur wenige Möglichkeiten der Selbstentfaltung. Dennoch dürfen die Obdachlosen nicht als passive Akteure betrachtet werden. Der Raum der Obdachlosen existierte in Relation zu den Obdachlosen und wurde aktiv durch diese beeinflusst.

Auch Tucholsky erkannte das Potenzial, das den Obdachlosen am Ort des Asyls zufiel. Im spitzen sarkastischen Ton galten seine Zeilen – die 1928 in der Arbeiter Illustrierten erschienen – den Betroffenen in den Obdachlosenasylen: „Wohltaten, Mensch, sind nichts als Dampf./ Hol dir dein Recht im Klassenkampf – !"

7.1 Reformen des Obdachlosenasyls

Ein neuer Raum entsteht. Das Asyl als „Zufluchtsort"

Um die Jahrhundertwende existierten in den meisten Mittel- und Großstädten des Kaiserreichs Sammelunterkünfte für Obdachlose, doch unterschieden sich diese in Art, Größe, Verwaltung und Fürsorgezielen erheblich. Vielen mittelgroßen Städten genügte es, wenige Notwohnungen für Obdachlose bereit zu halten oder auf die für andere Zwecke bestehenden Armen- und Arbeitshäuser zurückzugreifen.[6] In den Großstädten verließen sich die Kommunen meist ganz auf die Privatinitiativen sogenannter Asylvereine. Solche Vereine waren seit den 1860er-Jahren unter anderem in Berlin, München, Hamburg, Frankfurt am Main und Köln aktiv. Während die kommunale Obdachlosenfürsorge in der zweiten Hälfte des 19. Jahrhunderts als Aktionsfeld noch nicht erschlossen war, entwickelte sich aus privat-bürgerlichen Initiativen heraus das Obdachlosenasyl als moderner und spezifischer Ort der Obdachlosenunterbringung. Private Asylvereine für Obdachlose kompensierten vielerorts die Fürsorge für Obdachlose, während sich die Kommunen vorrangig auf polizeirechtliche Maßnahmen beschränkten. So existierte selbst in Berlin bis 1887

---

[6] Zu Unterbringungsarten für Obdachlose vor dem Ersten Weltkrieg vgl. Klumker, Versorgungsanstalten.

kein städtisches Asyl. Zuflucht fanden wohnungslose Frauen seit 1868 und Männer seit 1873 im Obdach des Berliner „Asylverein[s] für Obdachlose".[7]

Die Mitglieder des Asylvereins waren sich bei ihrer Gründung einig, dass der Verein eine dezidierte Alternative zum staatlich-polizeilichen Umgang mit Obdachlosen anbieten solle. Sie sahen ihre Aufgabe in der präventiven Arbeit. Während die polizeiliche Armenpflege der Stadt lediglich die bereits „Gefallenen, Verlorenen" aufnehme, versuchte die bürgerliche Wohltätigkeit durch die Bereitstellung eines Obdachs den „Sinkenden" ihre Arbeitsfähigkeit zu erhalten und sie davor zu bewahren, in die Kriminalität abzurutschen.[8] Obdachlosigkeit war in ihren Augen ein Zustand, der die Menschen unverschuldet traf und für die Betroffenen die Gefahr barg, in ein unsittliches und unmoralisches Leben abzugleiten. Als Hauptquelle dieser Bedrohung sah der Verein die gemeinsame räumliche Unterbringung von Obdachlosen und Kriminellen, wie sie sich in Berlin im bestehenden Polizeiasyl und dem Arbeitshaus wiederfand.[9] Gemäß seiner Namensgebung wollte der Verein mit dem Asyl einen „Zufluchtsort" und damit einen dezidierten Gegenort zum kommunalen Gewahrsam für Obdachlose schaffen.[10] Der Berliner Asylverein hob die räumliche Abgrenzung des Asyls gegenüber den städtischen Unterbringungsformen bei einer Besichtigung des Frauenobdachs 1869 deutlich hervor:

„Schlicht und einfach, sind es doch lichte helle Räume, durchdrungen von dem Geiste der reinen Menschenliebe; freundlich strahlende Räume sogar, wenn man direkt aus den früheren Stätten dieser Unglücklichen, aus Polizei-Gewahrsam und Arbeitshaus in sie tritt."[11]

In den Asylen entstand ein Ort, der neben einer bloßen Schlafstelle auch die notdürftige Versorgung und Schutz garantierte. Das Obdach bot ihnen Nahrung und Badegelegenheiten sowie für ihre Kleidung Wasch- und Desinfektionsmöglichkeiten nach modernen hygienischen Richtlinien, um Krankheiten und Seuchen zu vermeiden. Die Aufnahme erfolgte stets anonym. Der Polizei blieb ohne ausdrücklichen Verhaftungsbefehl, der Zugang zum Obdachlosenasyl verwehrt.[12]

Diesen Leitideen blieb der Berliner Asylverein auch treu, als er 1896 mit dem Umzug in ein neues Obdach – der Wiesenburg – seine Kapazitäten vergrößerte und zunächst täglich bis zu 700 Männern und ab 1907 auch 400 Frauen eine Schlafstätte bereitstellte.[13] Die Wiesenburg war ein städtisches wie nationales Vorzeigeprojekt für die damalige Obdachlosenfürsorge. Sie verfügte über modernste Desinfektionsapparate, Bade- und Duschmöglichkeiten für Obdachlose sowie

---

[7] Zum Berliner Asylverein vgl. Trappmann, Weh.
[8] Spindler, Asyl, 10 f.
[9] Das bekannteste Polizeiasyl entstand 1913 in Hamburg. Aus der Benennung P-Asyl ist schon im Kaiserreich der Name „Pik As" entstanden, der sich bis heute erhalten hat, vgl. Mertens/ Ollertz, Pik As Zur polizeilichen Armenfürsorge im Kaiserreich Scheffler, Weltstadt, S. 167–174; Jessen, Polizei, S. 171.
[10] Vgl. zur vielschichtigen Bedeutung des Begriffs Asyl, Lemma Asyl, in: Meyers Konversationslexikon, Band 1, Leipzig/Wien 1890–1891, S. 988.
[11] Spindler, Asyl, S. 18.
[12] Vgl. Gründungsresolution des Vereins, in: Berliner Asyl-Verein für Obdachlose, Einweihungsfeier, S. 6.
[13] Künstlerhaus Bethanien (Hrsg.), Wohnsitz, S. 146.

eine eigene Wäscherei.¹⁴ Paul Grulich, der im Herbst 1907 für wenige Wochen in einem Selbstversuch als Obdachloser durch Berlin irrte, übernachtete mehrmals in der Wiesenburg und schilderte in seinen tagebuchähnlichen Aufzeichnungen einen „ganz anheimelnden Eindruck" vom Asyl:

> „Die Menschen, die es [Wiesenburg] aufsuchen, stehen, in ihrer sozialen Verkommenheit, um eine Stufe höher als die Besucher der ‚Palme' [das städtische Obdachlosenasyl in der Fröbelstraße Berlin]. Man sieht hier das Elend nicht in so unästhetisch anmutender Form wie dort."¹⁵

Grulich betonte besonders die Zwanglosigkeit. Der Asylverein verstand sich als ein „Institut freier gesellschaftlicher Humanität und bürgerlicher Selbstverwaltung" und vertrat, auch nachdem die Stadt 1887 ein eigenes Obdachlosenasyl in Berlin in Betrieb nahm, weiterhin die Überzeugung, eine Alternative zur armenpolizeilichen Tradition der Stadt anzubieten.¹⁶

Das Obdachlosenasyl: Ein Kontrollraum der Städte

Unbegründet war diese Motivation nicht. Die Stadtverordnetenversammlung Berlins entschied sich zwar 1884 zum Bau eines zentralen städtischen Obdachs, blieb dabei aber ihren sicherheitspolizeilichen Prägungen verhaftet. Die „Palme" – wie das neue Berliner Obdach im Volksmund genannt wurde – öffnete 1887 ihre Pforten in der Fröbelstraße. Was veranlasste die Stadt, sich doch diesem Felde der Armenfürsorge zu widmen?

Für die Stadt stand bei der Bereitstellung von Unterkünften nicht das Wohl der Betroffenen im Vordergrund. Ausschlaggebend waren sicherheits- und gesundheitspolitische Bedenken. Die Unterkünfte des Asylvereins bedeuteten für die Kommune einen doppelten Kontrollverlust: Erstens über den Personenkreis und zweitens über den spezifischen Ort. Die Verantwortlichen in den städtischen Ämtern zweifelten am offenen und rehabilitierenden Konzept der Asylvereine und befürchteten, durch die freizügige Aufnahme in den Asylen könnten Zufluchtsorte für Kriminelle entstehen.¹⁷ Der Zugang zum städtischen Asyl war im Gegensatz zur Wiesenburg mit strengen Kontrollen reglementiert. Das neue Obdach hatte eine eigene Kriminalstelle und war regelmäßig Schauplatz von polizeilichen Razzien.¹⁸ Zudem sollte das Obdach mit seiner hygienischen Ausstattung nach der Eröffnung reichsweite Vorbildfunktion erhalten. Dieser Anspruch bestand jedoch nur auf dem Papier, denn der massive Andrang und die Überbelegung machten die Einhaltung der Vorschriften äußerst schwierig.

---

14 Scheffler, Weltstadt, S. 170–172.
15 Beide Zitate in: Grulich, Dämon, S. 22.
16 Zitat nach Reuter, Singer, S. 60; Berliner Asyl-Verein für Obdachlose, Einweihungsfeier, S. 8; Zu den unterschiedlichen Konzepten der beiden Asyle vgl. Bielefeld, Rande, S. 48–57.
17 So auch die verbreitete öffentliche Meinung, vgl. die Anzeige des Hausbesitzers Zeitler in der *Vossischen Zeitung* mit dem Vorwurf, das Obdach des Asylvereins sei vor allem ein Zufluchtsort für Verbrecher, vgl. Künstlerhaus Bethanien (Hrsg.), Wohnsitz, S. 143.
18 Auch in anderen Städten ging die Neugliederung kommunaler Obdachlosenasyle mit der Einrichtung einer Polizeistelle einher, vgl. Ein neuer Zweig der sozialen Fürsorge, in: Essener Volkszeitung Nr. 62, 9. 1. 1929.

Eine zweite Motivation für den Bau der „Palme" lag in der wachsenden Anzahl der Obdachlosen. Die Asylvereine waren vielerorts den neuen quantitativen Dimensionen nicht gewachsen. Mit 3000 Schlafstellen war das städtische Asyl in der Fröbelstraße indessen das größte im Kaiserreich, in den Wintermonaten beherbergte es zeitweise sogar 5000 Menschen.[19] Die hohen Aufnahmekapazitäten erforderten aus Sicht der Stadt jedoch eine strenge Überwachung und Kontrolle der Obdachlosen. Mit der Adaption des Obdachlosenasyls durch die Kommune erfuhr der Ort damit eine neue Ausrichtung, die sich gegen die Ursprungsidee des Obdachlosenasyls als „Zufluchtsort" richtete.

Die Entstehung kommunaler Obdachlosenasyle muss schließlich drittens im Gesamtzusammenhang mit der allgemeinen Entwicklung der Armenpflege am Ende des 19. Jahrhunderts gesehen werden. Aufgabe der kommunalen Armenfürsorge war es Bewährtes auf eine nachhaltige Basis zu stellen und schließlich institutionell zu organisieren.[20] Dafür plädierten auch die privaten Wohltätigkeitsvereine ihrerseits, die von den Kommunen eine Entlastung forderten.[21] Die Eröffnung der Städtischen Asyle fügte sich geradezu idealtypisch in dieses Handlungsmuster ein. Obgleich im Kaiserreich noch keine spezifische staatliche Obdachlosenfürsorge bestand, kann die Eröffnung städtischer Asyle gleichermaßen als Teil der fortschreitenden Ausdifferenzierung der Armenpflege nach spezifischen Armutsrisiken wie Gesundheits-, Jugend- oder Wohnungsfürsorge gesehen werden; dabei war man der Meinung, dass eine schärfere Trennung der Unterbringungsarten und damit der Personengruppen notwendig sei.[22] Die neu geschaffenen Orte der städtischen Obdachlosenasyle waren damit vielerorts ein Konglomerat aus den privaten und kommunalen Traditionslinien der Armenpflege: ein sicherheitspolitisch motivierter und polizeilich kontrollierter „Zufluchtsort" für Obdachlose.

Im Gegensatz zu Arbeitshaus und Polizeiasyl sollte die „Palme" nach Ansicht der Stadtverwaltung ein Wahrzeichen der modernen, fortschrittlichen Obdachlosenfürsorge sein – dennoch manifestierte sie sich in der Wahrnehmung der Bevölkerung und in den Erfahrungen der Betroffenen in erster Linie als Sinnbild des großstädtischen Elends. Paul Grulich, der für die Wiesenburg so angenehme Worte fand, beschrieb das städtische Obdach recht kläglich:

„In diesem Asyl empfindet man nicht, daß es ein Werk der Nächstenliebe ist. Es ist ein großes, weites Haus, das so und so vielen Schutz vor den Unbilden der Nacht gewährt; eine straffe Beamtenorganisation verwaltet es, und es wird niemals etwas Ungesetzliches sich darin ereignen. Die Kälte aber, die in seinen Mauern herrscht, die Disziplin, mit der man die durch harte Entbehrungen willenlos Gemachten zu „königlich preußischen" oder „städtisch berlinerischen Almosenempfängern" drillen will, läßt von den ursprünglichen Motiven, aus denen heraus die Anstalt entstanden ist, wenig mehr verspüren. Die Stunden, die ich in dem Asyl durchlebte, sind vielleicht die traurigsten, deren ich mich überhaupt zu erinnern vermag."[23]

---

[19] Zadach-Buchmeier, Anstalten, in: Reulecke (Hrsg.), Geschichte, S. 716.
[20] Sachße/Tennstedt, Armenfürsorge Band 2, S. 38; Zadach-Buchmeier, Anstalten, in: Reulecke (Hrsg.), Geschichte, S. 715; Reulecke, Armenfürsorge, S. 73.
[21] Vgl. Massow, Fürsorge, S. 81.
[22] Sachße/Tennstedt, Armenfürsorge, Band 2, S. 27–38.
[23] Grulich, Dämon, S. 17.

7. Das Obdachlosenasyl: Ein roter Faden im 20. Jahrhundert?   183

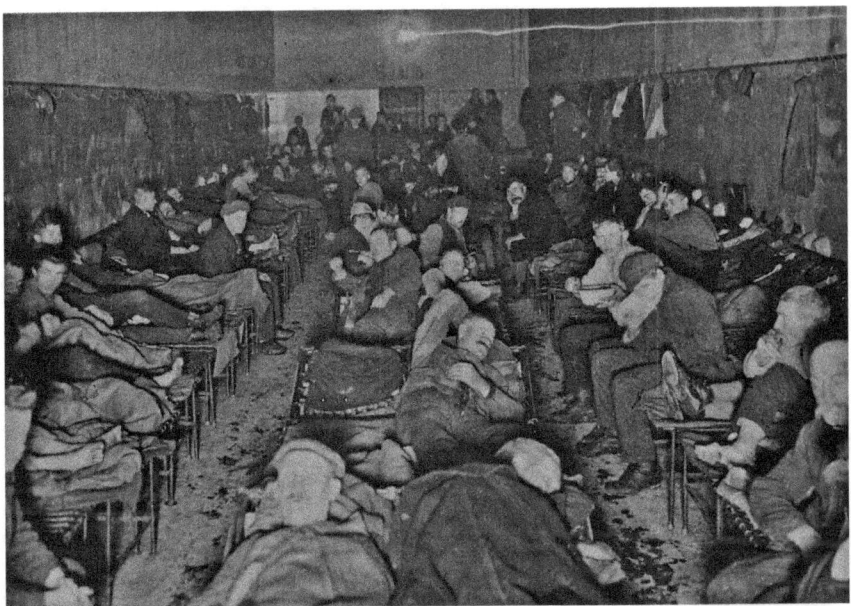

Abb. 2: Schlafsaal eines Not-Obdachs im städtischen Obdachlosenasyl Berlin, 1925/26

Grulichs Erfahrungen decken sich mit den öffentlichen Berichten. Immer wieder geriet die Palme in Verruf und es gab Gerüchte, dass das Personal auch gewalttätig gegen die Obdachlosen vorgehe. Der Stadtverordnete Adolph Hoffmann (SPD), der sich – getarnt als Obdachloser – ins Asyl begab und dort von einem Wachmann tätlich angegriffen wurde, deckte 1901 die Zustände auf.[24] Ein Teil der Aufseher wurde entlassen und strengere Maßnahmen zur Kontrolle durch die Stadtverwaltung eingerichtet.[25] Diese Einzelmaßnahmen brachten jedoch keine langfristige Verbesserung für die Obdachlosen in der „Palme". Nach dem Ersten Weltkrieg wurde die Lage in den Asylen noch prekärer, da für längst notwendige Sanierungen zwischen 1914 und 1918 weder Bedarf noch Finanzmittel vorhanden waren.[26] Während in den Kriegsjahren die Asyle kaum ausgelastet waren, verzeichneten sie bereits ein Jahr nach Kriegsende wieder ähnliche Belegzahlen wie 1913. Vom Winter 1919/20 zum Winter 1920/21 verdreifachten sich schließlich die Übernachtungszahlen im Berliner städtischen Obdach von knapp 19 000 auf über 66 000 Personen.[27] Aufnahmen aus dieser Zeit geben ein erschreckendes Zeugnis von den alltäglichen Zuständen in der städtischen Obdachlosenunterkunft und veranschaulichen, das ein Mindestmaß an Sauberkeit, Hygiene und Betreuung durch die Überfüllung der Orte kaum gewährleistet werden konnten.

---

[24] Im „Asyl" für Obdachlose, in: Vorwärts Nr. 212, 11. 9. 1901.
[25] Hoffmann, Erzählungen, S. 150–162.
[26] Vgl. Etat des Obdachs, in: Vorwärts Nr. 71, 24. 3. 1904; Bericht zum Obdachwesen, undat. LAB A Rep. 003-01-01 Nr. 3.
[27] Vgl. Starke Inanspruchnahme des Asyls für Obdachlose, in: Vossische Zeitung Nr. 9, 21. 7. 1921.

Während solche Bilder vor dem Ersten Weltkrieg lediglich hinter verschlossenen Türen der Stadtverordnetenversammlungen und innerhalb der Wohlfahrtsverbände eine Diskussion entfachten, wurden die Zustände in den 1920er-Jahren nun publik.[28] Der Wille zur Reform speiste sich allerdings nicht nur aus dem öffentlichen Druck. Besonders im Fall der Reichshauptstadt muss der Konnex zur Reorganisation der Wohlfahrtspflege bedacht werden. Die Obdachlosenfürsorge war ein Produkt des Wohlfahrtsstaates der Weimarer Republik und befand sich dementsprechend in einer nicht abgeschlossenen Entwicklung. Ein Ziel der Reformansätze in den 1920er-Jahren war es, die Obdachlosenasyle aus ihren polizeilichen Zuständigkeiten zu lösen und als Institutionen der Fürsorge dem Wohlfahrtsstaat zu vereinnahmen.[29]

Obdachreform I.: Räumliche Separierungen nach Alter, Geschlecht und Arbeitsfähigkeit

Das Berliner Wohlfahrtsamt unter der Leitung von Arthur Scholz war 1924 eines der ersten, das eine umfassende Obdachreform einleitete.[30] Die Unterkünfte sollten verbessert und die Obdachlosen nachhaltiger betreut werden. Das Asyl stand fortan im Mittelpunkt der Obdachlosenfürsorge, in ihm liefen die Fäden der städtischen, staatlichen und privaten Stellen zusammen.

In der Mitte des verästelten Baumdiagramms steht als fester Stamm der exemplarische Gang eines Aufgenommenen durch das städtische Obdachlosenasyl. Die einzelnen Kreise um diesen Stamm herum sind als Orte zu verstehen. Sie illustrieren, wie die Reform eine räumliche Ordnung der Obdachlosen produzierte, wobei sich in der Zuordnung der Orte die ambivalente Position der Obdachlosen zwischen Fürsorge und Strafe widerspiegelt. In der linken Bildhälfte sind mit Kriminalpolizei, Gericht, Arbeiterkolonien sowie der Jugendwohlfahrtsstelle im Polizeipräsidium die strafrechtlichen Komponenten repräsentiert. Dagegen sind in der rechten Hälfte mit der Wohlfahrtsstelle und den ihr zugeteilten Hilfsstellen die Maßnahmen der Obdachlosenfürsorge vertreten. Dazwischen stand das Obdachlosenasyl als verbindendes Element. Der Leitgedanke der Reform überspannte beide Bereiche: die Herauslösung, Erbauung und Umformung neuer Orte, die der Heterogenität der Benutzerinnen und Benutzer des Asyls entsprachen und die Obdachlosenunterbringung dezentral anordneten.

Der Schwerpunkt der Reform setzte beim der Umgestaltung der Schlafsäle an. Die bestehenden Schlafsäle ließ die Verwaltung renovieren und reduzierte deren Belegung. Außerdem half die Stadt 1926 dem Berliner Asylverein, die Wiesenburg neu zu eröffnen und erweiterte damit die Kapazitäten zur Unterbringung. Zwar führte der Verein selbstständig die Bewirtschaftung des Asyls durch, jedoch war

---

[28] Vgl. Kap. 3.1, S. 76–78.
[29] Abstimmung der Zuständigkeiten in der Fürsorge für Obdachlose zwischen den Trägern der wirtschaftlichen und der Polizeibehörde in Sitzung der Vereinigung nordwestdeutscher Wohlfahrtsämter v. 26./27. 11. 1926, BArch R 36/1906.
[30] Scholtz, Reformen, S. 458.

7. Das Obdachlosenasyl: Ein roter Faden im 20. Jahrhundert?   185

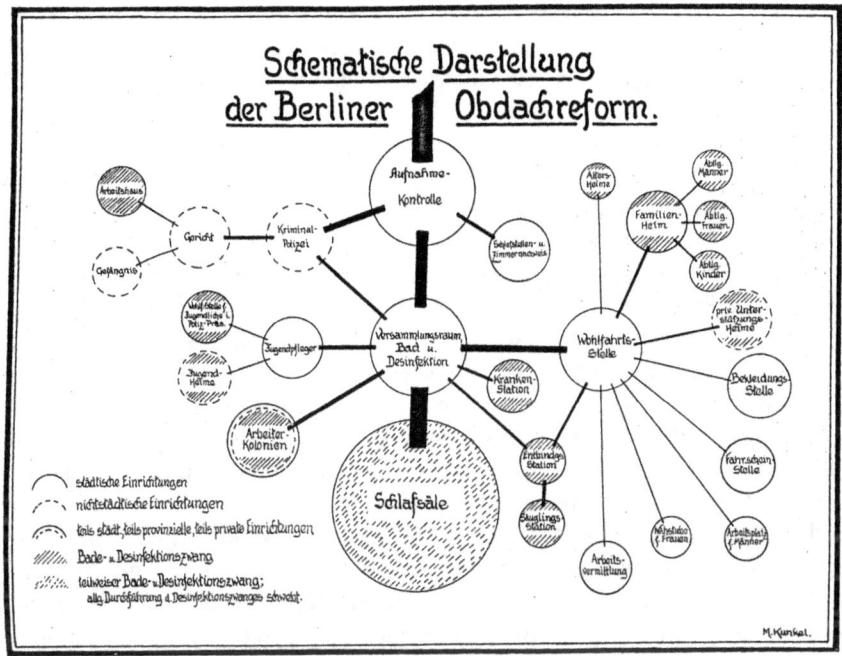

Abb. 3: Schematische Darstellung der Berliner Obdachreform

diese „nach den Grundsätzen des Betriebes im städtischen Obdach Fröbelstraße" zu gestalten – mit den ursprünglichen Leitideen des Asylvereins hatte dies nur noch wenig gemein. Immerhin konnte der Berliner Verein noch selbst aktiv sein. In München geriet der Asylverein nach dem Krieg in eine finanzielle Notlage und löste sich auf, sein Obdachlosenasyl an der Lothstraße schenkte er der Stadt – unter der Bedingung, dass diese stets „für die Beherbergung von Obdachlosen ein geeignetes Haus bzw. Anwesen zur Verfügung" stelle.[31] In beiden Städten führte die räumliche Erweiterung der Asyle zu einer stärkeren Trennung der Obdachlosen: Die Wiesenburg war zukünftig explizit für Frauen und ältere Männer ausgewiesen.[32] In der Münchner Lothstraße übernahm der katholische Orden der Barmherzigen Brüder im Auftrag der Stadt die Verwaltung des Asyls für männliche Obdachlose.[33] Das bisherige Asyl in der Entenbachstraße war zukünftig obdachlosen Frauen vorbehalten.[34]

---

[31] Vertrag zwischen Asylverein und Stadt v. 5. 3. 1923, StadtAM Wohlfahrt 4707.
[32] Abkommen zwischen Stadt Berlin und Berliner Asylverein v. Mai 1926, LAB A Rep. 033-08 Nr. 124.
[33] Beschluss des Stadtrats München v. 16. 9. 1926, StadtAM Wohlfahrt 4688.
[34] Auch in Leipzig gab es 1924 einen solchen Vorstoß, der allerdings wegen fehlender Räume nicht umgesetzt wurde, Vorlage an die Stadtverordneten v. 22. 11. 1924, StadtAL AFSA 1720. In Leipzig wurde 1925 ein Asyl für weibliche Obdachlose und Kinder eröffnet, Bericht „Das Obdachlosen-Asyl an der Josefinenstraße", ISG GE 32 Nr. 176.

Innerhalb der Asyle gab es nun zudem separate Schlafsäle für jugendliche Obdachlose ebenso wie Krankenstationen. Alte, Siechen und Kranke sollten vom regulären Obdachbetrieb weitgehend ferngehalten werden. Für ältere Obdachlose, die keine Aussicht hatten, in ein geordnetes Arbeitsverhältnis vermittelt zu werden, schuf sie Plätze in Altenheimen. Ein zentraler Punkt der Reformbemühungen war somit die stärkere Segregation der Benutzerinnen und Benutzer. Personen, bei denen Obdachlosigkeit eine Folgeerscheinung und nicht die Ursache ihrer Not war, sollten dem Asyl langfristig entzogen werden. Das Obdachlosenasyl blieb den Obdachlosen vorbehalten, wo diese weitgehend getrennt von der restlichen Bevölkerung unterkamen. Die Entstehung des Obdachlosenasyls als spezifischer Ort der Obdachlosen verlief somit parallel mit deren Isolierung an diesem Ort.

Diese Entwicklung spiegelt sich deutlich in begrifflichen Zuschreibungen wider. Die zu Beginn der Weimarer Republik noch gebräuchliche Sammelbezeichnung der „Asyle" als „Zufluchtsstätte[n] für Notleidend[e]", die auch Anstalten für Alkoholiker, Epileptiker und Altersheime kennzeichnete, verlor sich mit den Obdachreformen vollständig.[35] So verweist beispielsweise das 1929 erschienene Handwörterbuch der Wohlfahrtspflege unter dem Lemma „Asyl" direkt auf den Artikel „Obdachlosigkeit", während sich fünf Jahre zuvor – in der ersten Auflage – dem „Asyl" noch ein eigener Artikel widmete, der auf dessen vielschichtige Bedeutungen einging.[36] Am Ende der Weimarer Republik stand das Asyl schließlich synonym für den Zustand der Obdachlosigkeit.

Obdachreform I.: Zentralisierung und räumliche Umverteilung

Auch wenn der Berliner Haushaltsausschuss im Februar 1932 noch über eine Zentralisierung der verschiedenen Standorte diskutierte, war diese durch die Obdachreform schon lange in Gang gesetzt worden.[37] Die Reform schuf ein Netzwerk von Orten zur fürsorgerischen und strafrechtlichen Betreuung von Obdachlosen, zu denen das Asyl die Eingangspforte darstellte. Sowohl die Wohlfahrtsstelle wie auch die Kriminalpolizei richteten im Zuge der Reformen eine Außenstelle direkt im Obdachlosenasyl ein. Ebenso wurden die Kooperationen zwischen den verschiedenen Asylen im Berliner Stadtgebiet verstärkt. Formalrechtlich gab es zwar keine Zentralverwaltung, denn die jeweiligen Bezirke waren weiterhin für die Obdachlosen in ihrem Zuständigkeitsbereich verantwortlich, dennoch mussten sie täglich die Belegung an die „Palme" melden – die diese Informationen in einer Zentralkartei sammelte.[38]

Das Städtische Obdach hatte damit eine Scharnierfunktion zur Erfassung und Koordinierung der Obdachlosen inne, um die Zusammenarbeit der einzelnen Be-

---

[35] Meyers Konversationslexikon, 1. Band, Leipzig/Wien 1890–1891, S. 988; Haußmann, Asyle.
[36] Ebenda; Dünner (Hrsg.), Handwörterbuch, S. 97.
[37] Für Zentralisierung des Obdachlosenheimes, in: Vossische Zeitung Nr. 80, 17. 2. 1932.
[38] Punkt 3 der Regelungen für die Zusammenarbeit von Obdach Fröbelstraße und Obdach Charlottenburg, gez. Scholtz v. 25. 9. 1928, LAB A Rep. 044-08 Nr. 24.

reiche der Obdachlosenbetreuung effektiver zu gestalten und damit zugleich die uneingeschränkte Kontrolle über diesen Personenkreis zu gewährleisten. Die Drähte liefen in der Fröbelstraße nicht nur buchstäblich zusammen, sondern regelrecht heiß, denn „ohne Inspruchnahme weiterer Stellen" konnten die einzelnen Asyle „unmittelbar telefonisch und schriftlich verkehren."[39] Dies führte zwar zu einem effizienteren Verwaltungshandeln, setzte die Betroffenen aber zugleich der Willkür der Verantwortlichen vor Ort aus. Die individuellen Entscheidungen der Beamten entzogen sich jeglicher Kontrolle und brachten die Benutzerinnen und Benutzer in eine ungehinderte Abhängigkeit von den Verwaltungsangestellten des Obdachs. Berichte über gewalttätige Übergriffe auf Obdachlose, die in vielen Städten den unmittelbaren Anlass zu den Reformen geboten hatten, gab es weiterhin.[40]

Die in Weimar begonnene Zentralisierung wurde im „Dritten Reich" weiter forciert: In Berlin verkündete der Leiter des Landeswohlfahrts- und Jugendamtes, Karl Spiewok, 1937 stolz: „Wir haben sämtliche Asyle aufgelöst und nur ein Zentralobdach bestehen lassen" – die „Palme" in der Fröbelstraße.[41] Eine strukturelle Reform ging dieser Entwicklung nicht voran. Die Zentralisierung korrespondierte mit Verdrängungsprozessen auf zwei Ebenen: Erstens innerhalb der Öffentlichkeit, wo die nationalsozialistische Stadtverwaltung mittels repressiver Zwangsmaßnahmen die Obdachlosen von der Straße den vorgesehenen Orten zuführte, zu denen neben den Obdachlosenasylen vor allem Gefängnisse, Arbeitskolonien, Wandererarbeitsstätten und Konzentrationslager zählten. Zweitens wurden die bisherigen Akteure der privaten und konfessionellen Obdachlosenhilfe verdrängt. Die zahlreichen Orte, die in Kooperation mit dem städtischen Asyl im Zuge der Obdachreformen ein Netzwerk gespannt hatten, beseitigten die NS-Behörden sukzessive oder übernahm sie in die eigene Verwaltung.[42] Bereits 1933 war der Berliner Asylverein gezwungen, die Wiesenburg aufzugeben, indem ab 1935 ein Rüstungsbetrieb untergebracht war.[43] Der Münchner Stadtrat kündigte 1934 den Vertrag mit dem Orden der Barmherzigen Brüder und übernahm das städtische Obdachlosenasyl in Eigenregie.[44] Die Frauenherberge sollte in ein größeres Gebäude umziehen, um auch hier nicht länger auf die konfessionellen Träger angewiesen zu sein.[45] Ebenso unerwünscht waren private Herbergen wie die zahlreichen

---

[39] Punkt 8 der Regelungen für die Zusammenarbeit von Obdach Fröbelstraße und Obdach Charlottenburg, gez. Scholtz v. 25. 9. 1928, LAB A Rep. 044-08 Nr. 24.
[40] Vgl. für Leipzig: Prügelszenen im Obdachlosenhaus, in: Sächsische Arbeiter-Zeitung, 26. 2. 1930; Verwalter des Männerobdachs in der städtischen Arbeitsanstalt an Fürsorgeamt v. 22. 3. 1932, StadtAL AFSA 1721.
[41] Niederschrift der Sitzung im Städtischen Obdach v. 30. 4. 1937, LAB A Rep. 003-01-01 Nr. 10.
[42] Das *Berliner Wohlfahrtsblatt* listete 1929 immerhin 59 Übernachtungsmöglichkeiten der freien Wohlfahrt auf, vgl. Ulrich, Wanderer, S. 77–80. Für den Einfluss der NSV am Beispiel der Bahnhofsmissionen vgl. Kap. 4.2, S. 103 f. Zur Zusammenlegung von Asylen in kleineren Städten vgl. Strauss, Wandererfürsorge, 205 f.
[43] Trappmann, Weh, in: Allex (Hrsg.), Ausgesteuert, S. 278.
[44] Sitzung des Wohlfahrtsausschusses v. 25. 1. 1935, StadtAM RSP 708/9.
[45] Huber an Direktion des Dezernats 6 v. 22. 12. 1937, StadtAM Wohlfahrt 4702. Zur Auseinandersetzung der Stadt München mit der konfessionellen Obdachlosenhilfe vgl. Wimmer, Ordnung, S. 159, 168.

Männer- und Ledigenheime. Auf deren Schließung ebenso wie die der sogenannten „wilden Herbergen" wirkte die Berliner Wohlfahrtsstelle schon 1934 gemeinsam mit den Polizeibehörden hin.[46] Auch der Gesamtverband der Deutschen Wanderarbeitsstätten, der ohnehin auf die Verdrängung der Obdachlosen aus den Städten in die ländlichen Wanderhöfe abzielte, entschloss sich, Obdachlosenheime lediglich in den größeren Städten zu dulden und private Beherbergungen „streng zu überwachen".[47] Städte, wie beispielsweise Leipzig, die selbst kein ausreichendes Übernachtungskontingent für Obdachlose bereitstellen konnten, kontrollierten private Pensions- und Herbergsbetriebe nun stärker.[48]

In den verbliebenen Asylen versuchten die Behörden den Kreis „asozialer" Obdachloser zu sammeln. Das Obdachlosenasyl bildete insofern im „Dritten Reich" eine Monopolstellung in der Obdachlosenbetreuung und wurde zum Sammelbecken und Kontrollraum von Obdachlosigkeit in der Großstadt. Alter und Geschlecht waren nunmehr nicht die entscheidenden Kriterien, vielmehr bestimmten Arbeitsfähigkeit sowie die rassische und sittliche Beurteilung der Betroffenen über deren Zuordnung. Als eine der wesentlichen Aufgaben des „Zentralobdachs" führte Spiewok 1937 die „grundsätzliche Trennung von Sozialen und Asozialen" an.[49] Statt als Kontrollort für Obdachlose in den Städten, war es nun ein Glied in einer ganzen Kette von Anstalten, die die Aussonderung der „Asozialen" verfolgten. Angesichts dieser Vereinnahmung des Obdachs als vorgeschaltete Selektionseinrichtung zum Arbeitshaus, verblasste das Asyl als spezifischer Ort der Obdachlosen zunehmend. Erschwerend kam im Zweiten Weltkrieg hinzu, dass viele Asyle den Luftangriffen oder militärischen Zweckentfremdungen zum Opfer fielen. Initiativen zu deren Instandsetzung während des Krieges scheiterten vielerorts am Ressourcen- und Arbeitskräftemangel, sodass in vielen Städten 1945 keine Obdachlosenasyle mehr existierten.[50]

Erst im Zuge des Wiederaufbaus der Städte Anfang der 1950er-Jahre entstanden neue Obdachlosenasyle. Ein anschauliches Beispiel bietet hier München, das am 1. März 1952 das „modernste Obdachlosenheim" Deutschlands eröffnete.[51] Obwohl die Bundesrepublik in vielen Bereichen der Fürsorge die Wohlfahrt der

---

[46] Wohlfahrtsstelle des Städtischen Obdachs an Fabrikpflegerin der Knorr-Bremse AG v. 26. 6. 1934, LAB A Rep. 003-01-01 Nr. 2.

[47] Entschließung des Gesamtverbands Deutscher Wanderarbeitsstätten v. 11. 11. 1938, ADCV 288.013.

[48] Vgl. dazu den Fall Martha L.: L. an Bornemann v. 17. 7. 1933; Antwortschreiben der Verwaltungsstelle II v. 18. 7. 1933, beide StadtAL AFSA 3008. Siehe in der Akte auch die Bittschreiben der Leipziger Herbergsbetriebe um Zuweisung von Fürsorgeunterstützten bzw. der Erstattung von Mietbeihilfen.

[49] Niederschrift der Sitzung im Städtischen Obdach v. 30. 4. 1937, LAB A Rep. 003-01-01 Nr. 10.

[50] Vgl. den gescheiterten Versuch der Münchner Stadtverwaltung, das Asyl für Frauen umzubauen, Ortner an Büro des Sonderbeauftragten zur Durchführung des Vierjahresplanes v. 24. 10. 1939; Ortner an Städtisches Liegenschaftsamt v. 18. 3. 1940, beide StadtAM Wohlfahrt 4705. Vgl. auch Leistungsbericht der Abt. Obdachlosenfürsorge v. 3. 6. 1940, StadtAM Wohlfahrt 875. Für Frankfurt a. M. vgl. Verfügung des Fürsorgeamts v. 20. 9. 1944, ISG FRA 651.

[51] Vgl. u. a. Der Morgenkaffee kostet ein Fünferl, in: Münchner Merkur, 1. 2. 1952.

7. Das Obdachlosenasyl: Ein roter Faden im 20. Jahrhundert? 189

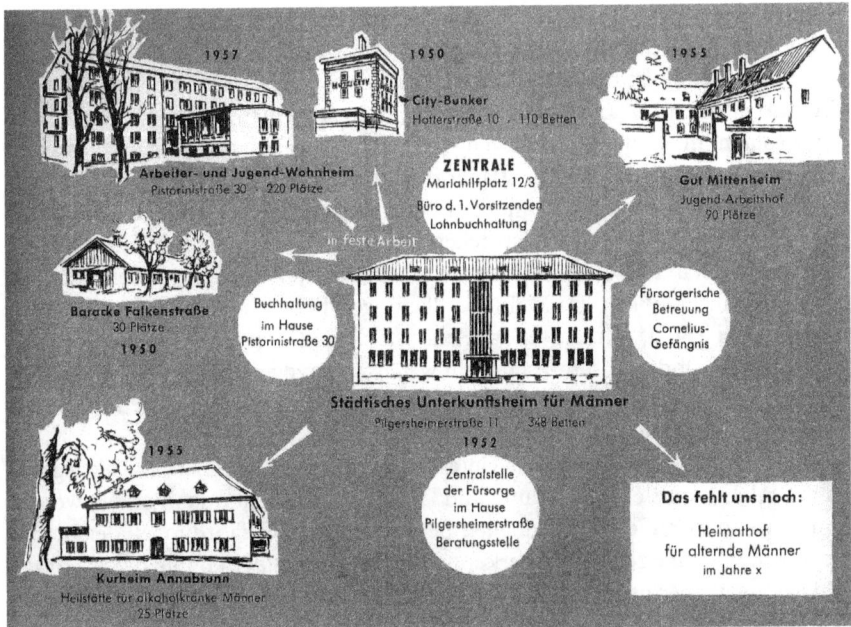

Abb. 4: Unterkünfte der Münchner Obdachlosenfürsorge 1958

1920er-Jahre in ein modernes Sozialsystem überführte, wurde das Obdachlosenasyl nach den Reformgedanken der Alters- und Geschlechtertrennung der Weimarer Republik errichtet.

Maßgeblich am Neubau des Münchner Asyls beteiligt war Adolf Mathes, ein katholischer Pfarrer. Schon Ende der 1940er-Jahre wies er unnachgiebig auf die erschreckenden Zustände in den provisorischen Obdachlosenbunkern hin. 1950 gründete der sogenannte „Bunkerpfarrer" schließlich den Katholischen Männerfürsorgeverein, der bis heute eine zentrale Instanz im Bereich der Wohnungslosenhilfe in München ist.[52] Auch der Stadtrat musste 1950 einsehen, dass München in einer „ausgesprochenen Krisenlage" stecke und „wohl oder übel an die Errichtung eines Obdachlosenasyls" denken müsse.[53] Unmittelbarer Anlass dieser Erkenntnis waren Berichte von Polizei und Gesundheitsamt, die in den bestehenden Bunkereinrichtungen eine moralische und gesundheitliche Gefahr für die Stadtbevölkerung – nicht für die Benutzerinnen und Benutzer – sahen. Die Verantwortlichen waren sich einig, das neue Gebäude solle nicht Notunterkunft, sondern „Auffang- und Sichtungsstation" für Obdachlose werden.[54]

---

[52] Protokoll über die Gründungsversammlung des Katholischen Männerfürsorgevereins München e. V. v. 19. 4. 1950, abgedruckt in: Katholischer Männerfürsorgeverein: Hinsehen, S. 8.
[53] Referent in Wohlfahrts- und Jugendausschuss v. 14. 4. 1950, StadtAM RSP 723/18.
[54] Katholischer Männerfürsorgeverein, Hinsehen.

Auch 1958 steht das städtische Asyl im Zentrum des urbanen Hilfs- und Kontrollnetzes für Obdachlose und sollte erste Anlaufstelle und Ausgangspunkt für weitere Betreuung und Kontrolle der Obdachlosen werden. Gezielt errichteten die Verantwortlichen das Obdachlosenasyl als Teil der urbanen Raumstruktur. Die Asyle sollten im Stadtzentrum liegen und zu Fuß oder mit öffentlichen Verkehrsmitteln gut erreichbar sein. Die Planer der 1950er-Jahre trugen damit Obdachlosigkeit als primär urbanem Phänomen Rechnung. Nicht in allen Städten ließ sich diese Grundüberlegung zufriedenstellend umsetzen, da sich dadurch die ohnehin komplizierte Standortsuche nochmals erschwerte. Zwei Jahre lang scheiterten beispielsweise in Frankfurt am Main die Planungen für ein neues Obdachlosenasyl daran, dass die Stadt kein passendes Grundstück fand. Um die drängenden Umgestaltungen im Obdachlosenwesen nicht weiter zu verzögern, gab sich die Stadtverwaltung schließlich mit einem Bauplatz zufrieden, der mehr als sieben Kilometer vom Stadtzentrum entfernt lag.[55]

Besonders die provisorischen Unterkünfte der unmittelbaren Nachkriegszeit hatten gelehrt, dass eine wirksame und langfristige Hilfe nur dann erzielt werden könne, wenn sie auf die individuellen Bedürfnisse und Gefährdungen der Betroffenen eingehe. Eine zentrale Unterkunft als erste Anlaufstelle konnte daher nur der Anfang, nicht aber das Ziel sein. Um Obdachlose langfristig wieder in der Gesellschaft zu sozialisieren, mussten sie – räumlich – aus dem Obdachlosenasyl ausgegliedert werden. Mit diesem Ziel begann Mathes in München in den Jahren nach der Eröffnung um das Asyl ein Hilfsnetz für Obdachlose zu spannen. Als Leitlinie gab er vor, die jungen „arbeitsscheuen" Menschen, die entlassenen Strafgefangenen, die Alkoholkranken, die psychisch Kranken sowie die heimatlosen Ausländer dezentral vom Obdachlosenasyl unterzubringen. Vom Obdachlosenasyl zweigten schon bald Wege zur Heilstätte für Alkoholkranke oder dem Arbeitshof für jugendliche Obdachlose ab. Diese waren meist bewusst außerhalb der urbanen Gebiete angeordnet und sollten die Betroffenen vor den großstädtischen Gefahren schützen.[56]

Während das Obdachlosenasyl in den 1920er-Jahren noch ganz in der polizeirechtlichen Armentradition stand, sollte es nun im Wiederaufbau als Teil der kommunalen und urbanen Fürsorgearbeit integriert werden. Das Münchner Beispiel zeigt, dass eine grundlegende Neuausrichtung der Asyle nach dem Zweiten Weltkrieg zwar ausblieb und der Neubau der Asyle zu großen Teilen einer Umsetzung und Vollendung der Reformbestrebungen der 1920er-Jahre gleichkam. Dennoch setzten die Städte in Kooperation mit der freien Wohlfahrtspflege hier wichtige Wegmarken zur Weiterentwicklung des Ortes. Das Asyl wurde in den 1950er-Jahren aus seiner armenpolizeilichen Tradition gelöst. Es diente nicht mehr als verlängerter Arm der Sicherheitsbehörden, sondern war als feste „Auffang- und Sichtungsstation" im Netz der kommunalen Sozialfürsorge verankert.

---

[55] Fürsorgeamt Frankfurt a. M. an Landeswohlfahrtsstelle Wiesbaden v. 12. 5. 1959, ISG FRA Fürsorgeamt 757.
[56] Vgl. das Schema „Unsere Planung", in: KMFV München: 4. Jahresbericht 1953, München 1954, S. 4.

Obdachreform II.: Mehrstufige Resozialisierung

Erst eine zweite Reformwelle in den 1960er-Jahren leitete einen Bruch in dieser räumlichen Umverteilung der Obdachlosen ein. Angestoßen wurde sie durch sozialwissenschaftliche Forschungen zum Sozialverhalten von Randgruppen. Auf deren Grundlage entstanden in vielen Städten Westdeutschlands sogenannte Obdachlosenkommissionen oder Obdachlosenbeiräte, die nun konkrete Maßnahmenkataloge zur Verbesserung der Lebensverhältnisse der Obdachlosen ausarbeiteten.[57] Die neuen Ansätze entwarfen keine Baupläne für Obdachlosenasyle, vielmehr beabsichtigten sie ein umfassendes Versorgungskonzept. Das erklärte Ziel war die Resozialisierung der Betroffenen. Das Obdachlosenasyl war nicht länger der Mittelpunkt der Obdachlosenfürsorge, im Gegenteil, einer der Kerngedanken des Berliner Obdachlosenplans schrieb vor, dass „grundsätzlich keine neuen Obdachlosenheime errichtet werden sollen."[58] Die Reformen sollten langfristig das Ende der klassischen Asyle einleiten und stattdessen die Betroffenen in Einrichtungen unterbringen, die auf ihre Integration in die Gesellschaft zielten. Damit reagierten die Kommunalverwaltungen auf die im Bundessozialhilfegesetz 1961 formulierte Forderung, dass die Städte Einrichtungen zur Wiedereingliederung dieses Personenkreises bereitstellen müssten. Im sozialwissenschaftlichen Diskurs war kein Platz mehr für „Asyle", sondern nun sprach man von „Eingliederungsheimen", „Wohngemeinschaften" und „Rehabilitationszentren".[59]

Diese sprachliche Änderung verweist auf die zentrale Auswirkung der Reformansätze in Bezug auf das Obdachlosenasyl: die kritische Betrachtung des Raums. Fortan wurde der Raum als entscheidendes Moment für die Isolationserfahrung der Betroffenen mitbedacht und hinterfragt. So hieß es im Berliner „Obdachlosenplan" einleitend:

„Bereits die räumliche Trennung obdachloser Bürger in Heimen von der übrigen Gesellschaft sowie die Lebensbedingungen in den Obdachlosenunterkünften schaffen diskriminierende Bedingungen."[60]

Vorrangiges Ziel war es, die Isolation der Obdachlosen an diesen Orten zu durchbrechen. Der Berliner Senat plante Übergangsheime für Nichtsesshafte, die konzeptionell Wohngemeinschaften glichen. Die betreute Wohngruppe war die Verbindung zwischen „selbstständigem Wohnen und öffentlichem Hilfsangebot". Sie sollte die Ausgrenzung der Betroffenen aufheben und zugleich langfristig deren Persönlichkeit und Selbstständigkeit in der Kleingruppe fördern.[61]

---

[57] Vgl. dazu die Ausgangspunkte des Obdachlosenplans Berlin, in: Abgeordnetenhaus Berlin Drucksache 6/1508 v. 20. 9. 1974, S. 4 (auch in LAB B Rep. 002 Nr. 7454).
[58] Bericht über die Situation der Obdachlosen, Abgeordnetenhaus Berlin Drucksache Nr. 6/541.
[59] Vgl. dazu die Kritik in der Leberecht Glosse, in: Frankfurter Neue Presse v. 24. 3. 1964, ISG FRA Fürsorgeamt 3649.
[60] Obdachlosenplan, in: Abgeordnetenhaus Berlin Drucksache 6/1508 v. 20. 9. 1974, S. 4 (auch in LAB B Rep. 002 Nr. 7454).
[61] Obdachlosenplan, in: Abgeordnetenhaus Berlin Drucksache 6/1508 v. 20. 9. 1974, S. 10 f. (auch in LAB B Rep. 002 Nr. 7454).

In Frankfurt entschied sich die Stadt Anfang der 1960er-Jahre für ein doppeltes Unterbringungskonzept. Das zukünftige Heim sollte mehrstufig gegliedert sein und die Resozialisierung der Obdachlosen zum Ziel haben. Die geplante Einrichtung firmierte zunächst als „Aufnahme- und Sichtungsheim" und konnte schließlich 1963 als „Rehabilitationszentrum für nichtsesshafte Männer" eröffnet werden.[62] Träger war der Verein für soziale Heimstätten.[63] Die Einrichtung verfolgte ein Drei-Stufen-System zur Wiedereingliederung der Männer: Stufe I stellte ein Bett in einem Gemeinschaftsschlafsaal bereit und wies zentrale Elemente des klassischen Obdachlosenasyls auf wie z. B. feste Weck- und Schlafzeiten. Dennoch gab es erste Lockerungen in der kontrollierten Ordnung des Asyls. Denn das Aufnahmeheim war nicht auf die Übernachtung beschränkt, sondern bot einen Tagesaufenthalt inklusive Mittagsessen an. Die Heimordnung definierte zwar Badezeiten – eine Reinigungspflicht schrieb sie jedoch nicht vor.[64] Obdachlose, die länger als zwei Tage im Heim blieben, wurden zu einem „fürsorgerischen Gespräch" verpflichtet, das sie entweder zur Weiterreise veranlasste oder in Stufe II überführte. Für ihre äußeren Lebensumstände hieß dies, dass sie in ein Vierbettzimmer umziehen durften und sie Arbeiten nach § 19 BSHG übernehmen mussten. Dadurch sollten die Männer langfristig in reguläre Arbeit vermittelt werden – wobei die Arbeitsmaßnahmen zugleich auch die Integration der Obdachlosen in die Mehrheitsgesellschaft fördern sollten. Hierfür unterhielt der Verein Kooperationen mit Frankfurter Firmen. Zudem garantierten festangestellte Sozialarbeiter eine sozialpädagogische Betreuung der Bewohnerinnen und Bewohner.[65] Wer eine feste Arbeitsstelle erhielt, durfte innerhalb des Heimes in den Genuss der gehobenen Vierbettzimmer der Stufe III kommen. Nach spätestens vier Wochen zogen die Männer in ein Männerwohnheim und nach drei bis sechs Monaten wurde ihnen ein Einzelzimmer in der städtischen Wohnheim GmbH zugewiesen.[66] Damit wirkte die Frankfurter Verwaltung gezielt einem dauerhaften und räumlich abgeschiedenen Verbleib der Obdachlosen im Wohnheim entgegen.

So sah es zumindest die Theorie vor. Doch war der Wiedereingliederungsplan auch praxistauglich? Nach einer etwas improvisierten und überhetzten Inbetriebnahme, da das Gebäude wegen der plötzlichen Schließung des Ostbahnhofsbunkers noch vor der Fertigstellung bezogen wurde, entwickelte sich das sogenannte Niederrader Haus in den ersten Jahren dennoch zu einer festen Institution in der Obdachlosenhilfe in Frankfurt am Main. 1965 gelangten insgesamt 771 Personen in ein reguläres Angestelltenverhältnis, von denen knapp mehr als die Hälfte län-

---

[62] Für die Klagen der Anwohnerschaft und die Begriffsänderung vgl. ISG FRA Fürsorgeamt 757.
[63] Niederschrift über die ordentliche Mitgliederversammlung des Vereins für soziale Heimstätten e. V. v. 29. 11. 1962, ISG FRA Fürsorgeamt 757.
[64] Heimordnung des Aufnahme- und Wohnheimes für Nichtsesshafte, undat., ISG FRA Fürsorgeamt 4693.
[65] Zur Zusammenarbeit mit Firmen und Arbeitsvermittlungsprogrammen vgl. Beschluss der Stadtverordnetenversammlung v. 23. 9. 1971, S. 3, ISG FRA Fürsorgeamt 3649.
[66] Zu den Ausführungen des Drei-Stufen-System in Niederrad vgl. Kumpf an Prestel v. 26. 6. 1963, ISG FRA Fürsorgeamt 757.

gerfristig an dieser Arbeitsstelle verblieben.[67] 160 Betten standen zur Wiedereingliederung bereit. Die Presse lobte das Frankfurter Programm für seine Erfolge und Sozialämter anderer Städte wurden neugierig auf das mehrstufige Resozialisierungsprogramm.[68]

Obdachreform II.: Rückkehr zu alten Raumstrukturen

Doch der Enthusiasmus der ersten Jahre täuschte. Mit zunehmendem Bestehen des Rehabilitationszentrums breiteten sich alte Probleme wieder aus: Die Nachbarschaft des Niederrader Hauses beäugte die Obdachlosen nach wie vor kritisch und beklagte mehrmals offenen Alkoholkonsum an den umliegenden Kiosken.[69] Die Vorurteile gegenüber den Bewohnerinnen und Bewohnern wuchsen und gefährdeten wiederum die gewünschte Integration.[70]

Auch die Arbeitsvermittlung stockte und die Rehabilitationsquoten gingen zurück. Um die Rückfallraten zu verringern, sollten die Obdachlosen nun durch arbeitstherapeutische Werkstätten schon im Heim auf den freien Arbeitsmarkt vorbereitet werden. Eine bessere Vermittlung, so hoffte man, würde gleichzeitig den bestehenden Diskriminierungen entgegenzuwirken. Doch gab es auch öffentliche Kritik, die das Konzept als unmenschlich brandmarkte. Als publik wurde, dass die obdachlosen Männer für einen neunstündigen Arbeitstag mit 4,50 DM entlohnt wurden, von denen sie lediglich fünfzig Pfennige als Taschengeld ausgezahlt bekamen und die restlichen 4 DM als festes Sparguthaben erst bei Verlassen des Heimes erhielten, traten sie damit eine Welle der öffentlichen Entrüstung und Solidarisierung los.[71] Sie ist ein eindrückliches Beispiel für die Doppelmoral der Bevölkerung gegenüber den Obdachlosen: Auch die Niederrader Anwohner wollten prinzipiell eine Verbesserung für die Obdachlosen – nur eben nicht in ihrer unmittelbaren Nachbarschaft. Die Stadt wiederum hielt sich an die Vorgaben des BSHG: Es handle sich in den Werkstätten lediglich um „Tätigkeiten", die eine „Gewöhnung an Arbeit" und eine „Prüfung der Arbeitsbereitschaft" beabsichtigten und damit um keine regulären Anstellungen.[72] Erst nach mehrfachen Diskussionen und verschiedensten Interpretationen des BSHG entschied die Stadtverordnetenversammlung 1973, die Obdachlosen des Niederrader Hauses nach dem „üblichen Arbeitsentgelt" zu beschäftigen. Dafür schuf sie in einzelnen Verwaltungsbereichen wie dem Stadtreinigungsamt, dem Forstamt oder dem Bestattungsamt eigene Stellen – blieb jedoch bei der Maßgabe, dass es sich hierbei um

---

[67] Erfolge im Niederrader Haus, in: FAZ Nr. 165, 20. 7. 1966.
[68] Vgl. Blösinger an Sozialamt Kassel v. 18. 3. 1969, ISG FRA Fürsorgeamt 4693; Es ist Pionierarbeit, in: Frankfurter Neue Presse Nr. 53, 4. 3. 1970.
[69] Hauptärgernis: Der „Rote Hamm", in: Frankfurter Neue Presse, 29. 4. 1971.
[70] Antrag der SPD-Fraktion im Sozialausschuss v. 21. 5. 1971, ISG FRA Fürsorgeamt 3649.
[71] Vgl. dazu die Zeitungsausschnitte in ISG FRA 3649: Eine „Prämie" für Nichtsesshafte, in: Frankfurter Allgemeine; Ein Mensch ohne Papiere zählt auch heute nicht, Frankfurter Neue Presse, 22. 4. 1971.
[72] Sozialamt an Stadtrat Gerhard v. 13. 10. 1971, ISG FRA 3649.

keine Anstellung im arbeitsrechtlichen Sinne handele und sparte sich damit die Renten-, Kranken- und Sozialversicherungsbeiträge für die Bewohner.[73]

Nicht nur das Verhältnis zur Öffentlichkeit und die arbeitstherapeutischen Maßnahmen gestalteten sich nicht nach den Vorstellungen der Stadt, auch die internen Abläufe im Rehabilitationszentrum drohten zu scheitern. Das Stufenprogramm ließ sich in der Praxis nicht in seiner angedachten Strenge durchsetzen. Schon wegen des Mangels an geeigneten Sozialwohnräumen verließen nur die Wenigsten in Stufe III das Rehabilitationszentrum nach den vorgesehenen vier Wochen. Intern wurde die Unterteilung der Zimmer in die jeweiligen Stufen gelockert, sodass „zwangsläufig Durchreisende mit den Dauergästen" in einem Schlafraum untergebracht waren.[74] Die „Doppelfunktion" als Aufnahme- und Wohnheim an einem Ort hatte nicht die gewünschten positiven Effekte auf die Durchreisenden, sondern eher negative auf die Resozialisierung der Wohnheimbewohner. Dementsprechend bestrebt war die Stadt, den Personenkreis der durchreisenden Obdachlosen wieder an einem eigenen Ort zu separieren. Im Herbst 1971 veranlasste sie, dass der Schifferbunker wieder für durchreisende Obdachlose als Übernachtungsheim diente.[75] Damit revidierte sie ihr ursprüngliches Konzept, die räumliche Isolierung der Obdachlosen aufzuheben, und schuf im ehemaligen Bunker wieder ein „Obdachlosenasyl" als Vorstufe zum Rehabilitationszentrum in Niederrad.[76]

Die Schilderungen aus Frankfurt zeigen, dass die Kommunen und Träger der freien Wohlfahrt in den 1960er-Jahren ein Problembewusstsein für die räumliche Isolierung der Obdachlosen im Asyl entwickelten. Der Raum als Erfahrungsort und Einflussfaktor auf die Identität der Bewohnerinnen und Bewohner war Teil eines überarbeiteten Konzepts der rehabilitierenden Obdachlosenhilfe. Die Reformbestrebungen nahmen aber mit ihrem Stufensystem und letztlich mit der erneuten räumlichen Trennung der Durchreisenden von den „rehabilitierungsfähigen" Obdachlosen eine Binnenhierarchisierung der Betroffenen vor, die wiederum lediglich auf die Erscheinungsformen von Obdachlosigkeit rekurrierte, nicht aber auf deren Ursachen. Eine langfristige Resozialisierung konnte dadurch nur selten erreicht werden, da viele Betroffene nach Verlassen der Einrichtungen wieder mit altbekannten Problemen kämpften wie beispielsweise psychischen Krankheiten. Im Berliner „Obdachlosenplan" trug der Magistrat dem Rechnung: Er stellte sich gegen ein praktiziertes Stufensystem wie das Frankfurter und forderte: „Eine Kategorisierung nach dem Grad der sozialen Angepaßtheit [...] verkennt die Vielschichtigkeit des Problems."[77] Anstatt die Betroffenen in „zumutbar" und „unzumutbar" einzustufen, erkannte der Plan die Notwendigkeit der personenbezogenen Hilfe, um die Identitä-

---

[73] Vortragsentwurf des Magistrats an Stadtverordnetenversammlung v. 15. 3. 1972 ISG FRA Fürsorgeamt 3649.
[74] Dezernat Soziales und Gesundheit an Sozialausschuss v. 9. 6. 1970, ISG FRA Fürsorgeamt 3649.
[75] Mitteilung des Sozialverwaltungsamts an Amt für techn. Anlagen v. 10. 9. 1971, ISG FRA Fürsorgeamt 4563.
[76] Vgl. Streit um das „Obdachlosenasyl", in: Frankfurter Neue Presse, 15. 4. 1971.
[77] Obdachlosenplan, in: Abgeordnetenhaus Berlin Drucksache 6/1508 v. 20. 9. 1974, S. 4 (auch in LAB B Rep. 002 Nr. 7454).

ten der Obdachlosen zu stärken und deren gesellschaftliche Isolation zu durchbrechen.[78] Damit stellte sich Berlin auch gegen seine eigenen noch vier Jahre zuvor aufgestellten „Grundsätze für die Obdachlosenhilfe", in denen noch explizit zwischen „resozialisierungsbedürftigen und nicht resozialisierungsbedürftigen Obdachlosen" unterschieden worden war.[79] In jedem Einzelfall gelte es, die Ursachen und Anlässe der Obdachlosigkeit zu prüfen – so eine der zentralen Vorgaben. Damit dies gelinge, lief die Betreuung der Betroffenen zukünftig nicht in einer anlass- oder merkmalsbezogenen Fachstelle zusammen, sondern in den ressortübergreifenden Arbeitsgruppen „Soziale Wohnhilfen". Die Stadtverwaltung Berlin brach damit jahrzehntealte Denkmuster über Obdachlosigkeit als selbstverschuldetem Zustand und stellte die individuelle, ursachenbezogene Hilfe in den Vordergrund ihrer Bemühungen.

Die hochgesteckten Ziele der Obdachlosenbetreuung scheiterten allerdings vielerorts am Mangel von ausgebildeten Sozialarbeitern und ausreichenden Finanzmitteln. Der Rat der Bürgermeister in Berlin bemerkte zum „Obdachlosenplan" nüchtern, „daß die in der Vorlage dargestellten notwendigen Vorhaben mit der vorhandenen personellen und finanziellen Ausstattung nicht zu realisieren sind."[80] Die Umsetzung der Reformen entwickelte sich damit zur Langzeitaufgabe. Dennoch konnte Berlin schon zwei Jahre später erste Erfolge nachweisen: Die Obdachlosenzahlen waren rückläufig und die Versuchsphase der Arbeitsgruppe „Soziale Wohnhilfe" wurde auf weitere Bezirke ausgeweitet.[81]

Zwar zeigen die Reformbestrebungen der 1960er- und 1970er-Jahre, dass die temporäre und isolierte Unterbringung von Obdachlosen in Asylen als wenig zielführendes Auslaufmodell erkannt wurde, doch offenbarten praktische Umsetzungsschwierigkeiten der ambitionierten Programme, dass viele Städte nicht gänzlich auf den Betrieb dieser klassischen Schlafstätten verzichten wollten. Der Ort des Asyls bleibt damit bis in die Gegenwart ein Kristallisationspunkt der öffentlichen Debatten zum Thema Obdachlosigkeit und zentraler Bestandteil im Alltag vieler Betroffener.

7.2 Das Obdachlosenasyl als Barometer des Elends

Entlang der skizzierten Reformen entwickelten sich die Asyle zum zentralen und symptomatischen Ort von Obdachlosigkeit. In der öffentlichen Berichterstattung waren sie das Brennglas und eine Art Barometer für Not und Elend in der deut-

---

[78] Die Einstufung begründete sich in den Richtlinien für die Versorgung der Obdachlosen v. 7. 7. 1959, vgl. Obdachlosenplan, in: Abgeordnetenhaus Berlin Drucksache 6/1508 v. 20. 9. 1974, S. 5 (auch in LAB B Rep. 002 Nr. 7454). Vgl. zur Funktion des Obdachlosenplans: Bericht über die Situation der Obdachlosen, in: Abgeordnetenhaus Berlin Drucksache Nr. 6/541 v. 3. 4. 1973 (auch in LAB B Rep. 002 Nr. 10069).
[79] Grundsätze für die Obdachlosenhilfe, in: Dienstblatt des Senats von Berlin VI/1970, S. 49.
[80] Mitteilung des Landespressedienstes aus der Sitzung des Rats der Bürgermeister v. 8. 8. 1974, LAB B Rep. 002 Nr. 17805.
[81] Sitzung des Ausschusses für Arbeit und Soziales v. 26. 11. 1976, LAB B Rep. 002 Nr. 17805.

schen Gesellschaft. Reportagen und Berichte über einzelne Asyle wurden verallgemeinernd auf das Gesamtphänomen Obdachlosigkeit übertragen – ja, wie schon einleitend am Beispiel Knickerbockers veranschaulicht, gar als Sinnbild für die Armut im Deutschen Reich gelesen. Die Kritik an der staatlichen Obdachlosenhilfe entlud sich in der öffentlichen Debatte am Ort des Obdachlosenasyls und ließ dieses letztlich zu einem der Beispiele für die vielfältigen Probleme des Weimarer Wohlfahrtsstaates werden. „Was leistet die Stadt", fragte die *Münchner Allgemeine Zeitung am Abend* und warf einen zur Beantwortung der Frage einen Blick auf die Zustände im Obdachlosenasyl.[82] Nur selten standen allerdings die Betroffenen im Mittelpunkt der Presse. Ob es sich nun um mehrseitige Reportagen oder um kleine Zeitungsnotizen handelte, die Mehrzahl betrachtete die Obdachlosen durch das sprichwörtliche Schlüsselloch der Eingangstüren der Asyle. In der sozialen Wahrnehmung führte dies zu einer zunehmenden Assimilation von Personen und Ort. Die Presseartikel gaben zwar meist detaillierte Einblicke in die Abläufe des Obdachlosenasyls – von der Aufnahmekontrolle über Duschszenen bis hin zur Essensausgabe –, die Obdachlosen selbst erschienen allerdings in dieser Kette von Abläufen als passive Elemente, die durch den Ort bestimmt wurden. Beschreibungen wie „[d]ie Aufnahme-Formalitäten sind primitiv, wie das ganze Haus ist, […] und wie die Besucher des Asyls selbst sind" unterstützten die Gleichsetzung der Menschen mit dem Ort, die sich nicht zuletzt in der gebräuchlichen Bezeichnung der Obdachlosen als „Asylisten" manifestierte.[83]

Sinnbild der Armut

Um die Wahrnehmung von Obdachlosen in der Gesellschaft zu verstehen, gilt es daher auch, die öffentliche Darstellung des Obdachlosenasyls zu dekonstruieren. Aus welchen Komponenten setzte sich das Bild des Asyls zusammen und wie korrespondierten diese Vorstellungen mit den betroffenen Obdachlosen? Ein repräsentatives Beispiel für die Weimarer Republik ist ein Porträt des *Vorwärts* über die Wiesenburg. Noch bevor der Leser die ersten Zeilen erfasst, erzeugt die dem Artikel beigefügte Zeichnung ein bedrückendes Bild (Abb. 5).

Die Obdachlosen auf dem Weg ins Asyl sind lediglich schemenhaft skizziert. Als unkenntliche und zum Teil dunkle Gestalten steht ihnen nur das hell erleuchtete Tor der Wiesenburg offen – alle anderen Gebäude sind ohne Eingangstüren dargestellt. Die Bildunterschrift verstärkt die düstere Stimmung und lässt keinen Zweifel an der prekären Situation der „unglücklichen Frauen".[84] Derartige Zuschreibungen an den Ort des Asyls fanden sich auch in anderen Zeitungen und Städten. „Wo Schatten mit Schattenschatten sich zu einer erdrückenden Düsterheit vereinigen",

---

[82] Was leistet die Stadt, in: AZ am Abend. Münchner Ausgabe Nr. 7, 11. 1. 1927.
[83] Vgl. zur Kennzeichnung „Asylisten" z. B.: Im Obdachlosen-Asyl, in: München-Augsburger Abendzeitung Nr. 158 (1929); Mosaik aus Moambik. Die Asylisten, in: Vorwärts Nr. 197, 17. 6. 1926. Unruhen im Obdachlosenasyl, in: Vorwärts Nr. 593, 16. 12. 1925.
[84] Die Wiesenburg, in: Vorwärts Nr. 26, 16. 1. 1926.

7. Das Obdachlosenasyl: Ein roter Faden im 20. Jahrhundert? 197

Abb. 5: *Illustrierte Zeichnung zum Artikel im Vorwärts*

heißt etwa der erste Satz in einem Bericht der *Frankfurter Zeitung* über das dortige Obdachlosenasyl.[85]

Die hygienischen Mängel im Obdachlosenasyl waren im Artikel zugleich Beleg für die schlechte gesundheitliche Verfassung der obdachlosen Frauen. Trotz Badepflicht stünden nicht genügend Handtücher für alle Insassinnen zur Verfügung, sodass diese mehrmals genutzt würden, ohne gewaschen zu werden. Gleiches gelte für die Entlausung der Frauen, zu deren Zweck lediglich ein Stahlkamm für alle Frauen verwendet werde. Neben den unhygienischen Verhältnissen schilderte der Artikel auch die Überfüllung des Asyls und die unzureichende Essensversorgung. Die kommunistische Presse forderte als Reaktion auf solche Meldungen, dass für die „Palme" in Berlin ein eigener „Beschwerdeausschuss" eingesetzt werden solle, um den vielfältigen Mängeln der Anstalt auf den Grund zu gehen.[86] Die Darstellung des Asyls als Sinnbild für Armut wird komplementiert durch das Image des Asyls als Zufluchtsort für Kriminelle. Nicht selten berichteten Zeitungen über Festnahmen von untergetauchten Verbrechern im Asyl.[87] So überrascht es auch

---

[85] Zu Besuch bei den Obdachlosen, in: Stadtblatt der Frankfurter-Zeitung, 29. 1. 1928.
[86] Eine Nacht in „Fröbels Festsälen", in: Die Rote Fahne Nr. 14, 17. 1. 1929.
[87] Vgl. z. B. Die Attentäter von Leiferde. Zwei junge Burschen im Asyl für Obdachlose als Täter entdeckt, in: AZ am Abend. Münchner Ausgabe Nr. 206, 7. 9. 1926.

nicht, dass das *Kriminal-Magazin* eine mehrseitige Bildreportage zur Berliner „Palme" veröffentlichte und darin den direkten Weg der Obdachlosen von ihrer Ankunft im Asyl zur daneben stationierten Kriminalstelle aufzeichnete.[88]

Die Obdachlosenasyle versuchten zum Teil offensiv, gegen ihr negatives Image vorzugehen. Sie luden Pressevertretern zu Besichtigungen ein oder brachten wie 1929 das Frankfurter Obdach gar eigene „Werbeschriften" heraus. Das dortige Asyl wurde seit 1900 von einem privaten Asylverein getragen und war auf die finanziellen Zuschüsse aus dem Frankfurter Bürgertum angewiesen. Zur Spendenakquise initiierte die Leitung eine regelrechte Imagekampagne: Eine Zusammenstellung von Presseartikeln und Berichten von Aufsehern und Benutzern sollte der Frankfurter Gesellschaft einen ungefilterten „Einblick in das Leben in unserem Asyl und das menschliche Elend, das in seinen Mauern Zuflucht sucht", geben.[89] Zwei Narrative des Obdachlosenasyls wurden durch die Werbeschrift transportiert: Das Obdachlosenasyl als Zufluchtsort für all jene, die die Gesellschaft verstoßen hat sowie die Obdachlosen als unverschuldet in Not geratene Personen. In fünf abgedruckten Einzelschicksalen wird das Asyl zum Retter in der Not, sei es nun für die dreifache Mutter, die die Asylverwaltung vor einem Selbstmord bewahrte, oder für den verlorenen Sohn, der sich mit seinem Vater versöhnte. Trotz solcher Eigeninitiativen, die durchaus einzelne positive Pressemitteilungen bewirkten, blieb das Bild des Obdachlosenasyls in der Weimarer Öffentlichkeit weitgehend dem des „Elendshauses" verhaftet.[90]

Die Reformmaßnahmen der Kommunen fanden wenig Widerhall und entpuppten sich zuweilen sogar als Blamagen für die Städte: Im Zuge der Berliner Obdachreform hatte der Magistrat im Stadtteil Neukölln das modernste Obdachlosenasyl der Weimarer Republik errichtet und gedachte, damit endgültig die Kapazitätsprobleme der Hauptstadt zu lösen.[91] Als das Obdach allerdings im Februar 1930 bezugsfertig war, waren die Obdachlosenzahlen rückläufig. Die unkontrollierte Zuwanderung nach Berlin nahm zu Zeiten der Weltwirtschaftskrise stark ab und schuf den grotesken Zustand, dass die Obdachlosenasyle leer blieben. Zunächst verschob die Stadt den Eröffnungstermin mehrmals nach hinten, um sich schließlich einzugestehen, dass die Kapazitäten nicht mehr gebraucht werden würden.[92] Der Fall des ungenutzten Obdachs schlug sich in der Presse als Idealbeispiel für die verschwenderische Steuerpolitik sowie für die fehlgeleitete und unzweck-

---

[88] Letzte Station Fröbelstraße Berlin, in: Das Kriminal-Magazin 2 (1930/31), S. 43–48.
[89] Das Asyl für Obdachlose in Wort und Bild. Werbeschrift, hrsg. v. Frankfurter Asylverein für Obdachlose e. V., Frankfurt 1929, enthalten in: ISG FRA V 106 Nr. 1.
[90] Zum Zitat vgl. Wer nächtigt im Obdach?, in: Vorwärts Nr. 542, 16. 11. 1927. Für positive Berichterstattung vgl. z. B. Im Asyl für Obdachlose, in: Illustrierter Sonntag Nr. 4, 5. 10. 1930; Im Hotel der Obdachlosen, in: Süddeutsche Sonntagspost Nr. 4 (1927).
[91] Vgl. Sitzungen des Bezirksausschusses Neukölln v. 25. 1. 1926 und 16. 5. 1927, beide LAB A Rep. 044-08 Nr. 24.
[92] Wobrak an Bezirksamt Neukölln v. 3. 1. 1930; Fölsche an Bezirksamt Neukölln v. 1. 12. 1930, beide LAB A Rep. 044-08 Nr. 24.

mäßige Sozialpolitik des Berliner Senats nieder.[93] Die Zustände im Obdachlosenasyl dienten nicht nur in diesem Fall als Maßstab für erfolgreiche oder gescheiterte sozialpolitische Maßnahmen.

Ort nationalsozialistischer Inszenierung

Für die Nationalsozialisten bot das Obdachlosenasyl ein ideales Handlungsfeld zur Inszenierung der vorgegebenen Schaffenskraft im „Dritten Reich".[94] Die vermeintliche sozialpolitische Fürsorglichkeit der neuen Machthaber ließ sich am besten dort propagandistisch darstellen, wo die Not der Menschen am größten war. Schon frühzeitig waren nationalsozialistische Presseorgane bestrebt, Obdachlosenheime durch positive Schlagzeilen zu besetzen. Dabei gingen die öffentliche Präsentation der Hilfe für Arme und Repressionen Hand in Hand. So erschien nur zwei Tage vor der „Bettlerrazzia" ein Artikel im *Völkischen Beobachter*, der Einblicke in die internen Abläufe des Münchner Asyls gewährte.[95] Der Autor beschreibt detailreich anhand der Raumstruktur dessen Besucher und knüpft damit auf den ersten Blick nahtlos an die Pressedarstellungen über Obdachlose vor 1933 an. In diesem Fall übernahm der Journalist sogar schlichtweg einen Artikel aus den *Münchner Neuesten Nachrichten* vom April 1931, der bis auf wenige Passagen wortgleich im *Völkischen Beobachter* erschien. Die wenigen Eingriffe in den Originaltext offenbaren indes die Umdeutung des Asyls durch die nationalsozialistische Öffentlichkeitsarbeit.[96] Ziel des Artikels im *Völkischen Beobachter* war die Inszenierung einer räumlichen Ordnung der Obdachlosen. Während sich die Aspekte über die Hygiene- und Ordnungsstrukturen der Artikel von 1931 und 1933 weitgehend überschnitten, unterschieden sich die Passagen, in denen einzelne Obdachlose vorgestellt wurden, fundamental. Im *Völkischen Beobachter* wurden Typisierungen von Obdachlosen ausgetauscht oder gänzlich gestrichen: Ein Betrunkener, der im Bericht von 1931 nach einer Zurechtweisung durch den Aufseher weinend „und hilflos wie ein Kind" das Asyl verließ, wurde ebenso zensiert wie der „alte, verkrümmte Mann [...], einer der geschicktesten Bettler, der sein Leben lang nichts gearbeitet hat." Einzig die Beschreibung des Musikdirektors, der den Verwalter voller Scham um eine Übernachtung bittet, findet sich 1933 unverändert wieder. Die Eingriffe in den Text machen deutlich: Das Asyl sollte in der Presse nicht als Sammelort für „asoziale" Obdachlose erscheinen. Vielmehr sei das Obdachlosenasyl „eine Einrichtung, die Ungezählten ihre Not ein wenig tragen hilft", wie der *Völkische Beobachter* im letzten veränderten Absatz resümierte, um wiederum die räumliche Ordnungsfunktion des Asyls auszudrücken.

---

[93] Vgl. Bei den Ärmsten der Armen – Das verunglückte Neuköllner Experiment, in: Neuköllner Tageblatt Nr. 273, 22. 11. 1931; Niemand will ins Asyl, in: 8 Uhr Abendblatt Nr. 70, 24. 3. 1931; Das neue Obdachlosenasyl in Neukölln, in: Lokalanzeiger Nr. 66, 8. 2. 1931; Neuköllner Obdachlosenasyl trotz Kälte unbenutzt, in: Lokalanzeiger Nr. 549, 20. 11. 1931.
[94] Für die folgenden Ausführungen vgl. Recktenwald, Räume.
[95] „Eine Nacht ... eine Nacht ...", in: Völkischer Beobachter, 6. 9. 1933.
[96] Bei den Obdachlosen, in: MNN, 9. 4. 1931.

Neben den Presseberichten waren auch Besichtigungen der Asyle ein Element zur Inszenierung des Ortes. Bereits in den 1920er-Jahren besuchten Schul- und Ausbildungsklassen sowie Wohlfahrtsdelegationen aus in- und ausländischen Städten die Einrichtungen.[97] Einzelpersonen konnten ihre Neugierde oder Abenteuerlust gegen eine kleine Gebühr stillen und eine Nacht im Asyl verbringen. Entsprechenden Anfragen standen die Wohlfahrtsämter positiv gegenüber, da sich so das soziale Verständnis erweitern ließe.[98] An dieser Praxis änderte sich im „Dritten Reich" zunächst wenig. Im Gegenteil, die nationalsozialistischen Stadtverwaltungen forcierten solche Besichtigungen. NS-Organisationen wie der Bund deutscher Mädel oder Ortsgruppen der SA überzeugten sich von der ordnungsgemäßen Unterbringung der Wohnungslosen.[99] Auch ausländische Verbände und Privatpersonen waren weiterhin willkommen. Damit verfolgten die Nationalsozialisten zwei Ziele. Zum einen inszenierten sie ihre Fortschrittlichkeit im Wohlfahrtswesen. So lobte beispielsweise eine Abordnung von privaten Wohlfahrtsträgern aus Athen und London die Krankenabteilung und die Unterbringung von obdachlosen Kindern nach ihrem Besuch im Städtischen Obdach Berlin.[100] Zum anderen sollte die inszenierte heile Welt des Asyls ausländische Besucherinnen und Besuchern nach den Meldungen über das repressive Vorgehen gegen Wohnungslose im Zuge der Bettlerbekämpfung besänftigen.

Auch Joseph Goebbels, besichtigte 1934 die „Palme". Auf den Vorwurf der deutschen Exil Presse, der Minister habe bei seiner „Propaganda-Rundfahrt" nur leere Versprechungen gemacht, reagierte *Der Angriff* mit einer breiten Aufmachung unter der Schlagzeile „Dr. Goebbels greift persönlich ein ...". Diesmal standen nicht ordnende Raumstrukturen im Vordergrund, sondern die Obdachlosen selbst. Als stellvertretende „Zeugen für Dutzende von Leidensgenossen" mussten drei Männer herhalten, deren Dankesbriefe an Goebbels die NS-Zeitung abdruckte.[101] Die Männer beteuerten darin, wie ihnen durch den schnellen und persönlichen Eingriff von Goebbels wieder eine Wohnung und vor allem Arbeit zugewiesen worden seien. Penibel zählte der Autor die veranlassten Wohltaten und die „unbürokratische Sonderhilfe" auf, die sie erhielten. Was Goebbels tatsächlich von den Menschen im Obdach dachte, wird indessen aus seinen persönlichen Tagebuchaufzeichnungen deutlich: „Palme: ganz tiefe Not, Unglück und Abschaum, Armeleutegeruch, fürchterliche Leere und Öde."[102]

---

[97] Vgl. dazu die Anfragen zur Besichtigung des städtischen Obdachs in Berlin: z. B. Schülerinnen der Städtischen Handelsschulde Berlin v. 1. 2. 1930; Verein Jugendheim e. V. v. 4. 2. 1930; Wohlfahrtsamt Görlitz v. 5. 3. 1930; Woman Sanitary Inspectors & Health Visitors Association London v. 28. 5. 1930, alle LAB A Rep. 003-01-01 Nr. 2.
[98] Vgl. die Anfrage des Theologiestudenten Ernst L. an Städtisches Obdach v. 22. 2. 1933 und LaWohl an Städtisches Obdach v. 27. 2. 1933, beide LAB A Rep. 003-01-01 Nr. 2.
[99] Meldungen des Direktors des Städtischen Obdachs an LaWohl v. 3. 11. 1934 und v. 4. 4. 1935, beide LAB A Rep. 003-01-01 Nr. 2.
[100] Meldung über die Besichtigung des US-Amerikaners Frank B. und seiner Frau v. 3. 8. 1934; Bericht Lauer v. 20. 11. 1934, beide LAB A Rep. 003-01-01 Nr. 2.
[101] Dr. Goebbels greift persönlich ein ..., in: Der Angriff Nr. 253, 27. 10. 1934.
[102] Tagebucheintrag v. 5. 10. 1934, Die Tagebücher von Joseph Goebbels, Teil I: Aufzeichnungen 1923–1941, Band 3/1: April 1934–Februar 1936, hg. von Elke Fröhlich, München 2005, S. 115 f.

Dienten die Obdachlosen und insbesondere die Asyle in den Anfangsjahren als Beleg für die nationalsozialistische „Aufbauarbeit", passten sie mit deren vermeintlichem Abschluss ab Mitte der 1930er-Jahre nicht mehr in die Öffentlichkeitsarbeit. Parallel zur Zusammenführung der Obdachlosen im Asyl vollzog sich auch deren Verdrängung aus der Berichterstattung. Die Besichtigungen im Berliner Obdach wurden auf ein Minimum beschränkt, wobei Schülerinnen und Schüler grundsätzlich nicht länger zugelassen waren.[103] Dass noch immer Menschen in Asylen übernachteten, passte nicht mehr in das nationalsozialistische Erfolgsnarrativ. In Propagandaschriften wie dem Bildband „München baut auf" fehlen Verweise auf die Obdachlosenfürsorge, obwohl den Herausgebern entsprechendes Material vorlag.[104] Zudem brachen die Nationalsozialisten mit der traditionellen Begrifflichkeit des Raums für Obdachlose. In München, Stuttgart und Leipzig wurden die Obdachlosenasyle jeweils in „Heim" beziehungsweise in „Herberge" umbenannt.[105] Der zuständige Verwaltungsrat in München erklärte dazu:

„Das Wort ‚Asyl' hat die Bedeutung ‚Zufluchtsort', wurde im Mittelalter für Verbrecher-Zufluchtsstätten gebraucht und erst in späteren Jahrhunderten verallgemeinert. Im nationalsozialistischen Staat werden ‚Zufluchtsstätten' nicht mehr benötigt, sodass auch in diesem Sinne das Unterkunftshaus [...] den bisherigen Namen ‚Asyl' nicht mehr zu Recht trägt. [...] Das Wort Herberge entstammt dem Althochdeutschen und hat seinen Ursprung in ‚heriberga'. Der Name würde nicht nur der Stadt zur Ehre gereichen, sondern den in der Herberge untergebrachten Reisenden auch das Gefühl geben, in gewissen Sinne Gäste der Stadt zu sein."[106]

Die semantische Umbenennung der Obdachlosenasyle veranschaulicht eindrücklich ihre räumliche Umcodierung im „Dritten Reich". Die Verdrängung aus der öffentlichen Berichterstattung, die Unterbindung der Besucherpraxis sowie der Ausschluss der Asyle aus der offiziellen NS-Inszenierung sind simultane Prozesse zur Isolierung der Obdachlosen am Ort des Asyls.

Gradmesser konkurrierender Sozialpolitik

Nach Kriegsende erinnerte man sich indes wieder schnell der alten Begrifflichkeiten. Die erschütternden Berichte aus den sogenannten „Notasylen" in den Bunkern der Westzonen wurden im aufkeimenden Systemgegensatz zur Sonde: Die ostdeutsche Presse stilisierte die Bunkerasyle zum Symbol für das Nachkriegselend des Westens und verwies gleichzeitig auf die Überlegenheit des sozialistischen Staa-

---

[103] Ergebnis der Bürobesprechung v. 10. 3. 1936, LAB A Rep. 003-01-01 Nr. 1.
[104] Vgl. Abt. Obdachlosenfürsorge an Kulturamt v. 17. 6. 1937, StadtAM Wohlfahrt 4711; Fiehler (Hrsg.), München.
[105] Stuttgart benannte das Obdachlosenasyl in der Wolframstraße in Wolframheim um, Bürgerhospital-Verwaltung an Direktion der Stadt Stuttgart v. 5. 12. 1940, StadtAS Sozialamt 1464. Für München vgl. Sitzung der Beiräte für Fürsorgeangelegenheiten v. 22. 1. 1937, StadtAM RSP 710/5. Für Leipzig vgl. Nicht Nachtasyl, sondern Heim. Wie es heute in den Leipziger Herbergen aussieht, in: Neue Leipziger Zeitung, 2. 9. 1938.
[106] Fuhrmann an Oberbürgermeister v. 7. 10. 1936, StadtAM Wohlfahrt 4711.

tes.[107] Erneut wurden die Unterkünfte für Obdachlose zum Maßstab der Leistungsfähigkeit des Sozialsystems, in diesem Fall sogar als Norm zur Bewertung von Kapitalismus und Sozialismus. Die Obdachlosenasyle des Westens galten im Osten als der idealtypische Ort, an dem das Versagen des kapitalistischen Wirtschaftssystems offensichtlich werde. Dementsprechend ausführlich berichtete die ostdeutsche Presse Anfang der 1950er-Jahre über die Neuerrichtung von Obdachlosenasylen in westdeutschen Städten.[108] Überdies stellte das Berliner Haus der Kultur der Sowjetunion 1948 unter dem Titel „Zwei Welten – zwei Systeme" die „grundsätzlichen Lebensunterschiede" in Ost und West aus und verwies hierbei prominent auf die Obdachlosenasyle.[109] Die Obdachlosen und deren Orte als „grundsätzliche Probleme des kapitalistischen Systems" hielten sich hartnäckig in der DDR-Presse.[110] Der Verweis auf die soziale Ungleichheit beim jeweiligen Gegenüber bestimmte dabei maßgeblich die Deutung über die Armut im eigenen System.[111]

Die DDR hatte sich derweil von der Obdachlosenproblematik offiziell befreit und verzichtete auf den Wiederaufbau von Asylen. Stattdessen entstanden im Osten „Heime für soziale Betreuung", die aber zum Teil aus bereits zuvor existierenden Einrichtungen hervorgingen.[112] Ab 1954 kamen in diesen Heimen Personen unter, deren „Wiedereingliederung [für] nicht mehr möglich" gehalten wurde. Dazu zählten „geistig behinderte und körperlich schwache Menschen" ebenso wie „Vagabunden und Landstreicher".[113] Der Verwaltung galten die Heime nun als Korrektionsanstalten, wodurch auch eine gerichtlich angeordnete zwangsweise Verwahrung möglich war.[114] Einweisungsgründe für das Heim für soziale Betreuung waren u.a. „Arbeitsbummelei", „Herumtreiberei" und „Asozialität" – alles Kennzeichnungen, hinter denen sich durchaus Obdachlosigkeit verbergen konnte.[115] Dennoch gelang es der DDR mit der Abschaffung der Asyle, die Begrifflichkeit „obdachlos" aus dem Diskurs und damit auch das soziale Phänomen aus dem öffentlichen Diskurs zu verbannen.

Konkurrenzgedanken weckten die Asyle aber nicht nur über den Eisernen Vorhang hinweg. Innerhalb Westdeutschlands entstand zwischen den Städten ein

---

[107] Vgl. „Bunkerkrankheit", in: Neues Deutschland Nr. 234, 7.10.1953, S. 2; Das Leben in Westdeutschland, in: Neues Deutschland Nr. 129, 5.6.1953, S. 1. Vgl. Foedrowitz, Bunkerwelten, S. 146f; Thießen, Heimstätte, S. 49f.
[108] Lorke, Armut, S. 115.
[109] Zwei Welten – Zwei Systeme, in: Neues Deutschland Nr. 130, 8.6.1948.
[110] Am Eingang des Asyls stand eine Palme, in: Berliner Zeitung Nr. 187, 9.8.1988.
[111] Lorke, Armut, S. 109.
[112] In Leipzig existierte bereits vor 1933 ein „Heim für soziale Betreuung", das sich aus den Abteilungen Obdachlosenhaus, Arbeitshaus und Verwahrstation zusammensetzte, vgl. Heim für soziale Betreuung an Abteilung Sozialfürsorge Sachgebiet I v. 6.3.1952, Fall Kurt P., StadtAL Heim für soziale Betreuung 557. Windmüller, Zwang, S. 33 f.
[113] Korzilius, Parasiten, S. 233–236, Zitat S. 235 f.
[114] Vgl. den Fall Christa T., die aufgrund „Umhertreibens" von September 1951 bis Juni 1952 zwangsweise im Heim für soziale Betreuung verwahrt war, StaatsAL AG Leipzig 14575.
[115] Zu Heimbewohnern und Heimordnungen vgl. Windmüller, Zwang, S. 44–46.

Wettbewerb um die Versorgung der Obdachlosen. Im Wirtschaftswunderland der 1950er-Jahre galten die Obdachlosenasyle als urbane Schandflecken. Einzelne Städte versuchten, diese zu beseitigen, um ihr Image aufzupolieren und ihre Wiederaufbaufähigkeit unter Beweis zu stellen.[116] Nicht umsonst rühmte sich München als eine der ersten Städte, das „modernste Obdachlosenheim Deutschlands" erbaut zu haben, und war damit zugleich Anziehungspunkt für Wohlfahrtsdelegationen anderer Städte.[117] Ähnlich wie in den ersten Jahren der NS-Herrschaft belegten positive Schlagzeilen über die Obdachlosenasyle die Leistungsfähigkeit des bundesrepublikanischen Wiederaufbaus.[118] Mit deren Neubau verbanden viele Kommunen die große Hoffnung, die katastrophalen Zustände in den Bunkerasylen der Nachkriegsjahre zu beseitigen.

Nach den vielversprechenden Schlagzeilen bei der Eröffnung verlor sich aber zunehmend das Interesse der Presse am Ort der Obdachlosen. Die weitgehend gleichbleibenden Zustände im Obdach passten nicht in das bundesrepublikanische Fortschrittsnarrativ. Adolf Mathes führte in den 1960er-Jahren resigniert aus: „Es fällt mir auf, dass sich trotz alles Wirtschaftsaufschwunges kaum etwas ändert."[119]

Das zunehmende Verschwinden des Obdachlosenasyls aus der Presse vermittelte der Öffentlichkeit nur noch ein selektives Bild. Unter Schlagzeilen wie „Penner, Wermut und Gestank", „Asyl für Asoziale" und die „Insel der Gestrandeten" dominierten negative Meldungen die 1960er-Jahre, und der Ort wurde schließlich ganz in seine Tradition, Sinnbild für Armut zu sein, zurückgeführt.[120] Im Gegensatz zu den 1920er-Jahren war dieses Sinnbild jedoch im Wahrnehmungshorizont eines Großteils der westdeutschen Gesellschaft nicht existent – ein Zustand, den Adolf Mathes offen anprangerte und mit scharfer Kritik am Kapitalismus verband.[121] Noch 1964 monierte Mathes nach einem äußerst kritischen Artikel über das Asyl in der Münchner *Abendzeitung* nicht die Reportage an sich, sondern dass es die Zeitung seit über zwei Jahren nicht für nötig befunden habe, über das städtische Obdach zu berichten. Er beschwerte sich beim Chefredakteur, dass der Verfasser in „journalistisch geschickter Mischung zwischen Dichtung und Wahrheit" ohne gründliche Recherche lediglich die Eindrücke einer einzigen Nacht beschreibe.[122] Der Artikel ließ den Ort als urbanes Elendsquartier erscheinen und rückte

---

[116] Vgl. die Ausführungen zum Frankfurter Ostend, Kap. 4.1, S. 98 f.
[117] Studienreise des Sozialausschusses Stuttgart v. 26. bis 28. 9. 1954, StadtAS 18/1 Nr. 554.
[118] Sie fanden keinen Platz unter bürgerlichen Dächern, in: SZ Nr. 86, 9. 4. 1952.
[119] Mathes in Jahresversammlung des KMFV v. 16. 11. 1963, Zentralverwaltung KMFV Vereinsangelegenheiten 1963–72. Vgl. Der Bunkerpfarrer spürt nichts vom Wirtschaftswunder, in: SZ Nr. 278, 21. 11. 1955; Hinter dem Wohlstand wächst das Elend, in: Münchner Merkur Nr. 271, 13. 11. 1967.
[120] Penner, Wermut und Gestank, in: Abendzeitung 4./5./6. 1. 1964; Asyl für Asoziale?, in: Christ und Welt Nr. 37, 16. 9. 1966; Die Insel der Gestrandeten, in: SZ Nr. 238, 4. 10. 1960.
[121] Mann in Not, in: Deutsche Tagespost Nr. 20, 31. 12. 1955; Adolf Mathes, Versagen wir Christen?, in: Deutsche Tagespost Nr. 18, 10./11. 2. 1956. Die darauffolgenden Leserbriefe wurden bis April 1956 in sieben Folgen abgedruckt, vgl. Deutsche Tagespost Nr. 21 und Nr. 28 (1956); Erstickt die echte Nächstenliebe?, in: Münchner Merkur Nr. 279, 21. 11. 1960.
[122] Mathes an Friedmann v. 7. 1. 1964, Zentralverwaltung KMFV Presseberichte ab 1964.

204   III. Das Obdach: Isolierung im Raum

Abb. 6: Titelbild des Jahresberichts des KMFV, 1957/58

ihn zudem mit seinen Schilderungen der illegalen Geschäfte der Obdachlosen als zentrale Anlaufstelle des Verbrechertums in den Fokus. 1971 berichtet die Süddeutsche Zeitung über eine Umfrage des Bundes Katholischer Jugend in München, die gezeigt habe, dass 99 Prozent der Befragten, Obdachlose als „selbst schuld" an ihrer Lebenssituation beurteilten. Ein Großteil habe die Obdachlosen sogar pauschal als „Gesindel, faul, arbeitsscheu, dumm oder asozial" verurteilt und war der Auffassung, dass die Mehrheit der Obdachlosen kriminellen Aktivitäten nachgehe.[123] Obwohl die Umfrage als wenig repräsentativ angesehen werden muss, schaffte sie es in die Berichterstattung. Auch wenn Mathes versuchte, solche Darstellung zu zerstreuen, reproduzierte er diese oft unbewusst. In die überregionale Presse schafften es das Münchner Asyl 1955 mit der Schlagzeile „Der Mörder saß vor der Tat bei mir".[124] Mathes ging es bei der Schilderung seiner Bekanntschaft mit drei Jugendlichen, die wenige Wochen nach ihrem Aufenthalt im Asyl für einen schweren Raubüberfall verurteilt wurden, in erster Linie darum, die Notwendigkeit für eine dauerhafte und strukturierte Betreuung zu rechtfertigen. Zurück blieb allerdings die Wahrnehmung des Asyls als Sammelbecken für Kriminelle und Verbrecher. Diesen Eindruck gewinnt man auch durch das Bild des Obdachlosen auf dem Titelblatt des Jahresberichts des KMFV.

Der Mann ist abgewandt vom Betrachter und tritt aus dem dunklen Bildrand hervor. Ganz in schwarz gehalten, versteckt er sich unter einem großen Hut und einem langen Mantel. Die Kleidung und Haltung des Obdachlosen im Vordergrund lässt ihn als dubiose, zwielichtige – eben dunkle – Gestalt erscheinen. Im Hintergrund leuchtet indessen hell die Eingangspforte des Unterkunftsheims. Die Darstellung und Interpretation erinnern in erstaunlicher Weise an das Bild des *Vorwärts* von 1926 (vgl. Abb. 5) und sind damit ein weiteres Beispiel für die skizzierte Kontinuität des Obdachlosenasyls im 20. Jahrhundert.

7.3 Die (Haus-)Ordnung: Alltag im Asyl

Niemand konnte gezwungen werden im Obdachlosenasyl zu übernachten. Dennoch wird im Berliner Obdachlosenplan von 1974 festgehalten: „Niemand wählt für sich freiwillig den Weg in ein Obdachlosenheim!".[125] Der hier implizierte Zwang ergab sich aus Alternativlosigkeit. Wer die Übernachtung im Asyl ausschlug, musste damit rechnen, eine kalte Nacht auf der Straße zu verbringen oder mittels eines Unterkommensauftrags belangt zu werden. Somit kann höchstens von einer relativen Freiwilligkeit gesprochen werden, die dann spätestens an der Türschwelle des Asyls endete. Ab dort herrschte die strenge Hausordnung des Obdachs, die „mit

---

[123] Obdachlose – von allen abgeschrieben, in: SZ Nr. 83, 7. 4. 1971.
[124] Mechtel, Der Mörder saß vor der Tat bei mir, in: Petrus Blatt v. 13. 3. 1955; „Vorher saß der Mörder bei mir", in: Echo der Zeit v. 25. 5. 1955; Auch München hat seinen Abbé Pierre, in: Regensburger Anzeiger, Ostern 1955.
[125] Abgeordnetenhaus von Berlin, 6. Wahlperiode, Drucksache 6/1508 v. 20. 9. 1974 Mitteilungen des Präsidenten Nr. 97, enthalten in: LAB B Rep. 002 Nr. 7454.

einem gewissen Zwang verbunden" war, wie schon Alice Salomon feststellte. Kollektive Hilfe verlange stets nach allgemeinen Vorschriften und Ordnungselementen, so die bekannte Sozialreformerin.[126] Doch wie entsteht diese Ordnung? Welche Auswirkungen hat sie auf den Alltag und das Leben der Obdachlosen? Und wie beeinflussten deren Handlungen im Asyl wiederum die Hausordnung?

Die Hausordnung wird in den nachfolgenden Ausführungen als Teil der sozialen und praktischen Aushandlungsprozesse am Ort des Asyls verstanden. Als „soziales Gut" konstituierte sie den Raum der Obdachlosen am Ort des Asyls.[127] In ihr verdichtete sich das Beziehungsgeflecht zwischen Obdachlosen und Verwaltern, Aufsehern und Beamten, sowie zwischen den Obdachlosen selbst, und machte damit den Ort des Obdachlosenasyls lebendig. Die Hausordnung war damit Element des „Sozialen", das die Machtbeziehungen offenlegt und auf Veränderung in den autoritären Verhältnissen im Asyl hindeutet.[128]

Zugleich spiegelt sich in ihr die Diskrepanz zwischen Diskurs und Praxis. Hinter den Paragraphen stehen wohlfahrtsstaatliche Diskurse, Ordnungs- und Devianzvorstellungen von Obdachlosigkeit. Welche praktischen Auswirkungen diese hatten, lässt sich nur vor Ort in der Interaktion mit den Betroffenen nachprüfen. Die durch die Hausordnung vorgegebenen Maßnahmen werden mit Presseartikeln, Schilderungen der Obdachlosen und Berichten der städtischen Behörden abgeglichen.

Als Kontrollinstrumente der Stadtverwaltungen setzten die Hausordnungen die Reformen des Obdachlosenasyls in konkrete Normen um. Viele deutsche Großstädte hatten in den 1920er-Jahren neue Hausordnungen für ihre Einrichtungen ausgearbeitet und standen dabei im engen interkommunalen Austausch. Entsprechend lassen sich zwischen den einzelnen Hausordnungen im Untersuchungszeitraum dieser Studie erhebliche Gemeinsamkeiten feststellen, die hinsichtlich stadt- und zeitübergreifender Erfahrungen der Obdachlosen analysiert werden sollen. Die vielerorts während der Weimarer Jahre erlassenen Ordnungen behielten auch im „Dritten Reich" ihre Gültigkeit. Lediglich in Städten, die ohnehin einen Nachholbedarf im Obdachlosenwesen zu verzeichnen hatten, wie etwa in Leipzig, wurde unter der NS-Verwaltung neue Hausordnungen in Kraft gesetzt.[129] Geplante Änderungsinitiativen wie in Berlin scheiterten.[130] Auch in den Bunkerasylen nach dem Zweiten Weltkrieg knüpften die Stadtverwaltungen und privaten Träger an die alten Ordnungen an, wobei die Hausregeln hier angesichts der beschränkten

---

[126] Salomon, Leitfaden, S. 31.
[127] Löw, Raumsoziologie, S. 153.
[128] Joyce, Social.
[129] Auf eine Rundfrage der Stadt Stuttgart 1925 antwortete nur Leipzig, dass die aktuelle Hausordnung auf Standards der Vorkriegszeit beruhte, Leipzig an Ortsfürsorgebehörde Stuttgart v. 22. 7. 1925; Hausordnung für das Städtische Obdachlosenhaus v. 13. 12. 1912, beide StadtAS Sozialamt 1444. Noch 1935 stellte ein Beamter der Stadt fest: „Es wird behauptet[,] daß das Leipziger Obdach das schlechteste im ganzen Reiche sei. […] dürfte wohl an der Richtigkeit der Behauptung nicht sehr zu zweifeln sein", Bericht zum Leipziger Obdachlosenasyl an Teutsch v. 1. 11. 1935, StadtAL AFSA 1721.
[130] Vgl. Verfügung des Städtischen Obdachs v. 6. 11. 1937, LAB A Rep. 003-01-01 Nr. 5.

Unterbringungs- und Betreuungsmaßnahmen reduzierter ausfielen. Bei der Neuerrichtung der Asyle in den 1950er-Jahre waren die Planer schließlich überzeugt, dass ein Obdachlosenheim eine „strenge Hausordnung" haben müsse und orientierten sich an den Ordnungen der 1920er-Jahre.[131]

Zugangskontrollen I: Geschlecht und Alter als Einlasskriterien

> „Im Obdachlosenhaus erhalten zur Nachtzeit männliche und weibliche Obdachlose Unterkunft. Kinder haben keinen Zutritt."[132]

Die Hausordnungen legten zunächst die Zutrittsbedingungen fest. Ziel dieses ersten Paragrafen war es, den heterogenen Personenkreis in die funktionierenden Abläufe einer Einrichtung zu integrieren. Zugrunde lagen ihm die alters- und geschlechterspezifischen Ordnungsansätze der Obdachreformen. Das Prinzip der Trennung und Differenzierung der Obdachlosen vor dem Eintritt durchzog den gesamten Untersuchungszeitraum. Welche Auswirkungen und Unterschiede hat die Geschlechter- und Alterstrennung für die Betroffenen in den Asylen und wo gab es Initiativen, diese zu umgehen oder auszuhebeln?

Die Mehrzahl der Städte führte für Männer und Frauen getrennte Herbergen bzw. baute solche im Laufe der 1920er-Jahre.[133] Kommunen, die keine gesonderten Häuser zur Verfügung hatten, separierten die Betroffenen zumindest innerhalb des Asyls in unterschiedlichen Schlafsälen. Die geschlechtsspezifische Trennung übertrug sich in vielen Asylen auf die Personalwahl. In München betreute der Orden der Barmherzigen Brüder von 1926 bis 1934 das Obdachlosenasyl für Männer. Auch als die nationalsozialistische Stadtführung die Verwaltung selbst übernahm, behielt sie die geschlechterspezifische Betriebsführung bei. Darauf legte sie selbst während des akuten Personalmangels im Zweiten Weltkrieg großen Wert.[134] Im Wiederaufbau wurden die Verwaltungszuständigkeiten ebenfalls in die Hände geschlechtsspezifischer Hilfsorganisationen gelegt.[135] Die Obdachlosenasyle waren damit feminine oder maskuline Orte, an denen eine homosoziale Sphäre existierte. Davon unabhängig waren jedoch im Umgang mit den Obdachlosen in den Asylen die traditionellen Rollenbilder von Frauen und Männer leitgebend, die mit den geschlechterspezifischen Stigmatisierungen von Obdachlosen korrelierten. Welche Auswirkungen der homosoziale Raum des Männerasyls auf das Männlich-

---

131 Der Abschied vom Bunker fällt nicht schwer, in: SZ, 28. 2. 1952.
132 Hausordnung des Städt. Obdachlosenhaus München v. 28. 6. 1926, StadtAM Wohlfahrt 4711.
133 Vgl. das Frauenheim in der Entenbachstraße in München, Kap. 7.1, S. 185. In Frankfurt errichtet die Stadt im November 1924 ein separates Obdach, das „Niddaheim", vgl. Wohlfahrtsamt an Arbeitsamt, Abteilung für weibliche Hausangestellte v. 4. 11. 1924, ISG FRA Wohlfahrtsamt 282.
134 Vgl. die Auswahlkriterien für die zukünftige Aufseherin in der Städtischen Frauenherberge, Dezernat 6 an Personal- und Organisationsamt v. 2. 11. 1944, StadtAM Wohlfahrt, 4702.
135 In München leitete bis heute der KMFV das Obdachlosenasyl für Männer. Der 1906 gegründete KFV (seit 1968 SkF) eröffnete mit dem Agnes-Neuhaus-Heim 1953 ein Unterkunftsheim für Frauen in der bayerischen Landeshauptstadt.

keitsbild der Obdachlosen hatte, führt die Historikerin Britta-Marie Schenk am Beispiel des Hamburger Obdachs „Pik As" vor. Sie zeigt, wie sich im Asyl zwischen den Obdachlosen und den finanziell besser ausgestatteten Hafenarbeitern, die ebenfalls dort nächtigten, verschiedene Abstufungen von Männlichkeiten entwickelten: In Relation zu den nicht arbeitenden Obdachlosen orientierte sich die Männlichkeit der Hafenarbeiter an der gesellschaftlich transportierten „hegemonialen Männlichkeit" der 1950er-Jahre. Außerhalb des isolierten Ortes des Obdachs konnten die Niedriglohnarbeiter dieses Bild allerdings nicht bedienen.[136] Das Beispiel der Hafenarbeiter macht deutlich, wie das Obdachlosenasyl als nicht öffentlicher Ort Chancen zur Aufwertung der eigenen Identität bereitstellte.

Der Schwerpunkt für weibliche Obdachlose lag entsprechend ihrer besonderen „Gefährdung" in deren gesundheitlicher und sittlicher Betreuung.

Ziel der Maßnahmen war es, die Frauen wieder in die ihnen zugewiesenen gesellschaftlichen Rollenbilder zurückzuführen. Bereits in der Weimarer Republik gab es in den Asylen für Frauen Kranken- und Wöchnerinnenstationen. Zudem kam in vielen Frauenasylen das Zutrittsverbot für Kinder nicht zur praktischen Anwendung. Im Münchner Frauenasyl standen schon in der Weimarer Republik bis zu seiner Zerstörung im Zweiten Weltkrieg Räumlichkeiten für Frauen und Kinder bereit. Aufgenommen wurden in der Regel Mütter mit Jungen bis zu 6 Jahren, Mädchen durften sogar bis zu einem Alter von 14 Jahren mit ihren Müttern im Asyl übernachten. Durch die Aufnahme der Kinder sollte vermieden werden, dass sich die Frauen von ihrer Mutterrolle entfremdeten und die Kinder dauerhaft der Fürsorge anheimfallen würden.[137] Allerdings war die gesundheitlichen und sittlichen Gegebenheiten für die Kinder im Asyl schlecht, größere Ausbrüche von Kinderkrankheiten waren nicht selten.[138] Schon vor dem Krieg gab es Initiativen, hier Abhilfe zu schaffen. Der Münchner Wohlfahrtsausschuss diskutierte – auch nachdem 1935 zwischenzeitlich bis zu 50 Kinder im Asyl übernachteten – über die Einstellung einer „Erziehungsschwester" und der Schaffung zusätzlicher Räume für Kinder.[139]

Nach dem Zweiten Weltkrieg erfuhr das Obdachlosenasyl nach dem alten Vorbild für Frauen keine Wiederbelebung, obwohl solche Überlegungen in den ersten Nachkriegsjahren durchaus zur Debatte standen.[140] Vielmehr versuchte man nun beim Neubau der Frauenasyle deren besondere Betreuungssituation gerecht zu

---

[136] Schenk: Männer. Zum Konzept „hegemonialer Männlichkeit" vgl. Connell: Mann; Gotto/Seefried: Männern.
[137] Vgl. Abteilung für weibliche Obdachlose, Bericht für das Rechnungsjahr 1930/31, StadtAM Wohlfahrt 4687; Sitzung des Wohlfahrts- und Jugendausschusses v. 15. 11. 1950, StadtAM RSP 723/18.
[138] Vgl. Berichte über Scharlacherkrankungen von 30 Kindern in der Wiesenburg Berlin, Scholtz an Hellwig v. 16. 12. 1926, LAB A Rep. 033-08 Nr. 124.
[139] Sitzung des Hauptausschusses v. 17. 1. 1935, StadtAM RSP 708/2; Sitzung der Beiräte für allgemeine Fürsorgeangelegenheiten v. 7. 2. 1936, StadtAM RSP 709/6.
[140] Referat 6 an Oberbürgermeister v. 6. 4. 1946, StadtAM Wohlfahrt 4090; vgl. dazu auch die Diskussion im Wohlfahrts- und Jugendausschuss v. 15. 11. 1950, STadtAM RSP 723/18.

werden.¹⁴¹ Das Heim für obdachlose Frauen, das 1953 in der Teutoburgerstraße in München öffnete, bot nun auch tagsüber einen Aufenthalts- und Betreuungsort an, beherbergte in einem angegliederten Trakt Mütter mit Kindern bis sechs Jahren und stellte Krippen- und Kindergartenplätze bereit.¹⁴² Die Vorgänge in München verweisen auf eine allgemeine Wende in der Unterbringungspraxis für obdachlose Frauen. Für sie sollte nicht nur eine Schlafstelle im Asyl vorhanden sein, sondern ein Betreuungssystem in einem Heim.¹⁴³ Die enge Zusammenarbeit zwischen Gefährdeten- und weiblicher Obdachlosenfürsorge strukturierte den Weg vieler Frauen vom Obdachlosenasyl in geschlossene Pflegeheime.¹⁴⁴ Die Frauenheime waren hier die bisher fehlende Zwischenstufe.

Die Frau sollte auch im Obdachlosenasyl Hausfrau und Mutter sein und musste diese gesellschaftlichen Rollenbilder erfüllen. Dieser Logik folgend fiel die Verpflegung und Reinigung in vielen Herbergen in den Verantwortungsbereich der Nutzerinnen. Diese Regelung lässt sich im Gegenzug für keines der untersuchten Männerasyle nachweisen. Im Gegenteil in Gelsenkirchen war es sogar üblich, dass die Frauen im Frauenasyl, die Reinigung der Wäsche aus dem Männerasyl übernahmen.¹⁴⁵ In der Praxis führte dies allerdings weder zu der gewünschten Selbstständigkeit der Frauen noch hatte die Maßnahme die erhofften gemeinschaftsbildenden Effekte. Stattdessen waren Kochmöglichkeiten und hygienische Verhältnisse ständige Streitthemen unter den Benutzerinnen.

Die Darstellung der obdachlosen Frauen war maßgeblich vom Leitmotiv des „schwachen Geschlechts" und der abhängigen Frau geprägt. Das „Gefühl der Sicherheit" sei für den Großteil der Frauen „lebenswichtig", schlussfolgerte etwa ein Bericht aus einem Frauenheim in Berlin. Sie begäben sich immer wieder in die Abhängigkeit von Männern und nähmen dabei sogar Gewalt in Kauf.¹⁴⁶ Dabei belegen statistische Erhebungen, dass die Mehrheit der obdachlosen Frauen alleinstehend und in vielen Fällen sogar berufstätig war.

Neben dem Geschlecht entschied das Alter über den Zutritt zum Asyl. Vor allem in Bezug auf eine Gruppe verursachte die Altersbeschränkung erhebliche Probleme: die jugendlichen Obdachlosen. Denn wer genau als Jugendlicher oder Erwachsener galt und damit im Obdach übernachten durfte unterschied sich sowohl entlang des Untersuchungszeitraums als auch entlang verschiedener Asyle. Jugendliche entschlossen sich meist aus wirtschaftlichen Gründen für die Wanderschaft von Stadt zu Stadt. Männer aus dem Handwerksbereich sowie Dienstmädchen zog es auf der

---

141 Rede des Bürgermeisters anlässlich der Eröffnung des Heimes v. 9. 9. 1953, StadtAM BuR 2564.
142 Landeshauptstadt München Referat 6, Merkblatt Frauen- und Mütterheim (= Anlage 2 zur Niederschrift zur Besichtigung der Wohlfahrtseinrichtungen der Stadt München durch die Sozialabteilung Stuttgart) v. 27. 9. 1954, StadtAS 18/1 Nr. 554.
143 Für Frankfurt vgl. Fürsorgestelle DUOB an Baldes v. 2. 7. 1952, ISG FRA Fürsorgeamt 769.
144 Wimmer, Ordnung, S. 264 f.
145 Bericht Mißstände in Obdachlosenhäusern Gelsenkirchen-Buer, undat. [1931], ISG GE 32 Nr. 177.
146 Bericht Obdachlos aus Obdachlosenheim Wrangelstrasse Berlin v. September 1974, LAB B Rep. 002 Nr. 17805.

Suche nach Arbeit in die Städte.[147] Hier – so die Meinung vieler Fürsorgeexperten – konnten sie leicht zu unschuldigen Opfern der Gefahren der Großstadt werden und seien „dem schlechten Einflusse der im Obdachlosenhaus vielfach sich aufhaltenden abgebrühten Menschen" ausgesetzt.[148] Ziel war es daher, die Jugendlichen von den übrigen Obdachlosen zu trennen.[149] In Nürnberg konnten in den 1920er-Jahren bereits 15-Jährige im Obdach übernachten, während es in Köln vorgesehen war, selbst 22-Jährigen den Eintritt ins Asyl zu verwehren.[150] Mit den Reformen im Obdachwesen sowie mit dem Ausbau der Jugendfürsorge wurden in der Weimarer Republik zunächst die Jüngeren aus den Asylen ausgeschlossen. Für sie stellten die Fürsorgeerziehungsgesetze Möglichkeiten zur zwangsweisen Unterbringung in Heimen bereit. Schwieriger gestaltete sich dies hingegen bei den Jugendlichen ab 21 Jahren, für die keine eigenen Unterkünfte vorgesehen waren und für die die gesetzlichen Zwangsmaßnahmen der Fürsorgeerziehung nicht mehr griffen.[151] Insbesondere nach der Weltwirtschaftskrise, als viele Jugendliche keine Anstellung fanden und die Zahl der jugendlichen Wanderer enorm anstieg, errichteten einzelne Städte „Jugendobdache".[152] Diese lagen im Außenbereich und sollten die Jugendlichen vor den vermeintlich schlechten Einflüssen der Großstadt bewahren. Der Gedanke, die Jugendlichen abseits der Großstadt unterzubringen, verfestigte sich bis in die Bundesrepublik. 1959 weigerte sich Frankfurt am Main eine „Auffang- und Sichtungsstation für nichtsesshafte Jugendliche" für Südhessen einzurichten und schlug vor, diese indessen in der kleineren „Beamtenstadt" Darmstadt aufzubauen, wo die Jugendlichen vor den großstädtischen Einflüssen geschützt seien.[153] Auch anderorts sollten sie eine gesonderte und intensive Betreuung in eigenen Heimen erfahren.[154] Doch die hochgesteckten Ziele wurden nur halbherzig umgesetzt: Verstetigen konnten sich separate Einrichtungen für obdachlose Jugendliche nach dem Krieg nicht. Stattdessen orientierten sich die Verwaltungen und Fürsorgeträger an den harten Grenzen der Volljährigkeit und unterteilten die

---

[147] Zur Motivation männlicher, jugendlicher Wanderer vgl. Lesemann, Obdachlose, S. 7, 27.
[148] Abteilung für Obdachlose und Gefährdete an Stadtjugendamt, 17. 3. 1926, StadtAM Wohlfahrt 4688.
[149] Z. B. in sog. „Vorasylen". Diese waren an der Schnittstelle zwischen Asyl und Fürsorgeerziehungsheim angesiedelt. Zum ersten „Vorasyl" vgl. Heinersdorff, Vorasyl. Für Berlin vgl. Zentrale für private Fürsorge (Hrsg.), Wohlfahrtseinrichtungen, S. 237 f. Für die Errichtung von Vorasylen im Untersuchungszeitraum z. B. in Gelsenkirchen vgl. Katholischer Fürsorgeverein für Männer an Landesjugendamt Münster v. 4. 11. 1927, ISG GE 5 Nr. 110.
[150] Hausordnung von Nürnberg, undat., StadtAS Sozialamt 1444. Für Köln vgl. DST an Rat der Stadt Leipzig v. 8. 7. 1931, StadtAL AFSA 1721.
[151] Vgl. dazu Mitteilung Jugendamt Hamburg an Magistrat u. Jugendamt Frankfurt v. 4. 2. 1925, ISG FRA Wohlfahrtsamt 1333.
[152] Für Berlin vgl. Jugend in Not, in: Der Abend Nr. 256, 2. 6. 1932. Um eine Gefährdung der über 18-Jährigen im Obdachlosenasyl zu verhindern, funktionierten die Verantwortlichen in Frankfurt a. M. eine Turnhalle zum Asyl für Jugendliche um, Bericht Obdachlosenfürsorge insbesondere für jugendliche Wanderer, undat. [ca. 1934], ISG FRA Wohlfahrtsamt 1333.
[153] Aktenvermerk v. 27. 10. 1959, f. 29–31, ISG FRA Fürsorgeamt 757.
[154] Deutscher Verein, Entwurf eine Ländervereinbarung über die Durchführung der Nichtseßhaftenfürsorge v. 1. 2. 1956, ADCV ZA 288.70 030 Fasz. 07.

jugendlichen Obdachlosen in jünger oder älter als 21 Jahre.[155] Auf die persönliche Entwicklung der Betroffenen wurde hierbei keine Rücksicht genommen. Die Minderjährigen kamen in den ohnehin vorhandenen Jugendheimen unter und den 21- bis 25-Jährigen stand das Asyl als Übernachtungsoption offen. Trotz separater Schlafsäle war eine gänzliche Abschottung der Jugendlichen im Asylbetrieb nicht möglich, ebenso wenig erlaubte der Asylalltag eine gesonderte Betreuung der jungen Obdachlosen.

Die Altersbeschränkungen wirkten sich aber nicht nur auf die jüngeren aus, sondern auch auf ältere Menschen. Explizite Altersgrenzen, ab wann jemand ungeeignet für den Aufenthalt im Obdachlosenasyl galt, gab es nicht. Die Definition orientierte sich hier vielmehr am Grad der Arbeitsfähigkeit der Betroffenen. So verfuhr beispielsweise die Stadt München, als sie 1935 einen Gebäudeteil der Herberge für Männer in ein Altenheim umwidmete. Der Nutzerkreis rekrutierte sich aus zwei Gruppen: Erstens aus den nicht mehr arbeitsfähigen Männern im Obdach und zweitens aus den „asozialen Elemente[n], welche durch ihr Verhalten vielfach [in den städtischen Altenheimen] die Ruhe störten."[156] Auch nach dem Krieg wurde im neuen Münchner Obdach ein separater Schlafsaal für ältere Männer geschaffen. Er stand langjährigen älteren Obdachlosen zur Verfügung. Diese hatten dort ihren festen Platz und führten die Anschrift „Pilgersheimerstraße 11" als reguläre Meldeadresse, wie etwa Ernst H., der 1952 zu den ersten Benutzern des neuen Obdachlosenasyls gezählt hatte und 16 Jahre später immer noch „seine Stube 31" mit fünf anderen Männern teilte. Wegen seiner kriegsbedingten Invalidität durfte er auch tagsüber im Heim bleiben.[157]

Besonders in Zeiten der restlosen Überfüllung der Obdachlosenasyle versuchten die Kommunalverwaltungen, die Obdachlosen fortgeschrittenen Alters in reguläre Altersheime umzuquartieren. Für die Benutzerinnen und Benutzer der Asyle wurde dies aber meist nicht als Verbesserung ihrer Lebenslage aufgefasst. So lehnten beispielsweise die älteren Frauen im Münchner Frauenheim eine Unterbringung im Altenheim entschieden ab, weil ihnen dadurch eine finanzielle Verschlechterung drohte. Durch die geringen Unterkunfts- und Verpflegungskosten blieben ihnen im Asyl 60 bis 70 Mark im Monat von der Rente, über die sie frei verfügen konnten. Im Altersheim wurde die Rente indessen für Logis und Kost verrechnet und die Bewohnerinnen „lediglich auf ein kleines Taschengeld gesetzt."[158] Obwohl ihre finanziellen Mittel nicht groß waren, war ein wirtschaftlich selbstständiges Handeln für die Frauen ein wesentliches Element ihrer persönlichen Freiheit, für die sie auch bereit waren, die schlechteren Wohnverhältnisse im Asyl zu tragen.[159]

---

155 Vgl. 6 Punkte Liste zum Umgang mit Obdachlosen v. 1. 4. 1959, ADCV SkFI 319.41+125.71 Fasz. 05.
156 Wohlfahrts- und Stiftungsdezernat an Ratsherr Fuhrmann v. 12. 12. 1938, StadtAM Wohlfahrt 4693.
157 Im Obdachlosenheim zu Hause, in: SZ, 2. 12. 1968.
158 Ein Besuch im letzten Asyl für Frauen in der großen Stadt, in: Südpost Nr. 92, 31. 7. 1954.
159 Ähnliche Szenarien finden sich auch für Hamburg, vgl. Schenk, Männer, in: Gotto/Seefried (Hrsg.), Männer, S. 68–72.

Zugangskontrollen II: Sittliche und rassische Kriterien im Nationalsozialismus

Im „Dritten Reich" traten neben die Geschlechter- und Alterstrennungen zusätzliche sittliche und rassische Zugangsbedingungen. Erstere zeigen sich besonders am Beispiel obdachloser Familien im Berliner Asyl. Die Aufnahme von ganzen Familien war schon mit der praktizierten Geschlechtertrennung im Asyl nicht kompatibel.[160] Obwohl in der „Palme" sogar ein angegliedertes „Familienheim" existierte, gab es keine dezidierten Familienzimmer. Schließlich solle im Obdachlosenasyl „nicht die Familienwohnung ersetzt werden", so schon 1926 der Leiter des Berliner Wohlfahrtsamtes.[161] Die Trennung von obdachlosen Familien in unterschiedlichen Häusern und der teilweise Entzug der Kinder sollte die Familien anhalten, die Betreuung durch die Obdachlosenfürsorge möglichst schnell wieder zu verlassen und selbstständig eine Unterkunft zu finden. Die Geschlechtertrennung fungierte insofern als Disziplinierungsmaßnahme der Familien.

Die Trennung setzte die obdachlosen Familien einer doppelten Isolierung aus, erstens vom Rest der Gesellschaft und zweitens innerhalb des Asyls von der Familie. Getrennt untergebrachten Ehepartnern war es nur erlaubt, sich an den Nachmittagen und Abenden bis 21 Uhr gemeinsam im Wartesaal des Obdachs aufzuhalten.[162] Unter NS-Verwaltung wurde diese Bestimmung wiederum dahingehend verschärft, dass Ehemänner, die außerhalb des Asyls lebten, ihre Familie im Asyl nicht besuchen durften. Ziel war es, die Ehemänner dazu zu bringen, mit in die „Notgemeinschaft der Familie im Obdach" zu gehen.[163] 1939 stellte das Gemeindeprüfungsamt Berlin sogar Überlegungen zu gesetzlichen Maßnahmen an, die darauf abzielten, die Ehemänner auch zwangsweise im Obdach unterzubringen.[164]

Hinter solchen Initiativen im „Dritten Reich" stand die Vorstellung von der Solidarität der „Familiengemeinschaft" als eine Art vorgeschaltete „Volksgemeinschaft".[165] Der Nationalsozialismus förderte mit seiner Familienpolitik dezidiert „arische" Familien, um im Sinne der rassischen Ideologie ausreichenden Nachwuchs zu gewährleisten. Hiervon waren auch Obdachlose zunächst nicht ausgenommen, denn parallel zu deren Disziplinierung machten die Kommunen im Nationalsozialismus Angebote für obdachlose Familien: In den größeren Städten richteten die NS-Verwaltungen eigene Familienräume im Asyl ein, in denen die Betroffenen im Familienverbund lebten.[166] Entscheidend für die Zuweisung einer

---

[160] Vgl. § 4 Haus-Ordnung für das Asyl für weibliche Obdachlose (Nürnberg) v. 11. 1. 1921, StadtAS Sozialamt 1444; § 4 Hausordnung für das Städtische Obdachlosenhaus (München) v. 28. 6. 1926, StadtAM Wohlfahrt 4711.
[161] Scholtz, Reformen, in: Brennert/Stein (Hrsg.), Probleme, S. 455.
[162] Ergebnis der Bürobesprechung v. 22. 9. 1936, LAB A Rep. 003-01-01 Nr. 1.
[163] Ergebnis der Bürobesprechung v. 22. 11. 1938, ebenda.
[164] Auszug aus der Niederschrift des Gemeindeprüfungsamts v. 16. 1. 1939, LAB A Rep. 003-01-01 Nr. 10.
[165] Wimmer, Ordnung, S. 186.
[166] Für München vgl. Notwohnungen im Obdachlosenhaus, in: MNN Nr. 348, 18. 12. 1936; Bericht zur Obdachlosenfürsorge an Grimminger v. 10. 10. 1938, StadtAM Wohlfahrt 4693.

solchen Familienunterkunft war jedoch die Einstufung der Familie als „für die Volksgemeinschaft wertvolle Familie" im Gegensatz zu „asozialen Familien."[167] Letztere waren von familienfördernden Leistungen ausgeschlossen.[168] Das Ziel war ihre Umerziehung und ihre Segregation, um eine negative Beeinflussung der übrigen Familien zu vermeiden.[169] Zur Klassifizierung der Familien entwickelte das Berliner Obdach ein eigenes technokratisch anmutendes Kodierungssystem.[170] In einer entsprechenden Verfügung vom Oktober 1937 hieß es hierzu:

„Sobald die Beurteilung der im Obdach aufgenommenen Einzelpersonen der Familien abgeschlossen ist – nach den erhaltenen Vorgängen vielleicht schon bei der Aufnahme – ist eine Kennzeichnung der Fälle auf den Wohlfahrtskarten (Mitte oben) nach folgender Teilung durchzuführen:
S (mit Blaustift) nicht asozial: sozial[;] A (mit Rotstift) asozial
Inwieweit die ganze Familie oder nur Familienmitglieder asozial sind, ist durch die Zusätze wie folgt zu erläutern:
A1 +1 Ehepaar asozial
A– +1+K Ehefrau und Kind asozial"[171]

Die konkreten Kriterien zur Einstufung der Familien blieben allerdings unklar und lagen weitgehend im Ermessensspielraum der Verwaltungsbeamten. Als grober Leitfaden vermerkte die Wohlfahrtsstelle: „Arbeitsscheu, weil wiederholt Arbeiten auf der Autobahn verlassen, abfällige Äusserung [sic] über das Aufbauwerk des Staates, schlechte Erziehung der Kinder, also nicht im Sinne der Partei und Staat, Querulantentum, Trunksucht, sonstige Charakterlosigkeit".[172] Das Kodierungssystem des Berliner Obdachs zeigt, dass die Trennlinie zwischen „asozial" und sozial sogar innerhalb der Familieneinheit verlaufen konnte. Die Konsequenz der Einstufung war in vielen Fällen die „unverzügliche" (örtliche) Trennung der Familien in Obdach und Waisenhaus.[173] Zwar versuchten die NS-Behörden, eine dezidierte Separierung der Familien nach Geschlecht durch die Einrichtung von Familienunterkünften zu vermeiden, Bedingung dafür war allerdings deren sittliche Beurteilung. Als „asozial" stigmatisierte Familien konnten hiervon nicht profitieren und waren im „Dritten Reich" sogar von schärferen Erziehungs- und Disziplinierungsmaßnahmen bedroht, wie der Einweisung in geschlossene Fürsorgeobdache.[174]

Im Umgang mit Jüdinnen und Juden zeigt sich schließlich, wie die vorgeschaltete Aussonderung der Benutzerinnen und Benutzer an der Eingangstür des Asyls ihre rassische Weiterentwicklung fand. Es war die Stadt Magdeburg, die 1938 beim Deutschen Gemeindetag (DGT) eine Rundfrage zur Unterbringung von obdach-

---

[167] Städtisches Obdach an Landeswohlfahrtsamt Berlin v. 18. 6. 1937, LAB A Rep. 003-01-01 Nr. 10.
[168] Vgl. Pine, Family, S. 124–137.
[169] Vgl. LaWohl an Städtisches Obdach v. 1. 6. 1937, LAB A Rep. 003-01-01 Nr. 10.
[170] Zum Zutun der Gauleitung vgl. LaWohl an Städtisches Obdach v. 1. 6. 1937, LAB A Rep. 003-01-01 Nr. 10.
[171] Verfügung v. 11. 10. 1937, LAB A Rep. 003-01-01 Nr. 10.
[172] Vermerk v. 18. 9. 1937, LAB A Rep. 003-01-01 Nr. 10.
[173] Bürobesprechung v. 23. 5. 1939, ebenda.
[174] Vgl. Steinhöfel, Wohnungsfürsorgeanstalt.; Vgl. Kapitel 8.1, S. 253–255.

losen Juden initiierte. Immerhin 15 Großstädte antworteten, wobei die Mehrheit meldete, mit obdachlosen Juden nicht konfrontiert zu sein. Die geläufige Praxis in einem solchen Fall sehe allerdings vor, alleinstehende obdachlose Juden in das städtische Obdachlosenasyl einzuweisen. In einigen Städten war es dabei durchaus üblich, die jüdischen Obdachlosen mit den nicht jüdischen in einem gemeinsamen Schlafsaal unterzubringen. Die städtischen Vertreter nahmen daran keinen Anstoß, da die übrigen Obdachlosen „zum grossen Teil asozial" seien, so beispielsweise die Begründungen aus Bremen und Breslau. Köln und drei weitere Städte gaben an, jüdische Benutzerinnen und Benutzer in einem separaten Schlafsaal einzuquartieren und mit gesonderten Pflichtarbeiten zu beauftragen. Trotz dieser unterschiedlichen Praxis waren sich die Gemeinden einig, dass es der jüdischen Wohlfahrt zur Pflicht gemacht werden müsse, obdachlose Juden unterzubringen. In den städtischen Obdachlosenasylen sollten perspektivisch keine Jüdinnen und Juden Aufnahme finden.[175] Eine solche Regelung scheiterte in den Kommunen aber vor allem daran, dass bereits bestehende jüdische Heime entsprechend überfüllt waren und es für die israelitischen Kultusgemeinden nicht möglich war, neue Räumlichkeiten zu erwerben oder zu mieten.[176] Dessen ungeachtet setzte München in einem Entwurf der Hausordnung für die geplante Herberge für Frauen dieses Ziel um und erklärte als Zusatz in Paragraf 1 der Zugangsberechtigungen: „Ausgeschlossen von der Benützung sind: 1. Angehörige jüdischer Rasse".[177]

Die eigenen rassistischen Grundsätze entpuppten sich für die Nationalsozialisten aber vor allem während des Krieges als illusorisch. Seit Kriegsbeginn drängten – aufgrund von Wohnungsknappheit – neue Benutzergruppen in die Asyle und erweiterten den heterogenen Besucherkreis. Zugleich verschärften sich die Hierarchisierungen entlang der nationalsozialistischen Rassenideologie. Es kamen Umsiedler aus Osteuropa und Auslandsdeutsche ebenso in den Herbergen unter wie osteuropäische Arbeiter. Insbesondere die Arbeiter aus Polen sollten streng getrennt von den deutschen Benutzerinnen und Benutzern untergebracht werden.[178]

Die örtlichen Gegebenheiten ließen sich jedoch nur schwer mit den nationalsozialistischen Vorstellungen in Einklang bringen, sodass sich das Aufsichtspersonal hier mitunter für eigene Richtlinien entschied. 1941 hatte ein Aufseher im Münchner Obdach einen polnischen Arbeiter nicht im Schlafraum der Polen untergebracht, sondern wiederholt bei den männlichen Obdachlosen einquartiert. Als Begründung führte er an, „der Pole sei derart schmutzig und minderwertig, das man ihn nicht in den Raum, indem [sic!] die Polen untergebracht sind, belassen

---

[175] Ergebnis der DGT-Umfrage I 600/38 v. 5. 2. 1938, LAB Rep. 142-07-01-02-06 Nr. 1. Vgl. Gruner: Wohlfahrt, S. 120–123.
[176] Provinzialdienststelle an den DGT v. 16. 3. 1939, BArch R 36/1911. Vgl. Gruner, Wohlfahrt, S. 195 f.
[177] Hausordnung für die Städtische Herberge für Frauen v. 17. 1. 1938, Yad Vashem M1DN 168. Zu Münchens Vorreiterrolle bei antijüdischen Maßnahmen vgl. Hanke, Geschichte, S. 100–104; Gruner, Wohlfahrt, S. 85 f.
[178] Vgl. das Beispiel München: Wohnungsfürsorge, Dienstbetrieb in der Herberge für Männer v. 17. 2. 1941, StadtAM Wohlfahrt 4711.

kann".[179] Damit suggerierte der Aufseher jedoch, dass ausgerechnet die slawischen „Untermenschen" reinlicher seien als die deutschen Obdachlosen, und unterwanderte damit die nationalsozialistische Rassenlehre. Die Hygienevorstellungen konkurrierten an dieser Stelle mit dem nationalsozialistischen „Volkstumsgedanken" und wurden vom Aufseher und dem zuständigen Verwaltungsbeamten unterschiedlich priorisiert. Das Beispiel zeigt, wie neue Benutzergruppen neue Relationen erzeugten, die eine veränderte Konstitution der Räume am Ort des Asyls bedingten. Im hier beschriebenen Fall wurden die Hygienebedenken zur Seite gestellt und der Pole musste sich gemäß den rassischen Kriterien in den isolierten Raum einfügen. Dennoch ist wahrscheinlich, dass der Aufseher in anderen, nicht öffentlich gewordenen Fällen ein ähnliches Handeln an den Tag legte.[180] Die Konstitution des isolierten Raums des Asyls konnte damit rassische Kriterien des Nationalsozialismus durchaus unterwandern.

Das Asyl als temporäre Notunterkunft

Neben den skizzierten personenbezogenen Kriterien der Aussonderung koppelte sich der Aufenthalt im Obdachlosenasyl an ein festgelegtes Übernachtungskontingent. Dieses war wiederum unabhängig von der individuellen Situation der Betroffenen und nahm keine Rücksicht auf deren eigentliche Hilfsbedürftigkeit.

„Die Unterkunft beschränkt sich im allgemeinen [sic] nur auf einmaliges Übernachten. Zur Verlängerung für mehrere Tage bedarf es einer eigenen Genehmigung (Einweisung) des Wohlfahrtsamtes, die aber nur in besonderen Fällen erteilt wird."[181]

Das Asyl war seiner Zweckbestimmung nach eine kurzfristige Hilfsmaßnahme für „vorübergehende Beherbergung."[182] Dies hieß nicht nur, dass es tagsüber verschlossen blieb, auch die maximale Anzahl an Übernachtungen war begrenzt und variierte von Stadt zu Stadt: In Nürnberg durften obdachlose Frauen sieben Mal im Quartal das Asyl aufsuchen. Männer waren hingegen nur ein einziges Mal zur Übernachtung im Nürnberger Männerheim berechtigt – wiederum eine Regelung, die sich auf die besondere Schutzbedürftigkeit der Frauen zurückführen lässt.[183] In der Berliner „Palme" mussten die Neuaufgenommenen die erste Nacht in der „Verwarnungsbaracke" verbringen – mit dem Hinweis, dass jeder, der mehr als fünf Mal im Obdach nächtigte, mit strafrechtlichen Folgen zu rechnen habe.[184] Diese Regelung entsprach dem polizeilichen Unterkommensauftrag und verdeut-

---

[179] Wohnungsfürsorge, Dienstbetrieb in der Herberge für Männer v. 17. 2. 1941, StadtAM Wohlfahrt 4711.
[180] Zu einem ähnlichen Fall in Wien vgl. Gruner, Wohlfahrt, S. 230.
[181] Hausordnung für das Städt. Obdachlosenhaus München v. 28. 6. 1926, StadtAM Wohlfahrt 4711.
[182] Vgl. § 1 Hausordnung für das städt. Obdachlosenheim für männliche Obdachlose Stuttgart v. 22. 7. 1925, StadtAS Sozialamt 1444.
[183] Vgl. Haus-Ordnung für das Asyl für weibliche Obdachlose (Nürnberg) v. 11. 1. 1921; Hausordnung für Asyl für männliche Obdachlose (Nürnberg) v. 9. 6. 1925, beide ebenda.
[184] Liebich, Obdachlos, S. 103 f.

licht die Umsetzung strafrechtlicher Sanktionen im Obdachlosenasyl. In Halle hatte die Stadtverwaltung sogar § 361 Absatz 8 gleich wortwörtlich in die Hausordnung des Asyls übernommen.[185] Wie die Ausführungen zu den Schnellgerichten bereits gezeigt haben, war es durchaus übliche Praxis, Obdachlose direkt aus dem Asyl den Gerichten vorzuführen.

Die praktische Umsetzung dieser Übernachtungsbeschränkungen wich allerdings erheblich von der gesetzten Norm ab. Interne Berichte belegen, dass die Verwaltungen in vielen Städten eher eine Überfüllung des Asyls in Kauf nahmen, anstatt Obdachlose auf die Straße oder an die Gerichte zu verweisen. Sesshafte Obdachlose waren von diesem Paragrafen ohnehin kaum betroffen, da für sie die strikten Zeitbegrenzungen ausgehebelt wurden. Mithilfe eines Einweisungsscheins setzten die zuständigen Wohlfahrts- bzw. Sozialämter die engen Beschränkungen außer Kraft und quartierten „ortseigene" Obdachlose dauerhaft im Asyl ein. Angesichts der Wohnungsknappheit, die im gesamten Untersuchungszeitraum vorherrschte, war dies eher die Regel als die Ausnahme. Eine statistische Erhebung im Leipziger Obdach in der Nacht vom 18. auf den 19. Juni 1925 zeigt, dass lediglich ein Drittel der Obdachlosen zum ersten Mal in diesem Asyl übernachtete. Alle anderen waren bereits mehrmals zu Gast gewesen. Eine Person zählte sogar insgesamt 599 Aufenthalte, die sie über mehrere Jahre hinweg angesammelt hatte.[186] Obwohl die Hausordnung keinen Differenzierung vorsah, konnten die Verwaltungsbehörden durch gesonderte Einweisungsbefugnisse somit eine Besserbehandlung der sesshaften Obdachlosen gegenüber den sogenannten „Nichtsesshaften" im Obdachlosenasyl bewirken. Die Devianzzuschreibungen mussten folglich nicht zwangsläufig in der Hausordnung verankert sein, sondern konnten auch über die Praxis im Asyl reproduziert werden. Für die nationalsozialistischen Stadtverwaltungen war es ein Leichtes, diese Ungleichbehandlung im Sinne einer Verfolgung „Nichtsesshafter" zu verschärfen. Arbeitsdienstverpflichtungen und Einweisungen in die Arbeitsanstalt waren nun die gängigen Mittel zur Abschreckung. Das Obdachlosenasyl wurde zudem Teil einer räumlichen Gesamtordnung, die mittels Regulierung der Wanderrouten und Disziplinierung durch Arbeit die Sesshaftmachung der Obdachlosen zum Ziel hatte. Ein ungewollter Nebeneffekt der Zentralisierung der Obdachlosen im Asyl war dessen Nutzungsänderung. Der Charakter des Asyls als temporäre Notunterkunft institutionalisierte sich fortwährend.

In Kassel waren 1961 von 49 Personen im Obdachlosenasyl 30 polizeilich unter der Adresse des Obdachs gemeldet.[187] Im Münchner Obdachlosenasyl in der Pilgersheimerstraße war die Ungleichbehandlung zwischen auswärtigen Obdachlosen und Münchner Obdachlosen sogar in der Hausordnung festgeschrieben. Die Münchner durften als „Dauermieter" im Asyl bleiben.[188] Welche Folgen dies für die internen Abläufe hatte, wird sich noch zeigen.

---

[185] § 14 der Hausordnung für das Asyl für nächtlich obdachlose Personen in Halle v. 25. 9. 1924, ISG GE Stadt Gelsenkirchen 889.
[186] Vermerk Herbergs-Gäste v. 18. zum 19. 6. 25, StadtAL AFSA 1721.
[187] Magistrat Kassel an Hessischen Städtetag v. 1. 2. 1962, ISG FRA Fürsorgeamt 3533.
[188] Bock, Psychologie, S. 25.

Aufnahme- und Schlafenszeiten: Die Kontrolle der Zeit

> „Die Aufnahme erfolgt
> vom 1. Oktober bis 31. März (Winterbetrieb) von 5 Uhr–6 Uhr abends.
> vom 1. April bis 30. September (Sommerbetrieb) von 6 Uhr–7 Uhr abends;
> die Anstalt ist geöffnet:
> während des Winterbetriebs von 5 Uhr abends bis 8 Uhr früh, während des Sommerbetriebs von 6 Uhr abends bis 7 Uhr früh.
> [...] Die Beherbergten werden im Sommer [...] früh 5 Uhr, im Winter [...] um 6 Uhr früh geweckt und müssen das Obdachlosenhaus das ganze Jahr über bis spätestens 8 Uhr früh verlassen."[189]

Die Obdachlosenasyle gliederten ihre Abläufe in einen Sommer- und einen Winterbetrieb. Je nach Jahreszeit öffnete der Großteil der städtischen Einrichtungen ihre Pforten zwischen 16 und 18 Uhr. Die Nacht war kurz. Im Sommer wurde um 5 Uhr und im Winter um 6 Uhr geweckt, bis 8 Uhr mussten alle Obdachlosen das Asyl verlassen. Die Asyle waren ausschließlich auf den Nachtbetrieb ausgelegt und sahen eine Betreuung während der Tageszeit nicht vor. Nach Ansicht des Münchner Wohlfahrtsreferenten Friedrich Hilble erfüllten die Obdachlosenasyle in München 1929 damit „voll und ganz ihren Zweck, wenn sie die sonst auf die Straße geworfenen Obdachlosen aufzunehmen vermögen, um dadurch dem sittlichen Verfall, der hier in Frage kommenden Personen vorzubeugen, anderseits auch um die öffentliche Ruhe und Sicherheit zu gewährleisten."[190] Doch Ruhe und Sicherheit herrschte rund um die Obdachlosenasyle in den Augen der Gesellschaft nicht. Die Konkurrenz um die Schlafplätze war groß. Aufgrund beschränkter Einlasszeiten und knapp bemessener Kapazitäten versammelten sich in vielen Städten bereits am frühen Nachmittag vor den Asylen lange Schlangen von wartenden Obdachlosen.

Fotografien von langen Warteschlangen vor Arbeitsämtern, Banken und Suppenküchen prägen bis heute symbolhaft den Bildhaushalt zu Krise und Notstand in der Weimarer Republik.[191] Das Bild der wartenden Männer vor der „Palme" in Berlin reiht sich in eben dieses kollektive Gedächtnis ein. Doch wer kann sich heute noch vorstellen, dass ähnliche Aufnahmen allabendlich in München auch noch im Jahr 1966 möglich waren?

Wie auf der Aufnahme zu sehen ist, drängten sich Männer dicht vor dem vergitterten Eingang des Unterkunftsheims und hofften, eines der begehrten 338 Betten zu ergattern. In den Wintermonaten mussten am Abend bis zu 100 Personen abgewiesen werden.[192] Diese vermeintlich „unschönen Szenen" im Stadtbild führten

---

[189] Hausordnung für das Städt. Obdachlosenhaus München v. 28. 6. 1926, StadtAM Wohlfahrt 4711.
[190] Vortrag von Hilble in Wohlfahrtspflegekurs, 24. 3. 1929, StadtAM Wohlfahrt 4691.
[191] Geyer, Verlierer, S. 201–204.
[192] Stempfle an Direktion der Schutzpolizei v. 3. 1. 1969, StaatsAM Pol. Dir. Mü. 15618; Tätigkeitbericht von Adolf Mathes auf der Mitgliederversammlung v. 20. 11. 1964, KMFV Zentralverwaltung Vereinsangelegenheiten 1963–70.

III. Das Obdach: Isolierung im Raum

Abb. 7: „Warten", Städtisches Obdach Fröbelstraße, Berlin

immer wieder zu Diskussionen darüber, ob man den Obdachlosen nicht auch tagsüber den Aufenthalt gestatten sollte. In Leipzig begann die Heimleitung 1924 bereits um zwei Uhr nachmittags mit dem Einlassprozedere, da sich jeden Tag „lange Schlangen" bildeten und fast 600 Personen aufgenommen wurden.[193] Im „Dritten Reich", als die Behörden die Obdachlosen als Sinnbild von Armut und Elend aus dem Sichtfeld der Öffentlichkeit vertrieben, wurde dieser Forderung stattgegeben. In der Bundesrepublik kehrte man wieder zur früheren Regelung zurück, weil die Stadtverwaltungen fürchteten, dass sie sonst die „Obdachlosen überhaupt nicht mehr loskriege" und die Heime zu „Absteigequartieren" verkämen – so zumindest lautete das Fazit einer diesbezüglichen Debatte im Münchner Sozialausschuss 1954.[194] Erst zwanzig Jahre später sah die Stadtverwaltung ein, „dass man die Obdachlosen nicht zwingen könne, bei jeder Witterung den ganzen Tag im Freien zu verbringen."[195] Im Januar 1973 entschied sie sich zu einem Pilotprojekt und baute die Eingangshalle in der Pilgersheimerstraße um. Ab 12 Uhr war der Aufenthalt im Speisesaal möglich, der Zugang zu den Schlafsälen blieb versperrt. Für die Betreuung der Obdachlosen war an zwei Nachmittagen pro Woche die Organisation

---

[193] Oberaufseher der Städt. Arbeitsanstalt an Vorsitzenden des Ausschusses für Arbeitsanstalten v. 24. 11. 24, StadtAL AFSA 1720.
[194] Weber in Sitzung des Sozialausschusses v. 15. 10. 1954, StadtAM RSP 727/11.
[195] Tagsüber keine offenen Türen mehr, in: SZ, 2. 4. 1973.

7. Das Obdachlosenasyl: Ein roter Faden im 20. Jahrhundert? 219

Abb. 8: „Warten auf Einlass", Städtisches Unterkunftsheim für Männer, München 1966

„Gemeinde der offenen Türen" anwesend, zusätzliche Sozialarbeiter wurden von der Stadt indes nicht angestellt.[196] In der Folge entwickelte sich das Obdach auch tagsüber zum urbanen Zufluchtsort: Nicht nur die Übernachtungsgäste der Pilgersheimerstraße nutzten das Angebot, sondern auch Obdachlose, die des Bahnhofs verwiesen waren, oder diejenigen, die das Asyl nachts bewusst mieden, fanden sich nun tagsüber ein. Im Gegensatz zu denjenigen, die im Obdach nächtigten, waren die Tagesbesucher nicht zur körperlichen Reinigung und gesundheitlichen Untersuchung angehalten. Innerhalb kürzester Zeit war das Obdach von Ungeziefer und Tuberkulosefällen betroffen, von denen sich insbesondere die langjährigen „Pilgersheimer" bedroht sahen. „Die, wo richtig daherin ihr Bett haben, die sollen bleiben, sonst nix wie raus! Da vergeht einem ja das Abendbrot, wenn man die sieht", beschwerte sich ein Obdachloser, der bereits seit zwei Jahren im Asyl nächtigte. Aus der Aussage lässt sich deutlich die Verachtung und Geringschätzung der „Pilgersheimer"' gegenüber der „Laufkundschaft" ablesen.[197] Die begrenzten und engen räumlichen Verhältnisse des Asyls führten zu Konkurrenzen zwischen den Obdachlosen. Nicht zuletzt aufgrund der anhaltenden Beschwerden der „Pilgersheimer", aber auch weil die Sozialarbeiter vor dem „Massenandrang" resignierten, fand das Pilotprojekt bereits nach zwei Monaten ein abruptes Ende. München kehrte wieder

[196] TOP 9 der Vorstandssitzung des KMFV v. 12. 2. 1973, Zentralverwaltung KMFV, I/ 1–04, Protokolle über Vorstandssitzungen 1973+1974.
[197] Tagsüber keine offenen Türen mehr, in: SZ, 2. 4. 1973.

zur altbekannten Regelung zurück und beschränkte den Betrieb des Obdachs auf die Nacht.

Die beiden Bildunterschriften der Aufnahmen (vgl. Abb. 7 und 8) verweisen auf eine zentrale Kategorie im Alltag der Obdachlosen: das Warten. Warten, bis das Asyl ihnen Zugang gewährte, warten, bis sie in den Aufenthaltsraum eintreten durften, warten, bis sie ihre Mahlzeit erhielten, warten, bis die Schlafsäle öffneten. Selbst den Großteil ihrer vermeintlich frei verfügbaren Zeit außerhalb der Herbergen verbrachten die Betroffenen mit Warten vor dem Obdach. Damit bestimmte der Asylbetrieb nicht nur ihr alltägliches Handeln im Asyl, sondern verlagerte sich zudem in den öffentlichen Raum der Straße. Die strengen Ein- und Auslasszeiten erschwerten zudem eine Beschäftigung der Obdachlosen auf dem regulären Arbeitsmarkt. Wie bereits gezeigt, konnten die Arbeiter der Großmarkthalle nicht im Asyl übernachten, wenn sie darauf hoffen wollten, am frühen Morgen anheuern zu können.[198] Die Arbeitszeiten der Obdachlosen mussten mit den Einlasszeiten des Asyls kompatibel sein und es blieb ihnen nur begrenzt Zeit, um sich nach entsprechender Arbeit umzusehen, da sie pünktlich wieder vor dem Obdach Schlange stehen mussten, um einen begehrten Platz zu erhalten. Dies verdeutlicht, dass den Obdachlosen der Tagesablauf weitgehend vorgegeben war. Ihr alltägliches Handeln war auf fremdbestimmte Zeitintervalle ausgerichtet und konzentrierte sich auf das reine Überleben.[199] Ihre täglichen Ziele beschränkten sich meist auf die dringendsten menschlichen Bedürfnisse – Nahrungs- und Unterkunftssuche – und waren damit kurzfristig konzipiert. Kurze, hintereinander ablaufende Zeitintervalle prägten den Aufnahmeprozess im Obdachlosenasyl. Als gängige Metapher bemühten die Verantwortlichen und die Presse für diese Aufgabenbeschreibung gerne das mechanische Fließband:

„Der Obdachlose muß einem zwangsläufigen Weg unterworfen sein; dieser Weg muß gleichsam einem Fließband von der Aufnahme zur Untersuchung, zu den Bädern, zur Kleiderausgabe führen."[200]

Diese Abfertigung führte die Obdachlosen in einem automatischen Prozess im Asyl von Station zu Station. Eine individuelle Hilfe konnte das Obdach damit kaum bereitstellen. Im Gegenteil – am Ende der Abfolge sollten die Nutzerinnen und Nutzer als homogene Güter, um im Jargon des Taylorismus zu sprechen, ins Asyl eingegliedert werden. Um dieses Fließband überhaupt erst in Gang zu setzen bedurfte es der Hausordnung. In ihr waren die einzelnen Stationen, die Geschwindigkeit, Pausen sowie die „Endverarbeitung" festgesetzt.

---

[198] Vgl. Kapitel 3.2, S. 85 f.
[199] Saldern, Häuserleben, S. 99.
[200] Referent in Wohlfahrts- und Jugendausschuss v. 14. 4. 1950, StadtAM RSP 723/18. Zum „Fließbandverfahren" im Obdachlosenasyl vgl. Auszug aus der Niederschrift über die Besichtigung der Sozialabteilung Stuttgart v. 26. 9. 1954, StadtAS 18/1 Nr. 554.

Die Leibesvisitation: Kontrolle des Körpers

> „Jede neu aufgenommene Person muß ihre Ausweise dem Asylpfleger vorzeigen. Die Kleidung und Leibwäsche werden entkeimt. Der Aufgenommene hat sich einem Reinigungsbade und der körperlichen Untersuchung zu unterziehen. Mit Geschlechtskrankheiten, Hautkrankheiten (Krätze) oder mit sonstigen ansteckenden Krankheiten behaftete Personen haben dies beim Eintritt in die Anstalt dem Asylpfleger oder dem Hausarzt anzuzeigen.
> Nach dem Bade erhält jeder Aufgenommene Anstaltskleidung (einschl. Leibwäsche). Die eigene Kleidung wird vom Pfleger verwahrt."[201]

Für die Betroffenen begann mit der Aufnahme „das Abenteuer, kein Mensch zu sein", so zumindest der Eindruck eines Reporters der *Münchner Abendzeitung*, der in einem Selbstversuch 1964 das Obdach besichtigte.[202] Spätestens seit den Reformen in den 1920er-Jahren war eine anonyme Aufnahme in den meisten Asylen nicht mehr möglich. Die Obdachlosen mussten ihre Ausweisdokumente vorlegen und sich registrieren. Die Registrierung sollte den ursprünglichen Anspruch der städtischen Asyle auf strikte Kontrolle gewährleisten. Seit 1925 sammelte das städtische Obdach in Berlin die Namen der Obdachlosen in einer zentralen Kartei, auf die auch die zuständigen Stellen von Wohlfahrtsamt und Kriminalpolizei Zugriff hatten. Bereits knappe drei Jahre nach Einführung der Namenssammlung vermerkte ein Verwaltungsassistent, dass die Kartei inzwischen 60 000 bis 70 000 Personenakten enthalte.[203] Wanderer mussten in Bayern ab 1931 zudem ein Wanderbuch vorweisen, aus dem ihre letzten Wegmarken und Übernachtungsstationen abzulesen waren. Die Orte der Obdachlosigkeit fungierten als Erfassungsorte, wobei die Karteien keine bloßen statistischen Hilfsmittel waren, sondern Mittel zur Kontrolle und Koordinierung der Benutzerinnen und Benutzer. Die Berliner Kartei führte Buch über die Anzahl der Übernachtungen, die Arbeitsleistungen, die Krankengeschichte ebenso wie die Verhandlungen der Obdachlosen vor Strafgerichten.[204] Die Kartei war damit ein umfassendes Wissensarchiv für die Behörden. Während in der Weimarer Republik lediglich stichprobenhaft ein Abgleich der Namen mit den Fahndungslisten der Polizei erfolgte, wurde die Kartei im Nationalsozialismus systematisch genutzt, um den Verfolgungsdruck auf „asoziale oder erbkranke" Personen im Obdach zu intensivieren.[205] In Leipzig filterte das Fürsorgeamt aus den Meldelisten des Nachtobdachs eine Zusammenstellung der Leipziger „Asozialen" heraus. Die „Meldungen zu Asozialen" gingen an alle privaten Herbergsbetriebe und beinhalteten ein Übernachtungsverbot für die gelisteten Personen. Die Verwalter der Herbergen waren verpflichtet, entsprechende Personen an die Polizei oder an das Nachtobdach zu verweisen – wer dem nicht nachkam, drohte, seine Herbergs-

---

[201] Hausordnung für das Städt. Obdachlosenhaus München v. 28. 6. 1926, StadtAM Wohlfahrt 4711.
[202] Penner, Wermut und Gestank, in: Abendzeitung, 4./5./6. 1. 1964.
[203] Eingabe von Verwaltungsassistent Hallpap v. 15. 11. 1928, LAB A Rep. 003-01-01 Nr. 8.
[204] Eingabe von Verwaltungsassistent Hallpap v. 15. 11. 1928, LAB A Rep. 003-01-01 Nr. 8.
[205] Fürsorgeamt an Polizeipräsidenten v. 14. 5. 1936, StadtAL AFSA 3004.

lizenz zu verlieren.[206] Ziel dieser Maßnahme war eine Konzentration der „Asozialen" im städtischen Nachtobdach. Zugleich dienten solche Listen auch als Grundlage für die Verhaftungswelle gegen „Asoziale" im April 1938.[207] Die Kontrollfunktion der Zentralkartei wird ebenso evident in den Berliner Nachkriegsjahren. Noch bevor die Stadt begann, systematisch Obdachlosenasyle zu errichten, sollten die Obdachlosen in den provisorischen Unterkünften via Kartei erfasst werden.[208] Aufgrund fehlender oder sehr unterschiedlichen Strukturen der provisorischen Orte für Obdachlose, blieben jedoch regelmäßige Meldungen aus und die Kartei verlor ihre Überwachungsfunktion.[209] Dies veranschaulichte, dass einheitliche Verwaltungsvorschriften an den Orten der Obdachlosigkeit unabdingbare Voraussetzungen zur Kontrolle der Obdachlosen waren.

Die Identifizierung der Benutzerinnen und Benutzer setzte sich nach der namentlichen Registrierung in der körperlichen Reinigung und Untersuchung auf Krankheiten und Ungeziefer fort. „Muß ein Penner unbedingt baden?", fragten Sozialarbeiter 1970 auf einer Tagung der Bundesarbeitsgemeinschaft für Nichtsesshaften- und Gefährdetenhilfe und kritisierten die Reinigungspraktiken in deutschen Asylen. Sie führten lediglich dazu, dass die Betroffenen die Asyle mieden, nicht aber zu mehr Sauberkeit und Hygiene in den Einrichtungen.[210] Völlig falsch lagen die Tagungsteilnehmer mit diesem Vorwurf nicht. Zwar waren seit den 1920er-Jahren die Reinigungs- und Hygieneprozesse infolge neuer Standards in den Asylen zu einem professionalisierten und systematisierten Vorgang ausgebaut worden, dennoch hatte dies die hygienischen Zustände im Asyl nur geringfügig verbessert.[211] Im Zuge der Umbaumaßnahmen in den 1920er-Jahren wurden in allen größeren Asylen Bäder oder Duschen installiert und die Reinigungspflicht in den Hausordnungen verankert.

Wenngleich viele Obdachlose die Reinigung willkommen hießen, war sie im Asylbetrieb als Zwangsmaßnahme angelegt.[212] Die allabendliche Umsetzung des Badezwangs offenbarte, dass nicht immer die Hygiene das vorrangige Motiv war. In vielen Fällen war der Reinigungsprozess für die Verwalterinnen und Verwalter eine Möglichkeit, um von Beginn an ihre Autorität gegenüber den Benutzerinnen und Benutzern zum Ausdruck zu bringen. Ein Inspektor des Nachtobdachs in Leipzig gab in seinem Bericht zu bedenken, dass die kurze Brausezeit wohl kaum

---

[206] Gewerbeamt an Fürsorgeamt v. 7. 5. 1936; Rundschreiben des Gewerbeamts I an Leipziger Herbergen v. 17. 6. 1936, beide StadtAL AFSA 3004.
[207] Zur „Aktion Arbeitsscheu Reich" vgl. Kap. 2.1, S. 55 f.
[208] Rundschreiben des Hauptsozialamt Magistrat von Groß-Berlin v. 30. 12. 1948, LAB B Rep. 203 Nr. 9345.
[209] Vgl. Punkt 2 der Niederschrift der Sitzung der Hauptsachbearbeiter für den Fürsorgerischen Dienst, der Sachbearbeiter des Obdachlosendienstes und der Heimleiter in den Obdachlosenheimen v. 13. 9. 1950, LAB B Rep. 203 Nr. 9345.
[210] „Muß ein Penner unbedingt baden?", in: FAZ, 28. 2. 1970.
[211] Schreber, Obdachlosenasyle, S. 293.
[212] In Leipzig suchten auch Obdachlose, die nicht im Asyl, sondern in privaten Herbergen untergebracht waren, freiwillig die Reinigungsmöglichkeiten im Obdach auf, Städtische Arbeitsanstalt (Obdachabteilung) an Fürsorgeamt Leipzig v. 20. 12. 1938, StadtAL AFSA 3004.

ausreiche, um eine „gründliche Reinigung" vorzunehmen und um „Ungeziefer und bazillentragenden Schmutz vollkommen" zu entfernen.[213] Der dürftigen Ausstattung der Asyle geschuldet, mussten sich oftmals mehrere Personen ein Handtuch teilen. Dies führte jegliche Hygienevorschriften ad absurdum und regelmäßig zu Konflikte und Beschwerden. Im Leipziger Obdach musste sich die Verwalterin gegenüber dem städtischen Fürsorgeamt erklären, nachdem öffentlich wurde, dass obdachlose Frauen gezwungen worden waren, das Handtuch einer syphiliskranken Frau zu benutzen.[214]

Der eng getaktete Zeitplan des Aufnahmeverfahrens ließ kaum Spielräume, um Nachzügler ähnlich aufwendig ins Asyl einzuführen. Manche Obdachlose nutzten diese Lücke im System und fanden sich absichtlich spätabends ein, um so dem Badezwang zu entgehen. Aufgrund der begrenzten räumlichen Beschaffenheit nächtigten sie mit den gereinigten Obdachlosen in einem gemeinsamen Schlafsaal und hatten dadurch kaum nachteilige Konsequenzen zu fürchten.[215]

Die Beispiele verdeutlichen, dass die konkrete Umsetzung der Vorschriften zum Teil erheblich von den Idealrichtlinien der Stadtverwaltungen abwich. Die zuständigen Beamten konnten von ihrem Schreibtisch aus nur wenig Druck auf die praktischen Vorgänge im Obdach ausüben. Immerhin setzte das Leipziger Fürsorgeamt 1939 durch, dass separate Schlafräume für gereinigte und nicht gereinigte Obdachlose zur Verfügung standen und auch Wanderer nicht länger von der Badepflicht befreit blieben. Sie mussten fortan vor Verlassen des Asyls am nächsten Morgen eine gründliche Reinigung und eine Untersuchung auf Ungeziefer über sich ergehen lassen.[216] Dennoch blieb der Reinigungsprozess im Obdach weiterhin ein konfliktreiches Feld. Noch 1941 klagte der Obdachlose Ernst H. über den Reinigungsprozess in Leipzig:

„Die Handtücher werden nach dem Gebrauch einfach getrocknet und dann zum Gebrauch dem nächsten Obdachlosen übertragen. Der alte Mann, [...] hat Blutflecken im Handtuch gehabt, ich habe dieses ebenfalls festgestellt."[217]

Parallel zu den Veränderungen im Hygienebewusstsein während des 20. Jahrhunderts wurden auch die Reinigungsparagrafen in den Hausordnungen strenger. 1963 schrieb ein eigener Paragraf zur „Körperpflege" in der Hausordnung eines Stuttgarter Obdachlosenheims in fünf Abschnitten die Art und Weise, Häufigkeit und Intensität der Körperreinigungen vor.[218] Solche Paragrafen kollidierten allerdings seit den 1960er-Jahren zunehmend mit den Ansichten von Sozialarbeitern, den Obdachlosen im Asyl mehr Selbstbestimmungsrechte einzuräumen, wie es sich beispielsweise in der Diskussion auf der Tagung der Bundesarbeitsgemeinschaft für

---

[213] Bericht an Teutsch v. 1. 11. 1935, StadtAL AFSA 1721.
[214] Vermerk des Wohlfahrtsamts zur Beschwerde Stütze v. 15. 11. 1924, StadtAL AFSA 1720.
[215] Befragung der Aufseherin Stolzenberg, undat. [1924], StadtAL AFSA 1720.
[216] Vermerk der Verwaltung der Städt. Arbeitsanstalt v. 19. 1. 1939; Städt. Arbeitsanstalt an Bornemann v. 12. 5. 1939, beide StadtAL AFSA 3004.
[217] Ernst H. an Fürsorgeamt Leipzig v. 24. 1. 1941, StadtAL AFSA 3004.
[218] Vgl. § 8 Hausordnung des Wohnheims Nordbahnhofstraße Stuttgart v. 23. 10. 1963, ADCV ZA 288+467.9.

Nichtsesshaftenhilfe zeigte. Trotz der rigiden Vorschriften wurden viele Obdachlose nur noch angehalten, sich zu reinigen, ein Zwang bestand nicht mehr. Wer jedoch stark verschmutzt war, und eine Reinigung verweigerte, musste sich eine alternative Übernachtungsstätte suchen. Die Obdachlosen reagierten darauf mit eigenen Strategien: Im Hamburger „Pik As" verzichteten die Übernachtungsgäste auf Matratze und Bettlaken und entgingen dadurch dem Waschzwang.[219] Die Frauen des Münchner Bunkerasyls entzogen sich dem wöchentlichen Badetag, indem sie eine öffentliche Badeanstalt aufsuchten und sich dort eine Bescheinigung ausstellen ließen.[220]

Während die Badepflicht für die Betroffenen positive ebenso wie negative Seiten hatte, empfanden die meisten den zweiten Teil des Aufnahmeprozesses als erniedrigend: die ausführliche Leibesvisitation. Obdachlosenasyle galten den Behörden als „Brutstätten urbaner Epidemien", von denen „gesundheitliche und sittliche Gefahren" für den Rest der Gesellschaft ausgehen würden.[221] Jeder, der erstmals das jeweilige Asyl aufsuchte, musste sich einer gesundheitlichen Untersuchung unterziehen. Diesem für die Betroffenen beschämenden Vorgang stellten sich die wenigsten bereitwillig. Die Untersuchung war sowohl für die Obdachlosen als auch für die Behörden äußerst prekär und stand immer wieder im Fokus der öffentlichen Kritik:

„Eine mehr als ekelhafte Prozedur ist es, die in diesem sogenannten ‚Untersuchungszimmer' jeder Einzelne über sich ergehen lassen muß. Der Oberkörper ist zu entblößen – das umgekehrte Hemd und die Achselhöhlen sind vorzuzeigen – die Hose ist herunterzulassen – das Glied wird angefaßt und ‚geprüft'. Die ‚Untersuchenden' sitzen auf einem Stuhle, neben sich eine elektrische Stehlampe und sind Laien!"[222]

Die Beschreibungen waren zwar plakativ formuliert, dennoch kann davon ausgegangen werden, dass die detailreichen Ausführungen vom tatsächlichen Untersuchungsvorgang nicht allzu weit abweichen. Primäres Ziel war es, ansteckende Erkrankungen, Geschlechtskrankheiten und Lausbefall festzustellen. Dass hierfür die Intimzonen der Obdachlosen einer besonderen Begutachtung unterzogen wurden, war nahe liegend. Dass die Visitation von Laien und nicht von einem Arzt durchgeführt wurde, entzog ihr allerdings die Professionalität und verlieh dem Angestellten im Obdach eine Machtposition gegenüber den Untersuchten. In Verbindung mit der nationalsozialistischen „Erbgesundheitspolitik" konnte diese Position schwerwiegende Folgen bis hin zur Zwangssterilisation für die Betroffenen haben. In Leipzig ließ das Obdachlosenasyl ab 1935 regelmäßig Personen, „die den Eindruck von Erbkranken" erweckten, zur Prüfung eines Verfahrens beim Erbgesundheitsgericht vorführen – wenn nötig auch zwangsweise.[223] Auch für München gibt es Hinweise, dass die Abteilungen für Obdachlosenfürsorge bei Zwangssterilisa-

---

[219] Das Nachtasyl Pik As, in: FAZ, 24. 4. 1970.
[220] Ein Besuch im letzten Asyl für Frauen in der großen Stadt, in: Südpost Nr. 92, 31. 7. 1954.
[221] Maßnahmen gegen Obdachlosigkeit, in: Bayerische Kommunalkorrespondenz Nr. 4 (1931).
[222] Pamphlet: Einiges aus dem Münchener Obdachlosenasyl, undat., DiCV AR 010.
[223] Wohlfahrtsamt Leipzig an Gesundheitsamt Leipzig, 25. 11. 1935; Antwort v. 28. 11. 1935, beide StadtAL AFSA 1721.

tionen involviert waren und obdachlose Frauen aus der Frauenherberge dem zuständigen Gesundheitsamt überwiesen.[224] Geschlechtskranke Frauen im Obdach mussten zudem mit einer Anzeige beim Fürsorge- oder Pflegeamt rechnen, die für die Frauen unter Umständen eine jahrelange Überwachung nach sich zog.[225]

In der Bundesrepublik bemühte man sich, der Würde der Betroffenen bei der körperlichen Untersuchung Rechnung zu tragen. Seit 1951 wurden im Münchner Unterkunftsheim die Untersuchungen „in aller Höflichkeit" von einem Medizinstudenten oder einem ausgebildeten Sanitäter durchgeführt.[226] Dennoch blieben die Untersuchungen ein Zwangsvorgang. Die Analyse verdeutlicht indessen, dass trotz kleinerer Änderungen die Aufnahme ins Obdachlosenasyl im gesamten Untersuchungszeitraum entlang ähnlicher Prozesse verlief – wovon auch die Zeit zwischen 1933 und 1945 zunächst keine Ausnahme bildet. Allerdings wurden Teile des Aufnahmeverfahrens mit spezifischen Verfolgungsmechanismen des Nationalsozialismus verknüpft, wie etwa der systematischen Verfolgung und Internierung von „Asozialen" und „Erbkranken" – ebenso wie dem Ausschluss von Jüdinnen und Juden. Das Aufnahmeverfahren des Obdachs konnte im „Dritten Reich" demnach für einzelne Betroffene durchaus lebensbedrohliche Folgen haben.

Die meisten Asylgäste besaßen nichts außer den Dingen, die sie am Körper trugen. Für sie bedeutete die Leibesvisitation sowohl eine Intervention in ihre Intimsphäre als auch eine direkte Verletzung ihres letzten Rests an Privatheit. Denn auch ihr weniger Besitz wurde beim Betreten des Asyls einer Inspektion unterzogen. Die Verwaltung konfiszierte Waffen, Alkohol, Tabak und andere Genussmittel und kontrollierte, ob die Obdachlosen Geld mit sich führten. Die Kleider und Taschen wurden bei Bedarf in Desinfektionsapparaten behandelt, wobei die häufige Desinfektion die Kleidung bis zur Unbenutzbarkeit schädigte.[227] Die Ausweisdokumente, Kleidung und sonstiges Hab und Gut blieben für die Dauer des Aufenthalts als Pfand in der Obhut der Asylverwaltung.[228] Die Obdachlosen gaben an der Eingangspforte ihre Identität ab und erhielten eine Bettennummer, unter der sie nunmehr identifizierbar waren. Diese temporäre Enteignung war in den Asylen der Bundesrepublik kaum mehr zu finden. Zwar erfolgten nach wie vor Kontrollen auf Verdacht, vor allem um den Konsum von Alkohol im Obdach zu unterbinden, systematische Personendurchsuchungen waren jedoch nicht länger Teil des Aufnahmeprozesses. Nach wie vor mussten die Obdachlosen allerdings ihre eigene Kleidung ablegen und einheitliche Anstaltskleidung tragen.

---

[224] In den Rechnungsjahren 1938 und 1939 sind jeweils Kosten für 18 bzw. 20 Sterilisationen aufgeführt, Abt. Obdachlosenfürsorge, Bericht für das Rechnungsjahr 1939 v. 15. 8. 1940, StadtAM Wohlfahrt 875. Zwischen September 1939 und Oktober 1940 listete die Obdachlosenfürsorge Kosten für 17 Sterilisationen auf, Leistungsbericht des Wohlfahrts- und Stiftungsdezernat für 14 Kriegsmonate, undat., StadtAM Wohlfahrt 875.
[225] Freund-Widder, Frauen.
[226] Mathes an Friedberger v. 7. 1. 1964, KMFV Zentralverwaltung Presseberichte ab 1964.
[227] Schreber, Obdachlosenasyle, in: Edelmann/Gottstein/Grotjahn/Schreber/Schwiening (Hrsg.), Hygiene, S. 328.
[228] Zur Abgabe der Ausweisdokumente vgl. Hausordnung für das Asyl für nächtlich obdachlose Personen in Halle v. 25. 9. 1924, ISG GE Stadt Gelsenkirchen 889.

Abb. 9: Speisesaal im Obdachlosenasyl Pilgersheimerstraße München [ca. Ende der 1950er-Jahre]

Ob die Gestaltung der Anzüge im Münchner Männerheim (vgl. Abb. 9) bewusst an Häftlingskleidung angelehnt war, muss Spekulation bleiben. In den Akten des KMFV fanden sich keine entsprechenden Hinweise. Bei den Betroffenen und auch in der Öffentlichkeit löste diese Assoziation aber einen entsprechenden Beigeschmack aus. Nicht umsonst entschied sich der KMFV schon nach wenigen Jahren, die gestreiften Anzüge durch „Blaumänner" zu ersetzen.[229] Der Farbtupfer konnte jedoch am monotonen Erscheinungsbild der Männer nur wenig ändern. Der „bunte Filmstreifen" – wie die *Münchener Zeitung* 1930 den Benutzerkreis des Obdachs umschrieb – verblasste im Asyl zu einer eintönigen Masse.[230]

„Zivilisten – wenn auch manchmal schäbige – betraten den Kellerraum. Uniformierte verlassen ihn wieder. Der Zug der grauen Gestalten […] endet im Aufenthaltsraum"[231]

Hinweise auf solche Verwandlungen der Obdachlosen im Asyl sind keine Seltenheit in der Berichterstattung.[232] Die einleitenden Paragrafen der Hausordnung evozierten damit am isolierten Ort des Asyls einheitliche Praktiken, die zu einer

---

[229] Vgl. Fotoaufnahmen von „Blaumännern", Zentralverwaltung KMFV Fotografien Pilgersheimerstraße I 1–15.
[230] Letztes Obdach, in: Münchener Zeitung Nr. 307/308 (1930).
[231] Penner, Wermut und Gestank, in: Abendzeitung, 4./5./6. 1. 1964.
[232] Zur ‚Verwandlung' vgl. Nachtasyl – ein Dach für Zweifelnde und Verzweifelte, in: SZ, 24. 12. 1952.

Vermassung der Obdachlosen führte. Am Ende des Aufnahmeprozesses war aus dem heterogenen Personenkreis eine homogenisierte Masse geworden. Der erste Teil der Hausordnungen initiierte damit eine Entdifferenzierung der Benutzerinnen und Benutzer.

Fürsorge: Hilfs- und Disziplinierungsmaßnahmen

Als logische Folge zur Vereinheitlichung wurde in einem zweiten Teil der Hausordnung die Zuteilung der Hilfsmaßnahmen im Asyl festgelegt. In der Theorie sah die Hausordnung alle Benutzerinnen und Benutzer auf einer gemeinsamen hierarchischen Stufe. Die praktische Umsetzung der Hilfsmaßnahmen zeigt indessen eine deutlich differenzierte Ordnung, die zum einen aus der Eigendynamik zwischen den Obdachlosen und zum anderen aus der verschiedenartigen Umsetzungen der Vorschriften durch die Aufseher entstanden.

Neben ihrer Funktion als Übernachtungsstätte waren Asyle verpflichtet, „Nahrung, Kleidung und Pflege" für die Benutzerinnen und Benutzer bereitzustellen.[233] Doch die Fürsorge im Obdach kam nicht uneigennützig, sondern war an Disziplinierungsmaßnahmen gekoppelt. Die Essensausgabe war fester Bestandteil im alltäglichen Ablauf. Art und Menge der Mahlzeiten schrieben die Hausordnungen fest. Da die Obdachlosen das Asyl tagsüber verlassen mussten, gab es anstatt einem Mittagessen Speisemarken, die in einer der städtischen Speiseanstalten eingetauscht werden konnten. Abends gab es dann meist eine Suppe mit Brot, morgens wurde Kaffee und Brot gereicht. In den Ost-Berliner Obdacheinrichtungen der frühen 1950er-Jahre diente die Essensverteilung zugleich als ein Mittel zur Arbeitserziehung: In drei verschiedenen Kategorien erhielten die Obdachbewohner entsprechend ihrer geleisteten Arbeit ihr Essen.[234] Die Zuweisung war damit ein Steuerungselement zur hierarchischen Ordnung der Obdachlosen im Asyl. Ausnahmen vom meist eintönigen Speiseplan gab es nur zu besonderen Anlässen wie Weihnachten.[235] Fast schon legendär war die alljährliche Weihnachtsfeier des Männerheims in München. Der Katholische Fürsorgeverein lud seit 1951 die Münchner Obdachlosen zu einem gemeinsamen Mahl in einen Münchner Bierkeller ein.[236]

Kleidung gaben die Asyle in erster Linie aus Altkleiderbeständen ab – unter anderem, da den Obdachlosen unterstellt wurde, dass sie neuwertige Waren auf

---

[233] § 6 der Reichsgrundsätze für Voraussetzung, Art und Maß der öffentlichen Fürsorge (RGr), RGBl. I (1924), S. 765–770, hier S. 766.
[234] Achtelstetter an Scholz, Hauptsozialmt Berlin v. 16. 10. 1951, LAB C Rep. 118 Nr. 25.
[235] Vgl. Abt. für männl. Obd. u. Wanderer, Bericht über Weihnachtstage v. 27. 12. 1929; Verpflegung der Obdachlosen über die Weihnachtsfeiertage 1928 und 1929, v. 24. 12. 1928 und 24. 12. 1929, alle StadtAM Wohlfahrt 4709.
[236] Der Kardinal feierte mit den Obdachlosen, in: Abendzeitung, 27. 12. 1977; Kardinal beschenkt einsame Obdachlose, in: TZ, 27. 12. 1977; „Wir sind zu hochmütig um Gott zu sehen", in: SZ, 27. 12. 1977. Zu Weihnachtsfeiern in anderen Städten vgl. In den Asylen der Einsamen und der Gestrandeten, in: FAZ, 27. 12. 1957.

228   III. Das Obdach: Isolierung im Raum

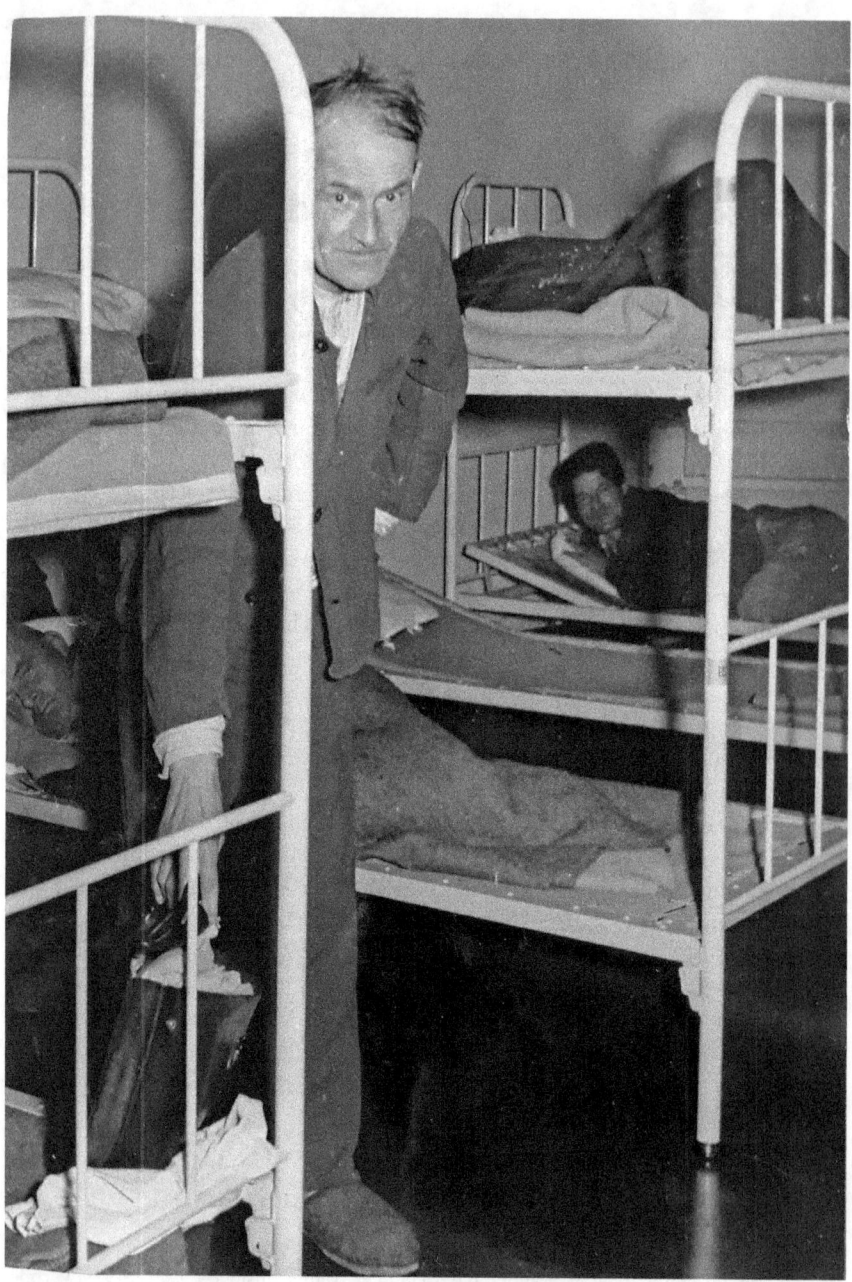

Abb. 10: Aufnahme im Schlafsaal des Städt. Unterkunftsheims, München

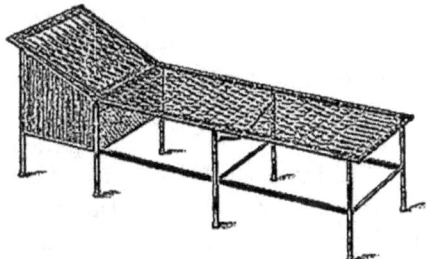

Abb. 49. Asylpritsche mit Drahtnetzmatratze, Zugfedern und Kleiderkasten, dessen Kopferhöhung nach oben aufklappbar ist. Größe 188 : 57 cm.
Ausgeführt von der Berliner Patent- und Eisenmöbelfabrik von Otto Schulz, Berlin C 2, Stadtbahnhof „Börse".

Abb. 11: Für Asyle empfohlene Drahtnetzpritsche, ca. 1917

dem Schwarzmarkt weiterveräußern würden.[237] Zur Übernachtung bot das Asyl seinen Nutzerinnen und Nutzern ein Bett aus einem primitiven Drahtgestell in einem Gemeinschaftsschlafsaal an. Zwar war es im Zuge der Obdachreformen reichsweit zu einer Minderung der Bettenzahlen gekommen und Aufnahmen wie die im Berliner Notobdach (vgl. Abb. 2) zählten nicht mehr zum Alltagsbild in deutschen Obdachlosenasylen. Dennoch blieben die Verhältnisse notdürftig und karg. In der Pilgersheimerstraße in München errichtete die Stadt 1952 Stockbetten in einem 18-Mann-Schlafsaal und in Berliner Asylen fanden sich sogar noch 1973 Schlafsäle für 20 Personen.[238] Schränke oder andere Möglichkeiten zur Aufbewahrung des Besitzes standen nicht zur Verfügung – ein Grund, warum es auch nach 1945 in vielen Asylen üblich blieb, seinen Besitz bei der Aufnahme in die Obhut der Asylverwaltung zu geben. Wie auf der Fotografie (Abb. 10) erkennbar, hatten die regulären Betten keine Matratzen, sondern orientierten sich maßgeblich an den schon 1917 empfohlenen Bettgestellen für Obdachloseneinrichtungen (Abb. 11).

Fotografien, die bei der Eröffnung des Asyls 1952 entstanden, zeigen jedoch, dass es Schlafsäle gab, in denen einfache Betten mit Matratzen standen. In Notzeiten behalf sich die Asylverwaltung damit, die Einfach- zu Stockbetten auszubauen und so die Aufnahmekapazitäten zu erhöhen – wie beispielsweise 1937 und 1967.[239]

---

[237] Abt. Obdachlosenfürsorge an NSV v. 11. 10. 1937, StadtAM Wohlfahrt 4711.
[238] Protokoll der 26. Sitzung des Ausschusses für Arbeit und Soziales v. 5. 10. 1973, LAB B Rep. 002 Nr. 10069.
[239] Die Aufstockung 1937 war notwendig, um aus der Sowjetunion flüchtende Reichsdeutsche 1937/38 in den Obdachlosenasylen unterzubringen. Für Berlin vgl. Niederschrift über die Besprechung der Anstaltsleiter v. 1. 2. 1938, LAB A Rep. 003-01-01 Nr. 10. Für München vgl. Hochbauamt an Abt. Obdachlosenfürsorge v. 5. 11. 1937, StadtAM Wohlfahrt 4711. Die Aufstockung 1967 war eine Reaktion auf die steigenden Obdachlosenzahlen. Für München vgl. Protokoll der Jahreshauptversammlung des KMFV v. 30. 11. 1968, Zentralverwaltung KMFV Vereinsangelegenheiten 1963–1972.

Dass auf der gleichen Quadratmeterfläche dann doppelt so viele Personen schliefen, verschärfte die ohnehin angespannte Stimmung in den Gemeinschaftsschlafsälen.

Die Zuteilung der Betten war ein gern genutztes Mittel zur Machtdemonstration und gleichzeitigen Hierarchisierung der Obdachlosen. Ihre Übernachtungsplätze bekamen die Obdachsuchenden durch die Aufseher – meist in Form einer Bettenmarke – bei der Aufnahme zugewiesen. Das Aufsichtspersonal konnte weitgehend eigenmächtig entscheiden, wer in welchem Bett nächtigte und dementsprechend auf Wünsche der Betroffenen eingehen oder diese gezielt ignorieren.[240] Besonders für die Dauerbenutzerinnen und -benutzer zahlte sich ein unbelastetes Verhältnis zur Asylverwaltung positiv aus, um allabendlich ihre „Lieblingskojen" belegen zu können.[241]

Die Kontrolle der Obdachlosen in den Schlafsälen endete jedoch nicht mit der Zuteilung, sondern setzte sich ungebrochen in den internen Abläufen fort. Vor dem Zweiten Weltkrieg bestimmte die Aufsicht über das Ein- und Ausschalten des Lichtes ebenso wie über das Öffnen der Fenster im Schlafsaal.[242] Während der Nachtzeit war ein Verlassen des Schlafraums nicht zulässig, was in vielen Fällen zu hygienisch unhaltbaren Zuständen führte.[243] In den bundesrepublikanischen Asylen waren die Schlafenszeiten zwar weiterhin durch die Hausordnungen strukturiert, die Kontrolle über Licht und Luftzufuhr wurde den Insassen jedoch selbst überlassen. Vielerorts entwickelte sich daraus eine maßgebliche Konkurrenzsituation zwischen den Obdachlosen, die Potenzial zur Verschiebung der internen Hierarchie barg. Gerne waren es die ortsansässigen Obdachlosen, die täglich das gleiche Bett nutzten, die über Licht und Lüftung wachten: „Erfroren sind schon viele, erstunken ist noch keiner", so der Leitspruch in vielen Schlafsälen.[244]

Die Übernachtung im Schlafsaal des Asyls war keineswegs kostenlos. Die Obdachlosen mussten eine Gebühr entrichten oder Pflichtarbeit leisten. Diese Regelungen waren durch die Reformen der 1920er-Jahre entstanden und wurden in den Hausordnungen entsprechend definiert.

„Der Aufenthalt ist für Mittellose unentgeltlich. Die übrigen Beherbergten bezahlen täglich die jeweils festgesetzte Übernachtungsgebühr. [...]

Alle Beherbergten mit Ausnahme jener, welche nachweislich in Arbeit stehen, oder arbeitsunfähig sind, sind verpflichtet auf Anordnung des Hauspflegers Arbeiten zu verrichten, welche sich aus dem Asylbetrieb ergeben."[245]

---

[240] Zur stufenweisen Bettenzuteilung im Obdachlosenasyl Gießen vgl. Kurzbericht über die Besichtigung des Nichtsesshaften- und Obdachlosenheims der Arbeiterwohlfahrt in Gießen v. 16. 4. 1962, ISG FRA Fürsorgeamt 757.
[241] Vgl. Penner, Wermut und Gestank, in: Abendzeitung, 4./5./6. 1. 1964.
[242] Vgl. Hausordnung für das städt. Obdachlosenheim für männliche Obdachlose Stuttgart v. 22. 7. 1926, StadtAS Sozialamt 1444; § 10 der Hausordnung für das Städt. Obdachlosenhaus München v. 28. 6. 1926, StadtAM Wohlfahrt 4691.
[243] Vgl. Beschwerde von Ernst H. an Fürsorgeamt Leipzig v. 24. 1. 1941, StadtAL AFSA 3004.
[244] Penner, Wermut und Gestank, in: Abendzeitung, 4./5./6. 1. 1964.
[245] Hausordnung für das Städt. Obdachlosenhaus München v. 28. 6. 1926, StadtAM Wohlfahrt 4711.

Ob die Obdachlosen bezahlen oder arbeiten mussten, war von Stadt zu Stadt verschieden und hing maßgeblich von der Benutzergruppe ab: Familien, die längerfristig im Asyl unterkamen, und sesshafte Obdachlose zahlten eine geringe Nutzungsgebühr.[246] Je nach Stadt mussten die übrigen Obdachlosen zwischen 40 Pfennig und 1,20 Reichsmark pro Übernachtung aufbringen. Im Nationalsozialismus schafften einige Städte die Übernachtungsgebühren ab. Was zunächst als fürsorgerische Maßnahme erscheint, entpuppt sich bei näherer Betrachtung als eine weitere Kontrollmöglichkeit. Das Obdachlosenasyl war zwar eine städtische Fürsorgeeinrichtung, weil seine Benutzung aber nicht unentgeltlich erfolgte, konnte darin auch nicht zwangsläufig die Inanspruchnahme einer Fürsorgeleistung erkannt werden. Im „Dritten Reich" beschränkte dies die Zugriffsmöglichkeiten der Behörden auf den Nutzerkreis des Obdachs erheblich. Nach Ansicht der Leipziger Fürsorgebehörde würden sich insbesondere die „Nichtsesshaften" den Behörden dadurch entziehen, dass sie täglich die Übernachtungsgebühren im Obdach bezahlten und damit auch der Pflichtarbeit entgingen. Um das Obdach als legalen ‚Schlupfwinkel' der Obdachlosen zu beseitigen, schaffte das Fürsorgeamt 1936 Entgelte für Übernachtungen ab. „Jede Benutzung des Obdachs ist dadurch Empfang öffentlicher Unterstützung geworden", schlussfolgerte der zuständige Beamte in Leipzig.[247] Zusammen mit der Limitierung der Übernachtungen und den „Meldelisten von Asozialen" eröffneten sich dem Leipziger Fürsorgeamt neue Mittel zur Kontrolle der Obdachlosen. Kostenlos war die Übernachtung im Leipziger Obdach aber dennoch nicht, bezahlt wurde nun mit Arbeitsleistungen. Wer sich der Pflichtarbeit verweigerte, musste mit einer entsprechenden Meldung an die Polizeibehörden und nach mehrmaligen Vergehen mit einer Überstellung in ein Arbeitshaus rechnen. Obwohl diese Regelung zwar schon in vielen Asylen der Weimarer Republik in den Hausordnungen enthalten war, kam sie praktisch kaum zur Anwendung.[248] Im „Dritten Reich" wurde diese Bestimmung nun entsprechend ausgeschöpft. Die Arbeitshauseinweisung konnte spätestens mit dem „Grunderlaß über die vorbeugende Verbrechensbekämpfung durch die Polizei" unbefristet erfolgen und eine Einweisung in ein Konzentrationslager nach sich ziehen. In der Absicht, die Obdachlosen zu sesshaften Mitgliedern der „Volksgemeinschaft" zu erziehen, näherten sich die Asyle damit immer mehr den Arbeitshäusern an und wandelten sich im Nationalsozialismus von passiven Schlafstätten zu Erziehungsanstalten. Ein Indiz für die zunehmende Assimilation der beiden Orte zeigt sich im häufigen Personalaustausch zwischen Asylen und Arbeitsanstalten. Offenbar galten für beide weitgehend deckungsgleiche Einstellungskriterien und Anforderungen an die Angestellten.[249] In Leipzig war mit

---

[246] (Unleserlich) an Polizeipräsident Leipzig v. 14. 5. 1936, StadtAL AFSA 3004.
[247] Fürsorgeamt an Polizeipräsident v. 14. 5. 1936, StadtAL AFSA 3004.
[248] Vgl. § 8 der Hausordnung für das Städt. Obdachlosenhaus München v. 28. 6. 1926, StadtAM Wohlfahrt 4711.
[249] Für das städtische Asyl in Berlin und der Arbeitsanstalt Berlin-Rummelsburg vgl. Personalbedarfsrechnung für 1935, LAB A Rep. 003-01-01 Nr. 7. Für das Obdachlosenasyl München und den Wanderhof Herzogssägmühle vgl. Abteilung für männliche Obdachlose an Direktion des Referats 6 v. 9. 6. 1937, StadtAM Wohlfahrt 4711.

Erlass der neuen Hausordnung 1938 für das städtische Obdach und den städtischen Werkplatz sogar eine gemeinsame Hausordnung in Kraft getreten.[250]

Neben der Pflichtarbeit boten sich für die ortsansässigen Obdachlosen in der hierarchischen Betriebsstruktur des Asyls vermeintliche Aufstiegsmöglichkeiten über Arbeit im Asyl. Das Obdachlosenasyl war für Nichtobdachlose kein attraktiver Arbeitsplatz, nicht zuletzt, weil es üblich war, die Stellen mit einer Betriebswohnung zu verknüpfen. Die Aussicht, mit Obdachlosen zusammen unter einem Dach zu leben, schreckte viele externe Arbeitskräfte ab, zudem kamen aus diesem Grund Berufstätige mit Familien und Kinder erst gar nicht in die engere Auswahl. Die Obdachverwaltung hatte stets ihre Mühe, offene Stellen zu besetzen.[251] Einen Ausweg boten die dauerhaften Benutzerinnen und Benutzer des Asyls. Sowohl in den 1920er-Jahren als auch in der Bundesrepublik war es üblich, Obdachlose in den Asylen zu beschäftigen.[252] Meist fanden sie als Reinigungskräfte, Küchenhilfen oder eben auch als Aufsichtspersonal eine Anstellung. Solche Konstellationen konnten die Machtverhältnisse im Obdach durcheinanderbringen. Die im Obdach Beschäftigten mussten mit Neid und Missgunst der anderen Obdachlosen rechnen und waren häufig Beschwerden, unter Umständen sogar tätlichen Angriffen ausgesetzt.[253] Beim Berliner Magistrat lief 1950 eine Beschwerde über den obdachlosen Heimkehrer Karl S. ein, der Anstellung im Asyl gefunden hatte. Die langjährigen Obdachlosen scheuten nicht vor diffamierenden Anschuldigungen zurück, warfen Karl S. vor, ein polnischer Nazikollaborateur zu sein und aus seiner Heimat geflohen zu sein. Sie forderten die Posten im Obdach statt mit „Polen" mit „Deutschen" zu besetzen. Die Asylverwaltung blieb allerdings unbeeindruckt von solchen Anschuldigungen und lobte die „Umsichtigkeit, Wendigkeit und Arbeitsbereitschaft" von Karl S., dem es damit gelungen war, durch Arbeit seine Position in der Binnenhierarchisierung des Asyls zu ändern.[254] Immer wieder gab es allerdings Obdachlose, denen ihre neu gewonnene Machtstellung im Asyl nutzten, um ihre früheren Leidensgenossen zu schikanieren. Der Hausangestellte S. im Leipziger Obdach weckte die Obdachlosen im Schlafsaal regelmäßig früher als es die Schlafzeiten vorschrieben, und ließ sie anschließend vor dem Speisesaal warten. Mehrfach führte dies zu direkten Auseinandersetzungen und zu Beschwerden bei der Stadtverwaltung.[255]

---

[250] Hausordnung für das städtische Obdach und den städtischen Werkplatz v. 22. 8. 1938, StadtAS Sozialamt 1462.
[251] Vgl. Jahreshauptversammlung des KMFV v. 11. 11. 1967; Jahreshauptversammlung des KMFV v. 14. 11. 1970, beide Zentralverwaltung KMFV Vereinsangelegenheiten 1963–1972.
[252] Für die 1920er-Jahre vgl. Hilble in Wohlfahrtsausschuss, 22. 2. 1927, in: MGZ Nr. 17 (1927), S. 195. Zur Praxis im Münchner Unterkunftshaus in der Pilgersheimerstraße vgl. Zeitzeugengespräch mit Gerald Winkler v. 1. 2. 2018.
[253] Stellungnahme der Verwaltung des Obdachs v. 23. 8. 1927, StadtAL AFSA 1720. Achtelstetter an Magistrat von Groß-Berlin v. 6. 9. 1950, LAB C Rep. 118 Nr. 25.
[254] Heimleitung an Magistrat von Groß-Berlin v. 6. 9. 1950 sowie Alfred S. an Bezirksamt Lichtenberg v. 24. 7. 1950, beide LAB C Rep. 118 Nr. 25.
[255] Beschwerde Georg F. an Bornenmann v. 18. 8. 1927, StadtAL AFSA 1720.

Die angestellten Obdachlosen wohnten meist weiterhin im Obdach. Ob ihnen ein eigenes Dienstzimmer zugewiesen wurde, hing von den Gegebenheiten vor Ort und der Art der Anstellung ab. In jedem Fall konnten sie eine Verbesserung bei der Verpflegung erwarten.[256] Aus fürsorgerischer Perspektive wurde die Praxis keineswegs als förderlich angesehen. Eine Tätigkeit im Obdach verstärkte die Abhängigkeit der Obdachlosen vom Ort und erschwerte den Weg aus dem Asyl heraus. Die Asylverwaltung profitierte von diesem Vorgehen jedoch gleich in doppelter Hinsicht. Erstens löste sie so das Problem des Arbeitskräftemangels und verhinderte zweitens Solidarisierungen zwischen den Obdachlosen im Asyl. Die Verwaltung hatte ein vornehmliches Interesse daran, jegliche Vergemeinschaftungstendenzen unter den Gästen des Asyls zu unterbinden, befürchtete sie doch daraus resultierende Unruhen.

Verbote: Die Kontrolle des Handelns

„Verboten ist ferner ..."[257]

Der längste Abschnitt der Hausordnung war dementsprechend der Verbotsparagraf, der jegliches Handeln im Obdach regulierte. Insgesamt zehn Anordnungen erließ die Münchner Hausordnung von 1926 in diesem Abschnitt: Vom einfachen Alkohol- und Rauchverbot über eingeschränkte Aufenthaltserlaubnisse bis hin zur klar umrissenen Verhaltensregulierung wie dem „Abhalten von Spielen jeglicher Art, besonders um Geld und Geldeswert; ferner das Singen und Lärmen sowie das Halten von Vorträgen politischen und religiösen Inhalts" war alles untersagt, was dem eintönigen Asylalltag zuwiderlief. Besonders der letzte Punkt hatte sich nach den Obdachreformen und Erfahrungen im politisch aufgeheizten Klima der Weimarer Republik als fester Bestandteil in den Hausordnungen verankert. Bekannt geworden ist ein Vorfall in der „Palme", wo kurz vor Weihnachten 1925 fast 100 Obdachlose untereinander und mit dem Aufsichtspersonal in eine Schlägerei gerieten. Anlass waren Unstimmigkeiten zwischen den Obdachlosen, die über mehrere Tage hinweg in den Schlafsälen von verschiedenen „Sprechern" aufgewiegelt worden waren.[258] Ereignisse wie dieses führten dazu, dass der Verbotspassus verschärft und „jede politische Betätigung und das Tragen von Abzeichen jeder Art" streng untersagt wurden.[259]

---

[256] Vgl. Monatsberichte aus der städt. Herberge für Männer in München von April 1938 bis September 1939, die zwischen Verpflegung für Asylisten und Hausangestellten sowie weiteren Gruppen differenzieren, StadtAM Wohlfahrt 4711.
[257] Hausordnung für das Städtische Obdachlosenhaus München v. 28. 6. 1926, StadtAM Wohlfahrt 4691. In Frankfurt war für das 1963 eröffnete Rehabilitationszentrum fest eingeplant, 16 Obdachlose als Bedienstete in ständiger Anstellung zu übernehmen und diese als Zeichen der Besserstellung in Einzelzimmern unterzubringen, Abschrift von Stoklossa zur Niederschrift über die Arbeitsbesprechung v. 16. 6. 1961, ISG FRA Fürsorgeamt 757.
[258] Unruhen im Obdach, in: Vorwärts, 16. 12. 1925. Vgl. Tumultszenen im Obdachlosen-Asyl, in: Vossische Zeitung Nr. 594, 16. 12. 1925.
[259] Entwurf einer Hausordnung für die nächtlichen Obdacheinrichtungen der Stadt Berlin, undat. [1930], LAB A Rep. 044-08 Nr. 24.

Dennoch wurden die Asyle immer wieder für politische Propaganda und Mobilisierung instrumentalisiert, insbesondere im „Dritten Reich".[260] In den Asylen wurden Radiogeräte installiert, um politische Reden der NSDAP-Führung übertragen zu können, und Parteizeitschriften wie der *Völkische Beobachter* oder *Der Angriff* ausgelegt.[261] In der Herberge für Frauen in München fanden regelmäßig Vorträge zur „politischen Aufklärung" durch NS-Organisationen wie die NS-Frauenschaft statt.[262] Ähnliche Veranstaltungen in der Männerherberge durchzuführen, lehnte die Stadtverwaltung indes ab. „Derartige Elemente [würden] aus Hass oder Rachsucht oder weil die Gesetze des Nationalsozialismus ihrer Lebensführung widersprechen, selbst gegen bessere Erkenntnis die Richtigkeit der nationalsozialistischen Idee niemals zugeben", so die Begründung des Abteilungsleiters der Fürsorge für männliche Obdachlose, eine Sichtweise, die mit den unterschiedlichen Traditionen der männlichen und weiblichen Obdachlosenfürsorge korrespondierte.[263]

Mit den neuen Machthabern zogen in München wie in anderen deutschen Städten nationalsozialistische Verhaltensregeln ins Asyl ein. Der „deutsche Gruß" war als feste Grußformel im Asylbetrieb verankert und wurde sowohl von den Benutzern als auch vom Personal erwartet.[264] Eine Verweigerung konnte die Denunziation nach sich ziehen – insbesondere aus den Reihen der Benutzer –, da sich hier ein ungewöhnliches Druckmittel zur Umkehrung der Machtverhältnisse im Raum der Obdachlosen ergab. So kam die Oberin der Münchner Frauenherberge in Bedrängnis, nachdem das obdachlose Ehepaar W. sie beschuldigt hatte, den Hitlergruß verweigert und kritisch über das Winterhilfswerk geredet zu haben. Nur ihre langjährige Beschäftigung beim Roten Kreuz sowie der gute Leumund ihres Abteilungsleiters verhinderten weitere Folgen.[265]

Die Möglichkeit, in der Asylstruktur als Beschäftigter des Betriebs aufzusteigen, wurde unter nationalsozialistischer Führung gekappt. Anstatt Obdachloser setzten die NS-Verwaltungen auf „Alte Kämpfer":

„Wir brauchen einen Mann, der eine gewisse Autorität hat. Wir haben daran gedacht, einen alten Kämpfer zu nehmen, einen militärisch geschulten Mann, der aber doch ein gewisses positives Verständnis hat und auf der anderen Seite die notwendige Schärfe an den Tag legt, ohne ungerecht und hart zu sein. [...] Es muss schon jemand sein, der auf Ordnung sieht und durchgreifen kann, denn es ist damit zu rechnen, dass wir allerhand Gesindel hineinbekommen werden, das sich nicht ohne weiteres in eine Hausordnung fügen wird."[266]

---

[260] Im Entwurf zu einer neuen Hausordnung für die Obdachlosenasyle in München ist dieser Paragraf nicht länger enthalten, vgl. Hausordnung für die städt. Herberge für Frauen, undat. [1938] Yad Vashem M1DN 168.
[261] Referat 6 an Personalreferat v. 26. 11. 1935, StadtAM Wohlfahrt 4702.
[262] Huber an Direktion des Dezernates 6 v. 18. 3. 1938, StadtAM Wohlfahrt 4711.
[263] Leiter der Abt. Obdachlosenfürsorge an Direktion des Dezernates 6, v. 18. 3. 1938, ebenda.
[264] Ergebnis der Bürobesprechung v. 8. 1. 1936, LAB A Rep. 003-01-01 Nr. 1.
[265] Schriftleitung des SA-Mann an Oberbürgermeister der Hauptstadt der Bewegung v. 8. 3. 1938; Huber an Direktion des Dezernat 6 v. 19. 4. 1938, beide StadtAM Wohlfahrt 4711; Concordia Lang an Direktion des Dezernat 6 v. 20. 3. 1938, StadtAM Wohlfahrt 4702.
[266] Hilble in Sitzung der Beiräte für Fürsorgeangelegenheiten v. 22. 1. 1937, StadtAM RSP 710/5. Für Berlin vgl. Weber, Berlin, S. 327.

Die Ansicht, dass der Asylbetrieb nach einer autoritären Person verlangte, die für die Einhaltung der Hausordnung vor Ort sorgte, war eine der Konstanten im Untersuchungszeitraum. So rühmte sich beispielsweise der Verwalter eines Männerwohnheims in Frankfurt gegenüber dem Magistrat, dass er mit seiner Hausordnung „eine militärische Ordnung und Straffheit" garantiere.[267] Selbst Adolf Mathes war Verfechter einer strengen Hausordnung, die den Zweck habe, „die Würde des Menschen zu erhalten."[268] Ähnlich wie Mathes sahen auch andere Städte die Notwendigkeit einer strengen Hausordnung in der Schutzfunktion für die Obdachsuchenden gegeben. Im Vorwort der Ordnung eines Frankfurter Obdachlosenasyls hieß es dementsprechend: „Denke daran, dass die Hausordnung nur dir selbst dient!"[269]

Nach dem Zweiten Weltkrieg fürchteten vor allem die Behörden in Ost-Berlin eine politische Instrumentalisierung der Obdacheinrichtungen. Unruhen in den Asylen führten die Aufseher mehrheitlich auf die „westlichen Tendenzen" und „den stärkeren Einfluss westberliner bzw. westdeutscher Insassen" zurück.[270] Die Verwaltung der Einrichtung schlug daher vor, die Obdachlosen zunächst außerhalb Berlins in einer Besserungsanstalt unterzubringen und nur bei Bewährung in Arbeit zu vermitteln. In der Bundesrepublik fürchtete man weniger den Systemkonkurrenten als vielmehr die eigene demokratische Pluralität. Schon die Vergabe des Münchner Unterkunftsheims an einen Träger diskutierte der Stadtrat kontrovers. Die Mitglieder befürchteten, dass politisch links stehende Wohlfahrtsverbände wie die Arbeiterwohlfahrt ebenso wie konservative und konfessionelle Verbände wie die Caritas und die Innere Mission die Asyle als Rekrutierungs- und Missionierungsstationen missbrauchen könnten. Der Katholische Männerfürsorgeverein konnte die Stadt in erster Linie durch seine bisherigen Leistungen in den Bunkern sowie die finanziellen Entlastungen, die sich durch die externe Verwaltung des Asyls für das Sozialreferat ergaben, überzeugen.[271]

Einige Fürsorgevertreter vermuteten unter den Nutzern des Obdachs „zweifellos auch politisch gefährliche Elemente".[272] Die Berichte der Verwaltungen vor Ort bestätigten diese Einschätzung jedoch nicht. Das Obdachlosenasyl als urbaner Ort der Obdachlosen geriet in der Bundesrepublik zunehmend in Vergessenheit und verlor als politische Plattform an Attraktivität. Die Benutzerinnen und Benutzer des Asyls erfuhren – anders als in der Zeit der Weimarer Republik – kaum Rückendeckungen von Vertretern linker Politikkreise. Aktivisten und Parteivertreter sahen nun in den Obdachlosensiedlungen ein größeres Politisierungspoten-

---

[267] Schilhanek an Wiegand v. 24. 1. 1955, ISG FRA Magistratsakten 2755.
[268] Mathes auf Konferenz v. 13. 10. 1954, KMFV Zentralverwaltung Vereinsangelegenheiten 1950–63.
[269] Vorwort der Hausordnung für die städtische Notunterkunft Lassallestraße v. 14. 11. 1957, ISG FRA Fürsorgeamt 1056.
[270] Achtelstetter an Scholz, Hauptsozialmt Berlin v. 16. 10. 1951, LAB C Rep. 118 Nr. 25.
[271] Wohlfahrts- und Jugendausschuss v. 22. 6. 1951, StadtAM RSP 724/17.
[272] Zentralleitung für das Stiftungs- und Anstaltswesen in Württemberg, Protokoll der Sitzung Fürsorge für Nichtsesshafte v. 20. 1. 1953, ADCV ZA 288.70 030 Fasz. 07.

zial und die Obdachsuchenden in den Asylen blieben weitgehend sich selbst überlassen. Einen Ausweg aus dem Asyl und dessen Zuständen erhofften sich einige über den Weg der Beschwerde. Dieser war in einem letzten Paragrafen in der Hausordnung geregelt.

Beschwerden: Medien der Subjektivierung

> *„Beschwerden sind zunächst dem Verwaltungsrat der Anstalt vorzubringen. Gegen diesen Bescheid steht das Recht der Beschwerde zum Wohlfahrtshauptamt, Rathaus, offen."*[273]

Die einzelnen Beschwerden, die in den Akten der kommunalen Wohlfahrts- und Sozialämter überliefert sind, zählen zu den spannendsten Funden dieser Arbeit. Eine zusammenhängende Sammlung von Beschwerden ließ sich aus der Quellenbasis dieser Studie jedoch nicht rekonstruieren. Jede Beschwerde ist ein Einzeldokument, eine systematische Analyse somit nicht möglich. Zudem müssen die Schreiben in ihren Überlieferungskontext eingeordnet werden. Klagen, die direkt an Verwaltungsämter, Politiker oder Medien beziehungsweise an mehrere Adressaten gerichtet waren, sind heute mit einer höheren Wahrscheinlichkeit in den Archiven zu finden, als Beschwerden von Obdachlosen, die sich an den von der Hausordnung vorgegebenen Weg hielten. Zum einen ist anzunehmen, dass die überwiegende Mehrheit der Beschwerden mündlich im Obdach vorgetragen wurden und sich somit nicht schriftlich niederschlug. Zum anderen fanden selbst Beschwerdebriefe, die an die Obdachleitung adressiert waren, selten Eingang in die Überlieferungen, da die Aufseher kein Interesse daran hatten, das vermeintliche oder tatsächlich Missstände nach außen drangen, sprich sie sie nicht an die Aufsichtsbehörden weiterleiteten. Trotz dieser Einschränkungen sind die erhaltenen Beschwerden ein Zeugnis dafür, was die Insassen des Obdachs in ihrem Alltag beschäftigte und wie sie auf Konflikte reagierten. Die Eingaben zeigen die Obdachlosen als aktiv handelnde Akteure und sind insofern ein Beleg für deren subjektives Selbstverständnis im Obdach. Im Folgenden werden einzelne Schlaglichter auf Art und Inhalt der Beschwerden geworfen und wiederkehrende Motive analysiert.

In Städten, in denen die kommunalen Asyle von freien Wohlfahrtsträgern verwaltet wurden und das Amt lediglich die Kosten übernahm, nutzten Obdachsuchende diese schwierige Kontrollkonstellation gerne dazu, die Verwaltung vor Ort in Bedrängnis zu bringen. Der Obdachlose Peters meldete der Wohlfahrtsdirektion in Gelsenkirchen 1928 den Verdacht, dass der Katholische Fürsorgeverein der Stadt auch Übernachtungen von Selbstzahlern im Asyl in Rechnung stelle. Außerdem würde der Verband die maximale Anzahl an Übernachtungen, die die Besucher pro Monat nicht überschreiten durfte, missachten. Die Verwaltung wolle die Obdachlosen möglichst lange im Asyl festhalten, damit sie die Aufträge der angegliederten Holzwerkstätte erfüllen könne.[274] Die vom Amt angeforderten Beweise

---

[273] Hausordnung für das städt. Obdachlosenhaus v. 28. 6. 1926, StadtAM Wohlfahrt 4711.
[274] Protokollierte Aussage von Peters v. 10. 12. 1928, ISG GE 5 Nr. 110.

konnte er allerdings nicht vorlegen, weshalb die Beamten keine Veranlassung sahen, den Vorwürfen weiter nachzugehen.

Die Beschwerde von Otto J. aus Frankfurt am Main macht deutlich, dass es die Obdachlosen durchaus verstanden, den jeweiligen Zeitgeist für ihre Anliegen zu nutzen. Otto J. war von 1933 bis 1935 Bewohner des Frankfurter Obdachs, das der Frankfurter Asylverein für Obdachlose verwaltete. Dieser finanzierte sich seit seiner Gründung 1901 hauptsächlich aus Spenden und Mitgliedsbeiträgen und erhielt zusätzlich vom Fürsorgeamt eine Pflegepauschale pro beherbergten Obdachlosen. Die Übernahme des Frankfurter Rathauses durch die Nationalsozialisten hatte an dieser Praxis nichts geändert – ganz zum Ärgernis von Otto J., der gehofft hatte, dass „alsbald nach der Machtübernahme dort [im Frankfurter Asyl] aufgeräumt" werde.[275] Schließlich versuchte er diesem Umstand selbst Abhilfe zu schaffen und beschwerte sich im Juni 1935 bei der Stadtverwaltung. Diesem ersten Schreiben folgten im August zwei weitere Briefe an den Oberbürgermeister Friedrich Krebs und an den Gauleiter Jakob Sprenger. Die Briefe waren in ihrer sprachlichen Gewandtheit und Argumentation auf die unterschiedlichen Adressaten ausgerichtet, wobei das Ziel der Eingaben konstant verfolgt wurde. Das Motiv der Beschwerden war Rache, denn Otto J. war im Streit mit dem Verein aus dem Asyl ausgezogen. Während seines zweijährigen Aufenthalts hatte er im Auftrag des Vereins die täglichen Aufnahmelisten im Obdach geführt und hierfür eine geringfügige Entlohnung von 2,50 RM wöchentlich erhalten. Aus seiner Tätigkeit hatte er das Bestehen eines Arbeitsverhältnisses hergeleitet und sogar Klage vor dem Arbeitsgericht erhoben, jedoch wegen Aussichtslosigkeit wieder zurückgenommen.[276] Obwohl er in seinen Briefen beteuerte, dass seine Motivation „ohne irgendwelchen Antrieb persönlicher Natur" herrühre, muss seine Beschwerde als eine Vergeltungsmaßnahme gegen den Asylverein gesehen werden.[277] In seinen Eingaben blieb die eigentliche Motivation allerdings verdeckt. In keiner einzigen Zeile lässt er sich zudem zu einer ausfallenden Bemerkung gegen den Asylverein hinreißen. Seine Rache gegen den Verein verschleierte er unter dem Vorwand, auf Verstöße gegen die Wirtschaftlichkeit der Einrichtung hinweisen zu wollen und gleichzeitig Verbesserungsvorschläge anzubringen. In seinem ersten Brief an die Stadtverwaltung bediente sich Otto J. dabei dem Narrativ der Städtekonkurrenz und verglich die Verhältnisse im Frankfurter Asyl mit anderen Städten. Frankfurt fehle es an konkreten Vorschriften, sodass das Obdach einer „willkürlichen Inanspruchnahme" unterliege.[278] Otto J. appellierte damit nicht nur an das Konkurrenzgebaren der deutschen Städte, sondern zeichnete das Asyl als einen Ort, der sich der Kontrolle der Stadtverwaltung entziehe und damit deren Autorität untergraben sei. In seinem zweiten Brief an den Oberbürgermeister legte er dar, wie die fehlenden

---

[275] Otto J. an Oberbürgermeister Krebs v. 5. 8. 1935, ISG FRA Magistratsakten 6039.
[276] Vgl. Bericht des Rechnungsprüfungsamts an Oberbürgermeister v. 5. 9. 1935, ISG FRA Magistratsakten 6039.
[277] Otto J. an Gauleiter Spenger v. 19. 8. 1935, ISG FRA Magistratsakten 6039.
[278] Otto J. an Stadtverwaltung v. 28. 6. 1935, ISG FRA Magistratsakten 6039.

Vorschriften zu einer Mittelverschwendung führen würden. Einer der Gründe hierfür sei die „jüdisch laxe Handhabung" durch den Asylverein, wie er dem NSDAP-Mitglied Friedrich Krebs mitteilte.[279] Otto J. spielte dabei auf den früheren Mitgliederkreis des Asylvereins an, der seit der Gründung von vielen jüdischen Kaufmannsfamilien in Frankfurt unterstützt worden war. Allerdings geht Otto J. sehr vorsichtig mit weiteren antisemitischen Äußerungen um. Doch beendete er den Brief an den Oberbürgermeister – im Gegensatz zum Schreiben an die Stadtverwaltung – mit dem deutschen Gruß. In seiner Beschwerde an Gauleiter Jakob Sprenger vierzehn Tage später sparte Otto J. hingegen nicht mit antisemitischen Anschuldigungen. Bereits im ersten Absatz führte er an, dass die „Geschäftsgebahrung [sic]" des Asylvereins „noch ganz dem Geist der jüdischen Begründer" entspreche. Neben dieser antisemitischen Referenz zum „(Finanz)judentum" bezeichnete er die Verwaltungsvorschriften im Asyl ironisch als „Glanzleistungen aus den Jahren 1924/32!" Er versuchte offensichtlich den Gauleiter zu animieren, die Überbleibsel aus der Weimarer Republik – sprich die Trägerschaft durch den Asylverein – zu beseitigen.[280] Trotz den Anstrengungen und den sprachlich taktisch vorgebrachten Beschwerden von Otto J. blieben die Vorwürfe für den Asylverein ohne weitreichende Folgen. Das Rechnungsprüfungsamt, das gegenüber dem Gauleiter auch im eigenen Interesse angab, dass die Vorkommnisse im Obdach geregelt und finanziell zum Vorteil der Stadt verlaufen würden, wies die Anklagen zurück. Lediglich der Vorwurf, dass die Gehälter des Personals im Obdach zu hoch seien, wurde weitergehend geprüft, jedoch ohne ein aktenkundiges Ergebnis. Sein Ziel, nachhaltig dem Asylverein zu schaden, erreichte Otto J. mittels dieser Beschwerden nicht. Der Verband betreute die Obdachlosen in Frankfurt am Main bis zur Zerstörung des Asyls im Luftkrieg im März 1944, obwohl er durchaus von nationalsozialistischen Repressionsmaßnahmen betroffen war. Die Mitgliederzahlen des Vereins – und damit zugleich seine Einnahmen – gingen von 1933 bis 1945 stark zurück, weil ein erheblicher Anteil seiner Mitglieder jüdischer Abstammung war und diese ihren Besitz und Vermögen verloren, von den nationalsozialistischen Behörden zur Emigration gezwungen oder in Konzentrationslagern ermordet wurden.

Dass die Übertragung der Beschwerden aus dem *Obdach* und dem *Amtsraum* auf die *Straße* durchaus von Erfolg gekrönt sein konnte, zeigte die Initiative von Karl Blüml in München 1926 eindrücklich.[281] Dass sich die Massenmobilisierung der Obdachlosen im öffentlichen Raum auch auf den isolierten Raum auswirkte, veranschaulicht die Beschwerde von Wilhelm K. in Gelsenkirchen. Dieser war zwangsgeräumt worden und infolge dessen mit seiner Familie in separate Männer- und Frauenasyle untergebracht worden. Die Trennung der Familie nach Geschlechtern und die mangelhaften Unterkünfte nahm Wilhelm K. nicht wehrlos hin. Im Februar 1931 wandte er sich als „Vertreter und Bevollmächtigter" aller im Asyl und

---

[279] Otto J. an Oberbürgermeister Krebs v. 5. 8. 1935, ISG FRA Magistratsakten 6039.
[280] Otto J. an Gauleiter Spenger v. 19. 8. 1935, ISG FRA Magistratsakten 6039.
[281] Vgl. Kap. 3.1, S. 77 f.

anderen Heimen untergebrachten Obdachlosen mit einer detaillierten Auflistung aller Mängel an den Regierungspräsidenten in Münster.[282] Die Obdachlosenasyle in Gelsenkirchen waren der Polizeiverwaltung untergeordnet, deshalb war das Regierungspräsidium in Münster die zuständige Aufsichtsbehörde. Wilhelm K. und seine Mitstreiter forderten die Beseitigung der angeführten hygienischen und gesundheitsschädlichen Unzulänglichkeiten, die Aufhebung der Geschlechtertrennung und ein Mitbestimmungsrecht der Obdachlosen bei der Belegung der Unterkünfte.[283] Die Beschwerde stieß in Münster auf fruchtbaren Boden, nicht zuletzt deshalb, weil ein kurz zuvor erschienener Artikel im *Volkswillen* und eine Begutachtung der Unterkünfte durch den Kreisarzt die Mängelliste der Beschwerdeführer bestätigte.[284] Die Beteuerung der Verwaltung vor Ort, dass Wilhelm K. die Obdachlosen für seine eigenen Zwecke instrumentalisiert habe und der Verweis, dass die Asyle die gesetzlichen Standards von „notdürftigen" und keineswegs „wohnlichen" Unterkünften erfülle, konnte die Vorgesetzten in Münster nicht besänftigen. Im Gegenteil, die Ignoranz und das Nichtstun der Gelsenkirchener Behörden zogen eine erneute Begehung des Asyls durch Vertreter des Regierungspräsidiums nach sich und brachten nun auch die Zentrumspartei als Fürsprecher für die Belange der Obdachlosen auf.[285] Diese stellte sogar noch weitreichendere Forderungen als Wilhelm K. Die angeführten Mängel mussten binnen sechs Wochen beseitigt werden. Wilhelm K. und seine Familie bekamen eine neue Unterkunft, die Geschlechtertrennung wurde aufgehoben und das Frauen- und Kinderasyl, das in der Presse am stärksten kritisiert worden war, aufgelöst.[286] Die getrennt untergebrachten Familien erhielten jeweils eine Obdachlosenwohnung.[287] Obwohl die Gelsenkirchener Verwaltung intern eingestand, dass die Beschwerde von Wilhelm K. damit erledigt sei, wurden die Umstrukturierungen im Obdachlosenasyl und die Verlegung der Familien in die Obdachlosensiedlung offiziell als „Rationalisierungsmaßnahmen" ausgewiesen. Die Stadtverwaltung wollte zumindest öffentlich nicht auf die Forderungen der Obdachlosen eingehen, um keine Nachahmer zu ermutigen.[288] Ob die Beschwerde von Wilhelm K. und die daraus resultierende Umquartierung der Familien in die Obdachlosensiedlung auch eine Verbesserung ihrer Lebensumstände zur Folge hat, wird im nächsten Kapitel untersucht.

---

282 Abschrift Wilhelm K., Mißstände in den städt. Obdachlosenräumen Gelsenkirchen-Buer, undat., ISG GE 32 Nr. 177.
283 Städt. Polizeiverwaltung an Regierungspräsident Münster v. 18. 3. 1931, ISG GE 32 Nr. 177.
284 Wie steht es um die Obdachlosen, in: Der Volkswille Nr. 20, 24. 1. 1931; Abschrift des Gutachtens des Kreisarztes v. 16. 2. 1931, ISG GE 32 Nr. 177.
285 Abschrift der Besichtigung v. 17. 4. 1931; Zentrumspartei an Oberbürgermeister Gelsenkirchen v. 26. 6. 1931, beide ISG GE 32 Nr. 177.
286 Polizeiverwaltung Gelsenkirchen an Regierungspräsidium Münster v. 14. 7. 1931, ISG GE 32 Nr. 177.
287 Regierungspräsident Münster an Oberbürgermeister Gelsenkirchen v. 1. 5. 1931, ISG GE 32 Nr. 177.
288 Abschrift Vorschläge zur Rationalisierung der Obdachlosenunterkünfte v. 10. 7. 1931, ISG GE 32 Nr. 177.

8. Die Obdachlosensiedlung

Das Polizeiverwaltungsrecht verpflichtet die Behörden, zur Beseitigung von Obdachlosigkeit ein „notdürftiges Obdach" bereitzustellen, wobei es sich dabei nicht um eine Wohnung handeln müsse. In den Diskussionen um die Maßnahmen der Polizei wurde immer wieder reflektiert, dass dieses Obdach in seiner Ausstattung primitiv sein müsse und die Obdachlosen dazu anregen solle, sich um eine reguläre Wohnung zu bemühen. Aus dieser Richtlinie heraus schufen die Kommunen Mitte der 1920er-Jahre einen neuen urbanen Ort von Obdachlosigkeit: die sogenannten Obdachlosenhäuser.

Konkret waren damit Mehrfamilienhäuser, mit kleinen, ein- bis zweiräumigen Wohnungen gemeint. Sie waren an den Stadträndern angesiedelt und entstanden im Siedlungsgefüge, sodass die einzelnen Obdachlosenhäuser in vielen Städten schnell als Obdachlosensiedlungen bekannt wurden. Diese Notwohnungen für obdachlose Familien etablierten sich in den 1920er-Jahren als eine Alternative zu den bisher bekannten Baracken, ohne diese jedoch zu ersetzen. Vielmehr waren sie eine Ergänzung zum bisherigen kommunalen Unterbringungskonzept für Obdachlose, dass sich daraufhin vor allem unter dem rassenhygienischen Einfluss des „Dritten Reiches" in das bis in die 1970er-Jahre bestehende sogenannte Drei-Stufen-System der Obdachlosenunterbringung ausdifferenzierte.

Ziel war es, die Obdachlosen je nach Grad ihrer sozialen Angepasstheit in eine Unterbringungsstufe zwischen Baracke (Stufe I), Obdachlosenwohnung (Stufe II) und Normalwohnung (Stufe III) einzuweisen. Durch Bewährung und gute Führung sollten die Betroffenen innerhalb dieses hierarchischen Modells aufsteigen und somit zugleich erzieherisch beeinflusst werden. Sowohl unter nationalsozialistischer Verwaltung als in der Bundesrepublik und zunächst auch in der DDR wurden die Obdachlosenhäuser priorisiert. In den 1950er- und 1960er-Jahren lösten die Obdachlosenhäuser sogar das Obdachlosenasyl als prototypischen Ort der Obdachlosigkeit ab. Mit Obdachlosen wurden nun vorrangig die Bewohnerinnen und Bewohner der prekären Obdachlosensiedlungen assoziiert und nicht alleinstehende Personen auf der Straße oder im Asyl.

Was aber bedeutete ein Leben in einer Obdachlosensiedlung? Welche Erfahrungen der Obdachlosen können an diesem Ort festgemacht werden? Im Folgenden wird das Drei-Stufen-System in seinen raumprägenden Elementen von der Weimarer Republik bis zu seiner Abschaffung in den 1970er-Jahren vorgestellt. Anschließend wird das alltägliche Leben von obdachlosen Familien an Siedlungsbeispielen analysiert. Die Ausführungen legen offen, wie in den 1920er-Jahren entworfene Strukturen den Alltag der Obdachlosen in der Nachkriegszeit bestimmten und verweisen auf die Kontinuitäten dieses urbanen Ortes von Obdachlosigkeit.

8.1 Drei Stufen der Obdachlosigkeit: Sozialer Auf- und Abstieg durch räumliche Selektion

Der Deutsche Städtetag lobte noch 1968 die Erfolge und positiven Erfahrungen, die sich in einigen Großstädten mit dem Drei-Stufen-System gezeigt hätten: „Die

Abstufung Unterkunft – Übergangs- (evtl. Einfach-)Wohnung – Normalwohnung hat sich inzwischen vielfach bewährt".[289] Dabei zeigten die statistischen Erhebungen im Anhang seines Berichts, dass die Anzahl der Obdachlosen – hier am Beispiel Nordrhein-Westfalens – in den 1960er-Jahren kontinuierlich gestiegen war und mehr als die Hälfte der von ihnen in den sogenannten „Übergangswohnungen" der Obdachlosenhäuser lebte. Statistiken aus Hannover belegten darüber hinaus, dass 63 Prozent der Bewohnerinnen und Bewohner in Stufe II länger als sechs Jahre in diesem Übergang verblieben. Wie kam der Deutsche Städtetag also zu seiner durchweg positiven Beurteilung des Drei-Stufen-Systems? Sie war wohl weniger eine Einschätzung der realen sozialen Verhältnisse als ein Persilschein für die deutschen Kommunen.

Seit der Weimarer Republik bestimmte das hierarchisch-disziplinierende Unterbringungskonzept die kommunale Obdachlosenhilfe. Die Erkenntnis, dass das Modell faktisch keine positiven Effekte habe, wäre einer Bankrotterklärung der kommunalen Obdachlosenfürsorge gleichgekommen. Zudem hatten die Kommunen im Laufe der Jahre eine erhebliche Menge öffentlicher Finanzmittel in dieses Modell investiert. Der Sozialwissenschaftler Laszlo Vaskovics, der 1979 eine umfassende Studie zum Stand der Forschungen über Obdachlose veröffentlichte, verwies ausdrücklich darauf, dass „ca. 400 Mio. DM für den Unterhalt von Obdachlosensiedlungen und sonstigen soziale Hilfeleistungen für Obdachlose ausgegeben worden sind – ohne dass über die Effektivität der Mittel genauere Forschungen vorhanden sind".[290] Das fehlende Wissen um das Drei-Stufen-System war schon ein Geburtsfehler des Modells. Es war nicht auf Grundlage sozialwissenschaftlicher Erkenntnisse entstanden, sondern hatte sich aus der Kombination verschiedenster notdürftiger Unterbringungsarten für Obdachlose in der Weimarer Republik entwickelt. Es ist damit ein sichtbares Zeichen für die improvisierte Obdachlosenfürsorge des Weimarer Wohlfahrtsstaates. Sein langfristiger Erhalt ist weniger Kennzeichen des Erfolges als vielmehr Ausdruck des Stillstandes und der unveränderten Wahrnehmung von Obdachlosigkeit von der Weimarer Republik bis in die Bundesrepublik. Das Drei-Stufen-System ließ sich vielseitig durch unterschiedliche kommunale Unterkunftsarten ergänzen. Die Kriterien zum Auf- und Abstieg waren flexibel und konnten somit sozialfürsorgerischen Grundsätzen ebenso entsprechen wie sozialrassistischen. Die Ordnung und Hierarchisierung der Obdachlosen auf drei Stufen, war Mittel und fester Bestandteil eines Systems des Überwachens und Strafens.[291]

Baracken als Notobdach

In einigen Städten hatte die Verwaltung schon vor dem Ersten Weltkrieg für wohnungslose Familien eigene Unterkünfte in Form von Baracken an den Stadträn-

---

[289] Deutscher Städtetag, Hinweise; Preußer, ObDach, S. 58.
[290] Vaskovics, Stand.
[291] Foucault, Überwachen, S. 234.

dern aufgestellt. Innerhalb weniger Jahre entwickelten sich diese jedoch vielerorts zu wilden Ansiedlungen, die sich der kommunalen Kontrolle weitgehend entzogen.[292] Auch in München war man mit solchen Baracken vertraut und baute nach dem Ersten Weltkrieg zwei frühere Standorte wieder aus.[293] Am Oberwiesenfeld – einem Gelände, das der bayerischen Armee gehörte und auf dem in den 1920er-Jahren der Münchner Flughafen entstand – pachtete die Stadt 35 Baracken für obdachlose Familien und baute diese zu Wohnungszwecken um.[294] Ebenso ließ die Stadtverwaltung in den südlichen Ausläufern der Stadt zusätzliche Baracken aufstellen. Die Baracken sollten nur eine kurzfristige Lösung sein und der Stadt war bewusst, dass sie dadurch allein den Bedarf an Unterkünften für obdachlose Familien nicht dauerhaft abdecken konnten.

Jede Stadt suchte zunächst nach eigenen Lösungen: Oft musste es schnell gehen, um zwangsgeräumte Familien von der Straße zu holen, sodass selbst für die Errichtung primitiver Baracken keine Zeit blieb. Die Stadtverwaltung Gelsenkirchen stellte zum Zwecke der Unterbringung von obdachlosen Familien Eisenbahnwaggons auf. Die „D-Zugkolonie" war ähnlich wie die reichsweit bekannte „Viehwagen-Kolonie" in Hannover ein Negativbeispiel für die Unterbringungslösungen der Kommunen.[295] Kaum war das Provisorium erstellt, gingen in Gelsenkirchen auch schon die ersten Beschwerden von Seiten der Bewohnerinnen und Bewohner ein. „Es wimmele von Ungeziefer und die Wagen selbst seien brüchig und undicht", gaben zwei Frauen auf der örtlichen Polizeiwache zu Protokoll und forderten ein „anderes Obdach".[296] Auf ein solches warteten die betroffenen Familien aber meist vergeblich. Die drei Steinbaracken, die die Stadtverwaltung Gelsenkirchen errichtete, konnte die Anzahl an obdachlosen Familien kaum verringern. Köln meldete 1925, dass man ca. 12 bis 18 obdachlose Familien pro Woche unterbringen müsse und gezwungen sei, „außerordentliche und rasche Maßnahmen" durchzuführen. Nach Bereitstellung von provisorischen Baracken baute die Stadt auf der Merheimer Heide ein „Notquartier" für obdachlose Familien, das sich aus mehreren Wohnbaracken zusammensetzte. Auch wenn Köln in einer Broschüre über die eigene Obdachlosenfürsorge die wohnlichen und fürsorgerischen Aspekte dieser Baracken mit Spiel- und Gartenanlage für Kinder sowie Isolierzimmer

---

[292] Preußer, ObDach, S. 37–40.
[293] Zu den Münchner Übergangslösungen zur Linderung der akuten Wohnungsnot nach dem Ersten Weltkrieg vgl. Rudloff, Wohlfahrtsstadt, S. 405 f.
[294] Beschluss des Stadtrates v. 13. 4. 1919, StadtAM RSP 694/7. Zur Fertigstellung vgl. Wohnungsausschuss v. 3. 8. 1921 StadtAM RSP 694/7. Zum Flughafen München-Oberwiesenfeld vgl. Irlinger, Stadion.
[295] Verzeichnis der Obdachlosenasyle in Gelsenkirchen-Buer, undat., ISG GE 32 Nr. 179. Zu Eisenbahnwaggon-Siedlungen in Hannover vgl. Saldern, Arme, in: Schmid (Hrsg.), Hannover, S. 244–247. Nach dem Beispiel Hannovers entschied man sich auch in Gießen zunächst für Eisenbahnwaggons, vgl. Projektgruppe Margaretenhütte e. V., Siedlung, S. 30. Zur Einrichtung von Eisenbahnwaggons für Obdachlose in Dortmund vgl. Polizeirat Gaudig an Magistrat v. 30. 10. 1925, StadtAD 3–2878.
[296] Böhmer Abschrift der Beschwerden v. 28. 8. 1928, ISG GE 32 Nr. 179.

für Kranke betonte, waren andere Städte wenig überzeugt.[297] Nach einer Besichtigung in Köln berichtete ein Vertreter Münchens:

„Wir haben in Köln Unterkunftsräume für solche Exmittierte gesehen, die wir für solche Leute nach unserer Auffassung lieber nicht verwenden würden, ich meine nicht, weil sie zu gut, sondern weil sie zu schlecht sind."[298]

Das Münchner Konzept hatte sich als sehr „kostspielig" und „nicht unbedenklich" herausgestellt.[299] Von Beginn an hatte sich ein Teil der Bewohnerinnen und Bewohner geweigert, Mieten zu bezahlen. Da eine Zwangsräumung nicht möglich war, versuchte die Stadt mit Stromsperrungen die Mietsäumigen zu bestrafen.[300] Eine Lösung war dies allerdings nicht, sondern verschlimmerte nur die Zustände in den Baracken. Diese blieben in den Augen der Stadt ein ständiger Unruheherd. Eine Lösung sah man nur in deren zeitnahen Auflösung.[301] Der Abriss stand mehrmals zur Debatte, wurde aber immer wieder mit Verweis auf die dringend benötigten Kapazitäten vertagt – auch fehlte es den Verantwortlichen an alternativen Lösungen.[302] Entgegen der eigenen Vorsätze einigten sich die Wohlfahrts- und Wohnungsreferenten gemeinsam mit Bürgermeister Scharnagl 1926 im geheimen darauf, erneut Baracken als Notbehelf zu errichten.[303]

Neue Formen der Unterbringung:
Die Entstehung von Obdachlosenhäuser

Als im Wohnungsausschuss diese geheime Verständigung schließlich zur Diskussion stand, überraschte Stadtrat Otto Hufeland mit dem Vorschlag, anstatt der unwirtschaftlichen Baracken Häuser mit kleinen Familienwohnungen zu bauen, die bei späterer Entspannung des Wohnungsmarkts wieder umfunktioniert werden könnten.[304] Die Tatsache, dass die Massivbauten die Stadt nur unwesentlich mehr kosteten als Baracken, konnte die Stadträte überzeugen. Die ersten Häuserblocks mit 96 Wohnungen, die sich in Einraum- (ca. 23 qm) und Zweiraumwohnungen (ca. 35 qm) mit jeweils eigener Kochstelle und Toilette unterteilten, wurden im Januar 1928 im Westen der Stadt an der Landsberger Straße bezogen.[305]

Je nach Größe der Wohneinheiten mussten die Familien eine monatliche Miete zwischen 17 und 23 RM zahlen. Noch vor Erstbezug entbrannte im Wohnungs-

---

[297] Wohnungsfürsorge für Obdachlose in Köln, undat. [April 1926], StadtAM Wohlfahrt 4712.
[298] Vorlage für Hilble v. 24. 6. 1927, StadtAM Wohlfahrt 4712.
[299] Scharnagl in Vorbesprechung zum Wohnungsausschuss v. 6. 8. 1926, StadtAM Wohlfahrt 4704.
[300] Wohnungsausschuss v. 22. 4. 1920, StadtAM RSP 693/12.
[301] Vgl. die Angaben von Bürgermeister Scharnagl in der Vorbesprechung, Niederschrift der Besprechung v. 6. 8. 1926, StadtAM Wohlfahrt 4704.
[302] Warnung durch Referat VI/Wohnungsfürsorge an Referat VII, undat. [vor 1926]; Referat VI/Wohnungsfürsorge an Hilble v. 24. 6. 1927, beide StadtAM Wohlfahrt 4712.
[303] Niederschrift der Besprechung v. 6. 8. 1926, StadtAM Wohlfahrt 4704.
[304] Hufeland in Geheimer Sitzung des Wohnungsausschusses v. 18. 8. 1926, StadtAM RSP 699/9.
[305] Quadratmeterangaben nach Wohnungen in der Wilramstraße v. 5. 10. 1931, StadtAM Wohlfahrt 4712.

Abb. 12: Obdachlosenhäuser an der Landsberger Straße/Sandrartstraße

ausschuss allerdings eine Debatte über die tatsächliche Endnutzung der Wohnungen. Entgegen dem ursprünglichen Konzept, mit den Obdachlosenhäusern eine Alternative zu den ungeliebten Baracken zu bauen, ging die Tendenz der Ausschussmitglieder nun dahin, die Einfachwohnungen als dauerhafte Mietwohnungen für „anständige" Familien zu nutzen und die Baracken freizuhalten.[306] „Auf dem Tauschwege", wie der Baudirektor es formulierte, sollten die „guten Mieter" der Barackenwohnungen eine Einweisung in die Obdachlosenhäuser erfahren. Grund hierfür war schlichtweg, dass die Verantwortlichen im Ausschuss die neu errichteten Wohnungen als „viel zu schön für Exmittierte" empfanden und sich hier in einem Konflikt sahen:

„Ich sehe nicht ein, warum die guten Mieter die schlechten Wohnungen bekommen sollen, während jene, die sich asozial benommen haben, in die guten Wohnungen einziehen sollen."[307]

Letztlich verständigte man sich auf einen Kompromiss. An der Ursprungsidee, die Obdachlosenhäuser als Übergangswohnungen für exmittierte Familien zu nutzen, wurde festgehalten. Zumindest theoretisch sollten keine Dauerwohnungen entste-

---

[306] Helmreich in Wohnungsausschuss v. 25. 1. 1928, in: MGZ Nr. 8 (1928), S. 49.
[307] Küfner in Wohnungsausschuss v. 25. 1. 1928, in: MGZ Nr. 8 (1928), S. 46.

8. Die Obdachlosensiedlung 245

hen. Gleichzeitig nutzte man aber die Baracken im Stadtgebiet weiter. 16 Baracken mit insgesamt 198 Wohnungen sollten für die „böswilligen, unverbesserlichen Mieter" bereit stehen. Die zwei Jahre zuvor noch angemahnten gesundheitsgefährdenden und menschenunwürdigen Wohnverhältnisse waren nun vergessen, ja schienen sogar als Gegenbild zu den neuen und schönen Obdachlosenwohnungen die idealen Erziehungsmaßnahmen für „asoziale" Familien zu sein. 18 Familien in den Baracken, die als „gute Mieter" galten, erhielten eine neue Unterkunft an der Landsbergerstraße und sollten damit ein Exempel setzen, dass bei guter Führung die Zuweisung einer komfortableren Wohnung möglich war.[308]

Durch den Bau neuer Obdachlosenhäuser und den gleichzeitigen Erhalt der alten Baracken war ein mehrstufiges Unterbringungskonzept für obdachlose Familien entstanden. Dieses sollte fortan als eine Art Anreizsystem fungieren, das den sozialen und zugleich räumlichen Aufstieg bei guter Bewährung ermöglichte. Ähnliche Mechanismen etablierten sich in anderen Städten. In Gelsenkirchen verkündete der Oberbürgermeister den im Obdachlosenasyl lebenden Familien per Aushang:

„Ich nehme deshalb Gelegenheit, den unberücksichtigt gebliebenen Insassen dringend ans Herz zu legen, durch gutes Verhalten in den Asylen [...], mir die Möglichkeit zu verschaffen, bei sich etwa wieder einmal bietenden Gelegenheit allen anderen Insassen nach und nach zu einem geordneten Familienleben in eigener Wohnung zu verhelfen. Hierzu ist unbedingte Voraussetzung, dass sie durch entsprechendes Verhalten Gewähr dafür bieten, in der neuen Umgebung nicht wieder in die früheren Fehler, [...] zu verfallen."[309]

Auch in Leipzig war seit 1927 in mehreren Bauphasen unter der Prämisse des Ausbaus von Barackenunterkünften ein mehrstufiges Unterbringungskonzept für obdachlose Familien an der Kregel- und Dauthestraße entstanden. Bis 1928 konnten in drei Baracken etwa 300 Personen untergebracht werden. Aufgrund der anhaltenden Räumungsurteile ergänzte die Stadt die Baracken um zwei dreigeschossige Obdachlosenhäuser mit insgesamt 78 Notwohnungen, die die Kapazitäten etwa verdoppelten. Während in den Baracken die Familien in großen Gemeinschaftsräumen lebten, in denen der Wohnbereich der einzelnen Familien lediglich durch Kreidestriche am Boden abgegrenzt war, verfügten die neuen Wohnungen im Erweiterungsbau über Wohnküche, Schlafraum und eigene Toilette.[310] Auch hier entstand durch die Erweiterung der bisherigen Barackenunterkünfte ein Stufensystem in der Unterbringung der obdachlosen Familien.

Die Botschaften aus Leipzig, Gelsenkirchen und München waren eindeutig: Wer sich den Regeln entsprechend verhielt und damit scheinbar seine Wohntauglichkeit unter Beweis stellte, konnte auf eine bessere Unterkunft hoffen. Eine Garantie gab es jedoch nicht, denn auch trotz neuer zusätzlicher Wohnungen reichten die Kapazitäten auf lange Sicht in den meisten Städten nicht aus.

---

[308] Gasteiger (BVP) in Wohnungsausschuss v. 25. 1. 1928, in: MGZ Nr. 8 (1928), S. 47. Vgl. Obdachlosenhäuser und Wohnbaracken in Konkurrenz, in: München-Augsburger Abendzeitung Nr. 25, 26. 6. 1928.
[309] Oberbürgermeister an sämtliche Insassen des Obdachlosen-Asyls v. 9. 12. 1927, ISG GE 32 Nr. 176.
[310] Notwohnungen mit Kreidestrich, in: Neue Leipziger Zeitung Nr. 48, 17. 2. 1933.

Erweiterung des Stufensystems

Die Konsequenz war der Bau weiterer Obdachlosenhäuser. Leipzig ergänzte seine Neubauten 1932 durch eine dritte Gliederungsebene. In einem Teilgebäude der Arbeitsanstalt richtete die Stadt Einzelwohnungen für obdachlose Familien ein, die künftig als Stufe zwischen Baracke und Notwohnungen fungierten.[311] Die neuen Unterkünfte intendierten mit dem hierarchischen Stufensystem von Beginn an die erzieherische Beeinflussung der obdachlosen Familien, wie die Leipziger Presse bei der Eröffnung der Einzelwohnungen bekräftigte:

„Wenn sie auch mit den Bewohnern der Neubauten an der Dauthestraße sich nicht messen können. Doch sind ihre Notwohnungen hoffentlich für sie die 1. Stufe im Wiederaufstieg in ein geregeltes bürgerliches Leben, dass ihnen eine neue Belebung der Wirtschaft verheißt."[312]

Auch in München beauftragte die Stadtverwaltung unmittelbar nach dem Erstbezug der Einfachwohnungen in der Landsbergerstraße im Oktober 1928 den Bau weiterer Obdachlosenhäuser. Zwei Jahre später entstand ein zusätzlicher Häuserblock im Osten der Stadt in der Nähe des Giesinger Bahnhofs.[313] Der Wohnungsausschuss entschied, diese „so einfach wie nur möglich" auszustatten und in „billigster Weise" zu bauen.[314] Der anhaltende Bedarf an neuen Obdachlosenwohnungen hatte gezeigt, dass die Ursprungsidee, die Häuser nach dem Rückgang der Räumungsurteile in regulären Wohnraum zu überführen, ohnehin nicht aufgehen würde und daher keine hochwertige Bausubstanz notwendig war. Die Siedlung im Osten war ihrer räumlichen Ausstattung entsprechend nur für die „wirklich armen Familien" vorgesehen, für die die bisherigen Obdachlosenhäuser im Westen als zu gut galten. Zwar war auch ihre offizielle Bezeichnung Einfachwohnungen, in den internen Berichten der Stadtverwaltung firmierten sie aber als „Armenhäuser" oder „Einfach-(Armen-)Wohnungen", um die Untergliederung der beiden Obdachlosensiedlungen deutlich zu machen. Auch sollte für sie eine Suppenanstalt eingerichtet werden. Dies war ein deutliches Indiz dafür, dass die Stadt von der Bauplanung an davon ausging, in diesen Wohnungen Familien einzuquartieren, die auf zusätzliche kommunale Unterstützungsleistungen angewiesen waren.[315] Damit schuf auch München eine weitere Zwischenstufe im Unterbringungssystem für obdachlose Familien und ging zu einer stärkeren Differenzierung der obdachlosen Familien über, die sich örtlich in den beiden Siedlungen und normativ in einem hierarchischen Stufensystem niederschlug.

Schon wenige Monate nach dem Erstbezug zeigte sich, dass die notdürftige Ausstattung zu gesundheitsschädlichen und elenden Lebensbedingungen führte. Bereits im ersten Winter hatte sich in den kalten Wohnungen Schimmel gebildet. Zudem war die geplante Suppenanstalt zur Versorgung der Bewohnerinnen und

---

[311] Vermerk Fürsorgeamt an Verwaltungsstelle II v. 20. 10. 1932, StadtAL AFSA 3006.
[312] Endlich allein. Notwohnungen im Obdachlosenhaus, in: Leipziger Abendpost, 17. 2. 1933.
[313] Übersicht über die Einfachwohnungen der Hauptstadt der Bewegung v. 26. 3. 1938, StadtAM Wohlfahrt 4090.
[314] Beschluss des Wohnungsausschusses v. 29. 4. 1929, StadtAM Wohlfahrt 4712.
[315] Beschluss des Wohnungsausschusses v. 29. 4. 1929, StadtAM Wohlfahrt 4712.

Bewohner nicht gebaut worden.[316] Diese Umstände waren in Verwaltung und Öffentlichkeit bekannt, und Wohlfahrtsreferent Hilble gestand ein, dass die Errichtung eines weiteren Blocks vom „Fürsorgestandpunkt u[nseres] E[rachtens] nicht gut geheißen werden kann". Als allerdings erneut der Abriss der alten Notbaracken drohte, entschloss sich der Stadtrat – mangels Alternativen und finanzieller Mittel – zusätzliche Obdachlosenwohnungen im Osten zu bauen.[317]

Der Pachtvertrag der Stadt mit der bayerischen Armee für die Unterkünfte am Oberwiesenfeld war ausgelaufen und die Baracken im Süden sollten Neubauprojekten weichen.[318] Während das Wohnungsamt unter der Führung des SPD-Politikers Karl Preis anregte, die Barackenbewohner in die Obdachlosenhäuser im Osten einzuquartieren, kam von Seiten des Wohlfahrtsreferates heftiger Widerspruch.[319] Dessen Vertreter mahnten die Notwendigkeit dieser Unterkünfte aus Kapazitätsgründen an und forderten sogar den Bau weiterer Baracken.[320] Dies dürfte jedoch nur die vordergründige Motivation gewesen sein. Die internen Korrespondenzen verdeutlichen, dass das Wohlfahrtsamt unter allen Umständen vermeiden wollte, dass durch die Umquartierung falsche Anreize für obdachlose Familien entstünden, die die Abstufung der Obdachlosenunterkünfte unterwandern könnten. Selbst als der Abriss von zwei Baracken aufgrund eines Straßenbaus unmittelbar bevorstand, verkündet das Wohlfahrtsreferat noch:

„Die in den zum Abbruch bestimmten 2 Baracken […] wohnenden Familien wohnen alle schon längere Zeit in diesen Notwohnungen und würden sich auch nicht um eine andere Wohnung bemühen, wenn sie sofort in die städtischen Einfachwohnungen eingewiesen werden. Wir stehen auf dem Standpunkt, dass sich diese Familien in erster Linie selbst um die Anmietung einer Wohnung bemühen sollen […]"[321]

Zwar musste das Wohlfahrtsreferat letztlich einlenken und die Einweisung der Familien in die Obdachlosenhäuser veranlassen, dennoch zeigt das Beispiel, wie vehement die Fürsorgeinstitution bemüht war, ihr disziplinierendes Stufensystem durchzusetzen. Das Festhalten an der untersten Stufe der Obdachlosenunterbringung galt als Basis für das Funktionieren des Drei-Stufen-Systems. Anstelle der Baracken fungierten fortan die minderwertigeren Obdachlosenunterkünfte im Osten als unterste Stufe. Die Wohnungen in der Landsbergerstraße waren für ordentliche Familien vorgesehen, die unverschuldet – zum Beispiel wegen Eigenbedarfs – zwangsgeräumt worden waren. Die Unterbringung sollte nur einen kurzen Zeitraum überbrücken, denn prinzipiell sah das Wohnungsamt für die dortigen Familien die Chance für die Vermittlung in eine Normalwohnung gegeben. In der

---

[316] Elendsbilder in Giesing, in: Münchener Post, 22. 2. 1932.
[317] Hilble an Referat VII v. 23. 5. 1933, StadtAM Wohlfahrt 4712.
[318] Abschrift Wirtschaftlicher Interessensverband München Süd-West an Direktorium des Stadtrates München v. 7. 11. 1931, StadtAM Wohlfahrt 4712.
[319] Vormerkung Preis v. 11. 3. 1931, StadtAM Wohlfahrt 4712. Preis dürfte allerdings andere Motive gehabt haben als der Interessensverband. Preis war in den 1920er-Jahren ein Verfechter des Kleinwohnungsbaus. Zur Preis vgl. Haerendel, Wohnungspolitik, S. 24 f.
[320] Antwort Referat VI v. 27. 4. 1931, StadtAM Wohlfahrt 4712.
[321] Referat VI an Referat VII v. 23. 7. 1931, StadtAM Wohlfahrt 4712.

Siedlung im Osten sollten hingegen mietsäumige oder aus anderen vermeintlich selbst verschuldeten Gründen exmittierte Familien Unterkunft finden. Mittels Belohnungs- und Bestrafungspraktiken sortierte das Stufensystem nicht nur die Familien, sondern übte Druck auf sie aus, sich alle den gleichen Kriterien der Lebensführung zu unterwerfen.[322]

Die Stufen hinab: Selektion „asozialer Familien" im Nationalsozialismus

Das Drei-Stufen-System des Weimarer Wohlfahrtsstaates bot den Nationalsozialisten eine ideale Ausgangsbasis. Die Obdachlosenhäuser blieben im „Dritten Reich" nicht nur eine stabile Säule in der Unterbringung von obdachlosen Familien, sondern das Drei-Stufen-System gelangte erstmals zu seiner vollständigen Funktionsfähigkeit. In der Weimarer Republik war die hierarchische Dreiteilung primär bei der Einweisung der obdachlosen Familien von Relevanz. Danach fungierten die einzelnen Stufen als Anreizsysteme zum sozialen Aufstieg. Im „Dritten Reich" wirkten sie dagegen auch als Sanktionierungsmittel zum sozialen Abstieg und zur Exklusion aus der „Volksgemeinschaft". Die Kriterien zum Auf- und Abstieg wurden zudem gemäß nationalsozialistischer „Erb- und Rassenpflege" sowie politischer Einstellung zum NS-Regime angepasst. Im Mittelpunkt stand die „asoziale Großfamilie".

Einer der führenden Rassentheoretiker im Nationalsozialismus, Wolfgang Knorr, erklärte, diese zum „biologisch gefährlichsten Komplex", denn sie gefährde mit der Familie, eines der „Kernelemente der Volkgemeinschaft". Sie zu identifizieren und von der „kinderreichen Familie" zu trennen, galt sowohl im rassenhygienischen Diskurs als auch innerhalb der Kommunen als eine der vordringlichsten Aufgaben. „Großfamilien" seien im Gegensatz zu „kinderreichen Familien" meist „erbbelastet, mischrassig oder asozial, ungeordnet, Trinkerfamilien" so die Klassifizierung des Reichsbunds der Kinderreichen.[323] Ergänzen ließen sich in dieser Aufzählung auch die Zuschreibungen unwirtschaftlich sowie kriminell. Vor allem die diffuse Zuschreibung „asozial" machte die jeweilige Zuordnung willkürlich und verfestigte sich im „Dritten Reich" als Beiwort und Charakteristik der Großfamilie.

Zunächst sollten jedoch erstmal kinderlose Paare für die kinderreichen Familien in den Siedlungen Platz machen.[324] Die Unterbringung von Familien war seit der Abschaffung der Wohnraumbewirtschaftung im März 1933 zum akuten Problem für die Kommunen geworden, da diese vermehrt von Zwangsräumungen bedroht waren, allerdings kaum Chancen hatten, auf dem freien Wohnungsmarkt eine neue Unterkunft zu finden.[325] Das Wohlfahrtsreferat München prüfte schon 1933, welche

---

[322] Vgl. hierfür die Ausführungen zur „Schandklasse" bei Foucault, Überwachen, S. 235.
[323] Zitiert nach Scherer, Asozial, S. 47.
[324] Vgl. Referat 6/Wohnungsfürsorge, Fall Maria S. v. 1. 12. 1933; Referat 6/Wohnungsfürsorge, Fall Familie F. v. 19. 12. 1933, beide StadtAM Wohlfahrt 4704. Vgl. Pine, Family, S. 114.
[325] Führer, Mieter, S. 335 f.

kinderlosen Familien derzeit in den Einfachwohnungen untergebracht waren und wie im Einzelfall eine Räumung erwirkt werden könne.[326]

Schon im Dezember kam es zu den ersten Umquartierungen und Zwangsräumungen in den Obdachlosenhäusern. Vielen Altmietern in der Landsbergerstraße drohte nun eine Umquartierung oder gar eine Zwangsräumung. Die Tatsache, dass 1933 einige kinderlose Parteien in den Häusern lebten, hing nicht mit den laxen Einweisungskriterien der Weimarer Verwaltungsbeamten zusammen – wie dies die Nationalsozialisten gerne darstellten –, sondern war schlicht dem Umstand geschuldet, dass sich die Familienverhältnisse in vielen Fällen verändert hatten. Einige der Parteien waren bereits fünf Jahre an der Landsbergerstraße wohnhaft, die erwachsenen Kinder hatten in dieser Zeit die elterliche Wohnung verlassen. In anderen Fällen waren die Kinder aufgrund der „Gefährdung des Kindeswohls" von den elterlichen Wohnverhältnissen in die staatliche Fürsorgeerziehung übergeben worden. Schon Anfang 1932 hatte das Wohlfahrtsamt auf die geänderten Familienverhältnisse reagiert und alleinstehende Personen ausquartiert und stattdessen kinderreiche Familien untergebracht, wie beispielsweise die alleinerziehende Therese K. Sie war Mutter von vier Kindern, von denen sich drei in Fürsorgeerziehung befanden. Mit der Unterbringung in der Obdachlosenwohnung konnten die Kinder wieder zur Mutter zurückkehren. Für das Wohlfahrtsamt bedeutete dies in erster Linie eine enorme Kostenreduzierung.[327]

In einem zweiten Schritt traf es dann auch Familien, die nicht dem nationalsozialistischen Ideal der kinderreichen Familie entsprachen. Georg A., war Vater von vier Kindern und lebte schon seit 1929 in den Unterkünften der Landesberger Straße. Er galt aber wegen seiner Kontakte zur KPD und gewalttätiger Auseinandersetzungen mit der SA als politischer „Unruhestifter" und musste daher im Dezember 1933 in die minderwertigeren Obdachlosenhäuser im Osten umziehen. Zwei Jahre später wurde ihm die komplette Fürsorgeunterstützung gesperrt.[328] Als politisch unzuverlässige und darüber hinaus mehrfach vorbestrafte Person wurde seine Familie als stigmatisierte „Großfamilie" bewertet. In vielen Kommunen geschah dies ohne Rücksicht auf die gesundheitliche und psychische Verfassung der Bewohnerinnen und Bewohner. Das Leipziger Fürsorgeamt quartierte im November 1934 Kurt K., einen ihm bekannten Beschwerdeführer trotz dessen lebensbedrohlichen Gesundheitszustand um. Kurt K. starb am 2. Januar 1935.[329] Die Grenzen zwischen Fällen wie Georg A. und den geförderten „kinderreichen Familien" verliefen fließend und waren variabel. Wohlfahrtsreferent Hilble meinte hierzu: „Nicht die guten Familien ziehen die weniger guten hinauf, sondern die schlechten beeinflussen und belasten die anderen."[330] Ein zeitgenössisch gern zitiertes Beispiel

---

[326] Wohlfahrts- und Jugendamt an Wohlfahrtsbezirksamt III v. 19. 12. 1933, StadtAM Wohlfahrt 4712.
[327] Vormerkung zur Familie Therese K. v. 2. 2. 1932, StadtAM Wohlfahrt 4704.
[328] Rundschreiben des Wohlfahrtsbezirksamtes v. 18. 12. 1935, StadtAM Wohlfahrt 822.
[329] Vermerk des Fürsorgeamts v. 10. 11. 1934; Vermerk der Verwaltung des Obdachlosenhauses v. 9. 1. 1935, beide StadtAL AFSA 2879.
[330] Hilble an Referat 7 v. 13. 4. 1935, StadtAM Wohlfahrt 4089.

dieses Effekts war die Kinderreichensiedlung in München-Neuramersdorf.[331] Sie war ein Überbleibsel des Weimarer Wohlfahrtsstaates und sollte kinderreichen Familien aus den Obdachlosensiedlungen in reguläre Wohnverhältnisse helfen.[332] Nach wenigen Jahren waren die 208 Wohnungen allerdings bereits so abgewohnt und die Zustände derart „bedenklich", dass das Projekt als gescheitert galt. Die einst bevorzugten kinderreichen Familien in der Siedlung galten nun größtenteils als „asoziale Großfamilien". Dies veranschaulicht, wie fragil der Status der „kinderreichen Familie" war. Durch angebliche oder tatsächliche Verfehlungen konnten sie rasch als „asoziale Großfamilie" stigmatisiert werden.[333]

Neben der Anzahl der Kinder konnte auch die Dauer des Aufenthalts in den Obdachlosenhäusern über die Einstufung der Familien und eine mögliche Umquartierung entscheiden. In Leipzig wohnten 14 Familien seit dem Erstbezug 1928 in den Unterkünften.[334] Diese Dauerbewohner sollten nach Ansicht der nationalsozialistischen Beamten schnellstens aus den Wohnungen entfernt werden oder zumindest eine Rückstufung erfahren. Das Leipziger Fürsorgeamt machte im Oktober 1933 unmissverständlich klar:

> „Alle Familien, die länger als ein Vierteljahr eine Einzelunterkunft bewohnen, sind schriftlich aufzufordern, sich binnen 6 Wochen eine Unterkunft außerhalb des Obdachlosenhauses zu beschaffen. Dabei ist denjenigen Familien gegenüber, die die Einzelunterkunft bereits länger als ein Jahr innehaben, der Vorbehalt zu machen, dass sie in die Baracken zurückverlegt werden können, wenn sie der Aufforderung nicht nachkommen."[335]

In einer Veröffentlichung im *NDV* 1938 prahlte der Autor mit den Erfolgen, die die Leipziger Stadtverwaltung bei der „Aufräumung ganzer Wohnungskomplexe" zu verzeichnen habe und erläuterte ein geschlossenes Mehrstufensystem – von der „Gemeinschaftsbaracke" über die „Erziehungswohnung" bis zur Einzelwohnung. Durch diese „vielseitig abgestuften Wohnformen" sei es der Stadt möglich, eine „unschematische, nachhaltige und zielvolle Erziehung" der Familien zu erwirken. Dass diese Darstellung die alltäglichen Vorgänge in der Siedlung beschönigte und die bestehenden Probleme der Stadt mit den obdachlosen Familien herunterspielte, werden die Ausführungen zum Alltag in den Obdachlosensiedlungen zeigen.

Nicht immer gingen die Umquartierungen aber unmittelbar von den Stadtverwaltungen aus. Angesichts der von der NSDAP propagierten Bevölkerungs- und Familienpolitik vor 1933 sahen kinderreiche und politisch linientreue Familien mit der „Machtergreifung" im Januar ihre Chance auf eine Besserstellung. Die Neuverteilung der Räumlichkeiten weckte unter den einzelnen Bewohnerinnen und Bewohnern Begehrlichkeiten und führte vielerorts zu gegenseitiger Denunziation. Johann B., der mit seiner an Tuberkulose erkrankten Frau und einem Kind in einer Einraumwohnung lebte, beschwerte sich beim Wohlfahrtsreferat München über

---

[331] Zur Kinderreichensiedlung Neuramersdorf vgl. Haerendel, Wohnungspolitik, S. 352–361.
[332] Heissing an Grundkatasteramt v. 23. 10. 1933, StadtAM Wohlfahrt 4704.
[333] Wimmer, Ordnung, S. 346 f.
[334] Röder an die Verwaltung des Obdachlosenhauses v. 25. 9. 1933, StadtAL AFSA 2878.
[335] Vermerk Teutsch v. 21. 10. 1933, StadtAL AFSA 2878.

Maria S., die seit 1931 in der Obdachlosensiedlung Unterkunft gefunden habe und alleine in einer Zweiraumwohnung lebe.[336] Familie B. spekulierte darauf, bei einer Ausweisung von Frau S. deren Wohnung zugewiesen zu bekommen. Doch war dies mit nur einem Kind und einer tuberkulosekranken Mutter aussichtslos. Denn auch körperliche Gesundheit zählte zu den Voraussetzungen einer förderungswürdigen Familie im „Dritten Reich". Auch Frida G., die seit 1930 mit drei Kindern in Leipzig in einer Gemeinschaftsbaracke lebte, schöpfte neue Hoffnung – bis dahin waren alle Gesuche um eine neue Wohnung oder eine Verlegung gescheitert. Bereits im Februar 1933 schrieb sie an das Fürsorgeamt und wies auf die schwierige Situation für sich und ihre Kinder hin, die in der Baracke Zeugen unsittlichen Verhaltens seien. Schließlich drohte sie dem Amt, die Kinder der Fürsorge zu überlassen:

„So bleibt mir nur ein Rat, ich verlasse meine Kinder, denn in den Verhältnissen wie ich lebe, kann ich auf keinen Fall mehr weiterleben. Bin voll und ganz mit die Nerven runter."[337]

Die Drohung fruchtete: Frida G. und ihre Kinder konnten noch im gleichen Monat in eine Einzelwohnung umziehen und waren damit innerhalb des Stufensystems aufgestiegen.[338] Im Fall von Frida G. haben wohl in erster Linie die finanziellen Erwägungen die Stadt überzeugt, denn die Unterbringung der Kinder in Fürsorgeeinrichtungen verursachte den Kommunen erhebliche Kosten. Neben den kinderreichen Familien wurden nun auch verstärkt Familien bevorzugt, die von getrennten Unterbringungen – in Männer- und Frauenasyl, Waisenhaus bzw. Fürsorgeheim – betroffen waren. Die Stadtverwaltung München betonte in solchen Fällen, dass „die Heimnahme der Kinder die Fürsorge ganz bedeutend entlastet".[339]

Differenzierung auf der untersten Stufe

Hand in Hand mit der Umquartierung der Familien gingen der räumliche Ausbau der verschiedenen Unterkunftsarten und eine Verfeinerung der Abstufungen. Auf der untersten Stufe entstanden in vielen Städten neue Wohnbaracken, die zur „Unterbringung absolut asozialer, besonders erbminderwertiger Familien" Verwendung fanden, „die von vornherein in keiner Weise mehr förderungswürdig oder besserungsfähig sind und bei denen jede weitere Betreuung und Überwachung vollkommen zwecklos erscheint".[340] Der Bürgermeister der westfälischen Stadt Soest verkündete mit Stolz gegenüber dem Deutschen Gemeindetag, dass er es geschafft habe, das Problem der „asozialen Familien" allein durch Abschreckungsmaßnahmen zu beseitigen. Hierfür habe die Stadt 1934 außerhalb des Stadtgebietes eine Gemeinschaftsbaracke aufstellen lassen, in der die Familien geschlechtergetrennt untergebracht werden konnten. „Durchgreifende und nachhaltige Erfolge" könne

---

[336] Vermerk des Wohlfahrts- und Jugendamts v. 7. 5. 1934; Ermittlungen des Wohlfahrtsbezirksamt XI v. 11. 5. 1934, beide StadtAM Wohlfahrt 4712.
[337] Frida G. an Röder v. Februar 1933, StadtAL AFSA 3006.
[338] Vermerk Röder v. 20. 2. 1933, StadtAL AFSA 3006.
[339] Fall Frau K., Fürsorgeamt an Grundkatasteramt v. 2. 2. 1934, StadtAM Wohlfahrt 4704.
[340] Dezernat 6 an Dezernat 7 v. 10. 10. 1938, StadtAM Wohlfahrt 4693.

man im Umgang mit „asozialen" Familien nur haben, wenn die „Familienbande aufgelöst" werde, so die Grundannahme von Bürgermeister Scharnow. Die Kontrolle der Familien in der Baracke sei einem „handfesten SA-Mann" übertragen, der dafür Sorge trage, dass „irgendein Zusammenleben der Familie in der Baracke nicht stattfindet". Gleichzeitig wies er darauf hin, dass die Baracke zwar seit ihrer Bebauung kaum in Anspruch genommen wurde, dass sich aber gerade darin der Erfolg zeige: Seit Errichtung der Baracke seien die „asozialen" Familien, die zuvor auf dem Amt um Hilfe suchten, fortgeblieben. Ebenso sei die Zahlungsmoral in den anderen Obdachlosenunterkünften „aus Furcht vor Exmittierung und demnächstiger Unterbringung in der Gemeinschaftsbaracke" gestiegen.[341]

Zur stärkeren Differenzierung der obdachlosen Familien schufen die Verwaltungen zudem Unterkünfte auf verschiedenen Zwischenstufen. In München baute die Stadt Teilgebäude des alten Josefspitals um. Das frühere Altenheim hatte bereits 1931, als die Kapazitäten des Obdachlosenasyls für Männer nicht mehr ausreichten, als Obdachlosenunterkunft Verwendung gefunden, war aber 1934 wegen Baufälligkeit und mangelnder Hygiene geschlossen worden und seitdem leer gestanden.[342] Für die Unterbringung der obdachlosen Familien war das Josefspital nun nach Ansicht von Referent Hilble „sehr zweckmässig", denn durch seine Flügelbauweise konnten hier zukünftig gleich zwei Stufen im hierarchischen Unterbringungskonzept für obdachlose Familien bereitgestellt werden.[343] Einerseits entstanden Ein- bis Dreizimmerwohnungen, andererseits wurden die großen Säle in Gemeinschaftsräume für jeweils vier bis fünf Familien pro Saal umfunktioniert. Tagsüber lebten die Familien im Gemeinschaftssaal, nachts schliefen sie in nach Geschlechtern getrennten Schlafsälen.[344] Für die Gemeinschaftsunterkünfte waren primär „asoziale Großfamilien" vorgesehen. Wohlfahrtsreferent Friedrich Hilble war sich der Wirkung und Funktion dieser Umbaumaßnahmen bewusst. Er appellierte in der Vorstellung seiner Pläne im zuständigen Ausschuss:

„Meine Herren! Das ist ein neuer Weg, den wir hier beschreiten, und es ist nicht gerade ein sehr schöner Weg. Ich nehme an, dass dies auch von den Leuten nicht sehr geschätzt wird. Wir haben aber Familien, bei denen es tatsächlich notwendig ist, dass sie in solche Unterkünfte kommen. Das sind die asozialsten Familien, bei denen man nur mit Strenge etwas erreichen kann. In Leipzig und Nürnberg macht man damit die besten Erfahrungen. Die Leute sind infolgedessen mehr als sonst bemüht, ihre eigenen Wohnungen nicht zu verlieren, ihre Wohnungen instand zu halten und zu bezahlen, wenn sie befürchten müssen, andernfalls in eine Gemeinschaftsunterkunft zu kommen."[345]

Die Stadtverwaltung ging diesen neuen Weg und verlegte bereits im April 1937 die ersten Familien in die Unterkünfte im Josefspital.[346] Anders als in den Obdachlosenhäusern zahlten die Bewohnerinnen und Bewohner Benutzungsge-

---

[341] Bericht des Bürgermeister Scharnow v. 7. 2. 1936, BArch R 36/1910.
[342] Hilble an Hochbauamt v. 31. 3. 1931, StadtAM Wohlfahrt 4708.
[343] Hilble in Beiräte für Verwaltungs-, Finanz- und Baufragen v. 7. 1. 1937, StadtAM RSP 710/2.
[344] Dezernat 6 an Dezernat 7 v. 10. 10. 1938, StadtAM Wohlfahrt 4693.
[345] Hilble in Beiräte für Verwaltungs-, Finanz- und Baufragen v. 7. 1. 1937, StadtAM RSP 710/2.
[346] Doppler an das Dezernat 6/2 v. 11. 2. 1939, StadtAM Wohlfahrt 4467.

bühren. Wie bereits im Obdachlosenasyl wurde auch für das Josefspital ein „alter Kämpfer" als Aufseher für das Familienobdach bestellt.[347] In der nationalsozialistischen Propaganda wurde die Eröffnung der Gemeinschaftsunterkünfte als großer Erfolg stilisiert. Man habe hier „wieder einem Uebelstand abgeholfen" hieß es im *Völkischen Beobachter* verherrlichend, da die Stadt nun nicht mehr gezwungen wäre, Familien nach Geschlechtern getrennt unterzubringen – die repressiven Erziehungsabsichten, die mit der Unterkunft eigentlich verfolgt wurden, blieben freilich unerwähnt.[348] Hilble ging in seiner Vorstellung im Januar noch davon aus, dass das Josefspital die nächsten vier bis fünf Jahre nicht anderweitig genutzt werden würde. Doch bereits kurz nach seiner Einrichtung stand der Abriss der Gebäude im Raum und das Wohlfahrtsreferat musste sich nach entsprechenden Ersatzlösungen umsehen.

Geschlossene Anstalten für obdachlose Familien

Nun waren auch die Verwaltungsbeamten in München einer geschlossenen Anstalt für „asoziale" Familien gegenüber nicht mehr abgeneigt. Aus den ohnehin abgewirtschafteten und minderwertigen Unterkünften im Osten sollte in mehreren Bauschritten ein geschlossenes Siedlungssystem entstehen mit intern hierarchisch geordneten Unterkünften. Für die bisherigen Bewohnerinnen und Bewohner waren zwei Wege vorgesehen: Diejenigen, die „aufgrund ihres bisherigen Verhaltens die Gewähr bieten, dass sie ihre sozialen Pflichten gegenüber dem Wohnungsunternehmen und den Mitbewohnern erfüllen" sowie „eine gewisse wirtschaftliche Leistungsfähigkeit aufweisen", sollten in Volkswohnungen untergebracht werden.[349] Die nicht vermittelbaren Familien verblieben in der Anlage. In dieser sollten sie nicht als Mieter, sondern als „Befürsorgte" untergebracht sein, die eine „Benützungsgebühr" entrichteten und einer Hausordnung unterstanden. Damit wollte die Stadtverwaltung den „asozialen" Bewohnerinnen und Bewohnern faktisch ihre Rechte durch den Mieterschutz entziehen. Ausbleibende Nutzungsgebühren hätten zukünftig zur direkten Ausweisung führen können und waren nicht erst durch eine rechtlich erwirkte Zwangsräumung möglich.

Die räumliche Unterteilung durch „Zäune und Mauern" sollte die Anlage schon intern in eine „Art Stufensystem" untergliedern. Der Komplex war zunächst in zwei Abschnitten geplant: In einem geschlossenen Bereich, dessen Zu- und Ausgang kontrolliert wurde und der nachts geschlossen blieb, sollten die einer „straffen Ordnung und Überwachung bedürftigen Elemente" untergebracht werden – im offenen Bereich indessen die „schuldlos obdachlosen und besserungsfähigen Familien". Das Gelände im Osten war zudem erweiterbar, sodass auch dem Bau eines neuen Familienobdachs nach dem Abriss des Josefspitals nichts im Wege zu stehen schien.

---

[347] Beiräte für allgemeine Fürsorgeangelegenheiten v. 22. 1. 1937, StadtAM RSP 710/5.
[348] Neue Notunterkünfte für obdachlose Familien, in: Völkischer Beobachter Nr. 112, 23. 4. 1937.
[349] Vormerkung Dezernat 7 v. 4. 4. 1938, StadtAM WAR 576.

Die Anlage im Osten firmierte in den Akten unter der Kennzeichnung „Fürsorgeobdach" oder „Familienobdachlosenheim" und hatte die „erzieherische Beeinflussung" der Familien zum Ziel. Damit entschied sich auch München nach dem Vorbild anderer Städte wie Leipzig, dass die Unterbringung von „asozialen Familien" nicht länger unter dem Aspekt der Wohnraumbeschaffung zu funktionieren habe, sondern in einer geschlossenen Anlage „eine örtliche und organisatorisch zusammenhängende Einheit" bilden sollte, die einen „weiteren Ausbau des Besserungssystems ermöglichen würde".[350]

Vordenker auf dem Gebiet der zwangsweisen Unterbringung von „asozialen" Familien in einer Erziehungsanstalt war Otto Wetzel. Wetzel war von 1933 bis 1934 Bürgermeister in Heidelberg und nutzte diese kurze Zeit zur Errichtung einer „Asozialen-Kolonie". Auf einem örtlich abgegrenzten städtischen Gelände wurden Familien aus Barackenwohnungen, in 20 Ein- bis Dreizimmerwohnungen eingewiesen. Mangels rechtlicher Grundlagen zu einer „Bewahrung" der Familien war die Siedlung keine geschlossene Anstalt. Zwar waren die Gebäude eingezäunt, doch Aus- und Eingang wurden nicht kontrolliert. Die „Wichern-Siedlung" – die offizielle Bezeichnung der Kolonie – stand unter der Leitung von Fürsorge- und Pflegepersonal. Ziel war es, die „erziehbaren" Familien von den „nichterziehbaren" zu trennen. Die Kolonie war für die Betroffenen lediglich Zwischenstation: Die „Erziehbaren" konnten nach Bewährung die Siedlung wieder schnellstmöglich in eine eigene Wohnung verlassen, für alle anderen war die Trennung der Familie in Asyl und Fürsorgeerziehung vorgesehen. Unter dem fürsorgerischen Deckmantel wurden in der „Asozialen-Kolonie" aber auch rassenhygienische Untersuchungen und Zwangssterilisationen durchgeführt und Eltern das Sorgerecht für ihre Kinder entzogen.

Wetzels Idee wurde durch zwei von ihm veröffentlichte Artikel im kommunalpolitischen Blatt *Die nationalsozialistische Gemeinde* 1935 reichsweit bekannt und in vielen städtischen Ausschüssen diskutiert.[351] Die repressivste Erweiterung von Wetzels Konzept trieb seit 1935 die Bremer Wohlfahrtsbehörde mit der „Wohnungsfürsorgeanstalt" Hashude voran. In einem geschlossenen Stufensystem mit „polizeilichem Internierungs- und Bewahrungscharakter" wurden dort zwischen 1936 und 1940 eingewiesene Familien über Zwangsmaßnahmen umgezogen und wenn möglich in die „Volksgemeinschaft" zurückgeführt. Bei vermeintlich nicht zu bessernden Familien nutzte die Bremer Stadtverwaltung Mittel der eugenischen Selektion, Zwangssterilisation und Einweisungen in Konzentrationslager.[352] Obwohl die Bremer Anstalt reichsweit bekannt war und viele Kommunen – unter anderem die Hauptstadt – mit dem Konzept liebäugelten, blieb Hashude in seiner Ausformung als geschlossene Anstalt, in der die Bewohnerinnen und Bewohner

---

[350] Dezernat 6 an Dezernat 7 v. 10. 10. 1938, StadtAM Wohlfahrt 4712.
[351] Die breite Rezeption von Wetzels „Asozialen-Kolonie" machen die Diskussionen im DGT deutlich, vgl. BArch R 36/1863.
[352] Zu Hashude Steinhöfel, Wohnungsfürsorgeanstalt, S. 14. Vgl. Pine, Experiment; Pine, Imprisonment.

zwangsweise interniert, überwacht und bestraft wurden, ein Sonderfall. Die meisten Kommunen setzten bei der Unterbringung und Erziehung von „asozialen" Familien auf ein halboffenes Mehrstufensystem, wie es in Leipzig existierte.[353] Auch der Münchner Wohlfahrtsreferent hatte in seinen Entwürfen zum Familienobdach ganz dezidiert auf das Beispiel Leipzig verwiesen.

Erosion des Stufensystems im Zweiten Weltkrieg

Zu dessen Umsetzung war es in München jedoch nicht mehr gekommen. Als im September 1939 der Zweite Weltkrieg begann, waren die Pläne und Verhandlungen des Münchner Wohlfahrtsreferats zum „Familienobdachlosenheim" zwar weit fortgeschritten. Mit Kriegsbeginn wurden sie allerdings wie viele andere Projekte der kommunalen Fürsorge im Halbjahresrhythmus immer wieder zurückgestellt und 1942 schließlich auf unbestimmte Zeit aufgeschoben.[354] München war hier keine Ausnahme. Der Kriegsbeginn torpedierte auch in anderen Städten die Pläne zu einer repressiveren Unterbringungspraxis von „asozialen" Familien.

Innerhalb des „Bewahrungswesen Asozialer" in der Hauptstadt, wiesen die Verantwortlichen im Mai 1938 darauf hin, dass gesonderte Maßnahmen sich noch in der Vorbereitung befänden – zur geplanten Errichtung eines geschlossenen Heimes nach dem Beispiel Hashude kam es in Berlin im „Dritten Reich" nicht mehr.[355] Gleichzeitig musste die Obdachlosenfürsorge mit Kriegsbeginn erhebliche Verluste bei bestehenden Unterkünften hinnehmen. Das Asyl für Männer in der Lothstraße in München wurde schon Ende September 1939 von der Wehrmacht als Reservelazarett beansprucht.[356] Der Versuch der Obdachlosenfürsorge, für die seit Kriegsbeginn neu geschaffenen Fürsorgegruppen in ihrer Zuständigkeit auch neue Schlafstellen zu errichten, scheiterte ebenfalls meist an der Frage der Kriegsrelevanz. Infolge des vermehrten Bedarfs an Arbeitskräften in der Rüstungsindustrie drängte eine nicht unerhebliche Anzahl junger weiblicher Arbeitskräfte in die Städte. Ihre Unterbringung konnten die bestehenden Heime nicht alleine stemmen. Um sie vor Obdachlosigkeit zu bewahren, musste die kommunale Obdachlosenfürsorge Unterkünfte bereitstellen. Zu diesem Zwecke wollte die Stadtverwaltung München im Mai 1941 ein von ihr instand gesetztes Abbruchhaus eröffnen, doch einen Tag vor Nutzungsbeginn wurde das Gebäude für Arbeitskräfte der kriegswichtigen Maschinenwerke Deckel beschlagnahmt. Als Ersatz richtete das zuständige Dezernat ein Mädchenheim im Josefspital ein.[357] Auch die Männer-

---

[353] Steinhöfel, Wohnungsfürsorgeanstalt, S. 211–217.
[354] Vermerke Doppler v. 3. 9. 1940 und 31. 3. 1942, beide StadtAM Wohlfahrt 4467. Ein weiteres Projekt der Obdachlosenfürsorge in München, das mit Kriegsbeginn zurückgestellt wurde, war das Obdachlosenheim für Frauen an der Lipowskystraße, vgl. Kap. 4.2, S. 104.
[355] Arbeitsbesprechung zwischen Justiz-, Polizei- und Wohlfahrtsamt v. 31. 5. 1938, LAB A Rep. 003-01-01 Nr. 10.
[356] Dez. 6/2 an Gas- und Wasserwerke v. 28. 9. 1939, StadtAM Wohlfahrt 4711; Bekanntgabe in Beiräte für allgemeine Fürsorgeangelegenheiten v. 29. 3. 1940, StadtAM RSP 713/5.
[357] Dezernat 6/3 an Dezernat 6/2 v. 26. 11. 1941, StadtAM Wohlfahrt 875.

herberge und die dieser seit Mai 1939 angeschlossene Abteilung für „Asoziale" des Altenheims zogen nach der Beschlagnahmung durch die Wehrmacht in die Josefspitalstraße 11 um.[358] Während noch 1938 mit dem Abbruch des Gebäudes gerechnet wurde, war es nun zu Kriegszeiten gerade gut genug, um die verschiedensten Gruppen der Obdachlosenfürsorge zu beherbergen. Das Josefspital erfuhr im Krieg als zentraler Ort der Obdachlosigkeit einen Bedeutungszuwachs. Neben Familien, obdachlosen Männern, „asozialen" Alten sowie von auswärts zugereisten jungen Frauen fanden im Zweiten Weltkrieg auch ausländische Arbeiter sowie mit der zunehmenden Zerstörung der Stadt im Luftkrieg auch Ausgebombte Unterkunft.[359] Im August 1941 verlegte das Wohlfahrtsreferat sogar die Amtsräume der Obdachlosenfürsorge in den ersten Stock des Gebäudes.[360]

Vor diesem Hintergrund wurde die räumliche Trennung zwischen obdachlosen Einzelpersonen und obdachlosen Familien im Krieg zunehmend gelockert. Eine hierarchisch starre Abgrenzung konnte schon wegen des Unterkunftsmangels nicht durchgesetzt werden. Sehr früh ging die Stadtverwaltung in Bezug auf obdachlose Familien dazu über, den Status quo aufrechtzuerhalten und Obdachlosigkeit von Familien durch Mietbeihilfen zu vermeiden.[361] Die Obdachlosenhäuser erfuhren im Krieg entsprechend wenig Aufmerksamkeit.[362] Nachdem Projekte wie das „Familienobdachlosenheim" auf Eis gelegt worden waren, überließ die Stadtverwaltung die Siedlungen weitestgehend sich selbst. Das Wohlfahrtsreferat verwies bei Problemen nun zunehmend auf seine nachgeordnete Verantwortung und leitete entsprechende Meldungen an das zuständige Liegenschaftsamt weiter, das für die unmittelbare Verwaltungspraxis vor Ort zuständig war.[363] Gezielte Umquartierungen im Sinne des Stufensystems sind für den Zeitraum des Zweiten Weltkrieges nicht überliefert. Die hierarchische Unterbringungspraxis von obdachlosen Familien fand damit angesichts der Entwicklungen im Zweiten Weltkrieg ihr vorläufiges Ende.

Wieder auf Anfang? Isolation in Baracken und Wohnlagern am Stadtrand

Ein Großteil der Obdachlosensiedlungen aus den 1920er- und 1930er-Jahren war im Zweiten Weltkrieg zerstört worden. In den ersten Nachkriegsjahren hatten sich die Kommunen in Westdeutschland zunächst mit provisorischen Unterkünften wie ehemaligen Bunkeranlagen behelfen können. Doch mit dem neuen Wohnraumbewirtschaftungsgesetz von 1953 erwarteten die Städte einen Anstieg von

---

[358] Zur Einrichtung einer Station des Altersheims in der Lothstraße vgl. Ortner in Vertretung des Oberbürgermeisters v. 6. 7. 1939, StadtAM Wohlfahrt 4693.
[359] Christians, Amtsgewalt, S. 270. Zum Josefspital vgl. Kap. 8.1, S. 252 f.
[360] Dezernat 6/3 an Dezernat 6/2 v. 23. 11. 1941, StadtAM Wohlfahrt 875.
[361] Harbers, Vormerkung zur Bekämpfung der Wohnungsnot während des Krieges v. 8. 10. 1939, StadtAM Wohlfahrt 4090.
[362] In München und Leipzig wird der Schriftverkehr in den Ämtern nahezu eingestellt.
[363] Wohnungsfürsorge an Liegenschaftsamt v. 14. 1. 1941, StadtAM Wohlfahrt 4467.

8. Die Obdachlosensiedlung 257

Abb. 13: Städtische Wohnanlage Frauenholz, 28. 10. 1955

Exmittierungen von finanzschwachen Familien. Nach der neuen Gesetzgebung ließen sich Zwangsräumungen nur noch maximal für zwei Wochen aufschieben. Danach konnte auch akuter Wohnungsmangel die zu räumenden Personen nicht mehr schützen. Die Städte versuchten rechtzeitig vorzubeugen, indem sie neue Notunterkünfte schufen. Schnell erinnerte man sich hierbei wieder den Siedlungen für „Asoziale", die vor dem Krieg existiert hatten:

„Das Wohnungsamt und das Fürsorgeamt haben wiederholt beantragt, solche Siedlungen wieder zu errichten, weil sonst die Probleme der Unterbringung der Asozialen [...] nicht zu lösen sind. Die Schwierigkeiten liegen überdies in allen Städten, insbesondere natürlich in den Großstädten, ähnlich."[364]

Eine vergleichsweise kostengünstige und schnelle Alternative boten vielerorts die geräumten ehemaligen Flüchtlingslager – so auch in der bayerischen Landeshauptstadt. 1953 hatte München das Flüchtlingslager Frauenholz aufgelöst, woraufhin das Wiederaufbaureferat das Gelände übernahm und das „Städtische Wohnlager Frauenholz" einrichtete.

Ab Juli 1953 kamen dort obdachlose Familien unter. Ähnlich wie in München entstanden an der Peripherie vieler westdeutscher Großstädte Barackenunterkünfte für obdachlose Familien.[365] Die Gemeinden fanden sich damit am gleichen Aus-

---

[364] Wohnungs- und Fürsorgeamt, Beschlussvorlage an den Magistrat v. 5. 5. 1952, ISG FRA Magistratsakten 6040.
[365] Für Köln, Offenbach, Gießen und Wiesbaden vgl. Preußer, ObDach, S. 77–102.

gangspunkt wie nach dem Ersten Weltkrieg wieder: Zur Linderung der akuten Wohnungsnot der Familien griff man einerseits auf bereits existierende Baracken zurück oder baute solche ad hoc artig neu. Die langfristigen Maßnahmen zur Unterbringung obdachloser Familien sowie die Folgen einer dauerhaften Unterbringung in Baracken wurden erstmal hintenangestellt. Das Münchner Lager Frauenholz wuchs im Laufe der 1950er-Jahre unaufhaltsam an: Ursprünglich für 2000 Menschen geplant, lebten schon zwei Jahre nach seiner Errichtung 3300 Personen in den Holzbaracken.[366] Im Januar 1960, zwei Jahre bevor die Stadt München den Beschluss fasste, das Lager aufzulösen, waren es knapp 4100.[367]

Die Wohnanlage war damit die größte Obdachlosensiedlung der Bundesrepublik.[368] In der Siedlung entwickelten sich zunehmend eigene Quartiersstrukturen, sodass die Bewohnerinnen und Bewohner immer isolierter von der restlichen Münchner Bevölkerung lebten. Das Barackenlager verfügte über Einkaufsmöglichkeiten, eine eigene Badeanstalt, Schulen und Kindergärten sowie ein Postamt, Kirchen und Gaststätten.[369] Wie in München-Frauenholz lagen auch in anderen Städten die Siedlungen fast ausschließlich an den Stadträndern und verfügten über keinen Anschluss an den öffentlichen Nahverkehr. Ein eindrückliches Beispiel für die bewusste Isolation der Familien stellt die Diskussion über die Badeanstalt in München-Frauenholz dar. Das Wohnungsamt, das für das Wohnlager zuständig war, wollte die Badeanstalt auf dem Gelände in die Hände der kommunalen Bäderverwaltung übergeben. Das übergeordnete städtische Betriebsreferat lehnte den Vorstoß indessen entschieden ab. Das Bad könne nicht als öffentliches Bezirksbad angesehen werden, da es weder die dafür zulässigen Standards erfülle noch von einer breiten Öffentlichkeit benutzt werde. Die örtliche Lage führe dazu, dass das Bad ausschließlich von Bewohnerinnen und Bewohnern des Barackenlagers gebraucht werde. Selbst wenn neue Wohngebiete in der Nachbarschaft entstünden, würden die neuen Anwohner bestimmt nicht in die Badebaracke Frauenholz gehen – dies hätten die zuletzt ausgebrochenen Ruhrerkrankungen im Lager ausreichend vor Augen geführt, so die Argumentation des Betriebsreferenten Erwin Hamm.[370] Die Angelegenheit wurde schließlich von Oberbürgermeister Thomas Wimmer persönlich abgewogen, der dem Bad Frauenholz zwar „rein theoretisch den Charakter eines öffentliches Bades" zusprach, zugleich aber den „provisorischen Charakter", wie man ihn in der gesamten Wohnanlage finde, betonte und der Umwidmung des Bades zum öffentlichen Bezirksbad widersprach.[371] Die Stadt entschied sich hier ganz bewusst zu einer räumlichen und sozialen Absonderung

---

[366] So lebt der Mensch in Frauenholz, in: SZ Nr. 292, 9. 12. 1955.
[367] Referat für Tiefbau und Wohnungswesen, Beschluss des Finanzierungsausschusses für den sozialen Wohnungsbau v. 7. 3. 1962, StadtAM BuR 3916.
[368] Hans Glöckle, Mustersiedlung des Elends verschwindet, in: 8 Uhr Abendblatt, 17. 8. 1963.
[369] Zum Ausbau des Barackenlagers Frauenholz vgl. Billige Wohnung – dringend gesucht, in: SZ Nr. 286, 10. 2. 1953. Zum verwaltungsrechtlichen Status von Frauenholz vgl. Wunderer an das Direktorium A v. 16. 2. 1956, StadtAM BuR 3908.
[370] Hamm an Direktorium A v. 3. 10. und 15. 12. 1955, beide StadtAM BuR 3908.
[371] Oberbürgermeister Wimmer an Revisionsamt v. 22. 2. 1956, StadtAM BuR 3908.

der obdachlosen Familien. Dementsprechend wurde auch dem Wiederaufbau eines Drei-Stufen-Systems zunächst keine größere Aufmerksamkeit beigemessen.

Die Städte begnügten sich damit, ausreichend Notunterkünfte für obdachlose Familien bereitzustellen. Unterstützung bei der Rückführung in Normalwohnungen war in den 1950er-Jahren kein Thema. Es kann davon ausgegangen werden, dass die Städte – ganz dem allgemeinen Wiederaufbauwillen der bundesdeutschen Gesellschaft folgend – der Ansicht waren, die ordentlichen Familien bemühten sich selbstständig, aus den prekären Wohnverhältnissen herauszufinden. In der Barackensiedlung oder auch in den notdürftigen Bunkerunterkünften würden schließlich nur die „Mietschuldner und jener Personenkreis [zurückbleiben], der sich in normale Wohnverhältnisse nicht einfügen will".[372]

Drei Stufen der Resozialisierung?

Erst als sich die Siedlungen an den Stadträndern und die Bunker westdeutscher Städte Ende der 1950er-Jahre als Elendsquartiere verfestigt hatten und offenkundig geworden war, dass die meisten Familien ohne Hilfe nicht herausfanden, reagierten die Kommunen. Gleichzeitig stieg die Anzahl von zwangsgeräumten Familien durch die stückweise Aufhebung der Wohnungszwangswirtschaft weiter an. Die West-Berliner Wohnungsbehörden plädierten daher schon 1955 wieder „bei dem Bau von Unterkünften auch solche in primitiverer Ausführung zu schaffen, um eine stufenweise Unterbringung zu ermöglichen, die wegen der großen Anzahl der Asozialen unter den Obdachlosen zweckmäßig ist."[373] In den 1960er-Jahren sanierten oder erbauten die Stadtverwaltungen neue Unterkünfte. Damit reaktivierten sie auch ein Bewährungssystem nach dem Drei-Stufen-Modell.

Die Stadtverwaltung München entschied sich 1962 dazu, die Barackenunterkünfte zu beseitigen und als Ersatz massive „Übergangsheime" in unmittelbarer Nähe zu errichten.[374] Bis 1964 entstanden im Münchner Norden „Einfachst-Wohnblöcke", die nicht nur in ihrem äußeren Erscheinungsbild und ihrer Bezeichnung an die einstigen Obdachlosensiedlungen in der Weimarer Republik in der Landsberger- und Ungsteinerstraße erinnerten.

Ähnlich wie beim Bau der ersten Obdachlosenhäuser errichtete die Stadt auch 1964 wieder „Schlichtwohnungen", die durch ihre primitive Ausstattung jeglichen Anreiz zum dauerhaften Aufenthalt verhindern sollten. Es entstanden Zwei- und Drei-Zimmerwohnungen, ohne eigene Bäder. Die Toiletten befanden sich auf dem Flur, teilweise gab es nur eine Bedürfnisanstalt für zwei Parteien. Standards wie sie für die Bundesrepublik in den 1960er-Jahre keineswegs üblich waren und sich in München besonders deutlich durch die in direkter Nachbarschaft wenige Jahre zuvor entstandenen Trabantenstadt Hasenbergl nochmals verschärften, denn dort

---

[372] Stadtrat Aschauer in Hauptwohnungsausschuss v. 24. 5. 1954, StadtAM RSP 727/11.
[373] Bein in Wohnungsamtsleitersitzung v. 6. 7. 1955, LAB B Rep. 210 Nr. 1286.
[374] Referat für Tiefbau und Wohnungswesen, Beschluss des Finanzierungsausschusses für den sozialen Wohnungsbau v. 7. 3. 1962, StadtAM BuR 3916.

260   III. Das Obdach: Isolierung im Raum

Abb. 14: Baracken (vorne) und Übergangswohnungen (hinten) in München Frauenholz, 1965

hatte die Stadt zeitgenössische Wohnstandards wie Zentralheizung und angeschlossene Bäder verwirklicht. Die Familien aus dem Barackenlager, von denen die Stadt erwartete, dass sie sich wieder in ein bürgerliches Leben einordneten, erhielten eine der neuen Übergangs- bzw. Durchgangswohnungen im gerade errichteten Wohngebiet Hasenbergl-Nord. Die Neubenennung hatte zum Ziel, auch begrifflich die Vorurteile über die obdachlosen Familien zu verbannen und „das Sprungbrett zu richtigen Wohnverhältnissen" zu sein.[375] In den neuen Wohnblöcken sollten die Familien aus den ehemaligen Holzhütten wieder an „normales Wohnen gewöhnt" werden.[376] Der Bau der Übergangs- und Durchgangsheime stand damit von Beginn an unter dem Stichwort der Resozialisierung. Allerdings löste die Stadt nicht alle Baracken auf, einige wenige blieben in direkter Nachbarschaft zu den Neubauten bestehen und dienten nicht nur symbolisch als Mahnmal. Immerhin drei Prozent der Bevölkerung – im Falle Münchens bedeutete dies ca. 33 000 Menschen – rechnete die Stadt 1961 noch zum Kreis der „Asozialen", „von denen wiederum etwa 1700 als völlig unzumutbar oder asozial im wahrsten Sinne des Wortes bezeichnet werden müssten".[377] Für sie bestand nach Meinung des Wohnungsamtes keine Erfolgsaussicht auf die Vermittlung in eine Normal-

---

[375] Drexl, Rufmord, S. 64.
[376] Hinter glatten Fassaden wohnt das Elend, in: Münchner Merkur Nr. 89, 14. 4. 1967.
[377] Fischer in Besprechung v. 1. 12. 1961, StadtAM BuR 3916. Ähnliche Prognosen stellten auch andere bundesdeutsche Großstädte an, Reinecke, Ungleichheit, S. 103.

wohnung und sie verblieben dementsprechend in Frauenholz oder wurden in andere Baracken an der Peripherie Münchens umgesiedelt.[378] Damit begab sich München 1964 wieder auf den gleichen Weg, wie er bereits 1926 mit der Errichtung der ersten Obdachlosenhäuser beschritten worden war.

Die bayerische Landeshauptstadt ging diesen Weg allerdings nicht alleine. Anfang der 1960er-Jahre war das Drei-Stufen-Modell das Synonym für moderne kommunale Obdachlosenpolitik. In Frankfurt am Main verliefen die Bunkerräumungen nach Maßgaben eines „Dreistufenplans", der die Bunkerbewohner in „Notunterkünfte", „Übergangswohnstätten" und „Normalwohnungen" einteilte.[379] Der Berliner Senat wies obdachlose Familien gemäß eines dreigliedrigen Unterbringungsschlüssel in Notunterkünfte ein. Und auch in Bochum baute die Stadt zwischen 1963 und 1967 neue massive Obdachlosenhäuser als Ersatz für Baracken und feierte diese als Resozialisierungsmaßnahme:

„Mit dem Freiziehen dieser Barackenwohnunterkünfte und dem Bezug der neuen Wohnunterkünfte konnte die Umstrukturierung innerhalb der Wohnunterkünfte für Obdachlose abgeschlossen und mit der Resozialisierung [...] begonnen werden. Die Obdachlosenaufsicht verfügt [...] über 1027 Wohnunterkünfte, von denen 736 als gut bezeichnet werden können."[380]

Die neuerrichteten Wohnunterkünfte „gehobener Art" standen vor allem für „resozialisierungsfähige Familien" zur Verfügung.[381] Die vermeintlich „asozialen" Familien blieben indessen in den 291 Unterkünften in Barackenform, die auch 1967 noch in Bochum existierten. Der Blick auf die kommunale Ebene zeigt, dass sich aus der Suche nach praktikablen Lösungen zur Unterbringung von obdachlosen Familien Anfang der 1960er-Jahre wieder ein hierarchisches – meist dreistufiges – Bewährungsmodell für Obdachlose herausbildete. 1968 empfahl der Sozialausschuss des Deutschen Städtetages in seinen *Hinweisen zur Obdachlosenhilfe* das Drei-Stufen-Modell als ein bewährtes System zur Erstellung von Wohnraum für Obdachlose sowie deren Resozialisierung.[382] Die Hinweise des Städtetages wurden breit rezipiert und führten auf kommunaler Ebene zu verwaltungsressortübergreifenden Arbeitskreisen.[383] Dabei gab der Städtetag vor, sehr bedacht mit Zuschreibungen für Obdachlose umzugehen, und machte bereits im Vorwort deutlich: „Es ist abwegig, obdachlos mit asozial gleichzusetzen." Stattdessen sprach man von „sozial unangepaßte[n], nicht oder nur mit besonderem Aufwand eingliederungsfähige[n] Familien", die „parasitäre Züge" aufwiesen und „sich nicht in die bürgerliche Gesellschaft einordnen".[384] Dass der Städtetag mit dieser Wertung den Aus-

---

[378] Hans Glöckle, Mustersiedlung des Elends verschwindet, in: 8 Uhr Abendblatt 17. 8. 1963.
[379] Dezernat Soziales und Gesundheit, Bericht über die Obdachlosenhilfe in Frankfurt a. M. v. 6. 10. 1970, ISG FRA Fürsorgeamt 3600.
[380] Verwaltungsbericht der Stadt Bochum 1963–1967, S. 49.
[381] Verwaltungsbericht der Stadt Bochum 1966, S. 73.
[382] Deutscher Städtetag, Hinweise, S. 12 f.
[383] Vgl. hier das Beispiel Gelsenkirchen: Niederschrift der Besprechung über Betreuungsmaßnahmen für Obdachlose v. 15. 4. 1969, ISG GE 50 Nr. 32. Hier finden sich auch Verweise auf entsprechende Vorbilder in Bochum und Duisburg.
[384] Deutscher Städtetag, Hinweise, S. 4, 8.

sonderungsideologien aufsaß, die seit den 1920er-Jahren die Unterbringung von Obdachlosen bestimmten, blieb indessen vom Autor unreflektiert.[385]

Der Drei-Stufen-Plan ist ein Beispiel, wie die soziale Selektion entlang der Stigmatisierungen von „asozialem", „unangepaßtem" oder „unzumutbarem" Verhalten als praktische Leitlinie die kommunale Obdachlosenpolitik bestimmte. Diese Zuschreibungen bauten aufeinander auf und waren von der Weimarer Republik über die Zeit des Nationalsozialismus bis in die frühen 1970er-Jahre der Bundesrepublik existent, und zeichnen eine der Kontinuitätslinien dieser Studie.

8.2 Die Abkehr vom Drei-Stufen-Modell

Was gab letztlich den Anlass, mit dem Drei-Stufen-Plan zu brechen und neue Wege zur Unterbringung obdachloser Familien einzuschlagen? Obwohl auch in der SBZ nach dem Zweiten Weltkrieg zunächst wieder ein hierarchisches Unterbringungssystem anvisiert wurde, kam es in der DDR nicht zu einer Reaktivierung des Drei-Stufen-Modells. Obdachlosigkeit als Produkt des Kapitalismus hatte in Ostdeutschland keinen konkreten Ort mehr.

In der Bundesrepublik waren es erst die neuen sozialwissenschaftlichen und städtebaulichen Forschungen am Ende der 1960er-Jahre, die sozial-räumliche Segregationsprozesse hinterfragten und den Bruch mit der bisherigen Unterbringungspraxis vollzogen. Wie der Osten und Westen Deutschlands auf zwei unterschiedlichen Wegen schließlich zum gleichen Ziel gelangte, wird im Folgenden skizziert.

Obdachlose Familien in der DDR

Zu Kriegsende lebten in der Leipziger Obdachlosensiedlung noch 151 Familien mit insgesamt 693 Personen. Dabei hatten die Häuser und Baracken im Krieg starke Bombenschäden erlitten. Ganze Stockwerke und Gebäudeteile waren zusammengebrochen und verunreinigtes Wasser stand bis zum Erdgeschoss. Die hygienischen und gesundheitlichen Verhältnisse waren mehr als mangelhaft und die Ernährungslage der Bewohnerinnen und Bewohner, vor allem der Kinder, kritisch. Im Mai 1945 war es zu ersten Typhuserkrankungen gekommen, woraufhin die Stadtverwaltung eine eingehende Begutachtung durchführen ließ.[386] Im September warnte der beauftrage Berichterstatter L. die Stadträte vor der akuten Seuchengefahr in der Anlage: „Bei den augenblicklichen Zuständen ist damit zu rechnen, daß die Infektionskrankheiten sich noch in größerem Maße ausbreiten werden."[387] Obwohl er die Zustände in der Obdachlosensiedlung ganz allgemein als „gesundheitsge-

---

[385] Zu dieser Bewertung vgl. Preußer, ObDach, S. 56–61.
[386] Fritz H. an Bornemann v. 10.10.1945 mit Verweis auf die Mitteilungen v. 25.7. und 2.8.1945, StadtAL StVuR 14736.
[387] L. an Stadträte Gelbke, Seyfert und Zeiler v. 8.9.1945, StadtAL StVuR 14736.

fährdend" und „schlecht" beschrieb, diagnostizierte er zugleich eine Abstufung zwischen den einzelnen Familien:

„Ich habe mir Wohnungen von sauberen Leuten zeigen lassen, die hygienisch einwandfrei waren und sehr wohnlich eingerichtet waren. Auf der anderen Seite gibt es aber einen großen Teil von Wohnungen, in denen asoziale Familien wohnen und die total verdreckt und verwanzt sind."[388]

Neben der Empfehlung, die Bewohnerinnen und Bewohner zwangsweise gegen Typhus zu impfen und den zerstörten Kanal instand zu setzen, schlug er als eine der dringlichsten Aufgaben die „Trennung der sauberen Familien von unsauberen Familien" vor. Die Unterscheidungskriterien orientierten sich jedoch nicht am Gesundheitszustand, sondern am Grad des Hygienebewusstseins der Familien. Differenziert wurde zwischen „hygienisch einwandfreien" und „asozialen" Familien. Die „unsauberen Familien" sollten in eine notdürftig wiederhergestellte Baracke umquartiert werden, wo sie zugleich in Quarantäne vollständig isoliert sein sollten. Familien, die sich den Umgruppierungsmaßnahmen widersetzten, mussten mit dem Entzug der Lebensmittelkarte rechnen – so die Strategie des Inspektors der Stadtverwaltung. Nach der Ansicht des Leiters der Obdachlosenhäuser, Fritz H., war die Notwendigkeit zur Aufteilung der Familien in zwei Kategorien auch dadurch geboten, dass sich der Bewohnerkreis im Krieg stark verändert habe. Mit den Ausgebombten sei im Luftkrieg „ein ganz anderer Menschenschlag unter die ehemaligen Obdachloseninsassen gekommen", meldete Fritz H. und forderte diesem Umstand Rechnung zu tragen, indem die Stadt diesen Familien geregelte Mietverhältnisse in der Anlage anbiete. Diese Maßnahme stehe aber selbstverständlich nicht allen zu und daher müssten zuvor die „asozialen Mieter" von den kriegsbedingt obdachlosen Familien getrennt werden. Außerdem würde eine Separierung die Überwachung der Bewohnerinnen und Bewohner vereinfachen, ohne dass hierfür zusätzliches Personal erforderlich wäre. Für den Anstaltsleiter lagen die positiven Effekte auf der Hand: „In sozialer Beziehung ist m[eines] E[rachtens] auch ein Ansporn durch die Teilung gegeben und auch in sittlicher Beziehung wäre ein Auftrieb bestimmt zu verzeichnen."[389] Die Stadtverwaltung sah indessen den finanziellen Aufwand einer solchen Aufteilung und die damit verbundene kostspielige Instandsetzung der Baracken und Obdachlosenhäuser. Zu einer Umsetzung der Forderungen von Fritz H. und Berichterstatter L. kam es zunächst nicht, jedoch wurden die Pläne erstmal „zurückgestellt" und nicht aufgegeben.[390]

Langfristig strebte die Stadtverwaltung Leipzig in der Nachkriegszeit wieder ein mehrstufiges Unterbringungskonzept für Obdachlose an. Zur Behebung der akuten Not ließ sie zunächst lediglich das Kanalsystem provisorisch reparieren. Die akute gesundheitliche Gefährdung der Bewohnerinnen und Bewohner und die Infektionsgefahr änderten sich dadurch nur geringfügig. Drei großräumige Gemeinschaftsbäder, die seit Kriegsende unbenutzbar waren, wurden erst 1948 instandge-

---

[388] L. an Stadträte Gelbke, Seyfert und Zeiler v. 8. 9. 1945, StadtAL StVuR 14736.
[389] Fritz H. an Bornemann v. 10. 10. 1945, StadtAL StVuR 14736.
[390] Vormerkung des Fürsorgeamts v. 8. 12. 1945, StadtAL StVuR 14736.

setzt.[391] Um wenigstens eine gewisse Kontrolle zu suggerieren, ließ die Verwaltung die Bewohnerinnen und Bewohner regelmäßig von einem Amtsarzt untersuchen und die Wohlfahrtspfleger monatlich die Wohnungen besichtigen.[392] Einen kontinuierlichen Anstieg der Erkrankungen in der Obdachlosensiedlung verhinderten diese Maßnahmen nicht.[393] Der Anstaltsleiter sandte im Februar 1947 einen regelrechten Brandbrief an den Direktor des Leipziger Fürsorgeamtes.[394] Der Brief ist eine eindrückliche Momentaufnahme, wie die Bewohnerinnen und Bewohner der Obdachlosensiedlung zwei Jahre nach Kriegsende wahrgenommen wurden:

„Infolge der Kriegsnachwirkungen u. ä. Einflüssen sind große Teile der Bewohner des Obdachlosenhauses noch hemmungsloser in ihrem Verhalten geworden als sie es bereits früher waren, als das Obdachlosenhaus noch unter geordneten Verhältnissen bestand. Die Diebstähle von Anstaltseigentum, Kellereinbrüche, Kriminalität im allgemeinen, Geschlechtskrankheiten, Unsauberkeit der Personen und der Wohnungen und dadurch bedingt, sogen. Schutzkrankheiten wie Krätze und dergl. steigen unaufhörlich, um dem Einhalt zu gebieten, ist es unbedingt erforderlich, dass eine Möglichkeit gegeben ist, derartig asoziale Elemente aus dem Einzelunterkommen zu entfernen und sie in größerer Aufsicht zu stellen. […] Wenn es uns nicht gelingt, die hier untergebrachten asozialen Elemente im Interesse der Allgemeinheit zu einer gewissen unbedingt notwendigen Ordnung zu bringen, so besteht sowohl die Gefahr, dass Seuchenherde entstehen, als auch die Möglichkeit der Verschmutzung durch Ungeziefer und Krankheiten weiter Kreise der Bevölkerung. […] Allgemein möchte ich noch hinzufügen: Nachfragen bei Polizei, Justiz und Gesundheitsamt werden zeugen, dass die Bewohner des Obdachlosenhauses ein starkes Kontingent der Kreise darstellen, die die Allgemeinheit belasten, Diebstähle, Geschlechtskrankheiten u. ä. Delikte. Meines Erachtens bedeutet es, das Übel an der Wurzel erfassen, wenn durch Maßnahmen irgendwelcher Art es uns gelingt, Ordnung zu schaffen."[395]

Die Zeilen erwecken beim Leser den Eindruck, dass es sich bei den Obdachlosensiedlungen um die zentrale Keimzelle für Seuchen in der Stadt handele. Sie zu beseitigen war damit im Interesse der ganzen Stadtbevölkerung. „Ordnung zu schaffen" übersetzte sich für den Anstaltsleiter – wie für viele anderen Verwaltungsbeamten der Nachkriegszeit – in die Rückkehr zum bewährten Stufensystem. Er forderte nachdrücklich den Wiederaufbau von Gemeinschaftsbaracken nach früherem Vorbild. Auch die Stadtverwaltung war nicht abgeneigt, tat sich allerdings schwer, die benötigten Baracken zu beschaffen. Um das alte Besserungs- und Anreizsystem dennoch anwenden zu können, griff Leipzig die Praxis des „Zwangswohnungstauschs" auf, die der zu Beginn der 1930er-Jahre praktizierten Umquartierungen glich. Von der Verwaltung des Obdachlosenhauses vorgeschlagene Familien wurden in die zwangsweise geräumten Wohnungen von „asozialen" Familien eingewiesen. Die Exmittierten kamen hingegen im Obdachlosenhaus unter. Dieses Verfahren gelangte allerdings schnell an seine Grenzen, denn Wohnungs-

---

[391] H. an Wohlfahrtsamt v. 3. 3. 1948; Rat der Stadt Leipzig an Hochbauamt v. 4. 6. 1948, beide StadtAL StVuR 14736.
[392] Hellmut S. an Verwaltung des Obdachlosenhauses v. 2. 2. 1947, StadtAL StVuR 14736.
[393] H. an Wohlfahrtsamt v. 8. 5. 1947, StadtAL StVuR 14736.
[394] Walter Bornemann, geb. 1885, seit Oktober 1923 Direktor des Wohlfahrtsamts, vgl. Brandmann, Leipzig, S. 331.
[395] H. an Bornemann v. 5. 2. 1947, StadtAL StVuR 14736.

8. Die Obdachlosensiedlung 265

amt und Wohlfahrtsamt mussten eng zusammenarbeiten. Aufgrund des hohen Verwaltungsaufwands blieben viele Fälle in den Mühlen der Verwaltung stecken.[396]

Auf der Suche nach einer längerfristigen Lösung zur Unterbringung von „asozialen" Familien gelangte in Leipzig in den ersten Nachkriegsjahren auch ein eigenes „Asozialen-Lager" wieder auf die Tagesordnung, welches räumlich eng mit den Obdachlosenhäusern verknüpft sein sollte. Eine Zentrierung der Obdachlosen sollte deren Überwachung gewährleisten und zugleich die Wiedereinrichtung eines Stufensystems vereinfachen. Mit den Möglichkeiten an der Dauthestraße und den finanziellen Gegebenheiten der Stadt ließ sich dieses Konzept jedoch nicht vereinbaren. Eine neue örtliche Option tat sich hingegen Ende 1947 im ehemaligen „Umsiedlerlager" Thekla auf. Das frühere Außenlager des KZ Buchenwald hatte nach Kriegsende zunächst als Auffanglager für Vertriebene, Flüchtlinge, Ausgebombte und sogenannte Displaced Persons gedient.[397] Das Umsiedlerlager Thekla war einer der Orte, an dem sich die kriegsbedingte Obdachlosigkeit zentralisierte und zugleich mit zunehmendem zeitlichem Abstand zum Kriegsende mehr und mehr ausdifferenzierte.

Die Lebensumstände im Wohnbarackenlager Thekla wurden schon 1946 als mangelhaft beschrieben und von Seiten der Stadt zum einen auf den allgemeinen Materialmangel, zum anderen auf das Verhalten der Bewohnerinnen und Bewohner zurückgeführt, die durch Materialklau die Wohnverhältnisse zusätzlich verschlechtert hätten. Den Bewohnerinnen und Bewohnern wurde ganz im Wiederaufbauduktus „fehlender Wille" und Teilnahmslosigkeit unterstellt. Als Konsequenz wurde ihre räumliche Absonderung und Überwachung gefordert.[398] Mit der Ankündigung, die kriegsbedingten Umsiedlungsprozesse seien nun an ihr Ende gelangt, löste die Stadt Leipzig ihrer Ansicht nach gleich zwei Probleme: Zum einen gewann sie so kostengünstig die seit langem benötigten Unterkünfte für obdachlose Familien. Zum anderen war in Thekla die gewünschte örtliche Konzentration und Überwachung von obdachlosen Personen gewährleistet. Anfang Mai 1948 wurde das ehemalige Wohnbarackenlager aufgelöst und die Anlage den Obdachlosenhäusern als Zweigstelle unterstellt. In der Umwidmung hieß es zum zukünftigen Verwendungszweck, dass das Lager Thekla „ausschließlich mit gemeinschaftswidrigen Personen und Familien belegt werden soll".[399] Unter diese Zuschreibung fielen jetzt auch die verbliebenen Bewohnerinnen und Bewohner des einstigen Umsiedlerlagers. Die offizielle Umwidmung markierte damit das Ende eines sich seit 1946 hinziehenden Prozesses, in dem sich das Auffanglager für Flüchtlinge zu einem Ort der Obdachlosigkeit wandelte. Die Stadt verlegte zusätzliche Baracken aus aufgelösten Umsiedlerlagern nach Thekla und forcierte so die Zentralisierung der Obdachlosen. Das Lager

---

[396] Stadtrat an Bürgermeister Eichelbaum v. 22. 10. 1947; H. an Eichelbaum v. 4. 11. 1947, beide StadtAL StVuR 14736. H. an Wohlfahrtsamt v. 29. 7. 1948, StadtAL StVuR 14737.
[397] Zur Geschichte des KZ-Außenlager Thekla vgl. Benz/Distel, Ort, S. 502–505.
[398] Rat der Stadt Leipzig an SED-Bezirksvorstand Westsachsen v. 18. 12. 1946, StadtAL StVuR 14761.
[399] Verwaltung Wohnbarackenlager an Hauptverwaltungsamt v. 24. 3. 1948, StadtAL StVuR 14761.

Thekla schien den Leipziger Behörden aus zwei Gründen der ideale Ort dafür. Erstens besaß das frühere KZ-Außenlager die räumlichen Strukturen für ein geschlossenes Überwachungssystem und zweitens lag es im „Weichbild der Stadt", wo die Obdachlosen insbesondere von Besucherinnen und Besuchern der Messestadt Leipzig ungesehen blieben.[400] Aus letzterem Grund wurde mehrmals über die Verlegung der Obdachlosenhäuser an der Dauthestraße diskutiert, die in direkter Nachbarschaft zum Messegelände lagen und hier in den Augen der Stadtverwaltung ein „Schandbild" von Leipzig abgaben.[401] Die Stadtverwaltung echauffierte sich darüber, dass 1948 Schweizer Messebesucher Butterrationen an die Familien verteilt hätten, obwohl doch bekannt sei, dass die Bewohnerinnen und Bewohner ihre Lebensmittelkarten gegen Genussmittel anstatt zum Kauf von Nahrung für ihre Kinder einsetzten. Ein solches Verhalten vermittele nach Ansicht der Stadtverwaltung ein falsches Bild vom sozialistischen Fürsorgesystem und dürfe im Stadtbild nicht geduldet werden.[402]

In Thekla konnte die Stadtverwaltung nun ihren Wunsch nach einem geschlossenen „Asozialen-Lager" an der Peripherie der Stadt umsetzen. Zur Kontrolle der Bewohnerinnen und Bewohner wurden acht Aufseher eingestellt, da nach Ansicht der Beamten eine „strenge und ständige Überwachung, Tag und Nacht [ ] nach Lage der Dinge unbedingt erforderlich" war.[403] Schon ein Jahr nach der Übernahme erweiterte die Stadt die Anlage um eine Baracke für „asoziale" Einzelpersonen.[404] Langfristig beabsichtigte sie sogar, Thekla ausschließlich für Einzelpersonen zu verwenden.[405] Die Obdachlosenhäuser Dauthestraße sowie das Lager Thekla waren damit die beiden zentralen Orte von Obdachlosigkeit in Leipzig in der Nachkriegszeit. Eine Erneuerung des Stufensystems konnte die Stadt mit den Standorten allerdings nicht etablieren. Umquartierungen als Bewährungs- oder Sanktionierungsmaßnahmen sind nicht überliefert, was sich auch darauf zurückführen lässt, dass sich die Anlagen in der Wohnqualität und Bewohnerstruktur sehr ähnlich waren. Zudem war ihre Existenz nur von kurzer Dauer. Das Obdachlosenlager Thekla sowie die Obdachlosenhäuser an der Dauthestraße wurden bereits im November 1950 aufgelöst.[406] Wie kam es zu dieser Kehrtwende in der Obdachlosenunterbringung von Seiten der Stadtverwaltung?

Schon 1948 meldete die Leitung der Obdachlosenhäuser, dass die Haupteinweisungsgründe in die beiden Einrichtungen für Obdachlose neben „asoziale[m] Verhalten und Verschmutzung der Wohnung" insbesondere Prostitution, Verweige-

---

[400] Rat der Stadt Leipzig an Direktor des Wohlfahrtsamts, undat., StadtAL StVuR 14761.
[401] Sozialamt zur Beratung an den Stadtrat v. 2. 12. 1948, StadtAL StVuR 314.
[402] Sozialamt zur Beratung an den Stadtrat v. 2. 12. 1948, StadtAL StVuR 314.
[403] Vermerk Engelhardt v. 22. 12. 1947, StadtAL StVuR 14761.
[404] H. an Amtsleitung des Wohlfahrtsamts v. 9. 7. 1948, StadtAL StVuR 14761; Hoffmann an Sozialamt v. 28. 6. 1949, StadtAL StVuR 14762.
[405] Entsprechende Überlegungen wurden erstmals im Dezember 1948 geäußert, vgl. Sozialamt zur Beratung an den Stadtrat v. 2. 12. 1948, StadtAL StVuR 314.
[406] Stadtbauamt an Sozialamt v. 12. 1. 1950, StadtAL StVuR 14762; Meldung an das Wohnungsamt v. 8. 11. 1950, StadtAL StVuR 14737.

rung der Unterhaltspflicht und Schwarzmarkthandel waren.[407] Im Dezember 1948 richtete die Stadtverwaltung zudem in einer Baracke eine Sonderabteilung für entlassene Strafgefangene ohne Unterkommen ein.[408] An den beiden Orten der Obdachlosigkeit in der Sowjetischen Besatzungszone verschwammen damit die Grenzen zwischen Obdachlosen und anderen Formen von deviantem und delinquentem Verhalten zunehmend. In einem Bericht über einzelne obdachlose Familien in der Dauthestraße verwies der Verfasser 1950 wie selbstverständlich auf diesbezügliche Zusammenhänge:

„Das [sic] im allgemeinen die Kriminalität, Unterbringung in Erziehungsheime und Strafanstalten sehr häufig ist, braucht wohl nicht weiter betont zu werden."[409]

Bereits im August 1948 – nur drei Monate nach Übernahme des Lagers – hatte die Stadtverwaltung geschätzt, dass von den 886 Personen in Thekla etwa 200 als „gemeinschaftswidrig" zu kennzeichnen seien. Mit längerem Bestehen des Lagers stiegen die Schätzungen kontinuierlich an. Im Obdachlosenhaus an der Dauthestraße gingen die Beamten von etwa 500 „gemeinschaftswidrigen" Personen aus bei einer Gesamtbelegung von 682 Menschen – von Obdachlosen war in den Berichten nicht mehr die Rede.[410] Der veränderten Stigmatisierung angepasst, verlagerte sich die kommunale Obdachlosenpolitik mit Gründung der DDR in den Aufgabenbereich „Wiederaufbau der Arbeitsanstalt".[411] Wie die Asyle wurden auch die Obdachlosenhäuser in „Heime für soziale Betreuung" umbenannt, mit dem Ziel, den Begriff „Obdachlosenhaus" aus dem öffentlichen Diskurs verschwinden zu lassen.[412] Zudem sollten die Häuser und deren Bewohnerinnen und Bewohner von der Dauthestraße auf ein ehemaliges Fabrikgelände verlegt werden. Hier – so glaubte man – könnten zumindest die Kinder abgeschieden von der Öffentlichkeit „im Gemeinschaftssinne erzieherisch beeinflusst" werden.[413]

Die Korrespondenzen der Sozialverwaltung zeugen von einem Wiederaufbau-Aktionismus in der DDR, der darauf zielte, Obdachlose als urbanes und sichtbares Armutsphänomen zu verdrängen.[414] Allerdings bremste der Stadtrat, da er die zwangsweise Unterbringung „nicht als Lösung eines sozialen Problems" ansah.[415] Eine erzwungene Umquartierung auf das Fabrikgelände wurde nicht durchgesetzt, vielmehr forderte die Stadt die Bewohnerinnen und Bewohner auf, freiwillig um-

---

[407] Obdachlosenhaus an Wohlfahrtsamt v. 23. 8. 1948, StadtAL StVuR 14761.
[408] Sozialamt zur Beratung an den Stadtrat v. 2. 12. 1948, StadtAL StVuR 314.
[409] Bericht des Leiters über das Obdachlosenhaus an Ministerium für Arbeit und Gesundheitswesen des Landes Sachsen v. 15. 2. 1950, StadtAL StVuR 7854.
[410] Obdachlosenhaus an Wohlfahrtsamt v. 23. 8. 1948, StadtAL StVuR 14761.
[411] Zusatzplan 1949/50 des Dezernats für Arbeit und Sozialfürsorge, undat. [Juli 1949], StadtAL StVuR 14667.
[412] H. an Sozialamt Verwaltungsstelle II v. 2. 11. 1950, StadtAL StVuR 14737.
[413] Zusatzplan 1949/50 des Dezernats für Arbeit und Sozialfürsorge, undat. [Juli 1949], StadtAL StVuR 14667. Als Standort diente das Gelände des ehemaligen Rüstungskonzerns HASAG am Stadtrand, deren Anlagen demontiert worden waren.
[414] Sozialamt zur Beratung an den Stadtrat v. 2. 12. 1948, StadtAL StVuR 314.
[415] Rat der Stadt Leipzig an Wohnungsamt v. 7. 7. 1950, StadtAL StVuR 13736.

zuziehen. Nur ein Teil nahm dieses Angebot an, die meisten Familien bekamen während des Sommers 1950 durch das Wohnungsamt eine reguläre Wohnung zugewiesen.[416] Die „Heime für soziale Betreuung" waren indessen nicht zur Unterbringung von obdachlosen Familien konzipiert, sondern dienten in den Folgejahren der alleinstehender Personen.[417]

An den beiden Orten Dauthestraße und Thekla in Leipzig lässt sich somit nachvollziehen, wie Obdachlosigkeit in wenigen Nachkriegsjahren vom kriegsbedingten Zustand wieder zu einem selbst verschuldeten Zustand umgedeutet wurde. Obdachlose wurden mit der Gründung der DDR einerseits wegen deviantem „gemeinschaftswidrigem" Verhalten in die Heime für soziale Betreuung gedrängt und waren so als spezifisch urbane und soziale Form der Armut nicht mehr greifbar. Andererseits wurde durch Wohnraumzwangswirtschaft und Kündigungsschutz, die Exmittierungen von Familien verhindert. Obwohl in der SBZ noch der Wiederaufbau der örtlichen Strukturen der früheren Obdachlosensiedlungen mit dem dazugehörigen Drei-Stufen-System verfolgt wurde, wurden diese Pläne mit Gründung der DDR verworfen und obdachlose Familien mittels Wohnungszwangswirtschaft in regulären Wohnraum integriert. Auch für die Baracken auf dem früheren Fabrikgelände verlautete im Juli 1950 die Anweisung, dass bestehende Mauern, die die Familien abschotteten, niederzureißen und durch „parkähnliche Anlagen" zu ersetzen seien.[418]

Abkehr von der Ghettoisierung: Dezentralisierung statt Segregation in der Bundesrepublik

Schon bei der Entstehung der ersten Obdachlosensiedlungen in München 1926 hatte Stadtrat Hufeland vor einer möglichen Ghettoisierung der Obdachlosen gewarnt. Seitdem war die sozial-räumliche Isolierung der obdachlosen Familien von verschiedenen Seiten immer wieder angeprangert worden – vor allem von den Bewohnerinnen und Bewohnern selbst. 1932 kamen sie beispielsweise in Leipzig in der *Sächsischen Arbeiter-Zeitung* zu Wort:

„Nirgends kann das Verlangen nach einer menschenwürdigen Wohnung wohl größer sein als bei uns, nachdem man uns, die Opfer einer verfehlten Wirtschaft-und Wohnungspolitik, jahrelang wie räudige Schafe eingepfercht hat und die Stadt somit ein neues mittelalterliches Ghetto schaffte."[419]

Das Wirtschaftswachstum in der Bundesrepublik verstärkte das Unrechtsempfinden der Bewohnerinnen und Bewohner der Obdachlosensiedlungen, das in

---

[416] Dienstbesprechung v. 24. 7. 1950, StadtAL StVuR 13736; Sozialamt an Grundstücks- und Vermessungsamt v. 9. 11. 1950, StadtAL StVuR 14737.
[417] Heim für soziale Betreuung an Abteilung Sozialfürsorge Sachgebiet I v. 6. 3. 1952, Fall Kurt P., StadtAL Heim für soziale Betreuung 557.
[418] Rat der Stadt Leipzig an das Wohnungsamt v. 7. 7. 1950, StadtAL StVuR 13736.
[419] Die Obdachlosen der Kregelstraße beschließen Kampf, in: Sächsische Arbeiter-Zeitung Nr. 224, 29. 9. 1932.

Selbstbeschreibungen wie „Stiefkinder des Wohlstandes" gipfelte.[420] Während außerhalb der Siedlungen eine breite Mittelschicht entstand, die dank steigender Löhne und verfügbarem Wohnraum inzwischen wählen konnte, wo sie lebte, änderte sich die Situation der ärmeren Bevölkerungsschichten nur geringfügig. Zwar waren viele Siedlungen saniert und von den Kommunen durch neue soziale Infrastrukturen wie Kindergärten oder Schulen aufgewertet worden, doch blieb das alltägliche Leben weitgehend gleich. Insbesondere wirkten sich die Neuerungen kaum auf gesellschaftliche Wahrnehmung der Bewohnerinnen und Bewohner aus, obwohl führende Medien seit Mitte der 1960er-Jahre versuchten, das Image der Obdachlosensiedlungen aufzuwerten. Altbekannte Sozialklischees, mit denen die Bewohnerinnen und Bewohner behaftete waren wie „Asozialität", Kriminalität oder Kinderreichtum wurden offen hinterfragt und differenzierter dargestellt. Zugleich nahm insbesondere die Berichterstattung über die Obdachlosensiedlungen deutlich zu.[421]

Waren die Siedlungen in den frühen Nachkriegsjahren nur ein Bestandteil der vorherrschenden Not in den Städten gewesen, stachen sie nach Wiederaufbau und Wirtschaftswunder als Brennglas des noch bestehenden sozialen Elends hervor. Zudem stießen neue sozialwissenschaftliche Forschungen diese Richtungsänderung in der Presse an. Es waren vor allem Studenten der Soziologie, Psychologie und Pädagogik, die die Obdachlosensiedlungen für Feldforschungen entdeckten und so von einem verwaltungsrechtlichen in einen wissenschaftlich-öffentlichen Diskurs überführten.[422] Aus dieser interdisziplinären Forschungsrichtung ging die soziale Randgruppenforschung hervor, die eine Reihe wissenschaftlicher Qualifikationsschriften zum Thema Obdachlosigkeit hervorbrachte. Ende der 1960er-Jahre liegt erstmals eine fundierte sozialwissenschaftliche Forschung zu Obdachlosen vor, die ihrerseits neue Richtungen einschlug. Junge Forschende, die in ihren Arbeiten auf theoretische Konzepte zurückgriffen, hinterfragten den Ansatz der Sozialdisziplinierung Obdachloser durch das Drei-Stufen-Modell.[423] Als Ende der 1960er-Jahre zudem der Wohnungsmangel überwunden schien und der westdeutsche Mietmarkt sich mehr und mehr differenzierte, rückte die Konzentration sozial benachteiligter Schichten in einzelnen städtischen Orten auch in den Fokus der Stadtplanung. Waren sogenannte Trabantenstädte zuvor noch ein Allheilmittel gegen die Wohnungsnot gewesen, wurden sie nun vor dem Hintergrund sozialräumlicher Segregationsprozesse hinterfragt.[424]

Zu dieser Entwicklung stieß schließlich die Studentenbewegung mit radikalen gesellschaftstheoretischen Ansätzen hinzu. Statt situativen Vorgehens, einer „Therapierung der Opfer", forderte sie eine langfristige Änderung der sozialen Verhältnisse. Die klassische Sozialarbeit und Sozialpädagogik wurden von den 68ern als

---

420 Rundfunksendung *Stiefkinder des Wohlstandes* im Hessischen Rundfunk v. 23./26. 4. 1970. Zur Kritik vgl. „Rundfunksendung war einseitig", in: FAZ, 30. 4. 1970.
421 Lorke, Armut, S. 191–200; Haunschild, Elend, S. 331–348.
422 Preußer, ObDach, S. 31.
423 Reinecke, Ungleichheit, S. 113 f.
424 Reinecke, Weg.

systemerhaltende Kräfte kritisiert, die letztlich die Missstände der Gesellschaft in der Disziplinierung und Anpassung des Einzelnen umsetze.[425] Zudem vollzog die Studentenbewegung den offenen gesellschaftlichen Bruch mit alten NS-Strukturen, was zu einer zunehmenden Kritik an der Ghettoisierung der obdachlosen Familien an den Stadträndern führte. Dies wurde auch von Bewohnerinnen und Bewohnern der Obdachlosensiedlungen rezipiert. Ein offener Brief aus einer Krefelder Obdachlosensiedlung an den russischen Schriftsteller Alexander Solschenizyn, der zu diesem Zeitpunkt im Exil bei Heinrich Böll lebte, stellte 1974 die sozial-räumliche Ausgrenzung an den Stadträndern nicht nur begrifflich in eine Kontinuität zu NS-Praktiken:

„Ich darf Ihnen mitteilen, daß in diesem Land, dass Sie als Gast und Moralisten feiert, eine Million Menschen – davon vorwiegend Kinder! – in Obdachlosenghettos gegen ihren Willen deportiert sind. […] Die Lager an den Rändern aller Städte der Bundesrepublik stehen unter besonderem Anstaltsrecht, das die Menschenwürde brutal einschränkt. Die Menschen sind auf engstem Raum mit Ungeziefer und Ratten zusammengepfercht. Regelmäßig brechen in diesen Anstalten Epidemien aus. […] Meine Freunde, die sich gegen dieses Unrecht auflehnten, sind verhaftet und von der politischen Kriminalpolizei (K 14) verhört und belästigt worden. Von der Ordnungspolizei wurden sie geschlagen, gewürgt und beleidigt, von den Gerichten um des Einsatzes für die Ärmsten der Armen willen zu hohen Geld- oder Gefängnisstrafen verurteilt und von der Rechtspresse mit Rufmord bedacht."[426]

Doch veränderten die Initiativen von Wissenschaft, Studierenden und Medien die kommunale Praxis der Obdachlosenunterbringung nicht schlagartig und schon gar nicht die öffentliche Wahrnehmung der Siedlungen. Die jahrzehntealten Vorurteile eines Großteils der Bevölkerung gegenüber den Bewohnerinnen und Bewohnern der Siedlungen ließen sich nicht von heute auf morgen erneuern. Die Kommentare und Leserbriefe zeugen bis weit in die 1970er-Jahre von „Unverständnis und Skepsis". Eine Studie der Bundesregierung von 1976 nahm sogar an, dass einzelne Berichte sogar vorgeprägte Aversionen verstetigten.[427]

Statt Isolation ging es der Stadtverwaltung nun um die Einbindung der Bewohnerinnen und Bewohner und deren Teilhabe. Christiane Reinecke hat dies mit dem Begriff der sozialen Aktivierung beschrieben. Seit den 1970er-Jahren setzte sich durch den Einfluss der Sozialwissenschaften auf die Stadtpolitik ein neues Verständnis von sozialer Ungleichheit durch. Dieses fußte nicht länger auf einem vertikalen Verlauf von unten nach oben bzw. deviant und „asozialen" Verhalten zu „normal", sondern fokussierte Prozesse des „Ein – und Ausschließens".[428] Statt die Familien in den Obdachlosensiedlungen mittels des hierarchischen Stufensystems zu disziplinieren, sollten nun gruppenspezifische Hilfsprogramme zu einer Integration der Betroffenen in die urbane Gesellschaft befördern.[429]

Diesen Gedanken folgte auch der 1969 gegründete Arbeitskreis zur Obdachlosen-Unterbringung innerhalb der *Gesellschaft für Wohnungs- und Siedlungswesen*. Der

---

[425] Oberhuber, Erfindung, S. 93 f.
[426] Offener Brief der Aktion Obdachlose Helder Camara v. 14. 2. 1974, BArch B 122/6828.
[427] Lorke, Armut, S. 191–200.
[428] Reinecke, Ungleichheit, 119–133, hier S. 121.
[429] Ebenda, S. 130–133.

8. Die Obdachlosensiedlung

Arbeitskreis sollte die Vielfalt der Forschungsansätze mit den langjährigen Erfahrungen der Verwaltungen zusammenbringen und so eine „Brücke zwischen Forschung und Praxis" zu schlagen.[430] Unter den zehn Mitgliedern waren Ursula Adams und der Sozialpädagoge Fritz Haag. Hans W. Jürgens, der auf einer ursprünglichen Vorschlagsliste mit 28 Personen noch vorgemerkt war und der nach 1945 das NS-Stigma „asoziale Großfamilie" als ein sozialbiologisches Problem reaktivierte, wurde indessen nicht hinzugezogen – ein deutlicher Bruch in der Deutungshoheit über die Bewohnerinnen und Bewohner der Obdachlosensiedlungen.[431] Sie wurden nicht mehr isoliert als „asoziale" Familien wahrgenommen, sondern ihre Lebenssituation wurde als Teil eines Prozesses sozialer Marginalisierung in städtischen Räumen hinterfragt. Aus den Stadtverwaltungen waren am Arbeitskreis die Sozial- und die Gesundheitsämter beteiligt. Hinzu kamen Vertreter von gemeinnützigen Wohnungsbaugesellschaften. Die Kommission ging bereits in ihrer ersten Sitzung vom Leitziel der „dezentralen Unterbringung" von Obdachlosen aus. Im Hinblick auf eine erfolgreiche Integration und Resozialisierung der Familien sei die Überführung in eine Normalwohnung unerlässlich. Das Konzept der Übergangswohnungen – wie sie das Drei-Stufen-Modell vorsah – klassifizierte sie indessen als „lerntheoretisch falsch".[432]

Auch der DST beauftragte Anfang der 1970er-Jahre den Arbeitskreis „Obdachlosenhilfe" mit der Überarbeitung der zwei Jahre zuvor erschienenen *Hinweise der Obdachlosenhilfe*. Dabei kam der DST zu dem Ergebnis, „daß das Dreistufensystem mit seiner Abstufung Unterkunfts-, Übergangs-, (evtl. Einfach-)Normalwohnung einschließlich der Gruppierung der Obdachlosen [...] überholt ist und aus den Hinweisen herauszulassen ist."[433] Dahinter standen jedoch auch schlichtweg wirtschaftliche Motive. Auf lange Perspektive verursachte die Einweisung obdachloser Familien in die Siedlung wesentlich höhere Kosten als ihre Wiedereinweisung in eine Wohnung. Die Anzahl an Räumungsurteilen war zudem rückläufig, weshalb sich die Siedlungen langsam leerten.[434] Der Sozialbericht der Bundesregierung stellte 1970 die beginnende Auflösung von Obdachlosensiedlungen und die Dezentralisierung der Bewohnerinnen und Bewohner fest.[435] Die Neuauflage der *Hinweise* erschien 1979 unter dem Titel *Hinweise zur Arbeit in sozialen Brennpunkten* und veranschaulicht eindrücklich die Kritik an sozial-räumlichen Segregationsprozessen: Im Zentrum stand nun die Frage, ob die Lebensverhältnisse in diesen Siedlungen Ursache oder Folge gesellschaftlicher Isolation waren? Die Obdachlosensiedlungen wurden als „soziale Brennpunkte" gesehen, die nicht mehr die Obdachlosigkeit als „individuelle Notlage" Einzelner begriff, sondern auf die „struktu-

---

[430] Gesellschaft für Wohnungs- und Siedlungswesen, Brücke zwischen Forschung und Praxis, Hamburg 1965: Ergebnis-Protokoll über die 1. Sitzung v. 29. 4. 1969, BArch N 1336/189.
[431] Vorschlag von Harmsen zur Aufstellung des Arbeitskreises v. 29. 4. 1969, BArch N 1336/189. Vgl. zu Jürgens seine 1961 veröffentlichte Dissertation Jürgens, Asozialität.
[432] Ergebnis-Protokoll über die 1. Sitzung v. 29. 4. 1969, BArch N 1336/189.
[433] Mitteilungen des DST v. 6. 11. 1972, ISG GE 50 Nr. 34.
[434] Lürbke, Armut, S. 329 f.
[435] Sozialbericht 1970 v. 20. 4. 1970, Deutscher Bundestag Drucksache 6/643, S. 33.

rellen Zusammenhänge" der spezifischen Räume fokussierte. Sie waren somit ein Teil einer „anderen sozialen Randständigkeit".[436] Dahinter stand letztlich der Bruch mit der seit der Weimarer Republik praktizierten Obdachlosenhilfe, die sich primär auf die Wohnraumversorgung beschränkt hatte. Stattdessen ging es nun um umfassende persönliche Hilfen. Das Drei-Stufen-Modell, das sich an einer hierarchischen Unterteilung nach Würdigkeit der Betroffenen orientierte, war damit nicht länger vereinbar.

8.3 Leben und Alltag in der Obdachlosensiedlung

> „Sie hausen verloren, abgeschrieben und vergessen, oder numeriert [sic], gruppiert, etikettiert und verwaltet an den Rändern von Kiesgruben und Müllkippen, im Schatten alter Schießstände, in ausgedienten Kasernen und Tanzsälen, in Baracken und Wohnwagen, die einmal bessere Zeiten gesehen haben, ‚dort hinten am Bahndamm', ‚im Gleisdreieck', ‚auf dem Hügel', ‚am schwarzen Weg', ‚am Sandberg' oder ‚am grauen Stein'. Nomen est omen!"[437]

Mit diesen Worten eröffnete Ulrich Brisch im April 1967 eine Tagung des Deutschen Vereins in Köln zum Thema „Obdachlosigkeit. Ursachen, Folgen, Maßnahmen". Im Mittelpunkt des Treffens standen obdachlose Familien, die in Siedlungen an den Rändern westdeutscher Großstädte lebten. In der kommunalen Verwaltungspraxis sprach man je nach Stadt von Obdachlosenunterkünften, Einfachwohnungen, Schlichtwohnungen, Notwohnungen, Übergangshäusern, Barackenunterkünften oder Wohnlagern. Die Liste ließe sich weiterführen. Wie Brisch schon andeutete, orientierte sich der Volksmund jedoch stärker an der geografischen Lage der Siedlungen oder fand Eigenbezeichnungen, die auf die Zustände an diesen Orten hindeuteten. Namen wie „Mau-Mau-Siedlung" oder „Klein-Korea", die bis in die 1970er-Jahre in Teilen der Republik üblich waren, brachten die Orte in die gedankliche Nähe zu zeitgenössischen Kriegsgebieten.[438] Kennzeichnungen wie „Klein-Chicago" oder „Klein-Moskau" betonten indessen die vermeintliche Kriminalität der Bewohnerinnen und Bewohner.

Die Benennungen verdeutlichen, mit welchen Stereotypen die westdeutsche Öffentlichkeit die Siedlungen betrachtete. In ihren Studien zur öffentlichen Wahrnehmung von Armut haben Lorke und Haunschild in Bezug auf die bundesdeutsche Obdachlosigkeit festgestellt, dass den Bewohnerinnen und Bewohnern der Obdachlosensiedlung seit Mitte der 1960er-Jahre mehr Aufmerksamkeit geschenkt wurde und sie in den Berichten zunehmend differenzierter betrachtet wurden. Vor allem Haunschild betont für diesen Wechsel den Einfluss der 68er-

---

[436] Deutscher Städtetag, Arbeit.
[437] Brisch, Obdachlosigkeit, in: Obdachlosigkeit, S. 1.
[438] Die Kennzeichnung „Mau-Mau" bezog sich auf den Mau-Mau-Aufstand 1951 in Kenia, der in westlichen Medien vor allem mit der Zerstörungswut der einheimischen Bevölkerung gleichgesetzt wurde. „Klein-Korea" stand assoziativ für den Koreakrieg (1950–1953).

Studentenbewegung.[439] Dennoch zeigen beide auch, dass sich die Vorurteile gegen die Familien in den Siedlungen trotz öffentlicher Gegendarstellungen in weiten Teilen der Bevölkerung aufrecht hielten.[440] Beide Autoren verorteten die Familien in den Randsiedlungen im Diskurs um Armut, blendeten dabei aber den spezifischen Bezug zum Gesamtphänomen Obdachlosigkeit aus. Obwohl obdachlose Familien und Land- und Stadtstreicher unterschiedliche urbane Orte besetzten, bedingte sich ihre öffentliche Wahrnehmung gegenseitig. Obdachlose Familien waren in der öffentlichen Berichterstattung jahrzehntelang unterrepräsentiert. Die Perzeption der Familien war wesentlich beeinflusst von der dominanten Position der Obdachlosen in den Innenstädten. Auch Ursula Adams akzentuierte diesen Konnex in ihrem Referat auf der Tagung des Deutschen Vereins 1967:

„Die Obdachlosen sind zu einem Begriff geworden, aber was sich dahinter verbirgt, weiß kaum irgendwer. Befragt, vermuten die Durchschnittsbürger unserer Städte, daß es Stadt- und Landstreicher seien."[441]

Dabei versuchten sich die Bewohnerinnen und Bewohner schon in den Anfangsphasen der Siedlungen in der Weimarer Republik von der Stigmatisierung als Obdachlose zu lösen. Wie diese aussahen und wie die Zuschreibung dennoch den Alltag der Familien bestimmte, wird im Folgenden anhand einzelner Kriterien exemplarisch erläutert. Die Analyse ist quer zum Untersuchungszeitraum angelegt und weist auf Grundlage von Beschwerden und Eingaben der Bewohnerinnen und Bewohnern auf die konstanten Probleme und Vorurteile hin, die sie von der Weimarer Republik bis in die Bundesrepublik zu bewältigen hatten.

Der Übergang als Dauerzustand

Bei der Entstehung der ersten Obdachlosenwohnungen in München 1928 betonte Wohlfahrtsreferent Friedrich Hilble noch vor Einzug der ersten Mieter, dass die „Leute oder Familien […] von vornherein nach Art von Obdachlosen" zu behandeln seien, „die bemüht bleiben müssten, ein anderweitiges Unterkommen zu finden."[442] Schon diese Aussage verdeutlicht die widersinnige Situation, in der sich die Menschen in diesen Siedlungen befanden. Zweck der Siedlungen war es, Menschen vor der Obdachlosigkeit zu bewahren. Zugleich sollten sie aber weiterhin als Obdachlose gelten. Dementsprechend enthielten die Mietverträge in München 1928 einen eigenen Passus, der die Bewohnerinnen und Bewohner zur Suche einer anderweitigen Wohnung verpflichtete:

„Die Unterbringung ist nur eine vorübergehende und dient zur Verhütung der Obdachlosigkeit. Der Mieter hat sich deshalb beim Wohnungsamt um Zuweisung einer Wohnung zu bemühen."[443]

---

[439] Haunschild, Elend, S. 331–348.
[440] Lorke, Armut, S. 191–200.
[441] Adams, Erfahrungen, S. 73.
[442] Aktenvermerk Hilble v. 17. 12. 1927, StadtAM Wohlfahrt 4704.
[443] Referat II (Grundkatasterbüro) an Referat VII v. 3. 9. 1929, StadtAM Wohlfahrt 4704.

274　III. Das Obdach: Isolierung im Raum

Die Obdachlosensiedlungen waren auf eine temporär begrenzte Unterbringung angelegt und entsprechend gebaut. Die absichtlich notdürftig eingerichteten Einfachwohnungen sollten lediglich für die Übergangsphase in eine reguläre Sozial- oder Mietwohnung dienen. In der Praxis zeigte sich hingegen schon nach wenigen Jahren, dass die Bewohnerinnen und Bewohner entweder nicht bestrebt waren, aus den Obdachlosenunterkünften auszuziehen, oder trotz Bemühungen nicht in der Lage waren, eine Wohnung zu finden. Eine Zwangsräumung war für die Städte moralisch meist äußerst heikel, wie es in Leipzig im Herbst 1932 offenkundig wurde. Aus der Siedlung Dauthestraße hatten sich 15 Familien an die Stadtverordneten gewandt und darauf hingewiesen, dass in vielen Fällen ihr „vorübergehender Aufenthalt" zu einem „dauernden geworden" sei und gefordert, „diesem Zustand Abhilfe zu schaffen".[444] Damit weckten die Bewohnerinnen und Bewohner allerdings schlafende Hunde. Statt der erwarteten Zuweisung von „menschenwürdigen Wohnungen" erließ das Fürsorgeamt mit den gleichen Argumenten wenige Tage später die Anweisung zur Räumung der Unterkunft. Allerdings hatte das Fürsorgeamt die Gegenwehr der Einwohner unterschätzt. Die Lokalpresse und die Bewohnerinnen und Bewohner untereinander solidarisierten sich: „Exmittierte zum zweiten Male exmittiert. Ungeheuerliche Wohnungspraktiken des Leipziger Amtes", lautete die Schlagzeile in der *Sächsischen Arbeiter-Zeitung* kurz darauf.[445] Es folgte ein Protestaufruf der Bewohnerinnen und Bewohner der Obdachlosensiedlung drei Tage später, der nicht nur abgedruckt wurde, sondern auch dem Sächsischen Ministerium für soziale Fürsorge zuging:

> „Die zu der am 26. September 1932 stattgefundenen ordentlichen Einwohnerversammlung erschienenen Bewohner des Obdachlosenhauses, Dauthe-Kegelstraße, protestieren auf das schärfste gegen die neuen Zwangsmaßnahmen des Fürsorgeamtes. Wir werden uns geschlossen irgendwelchen Repressalien gegen unsere Leidensgenossen entgegenstellen, da wir uns im Klaren sind, dass man das, was man heute gegen jene zu unternehmen versucht, morgen gegen uns in Anwendung bringen wird. Nirgends kann das Verlangen nach einer menschenwürdigen Wohnung wohl größer sein als bei uns, nachdem man uns, die Opfer einer verfehlten Wirtschaft- und Wohnungspolitik, jahrelang wie räudige Schafe eingepfercht hat und die Stadt somit ein neues mittelalterliches Ghetto schaffte. Systematisch ist dadurch nachweisbar Gesundheit und seelisches Wohlbefinden in vielen Fällen ruiniert, harmonische Ehen zertrümmert worden, ganz zu schweigen von der außerordentlichen sittlichen Gefährdung der Kinder. Wir sind nicht gewillt, uns länger als Aussätzige behandeln zu lassen".[446]

Die Stadtverwaltung musste schließlich Zugeständnisse machen und bediente sich hierfür eines faulen Kompromisses. Sie ließ die Familien räumen, quartierte sie aber zugleich in Obdachlosenbaracken in unmittelbarer Nachbarschaft ein.[447] Damit setzte sie die Betroffenen nicht auf die Straße, hatte aber dennoch ihre Autori-

---

[444] Einwohnerausschuss Obdachlosenhaus an die Stadtverordneten Leipzig v. 9. 9. 1932, StadtAL AFSA 2878.
[445] Exmittierten zum zweiten Male exmittiert, in: Sächsische Arbeiter-Zeitung Nr. 221, 26. 9. 1932.
[446] Die Obdachlosen der Kregelstraße beschließen Kampf, in: Sächsische Arbeiter-Zeitung Nr. 224, 29. 9. 1932; Einwohner Ausschuss des Obdachlosenhauses an das Ministerium für soziale Fürsorge, 3. 10. 1932, StadtAL AFSA 2878.
[447] Vermerk des Fürsorgeamts Verwaltungsstelle II v. 20. 10. 1932; Vermerk Röder v. 13. 12. 1932, beide StadtAL AFSA 3006.

tät nicht gänzlich eingebüßt. Das groteske an dem Konflikt in Leipzig war jedoch, dass sich Stadt und Einwohner in der Sache durchaus einig waren: Die Obdachlosenhäuser sollten keine Dauerunterkunft sein.

Mit der geplanten Umgestaltung der Obdachlosensiedlungen in geschlossene Fürsorgeeinrichtungen im „Dritten Reich" sollte diesem Problem durch den Nutzungsvertrag statt dem Mietvertrag entgegengetreten werden. Die Städte umgingen somit erstens rechtliche Auflagen, die ihnen das Mietrecht vorschrieb, und konnten zweitens den Schein der temporären Notlösung aufrecht halten. Im „Dritten Reich" bemächtigten sich die Berliner Polizeibehörden sogar des § 361 Absatz 8 für Mietsäumige in den Notunterkünften. Wer seine Miete nicht rechtzeitig zahlte, lief Gefahr, inhaftiert zu werden.[448] Der Status „obdachlos" gab den Kommunen weitreichende Kontrollmöglichkeiten über die Bewohnerinnen und Bewohner. Auch in der Bundesrepublik regelten Nutzungsverträge in vielen Siedlungen das Wohnverhältnis zwischen Kommune und Obdachlosen. Die Exmittierten in den Baracken im Münchner Frauenholz hatten keinen Mieterschutz, sondern „es gilt öffentliches Anstaltsrecht", wie es ein zeitgenössischer Artikel formulierte – nicht nur für die Baracken, sondern ebenfalls für die nachfolgenden Übergangswohnungen.[449] Die Stadt Bochum machte in § 1 ihrer Benutzungsordnung den Status der Bewohnerinnen und Bewohner unmissverständlich deutlich:

„Die städtischen Wohnunterkünfte für Obdachlose sind nicht rechtsfähige öffentliche Anstalten der Stadt Bochum. Sie dienen zur Unterbringung obdachloser und exmittierter Personen."[450]

Die Einführung der Nutzungsverträge gepaart mit Gebührenordnungen statt Mietzahlungen wirkte sich allerdings in der konkreten Umsetzung kaum auf die Verweildauer der Bewohnerinnen und Bewohner aus. Die Gründe hierfür waren vielseitig: Erstens handelte es sich bei einem Großteil der Bewohnerinnen und Bewohner um Menschen, die auf dem freien Mietmarkt nur geringe Chancen auf eine bezahlbare Wohnung hatten, sei es nun aufgrund ihres Kinderreichtums, ihres geringen Verdienstes oder ihrer sozialen und wohnlichen Vorgeschichte. Nur wenige Vermieter waren überhaupt bereit, eine Familie aus einer Obdachlosensiedlung aufzunehmen. Die Stigmatisierung der Familien als „asozial", die in Verruf standen, Wohnungen zu verwüsten und Mieten nicht zu zahlen, trug ihren Teil dazu bei. Zum zweiten arrangierten sich viele Familien mit den neuen Wohnverhältnissen. Die günstigen Nutzungsgebühren und vor allem die in den Anfangsjahren vergleichsweise gute Ausstattung der Wohnungen waren hier sicherlich ein Anreiz. Nach der Errichtung der ersten Wohnungen gestand sich der zuständige Ausschuss der Stadt München 1928 ernüchtert ein, dass das erhoffte Konzept der kargen Ausstattung nicht funktioniert habe. Freiwillig würden die Familien ihre Wohnungen nicht mehr verlassen.[451] Diese Feststellung mag vielleicht für die

---

[448] Anfrage des Bürgermeisters aus Stade und Antwort des DGT v. 4. 9. 1937, BArch R 36/1910.
[449] Eine Million DM zur Auffrischung alter Baracken, in: Münchner Merkur Nr. 160, 6. 7. 1953.
[450] Benutzungsordnung für die städtischen Wohnunterkünfte für Obdachlose im Bereich der Stadt Bochum v. 21. 3. 1960, StadtAB BO 30 Nr. 267.
[451] Bürgermeister Küfner in Wohnungsausschuss, 25. 1. 1928, in: MGZ Nr. 8 (1928), S. 45.

ersten Jahre der Obdachlosensiedlungen noch zutreffend sein, da die Städte allerdings kaum in die Unterkünfte investierten, waren die Wohnungen nach wenigen Jahren bereits abgenutzt. Der Wohnkomfort war in späteren Jahren sicherlich keine Motivation zum dauerhaften Verbleib.

Eine statistische Erhebung der Stadt Wiesbaden zeigt, dass sich die Aufenthaltsdauer in den Obdachlosensiedlungen zunehmend verlängerte. 1969 lebten circa 26 Prozent der Bewohnerinnen und Bewohner seit zehn Jahren dort, 1975 waren es schon 37 Prozent und weitere 13 Prozent wohnten in diesem Jahr sogar länger als ein Vierteljahrhundert in der Siedlung. Statistiken anderer Städte bestätigen das Bild: In Hannover lebte im September 1967 sogar mehr als die Hälfte der Bewohnerinnen und Bewohner seit über sechs Jahren in den Übergangswohnungen und Notunterkünften der Stadt.[452] Weniger als zehn Prozent hatte die Siedlungen binnen eines Jahres wieder verlassen.[453]

Die Ursachen für den dauerhaften Aufenthalt versuchte die Stadt Wiesbaden anhand der periodischen Schwankungen der Anzahl der Einweisungen zu eruieren. Ein erster starker Anstieg lässt sich in den 1950er-Jahren beobachten. Der Bericht selbst gab als Erklärung an, dass es sich hierbei um „den Rest der Bewohner von Obdachlosenunterkünften, der nach dem Auszug der Ausgebombten und Flüchtlinge in den Siedlungen verblieb" handelte. Dass die Kurve allerdings genau ab 1953 einen starken Anstieg verzeichnete, dürfte eher ein Indiz dafür sein, dass die Zwangsgeräumten im Zuge des neuen Wohnraumbewirtschaftungsgesetzes in die Siedlungen drängten. Für die 1960er-Jahre diagnostizierten die Autoren eine Phase der Entspannung, die sie als „Wirtschaftswunder-Tal" bezeichneten und der Vollbeschäftigung Anfang des Jahrzehnts zuschrieben. Tatsächlich wurden in diesem Zeitraum weniger Menschen in die Obdachlosensiedlungen eingewiesen. Zugleich blieb die Anzahl der Bewohnerinnen und Bewohner aber konstant, da andererseits kaum Familien von den Obdachlosenunterkünften in eine Normalwohnung zurückfanden. Zwischen 1963 und 1965 verdoppelte sich schließlich die Einweisungsquote, was direkt mit dem wohnungspolitischen „Lücke-Plan" und dem daraus resultierenden Mietanstieg zusammenhing.[454] Zugleich kamen viele Kommunen in diesem Zeitraum den Auflagen des Zweiten Wohnungsbaugesetzes von 1956 nach und beseitigen bestehende Barackenlager, Notquartiere und andere Behelfsunterkünfte. Als Ersatz entstanden wie etwa in München neue Übergangswohnheime für obdachlose Familien, die bis weit in die 1970er-Jahre einen nicht abflachenden Zulauf hatten. Die Kommunen entledigten sich dadurch zwar der Unterkunftsformen, die an Kriegs- und Vorkriegszeiten erinnerten. Die stolze Verkündigung von der „Beseitigung der echten Wohnungsnot" durch die Bundesregierung 1965, ignorierte aber vollständig die prekären Wohnverhältnisse in den

---

[452] Preußer/Völkel, Obdachlosenbericht, S. 49.
[453] Deutscher Städtetag, Hinweise, S. 31.
[454] Der „Lücke-Plan" war ein vom damaligen Bundesminister des Wohnungsbaus, Paul Lücke, auf den Weg gebrachtes Gesetz zum stufenweisen Abbau der Wohnungszwangswirtschaft sowie der Mietenkontrolle und des Mieterschutzes, vgl. Führer, Mieter, S. 294–303.

Obdachlosensiedlungen.[455] Im gleichen Jahr ging der Leiter der Hamburger Wohlfahrtsanstalten im *Wanderer*, von 35 000 bis 40 000 Haushalten in Behelfsunterkünften der Hansestadt aus, davon befänden sich 5500 Parteien in einem „echten Notstand", der nicht dauerhaft geduldet werden dürfe.[456] In solchen Notständen bzw. Notunterkünften lebten Familien jahrzehntelang als „Obdachlose" marginalisiert und ohne Mietrechte und hatten nur geringfügige Chancen auf eine normale Wohnung. Der dauerhafte Aufenthalt in der Obdachlosensiedlung – und auf diese Schlussfolgerung kam auch der Obdachlosenbericht der hessischen Landeshauptstadt – ließ Obdachlosigkeit zum Generationenproblem werden. Die Orte bewahrten nicht vor Obdachlosigkeit, sondern verfestigten den Zustand für die Betroffenen. Viele Familien lebten über Jahrzehnte in den Siedlungen und hatten hier – zum Teil widerwillig – Heim und Alltag gefunden.

„So lebt der Mensch in Frauenholz":[457] Familienleben in der Obdachlosensiedlung

Dem Einzug in die Siedlungen ging bei vielen Familien der Verlust der bisherigen Wohnung voraus. Insofern war die Zuweisung eines Obdachs für die Betroffenen zunächst nicht zwangsläufig negativ konnotiert, sondern stellte für viele eine Art Rettungsanker dar. Für Familien bedeutete es, dass sie nicht durch die geschlechterspezifische Trennung in den Asylen auseinandergerissen wurden und sie zumindest einen Teil ihres Mobiliars in die neue Unterkunft mitnehmen konnten. Deshalb war es nicht unüblich, dass Familien sogar aktiv eine Wohnung in den Siedlungen forderten, vor allem, wenn diese neu gebaut wurden. Die Stadt München erhielt für das Wohnlager Frauenholz eine ganze Flut an Zuschriften von Personen, die um eine Einweisung in die Barackenunterkünfte baten.[458] Josef A. suchte 1957 für sich und seine Frau eine Bleibe, das Paar hatte vier Wochen zuvor geheiratet und erwartete ein Kind. Zum Zeitpunkt des Gesuchs lebten die frisch Vermählten noch in getrennten Wohnungen zur Untermiete:

„Ich brauche dringend 1 Zimmer und eine kleine Laube damit ich Frau und Kind beisammen wohnen […]. Ich stehe jetzt so viel als auf der Straße und ein Zimmer steht einem doch zu. Auch wenn es in Frauenholz wäre so wäre ich schon zufrieden."[459]

Dem Amt schien die Situation von Josef A. wohl nicht dringlich genug, er fand mit seiner Familie keine Aufnahme. Vor diesem Hintergrund überrascht es auch nicht, dass sich einige Familien, die eine Unterkunft im Frauenholz erhielten, beim Wohnungsamt bedankten. Rosa B. schrieb 1953 dem Wohnungsinspektor:

---

[455] Begründung der Bundesregierung zum Entwurf eines Gesetzes zur verstärkten Eigentumsbildung im Wohnungsbau und zur Sicherung der Zweckbestimmung von Sozialwohnungen; Deutscher Bundestag Drucksache 4/2891, S. 21. Zur weiteren Einschätzung der Bundesregierung vgl. Schildt, Wohnungspolitik, in: Hockerts (Hrsg.), Wege, S. 177.
[456] Elsner, Familien, S. 1.
[457] So lebt der Mensch in Frauenholz, in: SZ Nr. 292, 9. 12. 1955.
[458] Vgl. u. a. das Gesuch von Thekla H. v. 10. 9. 1953, StadtAM Wohnungsamt Abg. 75/3, Bündel 1.
[459] Gesuch von Josef A. an das Wohnungsamt v. 27. 3. 1957, StadtAM Wohnungsamt Abg. 75/3 Bündel 1.

„Ich danke Ihnen aus tiefster Seele heraus für die grosse Wohltat, die Sie mir durch Zuweisung eines Barackenzimmers am Frauenhölzl erwiesen haben."[460]

Spätestens mit dem Einzug in die zugewiesenen Räume verblasste allerdings bei vielen Familien die anfängliche Euphorie. Ein erster Streitpunkt war in den 1920er-Jahren meist bereits dadurch gegeben, dass in vielen Städten Möbel nur dann mitgenommen werden konnten, wenn ein Nachweis bestand, dass diese frei von Ungeziefer waren. Nicht nur war eine Desinfektion kostspielig, sie beanspruchte die Möbel auch stark.[461] Während in den Obdachlosenasylen vor Eintritt die Personen gereinigt wurden, waren es in den Siedlungen deren Besitztümer. Grundlegend war hierfür die gleiche Unterstellung: Dass es sich bei den obdachlosen Familien um Personen handle, die den bürgerlichen Hygienevorstellungen nicht entsprachen. Vielen Familien wurde auch erst nach Einzug bewusst, welche Einschränkungen die minderwertig und einfach gehaltenen Unterkünfte mit sich brachten. Die Häuser im Osten von München waren ohne Winterfenster und Holzfußböden gebaut worden, um den Standard zu senken und zu verhindern, dass die Bewohnerinnen und Bewohner, wie es in der Landsberger Straße geschehen war, die Fußbodendielen als Brennstoff nutzten.[462] Bereits im zweiten Winter waren daher „selbst Kleiderkästen [...] mit zerstörendem Schimmel überwuchert". In einigen Zimmern hatten sich „große feuchte Flecken an der Decke" gebildet und „2 Kinder haben sich [...] die Füße erfroren".[463] Doch ganz im Gegenteil zu den Erwartungen der Stadtverwaltung, dass die schlechten Verhältnisse die Familien zu einem schnellen Verlassen der Unterkünfte animieren würden, forderten diese ihr Recht auf „menschenwürdige Unterkunft" ein. Die Bewohnerinnen und Bewohner der Obdachlosensiedlung an der Ungsteinerstraße organisierten sich und verlangten in einem Brief an die Stadt eine Mietsenkung:

„Der Stadtrat München wolle beschliessen, dass die Mieten der Wohnungen an der Ungsteinerstraße um 10% gesenkt werden. Weiter soll in Ermangelung von Winterfenstern und mit Rücksicht auf die feuchten Wohnungen rückwirkend für die Wintermonate [...] eine Entschädigung [...] für den weit über das normale Mass hinausgehenden Bedarf an Heizmaterial und die dadurch bedingte Verschuldung der Mieter geleistet werden."[464]

Das Protestschreiben blieb in der Öffentlichkeit nicht ungehört. Die *Münchener Post* hatte die Beschwerde an den Stadtrat abgedruckt und den „menschenunwürdigen" Umgang mehrerer Wohlfahrtsbeamter mit den Bewohnerinnen und Bewohnern angeprangert. Die Zustände, unter denen die Obdachlosen an der Ungsteinerstraße leben müssten, seien ein „Skandal."[465] Die Beschwerden schienen zunächst Wir-

---

[460] Rosa B. an Inspektor Ludwig v. 7. 7. 1953, StadtAM Wohnungsamt Abg. 75/3 Bündel 1.
[461] Direktor Städtisches Wohnungsamt an Referat 6 v. 26. 1. 1928, StadtAM Wohlfahrt 4704.
[462] Die Einfachwohnungen an der Wilramstraße bezogen, in: München-Augsburger Abendzeitung, 31. 10. 1931.
[463] Vgl. den Artikel in Münchener Post, 22. 2. 1932, StadtAM Wohlfahrt 4712; In der Siedlung der „asozialen Elemente", in: Neue Zeitung Nr. 136 (1932).
[464] Alois M. und Gottfried R. an Stadtrat München v. 4. 2. 1932, StadtAM Wohlfahrt 4712.
[465] Verhöhnung der Obdachlosen und Exmittierten, in: Neue Zeitung Nr. 32 (1932); Münchener Post, 22. 2. 1932, StadtAM Wohlfahrt 4712.

kung zu zeigen. Ende Februar ließ das Wohlfahrtsamt die Einfachwohnungen besichtigen und erteilte noch am gleichen Abend den Auftrag, den Bewohnerinnen und Bewohnern Sonderrationen an Heizkohle zuzuweisen.[466] Damit meinte das Amt, seine Pflichten erfüllt zu haben und verwies intern darauf, dass spätestens mit den wärmeren Monaten von einer Beruhigung auszugehen sei.[467] Erneut unterschätzte die Stadtverwaltung die Obdachlosen in der Ungsteinerstraße. Mit ein paar Kohlesäcken ließen sie sich nicht abfertigen, sondern beharrten weiter auf Mietsenkungen und den Einbau von Doppelfenstern. Die meisten waren sich sicher, dass sie auch den nächsten Winter in der Siedlung verbringen würden. Die KPD brachte die Forderungen noch im März als Dringlichkeitsantrag in den Hauptausschuss des Stadtrates. Zur kontroversen Aussprache kam es allerdings erst Ende Mai.[468] Auch hier versuchte Wohlfahrtsreferent Hilble das Problem auszusitzen. In seinen Ausführungen machte er die Mängel in der Ungsteinerstraße nicht baulich fest, sondern in der Nutzung durch die Bewohnerinnen und Bewohner. Dass diese die Wohnungen freiwillig nicht wieder verlassen, war für ihn ein Beleg für die guten Zustände. KPD-Stadtrat Josef Hirsch entgegnete Hilble, dass die Familien große Schwierigkeiten bei der Wohnungssuche hätten. Zum einen wisse ein jeder, dass nicht genügend Normalwohnung zur Verfügung stünden und zum anderen würde kaum ein Mieter Familien aufnehmen, die zuvor in der Obdachlosensiedlung gewohnt hätten, da ihnen ein schlechter Ruf vorauseile. Dabei machte er in kommunistischer Manier deutlich:

„Nicht asoziale Elemente sind diese Leute, sondern arme ausgebeutete Arbeiter, die nicht selbst schuld an ihrer Not und ihrem Elend sind, sondern Schuld ist ganz allein das kapitalistische Raubsystem."[469]

Ausgerechnet Stadtrat Karl Fiehler von der NSDAP brachte dabei die Winterfenster erneut in die Diskussion ein und bekam sogar Rückendeckung vom SPD-Stadtrat Thomas Wimmer: Es sei ein „Mißgriff in bautechnischer Hinsicht", wenn man in München Wohnungen ohne Winterfenster errichte – unabhängig davon ob die Wohnungen zum dauerhaften oder temporäreren Verbleib dienen sollten. Nachdem die Entscheidung abermals vertagt wurde, sprach sich der Stadtrat im Juni schließlich gegen die Mietsenkung sowie gegen den Einbau von neuen Fenstern aus.[470] Hatte Fiehler 1931 noch versucht, sich als Fürsprecher für die Armen zu profilieren, war davon zwei Jahre später nicht mehr viel zu spüren. Als Oberbürgermeister der „Hauptstadt der Bewegung" ließ er zwei neue Wohnblocks in der Nachbarschaft errichten und wählte die gleiche, mangelhafte Ausstattung.[471]

---

[466] Bericht des städt. Wohlfahrts- und Jugendamts an Referenten v. 29. 3. 1932; Stadtrat Maurer an Hilble v. 23. 2. 1932, beide StadtAM Wohlfahrt 4712.
[467] Referat 13 an Wohlfahrts- und Jugendamt v. 22. 3. 1932, StadtAM Wohlfahrt 4712.
[468] Sitzung des Hauptausschusses v. 25. 5. 1932, in: MGZ Nr. 41/43 (1932), S. 325–330.
[469] Hirsch in Hauptausschuss v. 25. 5. 1932, in: MGZ Nr. 41/43 (1932), S. 328 f.
[470] Keine Mietsenkungen für Einfachwohnungen, in: Münchner Post Nr. 144, 24. 6. 1932.
[471] Die Siedlung der Einfachwohnungen, in: Münchener Zeitung Nr. 61, 2. 3. 1934; Siedlung für Einfachwohnungen, in: MNN Nr. 67, 10. 3. 1934.

Beschwerden von den Bewohnerinnen und Bewohnern gab es nun nicht mehr. Die Wortführer von 1932 waren ohnehin 1933 in schlechtere Unterkünfte umquartiert worden.

Auch der Alltag der verbliebenen Familien veränderte sich nach 1933. Durch die Arbeitsprogramme der nationalsozialistischen Regierung wurden die Bewohnerinnen und Bewohner in den beiden Münchner Obdachlosensiedlungen zum Arbeitsdienst verpflichtet. Wer sich weigerte, lief Gefahr, in eine Baracke (ab 1937 in das Familienobdach) zurückgestuft oder zwangsgeräumt zu werden.[472] Dabei hatten sich viele Bewohnerinnen und Bewohner in den Obdachlosensiedlungen von den neuen Machthabern eine Aufwertung versprochen. In Leipzig luden Familien aus der Dauthe- und Kregelstraße im August 1933 sogar Reichskanzler Adolf Hitler zu einem Kinderfest in die Siedlung ein und baten gleichzeitig um finanzielle Unterstützung.[473] Das Fürsorgeamt Leipzig, das von Hitlers Staatssekretär um eine Stellungnahme gebeten wurde, unterstützte das Gesuch jedoch nicht und riet auch von einer einmaligen Beihilfe ab. Es handele sich hier überwiegend um Familien, die in Arbeitslosen-, Krisen- oder Fürsorgeunterstützung stünden und die in keiner Notlage wären. Deutlich wird in dieser Aussage, dass das Wohlfahrtsamt die Reaktion Hitlers auf die unzulänglichen Zustände in den Siedlungen fürchtete. Zugleich zeigt die Einladung, dass sich die obdachlosen Familien in den Siedlungen 1933 als Teil der „Volksgemeinschaft" definierten und sich unter ihnen überzeugte Nationalsozialisten befanden. Einer von ihnen war Kurt B., der schon seit 1925 Mitglied der NSDAP war. Aus dem Selbstverständnis heraus Bestandteil einer Bewegung zu sein, die nun an der Macht war, wollte er Missstände im Alltagsleben in der Leipziger Siedlung nicht länger dulden. Mit seiner Beschwerde wandte er sich deshalb direkt an Propagandaminister Joseph Goebbels:

„Durch Armut in die Lage versetzt, hier in städtischen Notwohnungen zu wohnen, was schon eine Strafe hart genug ist, da man alter Kämpfer und Garant für unser 3. Reich war und noch ist, verstehe ich nicht, wie folgendes noch geschehen kann. Seit 4 Tagen wird hier in den städtischen Wohnungen das elektrische Licht von abends 8:30 Uhr bis 10:00 Uhr eingeschaltet. Am übrigen Tage ist es ganz ausgeschaltet. […] Wofür zahlen die Rundfunkhörer ihre Beiträge an die Reichspost, wenn die Stadt das Licht ausschaltet? Warum werden von unserer Regierung Volksempfänger angepriesen, wenn der Rat der Stadt den Ärmsten der Armen den Strom sogar vorenthält und wir uns vorkommen als Gefangene. Ich bitte im Interesse von mindestens mehreren 100 armen Menschen doch darauf zu wirken, dass wenigstens in der Nacht das elektrische Licht brennen bleibt und wir das Radio nach dessen Tages Mühen uns anhören können. Mit der Bitte, das von oben aus die Frage erledigt wird im Sinne des armen Menschen, wäre ich dankbar. Wir sind doch alle der Meinung, wenn man anfangen will zu sparen, soll man nicht bei den armen Leuten anfangen, die so schon ein schweres Los haben, in dem selbige hier in solchen Wohnungen wohnen müssen. Im voraus [sic] in dankbarer Ergebenheit mit Heil Hitler".[474]

Die zeitlich beschränkten Möglichkeiten, Radio zu hören, dürften für den Alltag der Siedlungsbewohnerinnen und -bewohner sicherlich nicht die ärgerlichste Konse-

---

[472] Städtisches Wohlfahrts- und Jugendamt an Grundkatasteramt v. 10. 6. 1934, StadtAM Wohlfahrt 4712.
[473] Vermerk des Fürsorgeamts Leipzig v. 18. 8. 1933, StadtAL AFSA 3006.
[474] Kurt B. an Ministerium für Volksaufklärung und Propaganda v. 15. 6. 1934, StadtAL AFSA 2879.

quenz gewesen sein, die aus den Unterbrechungen der elektrischen Versorgung resultierte. Dennoch verknüpfte Kurt B. hier beides geschickt miteinander und wählte dementsprechend auch seinen Adressaten aus. Temporäre Stromabschaltungen hätten Joseph Goebbels wohl wenig gestört, ein unterbrochener Radioempfang tat es indes schon. Liefen doch seit Frühjahr 1933 großangelegte Werbekampagnen im Deutschen Reich, die gemeinsam mit Kaufanreizen darauf zielten, die „Volksempfänger" und damit eines der wirksamsten Propagandainstrumente insbesondere in ärmeren Schichten zu verbreiten.[475] Die Antwort der Reichsrundfunkkammer ließ dementsprechend nicht lange auf sich warten. Das Ministerium wies den Oberbürgermeister in Leipzig an, dass es nicht „im Sinne der nationalsozialistischen Rundfunkführung [läge], gerade Minderbemittelten Volksgenossen auf diese Weise vom Rundfunkempfang auszuschließen". Jedoch forderte die Kammer, dass die Verwaltung zumindest zur Hauptsendezeit den Strom für die Radios sicherstelle und ermöglichte dem Oberbürgermeister so, an der bisherigen Praxis festzuhalten.[476] Denn die Hauptsendezeit war deckungsgleich mit dem bisherigen Zeitfenster der Stromversorgung. Die Beschwerde von Kurt B. lief damit ins Leere. Stromregulierungen waren ein konstanter Streitpunkt in den Obdachlosensiedlungen. Denn dass die Elektrizität vor allem tagsüber abgeschaltet wurde, war eine gängige Praxis nicht nur im Nationalsozialismus, sondern auch in der Bundesrepublik.[477] Dahinter stand der Vorwurf, dass die Bewohnerinnen und Bewohner der Stadtrandsiedlungen verschwenderisch seien und kein geregeltes Konsumverhalten hätten. Zeitungsberichte betonten nur zu gerne, dass die Familien kein Essen und keine ordentliche Kleidung für ihre Kinder hätten, zugleich aber teure Motorräder vor den Türen parken und in den Baracken Fernseher und moderne Radiogeräte stehen würden. Auch Sozialwissenschaftler bestätigten dieses Klischee teilweise, wobei sie den Familien meist keinen Vorsatz unterstellten, sondern ihnen vielmehr die Fähigkeit zu einem verantwortungsvollen Umgang mit Geld absprachen.[478]

Diese paternalistische Sichtweise war bereits bei der Entstehung der ersten Obdachlosenhäuser in der Struktur der Orte festgeschrieben und wurde auch von den betroffenen Familien als eine solche empfunden:

„Von der großen Mehrheit der Einwohner wird es als direkte Bevormundung empfunden, dass man diesen Familien, das Grundrecht der Familie, auf freie Lebens- und Wirtschaftsführung nimmt."[479]

Die Beschwerde kam von Familien, die gezwungen waren in Gemeinschaftsbaracken zu leben, in denen die Wohnbereiche nur mit Vorhängen oder Kreide-

---

[475] Zum „Volksempfänger"-Programm vgl. König, Volkswagen, S. 25–99; Friemert, Radiowelten, S. 92–100; Irlinger, Versorgung, S. 192–196.
[476] Reichsrundfunkkammer an Oberbürgermeister von Leipzig v. 30.6. und 24. 7. 1934, beide StadtAL AFSA 2879.
[477] Vgl. zur strikten Stromregulierung im „Dritten Reich" die genaue Auflistung der Stromzeiten in der Hauordnung für die städtische Kolonie am Kuhbruch, undat., BArch R 36/1910.
[478] Lorke, Armut, S. 172 f.
[479] Denkschrift des Einwohnerausschusses Familienobdach Leipzig v. 30. 5. 1930, StadtAL AFSA 2878.

strichen am Boden abgetrennt waren und die Eltern zum Teil in getrennten Schlafsälen übernachten mussten. Die geschlossene Fürsorge gestand den Familien nur Anstaltsverpflegung zu. Ihr tägliches Essen wurde ihnen aus der Küche der Arbeitsanstalt geliefert. Barunterstützung, um sich selbst zu versorgen, wurde ihnen nicht gewährt. Die Familien wollten sich allerdings nicht mit den Insassen der Arbeitsanstalt auf eine Stufe stellen. Nachdem Anfang Mai 1930 bereits Unmutsäußerungen einzelner Familien im Armendirektorium der Stadt bekannt geworden waren, entschloss sich der Bürgermeister zu einer spontanen Besichtigung der Unterkünfte. Dies nutzten die Familien und trugen ihre Forderungen in drei Punkten gleich persönlich vor: Erstens wollten sie „nicht wie Anstaltsinsassen behandelt werden". Sie verwiesen darauf, dass sie wegen des „Mangels an Wohnungen und Arbeit" vorübergehend im Obdachlosenhaus untergebracht seien und nicht wegen „Hilflosigkeit", sich selbst zu versorgen. Sie dürften daher in ihrer „Wirtschaftsführung dasselbe Maß von Freiheit beanspruchen, wie Bedürftige der offenen Fürsorge". Zweitens sei das Essen aus der Arbeitsanstalt nicht kindgerecht. Und schließlich wäre es ohne Bargeldunterstützung nahezu unmöglich, ein anderes Unterkommen zu bekommen.[480] Nur drei Tage später übergaben sie dem Stadtrat eine gemeinsame Denkschrift, in der sie ihre Forderungen ausweiteten, aber auch konkrete Lösungsvorschläge machten. Nun verlangten sie insbesondere mehr Intimsphäre und mehr Privatheit:

„Die ohnehin deprimierte Stimmung der Bewohner wird dadurch erhöht, dass eine Aussprache über interne Familienangelegenheiten ohne fremde Zeugen nahezu unmöglich ist. Bedingt, auch durch diese Verhältnisse, hat die Sexualnot dieser Bewohner derartige Formen angenommen, dass eine Zerrüttung der Ehe und [des] Familienlebens als zwangsläufige Schlussfolgerung daraus entstehen muss. [...] Die Verwaltung hat wohl versucht, den sexuellen Bedürfnissen der Bewohner Rechnung zu tragen, indem sie einen Raum dafür bereitstellt. Wollen die Bewohner davon Gebrauch machen, so wird ihnen der Schlüssel dieses Raumes gegen Namens- und Zeiteintragung ausgehändigt. Das sittliche Empfinden des größten Teiles der Einwohner sträubt sich dagegen, die intimsten Angelegenheiten des Familienlebens preiszugeben und zieht es deshalb vor, zu diesem Zwecke die öffentlichen Anlagen aufzusuchen."[481]

Als Lösung schlug der Einwohnerausschuss vor, in den Baracken Wände einzuziehen und somit für jede Familie kleine, aber abgetrennte Einzelunterkünfte zu schaffen. Dazu legte er eine maßstabsgetreue Bauzeichnung und detaillierte Berechnungen vor. Die Entwürfe hätten nicht nur eine Verbesserung des Familienlebens bedeutet, sondern zugleich auch mehr Unterkünfte geschaffen. Für die Ausgliederungen der Familien aus der Anstaltspflege favorisierten sie ein differenziertes Vorgehen. „Asoziale" Familien, die die Barmittel nicht zur Verpflegung ihrer Familien verwendeten, sollten weiterhin in der geschlossenen Fürsorge bleiben. Ebenso solle eine Naturalverpflegung für die Kinder durch entsprechende Essensmarken verhindern, dass die für den Nachwuchs gewährten Gelder zweckentfremdet würden. Die Einwohner setzten sich also keineswegs für eine Aufhebung des

---

[480] Vermerk Krahn v. 27. 5. 1930, StadtAL AFSA 2878.
[481] Denkschrift des Einwohnerausschusses Familienobdach Leipzig v. 30. 5. 1930, StadtAL AFSA 2878.

Drei-Stufen-Modells ein, sondern reproduzierten ihrerseits die Stigmatisierungen und die hierarchische Gliederung der obdachlosen Familien. Die Stadt ging auf die Vorschläge zumindest teilweise ein. Zwar nahm die Stadtverwaltung die Familien nicht aus der Anstaltsunterstützung heraus, machte allerdings kleinere Zugeständnisse: Im Juli wies Wohlfahrtsdirektor Bornemann an, Familien zukünftig statt der Anstaltskost pro Person 35 Pfennige für Mittagessen auszuzahlen. Die „offensichtlich unwirtschaftlichen" blieben aber davon ausgenommen. Außerdem sollte vom Hochbauamt geprüft werden, inwieweit die Vorschläge zur baulichen Veränderung der Baracken durchzusetzen seien. Das Hochbauamt bestätigte die Planungen der Bewohnerinnen und Bewohner, woraufhin sich das Fürsorgeamt für eine entsprechende Mittelbewilligung zum Umbau der bestehenden Baracken einsetzte. Der Finanzausschuss stellte indessen fest, dass ein Barackenneubau günstiger sei, als der Umbau der bestehenden Gebäude. Damit schuf die Stadt zwar zusätzliche Einzelunterkünfte, gleichzeitig blieben die minderwertigen Gemeinschaftsunterkünfte – und somit das mehrstufige Unterbringungssystem erhalten. Insofern gab die Stadt den Forderungen der Bewohnerinnen und Bewohner nach, ob aber ausgerechnet diejenigen Familien, die sich selbst von den „asozialen" abgrenzten auch in den Genuss der neuen Unterkünfte kamen, geht aus den Akten nicht hervor. Am Familienleben in den minderwertigen Unterkünften änderte dies nichts.

Die Möglichkeit, einen eigenen Haushalt und ein privates Familienleben zu führen, war ein zentrales Anreizelement im Drei-Stufen-System.[482] Dass der Mangel an einem geordneten Familienleben aber vor allem die Entwicklung der Kinder beeinträchtigte, betrachteten die Stadtverwaltungen schon nach dem Bau der ersten Siedlungen in den 1920er-Jahren mit Sorge. Die Sozialämter versuchten mit Unterhaltungsprogrammen für Kinder wie Kinderfesten und Zirkusbesuchen sowie mit dem Bau von Spielplätzen entgegenzusteuern.[483] In der Bundesrepublik sollten eigene Schulen, Kindergärten und Tageseinrichtungen in den Obdachlosensiedlungen eine nachhaltigere Betreuung sicherstellen. Ziel war es, die Kinder tagsüber sowohl dem Einfluss der Familien zu entziehen, als auch zu verhindern, dass sie sich auf der Straße herumtrieben. Denn da die Unterkünfte wenig Komfort und Platz boten, waren viele Kinder gezwungen, auf der Straße zu spielen. Ein Leben in der Obdachlosensiedlung war damit für viele Kinder tagsüber gleichbedeutend mit einem Leben auf der Straße. Mit der Schaffung dieser kommunalen Einrichtungen verstärkten die Städte jedoch den Siedlungscharakter der Obdachlosenunterkünfte. Die Kinder verließen die engen räumlichen Grenzen der Komplexe nicht mehr.

---

[482] Vgl. die Begründung zum Bau der Übergangswohnheime in München, Baureferat der LH München (Hrsg.): Wohnungen für Nicht-Mietfähige. Eine sozialwissenschaftliche Untersuchung zum Problem des Übergangsheimes, Juli 1965, S. 10, StadtAM BuR 3908.
[483] Für die Errichtung eines Kinderspielplatzes in der Landsberger Straße München vgl. Antrag Nr. 981 der NSDAP in Stadtrat, 16. 4. 1929, in: MGZ Nr. 32 (1929), S. 301 f. Zum Besuch des Circus Krone durch die Kinder der Leipziger Obdachlosensiedlung vgl. Berger an Fürsorgeamt v. 15. 10. 1932, StadtAL AFSA 2878. Zum Bau von Kinderspielplätzen in der Obdachlosensiedlung in Frankfurt a. M. vgl. Stadtgartenbauamt an Fürsorgeamt v. 16. 7. 1957, ISG FRA Fürsorgeamt 3554.

Zwar waren die öffentlichen Debatten besonders sensibel, wenn es um die Kinder in den Obdachlosensiedlungen ging, die ortsbezogenen Deutungsmuster wurden aber dennoch wie selbstverständlich auf die Heranwachsenden übertragen.[484]

Als die Stadt München 1965 eine Studie zum „Problem des Übergangsheimes" in Auftrag gab, stützten sich die sozialwissenschaftlichen Erhebungen exemplarisch auf die Gruppe der Schulkinder.[485] Die Studie sollte erstens die Vorurteile der Bewohnerinnen und Bewohner der sich gegenüberliegenden Wohnanlagen Hasenbergl und Frauenholz dokumentieren, zweitens ihre Intelligenz in Bezug auf ihren sozialen Hintergrund messen und drittens die „häuslichen Milieus" der jeweiligen Wohnanlagen untersuchen. Mehr noch als eine Quelle zu den zeitgenössischen Vorurteilen über die Bewohnerinnen und Bewohner der Siedlung, ist die Studie ein zeitgenössisches Dokument darüber, wie diese Zuschreibungen bis weit in die 1960er-Jahre auch wissenschaftlich reproduziert wurden.

Ein wesentlicher Teil der Studie basiert auf Schulaufsätzen mit dem Thema „Unsere Nachbarn im Hasenbergl" bzw. „Unsere Nachbarn in Frauenholz", die die Sozialwissenschaftler an den drei Schulen der beiden Wohnanlagen schreiben ließen.[486] Über den Zweck der Aufsätze waren die Schülerinnen und Schüler nicht informiert. Sie gingen davon aus, es handele sich um eine gewöhnliche Schulaufgabe. Die zusammenfassenden Ergebnisse sind Abbild eines sozialen Beziehungsgeflechts, das sich durch ein „massives Spannungsfeld" prägte, wie es sich sonst nur für „die sozialen Beziehungen zwischen rassischen oder nationalen Minoritäten und der feindlich gesonnenen Umwelt als Majorität" fände. Als Selbstwahrnehmung hielt die Studie zu den Kindern aus den Übergangswohnheimen fest:

„Das Gefühl der eigenen – im umfassenden Sinne – Unterlegenheit als Resultat des Verhaltens einer ihnen feindlich gesonnenen Umwelt ist für die Kinder des Frauenholzes kennzeichnend. [...] Das für Frauenholz charakteristische, in einer Vielzahl von Zusammenhängen feststellbare Ghetto-Bewußtsein, dem man durch Abwertung der „Überlegenen" [...] Herr zu werden sucht, ist gleichsam eine ständige Quelle sozialer Unzufriedenheit."

Dahingegen sei die Eigensicht der Schülerinnen und Schüler aus dem Hasenbergl durch „Überlegenheit" und dem Gefühl des „Anderssein" bestimmt. Die Auswertung der einzelnen Themenbezüge in den Aufsätzen führt zudem vor, dass knapp die Hälfte der Kinder des Hasenbergls in ihren Aufsätzen auf die Häuser, Wohnungen und deren Äußeres eingingen, jedoch weniger als ein Drittel der Kinder aus den Obdachlosensiedlung dies auch umgekehrt praktizierten. Die schlechte Qualität der Wohnanlagen und deren mangelnde Hygiene waren zentrale Kriterien zur Beurteilung der Bewohnerinnen und Bewohner des Frauenholzes.

Zudem wurde ihnen eine erhöhte Gewaltbereitschaft unterstellt, was wiederum der zeitgenössischen Perzeption des Frauenholzes als „Glasscherbenviertels Mün-

---

[484] Lorke, Armut, S. 177–183.
[485] Baureferat der LH München (Hrsg.), Wohnungen für Nicht-Mietfähige. Eine sozialwissenschaftliche Untersuchung zum Problem des Übergangsheimes, Juli 1965, StadtAM BuR 3908. Hier auch die nachfolgenden Ausführungen und Zitate.
[486] Schule im Frauenholz mit 234 Schülerinnen und Schülern; Paulcke-Schule mit 400 und Petrarca-Schule mit 471 Schülerinnen und Schülern im Hasenbergl.

chens" entsprach. 1970 sprach ein Richter eine Mutter frei, die wegen Kuppelei vor Gericht stand. Sie hatte dem Freund ihrer 16-jährigen Tochter erlaubt, in ihrer Unterkunft im Frauenholz zu nächtigen, nachdem dieser den letzten Bus verpasst hatte. Der Richter glaubte der Frau, dass sie nur das Wohlbefinden des jungen Mannes im Sinn hatte, denn „nach Mitternacht herrscht Lebensgefahr" im Lager Frauenholz.[487] Berichte wie dieser, die nicht nur die Obdachlosensiedlung als Gefahrenzone markierten, sondern zugleich über die vermeintlich unsittlichen Verhältnisse in den Baracken Auskunft gaben, prägten das Bild der Obdachlosensiedlungen seit den 1920er-Jahren.

Als eines der größten Probleme in der Betreuung der obdachlosen Familien wurde auch nach 1945 weiterhin deren Kinderreichtum angesehen. Das Stigma der „asozialen Großfamilie" aus dem „Dritten Reich" reaktivierte nicht nur Jürgens in seinen Arbeiten, sondern bestimmte auch den alltäglichen Umgang mit den Familien. „Asozialität" war auch ein Beschreibungskriterium in der Münchner Studie von 1965, das sich nicht nur im Sprachgebrauch der Schülerinnen und Schüler fand, sondern auch in der Statistik der Sozialwissenschaftler.[488] Um die Geburtenrate in der Siedlung zu senken, fuhr in Mühlheim an der Ruhr eine Schwester 1969 jeden Morgen durch die Siedlung und kontrollierte bei bis zu dreißig Frauen die Einnahme der Antibabypille. Zwar hatten diese sich freiwillig zu diesem Experiment des Gesundheitsamtes bereiterklärt, dennoch zeigt sich hier sehr eindringlich, wie die kommunalen Ämter das Leben der Siedlungsbewohnerinnen und -bewohner nicht nur kontrollierten, sondern geradezu bevormundeten. Nach einem Jahr entschied sich das Gesundheitsamt aufgrund des allmorgendlichen Aufwandes dazu, den Frauen indessen drei Monate wirkende Spritzen zu verabreichen.[489] Dabei lebten in den Siedlungen längst nicht nur Familien mit hohen Kinderzahlen. Eine statistische Erhebung in Hannover dokumentierte 1967, dass lediglich etwas mehr als ein Zehntel der Familien mehr als fünf Kinder hatte. Fast den gleichen Prozentsatz machten kinderlose Ehepaare aus.[490] Dennoch hielt sich in der bundesrepublikanischen Öffentlichkeit das Bild von der kinderreichen Familie als Sinnbild von Armut hartnäckig.

Schon im „Dritten Reich" hatten Vertreter unterschiedlicher Kommunen vorgeschlagen, die „asozialen" Familien in den Siedlungen mittels Sorgerechtsentziehung zu disziplinieren und gleichzeitig die „gefährdeten" Kinder zu schützen.[491] Dieses Druckmittel verlor seine Wirkkraft bis weit in die Bundesrepublik nicht, wie das Beispiel von Helga S. aus Bochum von 1966/67 veranschaulicht: Die 38-jährige verwitwete Mutter lebte mit ihren vier Kindern seit 1963 in einer städtischen

---

[487] Lebensgefahr nach Mitternacht, in: Abendzeitung Nr. 6, 9. 1. 1970.
[488] Baureferat der LH München (Hrsg.), Wohnungen für Nicht-Mietfähige. Eine sozialwissenschaftliche Untersuchung zum Problem des Übergangsheimes, Juli 1965, S. 65, StadtAM BuR 3908.
[489] Empfängnisverhütende Spritzen für obdachlose Frauen, in: FAZ, 17. 2. 1970. Vgl. Lorke, Armut, S. 178.
[490] Deutscher Städtetag, Hinweise, S. 31.
[491] Wohlfahrtsamt Frankfurt (Oder) an DGT v. 9. 3. 1936, BArch R 36/1910.

Obdachlosenunterkunft.[492] Dort lernte sie den zehn Jahre jüngeren Jürgen E. kennen, der bei seinen Eltern in der gleichen Anlage wohnte. Beide gingen eine Beziehung ein, woraufhin Jürgen E. mehrmals in der Wohnung von Helga S. schlief. Damit verstießen sie gegen die Benutzungsordnung, die Übernachtungsgäste untersagte. Nachdem Nachbarn und der Verwalter mehrmals meldeten, dass Jürgen E. in den frühen Morgenstunden im Schlafanzug aus der Wohnung von Helga S. eilte, griff das Bochumer Amt ein. Zunächst verwarnte es das Liebespaar. Dieses ließ sich allerdings nicht beirren. Da beide ohnehin planten in absehbarer Zeit zu heiraten, konnten sie in ihrem Verhalten nichts Unmoralisches erkennen. Das Amt begründete das Einschreiten mit dem Wohl der vier Kinder. Es drohte Helga S. mit der Sorgerechtsentziehung und leitete entsprechende Schritte beim Jugendamt ein:

> „Ich halte im vorliegenden Fall nur die Entziehung des Aufenthaltsbestimmungsrechts für die Kinder als geeignete Maßnahme, Frau S. wieder zur Vernunft zu bringen und die Kinder zu schützen."[493]

Parallel zeigte die Obdachlosenaufsicht Jürgen S. und Helga E. wegen Hausfriedensbruch bzw. Beihilfe zum Hausfriedensbruch an. Im Februar 1967 heirateten die beiden, dennoch hielt die Behörde ihre Anzeige aufrecht. Das Amtsgericht Bochum verurteilte das frisch vermählte Ehepaar im März 1967 zu einer Geldstrafe bzw. zu einer Ersatzfreiheitsstrafe. Als verheiratetes Ehepaar konnten Helga E. und Jürgen E. nun aber in der Unterkunft von Helga leben, und auch das Jugendamt leitete keine weiteren Schritte ein. Eine Gefährdung des Kindeswohls wurde unter dem ehelichen Mantel nicht mehr gesehen – obwohl sich an den konkreten Wohnverhältnissen der Familie nichts geändert hatte. Es ist anzunehmen, dass die Familie noch weitere drei Jahre in der Anlage blieb und erst als die Bochumer Stadtverwaltung die Obdachlosenunterkunft 1970 komplett auflöste, in eine reguläre Mietwohnung ziehen konnte.[494]

Vergemeinschaftungen und Konkurrenz

Wie bereits an einigen Stellen angeklungen, war das Zusammenleben in der Obdachlosensiedlung kein einfaches. Fehlende Privatheit, mangelnde Hygiene und wenig Platz waren ein ständiges Konfliktpotenzial zwischen den Familien. Zugleich wurde durch das Drei-Stufen-System von kommunaler Seite ein zusätzlicher Konkurrenzdruck aufgebaut. Streit war somit an der Tagesordnung und wurde durch den Ausbau der Siedlungen meist bewusst vorangetrieben. Fast nostalgisch schwelgten ältere Bewohnerinnen und Bewohner der Margaretenhütte in Gießen Anfang der 1980er-Jahre in Erinnerungen an die ersten Jahre der Siedlung. Als die Kolonie noch einzig aus Eisenbahnwaggons bestand, habe Zusammenhalt und „Einigkeit" unter den Bewohnerinnen und Bewohnern geherrscht. Durch die

---

[492] Für die folgenden Ausführungen vgl. den Fall Helga S. in StadtAB BO 30/267, fol. 109–136.
[493] Obdachlosenaufsicht an Jugendamt v. 21. 11. 1966, StadtAB BO 30/ 267.
[494] Zur Auflösung vgl. Verwaltungsbericht der Stadt Bochum 1970, Obdachlosenaufsicht, S. 76.

Neubauten seien immer mehr „Fremde" in die Siedlung gekommen, die sich nicht in die Gemeinschaft eingefügt und sich stattdessen für „etwas Besseres gehalten hätten". Auch wenn eine solche nachträgliche Beurteilung eines „Gemeinschaftsgefühls" unter den Bewohnerinnen und Bewohnern höchst subjektiv ist, so kann sie dennoch in Einklang mit allgemeinen Entwicklungen in der Siedlung gebracht werden. Die ersten Eisenbahnwaggons waren zwar von der Stadtverwaltung aufgestellt worden, doch blieben die Bewohnerinnen und Bewohner dort weitgehend unter sich und unbehelligt. Mit dem Bau fester Unterkünfte, die dann auch noch dem Drei-Stufen-Modell entsprachen, entstanden Rivalitäten und Neid. Das hierarchische System lud geradezu dazu ein, vermeintliche Ungerechtigkeiten zu empfinden. Mit der zunehmenden Betreuung der Bewohnerinnen und Bewohner durch das Sozialhilfesystem wurde außerdem die gegenseitige Hilfe untereinander zunehmend obsolet. Zugleich wurden Meldungen bekannt, in denen das Amt das angespannte und konfliktreiche Verhältnis zwischen den Bewohnerinnen und Bewohnern zusätzlich schürte und ausnutzte, wie eine Bewohnerin gegenüber der Projektgruppe der Gießener Margaretenhütte berichtete:

„Heute gehst du zum Sozialamt, wenn du mal wirklich knapp bist und dann fragen die dich gleich aus: Kennst du den oder die? Die gehen doch sicherlich schwarz arbeiten und kassieren trotzdem die Sozialhilfe, oder? Was weißt du denn über die Familie? Und so weiter. Die Uneinigkeit wird ja dadurch gefördert".[495]

Dennoch fanden sich in den einzelnen Siedlungen auch Initiativen zur Vergemeinschaftung, die sich als Einwohnerausschuss, Mietergemeinschaft, Interessengemeinschaft oder Arbeitsgemeinschaft bezeichneten. Die Motive zu einem aktiven Zusammenschluss waren unterschiedlicher Art. Meist wurden sie geweckt – wie bereits am Beispiel Leipzigs gezeigt –, wenn es um die unmittelbare Beseitigung von Missständen in den Siedlungen ging. Davon ausgehend entwickelten sie sich aber weiter bis hin zu ihrer Politisierung. Eines der zentralen Motive war der Versuch, sich vom Stigma der Obdachlosigkeit zu lösen und als gleichberechtigte Bürgerinnen und Bürger aufzutreten. Auch die Bewohnerinnen und Bewohner der Münchner Obdachlosensiedlung in der Ungsteinerstraße begnügten sich Anfang der 1930er-Jahre nicht mit der Forderung nach Winterfenstern. Im Anschluss an ihren gestellten Antrag sandte die Interessensgemeinschaft einen Brief an die Stadt:

„Wir, die wir als die Ärmsten der Armen in der Öffentlichkeit gelten und denen bei jeder Gelegenheit der Vorwurf der Obdachlosigkeit gemacht wird und das Recht auf die derzeitige Wohnung bestritten wird, können auf keinen Fall auf eine Erleichterung verzichten, die wirtschaftlich besser Gestellten gewährt wird. [...] Es geht nicht an, dass man uns, die ja auch nur Opfer der Wirtschaftskrise sind, dauernd beunruhigt mit dem unmissverständlichen Hinweis, als obdachlos Untergebrachte von heute auf morgen auf die Strasse gesetzt werden zu können. [...] Nachdem wir uns in keiner Weise parteipolitisch festlegen, verwahren wir uns sehr dagegen, dass man unsere Not nur zu durchsichtigen Zwecken missbraucht. [...] Vom Standpunkt des demokratischen Staates aus, können auch wir verlangen, dass man uns mit demselben Masse misst, wie alle anderen Staatsbürger."[496]

---

[495] Projektgruppe Margaretenhütte e. V., Siedlung, S. 41.
[496] Alois M. und Gottfried R. an Stadtrat München v. 4. 2. 1932, StadtAM Wohlfahrt 4712.

Es ging ihnen hier schon längst nicht mehr nur um Fenster, sondern sie klagten gegen die Vorurteile, die ihnen als Obdachlose von Politik und Gesellschaft entgegengebracht wurden. Die Stadt beschuldigten sie der Erpressung, da diese die Bewohnerinnen und Bewohner mit der Drohung einschüchtere, sie jederzeit wieder in die Obdachlosigkeit zurück versetzen zu können. Sie selbst sahen sich nicht als Obdachlose, sondern lösten sich von dieser Zuschreibung – ähnlich wie auch die Familien in Leipzig. Sie verwendeten hierfür ein Narrativ, das sie als Opfer der wirtschaftlichen Verhältnisse beschrieb und wiesen somit ein Eigenverschulden an ihrer Situation von sich. Zugleich appellierten sie an die Prinzipien des demokratischen Systems. Sie machten ebenso deutlich, dass sie hier nicht parteipolitisch auftraten, sondern ihre ureigenen Interessen als gleichberechtigte Bürgerinnen und Bürger vertraten.

Die Stadtverwaltung München war durchaus alarmiert über diese Entwicklungen und ließ die Versammlungen in der Siedlung, an denen immerhin bis zu 60 Personen teilnahmen, polizeilich observieren.[497] Gerade im politisch aufgeheizten Klima der frühen 1930er-Jahre waren diese Sorgen nicht unbegründet. Das Auftreten von Karl Fiehler (NSDAP) und Josef Hirsch (KPD) im Münchner Stadtrat zeigte, dass ausgerechnet die beiden extremen Parteien die Siedlungsbewohnerinnen und -bewohner jeweils für ihre Zwecke mobilisieren wollten. Dabei standen die Obdachlosenhäuser in München primär unter dem Vorwurf, eine „kommunistische Hochburg" zu sein. Im Februar 1932 wandte sich Josef S., selbst Bewohner der Obdachlosenhäuser, an Polizeiinspektor Doppler, um ihn über die „kommunistischen Werbungen", die in der Siedlung von Tür zu Tür stattfänden, zu informieren. Er forderte, dass „gegen diese Herren rücksichtslos vorgegangen" werde und warnte vor den Folgen, die seiner Meinung nach zu „Mord und Totschlag" führen würden. Josef S. denunzierte insbesondere jene Bewohner als die „Helden dieser Bewegung", die die bereits zitierte Beschwerde unterzeichnet hatten.[498] Sein Brief ging der Polizei nur kurz nach dem Schreiben der Interessensgemeinschaft an den Stadtrat zu. Die Charakterisierung als Bewegung beweist, dass es sich hier nicht mehr nur um Einzelpersonen handelte, sondern, dass die Bewohnerinnen und Bewohner der Obdachlosenhäuser als politische Einheit wahrgenommen wurden. Im Sommer 1932 verstärkte sich diese Wahrnehmung, als die Presse über gewalttätige Ausschreitungen zwischen den Bewohnerinnen und Bewohnern der Obdachlosensiedlung und nationalsozialistischen Anhängern berichtete. Schon zuvor soll zwischen den kommunistisch gesinnten Bewohnerinnen und Bewohnern der Obdachlosenhäuser und den in der Umgebung wohnenden Nationalsozialisten ein „gespanntes Verhältnis" geherrscht haben.[499] Anfang August verbreitete sich in NSDAP-Kreisen die Nachricht, dass die Obdachlosen einen Angriff auf das nah gelegene Vereinslokal der SA-Ortsgruppe plane, woraufhin SS und SA mit 70 be-

---

[497] Bericht Regierungsrat Frank (Polizeidirektion 9) v. 22. 4. 1929, StaatsAM Pol. Dir. Mü. 6463.
[498] Josef S. an Polizeiinspektor Doppler v. 18. 3. 1932, StadtAM Wohlfahrt 4712.
[499] Attacke gegen Münchner Obdachlosensiedlung. Die Polizei verhindert folgenschwere Ausschreitungen, in: Telegrammzeitung der MNN Nr. 189 (1932).

waffneten Männern bei den Obdachlosenhäusern aufmarschierten.[500] Ein direktes Zusammentreffen der beiden Gruppen konnte die Polizei zwar verhindern, dennoch ließen Ereignisse wie dieses die Obdachlosen nachhaltig als politische – insbesondere kommunistische Kraft – in Erscheinung treten. In diesem Zusammenhang gelang es den Bewohnerinnen und Bewohnern zumindest ansatzweise, sich von der Zuschreibung „Obdachlose" zu befreien und stattdessen als politische Bürgerinnen und Bürger aufzutreten. Auch in der Bundesrepublik gerieten die Bewohnerinnen und Bewohner der Obdachlosensiedlungen in Verruf, dem politisch linken Lager nahe zu stehen. Unter dem Stichwort „Randgruppenarbeit" entstand in der Studentenbewegung Ende der 1960er-Jahre die Initiative, die Bewohnerinnen und Bewohner von Obdachlosensiedlungen zu „,politisieren und organisieren' und sie zu gemeinsamen Aktionen zur Verbesserung ihrer Lebensverhältnisse zu befähigen."[501] Auch die Ansätze der neuen Sozialarbeit sahen nun ausdrücklich vor, die Betroffenen in die Lösungen und Hilfsmaßnahmen mit einzuschließen. „Bewohner von Obdachloseneinrichtungen haben das Recht, an Überlegungen und Entscheidungen, die ihren Lebenskreis unmittelbar berühren, beteiligt zu werden", formulierte hierfür der Berliner Obdachlosenplan von 1974.[502] In Gießen ging beispielsweise die erste Initiative zu einer Projektgruppe 1969 von zwei Bewohnern der Siedlung aus. Beide waren Mitglieder der SPD und wollten die Bildungschancen für die Kinder der Siedlung verbessern. Auch hier ging es zunächst nicht um große politische Aktionen, sondern um kleine Unterstützungsleistungen wie eine Hausaufgabenbetreuung, die eine kleine Gruppe junger SPD-Mitglieder – die von den Siedlungsbewohnern nur „die Studenten" genannt wurden – anbot.[503] Von den Kindern weiteten sich die Unterstützungsleistungen schon bald auf alle Altersgruppen aus. Die früheren Interessensgemeinschaften fanden sich nun in den offiziellen Obdachlosenkommissionen und Arbeitsgemeinschaften der Kommunen wieder und konnten ihr Leben aktiv mitentscheiden.[504] Die Arbeit der Kommissionen führte in vielen Städten letztlich Anfang der 1980er-Jahre zur Auflösung der Obdachlosensiedlungen, womit das Ziel der ersten Interessensgemeinschaften, die Loslösung von der Stigmatisierung Obdachlosigkeit, umgesetzt wurde.

9. Der Bunker

„Für den Krieg erbaut – dem Frieden dienbar" – unter diesem Titel berichtete der *Münchner Merkur* sechs Jahre nach Kriegsende über die 28 Groß-Bunker, die im Münchner Stadtgebiet noch existierten.[505] Auch weiterhin dienten sie als Zufluchts-

---

[500] Verhinderter politischer Zusammenstoß, in: Bezirks Stadtanzeiger Nr. 183 (1932).
[501] Projektgruppe Margaretenhütte e. V., Siedlung, S. 47.
[502] Obdachlosenplan Berlin, in: Abgeordnetenhaus Berlin Drucksache 6/1508 v. 20. 9. 1974, S. 4 (auch in LAB B Rep. 002 Nr. 7454).
[503] Projektgruppe Margaretenhütte e. V., Siedlung, S. 49 f.
[504] Vgl. die Examensarbeit H. Kuhlmann: Obdachlosenpolitik der Stadt Gelsenkirchen am Beispiel der Obdachlosensiedlung Katernbergerstraße, Essen 1979, ISG GE Handbücherei IX 8.
[505] Für den Krieg erbaut – dem Frieden dienbar, in: Münchner Merkur, 2. 2. 1951.

und Schutzräume für die Bevölkerung Münchens – allerdings nicht vor Luftangriffen, sondern vor dem sozialen Elend der Nachkriegsjahre. Als Notunterkünfte für Ausgebombte, Flüchtlinge und zurückgekehrte Evakuierte beherbergten die Bunker in den ersten Nachkriegsjahren zunächst diejenigen, die der Krieg und seine Folgen zu Obdachlosen machten. Anfang der 1950er-Jahre änderte sich der Nutzerkreis jedoch erheblich. Viele geflohene Familien konnten in reguläre Wohnräume vermittelt werden. Der Bunker als Ort der Obdachlosen blieb indessen erhalten. Bewohnt war er nun von denjenigen, die in den Jahren des Wiederaufbaus nicht Fuß fassen konnten und die nach Ansicht von Gesellschaft und Staat ihre Situation selbst verschuldet hatten. In vielen Städten verstetigten sich die einst temporär gedachten Bunkerunterkünfte und wurden zu urbanen Orten für „asoziale Obdachlose", die vielerorts bis in die 1970er-Jahre bestehen blieben. Der Bunker wird für die Nachkriegszeit zu einem Ort der Sozialgeschichte, an dem rekonstruiert werden kann, wie im Zuge des Wirtschaftswunders die Kategorie des sozialen Obdachlosen wieder hinter der des „asozialen" zurücktrat.[506]

9.1 Schutz- und Übernachtungsstätte im Krieg

Der Bunker stellte im Krieg für die Stadtgesellschaft Schutz und Sicherheit vor Luftangriffen bereit. Doch nicht jeder erhielt Zugang zu der ohnehin begrenzten Anzahl an Plätzen. Die „Bunkergemeinschaft" war ein Abbild der nationalsozialistischen „Volksgemeinschaft" mit ihren inkludierenden sowie exkludierenden Merkmalen. Frauen und Kinder sowie die arbeitende Bevölkerung in den Städten fanden bevorzugt Aufnahme. Keine Berechtigungsausweise wurden hingegen an Jüdinnen und Juden, ausländische Zwangsarbeiterinnen und Zwangsarbeiter sowie an „Asoziale" ausgestellt. Bei den wandernden Obdachlosen kam erschwerend hinzu, dass sich die Berechtigungskarte, sofern sie überhaupt eine bekommen hätten, an der Meldeadresse orientierte, über die dieser Personenkreis meist nicht verfügte. Durch den Platzmangel in den Bunkern waren zudem schon bald Männer zwischen 16 und 60 Jahren von der Benutzung ausgeschlossen, was insbesondere die Personengruppe der Obdachlosen betraf.[507] Den Obdachlosen blieb in vielen Städten nur der Schutz in den Asylen, doch auch diese waren durch den anhaltenden Luftkrieg vielerorts zerstört oder zweckentfremdet worden. Auch wenn die Insassen der Asyle im wohnrechtlichen Sinne über keinen Wohnraum verfügten, konnten sie dennoch im Krieg ihre Unterkünfte verlieren. Für die Obdachlosenasyle stellten die Kommunen allerdings nur in Einzelfällen und auch hier bevorzugt für Familien und Alte Ersatzunterkünfte bereit. In der kriegsbedingten Verdrängungskette standen die Obdachlosen an letzter Stelle. Sie waren zwar aus ihren Notunterkünften ausgebombt, profitierten aber im Gegensatz zu den regulären Ausgebombten von keinerlei Privilegien, sondern mussten sich selbstständig

---

[506] Korzilius, Parasiten, S. 179.
[507] Süß, Tod, S. 328.

um ein neues Obdach bemühen. In ihrer Not machten sich einige dabei die Trümmerlandschaft des Krieges zu Nutze.

Während die Stadtverwaltung Frankfurt 25 Obdachlosenunterkünfte für Ausgebombte einrichtete, schufen sich die abgewiesenen Obdachlosen sogenannte „wilde OSU's" also nicht genehmigte, eigeninitiativ eingerichtete Obdachlosenunterkünfte.[508] In den Pausen der Luftangriffe boten ihnen die leer stehenden Bunker und öffentlichen Schutzräume eine Übernachtungsstätte. Im Chaos der zerbombten Städte blieb eine solche Zweckentfremdung der Bunker oft unentdeckt. In Frankfurt am Main beschwerten sich allerdings Anwohner im Sommer 1944 über das Treiben in einem Luftschutzkeller, woraufhin die Polizei eine Überprüfung der Keller auf die „soziale, gesundheitlich und sittliche Verfassung" der Personen dort durchführte.[509] Neben regulären Bewohnerinnen und Bewohnern, die berechtigt waren, die Luftschutzkeller zu nutzen, traf sie auf Obdachlose und „Schläfer", die nach der Zerstörung des Frankfurter Asyls im März 1944 die Keller zum Übernachten aufsuchten. Abhilfe in dieser Situation sollte ein separater „Asylkeller" schaffen. Das Fürsorgeamt schlug vor, dass man die Aufgegriffenen in einem Keller in der mehrheitlich zerstörten und damit unbewohnten Altstadt Frankfurts unterbringe.[510] Dieser auf den ersten Blick gutgemeinte Vorschlag korrespondierte in seiner Intention aber mit altbekannten Mustern der Unterbringung der Obdachlosen. Die Ausgebombten des Obdachlosenasyls sollten ihrerseits wiederum isoliert werden – zwar nicht an den Stadträndern wie üblich, sondern in der grauen Trümmerlandschaft von Frankfurts Innenstadt. Die Initiativen der Frankfurter Obdachlosen, die Bunker und Luftschutzkeller als Obdach zu nutzen, deutet auf eine Bestimmung dieser Orte hin, die schließlich in den letzten Kriegswochen zu ihrer zentralen Funktion werden sollte. Der anhaltende Luftkrieg und die Zerstörung der Wohnungen veranlassten berechtigte Familien, sich während der letzten Kriegswochen oftmals samt Hausstand in den Hochbunkern vieler Städte einzurichten. Aus dem Ort, der lediglich temporären Schutz vor Luftangriffen bieten sollte, wurde für viele städtische Bewohnerinnen und Bewohner eine dauernde Unterkunft.[511] Diese für die Betroffenen bedrohliche Notsituation verkehrte die NS-Propaganda ihrerseits zu einer Glorifizierung der Bunker als das neue Heim der Deutschen im Überlebenskampf gegen die Alliierten.

9.2 „Notasyl" für Flüchtlinge und Obdachlose

Die Bunker waren schon im Krieg der „Gegenentwurf zur urbanen Trümmerlandschaft" und in dieser Funktion spielten sie auch nach dem Ende der Kampfhandlungen eine zentrale Rolle im städtischen Raum.[512] In vielen Städten gehörten sie

---

[508] Kreisstelle 1 des Fürsorgeamts an die Fürsorgeleitung v. 30. 5. 1944, ISG FRA Fürsorgeamt 651; Schmid, Frankfurt, S. 162.
[509] Rumpf an Prestel v. 27. 5. 1944, ISG FRA Fürsorgeamt 651.
[510] Bericht von Rumpf v. 15. 6. 1944, ISG FRA Fürsorgeamt 651.
[511] Foedrowitz, Bunkerwelten, S. 124–129.
[512] Süß, Tod, S. 343 f.

zu den wenigen verbliebenen Massenunterkünften, da Turnhallen, Schulen oder sonstige größere Gebäudekomplexe zerstört oder wieder in ihre eigentliche Bestimmung überführt worden waren. Gleichzeitig standen Millionen von Menschen obdachlos in den zerbombten Straßen. Neben den Ausgebombten mussten auch Flüchtlinge aus den ehemaligen Ostgebieten sowie Evakuierte, die in ihre Heimatstädte zurückkehrten, untergebracht werden.[513]

Zur kurzfristigen Überbrückung nutzten viele Kommunen die verbliebenen Bunkeranlagen und begannen diese wenige Wochen nach Kriegsende für Wohnzwecke umzugestalten: Windfänge wurden geöffnet, Heizungen und sanitäre Anlagen instand gesetzt, Wände zur Unterteilung eingezogen sowie Hausmeister eingestellt und Hausordnungen erlassen.[514] Während bei den ersten Sofortmaßnahmen auch vorgesehen war, Räume für den Tagesaufenthalt der Bunkerbenutzer einzurichten, machten die praktischen Umsetzungen schnell deutlich, dass dies mit den Gegebenheiten vor Ort nicht vereinbar war. Selbst Kochmöglichkeiten ließen sich nur mit erheblichem Aufwand errichten. Die Verantwortlichen entschieden sich, die Bunker auf ihre Funktion als Schlafstellen zu beschränken. Der Ort war somit in seiner grundsätzlichen Raumfunktion als temporäres Notquartier angelegt, was zugleich bedeutete, dass er seine ursprüngliche Bestimmung aus Kriegszeiten nicht gänzlich verlor. Eine Sonderverfügung in Frankfurt am Main vom Dezember 1947 hielt bei der Leistungsgewährung in den Bunkern fest: „Unterkunft einschl. Beleuchtung und Heizung und notfalls Verpflegung."[515]

Die Umgestaltung der Bunker hatte nicht nur den Vorteil, dass dringend benötigte Unterkünfte geschaffen wurden, sie diente gleichermaßen der langfristigen Erhaltung der Orte. Der Alliierte Kontrollrat beschloss im Dezember 1945, alle Bunker als Teil der Demilitarisierungsmaßnahmen innerhalb von fünf Jahren soweit zu sprengen, dass sie für den Zivilschutz nicht mehr tauglich sein würden. Viele Kommunen trieben als ein vergleichsweise günstiges Mittel gegen die kostenintensive Sprengung die „Entfestigung" der Bunker voran. Sie versahen die Außenmauern durch kleinere Teilsprengungen mit Fensteröffnungen, wodurch die Bunker ihre Schutzfunktionen verloren und der Zerstörung entgingen.[516] Mit diesen Umgestaltungen ging bereits eine erste Annäherung der Bunkerunterkünfte an die räumlichen Strukturen der Obdachlosenasyle einher: Die Auslegung auf den Nachtbetrieb, Mehrbettzimmer und eine provisorische Hausordnung, die die wesentlichen Abläufe strukturierte. Und tatsächlich entschieden sich – hier im Falle Essens – die Verantwortlichen auch bewusst dazu, die Bunker als „Notasyle" zu charakterisie-

---

[513] Der Bunker war damit ein Ort in einer ganzen Reihe von provisorischen Unterkünften, die als Flüchtlingslager eingerichtet wurden, vgl. Beer, Nachkriegszeit.

[514] Vgl. hier für die Städte in der Rheinprovinz: Rundschreiben des Oberpräsidenten der Nord Rheinprovinz Abt. Bau an Oberbürgermeister und Landräte der Nord Rheinprovinz v. 6. 8. 1945, HdEG 102 Nr. 2025.

[515] Sonderverfügung für die Fürsorgestelle für Flüchtlinge und Wohnungslose sowie für die Bunkerverwaltungen v. 10. 12. 1947, ISG FRA Fürsorgeamt 768.

[516] Foedrowitz, Bunkerwelten, S. 151–168.

ren. Die Bezeichnung „Notwohnung" sollte hingegen strikt vermieden werden, um jeglichen Anreiz zum dauerhaften Aufenthalt in den Bunkern zu unterbinden.[517]

Schon im Juli 1945 versuchten die zuständigen Verwaltungsstellen, zur Betreuung des heterogenen Personenkreises eine Klassifizierung zwischen Obdachlosen und Flüchtlingen vorzunehmen. In der Praxis vor Ort war schnell deutlich geworden, dass die bisher angewandte Begriffsbestimmung, „wonach Obdachlose Personen sind, die ein Unterkommen, das ihnen zum Aufenthalt und Nächtigen dient, nicht besitzen", für diese Frage keine Bedeutung habe, „da auch Flüchtlinge in diesem Sinne Obdachlose sind." Zur Beurteilung müsse man hingegen die Ursachen der Obdachlosigkeit miteinbeziehen. Danach sei Obdachlosigkeit durch die „sozialen Verhältnisse bedingt", die sich „gegenwärtig durch die Nachwirkungen des Krieges" verstärkten. Flüchtlinge seien zwar auch eine kriegsbedingte Folge, unterschieden sich aber von den Obdachlosen primär dadurch, dass sie nur vorübergehend von der Obdachlosigkeit betroffen seien. Danach sollten Flüchtlinge nur „kurzfristig in provisorischen" Flüchtlingsunterkünften Aufnahme finden, während Obdachlose „längere Zeit" in Asylen und Heimen untergebracht werden müssten.[518] Die Unterscheidung orientierte sich entlang zeitlicher Charakteristika und brach mit der Ansicht, dass das Obdach für Obdachlose lediglich eine kurzfristige Einrichtung sei. Da die Bunker nur als vorübergehende Unterkünfte vorgesehen waren, war die logische Konsequenz aus dieser Definition die Verdrängung der Obdachlosen aus den Bunkern.

Erste Initiativen zur räumlichen Separierung von Flüchtlingen und Obdachlosen gab es schon ein Jahr nach Kriegsende. Im März 1946 mahnte der Polizeipräsident von Frankfurt, dass die Bunker „Schlupfwinkel für asoziale Elemente" und damit eine Bedrohung für die dort untergebrachten Familien und Kinder seien.[519] Im Dezember des gleichen Jahres bemühten sich die Berliner Sozialbehörden, „geeignete Heim[e] für asoziale Obdachlose" zu finden, deren Unterbringung in den Bunkerunterkünften „besondere Schwierigkeiten" bereitet hätten. Ziel vieler Kommunen war es, die „asozialen Elemente aus der menschenwürdigen Gesellschaft herauszunehmen", sie dementsprechend aus den Bunkern auszuquartieren.[520] Diese Handhabung korrespondierte mit den traditionellen räumlichen Isolationsprozessen gegen Obdachlose und war insofern keine Besonderheit der Bunkerunterkünfte. Als Ausweg aus der Obdachlosenproblematik war seit der Weimarer Republik stets die Verdrängung der Betroffenen forciert worden. Diesbezügliche Bestrebungen zum Ausschluss der „asozialen" Obdachlosen in Frankfurt und Berlin scheiterten jedoch. Die Gründe sind vielfältig und nicht allein auf das begrenzte Raumangebot der zerstörten Städte zurückzuführen. Wie die Definitionsversuche andeuten, war eine klare Trennung zwischen Obdachlosen und Flüchtlingen praktisch kaum umzusetzen. Die zuständige Abteilung im Frankfurter Fürsorgeamt hieß

---

517 Niederschrift über die Besprechung der Bunkerverwertung v. 24. 10. 1945, HdEG 102 Nr. 2025.
518 Präsidialabteilung Berlin, Tagesbericht Nr. 258/45 v. 31. 7. 1945, LAB C Rep. 303-09 Nr. 238.
519 Polizeipräsident an Reichsbahndirektion v. 14. 3. 1946, ISG FRA Magistratsakten 8656.
520 Antwort auf Rundschreiben Nr. 78/46 v. 9. 1. 1947, LAB B Rep. 203 Nr. 9345.

dementsprechend auch Fürsorgestelle für Flüchtlinge und Wohnungslose und war ihrem Aufgabenprofil nach für Flüchtlinge, Exmittierte, Wanderer und Durchreisende zuständig. Zugleich fehlte in vielen Kommunen schlichtweg der Wille, für die Situation in den Bunkern Abhilfe zu schaffen. In Berlin beispielsweise lag der Stadt 1949 das Angebot des Berliner Asylvereins für Obdachlose vor, Gebäudeteile der Wiesenburg kostenlos zu nutzen.[521] Der Magistrat lehnte jedoch ab, weil er fürchtete, der Verein könne die Gebäude nach einer entsprechenden Sanierung durch die Stadt wieder beanspruchen.[522] Diese fast schon arrogant anmutende Haltung der Stadt überrascht angesichts der Knappheit an geeigneten Unterkünften. Sie zeigt zugleich, dass die Stadtverwaltung an einer schnellen und grundlegenden Lösung des Bunkerproblems nicht interessiert war, sondern vielmehr hoffte, dass es sich bei der Massenobdachlosigkeit der Nachkriegsjahre um eine temporäre Erscheinung handelte, die sich mit dem Ende der Fluchtbewegungen wieder normalisieren würde.[523] Bis auf wenige Städte, in denen bereits während dieser zweiten Phase separate Bunker für „Asoziale" existierten, wurde eine räumlich strikte Trennung zwischen Obdachlosen und Flüchtlingen nicht praktiziert.[524]

„Es leben dort miteinander Heimkehrer, die ihre Angehörigen noch nicht gefunden haben, Asoziale, Alte, für die noch kein Platz in einem Altersheim frei ist, Rückkehrer aus der Westzone, Lueskranke, Kinder, die keine Schule besuchen und wie bereits erwähnt, auch Säuglinge."[525]

Die städtischen Hochbunker wurden von den verschiedenen Personengruppen gleichermaßen genutzt – ganz unabhängig von den Ursachen ihrer Not.[526] Der provisorische Charakter gepaart mit der ohnehin schlechten Versorgungslage der Nachkriegsjahre kumulierte in den Bunkern zu menschenunwürdigen und gesundheitsbedrohlichen Lebensverhältnissen. Fehlende einheitliche Vorschriften und Zuständigkeiten führten zu chaotischen Zuständen. Bereits kurz nach ihrer Einrichtung waren die „Notasyle" in den meisten Städten restlos überfüllt und die Zustände entsprechend katastrophal. Der Bahnhofsbunker in Hannover etwa wurde als „Schleuse des Elends" deutschlandweit bekannt. Zu Hochzeiten der Flucht aus den ehemaligen deutschen Ostgebieten beherbergte der Bunker, der regulär etwa 500 Schlafstellen umfasste, 1300 Personen.[527] Auf engstem Raum lebten Männer, Frauen, Kinder, Jugendliche, ja sogar Tiere zusammen. Im Frankfurter Schifferbunker übernachteten mehrere Familien mit ihren Hunden, was im Bunkeralltag zu anhaltenden Problemen und Beschwerden durch andere Bewoh-

---

[521] Kopczyk (Wohnungsamt) an Sand (Bezirksrat) v. 22. 8. 1949, LAB B Rep. 203 Nr. 9345/46.
[522] Vgl. Korrespondenz zwischen Asylverein für Obdachlose und Bezirksamt Wedding, Juli 1949, LAB B Rep. 203 Nr. 9345/46.
[523] So argumentierte auch die Stadtverwaltung Frankfurt a. M., die in einem Zeitungsartikel über die Verhältnisse im Bahnhofsbunker kritisiert worden war, vgl. Schreiben an Redaktion der Volksstimme v. 12. 2. 1949, ISG FRA Magistratsakten 8656; Notasyl in Frankfurt, in: Volksstimme Nr. 4, 28. 1. 1949.
[524] Ein Hinweis zu solchen frühen Bunkern für „Asoziale" gibt: Foedrowitz, Bunkerwelten, S. 146.
[525] Berliner Rundfunk an Bezirksbürgermeiste Hensel v. 11. 4. 1949, LAB C Rep. 118 Nr. 25.
[526] Vgl. Ehemalige Millionäre und kleine Angestellte, in: FAZ Nr. 176, 2. 8. 1949.
[527] Zitiert nach Foedrowitz, Bunkerwelten, S. 143–145.

nerinnen und Bewohner geführt hatte. Eine Vorschrift bezüglich Tierhaltung im Bunker existierte jedoch nicht. Um Ruhe im Bunker einkehren zu lassen, bemühte sich der Bunkerwart um eine entsprechende Anordnung durch die Fürsorgestelle, die jedoch nicht erteilt werden konnte, da die Gesundheitspolizei wiederum keine Bedenken bezüglich der Hundehaltung hatte.[528]

Ein weiteres zentrales Problem, das sich durch die räumliche Beschaffenheit der Bunker ergab, war die Luftzufuhr in den Notasylen. Die Nutzung des Bunkers als Dauerunterkunft beanspruchte die Luft in einem stärkeren Maße als der temporäre Aufenthalt während eines Fliegerangriffs. Die im Krieg eingebauten Lüftungsanlagen konnten die benötigten Luftmengen vielerorts nicht bewältigen, daran änderten auch die gesprengten kleinen Fensteröffnungen wenig. Den Obdachlosen in den Bunkern fehlte vielerorts im wahrsten Sinne des Wortes die Luft zum Atmen. Im Sommer 1950 entwickelten sich im Frankfurter Schifferbunker die „ohnehin schlechten Luftverhältnisse zu einem Schaden an Leib und Leben", wie der Verfasser eines Beschwerdebriefs klagte.[529] Im Inneren des Bunkers herrschten Temperaturen von mehr als 30 Grad Celsius, was die Bewohnerinnen und Bewohner dazu bewegte, auf der Straße zu nächtigen.[530] Trotz der anhaltenden Beschwerden und durchgeführten Reparaturen konnte nur geringfügig Abhilfe geschaffen werden. Anstatt jedoch die räumliche Funktionalität dieser Orte als Dauerunterkünfte zu hinterfragen, baute man leistungsstärkere Lüftungsanlagen ein und vertagte das Problem der dauerhaften Nutzung der Bunker zu Wohnzwecken erneut.[531]

Doch die anhaltende Kritik über die Zustände in den Bunkern riss nicht ab. Die Verantwortlichen taten ihr Möglichstes, um das Elend hinter den dicken Bunkermauern versteckt zu halten. In Frankfurt versuchte das Sozialamt sogar, unangemeldete Besichtigungen der Bunker durch Stadtverordnete zu verhindern. Sozialamtsleiter Rudolf Prestel beschwerte sich bei Oberbürgermeister Kolb über diesbezügliche Initiativen:

„Es mehren sich in letzter Zeit Fälle, in denen einzelne Stadtverordnete, ohne das Amt vorher verständigt zu haben, unsere Einrichtungen besuchen […]. Das Ergebnis ist jeweils derartig einseitig, daß es auf die Dauer eine Gefährdung unserer Sozialeinrichtungen darstellt, wenn Stadtverordnete ihre unberichteten [sic] Eindrücke in Fraktionen oder sonstigen Gremien weitergeben."[532]

Die Schuld an den elenden Zuständen in den Bunkern schob die Sozialverwaltung von sich und nahm vielmehr die Betroffenen in die Verantwortung. Die schlechte Luft entstehe durch die nicht ordnungsgemäße Benutzung von Kochstellen oder das Trocknen von Wäsche. Die Obdachlosen selbst würden somit die menschenunwürdigen Zustände verursachen. Nach einer Besichtigung des Rödelheimer

---

[528] Bunkerwart an Fürsorgestelle Flüwo v. 18. 3. 1947; Gesundheitspolizei an Fürsorgestelle Flüwo v. 19. 3. 1947, beide ISG FRA Fürsorgeamt 1058.
[529] Einschreiben Karl L. v. 6. 7. 1950, ISG FRA Fürsorgeamt 1058.
[530] Bunkerbewohner schlafen im Freien, in: Frankfurter Rundschau Nr. 153, 6. 7. 1950.
[531] Magistratsentwurf v. 26. 1. 1950, ISG FRA Magistratsakten 8656.
[532] Prestel an Oberbürgermeister Kolb v. 14. 7. 1949, ISG FRA Magistratsakten 8656.

Bunkers in Frankfurt verwies Prestel gegenüber dem Oberbürgermeister darauf, dass sich eine Frau mit einem zwei Monate alten Säugling beschwert habe, dass sie im Bunker leben müsse, zugleich aber noch nicht den Weg zur Mütter- und Säuglingspflege wenige Meter weiter gefunden habe.[533]

Nicht nur von Medien und Kommunalpolitikern gab es Kritik, sondern insbesondere auch von Bewohnerinnen und Bewohnern. Der Plan der Kommunen, dass die kargen Verhältnisse die Menschen dazu bringen würden, die Bunker schnellstmöglich wieder zu verlassen, ging nur bedingt auf. Vielmehr forderten die Insassen bessere Lebensbedingungen ein. Es waren vor allem Familien und arbeitsfähige Flüchtlinge, die die Zustände in den Bunkern nicht akzeptieren wollten, anderweitigen Wohnraum konnten sie jedoch auch nicht finden. Schon frühzeitig hatten sie Beschwerden über die „Unzumutbarkeit" der Orte laut werden lassen und forderten vehement reguläre Wohnungen.[534] Dabei verwiesen sie ganz explizit auf ihre persönliche Situation und baten ihre Beschwerde „nicht als Nörgeleien zu betrachten, sondern als Bitten von deutschen Menschen anzusehen, die ihres Hab und Guts beraubt sind, die Heimat verloren haben, die in eine fremde Gegend gekommen sind, in der sie noch in keiner Weise Fuß fassen konnten."[535]

Als „unverschuldet" in Not geraten wurden Flüchtlinge bevorzugt behandelt, konnten in vielen Fällen in Neubauwohnungen vermittelt werden oder waren selbstständig in der Lage, sich eine neue Existenz außerhalb des Bunkerelends aufzubauen. Ein erheblicher Teil der Bunkerbewohner schaffte dies jedoch nicht, sei es alters- oder krankheitsbedingt oder durch die fehlende persönliche Motivation und externe Hilfe. Zurück blieben die Menschen, die das Wohnungsamt in seiner Kartei als nicht vermittelbar führte oder für die es sich erst gar nicht zuständig sah.[536] Entgegen dem ursprünglichen Plan, die „Asozialen" aus den Bunkern zu exkludieren, hatte sich aus der Eigeninitiative vieler Flüchtlinge der umgekehrte Prozess entwickelt. Die begriffliche Differenzierung war damit zunehmend obsolet geworden – die einzelnen Flüchtlinge, die 1950 noch im Bunker lebten, wurden nunmehr unter der Bezeichnung Obdachlose subsumiert. Der Bunker war somit Anfang der 1950er-Jahre zum spezifischen Ort von Obdachlosigkeit geworden. Die Isolation der Obdachlosen in den Bunkern der frühen Bundesrepublik war insofern nicht durch die Ausgliederung der Betroffenen an diesem Ort erfolgt, sondern durch ihre Vereinnahmung des Ortes. Gemäß dem neuen Nutzerkreis der Bunker änderte auch die Frankfurter Fürsorgestelle für Flüchtlinge und Wohnungslose im März 1952 ihre Bezeichnung in Fürsorgestelle für Durchreisende und Obdachlose.[537]

---

[533] Prestel an Oberbürgermeister Kolb v. 14. 7. 1949, ISG FRA Magistratsakten 8656.
[534] Vgl. Beschwerde Bunkerinsasse an Oberbürgermeister v. 15. 9. 1946, ISG FRA Fürsorgeamt 1058.
[535] Beschwerde der Insassen des Bunker Schifferstraße an Magistrat der Stadt Frankfurt v. 12. 11. 1946, ISG FRA Fürsorgeamt 1058.
[536] Beer, Nachkriegszeit, in: Bispinck (Hrsg.), Flüchtlingslager, S. 56.
[537] Rundverfügung Nr. 41 v. 26. 3. 1952, ISG FRA Fürsorgeamt 769.

9.3 Bunkerasyl und „Wohnbunker"

Auch mehr als fünf Jahre nach Kriegsende suchten noch immer zahlreiche Menschen Nacht für Nacht Zuflucht in den Bunkern. Die dicken Mauern dienten in den 1950er- und 1960er-Jahren schon lange nicht mehr dem Schutz der Bunkerinsassen. Vielmehr schirmten sie nun die Außenwelt vor den „Bunker-Menschen" ab. Im Krieg gehörte zur „Volksgemeinschaft", wer im Bunker saß, nun hatte sich die Situation ins Gegenteil verkehrt: Im Bunker waren die Außenseiter der Nachkriegsgesellschaft zurückgeblieben und nicht Wenige waren froh, dass diese hinter den grauen Betonwänden verschwanden.[538] Der Bunker wurde zum Inbegriff eines randständigen und verborgenen Lebens, was sich nicht zuletzt daran zeigte, dass die Passage aus Brechts Dreigroschenoper, „die im Dunkeln sieht man nicht", in Zeitungsartikeln in „die im Bunker sieht man nicht" umformuliert wurde.[539]

Vielerorts war es die freie und konfessionelle Wohlfahrtspflege, die sich den Obdachlosen in den Bunkern annahm. Wie wenig Interesse die Münchner Stadtverwaltung daran hatte, sich selbst um die Obdachlosen zu bemühen, zeigte sich daran, dass sie bereits am 1. April 1950 den Keferloher Bunker einem Verein übertrug, der zu diesem Zeitpunkt formal noch nicht einmal gegründet war.[540] Erst zwei Wochen später – am 19. April 1950 – wurde der Katholische Männerfürsorgeverein e. V. unter dem Vorsitz von Adolf Mathes ins Leben gerufen.[541] Er übernahm den Keferloher Bunker und erhöhte noch im ersten Monat die dortige Bettenzahl von 90 auf 120. Am 1. Mai übergab die Stadt auch den Petuelbunker in die Obhut des KMFV, der die Aufnahmekapazitäten innerhalb zweier Monate von 20 auf 80 Schlafstellen vergrößerte.

Im Laufe des Jahres gelang es dem Verein zudem mit Unterstützung des Caritasverbandes, den zuvor als Hotel betriebenen City-Bunker und eine Baracke in der Falkenstraße zu erwerben und für die Unterbringung von 136 Männern nutzbar zu machen.[542] Damit standen in München Ende 1951 306 Schlafstellen für obdachlose Männer in drei Bunkeranlagen unter der Trägerschaft des KMFV zur Verfügung. Ähnliche Ausgangslagen fanden sich Anfang der 1950er-Jahre in vielen anderen westdeutschen Städten: In Bremen betrieb die Innere Mission im Auftrag der Stadt den Bahnhofsbunker.[543] In Frankfurt stellten die Evangelische und Katholische Bahnhofsmission für durchreisende weibliche Obdachlose den Süd-

---

[538] Zu dieser Einschätzung vgl. Friedrichs, Massenunterkunft, S. 247. Zur „Volksgemeinschaft" im Bunker vgl. Thießen, Heimstätte, in: Marszolek (Hrsg.), Bunker.
[539] Vgl. Die im Bunker sieht man nicht, in: SZ Nr. 121, 21. 5. 1959. Bezogen auf den Münchner Quellenbunker, der der Unterbringung von obdachlosen Frauen diente, schrieb die SZ noch 1963: Die im Bunker sieht man nicht, in: SZ Nr. 53, 2./3. 3. 1963.
[540] Das Übergabeprotokoll nennt als Verein das Hilfswerk für männliche Obdachlose München, vgl. Übergabeprotokoll v. 1. 4. 1950, Zentralverwaltung KMFV Vereinsangelegenheiten 1950–62.
[541] Protokoll über die Gründungsversammlung des Katholischen Männerfürsorgevereins München e. V. v. 19. 4. 1950, abgedruckt in: Katholischer Männerfürsorgeverein München e. V., Männerfürsorgeverein, S. 8.
[542] Vgl. 1. Jahresbericht des KMFV v. 1. 5. 1951, Zentralverwaltung KMFV Vereinsangelegenheiten 1950–63.
[543] Friedrichs, Massenunterkunft, in: Marszolek (Hrsg.), Bunker, S. 247–249.

bunker am Hauptbahnhof zur Verfügung und die Heilsarmee betreute männliche Obdachlose im Bunker am Ostbahnhof.[544] Die Auslagerung der Obdachlosenbetreuung in die Hände der freien Wohlfahrtspflege war keine kurzfristige Überbrückungsmaßnahme. Noch 1955 drängte die Stadt Frankfurt die Heilsarmee, einen weiteren Bunker für alleinstehende Frauen zu übernehmen. Diese lehnte zunächst ab, da sie zehn Jahre nach dem Krieg nicht mehr gewillt war, das Bunkerelend mitzutragen. Da sich jedoch keine Alternativen fanden, willigte sie 1957 schließlich ein.[545] Auch in Berlin entschied sich die Senatsverwaltung dazu, den ehemaligen Fichtebunker, der zuvor als Flüchtlingsunterkunft diente, nun als Obdachlosenasyl für 600 Personen bereitzustellen.[546]

Mit diesen Entwicklungen wurde eine dritte Phase der Bunkernutzung eingeleitet. Vielen Menschen, vor allem Flüchtlingen aus den ehemaligen deutschen Ostgebieten, war es zwischenzeitlich gelungen, Wohnungen zu finden. Mit ihrem ‚Auszug' wurden der Bunkerraum und die Bewohnerinnen und Bewohner neu verteilt. Den elenden Zuständen in den Bunkern sollte durch eine gezielte Umwidmung der Orte ein Ende bereitet werden. Für die dauerhafte Unterbringung der „Asozialen" und Obdachlosen wurden die Bunker zu spezifischen Orten der Obdachlosigkeit: Einerseits Bunkerasyle, in denen für alleinstehende Frauen oder Männer ein Bett in einem Schlafsaal bereitstand sowie andererseits „Wohnbunker" für obdachlose Familien. In beiden war der provisorische Charakter zur Dauerlösung geworden. Feste Strukturen in Form von Hausordnungen, aber auch Gewohnheitspraktiken ordneten die alltäglichen Abläufe. Die Bunkerasyle und Wohnbunker waren fester Teil der kommunalen Obdachlosenfürsorge. Während die Bunkerasyle weitgehend nahtlos an die frühere Nutzungsphase der Bunker als „Notasyle" anschlossen, waren zur Umwidmung der Anlagen zu „Wohnbunkern" einige Umstrukturierungen notwendig. Diese sollten eine Unterbringung der Obdachlosen gewährleisten und nicht nur Übernachtungszwecken dienen. Die Theorie sah vor, dass jedem Benutzer bzw. jeder Familie eine Einzelkabine zustand. Darüber hinaus war der Aufenthalt im „Wohnbunker" nicht auf die Nacht beschränkt, sondern ermöglichte mit entsprechenden Koch- und Waschmöglichkeiten auch die Tagesnutzung. Für den dauernden Aufenthalt im Wohnbunker mussten die Betroffenen zudem mietähnliche Nutzungsgebühren bezahlen.

Die Sozialverwaltung übertrug die alltäglichen Abläufe in den Bunkern in die Verantwortung der freien Träger, behielt sich selbst jedoch das uneingeschränkte Recht der Einweisung vor, um die uneinheitlichen Zugangspraktiken der ersten Nachkriegsjahre zu beenden. Häufig war es vorgekommen, dass Alleinstehende in den Genuss von Einzelkabinen gekommen waren, während für Familien nur notdürftig ein Bett in einem Schlafsaal bereitgestellt werden konnte. Den Allein-

---

[544] Rundverfügung Nr. 7 v. 14. 6. 1950, ISG FRA Fürsorgeamt 768.
[545] Niederschrift über Besprechung zwischen Heilsarmee und Fürsorgeleitung v. 31. 10. 1956; Bekanntmachung des Magistrats v. 2. 4. 1957, beide ISG FRA Fürsorgeamt 769.
[546] Bezirksamt Kreuzberg an Senator für Arbeit und Sozialwesen v. 10. 3. 1954, LAB B Rep. 008 Nr. 645.

stehenden drohte nun der Umzug in den Mehrbettschlafsaal der Bunkerasyle. Die Verwaltungsbeamten erhofften sich durch die Maßnahmen zugleich zusätzliche Raumgewinne, da Alleinstehende, die eigentlich „über ausreichendes Einkommen verfügen, um sich ein Zimmer oder eine Mansarde zu mieten", damit gedrängt werden sollten, sich eigeninitiativ um eine Wohnung zu bemühen.[547] Die räumliche Neustrukturierung der Bunker ging Hand in Hand mit der Disziplinierung und Separierung der Bunkerbewohnerinnen und -bewohner, bis schließlich nur noch die vermeintlich „asozialen Obdachlosen" in den Anlagen zurückblieben. Dass diese Einschätzung an den realen Verhältnissen in den Bunkern vorbeilief und vor allem der Wohnbunker von den Kommunen als reguläre Notwohnung für exmittierte Familien herangezogen wurde, beweisen schon zeitgenössische Berichte.[548]

Das Bunkerasyl und der „Wohnbunker" waren traditionelle Orte der Obdachlosenunterbringung, mit der bereits in den vorausgegangenen Kapiteln analysierten raumeigenen Beschaffenheit. Zugleich evozierte der Bunker neue Erfahrungen, die im Folgenden anhand der Beispiele München und Frankfurt am Main herausgearbeitet werden. Bereits zeitgenössisch hatten einzelne Journalisten sowie Politiker einen Blick in die Bunker gewagt.[549] In München entstand sogar eine Bilderstrecke des Keferloher Bunkers, die in Auszügen im Februar 1951 in der *Münchner Illustrierten* erschien.[550] Entlang dieser Bilder sollen im Folgenden die Obdachlosen im Bunkerasyl sichtbar gemacht werden.[551] Die Aufnahmen werden systematisch mit Berichten des KMFV und anderer Städte sowie Presseberichten abgeglichen. Gemäß der historischen Bildanalyse werden dabei auch Fragen nach den Bildmotiven und der Intention mitbedacht.

Die beiden Bilder (Abb. 15) geben einen ersten Eindruck von der Außenwahrnehmung dieser Übernachtungsstätten. Mit meterdicken Wänden und nur kleinen Fenstern präsentiert sich das Überbleibsel aus Kriegstagen wie der Turm einer Festung.[552] Besonders im rechten Bild wird die Größe deutlich, mit der sich der Bunker den Schutzsuchenden darstellte. Die Untersicht verstärkt diesen Eindruck und lässt auf die Intention des Fotografen schließen, ein mächtiges, trutziges Gebäude darzustellen. Die Personen im Bild sind zwar im Vordergrund, jedoch vom Betrachter abgewendet und nicht identifizierbar. Einer von ihnen trägt eine Decke bei sich, wodurch er als Obdachsuchender erkennbar wird. In seiner Haltung wird sein Respekt gegenüber dem Bauwerk und die Gewaltigkeit deutlich, mit der es auf ihn wirkt. Er blickt zum Bunker hinauf, der am oberen Bildrand im Nebel scheinbar mit dem Himmel verschmilzt. Ob damit konkret der Bunker des Katho-

---

[547] Bunker und Lagerverwaltung an Fürsorgeleitung v. 10. 5. 1952, ISG FRA Fürsorgeamt 769.
[548] Nicht nur Arme und Asoziale, in: FAZ, 5. 2. 1955.
[549] Theodor Heuss besuchte u. a. im März 1950 einen Bunker in Hamburg, vgl. Thießen, Heimstätte, in: Marszolek (Hrsg.), Bunker, S. 54.
[550] Menschen im Nachtasyl, in: Münchner Illustrierte Nr. 8, 24. 2. 1951, S. 6 f.
[551] Alle Bilder entstammen einer Sammlung des KMFV, Zentralverwaltung KMFV Abgabe Familie Mathes, Ordner Zentrale/Bunker/Falkenstr.
[552] Zur Wirkung des Bunkers als Festung vgl. Thießen, Heimstätte, in: Marszolek (Hrsg.), Bunker, S. 45.

300   III. Das Obdach: Isolierung im Raum

Abb. 15: Keferloher Bunker in München, Außenansichten, um 1950

Abb. 16: Der „City-Bunker" in München, um 1950

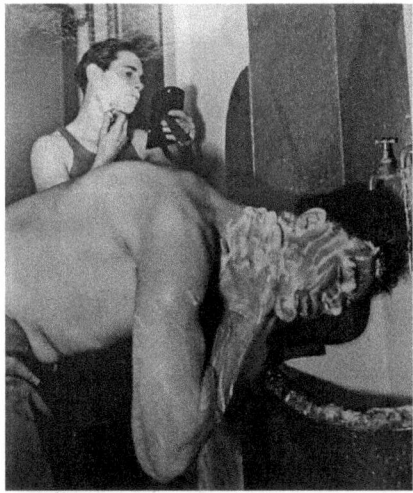 

Abb. 17: Keferloher Bunker; links: Waschmöglichkeiten ca. 1950; rechts: Empfangspforte Juni 1950

lischen Männerfürsorgevereins als christliche Wirkungsstätte dargestellt werden sollte, lässt an dieser Stelle der Interpretationsspielraum offen.

Die beiden Bilder machen aber eines deutlich: Die Bunker hatten in der Nachkriegszeit wenig von ihrer Symbolkraft eingebüßt. Schon die Nationalsozialisten intendierten bei der Erbauung der Bunker, dass diese nach einem erfolgreichen Krieg zu Mahnmalen für den Sieg und die Wehrhaftigkeit des Volkes werden sollten. In der Nachkriegszeit waren sie nunmehr Betonmahnmale, die die Niederlage und die kriegsbedingte Not der Menschen versinnbildlichten. Der Historiker Malte Thießen bezeichnete die Bunker treffend als „sozialpolitische Ikonen, in denen sich die kollektiven Sorgen der Nachkriegszeit verdichteten".[553] Sie erinnerten an die Altlasten des Krieges, in einer Zeit, als der Wiederaufbau in vollem Gange war und das westdeutsche Wirtschaftswunder vielen Deutschen ein besseres Leben bescherte.

Symptomatisch dafür steht eine Aufnahme des „City-Bunkers" in München. Inmitten von Baustellen ist er nicht nur Kriegslast, sondern Gegenbild zum wirtschaftlichen Fortschritt der Nachkriegsjahre. Bis auf die wenigen Fenster, die in die Wände gesprengt wurden, und einen neuen Anstrich, veränderten sich die Bunker in ihrem äußeren Erscheinungsbild nicht und symbolisierten damit Stillstand. Dieses Bild übertrug sich auf die Benutzerinnen und Benutzer der Bunkerunterkünfte: Ihnen wurde unterstellt, keinen Beitrag zum wirtschaftlichen Wiederaufstieg der westdeutschen Gesellschaft zu leisten. Sie sollten daher auch nicht vom Aufschwung profitieren – so die weitläufige Ansicht. Folglich blieben die Verhältnisse in den Bunkern, auch nachdem deutlich geworden war, dass die Notasyle dauerhaft für Obdachlose

---

[553] Thießen, Heimstätte, in: Marszolek (Hrsg.), Bunker, S. 49.

genutzt werden sollten, bescheiden. Im Keferloher Bunker stand bei Übernahme durch den KMFV keine Küche bereit. Zur Verpflegung der Insassen richtete der Verein eine mit Benzin betriebene Feldküche ein. Im Petuelbunker war noch nicht einmal dies möglich. Dort konnten nur Kaffee und Brot an die Obdachlosen verteilt werden.[554] Obwohl die Unterkünfte inzwischen dauerhaft betrieben wurden, waren vor allem die Bunker für alleinstehende Obdachlose improvisiert und aus der Not geboren. Dies verdeutlichen auch folgende Aufnahmen:

In den oft fensterlosen Schlafsälen standen einfache Feldbetten für die Betroffenen bereit (Abb. 18). Zudem wurde ihnen bei der Aufnahme eine Decke ausgehändigt. Der Schlafsaal war nur spärlich ausgestattet.[555] Ihre Kleidung hängten die Männer an den Leitungsrohren auf. Auch die Waschmöglichkeiten fielen primitiv aus, da nur wenige Waschbecken für die tägliche Körperhygiene vorhanden waren. Dies waren keine singulären Bilder aus München, auch in Frankfurt beschrieben Berichte aus den Bunkern ähnliche Zustände: Das Essen sei „fettarm" und „nicht abwechslungsreich". Darüber hinaus war „Seife zur Körperpflege und zum Waschen der Wäsche" Mangelware. Komplementiert würden die unhygienischen Verhältnisse durch die dauernde „Rattenplage."[556]

Die Maßnahmen zur Verbesserung der Verhältnisse beschränkten sich auf „Schönheitsreparaturen" sowie den Austausch einzelner Möbelstücke.[557] Die Städte beruhigten mit diesen kleineren Investitionen ihr soziales Gewissen, verhinderten aber zugleich die Abwendung von dieser Unterkunftsform und hielten den Status quo in den Bunkern aufrecht. Immerhin wandte man sich nach und nach in den Bunkerasylen von den Mehrbettschlafsälen ab und richtete in einzelnen Bunkern für alleinstehende und durchreisende Obdachlose Einzelzellen ein. Umso länger die Bunker genutzt wurden, desto mehr näherten sich „Bunkerasyl" und „Wohnbunker" in ihren räumlichen Ausformungen wieder einander an.

Nach wie vor blieb die Belüftung der Bunker ein massives Problem, das immer wieder Anlass zu Beschwerden gab.[558] Die Feuchtigkeit in den Anlagen sowie die zirkulierende Luft durch die Entlüftungsgeräte begünstigte die Entstehung und Verbreitung von Krankheiten. Tuberkuloseerkrankungen waren daher eine weit verbreitete Folgeerscheinung eines dauerhaften Bunkerlebens.[559] „Herz und Lunge

---

[554] 1. Jahresbericht des KMFV v. 1. 5. 1951, Zentralverwaltung KMFV Vereinsangelegenheiten 1950–63.
[555] Ähnliche Schilderungen sind auch aus den Bunkern in Frankfurt a. M. überliefert, vgl. Bericht über die Geschäftsprüfung im Hauptbahnhofsbunker v. 28./29. 6. 1949, ISG FRA Fürsorgeamt 768.
[556] Aktenvermerk v. 3. 5. 1949, ISG FRA Fürsorgeamt 1058.
[557] Vgl. Bunker kommt zu neuen „Ehren", in: Frankfurter Rundschau Nr. 112, 15. 5. 1957; Leserbriefe zum Artikel Wo uns der Schuh drückt, in: Frankfurter Rundschau, 22. 5. 1957; Fürsorgestelle an die Bundesvermögensstelle v. 31. 7. 1963, ISG FRA Fürsorgeamt 1058.
[558] Vgl. dazu auch die Sammelbeschwerde der Bewohner des Schifferbunkers an Fürsorgestelle v. 27. 9. 1956, ISG FRA Fürsorgeamt 1058.
[559] Vgl. die entsprechende Schilderung im Charlottenbunker in Frankfurt a. M., Leiske an OB v. 18. 8. 1950, ISG FRA Magistratsakten 8656.

9. Der Bunker 303

Abb. 18: Schlafsaal im Keferloher Bunker, ca. 1950

[müssen] Luft haben", forderte eine Bewohnerin des Frankfurter Raiffeisenbunkers 1957 in einem Leserbrief an die *Frankfurter Rundschau* und versuchte damit, die gesundheitlichen und hygienischen Mängel der Bunker zu beschreiben. Die Aussage zeigt, dass die Unterbringung nicht nur eine körperliche Belastung war, sondern auch eine mentale: Viele der Bewohnerinnen und Bewohner kämpften gleichermaßen mit psychischen Erkrankungen. Sowohl die äußere als auch die innerliche Beanspruchung wurden vom Nutzerkreis als öffentliche Anklage gegen die Stadtverwaltung vorgebracht, wie in einem Protestschreiben von Frauen aus dem Frankfurter Bauhofbunker, das in der Presse veröffentlicht wurde, deutlich wird:

„Wir sind alleinstehende Frauen, die ohne eigene Schuld ihre Wohnung verloren haben und seit Jahren ohne Licht und Luft in Bunkerzellen vegetieren. Bronchialasthma, Herzkrankheiten, Kreislaufstörungen sind die bitteren Folgen unserer unnatürlichen Lebensweise als Höhlenmenschen. Hinzu kommt die schwere nervliche und seelische Belastung durch eine jahrelange Zwangsgemeinschaft zusammengewürfelter Menschen, die ohne innere Beziehung zueinander sind, und die das Bunkerelend vielfach demoralisiert hat."[560]

---

[560] Aus Betonsärgen in Massenquartiere, in: Sozialistische Volkszeitung, 11. 6. 1955.

In den Verwaltungsakten werden die Frauen im Frankfurter Bunker durchweg als Personen, die „psychisch abwegig, sehr labil oder irgendwie körperlich gebrechlich" waren, charakterisiert.[561] Hinzu kam, dass die Schlafgäste in den Bunkern in vielen Fällen mit kriegsbedingten Folgeerscheinungen zu kämpfen hatten. Interessensverbände, die sich für die Bunkerbewohnerinnen und -bewohner einsetzten, warnten eindringlich, dass insbesondere aus psychologischen Gründen eine Besserung dringend notwendig sei.[562] Unter diesen desolaten Verhältnissen war eine fürsorgerische Betreuung der Obdachlosen in den Bunkern kaum möglich, obwohl dies gemessen am Nutzerkreis dringend notwendig gewesen wäre. Die freie Wohlfahrtspflege versuchte die Lücke eines strukturierten staatlichen Betreuungssystems zu kompensieren. In München war Adolf Mathes allabendlich in den drei Bunkern des KMFV unterwegs und führte Einzelgespräche mit den Bewohnerinnen und Bewohnern. Mathes kam nicht nur im christlichen Auftrag zu den Menschen, um Hoffnung und Zuversicht zu vermitteln. Ab Mai 1951 errichtete der Verein in unmittelbarer Nähe zum City-Bunker seine erste Beratungsstelle für Obdachlose, in der an drei Abenden pro Woche eine ehrenamtliche Fürsorgerin die Hilfesuchenden unterstützte. Neben Gesprächen wurde auch Geld für Fahrscheine und neue Kleidung ausgegeben.[563]

Die Bewohnerinnen und Bewohner der Bunker sahen sich mit ihrer Wohnsituation auf der untersten Stufe der Gesellschaft, als „Höhlenmenschen" verstanden, sie sich gar als Gegenbild zur Zivilisation. Die dicken Mauern des Bunkers trennten sie nicht nur räumlich von der Stadtgesellschaft, sondern führten vor allem zu einer sozialen Abgeschiedenheit. Dass ein Leben im Bunker zugleich ein mit einem Stigma behaftetes Leben bedeutete, zeigt sich auch darin, dass die Bewohnerinnen und Bewohner stets versuchten, den Bunker als reguläre Meldeadresse zu vermeiden.[564] Obwohl sie Miete zahlten und im Bunker eine dauerhafte Unterkunft fanden, nahmen einige bei der Arbeitssuche eher in Kauf, als Personen ohne festen Wohnsitz aufzutreten, als den Makel des Bunkerbewohners einzugestehen:

„,Im Bunker sind sie gemeldet? Nein danke, dann haben wir keine Arbeit für Sie!' Dem Kräftemangel zum Trotz müssen das immer wieder Bunkerbewohner hören, und meist sind es gerade jene ohnehin schon sehr empfindlichen, die schwer unter ihrem Bunkerdasein leiden, und die fest entschlossen sind, so schnell wie möglich wieder ‚draußen' sesshaft zu werden."[565]

Darüber hinaus finden sich Hinweise, dass die Bunkerinsassen die Isolation nach und nach mit ihrer alltäglichen Lebenspraxis selbst reproduzierten. Nur selten verließen sie den Bunker. Ihre Tage verbrachten sie im Aufenthaltsraum und ihr Kontakt zur Außenwelt war der Fernseher im Gemeinschaftsraum – so die Schilderungen einer Reporterin, die Bewohnerinnen im Münchner Quellbunker in den

---

[561] Diese Charakterisierung findet sich in einer Vielzahl von internen Vermerken, vgl. ISG FRA Fürsorgeamt 769; Bericht Prestel an OB Krebs v. 14. 7. 1949, ISG FRA Magistratsakten 8656.
[562] Vereinigung zur Wahrung demokratischer Rechte an Oberbürgermeister Krebs v. 31. 8. 1950, ISG FRA Magistratsakten 8656.
[563] Jahresbericht des KMFV 2 (1952), Zentralverwaltung KMFV Vereinsunterlagen 1950–1962.
[564] Fürsorgeamt an die Verwaltung des Schifferbunkers v. 21. 4. 1951, ISG FRA Fürsorgeamt 1058.
[565] Männer im Betonklotz: Frankfurter Neue Presse Nr. 223, 26. 9. 1959.

1960er-Jahren besuchte. Ihre Eindrücke beschrieb sie mit den Worten: „Diese Frauen leben seit Jahren in der Isolation. Der Kontakt zur Umwelt ist auf ein Mindestmaß beschränkt."[566] Die Abgeschiedenheit des Ortes führte zu einer neuen Form der Bunkergemeinschaft, die bisweilen als eine Art „Familienersatz, eine Gemeinschaft von Gleichen, für die in der Mehrheitsgesellschaft kein Platz mehr war", fungierte.[567] Im Bremer Obdachlosenbunker entschlossen sich mehrere Bewohner 1973 zur Herausgabe einer monatlichen Zeitung: Der *Bunker-Kurier*, die *Zeitung von und für die Bewohner der Obdachlosenunterkunft* wollte einerseits das öffentliche Bild über die Menschen im Bunker beeinflussen, zum anderen einen stärkeren Zusammenhalt im Bunker generieren. Zwar war das langfristige Ziel die Beseitigung des Bunkers, bis dahin sollten aber „menschenwürdigere" Verhältnisse vorherrschen:

„Wir hoffen, wenn sich alle bemühen, mit uns gleich zu tun, daß wir uns dann alle in unserer Bunkerwohngemeinschaft wohl fühlen."[568]

Zu diesem Zweck organisierten die Schriftführer regelmäßige gemeinsame Abende im Bunker, bei denen Skat gespielt, ein Film gezeigt oder über Themen wie Sozialhilfe und Rente informiert wurde und versuchten das durch die Enge des Ortes erzwungene Gemeinschaftsgefüge positiv zu verstärken. Die Titulierung der Zeitung und das darin artikulierte Selbstverständnis der Bewohner zeigt, trotz Loslösungsbestrebungen eine weitgehende Identifizierung der Obdachlosen mit dem Ort: „Wir haben Ihr diesen Namen gegeben, damit wir immer wieder daran erinnert werden, wo wir uns befinden." In der zweiten Ausgabe des *Bunker-Kuriers* spricht dann sogar der Ort zu seiner Leserschaft, der durch die Redaktion verniedlichend karikiert wird.

In der Veröffentlichung ihrer Zeitung wurden die Bunkerbewohner von zwei Sozialarbeitern unterstützt. Neben den Mitbewohnerinnen und Mitbewohnern war das Personal der wichtigste und oftmals auch einzige Ansprechpartner der Obdachlosen. In der Mehrzahl der Städte trafen die Insassen nicht auf freiwillige Wohltäter wie Adolf Mathes oder ausgebildete Sozialpädagogen, sondern auf Angestellte der Trägerinstitutionen oder der Sozialämter ohne entsprechende Schulung. Bereits im Krieg hatte der Bunkerwart den Einlass und die Ordnung im Bunker kontrolliert. In der Nachnutzung der Anlagen verstärkte sich dessen Position nun erneut. An der Schnittstelle zwischen Bunkerinsassen und Amtsträgern hatte der Bunkerwart maßgeblichen Einfluss auf die internen Abläufe und konnte dies zugunsten der einen oder anderen Partei geltend machen.[569] Das Fürsorge- bzw. Sozialamt hatte von seinem Verwaltungssitz aus keinen Einblick in die täglichen

---

[566] Silke Siegel: Frauen am Rande unserer Gesellschaft, in: Interesse. Das deutsche social-magazin, S. 59–63, StadtAM ZA 1597.
[567] Friedrichs, Massenunterkunft, in: Marszolek (Hrsg.), Bunker, S. 248 f.
[568] Bunker-Kurier. Zeitung von und für die Bewohner der Obdachlosenunterkunft Mühlhauser Weg 2 (1973), 1. 9. 1973, BArch B 122/15075.
[569] Zu Position und Anforderungsprofil des Bunkerwarts vgl. Rumpf, Aktenvermerk v. 11. 4. 1949, ISG FRA Fürsorgeamt 1058.

Abb. 19: Karikatur des Bunkers in Bunker-Kurier

Prozesse und war darauf angewiesen, dass die Bunkerwarte die frei werdenden Kapazitäten meldeten. Immer wieder setzten die Warte jedoch die Meldungen aus und verfügten selbstständig über die Einweisung in die Räume.[570] Den Anspruch, die uneinheitliche Einweisungspraxis der „Notasyle" zu beseitigen, konnte das Frankfurter Fürsorgeamt dadurch kaum erfüllen. Obwohl die „Wohnbunker" ursprünglich als Familienunterkünfte konzipiert waren, fanden nach und nach wieder exmittierte Einzelpersonen Aufnahme. Als die Stadtverwaltung Frankfurt im Zuge der räumlichen Umverteilung der Bunkerbewohnerinnen und -bewohner beschloss, Bunkerkabinen, die bisher als Einzelkabinen für alleinstehende Männer dienten, mit einem zweiten Insassen zu belegen, regte sich unter den Insassen heftiger – zum Teil gewalttätiger – Widerstand.[571] Nur unter Zuhilfenahme der Polizeibehörden konnte die Zwangseinweisung erfolgen. Unterstützung erfuhren die Bewohnerinnen und Bewohner überraschend von Seiten des Bunkerwarts, der im eigenen Interesse eine Erhöhung der Personenanzahl im Bunker verhindern wollte. So scheiterte beispielsweise die Einweisung eines Mannes, weil der Bunkerwart angab, kein Bett und keine Decke für den Obdachlosen vorrätig zu haben. Die Polizei ließ daraufhin von der Zwangsunterbringung ab, weil diese nicht ord-

---

[570] Fürsorgestelle für Flüchtlinge und Wohnungslose an Fürsorgeleitung v. 31. 8. 1950; Rundschreiben des Fürsorgeamts an Bunkerverwaltungen v. 14. 9. 1950, beide ISG FRA Fürsorgeamt 768.
[571] Vermerk der Bunker- und Lagerverwaltung v. 28. 3. 1951, ISG FRA Fürsorgeamt 768.

nungsgemäß gewährleistet werden konnte.[572] Zugleich konnten die Bunkerwarte ihre Machtstellung aber ebenso willkürlich gegen die Obdachlosen einsetzen, denn die Einweisungen erfolgten schließlich nach ihrem subjektiven Ermessensspielraum auf Grundlage von Sympathie oder gar Bestechung. Wie verzweifelt und ohnmächtig sich die Bunkerbewohnerinnen und -bewohner in ihrer Situation fühlten, wird in den hilfesuchenden Worten eines Insassen des Frankfurter Schifferbunkers an den Oberbürgermeister deutlich:

„Es lässt sich nicht leugnen Herr Kolb, es gärt im Schifferbunker, denn wir waren zu lange der Wilkür [sic] ein paar Scheinheiliger ausgesetzt. Schon zweimal hatte Herr O. einen Fahrradunfall, und es wäre unklug zu warten bis ein schlimmeres Ereigniss [sic] eintreten wird und sich erst ein Mensch unglücklich macht, weil diese Missstände [sic] nicht abgestellt würden, sorgen sie für Wohnungen und nehmen sie Herrn O. die Macht, die er über uns hat[,] damit wir wieder frei atmen können, bisher konnten wir es nicht, denn wir würden, wenn wir uns erlauben etwas zu sagen[,] auf die Straße gesetzt […]."[573]

Der insgesamt dreiseitige Hilferuf aus dem Bunker erfolgte anonym, weil sich der Verfasser aus Angst vor Sanktionen nicht traute, seinen Namen zu nennen. Unmittelbarer Anlass des Schreibens war ein Kellerbrand, der im Schifferbunker aufgrund einer maroden Heizanlage und der falschen Lagerung von Brennholz ausgebrochen war. Für die Insassen stand der Brand symptomatisch für die Gesamtsituation im Bunker. Die Bunkerverwaltung sah in dem Feuer allerdings keinen Vorfall von größerer Bedeutung und zog außer einem Rundschreiben als Warnung an die anderen Bunker keine Konsequenzen daraus. Die Stadtverwaltung selbst wollte bei Beschwerden zudem nicht selbst tätig werden, sondern empfahl den Schreibern, über den privaten Rechtsweg gegen die Behandlung durch die Bunkerverwaltung vorzugehen. Sie selbst habe kein Recht, „der Heilsarmee, die Pächter des Schifferbunkers ist, Weisungen zu erteilen."[574] Dass juristische Schritte für die Insassen des Bunkers schon aus finanziellen Gründen keine Alternative darstellten, musste auch in den Amtsstuben bekannt gewesen sein. Die Frankfurter Stadtverwaltung überließ die Bunkerbewohnerinnen und -bewohner der Verantwortung und letztlich auch Willkür von freien Wohlfahrtsträgern. Ja, sie unterstützte sie anfangs sogar, indem sie die Polizeidienststellen per Sonderverfügung zur Amtshilfe in den Bunkern anwies und damit die Autorität der Bunkerverwaltung und des Bunkerwarts vor Ort stärkte.[575] Erst im Zuge neuer Vertragsverhandlungen 1962 versuchte das Fürsorgeamt, dieser Situation entgegenzusteuern. Im neuen Dienst- und Mietvertrag für den Schifferbunker sollte daher auch „den Belangen der Nichtsesshaften- und Obdachlosenhilfe und der Einflussnahme des Sozialamtes auf die Besetzung des Heimleiterpostens besser als bisher Rechnung getragen werden."[576]

---

[572] Vermerk der Fürsorgestelle v. 22. 12. 1950, ISG FRA Fürsorgeamt 768.
[573] Bunkerbewohner des Schifferbunkers an Oberbürgermeister Kolb v. 15. 1. 1951, ISG FRA Fürsorgeamt 1058 [Anonymisierung durch die Verfasserin].
[574] Kreisstelle 6 an Mario L. v. 19. 1. 1961, ISG FRA Fürsorgeamt 1058.
[575] Sonderverfügung v. 19. 9. 1951; Rundschreiben Kommando der Schutzpolizei v. 11. 9. 1951 [wohl erst nach dem 19. 9. 1951], beide ISG FRA Fürsorgeamt 768.
[576] Auszug aus der Niederschrift zur Sitzung der Wohlfahrtsdeputation v. 31. 8. 1962, ISG FRA Fürsorgeamt 1058.

9.4 Bunkerräumungen

Obwohl die Stadt München zur Eröffnung eines neuen „Unterkunftsheims für männliche Obdachlose" stolz den „Abschied vom Bunker" verkündete, war dies nur die halbe Wahrheit.[577] Lediglich der Keferloher- und der Petuelbunker wurden aufgegeben, der City-Bunker blieb noch weitere neun Jahre bis August 1961 bestehen. In diesen elf Jahren zählte er insgesamt 350 000 Übernachtungen und war ein fester Bestandteil in der Fürsorge für Obdachlose.[578] Zudem existierten bis weit in die 1960er-Jahre im Quell- und Thalkirchner-Bunker Unterkünfte für obdachlose Frauen, die von der Stadt betrieben wurden. Solch ein gemischtes Bild findet sich in den meisten westdeutschen Städten. Trotz einzelner Initiativen Anfang der 1950er-Jahre, wieder reguläre Obdachlosenasyle zu errichten, existierten die Bunkerunterkünfte parallel weiter. Stuttgart hatte zwar ebenfalls 1955 wieder ein reguläres Unterkunftsheim für Obdachlose erbaut, dafür lebten jedoch bis Anfang der 1960er-Jahre Familien mit Kindern in den Wohnbunkern. Erst im Dezember 1961 meldete die Kommune stolz an den Deutschen Städtetag, dass es ihr nun gelungen sei, die Familien in „Fürsorgeunterkünfte" zu vermitteln.[579] Ihr Ziel, durch die Umwidmung Ordnungsstrukturen in den Bunkern zu etablieren und dadurch das Elend zu beseitigen, erreichten die Städte nicht. Die unzumutbaren Zustände hatten sich indessen nur verstetigt. Bis weit in die 1960er-Jahre blieben die Hochbunker als Notunterkünfte für Obdachlose in vielen westdeutschen Städten intakt.[580]

Eine Beseitigung erfolgte meist nur nach öffentlichem Druck – so auch in Frankfurt am Main.[581] Mehrere Ärzte hatten gegen die erneute Verwendung des Bunkers als Unterkunft für Obdachlose bei der Stadt protestiert. Die „Betonsärge" seien eine „menschunwürdige Unterkunft", deren Ansteckungsgefahr für die Bewohnerinnen und Bewohner wie für die Nachbarschaft ungleich viel größer ausfiele als in Normalwohnungen und deren Existenz zehn Jahre nach Kriegsende jeder Rechtfertigung spotte.[582] Eine nachfolgende Begutachtung der Bunker durch das städtische Gesundheitsamt bestätigte die Anschuldigungen der Mediziner und belegte, dass „kein Bunker in Frankfurt am Main den aus gesundheitlichen und hygienischen Gründen zu stellenden Anforderungen für Wohn- oder Beherber-

---

[577] Der Abschied vom Bunker fällt nicht schwer, in: SZ, 28. 2. 1951.
[578] Katholischer Männerfürsorgeverein München e. V.: Jahresbericht 1960/61; vgl. auch Abb. 4, S. 189.
[579] Bürgermeister Stuttgart an DST v. 6. 12. 1962, ISG FRA Fürsorgeamt 3533.
[580] In Bremen bestand beispielsweise bis 1973 ein Bunker als Obdachlosenunterkunft, vgl. Friedrichs, Massenunterkunft, in: Marszolek (Hrsg.), Bunker, S. 249.
[581] Keine Menschen in Bunker, in: Frankfurter Neue Presse, 28. 9. 1955; Ausbeutung Obdachloser soll Luftschutz finanzieren, in: Sozialistische Volkszeitung, 17. 9. 1955.
[582] W. E. an Bundesvermögensverwaltung v. 13. 9. 1955; Helmut R. an Vorstand des Bezirksvereins Heddernheim v. 11. 9. 1955, B. R. an Bezirksverein Heddernheim v. 15. 9. 1955; Bezirksverein Heddernheim an Bundesvermögensverwaltung v. 19. 9. 1955, alle ISG FRA Magistratsakten 2755.

gungszwecke entspricht."[583] Mit einem umfangreichen „Bunkerräumprogramm" versuchte Frankfurt Ersatzunterkünfte bereitzustellen. Mit der Freimachung der Bunker einher ging eine erneute Differenzierung der Betroffenen in entsprechende Spezialeinrichtungen. In einer ersten Programmphase investierte die Stadt im Haushaltsjahr 1956/57 für Wohnungen, Wohnheime für Frauen und Männer, Obdachlosenasyle, Arbeiter- und Jugendwohnheime knapp vier Millionen Mark.[584] Die Verschiedenartigkeit der Unterkünfte begründete das Wohnungsamt gegenüber den Stadtverordneten damit, dass ein „sehr großer Teil" der Bewohnerinnen und Bewohner für „Wohnungen nicht geeignet" sei, und verwies auf frühere Erfahrungen mit ehemaligen Bunkerinsassen, die sich seit ihrer Umquartierung in reguläre Wohnungen geweigert hätten, Miete zu zahlen.[585] Zur Unterscheidung konnten sich die Städte an einer vom Deutschen Städtetag vorgenommenen „soziologischen Aufgliederung" orientieren. Auf der geringsten Betreuungsstufe standen „die nicht seßhaften gewohnheitsmäßigen Umherziehenden" sowie „Personen, die plötzlich ihre Unterkunft verlieren oder die von auswärts zuziehen, ohne eine Wohnung zu haben".[586] Für sie sollten „Unterkünfte mit Asylcharakter als unterste Stufe der wohnungsmäßigen Versorgung" bereitgestellt werden.[587] In Frankfurt wurde nicht einmal dies als essenziell angesehen: In einer ersten Phase wurden zunächst die „Wohnbunker", in denen obdachlose Familien lebten, frei gemacht. Die Bunker für alleinstehende Obdachlose waren explizit ausgenommen. Unter dem Schlagwort „soziale Sonderzwecke" wurde deren Auflösung als „nicht so dringend" angesehen, „da es sich hier nur um Schlafstellen handelte und um einen Personenkreis, der noch zurückstehen kann."[588]

Das zeitweise „Zurückstehen" vertagte das Problem aber auf unbestimmte Zeit, ja es trat sogar der groteske Zustand ein, dass bereits aufgelöste „Wohnbunker" kurze Zeit später wieder zur Unterbringung von alleinstehenden Obdachlosen herangezogen wurden.[589] Die Bunkerräumungen glichen somit eher einer Bunkerumquartierung, 1959 lebten immer noch 3047 Personen in Frankfurt in Bunker und Notbehelfen. Das waren gerade einmal 423 weniger als 1953.[590]

---

[583] Oberbürgermeister an die Oberfinanzdirektion Frankfurt a. M. v. 24. 9. 1955, ISG FRA Magistratsakten 2755. Ähnliche Einschätzungen sind auch aus anderen Städten überliefert. Für Berlin vgl. Gesundheitsamt Wedding an Abteilung für Sozialwesen v. 9. 1. 1951, LAB B Rep. 203 Nr. 9384–1.
[584] Vortrag des Magistrats an Stadtverordnetenversammlung v. 1. 9. 1955, ISG FRA Magistratsakten 2755.
[585] Verwaltungsdirektor Schieferle an Stadtrat Reinert v. 24. 2. 1956, ISG FRA Magistratsakten 2755.
[586] Abschrift, DST, Zur Unterbringung von Obdachlosen, unzumutbaren Mietern und Menschen, die in Wohnungsnotständen leben v. 5. 11. 1954, ISG FRA Magistratsakten 2577.
[587] Entwurf des Magistrats, Anderweitige Unterbringung von Familien mit Kindern in fensterlosen Bunkern v. 31. 12. 1954, ISG FRA Magistratsakten 2577.
[588] Vortrag des Magistrats an Stadtverordnetenversammlung betreffend Vorbereitung eines Bauprogramms 1956/57 zur weiteren Auflösung der städtischen Notunterkünfte v. 28. 11. 1955, ISG FRA Magistratsakten 2577.
[589] Niederschrift zur Sitzung der Wohlfahrtsdeputation v. 31. 8. 1962, ISG FRA Fürsorgeamt 1058.
[590] Tabelle, Entwicklungen der Bewohnerzahlen bei den städtischen Bunkern, Lagern und Massenunterkünften v. 13. 1. 1959, ISG FRA Stadtverordnetenversammlung 2359.

Die Bevorzugung der obdachlosen Familien bei der Bunkerräumung stand im Einklang mit der allgemeinen Schwerpunktsetzung in der Obdachlosenfürsorge der frühen Bundesrepublik. Die Handlungsfelder vieler Kommunen beschränkten sich auf die Unterbringung der sogenannten Exmittierten. Die alleinstehenden Bewohnerinnen und Bewohner der Bunker wurden hingegen vermehrt dem Personenkreis der Durchreisenden und „Nichtsesshaften" zugerechnet, die in der Fürsorgepolitik keine Priorisierung erfuhren. Der Bau neuer Obdachlosenasyle war für viele Städte die logische Konsequenz, um die Elendsquartiere in den Bunkern zu beseitigen. Auch die Frauen des Bauhofbunkers und des Bunkers an der Wittelsbacher Allee in Frankfurt am Main mussten 1956 in ein neues Frauenwohnheim umziehen. Allerdings taten sie dies nicht ohne Widerstand zu leisten. Immer wieder wurde berichtet, dass die Bunkerbewohnerinnen und -bewohner die Orte nur unter Zwang verließen. Was waren die Hintergründe? Der Bunker war über die Jahre hinweg zu ihrem einzigen konkreten Bezugsraum geworden und stellte eine Kontinuität im Leben der Bewohnerinnen dar. Mit der Auflösung der „Bunkergemeinschaft" verloren viele auch ihre einzigen sozialen Kontakte. Zudem bedeutete der Umzug in die neuen Unterkünfte nicht zwangsläufig eine Verbesserung der alltäglichen Lebensqualität. Einige der Betroffenen mussten ihre Einzelzelle gegen ein Bett in einem Schlafsaal tauschen. Die Frauen des Bauhofbunkers kritisierten vor allem, dass im Wohnheim eine Gemeinschaftsverpflegung eingeführt wurde und sie keine Möglichkeiten mehr hatten, sich selbst zu versorgen.[591] Ähnliche Freiheitseinschränkungen befürchteten auch ältere Bunkerbewohnerinnen und -bewohner, die zukünftig in Altenheimen Unterkunft fanden.[592] Die Auflösung der Bunker bedeutete letztlich nur die räumliche Verschiebung bzw. Verteilung der Menschen auf neue, meist ebenso isolierte Orte. Die Orte selbst wurden angesichts der zunehmenden Bedrohung im Kalten Krieg wieder ihrem ursprünglichen Zweck zugeführt: Als Schutzräume für die Bevölkerung in Kriegs- und Katastrophenfällen.[593]

Nur einige wenige – vor allem kleine private oder industrielle Bunker, deren Existenz nach dem Krieg oftmals in Vergessenheit geraten war – blieben als Orte der Obdachlosigkeit auch nach den Räumungen bestehen. In ihnen richteten sich Obdachlose nach dem Kriegsende ihr eigenes, selbst bestimmtes Bunkerzuhause ein. In einem Flakbunker am östlichen Stadtrand von München lebte isoliert und weitgehend unentdeckt Katharina S. Sie war nach dem Krieg nach München gekommen, konnte aber wegen gesundheitlicher Probleme immer nur kurzzeitig Arbeit finden und hatte sich schließlich im Bunker eingerichtet. Gegenüber einem Reporter, der sie 1962 aufspürte, beschrieb sie den Bunker als ihren Weg und ihre Chance, in München zu leben. Für die 85-Jährige kam ein Umzug in ein Altersheim nicht in Frage, ihre letzten Stunden wolle sie „zuhause" verbringen.[594]

---

[591] Oberbürgermeister an Sozialverwaltung v. 21. 6. 1955, ISG FRA Magistratsakten 2755.
[592] Für Bremen vgl. Friedrichs, Massenunterkunft, in: Marszolek (Hrsg.), Bunker, S. 249.
[593] Obermagistratsrat Frankfurt an Bundesvermögensstelle v. 26. 5. 1964, ISG FRA Fürsorgeamt 1058.
[594] Lebensabend im Bunker, in: SZ Nr. 292, 6. 12. 1962.

10. Wilde Siedlungen

Die häusliche Einrichtung von Katharina S. in ‚ihrem' Flakbunker war nicht nur Ausdruck der veränderten Nutzungsweisen von Bunkern, sondern deutete zugleich auf einen weiteren spezifischen Ort des Obdachs hin. Obdachlose versuchten durch Aneignung, Zweckentfremdung oder Umwidmung unbenutzter urbaner Orte ihre eigenen, alternativen Lebensräume zu schaffen. Ihrem Erfindungsreichtum waren dabei kaum Grenzen gesetzt. 1929 richtete sich ein Obdachloser in einer Pfeilersprengkammer der Münchner Maximiliansbrücke häuslich ein und 1926 wurden die Habseligkeiten einer Frau im Hohlraum des Altars in der Paulskirche in München entdeckt. Dort hatte sie sich mit einer Decke, einem Spirituskocher und einer Haarbrennmaschine niedergelassen.[595] Insbesondere die Anonymität der Großstädte bot Obdachlosen ein vielseitiges Angebot. Im Folgenden stehen keine Nächtigungsstätten wie etwa provisorische Matratzenlager unter Brücken im Fokus, sondern Orte mit häuslichen Merkmalen, die von den Obdachlosen nicht nur als temporäre Notlösungen, sondern als dauerndes Heim intendiert waren. An diesen alternativen Orten konnten sie ihren eigenen Raum der Obdachlosigkeit aufbauen und ein selbst bestimmtes – wenn auch ärmliches – Leben führen. Insbesondere die sogenannten wilden Siedlungen waren ein konstanter Kristallisationspunkt von Obdachlosen in deutschen Großstädten im 20. Jahrhundert. Sie sollen im Folgenden die Untersuchungssonde bilden, um alternative Lebensformen von Obdachlosigkeit im urbanen Zentrum erfahrbar zu machen.

Die wilden Siedlungen waren Produkte der Not. Sie entstanden vereinzelt bereits am Ende des Ersten Weltkriegs, erhielten inflationären Zulauf in den wirtschaftlich und sozial schwierigen 1920er-Jahren und besonders nach der Weltwirtschaftskrise, bis sie schließlich in der Wohnungsnot nach dem Zweiten Weltkrieg eine Wiederbelebung erfuhren.[596] Die bekannteste und erste Siedlung dieser Art war das „Heinefeld" in Düsseldorf, das nach dem Abzug der französischen Besatzungstruppen 1925 auf einem ehemaligen Militärgelände entstand.[597] Die Stadtverwaltung Düsseldorf ließ die Siedlerinnen und Siedler meist großzügig gewähren, weil sie zum einen selbst keine ausreichende Anzahl alternativer Unterkünfte hätten bereitstellen können und sich zum anderen die Eigeninitiativen der Obdachlosen für die Verwaltung zunächst als sehr kostengünstig darstellten.[598] Die Siedlungen erfuhren infolgedessen einen großen Zulauf, sodass sich spätestens mit der steigenden Arbeitslosigkeit und der Weltwirtschaftskrise Ende der 1920er-

---

[595] Im Obdachlosen-Asyl, in: München-Augsburger Abendzeitung Nr. 58 (1929); Post aus Deutschland, in: Vossische Zeitung Nr. 39/40 (1926).
[596] Harlander/Hater/Meiers, Siedeln, S. 43. Zur Geschichte des Düsseldorfer Heinefelds vgl. Fings/Sparing, Zigeunerlager, S. 21–24.
[597] Harlander/Hater/Meiers, Siedeln, S. 148–159.
[598] Jachmann, Düsseldorf, S. 340 f.

Jahre an der Peripherie sowie auf Brachflächen vieler deutscher Städte illegale Siedlungen entwickelt hatten.[599]

Das Adjektiv „wild" charakterisierte die Siedlungsform auf drei Bedeutungsebenen. Erstens kennzeichnete es illegale Bauten, die ohne baurechtliche Genehmigungen sowie Bauplanungen errichtet worden waren. Wie ein Reporter der *Frankfurter Allgemeinen Zeitung* 1956 feststellte, zeichnete die konkrete Ausformung der Siedlungen ein durchaus heterogenes Bild:

„Fast noch im Weichbild der Stadt, wohnen über 600 Menschen in 135 Wohnwagen, ausrangierten Fahrzeugen aller Art, und in fünf Holzbaracken. Hier findet man – außer der Höhle – so ungefähr alles, was dem Homo sapiens in den verschiedenen Stadien seiner Entwicklung als Behausung gedient hat: Das vor Dreck starrende Zelt eines unsteten Gastes, die mit Zweigen abgedeckte Feuerstelle, die zerfallene Bretterhütte, die verschiedensten Fahrzeugtypen, mit und ohne Räder, Omnibusse, Straßenbahnwagen, Anhänger, Wohnwagen."[600]

Von der einfachen Bretterhütte oder Wohnbaracke sowie einem Wohnwagenlager bis hin zu Häusern in Massivbauweise waren die wilden Siedlungen ein buntes Konglomerat an Bauten auf ungenutztem Gelände. Die Bauweise hing meist im Wesentlichen vom finanziellen Spielraum, der Verfügbarkeit der Baustoffe vor Ort sowie dem Erfindungsreichtum der Nutzerinnen und Nutzer ab. „Wild" war somit zweitens auch die Umschreibung der ungeordneten Zustände in diesen Siedlungen. Drittens nimmt die Kennzeichnung Bezug zu den konkreten Orten der Siedlungen, die nicht an Verkehrs- und Versorgungsnetze angeschlossen waren – die dementsprechend als „Wildnis" der Großstadt galten.[601] Was veranlasste Obdachlose, sich in einer wilden Siedlung niederzulassen? Wer waren die Menschen und wie prägte die Siedlung deren Selbstverständnis? Bot die Siedlung den erhofften Ausweg aus der Obdachlosigkeit und der damit verbundenen Isolation? Diese Fragen werden im Folgenden am Beispiel der wilden Siedlungen in der bayerischen Landeshauptstadt beantwortet.

10.1 Obdachlos im Grünen: Der Grasweg und der Moosgrund

Der Stadtverwaltung München war es 1931 unverständlich, dass wilde Siedlungsformen mit „derartige[n] Zustände[n] im Weichbild der Stadt München überhaupt möglich sind". Die Siedlungen „sprechen all dem Hohn, was in Gesetzen, Verordnungen und Entschließungen in Bezug auf Ordnung und Sicherheit im weitesten Sinne gefordert wird", schlussfolgerte ein Beamter des Wohlfahrtsamtes

---

[599] Für Hannover vgl. Nabasik/Seeger/Wolff/Ziegan, Wanderarme, in: Auffarth/Birkefeld/Saldern/Döscher-Gebauer/Jung/Ziegan (Hrsg.), Wohnen; Saldern, Arme, in: Schmid (Hrsg.), Hannover Zur umfassenderen privaten Siedlungsbewegung in den 1920er-Jahren vgl. Kuhn, Siedeln.
[600] Heinz Kerneck: Am Rande der Großstadt, in: FAZ, 1. 9. 1956.
[601] Zum Infrastruktur- und Versorgungsausbau in städtischen Randbezirken am Beispiel Münchens vgl. Irlinger, Versorgung, S. 213f, 223f. Zum Zitat „Wildnis" vgl. Bericht der Wohlfahrtspflegerin Weigl v. 1. 10. 1934, StadtAM Wohlfahrt 4099.

nach einer Besichtigung.[602] Seit der zweiten Hälfte der 1920er-Jahre entstanden in mehreren Randgebieten der bayerischen Landeshauptstadt wilde Kolonien. Allein im Bezirk Sendling wiesen die Behörden fünf Ansiedlungen auf privaten Grundstücken nach – darunter auch eine der bekanntesten: die Siedlung am Grasweg.[603]

„Die Siedlung am Grasweg ist leider nicht die einzige wilde Siedlung in München; in kleinerem oder größerem Umfange ist eine ganze Reihe derartiger Siedlungen vorhanden. In ihnen sind ähnliche Zustände wie in der Siedlung am Grasweg, wenn auch vielleicht nicht in einer derart krassen Form."[604]

Auf dem umliegenden Wiesengelände der ehemaligen Bierhalle Schramm verpachtete der Verwalter des Areals Isidor B. am Grasweg kleinere Grundstücksparzellen für Wohnwägen und zur Bebauung sowie Grundstücke mit fertigen Hütten.[605] Er selbst bewohnte mit seiner Frau und zwei Kindern eine Wohnung in einem Gebäudeteil der früheren Bierhalle und betrieb dort einen Kiosk. Die Rolle des Verwalters war für die Entstehung und die Entwicklung der wilden Siedlung nicht unerheblich. Er lockte gezielt sozial schwache Familien mit Versprechungen an den Grasweg und versuchte sie dort dauerhaft von sich abhängig zu machen. Besonders Trinker, die seinem Bierausschank einen ordentlichen Umsatz garantierten, waren ihm willkommen.[606] Familien, die hingegen seinen Kiosk nicht regelmäßig frequentierten, verwies er alsbald wieder vom Grasweg. Auf dem Gelände ergab sich ein buntes Durcheinander von „Wohnwagen, […] zusammengezimmerte[n] Baracken, Viehställe[n], Kantinen und Verkaufsbuden."[607] Den primitiven Holzhütten mangelte es zum Teil an festen Böden oder Türen und nur selten hatten sie einfachste sanitäre Einrichtungen, Öfen oder gesicherte Feuerstellen. Das Material zum Bau der Hütten und Häuser erstanden die Siedlerinnen und Siedler meist „antiquarisch", entweder in Abbruchsgeschäften oder sie warteten, bis alte Bauernhäuser eingerissen wurden, um sich an den Überresten zu bedienen. Dafür legten sie durchaus lange Wegstrecken zurück und schleppten benötigte Bretter und Ziegel herbei.[608]

Auch im Nordosten von München, im sogenannten Moosgrund bei Daglfing hatten sich wilde Siedlerinnen und Siedler niedergelassen.[609] Dort zeigte sich im Vergleich zum Grasweg ein etwas anderes Bild. Während am Grasweg die Grundstücke von Isidor B. lediglich zur Pacht angeboten wurden, war es im Moosgrund möglich, das Land als Eigentum zu erwerben – was wiederum zu einer intensiveren und längerfristigen Bautätigkeit führte. Die Besiedlung des trockengelegten

---

[602] Bezirksamt IV an Referat VI v. 17. 6. 1931, StadtAM Wohlfahrt 4099.
[603] Grasweg 1a, Forstenrieder Straße 56a, Neuhauser Weg, Ecke Kraelerstraße, Kazmairstraße 38/I, Welserstraße 22, Bezirksamt IV an Referat VI v. 17. 6. 1931, StadtAM Wohlfahrt 4099.
[604] Vormerkung des Referats 7 v. 28. 5. 1935, StadtAM Wohlfahrt 4099.
[605] Bericht der Wohlfahrtspflegerin v. 17. 6. 1931, StadtAM Wohlfahrt 4099.
[606] Bericht der Wohlfahrtspflegerin Weigl v. 1. 10. 1934, StadtAM Wohlfahrt 4099.
[607] Bericht des Fahndungsbeamten des Bezirkswohlfahrtsamts IV v. 17. 6. 1931, StadtAM Wohlfahrt 4099.
[608] Elendsreportage aus der „Lisensiedlung" im Daglfinger Moosgrund, in: Völkischer Beobachter Nr. 334, 20. 5. 1933.
[609] Haerendel, Wohnungspolitik, S. 373–376; Krack, Rebellen.

Mooses setzte 1926 ein. Als Daglfing 1930 eingemeindet und damit Stadtgebiet der bayerischen Landeshauptstadt wurde, wohnten bereits 130 Parteien am Moosgrund.[610] Neben primitiven Holzhütten waren hier auch Bauten in Massivbauweise entstanden. Das Land am Moosgrund galt als besonders attraktiv, was sich nicht zuletzt in den steigenden Grundstückspreisen widerspiegelte. Zu Beginn der Siedlungstätigkeit war ein Tagwerk noch für 300 RM zu erhalten, während neue Siedlerinnen und Siedler 1933 zwischen 500 und 675 RM dafür zahlen mussten. Die Summe konnten die Siedler durch monatliche Raten ab 20 RM begleichen, womit sie innerhalb weniger Jahre Grundstückseigentümer wurden.[611]

In beiden Siedlungen fehlte ein Anschluss an Kanal- und Wassersysteme, wodurch die hygienischen Verhältnisse „mehr als zu wünschen übrig" ließen, wie ein Beamter des Wohlfahrtsbezirksamtes nach einer Besichtigung festhielt.[612] Am Grasweg garantierte nur ein einziger, oft verunreinigter Pumpbrunnen die Wasserversorgung der 41 Siedlungsparteien. Dieser wurde zudem vom Verwalter kontrolliert: Jeden Morgen um 11 Uhr sperrte er den abgeschlossenen Brunnen auf, die Wassermengen waren rationiert. Eine Zeitlang konnten sich die Siedlerinnen und Siedler ihr Wasser noch beim benachbarten Kaninchenzüchterverein besorgen, bis dieser die Abgabe verweigerte und damit einer mehrköpfigen Familie gerade einmal ein Eimer Wasser pro Tag zur Verfügung stand.[613] Ähnlich wie die Asyle waren die wilden Kolonien nach Ansicht der Fürsorgebehörden die idealen Brutherde für Seuchen und Epidemien, was sich in anderen Städten auch schon bewahrheitet hatte. Im Düsseldorfer Heinefeld war 1932 eine Typhusepidemie ausgebrochen, die allerdings schnell gebannt werden konnte, aber dennoch ein Todesopfer forderte.[614] Der Wohlfahrtsbeamte in München warnte nach seinem Besuch eindringlich:

„Sollte in irgend-einer [sic] dieser fragwürdigen Behausungen eine ansteckende Krankheit, wie Diphtherie, Scharlach etc. zum Ausdruck kommen, so wären die Folgen gar nicht abzusehen, da die Zusammendrängung so vieler Menschen in den unsauberen Wohnwagen und Baracken die besten Vorbedingungen zum Umsichgreifen einer Seuche bilden."[615]

Der nationalsozialistische Wohnungs- und Siedlungsreferent Guido Harbers skizzierte 1933 gleich ein Bedrohungsszenario für die ganze Großstadt, die „erwürgt wird", wenn man die Entstehung solcher Ansiedlungen nicht unterbinde.[616] Dabei gab es gerade zu den gesundheitlichen Auswirkungen der Siedlungen durchaus Gegenstimmen. Ein Gutachten des Gesundheitsamtes München wies mit einem

---

[610] Krack, Rebellen, in: Karl (Hrsg.), Dörfer, S. 174.
[611] Bericht der Wohlfahrtspflegerin Bürde v. 22. 9. 1933, StadtAM Wohlfahrt 4099.
[612] Bericht des Fahndungsbeamten Bezirkswohlfahrtsamts IV v. 17. 6. 1931, StadtAM Wohlfahrt 4099.
[613] Bericht der Wohlfahrtspflegerin Weigl v. 24. 1. 1935, StadtAM Wohlfahrt 4099.
[614] Fings/Sparing, Zigeunerlager, S. 22.
[615] Bericht des Fahndungsbeamten Bezirkswohlfahrtsamts IV v. 17. 6. 1931, StadtAM Wohlfahrt 4099.
[616] Harbers in Besprechung v. 6. 11. 1933, StadtAM RSP 703/10.

großstadtfeindlichen Duktus auf die Erholungseffekte hin, die ein Leben an den urbanen Rändern mitbringe.[617]

Die Siedlungen provozierten nicht nur Kritik. Positive Stimmen lobten beispielsweise die Eigenleistungen der Obdachlosen und brachten durchaus Verständnis für die Selbsthilfe auf. Ein Report über die Düsseldorfer Heinesiedlung betonte die architektonischen Mühen der Siedlerinnen und Siedler und die finanziellen Ersparnisse für den Staat, da er für diese Menschen immerhin keine Mietzuschüsse zahlen müsse. Der Journalist sah in den wilden Siedlungen einen menschlichen Pioniergeist, den der Staat fördern statt verhindern müsse:

„Diese Menschen machen wahrhaftig aus einer Heide eine Kulturlandschaft. Sie haben Freude daran. Sie gewinnen eine Zukunft, sich selbst, die Heimat und den Staat. Man muß nur schöpferisch ihre Kraft dort ansetzen, wo Zeit und Raum vorhanden sind."[618]

Mit dieser Ansicht stand er nicht alleine. In Düsseldorf existierte in der Bevölkerung eine breite Mehrheit für die Siedlerinnen und Siedler, die von der Arbeiterschaft über Gewerkschaften und die linken Parteien bis hin zum bürgerlich-konservativen Spektrum reichte.[619] Erst im „Dritten Reich" geriet diese selbstgeleitete Kolonisierung in einen Konflikt mit der nationalsozialistischen Siedlungspolitik. Die wilden Siedlungen liefen zwar einerseits jeglichen geordneten, auf Gleichförmigkeit und Symmetrie zielenden Siedlungstätigkeiten zuwider. Andrerseits entsprachen sie aber durchaus dem nationalsozialistischen Siedlungsgedanken, der darauf zielte, den Menschen abseits der „Asphaltwüsten" wieder mit seiner „Scholle" zu versöhnen, und der von der NS-Wohlfahrt geforderten Eigeninitiative bei der Armutsbekämpfung.[620] Es verwundert nicht, dass ausgerechnet der Sturmbannführer des Münchner Winterhilfswerks (WHW) für die Siedlerinnen und Siedler am Moosgrund positive Worte fand:

„Menschen, die im Sinne des Aufbaues und unter Aufbietung ihrer gesamten Kraft auf eigenem Boden im Rahmen ihrer finanziellen Verhältnisse sich ein Heim bauen und durch Hinzunahme von Hausvieh und den Anbau von Gartenprodukten sich von der öffentlichen Fürsorge unabhängig machen wollen, verdienen die höchste Anmerkung der Gegenwart."[621]

Die Siedlerinnen und Siedler schienen den Leitspruch von NSV und WHW – „Ein Volk hilft sich selbst" – beherzigt zu haben. Dass sie dabei gegen baurechtliche Bestimmungen verstoßen hätten, sei zwar richtig, aber kein Grund, dass „ihr Aufbauwille ihnen gewaltsam genommen" werde – so der Sturmbannführer.

---

[617] Vgl. Haerendel, Wohnungspolitik, S. 375 f.
[618] Wilde Siedlung. Die Aermsten besiedeln ohne fremde Hilfe „Niemandsland", in: Kölnische Zeitung, 9. 8. 1931.
[619] Jachmann, Düsseldorf, S. 341.
[620] Zum Zitat und zur Siedlungspolitik vgl. Haerendel, Wohnungspolitik, 198, 373–376. Zum Subsidiaritätsprinzip im NS vgl. Vorländer, NS-Volkswohlfahrt.
[621] Sturmbannführer des WHW an Ministerialdirektor Schultze (Innenministerium) v. 16. 1. 1934, BayHStA OBB 12793.

10.2 Neue oder letzte Chance? Wege in die wilde Siedlung

Mit 120 RM in der Tasche kam die 58-jährige Maria S. mit ihrem 22-jährigen Sohn Michael 1930 nach München. Beim Hopfenzupfen in der Holledau hatten sie erfahren, dass es hier die Möglichkeit gäbe, von Privatpersonen kleine Grundstücke zu mieten, auf denen man sich eine „Bretterhütte als Unterstand bauen könnte." Dem Reiz, das bisherige Wanderleben als Kesselflickerin, Scherenschleiferin und Lumpensammlerin zu entsagen und sich dauerhaft niederzulassen, konnten Mutter und Sohn nicht widerstehen. Ohne größere Schwierigkeiten gelang es ihnen, in einer Hüttenkolonie am Grasweg eine Parzelle zu pachten und mit dem Bau einer Hütte zu beginnen.[622]

Heinrich B. war Schauspieldirektor und vor seiner Niederlassung in München fast zehn Jahre mit einer Truppe durch Deutschland gezogen. Bereits 1928 stellte er seinen Wohnwagen auf dem Gelände der Bierhalle Schramm ab und war damit einer der ersten. Seitdem arbeitete er als Statist beim Film und bezog eine geringe Kriegsbeschädigtenrente. B. blieb nicht alleine mit seiner Frau Maria. Bereits ein Jahr nach seiner Ansiedlung folgten ihm seine beiden Töchter mit ihren eigenen Familien.

Der 24-Jährige Johann K. schlug sich Mitte der 1920er-Jahre mehr schlecht als recht in der bayerischen Hauptstadt durch. Seine Haupteinnahmequelle war die Bettelei und die Unterstützung des Fürsorgeamtes. Dort war er schon bald als „Fürsorgeausnützer" vermerkt, weshalb er sich nach den Kürzungen der Fürsorgesätze für „Asoziale" entschied, eine primitive, mit Pappe verkleidete Bretterhütte in der Moosgrund-Siedlung zu errichten.

Gotthard V. hatte in Folge einer längeren Krankheit seinen Schrotthandel und sein Haus in Landsberg am Lech verloren. Zusammen mit seiner Frau Maria und seinen neun Kindern siedelte er 1932 nach München um und investierte seine letzten Ersparnisse in eine massive Hütte am Grasweg.

Nachdem er sich zwei Jahre in München in verschiedenen Notunterkünften durchgeschlagen hatte und wegen seiner homosexuellen Neigung immer wieder in Konflikt mit der Polizei geraten war, entschied sich Johann M. 1931, eine kleine Wohnhütte am Grasweg zu bauen, in der Hoffnung, hier ungesehen seine Neigungen ausleben zu können.

Der 64-jährige Franz B. wohnte mit seiner 9-köpfigen Familie seit mehreren Jahren in der Münchner Marienburgerstraße. Als bekannt wurde, dass das Haus zwangsversteigert wurde und den Mietern der Auszug drohte, suchte der Hilfsarbeiter nach einer Lösung. Schnell wurde er auf die benachbarte Siedlung im Moosgrund aufmerksam und begann dort mit der Errichtung eines kleinen Eigenheims in Massivbauweise.

Ebenso bunt gemischt wie die Siedlungsbauten waren auch ihre Bewohnerinnen und Bewohner. Als 1934 eine Räumung der beiden Münchner Siedlungen angedacht wurde, ließ die Stadtverwaltung eine detaillierte Aufstellung der Bewohnerinnen und Bewohner anfertigen. Vermerkt wurden nicht nur die Eckdaten der Personen wie Geburtstag und Zuzug, sondern eine Wohlfahrtspflegerin erstellte für die Graswegsiedlung ebenso wie Stadtrat Otto Schiedermaier für den Moosgrund zu jeder Wohnpartei ein eigenes Exposé, das dem Amt einen Eindruck von

---

[622] Vgl. Vernehmungsprotokoll von Maria und Michael S., Obermayer an Referat VI v. 4. 12. 1931, StadtAM Wohlfahrt 4099.

den Lebensumständen ermöglichen sollte.[623] Diese einzigartige Quelle bietet einen Einblick in die alltägliche Lebenswelt und die Erfahrungen der Bewohnerinnen und Bewohner. Die Zusammenstellung zeigt die externe und subjektive Wahrnehmung und wurde für Verwaltungszwecke angelegt. Die Selbstwahrnehmung der Siedlerinnen und Siedler lässt sich damit nur begrenzt aus der Quelle ablesen – wohl aber die Eigenleistungen und der Eigensinn.

Wie die kurzen Lebensläufe verdeutlichen, konnte der Grund zu einer Ansiedlung am Grasweg oder im Moosgrund in München ganz unterschiedlich motiviert sein. Für Maria und Michael S. war die wilde Siedlung die Chance, ihr Leben als obdachlose Wanderarme aufzugeben. Gesundheitlich sowie finanziell angeschlagen investierten sie ihre letzten Ersparnisse in ein sesshaftes Leben am Grasweg. Mit der Siedlung verbanden sie die Hoffnung auf ein besseres Leben.[624] Ähnlich wie Mutter und Sohn erging es einem Großteil der wilden Siedlerinnen und Siedler. Von den 41 Parteien, die 1934 in der wilden Siedlung am Grasweg eine Behausung bewohnten, waren immerhin 13 von außerhalb direkt in die Siedlung gezogen, ohne zuvor einen weiteren Aufenthalt in München gehabt zu haben. Bei der Mehrheit der Auswärtigen handelte es sich um Schausteller, Händler, Korbmacher – also um Personen, die berufsbedingt ein Wanderleben führten. Seit Bayern 1926 das „Zigeuner- und Arbeitsscheuengesetz" eingeführt hatte, war dieser Personenkreis zunehmenden staatlichen Kontrollen ausgesetzt. Selbst der Wandergewerbeschein schützte sie nicht mehr vollständig, vielmehr war nun entscheidend, ob die Umherziehenden einen „festen Wohnsitz" nachweisen konnten.[625] Wie Michael S. in seiner Vernehmung durch einen Wohlfahrtsbeamten ausdrücklich betonte, bot ihnen die wilde Siedlung eine Möglichkeit, den staatlichen Repressionen im Wandergewerbe zu entkommen.[626] Die Niederlassung war somit nicht immer eine dezidiert freiwillige Entscheidung. Allein acht der 13 Personen entschieden sich kurze Zeit nach der Machtübernahme der Nationalsozialisten im Frühjahr 1933, jedoch spätestens bis zum Sommer 1934 für ein Leben in der wilden Siedlung, was sich darauf zurückführen lässt, dass die NS-Behörden in den ersten Monaten den Druck auf das fahrende Gewerbe zunehmend verschärft hatten.[627] Die Mehrheit der Wandergewerbetreibenden errichtete keine eigenen Hütten, sondern stellten schlichtweg ihre Wohnwägen auf dem gepachteten Boden ab – wie das Beispiel

---

[623] Der Bauunternehmer Schiedermaier war als Ratsherr unter anderem Verwaltungsrat für die Lokalbaukommission und allgemeine Baufragen. Weigl, Liste der Bewohner am Grasweg 1, 1a und Welserstr. 22 v. 5. 10. 1934; Schiedermaier, Verzeichnis der Siedler im Daglfinger Moosgrund v. 30.5 1934, beide StadtAM Wohlfahrt 4099. Die zuvor beschriebenen Lebensläufe sowie die nachfolgenden Ausführungen beruhen im Wesentlichen auf diesen beiden Aufstellungen.
[624] Vernehmungsprotokoll von Maria und Michael S., Obermayer an Referat VI v. 4. 12. 1931, StadtAM Wohlfahrt 4099.
[625] Reich (Hrsg.), Zigeuner, S. 1. Vgl. auch Althammer, Vagabunden, S. 441.
[626] Vernehmungsprotokoll von Maria und Michael S., Obermayer an Referat VI v. 4. 12. 1931, StadtAM Wohlfahrt 4099.
[627] Diesen Eindruck bestätigte auch das Referat 6, Bericht an Referat 7 v. 3. 11. 1934, StadtAM Wohlfahrt 4099. Tatarinov, Kriminalisierung, S. 184–188.

der Familie H. zeigt. In ihnen sah das Wohnungsreferat den gewohnheitsmäßigen Obdachlosen bestätigt, „der ein geordnetes Leben überhaupt nicht gewöhnt [sei] und vielleicht noch nie eine richtige Wohnung besessen [habe]. Diese Leute fühlen sich in einer Wohnung auch nicht wohl, weil ihnen das freie, ungebundene Leben in einer wilden Siedlung mehr zusagt" – so die Charakterisierung dieser Siedlergruppe durch das Münchner Wohnungsreferat.[628] Die Bewirtschaftung eines Gartens sähen sie eher als „notwendiges Uebel" und seien vornehmlich an „billigem Wohnen" interessiert, so Stadtrat Schiedermaier, der allerdings für diese erste Siedlergruppe durchaus Besserungspotenzial sah, das durch „Erziehungsarbeit" bewirkt werden könne.[629]

Doch nicht nur Zugereiste ließen sich in den Baracken- und Wohnwagensiedlungen nieder, auch für Münchner Familien waren die notdürftig gezimmerten Hütten eine Alternative zu den städtischen Obdachlosenunterkünften. Bei 13 Parteien in der Graswegsiedlung war das Familienoberhaupt entweder gebürtiger Münchner oder bereits länger als zehn Jahre in München ansässig. Viele von ihnen mussten ihre Wohnung nach einer Zwangsräumung verlassen. Gerade für Großfamilien war es aber angesichts der Wohnungsknappheit fast unmöglich, eine neue, bezahlbare Unterkunft zu finden. Dies dürfte einer der Gründe gewesen sein, warum sich die Bewohnerstruktur überwiegend aus Familien zusammensetzte. Anstatt in die engen Einfachwohnungen der Obdachlosensiedlung zu ziehen oder sogar die Trennung der Familie im Männer- und Frauenasyl in Kauf zu nehmen, bevorzugten sie ein Leben in der wilden Siedlung. Doch sehr viel mehr Platz boten ihnen ihre selbst errichteten Gebäude meist auch nicht. Im überwiegenden Teil der Hütten lebten Großfamilien von acht bis zwölf Personen in zwei kleine Räume gedrängt. Einige der Familien hielten sich zudem Nutztiere und betrieben einen kleinen landwirtschaftlichen Anbau, was ihnen die Selbstversorgung erleichterte und sie unabhängig von der Wohlfahrtsunterstützung machte. Gotthard V. schaffte es zum Beispiel, sich und seine neun Kinder während der „guten Jahreszeit ohne fremde Hilfe" durchzubringen. Im „Wunsch nach Selbstständigkeit und nach eigenem Grund und Boden" sah auch die zuständige Wohlfahrtspflegerin die vordergründige Motivation für den Umzug „in die Wildnis".[630] Ebenso bestätigte Stadtrat Schiedermaier, dass insbesondere für die aus der Stadt gezogenen Familien die Selbstversorgung durch einen großen Garten und das Zusammenleben in der Familieneinheit einer der Hauptantriebsgründe zur Ansiedlung seien. Dieses „löbliche Bestreben" müsse seines Erachtens anerkannt und entsprechend gefördert werden.[631]

Neben den Zugereisten und Münchner Familien führten die beiden Berichterstatter noch eine dritte Gruppe an Siedlern auf: Hier handele es sich „fast durchweg [um] zweifelhafte Elemente, die sich unter anständigen Familien nicht mehr

---

[628] Vormerkung des Referats 7 v. 28. 5. 1935, StadtAM Wohlfahrt 4099.
[629] Schiedermaier an Staatsministerium des Inneren v. 30. 5. 1934, BayHStA OBB 12973.
[630] Bericht der Wohlfahrtspflegerin Ursula B. v. 22. 9. 1933, StadtAM Wohlfahrt 4099.
[631] Schiedermaier an Staatsministerium des Inneren v. 30. 5. 1934, BayHStA OBB 12973.

halten konnten (Strafentlassene, notorische Bettler und Trinker)" sowie „Leute von der Landstraße, teilweise Exmittierte, aus Obdachlosenasylen Kommende [sic]."[632] Die Charakterisierung korrespondierte mit den zeitgenössischen Stigmatisierungen von Obdachlosen und war dennoch nicht ganz von der Hand zu weisen. Immerhin neun Parteien am Grasweg waren mehrfach vorbestraft. Wie auch das Beispiel von Johann K. zeigt, war die Siedlung Anziehungspunkt für Menschen, die bereits straffällig geworden waren und die die undurchsichtigen Verhältnisse in den wilden Siedlungen nutzten, um ungesetzlichen Geschäften nachzugehen. Diese dritte Personengruppe lebte unangemeldet in den Siedlungen und versuchte dadurch jede „Berührung mit den Behörden zu vermeiden."[633] Sie bezogen deshalb auch keine Wohlfahrtsunterstützung, sondern finanzierten ihr Leben meist über kriminelle Aktivitäten. Diese „asoziale[n], politisch, moralisch und körperlich unsaubere Elemente" würden den Siedlungen ihre Negativnoten verleihen und müssten schon allein zum Schutz der übrigen Siedlerinnen und Siedler restlos beseitigt werden, forderte Stadtrat Schiedermaier von der NSDAP.

10.3 Selbst bestimmtes „wildes" Leben?

Aus den vielschichtigen Motivationen entwickelten sich in den wilden Siedlungen unterschiedliche Lebensentwürfe, die Abbild der eigensinnigen und aktiven Lebensformen von Obdachlosen waren. Die Hoffnung auf ein besseres und vor allem selbst bestimmtes Leben erfüllte sich für die meisten Siedlerinnen und Siedler indes nicht. Ein Großteil der Bewohnerinnen und Bewohner empfing 1931 eine Unterstützung vom Wohlfahrtsamt, darunter auch Maria S. und ihr Sohn.[634] Bevor sie ihre Hütte bezugsfertig stellen konnten – der Boden und die Dachpappe waren erst halb verlegt, die Tür und der Ofen fehlten noch –, ging ihnen das Geld aus.[635] Um den Winter zu überstehen, meldeten sie sich auf Anraten anderer Bewohner beim zuständigen Wohlfahrtsamt, das in den beiden ein doppeltes Ärgernis sah. Nicht nur waren sie Teil der ungeordneten Zustände am Grasweg, darüber hinaus waren sie durch den Bau ihrer Hütte in eine Notlage geraten. Mutter und Sohn hatten damit bei Eintritt der Hilfsbedürftigkeit ihren „gewöhnlichen Aufenthalt" im Stadtgebiet Münchens, woraufhin die Landeshauptstadt für ihre Fürsorgeleistungen finanziell aufkommen musste. Nach einer entsprechenden Vernehmung durch den Wohlfahrtsbeamten erhielten Maria und Michael S. monatlich 40 RM bar, 5 RM in Gutscheinen und täglich Essensmarken für 2 Pfund Brot und 1 ½ Liter Milch.[636]

---

[632] Bericht der Wohlfahrtspflegerin v. 17. 6. 1931, StadtAM Wohlfahrt 4099.
[633] Vormerkung des Referats 7 v. 28. 5. 1935, StadtAM Wohlfahrt 4099.
[634] Vgl. die Auflistung der monatlichen Wohlfahrtsunterstützung für Graswegsiedler, Wohlfahrtsbezirksamt IV an Referat VI/3 v. 29. 7. 1931, StadtAM Wohlfahrt 4099.
[635] Vernehmungsprotokoll Maria und Michael S., Obermayer an Referat VI v. 4. 12. 1931, StadtAM Wohlfahrt 4099.
[636] Anlage 1, Bezirksamt IV an Referat VI v. 17. 6. 1931, StadtAM Wohlfahrt 4099.

Die beiden blieben keine Ausnahme, die Ansiedlung ging in vielen Fällen mit einem Antrag auf Unterstützung zur Errichtung einer Siedlerstelle einher und hatte nach Ansicht der Fürsorgebehörden System. Dabei war auch die Rolle des Verwalters Isidor B., der als „höchst verschlagener Mensch" in den Akten der Stadtverwaltung charakterisiert wird, immer wieder Thema. Mehrere Anwohner der Graswegsiedlung erhoben den Vorwurf, dass er sie unter Vortäuschung falscher Tatsachen in die Siedlung gelockt habe. Maria S. gab zu Protokoll, dass B. ihr seinerzeit zugesichert habe, der Bau einer eigenen Hütte käme sie nicht teurer als 60 RM. Letztendlich wurde sie aber durch die Errichtung zu einem Fürsorgefall und machte sich sowohl vom Wohlfahrtsamt wie vom Verwalter abhängig.[637] Einige Grundstückbesitzer verlangten deshalb von Beginn an von den Pächtern und Käufern, dass sie beim Amt eine Bestätigung über die Anerkennung des Siedlungsplatzes erwirkten und sich somit den Anspruch auf Unterstützung zusicherten. Über 28 000 RM hatte das Münchner Wohlfahrtsamt bis Oktober 1934 an Fürsorgeunterstützung an die wilden Siedlerinnen und Siedler im Grasweg gewährt. Referent Friedrich Hilble warnte in einem Rundbrief im Dezember eindringlich vor dieser Praxis und untersagte die Ausstellung solcher Bestätigungen. Zudem wurden die Ämter angewiesen, jeden Siedler an das Referat für Wohnungsbau zu vermitteln. Dort werde ihnen der „notwendige Aufschluß" über die Bau- und Siedlungsverordnungen gegeben und versucht, die Siedlungswilligen vor „Enttäuschungen und finanziellen Schäden" zu bewahren.[638] Dementsprechend erkannten die Beamten der Münchner Stadtverwaltung auch die vermeintliche Selbsthilfe der Siedlerinnen und Siedler nicht an, sondern sahen im Siedlungsleben vielmehr einen gewissen Fatalismus verankert:

„Sie stehen auf dem Standpunkt, daß sie nichts haben, daß man ihnen also auch nichts nehmen oder anhaben kann. Sie überlassen die Sorge für sich und für ihr Obdach eben der Allgemeinheit."[639]

Der immer neue Zuzug von Siedlerinnen und Siedlern und die damit einhergehenden Fürsorgekosten für die Stadtkasse waren das größte Ärgernis für die Ämter. Aus diesem Grund waren die Parteien beim Wohlfahrtsamt auch schon als „Asoziale" bekannt und unter den Ersten, denen zunächst die Barunterstützung und anschließend die Abgabe von Gutscheinen gesperrt wurden. Seit 1931 erhielt der Großteil nur noch Milch und Brot sowie Speisemarken.[640] Um diesen Sanktionen zu entgehen, zogen einige Familien in die benachbarte wilde Siedlung in der Westendstraße um, wo die entsprechenden Strafen noch nicht durchgesetzt worden waren.[641] In finanzieller Hinsicht hatte sich in den meisten Fällen kein unabhängiges Leben durch die Ansiedlung entwickelt. Auch Familien, die Tiere hielten und kleine Ge-

---

[637] Vernehmungsprotokoll Maria und Michael S., Obermayer an Referat VI v. 4. 12. 1931, StadtAM Wohlfahrt 4099.
[638] Rundschreiben Hilble an Bezirksämter v. 12. 12. 1934, StadtAM Wohlfahrt 4099.
[639] Vormerkung des Referats 7 v. 28. 5. 1935, StadtAM Wohlfahrt 4099.
[640] Wohlfahrtsbezirksamt IV an Referat VI v. 29. 7. 1931; Bericht der Wohlfahrtspflegerin Ursula B. v. 22. 9. 1933, beide StadtAM Wohlfahrt 4099.
[641] Bericht der Wohlfahrtspflegerin Weigl v. 1. 10. 1934, StadtAM Wohlfahrt 4099.

müsegärten zur Selbstversorgung bestellten, konnten sich damit immer nur wenige Monate des Jahres ernähren. Im Winter waren auch sie von der kommunalen Fürsorge abhängig.

Die Berichte zeigen allerdings, dass nicht alle Bewohnerinnen und Bewohner zwangsläufig die finanzielle Unabhängigkeit als Teil eines selbst bestimmten Lebens definierten. Auch wenn die Siedlergemeinschaft einer dauernden Fluktuation unterlag, so lebten von den 38 im Oktober 1934 gelisteten Parteien immerhin 18 seit drei Jahren oder länger am Grasweg.[642] Für sie war die wilde Siedlung nicht nur Durchgangsstation, sondern sie hatten sich dort ihr eigenes Heim aufgebaut.

„Man gewinnt den Eindruck, daß sich viele der Graswegbewohner in ihren primitiven Behausungen recht wohl fühlen; sie stellen keine hohen Ansprüche. Das Suppenschulessen lassen sie sich recht gut schmecken; vor ihren Hütten pflegen sie Blumenbeete."[643]

Obwohl sie weiterhin auf kommunale Fürsorgeunterstützung angewiesen blieben, sahen die Bewohnerinnen und Bewohner in der freien Wahl ihrer Unterkunft einen zentralen Aspekt eines selbst bestimmten Lebens. Mit den Familien zogen auch zahlreiche Kinder in die wilden Siedlungen oder wurden in diese hineingeboren. 1934 lebten im Grasweg 36 Kinder unter 14 Jahren, im Moosgrund wohnten sogar über 80 Kinder. Er galt im „Dritten Reich" als „geburtenreichster Stadtteil Münchens".[644] Auch wenn aus der Moosgrundsiedlung im Vergleich zum Grasweg positivere Berichte über die Verhältnisse vorliegen, so wurde insbesondere die Schulsituation als äußerst kritisch angesehen.[645] Für die Kinder im Grasweg fürchtete die zuständige Wohlfahrtspflegerin hingegen die größten „gesundheitlichen und sittlichen Gefährdung[en]." Die gesundheitlichen Risiken ergaben sich bereits aus der Beschaffenheit der Unterkünfte. Mit ihren dünnen Holzwänden und ohne ausreichende Beheizung und Böden boten sie besonders in der kalten Jahreszeit kaum Schutz vor Kälte. Erkältungskrankheiten, Lungenentzündungen und Tuberkulose waren die Folgen. Im Sommer 1934 mussten sechs Kinder wegen Scharlach im Krankenhaus behandelt werden. Eine sittliche Gefährdung wurde damit begründet, dass die Kinder „Dinge mitanhören" und sehen müssten, „die jedes Schamgefühl und sittliche Empfinden zerstören und dadurch zur Quelle eigener sittlicher Verwahrlosung werden müssen." Dennoch waren den Behörden die Hände gebunden, da die schlechte Wohnsituation allein als Grund nicht genügte, um die Kinder als Fürsorgezöglinge in einem Heim unterzubringen. Noch entscheidender dürfte gewesen sein, dass sich die Stadtverwaltung aus finanziellen Gründen davor scheute, alle Kinder und Jugendlichen in Anstalten erziehen zu lassen, wie eine Wohlfahrtspflegerin bereits 1931 festhielt.[646] Hierfür musste eine konkrete sittliche Bedrohung oder ein sitt-

---

[642] Weigl, Liste der Bewohner am Grasweg 1, 1a und Welserstr. 22 v. 5. 10. 1934, StadtAM Wohlfahrt 4099.
[643] Bericht der Wohlfahrtspflegerin v. 17. 6. 1931, StadtAM Wohlfahrt 4099.
[644] Schaetz in Besprechung v. 7. 6. 1935, StadtAM Wohlfahrt 4099.
[645] Vgl. Abschrift des Schulleiters an der Brodersenstraße als Beilage Stadtjugendamt an Referat 9 v. 14. 12. 1935, BayHStA OBB 12793.
[646] Bericht der Wohlfahrtspflegerin v. 17. 6. 1931, StadtAM Wohlfahrt 4099.

liches Vergehen an den Kindern vorliegen, aber auch solche Fälle sind aus der Siedlung überliefert.

Siedler wie Johann M. oder Josef K., die in den Siedlungen ein Versteck vor den Behörden fanden, legten ihre delinquenten Lebensweisen in den wilden Siedlungen nicht ab. Im Gegenteil, die fehlende behördliche Kontrolle sowie das Zusammentreffen mit weiteren straffällig gewordenen Personen verstärkten und förderten ihre kriminellen Handlungen. Johann M., der laut Amtsberichten ephebophile Neigungen hatte, nutzte seine selbst gebaute Hütte nicht nur dazu, seinen eigenen Bedürfnissen nachzugehen, sondern betrieb unter Ausnutzung einzelner hilfloser Bewohnerinnen am Grasweg ein Bordell. Die 24-jährige behinderte Katharina P., die mit ihrem Vater in der Siedlung lebte, ebenso wie die 16-jährige Therese S., die von zu Hause ausgerissen war und in der wilden Siedlung einen Unterschlupf gefunden hatte, prostituierten sich in der Hütte von Johann. Die Sittlichkeitsverbrechen fanden erst 1937 ein Ende, als M. vom Strafgericht zu zwei Jahren Gefängnis und Unterbringung in einer Heil- und Pflegeanstalt verurteilt wurde. Auch für die beiden Frauen blieben die aus Sicht der Strafjustiz unzüchtigen Handlungen am Grasweg nicht ohne Folgen. Therese S. wurde wegen Geschlechtskrankheiten im Schwabinger Krankenhaus behandelt und Katharina P. geriet dadurch ins Visier der nationalsozialistischen Erbgesundheitspolitik.[647] Im November 1936 war sie in der Universitätsfrauenklinik zwangssterilisiert worden.[648] Auch im Moosgrund stufte das Gesundheitsamt München 1935 „einen Teil [als] erbbiologisch bedenklich" ein – eine Zuschreibung, die für die Betroffenen die Zwangssterilisation bedeuten konnte.[649]

Die verschiedenen Lebensentwürfe prallten in den wilden Siedlungen aufeinander und führten unter den einzelnen Parteien zu permanenten Konflikten. Insbesondere für den Grasweg berichteten die Wohlfahrtspflegerinnen von dauernden Trinkgelagen, die zu Schlägereien ausarteten, von sittlichen Übergriffen auf Kinder, von Ehebrüchen und wechselnden sexuellen Kontakten unter den einzelnen Bewohnerinnen und Bewohnern. Im Moosgrund organisierten sich indessen einzelne Siedlungsparteien in der „Genossenschaft der Liesensiedlung" und vertraten ihre Interessen gegenüber der Stadt gemeinsam. Auch wenn diese Gemeinschaft längst nicht alle Siedlerinnen und Siedler umfasste, so hielt die Wohlfahrtspflegerin zur wilden Siedlung in Daglfing fest:

„Es besteht zweifellos unter einem grossen Teil der Siedler das Bestreben nach einem geordneten Gemeinschaftsleben. Sie vermögen aber nicht durchzudringen, so lange einige asoziale Elemente durch Hetzen, Nörgeln und Schreiben anonymer Briefe ständig Wühlarbeit treiben."[650]

Auch in politischer Hinsicht waren die Siedlungen ein Unruheherd. Der Schausteller Leonhard H., selbst Bewohner am Grasweg, meldete dem Bezirkswohlfahrtsamt,

---

[647] Bericht des Stadtjugendamts v. 22. 12. 1937, StadtAM Wohlfahrt 4099.
[648] StaatsAM EGG München 956/36.
[649] Zu Zwangssterilisationen und zur Erbgesundheitspolitik des Münchner Gesundheitsamts vgl. Christians, Amtsgewalt, 161–236.
[650] Bericht der Wohlfahrtspflegerin Hardegen v. 7. 8. 1934, StadtAM Wohlfahrt 4099.

der Verwalter „sammle das Gesindel, um, wenn es einmal losgehe, stürmen zu können."[651] Dass in der Siedlung bereits polizeilich bekannte Kommunisten wie Friedrich M. Unterkunft fanden, war für die Behörden Anlass zu befürchten, die Siedlung werde zum kommunistischen Zufluchtsort. M., der bereits zum 15. Juni 1931 wegen Beteiligung an politischen Unruhen von der Polizeidirektion aus München und benachbarten Gemeinden ausgewiesen worden war, hielt sich weiterhin in der wilden Siedlung am Grasweg auf. Die Behörden sahen in den Bewohnerinnen und Bewohnern der wilden Siedlungen „ein Haufen Gesindel", das durch Personen wie M. politisch leicht zu manipulieren sei, und das, „wenn [es] auf die Straße geht, […] die größte Verwirrung anrichten kann."[652] Im „Dritten Reich" verstärkte sich diese Angst, da nun jegliche Form von potenziell oppositioneller Betätigung mit Argusaugen überwacht wurde. Immerhin 17 Siedlern konnte die Bayerische Politische Polizei 1935 im Moosgrund und im Grasweg bestehende oder frühere Kontakte zur KPD oder SPD nachweisen – lediglich bei einem Siedler fand sich hingegen eine Mitgliedschaft in der NSDAP –, ein Teil der Siedler erfuhr zudem durch die Rote Hilfe Unterstützung und galt dementsprechend als „politisch unzuverlässig."[653] Im Grasweg verkehrten zudem Personen, die bereits mehrmonatige Haftstrafen im Konzentrationslager Dachau verbüßt hatten.[654] Der Verwalter des Grasswegs Isidor B. erkannte indessen rechtzeitig die politischen Zeichen der Zeit. Nach der Übernahme des Münchner Rathauses durch die Nationalsozialisten gab er sich als Anhänger der NSDAP aus und bezeichnete sich als „der Hitler durch und durch."[655] Langfristig überzeugen konnte er die neuen Machthaber damit allerdings nicht. Seine illegale Verpachtung der Grundstücke am Grasweg war den Nationalsozialisten von Anfang an ein Dorn im Auge. Das klare Ziel der NS-Stadtverwaltung in München war die dauerhafte Auflösung der wilden Siedlungen im Stadtgebiet, die sie vielsagend als „Zigeunerlager"[656] bezeichnete. Das Vorgehen in der „Hauptstadt der Bewegung" unterschied sich hier nicht von der in anderen deutschen Städten. Die Räumung des reichsweit bekannten Heinefelds beschloss die NS-Führung in Düsseldorf am 1. Dezember 1934.[657] Zum befürchteten politischen Unruheherd entwickelten sich die wilden Siedlungen indes erst als Reaktion auf die Räumungsaufforderungen der Behörden.

---

[651] Bezirksamt IV an Referat VI, 17. 6. 1931, StadtAM Wohlfahrt 4099.
[652] Obermayer an Stadtrat v. 17. 8. 1931, StadtAM Wohlfahrt 4099. Zu den Gründen für die Ausweisung machte Obermayer keine Angaben, Bezirksamt IV an Referat VI v. 17. 6. 1931, StadtAM Wohlfahrt 4099.
[653] Bayerisch Politische Polizei, Verzeichnis der Siedler Grasweg, Welserstr. sowie Moosgrund v. 16. 4. 1935, BayHStA OBB 12973.
[654] Bericht des Stadtjugendamts v. 22. 12. 1937, StadtAM Wohlfahrt 4099.
[655] Bericht der Wohlfahrtspflegerin Weigl v. 1. 10. 1934, StadtAM Wohlfahrt 4099.
[656] Vgl. z. B. Referat 6 an Referat 7 v. 25. 3. 1935, StadtAM Wohlfahrt 4099.
[657] Fings/Sparing, Zigeunerlager, S. 23.

10.4 Räumung der wilden Siedlung

Die Stadtverwaltung war sich bewusst, dass die Räumung einzelner Siedlungen nur „Stückwerk" war und das „Übel" nicht beseitigen würde, sondern dadurch vermutlich eine räumliche Verschiebung oder Vergrößerung initiiert werden würde.[658] Während in den Amtsstuben im Rathaus noch nach Lösungen für den Grasweg und den Moosgrund gesucht wurde, meldeten einzelne Bezirksämter bereits die Entstehung neuer wilder Kolonien.[659] Die Kommune versuchte dementsprechend eine universelle Lösung herbeizuführen. Die „Ursache aller Schwierigkeiten" sah die Stadt in einem verwaltungsrechtlichen Problem: zu viele Behördenstellen seien in die Thematik der wilden Siedlung involviert. Konkret waren die Polizeidirektion, die Lokalbaukommission, das Wohnungs- sowie das Wohlfahrtsreferat gemeint. Ziel müsse es sein, die Zuständigkeiten in einer Stelle zu bündeln – so die Forderung des Wohnungsreferates.[660] Im Falle des Moosgrundes mischte sich zudem Christian Weber, umtriebiger und berüchtigter Fraktionschef der NSDAP im Münchner Stadtrat, ein, der hier seine persönlichen Interessen als Präsident des benachbarten Pferderennsportvereins Daglfing vertrat. Für die Siedlerinnen und Siedler selbst ließen diese verwaltungsrechtlichen Unklarheiten Handlungsspielräume, anhand derer das subjektive Agieren Einzelner gegenüber den Behörden greifbar wird. Gleichzeitig verdeutlichen die Räumungsbestrebungen im Grasweg und im Moosgrund das ambivalente Vorgehen der NS-Behörden gegenüber den verschiedenen Siedlerinnen und Siedlern.

Die Maßnahmen, die den Behörden von gesetzlicher Seite zur Verfügung standen waren beschränkt. Das Wohnsiedlungsgesetz hätte zwar die weitere Ansiedlung auf dem Grundstück untersagen können, dazu hätte man aber das Areal als Wohnsiedlungsgebiet anerkennen und sich mit den bestehenden Häusern arrangieren müssen.[661] Da die Bauten zudem innerhalb kürzester Zeit entstanden, war es für die Stadtverwaltung unmöglich, sämtliche Brachflächen im Stadtgebiet ständig zu überwachen. Selbst der Ausbau der bereits bestehenden Siedlungen konnte trotz des von der Lokalbaukommission angeordneten Baustopps im Moosgrund meist nur temporär und unter Zuhilfenahme von SA-Truppen wie etwa im Winter 1933/34 durchgesetzt werden.[662] Die im darauffolgenden Jahr eingerichtete, permanente Bauwache der Lokalbaukommission hatte keinen Abschreckungseffekt auf die Siedlungstätigkeit. Die Siedlerinnen und Siedler bauten munter weiter – nun eben nachts, am Wochenende oder an Feiertagen.[663] Ein weiteres rechtliches

---

[658] Vormerkung des Referats 7 v. 28. 5. 1935, StadtAM Wohlfahrt 4099.
[659] Bezirksamt IV an Referat 7 v. 15. 1. 1936; Vermerk des Referats 6 an Referat 7 v. 16. 8. 1936, beide StadtAM Wohlfahrt 4099.
[660] Vormerkung des Referats 7 v. 28. 5. 1935, StadtAM Wohlfahrt 4099.
[661] Gablonsky in Besprechung v. 6. 11. 1933, StadtAM RSP 703/10. Zum Wohnsiedlungsgesetz vgl. Kuhn, Siedeln, in: Janatková/Kozińska-Witt (Hrsg.), Wohnen, S. 124; Haerendel, Wohnungspolitik, S. 138.
[662] Jansohn und Küfner in Besprechung v. 6. 11. 1933, StadtAM RSP 703/10.
[663] Vormerkung des Referats 7 v. 28. 5. 1935, StadtAM Wohlfahrt 4099; Lokalbaukommission an Bayerisches Staatsministerium des Innern, v. 16. 10. 1934, BayHStA OBB 12973; Krack, Rebellen, in: Karl (Hrsg.), Dörfer, S. 177.

Hindernis lag im einfachen und zum Teil provisorischen Charakter der Bauten. Auf Wohnwagen-Siedlungen war das Wohnsiedlungsgesetz nicht anwendbar, weil es sich hier um keine Bauwerke im eigentlichen Sinne handelte. Deshalb waren selbst der Baupolizei die Hände gebunden. Die Hütten waren zum Teil „von so primitiver Art mit behelfsmäßigen Mitteln" errichtet, dass eine baupolizeiliche Genehmigung nicht notwendig war und damit auch kein rechtlicher Verstoß vorlag. Zudem befanden sich die Flächen in Privatbesitz und die Grundstückseigentümer, die sich durch die Pachtbeträge einen Zuverdienst sicherten, hatten wenig Interesse an einer Anzeige und damit verbundenen finanziellen Einbußen. Entsprechende ortspolizeiliche Vorschriften zum Eingreifen fehlten. Waren die Familien erstmal in ihre Behausungen eingezogen, wurde es umso schwieriger, diese zu räumen. Die Lokalbaukommission konnte zwar wegen hygienischer und gesundheitlicher Mängel einen gerichtlichen Abbruch einzelner Schwarzbauten erwirken, dem ging aber in jedem Fall eine Zwangsräumung der Bewohnerinnen und Bewohner voraus. Bei dem Großteil der Siedlerinnen und Siedler handelte es sich um Personen, die nach Ansicht der Behörden auf dem privaten Mietmarkt nicht vermittelbar waren, und „die Obdachlosenhäuser des Wohlfahrtsamtes [waren] ständig voll belegt, sodaß auch hier die Siedler nicht untergebracht werden" konnten, wie der Münchner Oberbürgermeister Karl Fiehler gegenüber dem Bayerischen Innenministerium eingestehen musste.[664] Das Wohnungsreferat befürchtete deshalb Kritik aus der Öffentlichkeit, denn die „würde es wohl kaum verstehen, wenn die Stadt eine Zwangsräumung vornimmt und eine Familie obdachlos macht", ohne eine Ersatzunterkunft bereitzustellen.[665] Auch das Winterhilfswerk, das sich unter der Prämisse des Subsidiaritätsprinzips für die Siedlerinnen und Siedler starkmachte, warnte, dass nicht „mit der ganzen Strenge von nackten Paragrafen das Eigentum der Leute zerstört" und „dann Frau und Kinder in asoziale Verhältnisse hineingestossen werden [...] in nach Geschlechtern getrennte Obdachlosenasyle."[666] Das Wohnungsreferat dachte zur Lösung der Unterbringungsfrage der Familien sogar an streng hierarchisierte „Asozialen-Lager" mit mehreren Erziehungsstufen. Durch „gute und einwandfreie Führung" sollten sich die Lagerinsassen in höhere Stufen heraufarbeiten, bis sie schließlich als „brauchbare Volksmitglieder" wieder entlassen werden könnten.[667] Zugleich erhoffte sich die Stadt von solchen Lagern einen abschreckenden Effekt:

„Wird in den in Frage kommenden Kreisen aber einmal bekannt, dass es in München ein behördlich dauernd überwachtes ‚Obdachlosenheim für Familien' gibt, wie ich die zu erstellende Barackensiedlung nennen möchte, mit allem Drum und Dran einer entsprechenden Hausordnung, dann werden die wilden Zigeunerlager nach Art des Grasweges und Moosgrundes bald veröden."[668]

---

[664] Fiehler an Bayerisches Staatsministerium des Inneren v. 5. 4. 1935, StadtAM Wohlfahrt 4099.
[665] Vormerkung des Referats 7 v. 28. 5. 1935, StadtAM Wohlfahrt 4099.
[666] Sturmbannführer des WHW an Ministerialdirektor Schultze (Innenministerium) v. 16. 1. 1934, BayHStA OBB 12973. Vgl. hierzu auch das Angebot der Stadt im Dezember 1933, Hilble an die Siedler des Moosgrunds v. 5. 12. 1933, StadtAM Wohlfahrt 4099.
[667] Vormerkung des Referats 7 v. 28. 5. 1935, StadtAM Wohlfahrt 4099.
[668] Referat 6 an Referat 7 v. 25. 3. 1935, StadtAM Wohlfahrt 4099.

Obwohl solche Anstalten – sei es nun unter der Bezeichnung „Obdachlosenheim für Familien", „Fürsorgeobdach" oder „Asozialen-Lager" – in München während des „Dritten Reichs" mehrfach diskutiert und durchdacht wurden, kam es zu keiner praktischen Umsetzung.[669]

Im Falle der Siedlungen versuchte Oberbürgermeister Fiehler indessen beim Staatsministerium des Inneren eine gesetzliche Regelung zu erwirken, die die Eigentümer für die Zustände zur Verantwortung ziehen sollte. Ebenso brachte er die gesetzgeberische Maßnahme eines allgemeinen „Zuzugsverbot für alle Personen, die keinen sicheren Verdienst und keine ordnungsgemäße Wohnstätte nachweisen konnten", ins Spiel.[670] Zu einem Beschluss des Staatsministeriums zu einer generellen Lösung kam es nicht – auch weil Innenminister und Gauleiter Adolf Wagner in Bezug auf die Moosgrundsiedler eine gespaltene Haltung einnahm. Nachdem die Siedlerinnen und Siedler aufgrund der SA-Präsenz im Dezember 1933 zu einem Baustopp gezwungen waren, gerieten viele von ihnen mit ihren halbfertigen Gebäuden durch den nahenden Winter in Bedrängnis. Von der Stadtverwaltung erwarteten sie keine Gnade und wandten sich daher Hilfe suchend an höhere Stellen:

„Durch gütige Vermittlung von Personen, die dem Ministerium des Inneren näherstanden, gelang es, dass die Angelegenheit Herrn Staatsminister Wagner zur Kenntnis gebracht wurde."[671]

So rekapitulierte einer der Sprecher der Moossiedler das Vorgehen. Der erhoffte Effekt blieb nicht aus. Adolf Wagner besichtigte die Siedlung persönlich, hob den durch die SA überwachten Baustopp auf und wies sogar an, die Bauten winterfest zu machen. Die Siedlerinnen und Siedler des Moosgrunds brachten somit eine weitere Behörde in den ohnehin komplexen Zuständigkeitsbereich und erweiterten für sich selbst die Handlungsspielräume. Die Stadt – und hier insbesondere Wohnungsreferent Harbers – war mehr als erbost über das eigenständige Vorgehen des Ministers und mahnte eindringlich, dass ein solches Handeln den „luftleeren Raum" und die „Zwischenräume" für die Bevölkerung nur vergrößern würde.[672] Eine dauerhafte Lösung für den Moosgrund brachten diese Überbrückungsmaßnahmen freilich nicht – was den Innenminister dazu veranlasste, die schon mehrfach erwähnte Begutachtung der einzelnen Siedlungsparteien vornehmen zu lassen. Ja, einen kurzen Moment war sogar angedacht, aus der wilden Siedlung am Moosgrund durch einen Bebauungsplan und Anschluss an die Trinkwasserversorgung nach und nach „anständige Siedlerstellen" zu schaffen. Doch der Vorschlag wurde auch wegen der Nähe zur Pferderennbahn nicht weiterverfolgt. Auf Grundlage der Begutachtung sollte schließlich eine Teilsanierung der Siedlung durchgeführt werden, so der Beschuss des Innenministers.[673] Diese Entscheidung stand in einem absoluten Gegensatz zu dem von der Stadt geforderten Vorgehen: Sie intendierte

---

[669] Vgl. Kap. 8.1, S. 253–256.
[670] Fiehler an Bayerisches Staatsministerium des Inneren v. 5. 4. 1935, StadtAM Wohlfahrt 4099.
[671] Johann B. an Stadtgruppe München der Kleinsiedler v. 22. 10. 1935, BayHStA OBB 12973.
[672] Harbers in Wohnungsausschuss v. 22. 10. 1934, StadtAM RSP 707/8.
[673] Ministerialentschließung v. 26. 6. 1934, BayHStA OBB 12793.

für den Moosgrund ebenso wie für den Grasweg eine vollständige Beseitigung der Siedlungen.

Im behördlichen Umgang mit der Räumung der wilden Siedlungen am Grasweg und im Moosgrund zeigt sich deutlich, wie sehr die Charakterisierung der wilden Siedlerinnen und Siedler von der baulichen Beschaffenheit ihrer Unterkünfte abhing. Zugleich weist sie daraufhin, dass der behördliche Umgang von den Siedlerinnen und Siedlern selbst bestimmt werden konnte. In kaum einer anderen Quelle tritt die Verbindung zwischen Ort und Stigmatisierung so deutlich hervor wie in der Auflistung, die Stadtrat Schiedermaier über die Moossiedlung anlegte. Die Beurteilungen „kann bleiben" – „umsiedeln" – „beseitigen" orientierten sich nicht zwangsläufig an den üblichen rassen- und erbbiologischen Charakterisierungsmerkmalen des Nationalsozialismus. Entscheidendes Kriterium schien vielmehr der Zustand der Unterkunft zu sein, obwohl der Sprecher der Gutachterkommission betonte, dass die „Abstufungen bewusst, wegen der Verschiedenheit der Bauwerke sowohl, als auch der Personenwerte in sozialer und politischer Hinsicht gemacht" worden seien.[674]

So durfte beispielsweise der Zimmerer Johann S., der in einem unehelichen Verhältnis mit Rosa O. lebte, die von den Behörden als „asozial" stigmatisiert wurden und deren sechs Kinder in Fürsorgeerziehungsheimen untergebracht waren, dank der Betonfundierung seines Hauses vorerst am Moosgrund bleiben. Auch Josef T., dem „Ausnützer der öffentlichen Fürsorge", gestattete die Stadt in seinem „Kleinhaus mit 3 Räumen, aus gemauertem Fachw[erk] innen u[nd] außen verputzt" wohnen zu bleiben. Hingegen musste Max O., der verheiratet war und in seiner Fachwerkhütte mit „Isolierpappe" ein Pflegekind betreute, seine Unterkunft räumen.

Im Grasweg gingen die Behörden weniger vorsichtig gegen die Siedlerinnen und Siedler vor. Zwar war auch hier kurz vom Ministerium der Vorschlag zu einer Umsiedlung aufgeworfen worden, dies wurde aber von Seiten der Stadt vehement abgelehnt.[675] Angesichts der Charakterisierung der Siedlerinnen und Siedler und ihrer Bauten war für den Grasweg die restlose Räumung intendiert. Die Bewohnerinnen und Bewohner blieben entweder sich selbst überlassen oder konnten ins Obdachlosenasyl, im besten Fall in eine Obdachlosenwohnung ziehen. Zur Räumung der Siedlung übte die Stadt Druck auf den Verwalter Isidor B. aus. Die beteiligten Ämter waren sich einig, dass man mit ihm nicht zimperlich umgehen müsse, da er selbst wiederum seine Pächter auch hart anfasse und diese „ohne Gerichtsurteil aus der Siedlung werfe."[676] Nun machte man ihm dies zur Auflage, da er für die Verhältnisse am Grasweg verantwortlich war, wurde er auch zur Räumung der

---

[674] Schiedermaier an Staatsministerium des Inneren v. 30. 5. 1934, BayHStA OBB 12793. Zur Gutachterkommission gehörten: Stadtrat Otto Schiedermaier, Baudirektor Schels, Wohnungsreferent Guido Harbers, Bögner in Vertretung von Alarich Seidler (NSV und WHW), Wohlfahrtsreferent Friedrich Hilble und die Leiterin der Familienfürsorge Elisabeth Bamberger.
[675] Löhner an Stadtrat v. 6. 2. 1935; Bericht Referat 6 an Referat 7 v. 25. 3. 1935, beide StadtAM Wohlfahrt 4099.
[676] Obermayer in Besprechung v. 7. 6. 1935, StadtAM Wohlfahrt 4099.

Siedlung verpflichtet und sollte – wenn notwendig – seine Pächter mittels Zivilklage zwangsräumen lassen.[677] Damit umging die Stadt ihr rechtliches Dilemma und machte gleichzeitig B. für die Zustände haftbar. Zwar forderte B. danach seine Pächter zur Räumung auf, und einzelne Familien und Einzelpersonen zogen freiwillig weg – allerdings in die benachbarte wilde Siedlung an der Welser- und der Fuggerstraße. Ähnlich wie an den öffentlichen Plätzen, zeigte sich auch hier die örtliche Flexibilität der Obdachlosen als einer ihrer großen Vorteile. Sie umgingen behördliche Auflagen – die meist ortsbezogen waren – schlicht dadurch, dass sie sich neue Orte der Obdachlosigkeit suchten. An der Gesamtproblematik für die Stadt änderte dies freilich wenig. Zum Oktoberfest 1935 erhielt der Grasweg sogar erneuten Zulauf.[678] Auch gibt es Hinweise, dass der Verwalter ein doppeltes Spiel spielte: Einerseits erweckte er gegenüber der Stadt den Eindruck, nachhaltig gegen seine Pächter vorzugehen, zugleich wiegte er diese in Sicherheit, um weiter die Mieten zu kassieren.

Auch im Moosgrund spielten die von Gauleiter Adolf Wagner im Frühjahr beauftragten Obmänner zur Kontrolle der Siedlung eine doppelte Rolle. Peter S. – selbst Siedler im Moosgrund – war nicht nur Obmann, sondern zugleich auch „Makler für die Grundbesitzer" des Moosgrundes und verfolgte im Siedlungsroulette seine eigenen wirtschaftlichen Interessen. Zudem hatte er durch die Unterstützung des Staatsministers im Frühjahr ordentlich an Oberwasser gewonnen. Er provozierte die Lokalbaukommission und örtliche Polizei und behauptete: „Wenn auch die Aufgepflanzten (gem. ist SA.) wiederkommen und uns nicht mehr bauen lassen, dann tut das Ministerium die schon wieder weg wie im letzten Jahr." Seine Aufgabe in der Siedlung sah er ganz im Einklang mit dem nationalsozialistischen Siedlungsgedanken und berief sich darauf, „daß in die Siedlung der Führer persönlich kommt, wenn die Behörde nicht im Sinne des Führers ansiedeln lasse."[679] Wohnungsreferent Harbers forderte vom Staatsminister, dass er Peter S. in Schutzhaft nehme, um wieder Ordnung in der wilden Siedlung einkehren zu lassen. Wagners Adjutant Max Köglmeier, der zugleich im Münchner Stadtrat saß, ging sogar noch einen Schritt weiter und schlug die Schutzhaft zukünftig als Mittel zur Räumung der Siedlungen vor.[680] Zu einer praktischen Umsetzung kam es allerdings nicht, noch im Juli 1935 finden sich Berichte darüber, dass Peter S. gezielt versuchte, neue Siedlerinnen und Siedler für den Moosgrund anzuwerben.[681]

Das gnädige Vorgehen des Staatsministers gegenüber den Siedlerinnen und Siedlern weckte zudem neue Begehrlichkeiten. Zum einen setzte bereits im Herbst 1934 trotz Verbots wieder eine erneute Bautätigkeit im Moosgrund ein, zum anderen hatte sich die Möglichkeit einer wilden Ansiedlung im Münchner Norden

---

[677] Obermayer an B. v. 19. 8. 1935, StadtAM Wohlfahrt 4099.
[678] Wohlfahrtsbezirksamt IV an Referat 7 v. 12. 11. 1935, StadtAM Wohlfahrt 4099.
[679] Stadtrat Harbers an Köglmaier v. 23. 10. 1934, BayHStA OBB 12793.
[680] Stellungnahme von Köglmeier v. 29. 10. 1934, BayHStA OBB 12793.
[681] Protokollierte Aussage von Josef K. bei der Lokalbaukommission v. 15. 7. 1935, BayHStA OBB 12973.

rasch herumgesprochen und neue Siedlerinnen und Siedler angelockt. So auch Josef R., der mit seiner Frau und sieben Kindern aufgrund der Zwangsräumung seiner früheren Wohnung in Feldkirchen obdachlos geworden war. Das Ansiedlungsverbot im Moosgrund umging er mit einem direkten und „sehr bewegenden Schreiben" an Staatsminister Wagner, der anordnete, dass der Familie „auf schnellstem Weg ein menschenwürdiges Unterkommen verschafft wird."[682] Dies entsprach allerdings nicht den Wünschen der Familie R., die nicht beabsichtigte, ihr begonnenes Bauwerk am Moosgrund zu verlassen.

Frau R. behauptete, dass ihr nach persönlicher Vorsprache beim Staatsministerium des Inneren mitgeteilt worden sei, dass zwar prinzipiell ein Ansiedlungsverbot vorliege, man „aber in ihrem Fall nicht so aggressiv vorgehen dürfe". Die NSV habe ihr anschließend erlaubt, die Hütte für Kinder winterfest zu machen.[683] Doch weder die NSV noch das Staatsministerium hatten diesbezügliche Auskünfte erteilt. Im Gegenteil, die NSV sah vor, Familie R. im Obdachlosenasyl unterzubringen, was diese vehement ablehnte. Dieses Katz-und-Maus-Spiel betrieb Familie R. auch mit dem Wohlfahrts- und Wohnungsamt, die der Familie mehrmals alternative Wohnungen im Stadtgebiet Münchens anboten.[684] Doch sie bauten weiter und hofften auf die nachträgliche Baugenehmigung aufgrund ihres Kinderreichtums. Obwohl die Familie im Mai 1935 vom Amtsgericht wegen baupolizeilicher Übertretung verurteilt wurde und der Abriss ihrer Hütte angeordnet worden war, hielten sie sich im Moosgrund.[685] Mehrmals brachten sie ihre persönliche Situation unter Nennung zentraler nationalsozialistischer Einflussfaktoren bei Adolf Wagner vor:

„Aber ein braver Familienvater, SA-Mann! Besitzer des Eisernen- und Frontkämpferkreuzes [...] Sieben hilflose Kinder (4 sind bei der H.J. bzw. BDM) sollen vollständig ruiniert werden."[686]

Zudem ersuchten sie beim Arbeitgeber von R., der Reichsbahn, um einen guten Leumund:

„Die Eltern leben nur für ihre Kinder. Sie erziehen sie ganz im Sinne des Führers. Sie sind sauber und geradlinig in ihrer Gesinnung. Alle Anzeichen sprechen dafür, daß es sich bei der Familie R. um erbgesunde, leistungsfähige Kinder handelt, um Kinder, deren Gesundheit nicht mehr allzulange auf die harte Probe der Entbehrung (Hunger und Kälte) gestellt werden sollte."[687]

Die Taktik von Familie R. ging auf. Durch das Hinzuziehen verschiedener Stellen konnten sie die bestehenden Räumungsbeschlüsse vorerst aussetzen und gewannen

---

[682] Harbers an Oberbürgermeister v. 20. 10. 1934, BayHStA OBB 12793; Harbers in Wohnungsausschuss v. 22. 10. 1934, StadtAM RSP 707/8.
[683] Lokalbaukommission an Bayerisches Staatsministerium des Inneren v. 16. 10. 1934, BayHStA OBB 12793.
[684] Vgl. Bericht von Stadtrat Harbers an Wagner v. 13. 2. 1934, BayHStA OBB 12793.
[685] Ladung des Angeklagten R. vor dem Strafgericht wegen baupolizeilicher Übertretung v. 7. 5. 1935, BayHStA OBB 12793.
[686] Zitat: Josef und Beate R. an Staatsminister des Innern v. 31. 5. 1935, BayHStA OBB 12793. Vgl. Beate R. an Staatsminister des Innern v. 6. 12. 1935, beide BayHStA OBB 12793.
[687] Bezirksfürsorge der Reichsbahndirektion an Präsidenten der Reichsbahndirektion v. 20. 12. 1935; Gollwitzer (Präsident der Reichsbahndirektion) an Adolf Wagner v. 20. 12. 1935, beide BayHStA OBB 12793.

dadurch Zeit. Doch dauerhaft konnten weder die Siedlerinnen und Siedler am Moosgrund noch die am Grasweg einer Räumung oder Umsiedlung entgehen.

Erneute Dynamik erlangte die Angelegenheit um die Moosgrundsiedlung schließlich durch die Intervention von Christian Weber. Dieser hatte ein Auge auf einen Teil der Grundstücke am Moosgrund geworfen, um die benachbarte Pferderennbahn erweitern zu können. Im Sommer 1935 drängte er auf eine schnelle und endgültige Lösung und forderte die restlose Beseitigung der Moosgrundsiedlung.[688] Während sich Weber und Harbers vor einigen Jahren noch über die Siedlerinnen und Siedler am Moosgrund erbittert gestritten hatten, zogen sie nun nach der Einmischung des Staatsministers an einem Strang. In der Stadtverwaltung war man sich inzwischen einig, dass ohne die Intervention des Innenministeriums die Siedlerinnen und Siedler schon längst umquartiert worden wären.[689] Unter dem Vorsitz von Weber wurde schließlich im Dezember auf Grundlage eines erneuten Gutachtens des Tiefbauamtes zum Grundwasserstand sowie einer Beurteilung der Siedlungswürdigkeit der Familien am Moosgrund durch die Oberbayerische Heimstätten GmbH beschlossen, die Siedlung zu beseitigen. Doch die Bekräftigung der Entscheidung durch das Innenministerium blieb aus und die Stadt agierte weiterhin im luftleeren Raum. Immerhin hatte man den Teil der Siedlerinnen und Siedler, die auf dem vom Rennverein und Weber begehrten Grundstücken wohnten, durch finanzielle Anreize zu einer Umsiedlung bewegen können. Sie gingen auf das Angebot der Oberbayerischen Heimstätten GmbH ein und errichteten mit deren Unterstützung und einem Staatsdarlehen ein neues Haus in einer Siedlung in Trudering.[690] Unklar war aber weiterhin, was mit der „bestehenden Restsiedlung" geschehen solle.[691] Stadtrat Weber beschwerte sich noch im Januar 1937 beim Wohnungsreferenten Harbers, dass die Stadt bisher keine Erfolge bei der Ausquartierung gehabt habe. „Ich sehe nur jeden Tag ein neues Haus da drunten entstehen", schimpfte er.[692] Tatsächlich wohnten von den einst über 130 Familien im Januar 1936 noch 59 im Moosgrund. Die Hälfte hatte sich durch die Ungewissheiten der letzten Jahre eine neue Unterkunft gesucht. Von den verbliebenen waren nach Ansicht der Oberbayerischen Heimstätten gerade einmal 15 Familien für eine Ansiedlung geeignet.[693] In Ismaning entstand für sie eine ganz ähnliche Siedlung wie bereits in Trudering. Ein beachtlicher Teil der Familien wurde zudem in Baracken der Stadt untergebracht.[694] Zumindest in der Öffentlichkeit wollte die Stadt die Problematik um die Moosgrundsiedlung endgültig als erledigt darstellen und ließ im August 1938 die vollständige Umsiedlung im *Völkischen Beobachter* verkünden – selbstverständlich nicht ohne dabei die „großzügige finanzielle Hilfe" von Christian Weber zu erwäh-

---

[688] Fiehler an Bayerisches Staatsministerium des Innern v. 22. 6. 1935, BayHStA OBB 12973.
[689] Vormerkung des Referats 7 zur Besprechung v. 20. 12. 1935, BayHStA OBB 12793.
[690] Referat 8 an Referat 6 v. 14. 5. 1936, StadtAM Wohlfahrt 4099.
[691] Harbers an Bayer. Staatsministerium des Innern v. 20. 10. 1936, BayHStA OBB 12973.
[692] Weber in Beiräte für Verwaltungs-, Finanz- und Baufragen v. 7. 1. 1937, StadtAM RSP 710/2.
[693] Werre an das Staatsministerium des Innern v. 28. 1. 1936, BayHStA OBB 12793.
[694] Städtisches Liegenschaftsamt an Referat 6 v. 10. 5. 1935, StadtAM Wohlfahrt 4094.

nen.[695] Dass dies nur die Entschädigungszahlungen für die für den Rennverein erworbenen Grundstücke waren, blieb freilich unerwähnt – auch dass die Stadt die Grundstücke der Oberbayerischen Heimstätte kostenlos überließ, verschwieg man, da man in der Öffentlichkeit nicht den Eindruck erwecken wollte, zu gnädig mit den wilden Siedlerinnen und Siedlern umgegangen zu sein.

Auch am Grasweg hatten nicht alle Siedlerinnen und Siedler zur erneuten Frist im März 1936 ihre Hütten geräumt, sondern trotzten den behördlichen Auflagen. Die Stadt zögerte, eine zwanghafte Räumung durchzusetzen, weil sie die nötigen Notunterkünfte nicht stellen konnte und wollte. Letztlich war es das Bekanntwerden der Sittlichkeitsverbrechen in der Hütte von Johann M., die den Stadtrat zu einem rigorosen Vorgehen veranlassten. Sie ließ die wilde Siedlung durch den Bauunternehmer Leonhard Moll räumen und ging im Vergleich zur Räumung des Düsseldorfer Heinefelds noch moderat vor. Dort wurde die wilde Siedlung im August 1935 durch die SS gewaltsam evakuiert, wie der dort ansässige Künstler Otto Pankok sich später erinnerte:

„wer hätte gedacht, daß nach wenigen Jahren Kerle in schwarzen Uniformen in das Dörfchen einbrechen würden, um mit Stahlpeitschen seine Bewohner zusammenzuschlagen und sie zu zwingen, mit Brecheisen die Wände ihrer Hütten einzustoßen, [...] Hier begannen die SS-Stiefel das Werk des Niedertrampelns."[696]

Im Dezember 1937 verfasste in München Wohlfahrtspflegerin Weigl ihren letzten Bericht und meldete, dass außer der Familie um den Verwalter Isidor B. noch sechs weitere Parteien am Grasweg wohnten.[697] Auch am Moosgrund waren im April 1939 – trotz der großen Versprechungen in der Presse – noch sechs Siedlerparteien ansässig.[698] Familie R. zählte indessen nicht dazu. Ihre Beschwerden und Eingaben hatten ihre Zwangsräumung zwar herausgezögert, aber nicht verhindert. Im April 1936 mussten sie ihr Gebäude verlassen. Sie waren nicht unter den „siedlungswürdigen" Personen, sondern bekamen eine Einfachwohnung in einer der Baracken zugewiesen.[699] Die wilde Siedlung war für sie letztlich nur Zwischenstation und Umweg in eine reguläre städtische Obdachlosenwohnung gewesen.

10.5 Wildes Siedeln nach dem Zweiten Weltkrieg

Im Münchner Stadtrat stellte 1934 Ratsherr Karl Ortner die These auf, dass wilde Siedlungen „immer bei Staatsumwälzungen" zu beobachten seien, weil hier die Bevölkerung die verwaltungsrechtlichen Leerräume zum Eigennutz missbrauchen würde.[700] Sicher war diese Erklärung nur ein Vorwand, um die Ohnmachtssitua-

---

[695] Umsiedlung im Moosgrund vollzogen, in: Völkischer Beobachter Nr. 221, 9. 8. 1938.
[696] Pankok, Zigeuner, S. 11. Zu Otto Pankoks Zeit im Heinefeld vgl. Breckenfelder, Künstler, S. 50–55.
[697] Weigl an Wohlfahrtsamt v. 30. 12. 1937, StadtAM Wohlfahrt 4099.
[698] Lokalbaukommission an Regierungspräsidenten v. 14. 4. 1939, BayHStA OBB 12793.
[699] Referat 7 an Wohlfahrtshauptamt v. 14. 4. 1936, StadtAM Wohlfahrt 4099.
[700] Ortner in Wohnungsausschuss v. 22. 10. 1934, StadtAM RSP 707/8.

tion der NS-Stadtverwaltung in München gegenüber den wilden Siedlungen zu rechtfertigen. Dennoch sollte sie sich insofern bewahrheiten, als die zweite Blütezeit der wilden Siedlungen im 20. Jahrhundert unmittelbar mit dem Zusammenbruch des „Dritten Reiches" und dem Wiederaufbau der Bundesrepublik zusammenfiel. Zuvor war es im Zweiten Weltkrieg ruhig um die wilden Siedlungen geworden. Die Aktenvorgänge über die Siedlerinnen und Siedler am Moosgrund und im Grasweg brechen 1938 bzw. 1939 ab. Die letzten Meldungen belegen, dass zwar ein Großteil der Parteien aus den Siedlungen geräumt wurde, zeigen aber zugleich, dass einige Wenige dort verblieben. Ob diese Rumpfsiedlungen während des Zweiten Weltkriegs – angesichts der Bombardierungen der Innenstädte – oder in der unmittelbaren Nachkriegszeit erneuten Zulauf erhielten, lässt sich auf Grundlage der Akten nicht beantworten. Fest steht hingegen, dass am Ende des Zweiten Weltkrieges wilde Ansiedlungen auf urbanen Flächen keine Seltenheit waren.

Die kommunalen Verwaltungen der Nachkriegszeit waren ohnehin überfordert und in einigen Städten sogar froh über die Selbsthilfen der Obdachlosen. Nicht nur an den Stadträndern entstanden in dieser Zeit neue wilde Siedlungen. Inmitten der Trümmerlandschaft der Innenstädte hatten sich Obdachlose nach dem Krieg illegal notdürftige Heime errichtet. Die Städte duldeten dies so lange, bis die illegalen Bauten mit den Wiederaufbauplänen kollidierten – das geschah in den innenstädtischen wilden Ansiedlungen naturgemäß früher als an den Stadträndern. Beim Aufbau der Frankfurter Innenstadt Anfang der 1950er-Jahre musste eine ganze Reihe an illegalen Bauten weichen.[701] Bei den wilden Siedlerinnen und Siedlern handelte es sich um eine sehr heterogene Gruppe, zu der Geschäftsinhaber, die sich in den Jahren nach dem Krieg mit Kredithilfe wieder eine Existenz aufgebaut hatten, ebenso zählten wie Prostituierte. Bei der Unterbringung der geräumten Siedlerinnen und Siedler stieß die Stadt Frankfurt angesichts der begrenzten Unterkünfte für Obdachlose auf erhebliche Schwierigkeiten.[702] Das Fürsorgeamt schlug ein dem differierenden Personenkreis angepassten Umgang vor. Während für die Geschäftsinhaber eine Aufstockung von bereits geplanten Unterkünften für Obdachlose vorgesehen war, sollten die Prostituierten „auf die Straße" gesetzt werden, „denn die finden schon einen Unterschlupf."[703] Nachdem die Innenstädte und umliegenden Viertel ein Jahrzehnt später wieder aufgebaut waren und die Städte wieder expandierten, störten nun auch die wilden Siedlungen an den Stadträndern.

Zunächst war das wilde Siedeln ein Ausweg aus der Wohnungslosigkeit. Obdachlose nutzten Brachflächen, um hier meist aus Bauschutt eigeninitiativ massive Gebäude zu errichten. Der Ausbau des Eigenheims wurde bei diesen Siedlerinnen und Siedlern zum Selbstzweck erklärt und die provisorischen Hütten entwickelten sich über mehrere Jahre zu soliden Bauten, die sich von staatlicher Seite nicht

---

[701] Bauverwaltungsamt an Wohnungs- und Fürsorgeamt v. 26. 4. 1951, ISG FRA Fürsorgeamt 768.
[702] Fürsorgestelle Flüwo an Fürsorgeleitung v. 8. 5. 1951, ISG FRA Fürsorgeamt 768.
[703] Fürsorgeamt an Fürsorgeleitung v. 11. 5. 1951, ISG FRA Fürsorgeamt 768.

mehr einfach beseitigen ließen. Die einstmals Obdachlosen hatten hier ihren Ort in der Gesellschaft gefunden und waren nicht bereit, diesen zu räumen. Selbstsicher hieß es aus einer Siedlung im Münchner Norden 1966:

„Wir sind uns bewusst, dass wir bei der Errichtung der Siedlung gegen gesetzliche Bestimmungen verstoßen haben. Es waren aber im Großen und Ganzen zwei bestimmende Faktoren, die zu der Entstehung der Siedlung beigetragen haben. […] Der erste Faktor war die unbeschreibliche Not, die nach dem Kriege herrschte. Der zweite Faktor war das damalige Verhalten der Stadt München. Sie hat durch ihr damaliges Unvermögen, eine Bebauung zu verhindern, wesentlich dazu beigetragen, daß ein Haus nach dem anderen entstehen konnte. Aus diesem Versäumnis resultiert heute auch die Mitverantwortung für das weitere Schicksal der Siedlung und seiner Bewohner.[704]

Die wilden Siedlerinnen und Siedler am Schwarzhölzlweg hatten sich bereits 1961 zu einer Interessensgemeinschaft zusammengeschlossen und versuchten, ihre Schwarzbauten nachträglich genehmigen zu lassen, und wollten die Bebauung des Gebietes sogar noch ausweiten. Ein jahrelanger Streit zwischen Stadt und Siedlergemeinschaft folgte, in dem mehrere Absiedlungsbeschlüsse vom Stadtrat verabschiedet und jeweils nach heftiger Gegenwehr der Siedlerinnen und Siedler wieder aufgehoben wurden. Erst 1993 wurde die Siedlung genehmigt und 2016 schließlich die letzten Häuser legalisiert.[705] In München erlangte der russische Emerit Timofei Prochorow überregionale Berühmtheit, der sich 1952 am Oberwiesenfeld, wo nach dem Ersten Weltkrieg schon Baracken für Obdachlose standen, angesiedelt hatte. Gemeinsam mit seiner Frau errichtete er dort aus Kriegsschutt ein Haus und eine Kapelle. Ende der 1960er-Jahre, als das Gebiet zum Olympiapark für das bevorstehende Großereignis 1972 umgewandelt wurde, weigerte er sich erfolgreich, seine Behausung zu verlassen. Seine kleinen Bauten stehen noch heute an ihrem Standort.

Dass es den Bewohnerinnen und Bewohnern gelang, ihre anfangs illegalen Heime dauerhaft zu bewahren, war indes keineswegs der Regelfall. In vielen wilden Siedlungen lebten die Bewohnerinnen und Bewohner auch Jahrzehnte nach Kriegsende noch in prekären und isolierten Verhältnissen am Stadtrand. Die Entstehung und Existenz dieser Siedlungen beruhte nicht ausschließlich auf dem freien Entschluss der Obdachlosen, sondern ging mit sozialen Verdrängungsprozessen einher, die wie im Fall der Höherwegsiedlung in Düsseldorf bereits im „Dritten Reich" angestoßen worden waren.

Parallel zur gewaltsamen Räumung des Düsseldorfer Heinefelds durch die SS baute die nationalsozialistische Stadtverwaltung an anderer Stelle des Stadtrandes, eben am Höherweg, ein polizeilich bewachtes „Zigeunerlager". Zu den ersten dort eingewiesenen Sinti und Roma gehörten 25 Familien, die ihre Wohnwägen zuvor am Heinefeld abgestellt hatten. Im Lager Höherweg wurden ab 1937 als „Zigeuner" verfolgte Personen von der Stadt Düsseldorf zwangsweise untergebracht. Sie lebten dort isoliert und unter ständiger Kontrolle, Gewalt und Willkür. Etwa

---

[704] Siedlerverein Schwarzhölzl an Oberbürgermeister Vogel v. 3. 6. 1966, StadtAM BuR 3859.
[705] Wenn das Eigenheim erst nach Jahrzehnten legalisiert wird, in: SZ, 1. 4. 2016. Vgl. zur Schwarzhölzl Siedlung die Selbstwahrnehmung der Siedlergemeinschaft auf deren Website: URL: https://sites.google.com/site/siedlervereinschwarzhoelzlev/geschichte [11. 8. 2018].

200 internierte Personen wurden zwischen 1938 und 1943 vom Höherweg in Konzentrationslager deportiert und zum Teil ermordet. Obwohl sich die Bewohnerzahl des Lagers mehr als halbierte, lebten bis Kriegsende Sinti und Roma am Höherweg und mussten Zwangsarbeit leisten. Das Lager blieb dadurch erhalten, der Ort wurde aber bereits im Krieg sukzessive von der NS-Stadtverwaltung umgewidmet. Die Stadt trennte durch eine Mauer einen Teil des Lagers ab und nutzte die Baracken zur Unterbringung Ausgebombter.[706] Von den wenigen Sinti und Roma, die die Konzentrationslager überlebt hatten, kehrten einige nach dem Krieg an den Höherweg zurück. Auch die in den Nachkriegsjahren neu zugereisten Sinti und Roma wurden von der Stadtverwaltung an den Höherweg verwiesen. Düsseldorf reiht sich hier in die Umgangspraxis vieler anderer bundesdeutscher Städte ein. In der „Bekämpfung der Zigeunerplage" knüpften diese weitgehend ungebrochen an die Prinzipien sozialer Ausgrenzung aus den 1920er- und 1930er-Jahren an.[707] In Frankfurt am Main richtete die Stadt 1953 am Stadtrand das Wohnwagenlager Bonames für Sinti und Roma ein und untersagte gleichzeitig das Abstellen von Wohnwagen auf Brachflächen im sonstigen Stadtgebiet. Das „fahrende Volk" sollte außerhalb der Stadt gesammelt und von der restlichen Stadtbevölkerung isoliert werden. Doch die Taktik der Städte, die Sinti und Roma von den übrigen städtischen Kreisen zu segregieren, ging nur bedingt auf.

Obwohl in Frankfurt von Anfang an die Anwohner gegen die Einrichtung protestierten, kümmerte sich die Stadt viele Jahre nicht um das Lager. Unter der Duldung der Stadtverwaltung siedelten sich im Laufe der Jahre auch wohnungslose Familien aus Frankfurt und Umgebung in Bonames an. Auch am Höherweg zog es Wohnungslose massenhaft in die Barackensiedlung. Heinz Kerneck wies schon 1956 in einer Reportage in der *Frankfurter Allgemeinen Zeitung* auf den veränderten Bewohnerkreis hin, der sich kaum noch aus „Zigeunern" zusammensetze, sondern aus „Leute[n], die, gelinde gesagt, weder arbeiten noch Miete zahlen wollen".[708]

Dies hatte im Wesentlichen zwei zentrale Folgen: Die Lebensverhältnisse in den wilden Stadtrandsiedlungen wurden immer schlechter und entzogen sich zunehmend dem Zugriff der Behörden, was sie wiederum zu einem Anziehungspunkt für Formen der Kriminalität machte. Dadurch schienen sich folglich die abfälligen Beurteilungen über die Bewohnerinnen und Bewohner zu bestätigten. Kerneck beschrieb 1956 die primitiven Wohnverhältnisse an den Rändern der Großstädte, die nur noch wenig mit dem Drang nach freiheitlicher Selbstentfaltung zu tun hatten:

„Hier findet man – außer der Höhle – so ungefähr alles, was dem Homo sapiens in den verschiedenen Stadien seiner Entwicklung als Behausung gedient hat: Das vor Dreck starrende Zelt eines unsteten Gastes, die mit Zweigen abgedeckte Feuerstelle, die zerfallene Bretterhütte, die verschiedensten Fahrzeugtypen, mit und ohne Räder, Omnibusse, Straßenbahnwagen, Anhänger, Wohnwagen."

---

[706] Für einen sehr guten Einblick in die nationalsozialistische Verfolgung der Düsseldorfer Sinti und Roma und die Geschichte des „Zigeunerlagers" Höherweg vgl. Fings/Sparing, Zigeunerlager.
[707] Vgl. dazu den Aktentitel „Bekämpfung der Zigeunerplage" des Magistrats Frankfurt, ISG FRA Magistratsakten 1073.
[708] Kerneck, Am Rande der Großstadt. Wilde Siedlungen und ihre Bewohner, in: FAZ, 1. 9. 1956.

Er setzte die Obdachlosen an die unterste Stufe der evolutionären Entwicklung und unterstellte ihnen, sich für die ärmliche Existenzform bewusst entschieden zu haben:

„In der normalen Behelfssiedlung spielt aber – wie oft der Augenschein lehrt – der Gründungsfaktor ‚Not' nicht mehr seine ursprüngliche Rolle. Zu ihm ist der Faktor ‚Gewohnheit' und zu ihm ist vor allem der finanzielle Vorteil des So-und-nicht-anders-Wohnens gekommen."

Dieser stigmatisierenden Aburteilung schlossen sich auch die kommunalen Behörden an und überließen die Siedlungen mit ihren Bewohnerinnen und Bewohnern weitgehend sich selbst. Sie waren mitunter sogar erleichtert, dass sich die Wohnungslosen selbstständig eine Unterkunft suchten, denn die Stadt hätte die benötigten Wohnungen ohnehin nicht bereit stellen können. Dadurch verloren sie zunehmend den Überblick und die Kontrollmöglichkeiten in diesen Stadtgebieten. In der Öffentlichkeit entstand sogar der Eindruck, es handele sich bei dem Lagergelände um „exterritoriales Gebiet, in dem andere Gesetze gelten als in der Stadt."[709] Angesichts der Untätigkeit der Stadt, gingen auch die anfänglichen Klagen der Anwohner zurück und die „Geschehnisse in dieser Enklave" wurden mit anderen Maßstäben gemessen. Am Höherweg duldete die Düsseldorfer Stadtverwaltung die verwahrlosten Zustände nicht nur – sie schlug sogar Profit daraus: Weil es sich bei dem Gelände um städtischen Grund handelte, verlangte die Stadt Standmieten dafür, dass die Siedlerinnen und Siedler ihre Wohnwagen abstellen oder einen notdürftigen Bretterverschlag errichten durften. Aus dem ehemaligen NS-Zigeunerlager am Höherweg entwickelte sich so unter Zutun der Stadtverwaltung in den Nachkriegsjahren eine wilde Siedlung, die zwei Jahrzehnte nach Kriegsende noch keine regulären Wohneinheiten ausgebildet hatte. Vielmehr wurde der Höherweg durch die anhaltenden Berichterstattungen der Sozialreporterin Vilma Sturm in der *Frankfurter Allgemeinen Zeitung*, die unter anderem einen Spendenaufruf für die Bewohnerinnen und Bewohner initiierte, bundesweit zum Sinnbild für die elendste Form von Obdachlosigkeit.[710]

Auch die Frankfurter Sozialverwaltung und Polizeidirektion wussten um die elenden Verhältnisse in Bonames. In einer Besprechung von 1958 war bekannt geworden, dass für die ca. 600 Personen gerade einmal 36 Toiletten zur Verfügung standen, die Abfallbetriebe sich weigerten, die Müllberge in Bonames zu beseitigen, und circa 65 Prostituierte in der Siedlung lebten und ihrem Gewerbe nachgingen.[711] Mit Hinweis auf die Gefährdung der 130 Kinder in der Siedlung, konnte sich die Stadt schließlich zu einer stückweisen Verkleinerung und Räumung der Siedlung durchringen. Das Fürsorgeamt stufte das ehemalige „Zigeunerlager" ent-

---

[709] Die schlechtesten Wohnwagen wurden verbrannt, in: FAZ, 5. 5. 1959. Hier auch das folgende Zitat.
[710] Das Lager am Bahndamm, in: FAZ, 2. 1. 1960; Wer helfen will, in: FAZ, 7. 5. 1960; In der Redoute und hinterm Bahndamm, in: FAZ, 1. 5. 1964. Vgl. Vilma Sturm zur Duisburger wilden Siedlung: Duisburg, Gleisdreieck, in: FAZ 15. 12. 1962.
[711] Vermerk des Oberbürgermeisters Baldes zu Besprechung in Sozialverwaltung v. 5. 9. 1958, ISG FRA Magistratsakten 1212.

sprechend dem gewandelten Bewohnerstamm 1959 als „Obdachlosenlager" ein und begann angelehnt an das hierarchische Stufensystem „nach und nach die würdigsten Familien aus dem großen Schmelztiegel der verlorenen Kaste aus[zu]wählen und für eine Umsiedlung vorzumerken."[712] Doch die Räumung zog sich hin, 1961 lebten immer noch 429 Personen in Bonames, etwa 360 waren inzwischen umquartiert worden, ein Großteil in Übergangswohnungen für obdachlose Familien.[713] Damit waren die Bewohnerinnen und Bewohner letztlich nur von einem isolierten Ort der Obdachlosen zu einem anderen verschoben worden. An ihrem alltäglichen Erfahrungsraum und den Stigmatisierungen, denen sie ausgesetzt waren, änderte dies nur wenig.

---

[712] Die schlechtesten Wohnwagen wurden verbrannt, in: FAZ, 5. 5. 1959.
[713] Karpf, Stadt, S. 129. Gemäß eines Artikels der *FAZ* lebten selbst 1970 noch 350 Personen im Wohnwagenlager Bonames, Menschen ohne Raum, in: FAZ, 9. 7. 1970.

Schluss

Therese H. und Otto H. lebten in vier unterschiedlichen politischen Systemen. Geboren wurden sie in der Monarchie. In der Weimarer Republik sahen sie eine Chance für ein neues Leben und zogen voller Hoffnung auf eine bessere Zukunft in die Stadt. Therese suchte eine Anstellung als Dienstmädchen. Otto hatte sich dank einer Erbschaft mit einem kleinen Zigarettenhandel selbstständig gemacht. Doch sie konnten ihre Zukunftspläne nicht dauerhaft umsetzen, stattdessen wurden sie arbeits- und schließlich obdachlos und lebten zeitweise durch Zuwendungen des Wohlfahrtsamtes, übernachteten in Obdachlosenunterkünften und waren – im Fall von Therese – in Erziehungsanstalten untergebracht. Die markanteste Zäsur ihrer Biografien lässt sich somit im Verlust ihrer wirtschaftlichen Existenzgrundlage festmachen und dem Beginn der Obdachlosigkeit. Der politische Machtwechsel 1933 brachte die Verstetigung dieses Lebensweges. Als „Asoziale" und „Arbeitsscheue" stigmatisiert, waren sie fortan von schärferen Sanktionen wie Pflichtarbeit, Fürsorgekürzungen, Kindesentzug, Arbeitshauseinweisungen und schließlich – als repressivste Form – der Inhaftierung im Konzentrationslager betroffen. Zwar fanden sie zwischen den verschiedenen Maßnahmen immer wieder Schlupflöcher, die sie für sich nutzen konnten, einen dauerhaften Schutz vor dem staatlichen Zugriff boten diese jedoch nicht. Therese und Otto überlebten trotz schwerer Zwangsarbeit das Konzentrationslager und kehrten nach München zurück. Otto, der 1942 entlassen wurde, lebte weiterhin als Obdachloser auf den Straßen der Stadt. Im Chaos des Krieges und inmitten der Ausgebombten und Geflüchteten fiel er nicht mehr auf und blieb von Sanktionen weitestgehend verschont. Therese kehrte nach Kriegsende nach München zurück. Doch von einem Neubeginn waren beide weit entfernt. Therese H. und Otto H. blieben mit den Stigmata ihrer Vergangenheit behaftet. Die Haft im Konzentrationslager wurde im Fall von Therese sogar als Beweis für ihre vermeintliche Asozialität herangezogen. Nun schlugen die beiden unterschiedliche Lebenswege ein: Therese kehrte der Stadt den Rücken. Ihr Lebensweg verliert sich hier und es bleibt zu hoffen, dass sie außerhalb der urbanen Räume der Obdachlosigkeit ein neues Leben beginnen konnte. Otto indessen blieb in der Stadt. Er lebte in der Bundesrepublik in Flüchtlingslagern, Bunkern, Obdachlosenasylen und Altenheimen und pendelte zwischen verschiedenen bayerischen Städten. Dabei war er weiterhin den Verdrängungsmaßnahmen und Zugriffen von Polizei und Fürsorge ausgesetzt, die letztlich 1956 zu seiner Entmündigung führten.[1]

Die beiden Biografien stehen stellvertretend für eine Gruppe von Menschen, die in dieser politisch wechselhaften Periode der deutschen Geschichte ein Leben als Obdachlose führten. Ziel der vorliegenden Arbeit war es, ihren urbanen Lebensraum zu analysieren, Alltagsmodi und gesellschaftliche Zuschreibungen zu erfassen, ebenso wie Anpassungen und Veränderungen von Erfahrungen im Span-

---

[1] Vermerk auf Meldekarte von Otto H., StadtAM EWK 65 H22.

nungsgefüge von Weimarer Republik, Nationalsozialismus und Bundesrepublik darzustellen. Entsprechend fragte die Arbeit nach den unmittelbaren Erfahrungen von Obdachlosen mit staatlichen Fürsorge- und Strafmechanismen und zielte damit auf deren soziale Position – also deren (Selbst-)Verortung in der Gesellschaft.

Mit Beginn des Untersuchungszeitraums in den 1920er-Jahren lassen sich vier zentrale Veränderungen des jahrhundertealten Phänomens festmachen, die Obdachlosigkeit im 20. Jahrhundert prägten. *Erstens* führten Industrialisierung, Bevölkerungswachstum sowie wirtschaftliche Krisen zu einem bisher unbekannten quantitativen Anstieg der Anzahl der Obdachlosen. Sie waren nun sichtbar, drängten in die öffentlichen Debatten und erarbeiteten sich Handlungsspielräume und Einflussmöglichkeiten. *Zweitens* verschob sich ihr Lebensraum vom Land in die Stadt. Obdachlosigkeit war im 20. Jahrhundert ein urbanes Phänomen, das die Städte durch Wohnungs- und Arbeitsmangel, Landflucht und soziale Krisen selbst produzierten. Aus den Landstreichern der vorhergehenden Jahrhunderte wurden Stadtstreicher. *Drittens* wurde die jahrhundertelange Kriminalisierung von Obdachlosigkeit durch eine zweite, teils widersprüchliche Umgangsform ergänzt: Obdachlose waren fortan Teil staatlicher Hilfsprogramme. Ihre Lage verbesserte sich dadurch nicht zwangsläufig. Vor allem aber nicht nur im Nationalsozialismus zeigte sich, dass der Wohlfahrtsstaat stellenweise zu drastischeren Maßnahmen fähig war als Judikative und Exekutive. So kamen etwa die Initiativen zu Zwangssterilisierungen und KZ-Einweisungen von Obdachlosen aus der kommunalen Fürsorge. Die ambivalente Position zwischen Fürsorge und Strafe endete erst mit der Aufhebung ihrer strafrechtlichen Verfolgung in den 1970er-Jahren. *Viertens* war Obdachlosigkeit kein dezidiert männliches Phänomen. In bisher nie gekannten Ausmaßen waren Frauen und ganze Familien im 20. Jahrhundert davon betroffen. Mit ihnen änderten sich die öffentliche Wahrnehmung und der Umgang mit Obdachlosen, die sich fortan an geschlechterspezifischen Kriterien orientierten. Diese Entwicklungen verliefen nicht kongruent zu den politischen Systemwechseln. Wie die Arbeit zeigte, waren die Räume der Obdachlosen von langfristigen Strukturen geprägt und von den politischen Umbrüchen nur mittelbar beeinflusst.

Jüngere geschichtswissenschaftliche Studien betonten die obrigkeitsstaatlichen und etatistischen Kontinuitäten vom Ende des 19. Jahrhundert bis in die 1960er-Jahre in der Verwaltung, der Jugendfürsorge oder der Wissenschaft. Diese neue Perspektive auf das „lange 20. Jahrhundert" akzentuierte diese Arbeit durch einen sozial- und kulturhistorischen Blick, der entlang der strukturellen Kontinuitäten auch die Auswirkungen auf die Erfahrungsebene der Betroffenen miteinbezieht. Die Lebenswelten vieler Menschen waren in der Bundesrepublik noch von Umgangsmodi bestimmt, die ihren Ursprung im ausgehenden 19. Jahrhundert fanden. Die Obdachlosen sind insofern nur ein Beispiel, um zu verdeutlichen, wie sich das Denken und die Wahrnehmung vieler Menschen Mitte des 20. Jahrhunderts an Ordnungsmustern aus dem 19. Jahrhundert orientierte und deren alltägliche Handlungen und Erfahrungen prägte. Davon ausgehend zielte diese Arbeit darauf, eine Geschichte Deutschlands im 20. Jahrhundert zu schreiben: Eine Geschichte, die sich nicht an politischen oder wirtschaftlichen Systemen orientiert, sondern die sich entlang der Erfahrungen und Lebensformen (Räume) der untersuchten Personen ausrichtet und damit Brüche und Zäsuren im 20. Jahrhundert hinterfragt.

Anselm Doering-Manteuffel stieß die Debatte 2014 mit dem Modell der „Zeitbögen" an.[2] Er fasst Vorstellungen und Ordnungskonzept, die jeweils mehrere Jahrzehnte eines Jahrhunderts dominierten, als Zeitbögen zusammen. Ulrich Herbert hat im gleichen Jahr die Geschichte Deutschlands im 20. Jahrhundert mittels zweier Argumentationsbögen verbunden.[3] Ich möchte indessen nicht den „großen Bogen schlagen", sondern vielmehr die kleinen (mikrogeschichtliche und alltagsgeschichtlichen) Erfahrungen in den Blick nehmen. Die Geschichte der Obdachlosen zwischen Weimarer Republik und den 1970er-Jahren stellt sich vor diesem Hintergrund vielmehr als eine Art oszillierende Bewegung dar, die zwischen den beiden Polen Fürsorge und Strafe pendelte.

1924 und 1974:
Obdachlose zwischen Fürsorge und Strafe

Durch den Aufbau des modernen Sozialwesens in der Weimarer Republik entstanden 1924 Fürsorgegesetze, die Obdachlose in den Wohlfahrtsstaat integrierten. Dadurch drängte in der Zeit der Weimarer Republik der Staat in das Feld der Obdachlosenfürsorge und geriet hier in Konkurrenz mit bisherigen Akteuren wie der Polizei oder den freien und konfessionellen Wohlfahrtsverbänden. Die Ambivalenz zwischen Fürsorge und Strafe offenbarte sich in polykratischen Zuständigkeiten für Obdachlose in den Städten. Die Vielfalt an fürsorgerischen Akteuren, die sich in einem ständigen Aushandlungsprozess über die Ordnung der Obdachlosen befanden, bestimmte die Obdachlosenhilfe über den gesamten Untersuchungszeitraum und stellte eine der Kontinuitätslinien dieser Arbeit dar.

Statt um die Gunst der Fürsorgeempfänger zu werben und differenzierte Angebote bereit zu stellen, führte die Akteursvielfalt vielmehr zu einer Abschiebung und zu einer Differenzierung der Obdachlosen. Entlang spezifischer Zuschreibungen wie „asozial" oder „gefährdet", „unzumutbar" oder „nichtsesshaft" versuchten einzelne Ämter eine Teilgruppe der Obdachlosen aus ihrem Zuständigkeitsbereich heraus zu drängen und ihre Amtsstelle – wie beispielsweise die Obdachlosenpolizei – als gehobene Fürsorge zu inszenieren. Die Verdrängungsmechanismen führten dazu, dass sich weder die Polizei und die Sozial- oder Wohnungsämter noch die freien Wohlfahrtsträger maßgeblich für alle Obdachlosen verantwortlich fühlten.

Für die Betroffenen entstand hierdurch auf der *Straße* ein Zuständigkeitsvakuum, das sie selbst füllen konnten. Die Obdachlosen waren Teil der Öffentlichkeit, was ihnen zugleich eine neue Position im städtischen Gesamtgefüge verschaffte. Zwar waren sie auf der *Straße* immer auch passive Wahrnehmungsobjekte, die

---

[2] Doering-Manteuffel, Zeitbögen.
[3] Herbert, Geschichte.

Arbeit hat aber gezeigt, dass sie ihre Perzeption durch bewusste Positionierungen zu beeinflussen wussten. Obwohl sie an den innerstädtischen Plätzen dauerhaften Verdrängungsmaßnahmen durch Polizei und Ordnungskräfte sowie der Kritik und Verachtung durch die Gesellschaft ausgesetzt waren, blieben sie an den öffentlichen Orten präsent. Sie provozierten Stadtverwaltung und Stadtbevölkerung mit der alltäglichen Sichtbarkeit ihrer Armut und griffen mit der Besetzung von Orten wie beispielsweise den Großmarkthallen in die Struktur dieser Orte ein. Die Studie zeigte, wie sich ganze Stadtviertel durch die Sichtbarkeit der Obdachlosen zu Räumen der Unsicherheit wandelten. Diese räumliche Perzeption von Unsicherheit bedingte sich durch die gesellschaftliche Verortung der Obdachlosen an den „dunklen Winkeln" – also den Gefahrenzonen – der Städte. Die zu Beginn des 20. Jahrhunderts in der Großstadtkritik diagnostizierte kriminelle Gefahr sowie gesundheitliche und sittliche Bedrohung von Urbanität personifizierte sich mit den Obdachlosen. Diese wurden damit zum Gefahrenpotenzial der Großstadt, dass nicht auf die „dunklen Winkel" wie Bahnhöfe, Unterführungen oder Parkanlagen, beschränkt blieb, sondern sich mit den Personen auf weitere urbane Orte übertrug. Die Arbeit führt hier vor, dass ein praxeologischer Zugriff die Sicht darauf freilegen kann, wie historische Akteure durch ihr Alltagshandeln soziale Strukturen schufen und städtische Räume neu prägten.

Andererseits machten die diffusen Zuständigkeiten die aktive Suche um Hilfe für die Betroffenen stets unkalkulierbar und offenbarte insbesondere im *Obdach* seine Schattenseiten. Die in der Weimarer Republik reformierten Orte der städtischen Obdachlosenasyle waren ein Konglomerat aus den privaten und kommunalen Traditionslinien der Armenpflege und letztlich ein sicherheitspolitisch motivierter und polizeilich kontrollierter „Zufluchtsort" für Obdachlose. Diese doppelte Ausrichtung des Asyls prägte den Alltag der Obdachsuchenden im 20. Jahrhundert: Der Zugang und Aufenthalt waren streng geregelt, Essens- und Schlafenszeiten fremdbestimmt und Unterstützungsleistungen an Erziehungs- und Disziplinierungsmaßnahmen gekoppelt. Letztlich konnte die Inanspruchnahme einer Schlafstelle im städtischen Obdachlosenasyl – also einer Fürsorgemaßnahme – die Erteilung eines Unterkommensauftrags – also eine Strafmaßnahme – nach sich ziehen, die die Obdachlosen oft direkt in die Strafanstalt führte. Die Grenzen zwischen Fürsorge- und Strafmaßnahmen waren somit nicht klar definiert, sondern liefen im praktischen Handeln ineinander über. Es sei die „hohe Aufgabe der öffentlichen Fürsorge" hier den „goldenen Mittelweg" zu finden, resümierten Fürsorgeexperten noch 1950.[4]

Eine Integration der Obdachlosen in die Fürsorge war somit nicht gleichbedeutend mit einem milderen Umgang und konkreten Hilfsleistungen. Im 20. Jahrhundert obdachlos zu sein, bedeutete für die Mehrzahl der Betroffenen, sich auf der untersten Stufe der kommunalen Hilfe wiederzufinden. Dabei korrespondierten die Hilfsmaßnahmen mit Marginalisierungsprozessen und dienten in der Regel

---

[4] Stracke, Asoziale, S. 172.

nicht zur Milderung der Not, sondern zielten auf die Erziehung der Obdachlosen. Der im *Amt* verankerte hierarchische Umgang fand seine praktische Umsetzung im *Obdach*. Die Anstaltsverpflegung war wesentliches Element des rigiden Drei-Stufen-Modells in den Obdachlosensiedlungen. Diese Siedlungskomplexe zur Unterbringung von Familien entstanden in der Weimarer Republik aus der Situation des akuten Wohnraummangels heraus und blieben ein zentraler Grundpfeiler der Obdachlosenhilfe im 20. Jahrhundert. Die mangelnde Teilhabe an ihrer verwaltungsrechtlichen Verortung im *Amt* versuchten die Obdachlosen indessen durch eine aktive Positionierung im *Obdach* auszugleichen. Hier fanden sich die Grenzen der staatlichen Verwaltung von Obdachlosen: In den Obdachlosensiedlungen unterliefen die Familien das Drei-Stufen-Modell, indem sie die eigentlich temporären Notunterkünfte dauerhaft besetzten. Ihre Vergemeinschaftungen liefen zudem der durch das hierarchische System intendierten Konkurrenzsituation entgegen. Damit stellten die Obdachlosen die Stadtverwaltungen vor neue Herausforderungen. Bis in die 1960er-Jahre beharrten die Kommunen auf dem hierarchischen System und differenzierten es sogar weiter aus.

Die jeweiligen Fürsorgegesetze (RGr, RFV und BSHG) gaben den Wohlfahrtsbehörden mit Pflichtarbeit oder Arbeitsgewöhnungsmaßnahmen, Anstaltsverpflegung, Fürsorgekürzungen, Arbeitshauseinweisungen sowie einer zwangsweisen Bewahrung in einer geschlossenen Einrichtung weitaus repressivere Maßnahmen an die Hand als den strafrechtlichen Vertretern. Diesen stand zwar gemäß § 361 Absatz 8 StGB die Inhaftierung von obdachlosen Personen zur Verfügung, in der praktischen Umsetzung führte dies allerdings zu erheblichen Schwierigkeiten und ließ die Polizeibehörden weitgehend machtlos gegenüber den Obdachlosen auf der *Straße*. Statt Abhilfe zu schaffen, hielten Polizei und Justiz nur eine Art örtliche Verschiebepraxis für Obdachlose im Fluss. Eine Inhaftierung war immer nur eine temporäre Lösung, zudem praktisch schwer durchzusetzen und bedeutete für die Betroffenen nicht zwangsläufig eine Strafe. Vor allem in den Wintermonaten garantierte ihnen die Haftanstalt eine warme Unterkunft. Nicht wenige Obdachlose nutzten dies aktiv aus und fanden sich trotz Bahnhofsverbot vor Ort ein, um pünktlich zur kalten Jahreszeit ihre Festnahme zu provozieren. In der Syntheseleistung der Betroffenen wurde damit aus dem eigentlichen Strafmaß eine Hilfsmaßnahme. Gleichzeitig waren Obdachlose nicht unbedingt wegen ihrer Obdachlosigkeit inhaftiert, sondern auf Grund diverser kleinkrimineller Delikte. Die Studie zeigte hier an biografischen Beispielen, wie sich die Marginalisierung von Obdachlosen, bedingt durch deren soziale Situation in den justiziellen Umgang mit Obdachlosen übersetzte und die Betroffenen in vielen Fällen in einen Teufelskreis zwischen Obdachlosigkeit und Haft führte.

Es waren somit auch insbesondere die Polizeibehörden und die Richter an den Amtsgerichten, die aus Gründen des Pragmatismus dazu aufforderten, die Kriminalisierung von Obdachlosigkeit aufzuheben. Die Große Strafrechtsreform der Bundesrepublik sah vor, die Strafbarkeit auf Verletzungen von Rechtsgütern zu beschränken und keine vermeintlich unmoralischen Taten zu bestrafen. Vor diesem Hintergrund scheiterte eine Ausweitung des Landstreicherparagrafen auf

Stadtstreicher, und die Möglichkeit zur strafbaren Ahndung eines Unterkommensauftrages wurde 1974 aus dem Strafgesetz gestrichen.

Parallel zu diesen strafrechtlichen Änderungsprozessen entstanden in den 1960er-Jahren die modernen Sozialwissenschaften, die unter dem Stichwort „Randgruppenarbeit" die Obdachlosen als Forschungsfeld entdeckten und für die kommunale Obdachlosenhilfe neue Erkenntnisse lieferten. Langfristig stießen sie ein Umdenken in Bezug auf soziale Marginalisierungsprozesse an und damit auch im Umgang mit Obdachlosen. Während in den Obdachlosenasylen die Resozialisierung der Obdachlosen fokussiert wurde, begannen einzelne Kommunen in den Obdachlosensiedlungen, die Vergemeinschaftungen der Bewohnerinnen und Bewohner zu fördern, statt ihnen entgegenzutreten. Eine aktive Teilhabe der Betroffenen sollte somit letztlich auch die verwaltungsrechtlichen Grenzen auf Obdachlose ausweiten – im Sinne einer „Hilfe zur Selbsthilfe".

Obdachlose im Nationalsozialismus

Das „Dritte Reich" reiht sich in diese Kontinuitäten zwischen fürsorgerischen und strafrechtlichen Maßnahmen ein. Obdachlose lebten auch im Nationalsozialismus in den ihnen zugewiesenen und angeeigneten Räumen. Allerdings veränderte sich der Zugriff des Staates auf diese Räume, deren Strukturen verschärft und umgedeutet wurden. Neue Kategorien und Zuschreibungen brachten selektive gesellschaftspolitische Hierarchisierungen. Faktoren wie Kinderreichtum oder rassische Zugehörigkeit entschieden nun über Unterstützung oder Verfolgung.

Der in der Weimarer Republik angestoßene Entwicklungsprozess einer professionalisierten, kommunalen Obdachlosenfürsorge, der die Kompetenzen von der Polizei zur Wohlfahrt verlagerte, wurde im „Dritten Reich" sukzessive zurückgedrängt. Die bereits in den 1920er-Jahren geläufige Stigmatisierung von Obdachlosen als „Asoziale", nutzten NS-Behörden, um Obdachlose von der Fürsorge auszuschließen. Obwohl die Fürsorgeämter vor allem in den frühen Repressionsmaßnahmen – wie der reichsweiten „Bettlerrazzia" 1933 oder in lokal begrenzten Verfolgungswellen gegen Obdachlose und „Asoziale" – eine gewichtige Mittlerrolle spielte, lag die Ausführung bei der Polizei. Die Nationalsozialisten konzentrierten die Verfolgung von „asozialen" Personen in den Händen der Exekutive und forcierten reichsweite statt kommunale Lösungen. Zwar verschärften sie fürsorgerechtliche Möglichkeiten, indem sie Konzentrationslager zu Anstalten gemäß § 20 RFV erklärten, dies führte jedoch nicht zu mehr Kompetenzen der Wohlfahrtsbehörden, sondern letztlich zu einem vollständigen Ausschluss der Obdachlosen von fürsorgerischen Maßnahmen. Mit den Konzentrationslagern entstanden im „Dritten Reich" neue Orte für Obdachlose, die alle bisherigen Maßnahmen an mörderischer Repression überboten.

Die Arbeit zeigte zudem, dass die nationalsozialistischen Machthaber von Beginn an eine gezielte Raumpolitik hinsichtlich der Obdachlosen betrieben. Zum einen konzentrierten sie die Isolierung der Obdachlosen in den bereits existierenden Orten – wie dem Asyl und der Obdachlosensiedlung. Das Asyl, in der Weimarer Republik noch als Zufluchtsort konzipiert, wurde nun zum Sammelpunkt für von der „Volksgemeinschaft" ausgeschlossenen Gruppen. Neben „nichtsesshaften" und „arbeitsscheuen" Obdachlosen, waren dort „asoziale" Großfamilien und osteuropäische Arbeiter untergebracht. Zudem verschwanden die „Asyle" aus den nationalsozialistischen Stadtplänen und der Berichterstattung: Während sie in den Anfangsjahren noch die propagierte nationalsozialistische Schaffenskraft und Fürsorglichkeit stützen sollten, passten sie Mitte der 1930er-Jahre nicht mehr in das nationalsozialistische Erfolgsnarrativ: In vielen Kleinstädten wurden sie geschlossen, in den Großstädten in „Heime" oder „Herbergen" umbenannt. In der Obdachlosensiedlung bestimmte bereits vor 1933 das rigide Drei-Stufen-System über die Zuweisung von Wohnungen. Im „Dritten Reich" wurde dieses hierarchische Unterbringungssystem ergänzt und nach NS-Vorzeichen verändert: Die Unterkünfte auf der untersten Stufe wurden bis zu geschlossenen Anstaltssystemen ausdifferenziert, die der rassenhygienischen Aussonderung obdachloser Familien in „Asozialen-Kolonien" oder „Wohnungsfürsorgeanstalten" dienten. Ursprünglich als Anreizsystem zum sozialen Aufstieg konzipiert, funktionierte das Drei-Stufen-System im Nationalsozialismus nun in umgekehrter Richtung und organisierte den sozialen Abstieg: Während die Einfachwohnungen als inkludierende Angebote an „für die Volksgemeinschaft wertvolle Familien" ermöglichten, Obdachlosigkeit in die „Volksgemeinschaft" einzuschreiben, zielten die Anstalten auf den Ausschluss „asozialer Familien" aus der „Volksgemeinschaft". Die Zuordnungen waren dynamisch und jederzeit veränderbar. Damit befanden sich die Betroffenen in einem permanenten Bewährungszustand, der einen Anpassungsdruck an nationalsozialistische Gesellschaftsideale evozierte.

Andererseits setzten mit der „Bettlerrazzia" 1933 die ersten Verdrängungsmaßnahmen von öffentlichen Orten ein. Mit der Gründung des Bayerischen Landesverbandes für Wanderer- und Heimatdienst wurden diese Verdrängungsmaßnahmen aus der Stadt aufs Land weiter systematisiert. Die Initiativen hatten allerdings keinen genuin nationalsozialistischen Ursprung, sondern entsprachen vielmehr langjährigen Forderungen der freien Wohlfahrtsverbände zur Zentralisierung der Wandererfürsorge. Im Versuch, mobile Lebensformen wie die der Obdachlosen oder Sinti und Roma zu beseitigen, entwickelten Wohlfahrtsvertreter im Nationalsozialismus das Konzept der Sesshaftmachung. Aufgrund der verschärften Verfolgungsmaßnahmen ab 1937 und erneut mit Kriegsbeginn 1939 kamen diese Konzepte allerdings im „Dritten Reich" nicht mehr umfassend zur Anwendung. Doch dienten sie der „Nichtsesshaftenfürsorge" in der Bundesrepublik als Grundlage und Anknüpfungspunkt.

Obdachlosigkeit als geschlechterspezifische Erfahrung?

Der alleinstehende, verwahrloste und obdachlose Mann auf der Straße prägte den mentalen Bildhaushalt zum sozialen Phänomen Obdachlosigkeit im 20. Jahrhundert – und tut dies bis heute. Dies machen bereits die begrifflichen Benennungen deutlich: Die weit verbreiteten Kennzeichnungen wie „Stadtstreicher", „Berber" oder „Wermutbrüder" waren ebenso wie ihre Vorgänger im 19. Jahrhundert wie „Landstreicher" oder „Vagabund" ausschließlich männlich konnotiert. Während „Brüder der Landstraße" eine gängige Bezeichnung war, existierten die „Schwestern der Landstraße" im Sprachgebrauch nicht. In der gesellschaftlichen Wahrnehmung war Obdachlosigkeit ein männlich dominiertes Phänomen. Die sprachliche Eindimensionalität steht im Widerspruch zur realen Heterogenität obdachloser Lebensformen. Ein Merkmal des 20. Jahrhunderts war insbesondere das vermehrte Aufkommen weiblicher Obdachloser. Die Studie bestimmte deshalb die divergierenden Zuschreibungen von weiblicher und männlicher Obdachlosigkeit und fragte, wie sich diese aus der Perspektive der jeweiligen Betroffenen auf deren Handlungsräume auswirkten. Sie kam dabei zu dem Ergebnis, dass obdachlose Frauen und Männer sehr unterschiedliche Erfahrungen machten und verschiedene Orte besetzten. Obdachlosigkeit im 20. Jahrhundert war somit ein geschlechterspezifischer Zustand.

Diese Geschlechterdifferenz basierte auf der gespaltenen gesellschaftlichen Positionierung von obdachlosen Frauen und Männern auf der Straße. Der obdachlose Mann stand im 20. Jahrhundert in der Tradition des Landstreichers und Bettlers des 19. Jahrhunderts. Als „kriminelle Gefahr" wurde er im verbrecherischen Milieu der Großstadt verortet. Sein Makel war die Arbeitslosigkeit bzw. der unterstellte fehlende Arbeitswille, der sich in seiner Stigmatisierung als „arbeitsscheu" widerspiegelte. Die Hilfsmaßnahmen zielten weitgehend darauf, obdachlose Männer in Arbeitskolonien, in Arbeitshäusern oder in den Werkhöfen der Obdachlosenasyle zu beschäftigen – wenn nötig zwangsweise. Damit sollte die männliche Ehre wiederhergestellt werden, die sich gemäß bürgerlicher Normvorstellungen über die Arbeitskraft des Mannes konstituierte. Die Obdachlosenfürsorge für Männer ging im Weimarer Wohlfahrtsstaat aus der Tradition der christlichen Wandererfürsorge hervor und folgte auch im 20. Jahrhundert dem Leitsatz „Arbeit statt Almosen".

Ein weiteres zentrales Kriterium zur Beurteilung des obdachlosen Mannes war die Mobilität. Ausgehend von Wanderern und Landstreichern des 19. Jahrhunderts machten Psychologen und Mediziner schon vor dem Ersten Weltkrieg einen scheinbar genetischen „Wandertrieb" bei umherziehenden Männern aus, der im Nationalsozialismus als Begründung für die Nichterziehbarkeit von „asozialen" Obdachlosen herangezogen wurde und in die Konstruktion des „Nichtsesshaften" einging. In dieser Kennzeichnung hielt sich das vermeintlich triebgesteuerte Leben als Ursachenerklärung für Obdachlosigkeit bis weit in die 1970er-Jahre. Nur langsam konnte sich unter dem Einfluss neuerer sozialwissenschaftlicher Forschungen die Erkenntnis durchsetzen, dass die Mobilität von Obdachlosen nicht durch eine erbliche Belastung herbeigeführt wurde, sondern durch die Beschaffenheit der temporären Hilfsleistungen, die die Betroffenen zu einem Weiterziehen zwangen. Besonders deutlich zeigt sich dies im divergierenden Umgang mit ortsfremden und ortsansässigen Obdachlosen im Asyl. Ihnen gewährte man gemäß Hausordnung nicht nur eine unterschiedliche Aufenthaltsdauer, sondern auch verschiedenartige Verpflegung. Die Betroffenen adaptierten die gesellschaftlichen Differenzierungen. Die ortsansässigen Obdachlosen, die in vielen Fällen Arbeit hatten, fühlten sich den ortsfremden – meist arbeitslosen – Obdachlosen überlegen. Damit reproduzierten sie letztlich die fremdbestimmten Unterscheidungen entlang der Kriterien Mobilität und Arbeit. Gleichzeitig entwickelten Obdachlose mit ihrem dauerhaften Aufenthalt in einer Stadt sowie gelegentlichem Arbeiten beispielsweise in Großmarkthallen Lebensweisen, die sowohl die Mobilität als auch den Arbeitswillen als Verortungskriterien entkräfteten und die bisherigen Sanktionierungsmaßnahmen obsolet machten.

Obdachlose Frauen traten zu Beginn des 20. Jahrhunderts indessen nicht unter der Armutsform Obdachlosigkeit in den Blick der Öffentlichkeit, sondern als „Gefährdete". Sie galten einer weitverbreiteten Großstadtkritik als Personifikation des urbanen Sündenpfuhls und standen unter dem Generalverdacht, der Prostitution nachzugehen und Geschlechtskrankheiten zu verbreiten. Obdachlose Frauen waren in den Augen konfessioneller und kommunaler Fürsorgevertreter keine kriminelle Gefahr, sondern in erster Linie eine gesundheitliche und sittliche Bedrohung für die Gesellschaft ebenso wie für sich selbst. Obdachlosigkeit galt bei Frauen als erstes Anzeichen einer beginnenden „Verwahrlosung". Ziel der Hilfsmaßnahmen für obdachlose Frauen war es, sie vor dem sittlichen Abgleiten und damit nach bürgerlichen Vorstellungen vor dem Ehrverlust zu bewahren. Das hieß insbesondere die Wiederherstellung bzw. Sicherstellung der sexuellen Integrität der Frauen. Die Obdachlosenfürsorge für Frauen war daher auch stärker präventiv ausgerichtet und ging aus der Polizeifürsorge hervor. Als „Gefährdete" wurde den Frauen einerseits eine besondere Schutzbedürftigkeit unterstellt, die zu umfassenderen Betreuungsmaßnahmen führte, wie beispielsweise der langfristigen Unterbringung in Heimen sowie die aktive Vermittlung in reguläre Arbeit. Der Bahnhof als Ort der Obdachlosigkeit entstand um die Jahrhundertwende aus dem Bedürfnis heraus, junge, arbeitssuchende Frauen, die die Landflucht in die Großstadt trieb, aufzufangen und vor den großstädtischen Gefahren zu bewahren. Hier etablierten sich die Bahnhofsmissionen, die sich zunächst explizit als Anlaufstelle für weibliche Obdachlose definierten. Erst durch die Massenobdachlosigkeit in der Weimarer Republik entwickelte sich der Bahnhof zu einem Umschlagplatz für obdachlose Frauen wie Männer. Zwar betreuten die Bahnhofsmissionen nun auch Männer, allerdings entstanden für sie eigene Anlaufstellen und auch die konkreten Leistungen unterschieden sich bis weit in die Bundesrepublik nach Geschlecht. Die geschlechterspezifische Trennung und die unterschiedlichen Hilfsansätze spiegelten sich in der Abteilungsstruktur der Fürsorgeämter und der Unterbringung im Obdachlosenasyl wider. Frauen und Männer wurden getrennt verwaltet und untergebracht. Gerade für Familien bedeutete dies die Teilung nach Altersgruppen und Geschlecht. Mit der Errichtung von wilden Siedlungen und anderen eigenen Orten versuchten Obdachlose dieser Separierung zu entgehen.

Andererseits standen obdachlose Frauen unter verstärkter Überwachung. Gesundheitliche Untersuchungen wurden auf Verdacht und ohne konkrete Hinweise angeordnet. Dies führte obdachlose Frauen fast zwangsläufig in den Teufelskreis von Obdachlosigkeit, Prostitution und Geschlechtskrankheit. Die Ämter trieben eine Pathologisierung von Obdachlosigkeit voran, die die Armutsform als Symptom einer Erkrankung der Frauen deutete. Besonders im „Dritten Reich" standen die Frauen unter dem Druck mehrfacher Verfolgungen, die für viele in Heil- und Pflegeanstalten, in Zwangssterilisationen und Entmündigungen oder im Konzentrationslager endeten. Zugleich vollzog sich im Nationalsozialismus ein Bruch in der Wahrnehmung und Betreuung von weiblichen Obdachlosen. Der Begriff „Asoziale" war nicht mehr ausschließlich männlich konnotiert, sondern diente auch als Verfolgungsgrund für vermeintlich „verwahrloste" und herumtreibende Frauen. Damit weichte die Geschlechterspezifik ungewollt auf, was sich in der Bundesrepublik fortsetzte. Als sogenannte Streunerinnen standen fortan auch obdachlose Frauen unter dem Kriterium der Mobilität im Visier der Behörden. Listen mit „Dauerläuferinnen" aus den 1950er-Jahren belegen dies eindrücklich. Obdachlose Frauen waren nun ebenso wie die umherziehenden Männer Teil der „Nichtsesshaftenhilfe", die nach 1945 aus der einstigen Wandererfürsorge hervorgegangen war. Zwar blieb in der Bundesrepublik die örtliche Trennung nach Geschlechtern im Obdachlosenasyl sowie am Bahnhof bestehen, im *Amt* wurde sie indessen weitgehend aufgehoben. Für den praktischen Umgang und die Erfahrungen der Betroffenen hatte dies jedoch kaum Auswirkungen. Durch die Verfestigung getrennter Orte von Obdachlosigkeit für Frauen und Männer wie dem Frauenasyl, bleibt die Obdachlosenfürsorge bis heute ihrer geschlechterspezifischen Differenzierung verhaftet.

Anhang

Anhang

Dank

Am Ende dieses Buches geht nicht nur ein Dissertationsprojekt zu Ende, sondern auch ein Lebensabschnitt, dessen Höhen und Tiefen viele Menschen begleitet und geprägt haben.

Mein erster Dank geht an meinen Doktorvater Martin H. Geyer, denn ohne sein Interesse und seine Expertise wäre aus der vagen Idee keine Dissertation entstanden. Er hat das Projekt von der Entwicklung bis zur Fertigstellung mit viel Geduld und Offenheit begleitet und mit seiner Fähigkeit, durch wenige Fragen neue Kontexte zu verknüpfen, zur wissenschaftlichen Qualität und konzeptionellen Klarheit maßgeblich beigetragen. Trotz allem wissenschaftlichen Druck hat er immer den Menschen und seine persönliche Situation hinter der Arbeit gesehen und unterstützt, wofür ich mich herzlich bedanke.

Andreas Wirsching war von Beginn an ein großer Förderer. Neben der perfekten Forschungsinfrastruktur am Institut für Zeitgeschichte in München und der finanziellen Rückendeckung durch eine Promotions- und Hilfskraftstelle ist besonders sein inhaltlicher Beitrag hervorzuheben. Dieser ging weit über das übliche Maß eines Zweitbetreuers hinaus, wofür ich ihm zu Dank verpflichtet bin. Ein besseres Arbeitsumfeld, wie er es mir am IfZ in München geboten hat, hätte ich mir nicht wünschen können.

Ich danke den Kolleginnen und Kollegen am IfZ, die mir – sei es in Kolloquien oder Kaffeerunden – wertvolle Hinweise gaben und neue Perspektiven anregten. In unterschiedlichen Bürokonstellationen bin ich stets auf hilfsbereite Schreibtischnachbarinnen und -nachbarn gestoßen, die mit ihrem Wissen die Arbeit uneigennützig bereichert haben und dabei auch vielen nervigen Nachfragen ausgesetzt waren. Besonders bedanken möchte ich mich bei Agnes Bresselau von Bressensdorf, Christina Holzmann, Eva Lütkemeyer und Sandra Schmitt. Jörn Retterath, Caroline Rieger und Kristina Gunne haben zudem große Teile der Arbeit kritisch gelesen.

Daniela Gasteiger, Miriam Kehl und Yuliya von Saal haben den gesamten Text akribisch durchgearbeitet und argumentativ bereichert. Brigitte Stangassinger danke ich herzlich für ihren spontanen Einsatz bei der Endkorrektur. Maximilian Buschmann, Jan Neubauer, Karl Siebengartner, Maximilian Strnad und die anderen Mitglieder des Promotionsprogramms ProMoHist an der LMU haben mir mehrmals einen geschützten Raum geboten, meine Thesen zu erproben.

Der Studienstiftung des deutschen Volkes möchte ich für das großzügige Stipendium danken. Sie gab mir finanzielle Unabhängigkeit und Freiheit im Arbeitsalltag und trug damit entscheidend zur Vereinbarkeit von Promotion und Familie bei.

Die Recherche nach den Räumen der Obdachlosen hat mich in viele Städte und Archive geführt, wo ich von kompetenten und hilfsbereiten Mitarbeiterinnen und Mitarbeitern unterstützt wurde. Besonders bedanken möchte ich mich bei Robert Bierschneider vom Staatsarchiv München und den Mitarbeiterinnen vom Stadtarchiv Stuttgart. Gerald Winkler und Michael Heidegger vom Katholischen Männerfürsorgeverein München e. V. haben sich mehr als einmal die Zeit genommen, mit mir in die Geschichte des KMFV einzutauchen. Ihnen und dem ganzen KMFV danke ich für die Offenheit und den Zugang zu den Akten. Ich danke zudem Denise Kornbrust für Unterhaltung und Unterkunft bei manch trockener Archivreise.

Geprägt wurde diese Arbeit durch das wissenschaftliche Umfeld, zu Ende gebracht werden konnte sie allerdings nur durch familiäre und freundschaftliche Unterstützung. Zunächst geht der Dank an meine Eltern, Brigitte und Thomas Recktenwald, die mir trotz mancher Skepsis, immer das Gefühl vermittelten auf der richtigen Straße zu gehen und mich seit dem Studium durch alle Unebenheiten begleiteten. Meine Schwiegereltern, Theresia und Stefan Irlinger, gaben mir in den letzten Monaten ein Obdach mit Vollpension, als ein Schneesturm mich aus dem gewohnten Arbeitsumfeld heraustrieb. Sie trugen maßgeblich dazu bei, dass diese Arbeit fertiggestellt wurde. Lena Recktenwald danke ich für die geschichtsfreien Abende und für ihre ausdauernde Geduld mit mir. Elisabeth Irlinger hat in den letzten Wochen die akribische Fehlersuche in den Fußnoten übernommen, wofür ich mich herzlich bedanke.

Der größte Dank geht an meinen Mann, Mathias Irlinger. Seine historische Kenntnis und sein konzeptioneller Sachverstand haben die Arbeit maßgeblich geprägt. Mit seiner unermüdlichen kritischen Lektüre hat er entscheidend zur sprachlichen Klarheit des Textes beigetragen und war zu jeder Tages- und Nachtzeit bereit, mit mir über Thesen zu streiten. Er war meine emotionale Säule und hat mich durch alle Tiefen getragen und ermutigt. Ihm und unseren Kindern Frieda, Karl und Levi ist dieses Buch gewidmet.

Ramsau, im Juni 2023   Nadine Recktenwald

Abbildungen

Abb. 1: Artikel „Die unterirdische Stadt" im Kriminalmagazin
(Das Kriminalmagazin, 1. 4. 1929, S. 85–88) .... S. 49
Abb. 2: Schlafsaal ein Not-Obdachs im städtischen Obdachlosenasyl
Berlin, 1925/26 (Foto: Kerbs (Hrsg.), Obdachlosenasyl, S. 29) ... S. 183
Abb. 3: Schematische Darstellung der Berliner Obdachreform, 1926
(Darstellung: Scholtz, Reformen, S. 466) .... S. 185
Abb. 4: Unterkünfte der Münchner Obdachlosenfürsorge, 1958
(Darstellung: KMFV, Hinsehen, S. 29) .... S. 189
Abb. 5: Illustrierte Zeichnung zum Artikel im Vorwärts
(Vorwärts Nr. 26, 26. 1. 1926) .... S. 197
Abb. 6: Titelbild des Jahresberichts des KMFV, 1957/58
(Foto: KMFV (Hrsg.) Jahresbericht 1957/58, München 1958) ... S. 204
Abb. 7: Wartende vor dem Städtischen Obdach Fröbelstraße, Berlin
(Foto: Kerbs (Hrsg.), Obdachlosenasyl, S. 7) .... S. 218
Abb. 8: Wartende vor dem Städtischen Unterkunftsheim für Männer,
München 1966 (Foto: SZ Nr. 271, 12/13. 11. 1966.) .... S. 219
Abb. 9: Speisesaal im Obdachlosenasyl Pilgersheimerstraße München
[ca. Ende der 1950er-Jahre] (Foto: KMFV) .... S. 226
Abb. 10: Aufnahme im Schlafsaal des Städt. Unterkunftsheims, München
(Foto: KMFV) .... S. 228
Abb. 11: Für Asyle empfohlene Drahtnetzpritsche, ca. 1917
(Abbildung: Schreber, Obdachlosenasyle, S. 310) .... S. 229
Abb. 12: Obdachlosenhäuser an der Landsberger Straße/Sandrartstraße
(Foto: StadtAM FS STB 5948) .... S. 244
Abb. 13: Städtische Wohnanlage Frauenholz, 28. 10. 1955
(Foto: StadtAM FS STB 0742) .... S. 257
Abb. 14: Baracken (vorne) und Übergangswohnungen (hinten)
in München Frauenholz, 1965 .... S. 260
Abb. 15: Keferloher Bunker in München, Außenansichten, um 1950
(Fotos: KMFV) .... S. 300
Abb. 16: Der „City-Bunker" in München, um 1950 .... S. 300
Abb. 17: Keferloher Bunker; links: Waschmöglichkeiten ca. 1950;
rechts: Empfangspforte Juni 1950 (Foto: KMFV) .... S. 301
Abb. 18: Schlafsaal im Keferloher Bunker, ca. 1950
(Foto: Münchner Illustrierte Nr. 8, 24. 2. 1951, S. 6) ...... S. 303
Abb. 19: Karikatur des Bunkers im Bunker-Kurier
(Zeichnung: BArch B122/15075) .... S. 306

Grafiken

Grafik 1   Anzahl der Übernachtungen im städtischen Obdach Berlin,
          1923 bis 1937 .... S. 32

Grafik 2   Übernachtungszahlen der Münchner Asyle Lothstraße 54/56
          und Entenbachstraße 41/43 von 1913 bis 1933 .... S. 33

Grafik 3   Anzahl der obdachlosen Familien in Gelsenkirchen .... S. 34

Grafik 4   Übernachtungen in Bunkern und Asylen des KMFV München,
          1950–1969 .... S. 36

Grafik 5   Anzahl der von der katholischen Bahnhofsmission und vom
          katholischen Bahnhofsdienst betreuten Personen, 1920 bis
          1932 .... S. 101

Abkürzungen

ADCV	Archiv des deutschen Caritas Verbandes Freiburg
AFSA	Armen-, Fürsorge- und Sozialamt
AG	Amtsgericht
APuZ	Aus Politik und Zeitgeschichte
AR	Altregistratur
BArch	Bundesarchiv
BAG W	Bundesarbeitsgemeinschaft Wohnungslosenhilfe e. V.
BAG	Bundesarbeitsgemeinschaft Nichtseßhaftenhilfe
BayHStA	Bayerisches Hauptstaatsarchiv
BuR	Bürgermeister und Rat
BWA	Bezirkswohlfahrtsamt
DDR	Deutsche Demokratische Republik
DEFB	Deutscher Evangelischer Frauenbund
DFG	Deutsche Forschungsgemeinschaft
DFP	Deutsche Fortschritts Partei
DiCV	Archiv des Caritasverbandes der Erzdiözese München und Freising e. V.
DUOB	Fürsorgestelle für Durchreisende und Obdachlose
EGG	Erbgesundheitsgericht
FAZ	Frankfurter Allgemeine Zeitung
FEANTSA	Europäische Dachverband der Wohnungslosenhilfe
FHI	Archiv des Fritz Hüser Instituts
FlüWo	Flüchtlings- und Wohnungsstelle
GESOLEI	Große Ausstellung für Gesundheit, soziale Fürsorge und Leibesübungen
Gestapo	Geheime Staatspolizei
HStAS	Hauptstaatsarchiv Stuttgart
hwG	Häufig wechselnder Geschlechtsverkehr
ISG	Institut für Stadtgeschichte Gelsenkirchen
ISG FRA	Institut für Stadtgeschichte Frankfurt am Main
KFV	Katholischer Fürsorgeverein für Mädchen, Frauen und Kinder
KMFV	Katholischer Männerfürsorgeverein München e. V.
KPD	Kommunistische Partei Deutschlands
Kripo	Kriminalpolizei
KZ	Konzentrationslager
LAB	Landesarchiv Berlin
LaWohl	Landeswohlfahrts- und Jugendamt Berlin
MEW	Marx-Engels-Werke
MGZ	Münchner Gemeinde-Zeitung
MNN	Münchner Neuste Nachrichten
NSDAP	Nationalsozialistische Deutsche Arbeiterpartei
NSV	Nationalsozialistische Volkswohlfahrt

Pol. Dir. Mü.	Polizeidirektion München
PStGB	Preußisches Strafgesetzbuch
Ref.	Referat
RFV	Reichsverordnung über die Fürsorgepflicht
RGBl	Reichsgesetzblatt
RGr	Reichsgrundsätze für Voraussetzung, Art und Maß der öffentlichen Fürsorge
RSP	Ratssitzungsprotokolle
RStGB	Reichsstrafgesetzbuch
SA	Sturmabteilung
SkF	Sozialverband katholischer Frauen
SPD	Sozialdemokratische Partei Deutschlands
SS	Schutzstaffel
StaatsAL	Staatsarchiv Leipzig
StaatsALB	Staatsarchiv Ludwigsburg
StaatsAM	Staatsarchiv München
StadtAB	Stadtarchiv Bochum/ Bochumer Zentrum für Stadtgeschichte
StadtAD	Stadtarchiv Dortmund
StadtADü	Stadtarchiv Düsseldorf
StadtAL	Stadtarchiv Leipzig
StadtAM	Stadtarchiv München
StadtAS	Stadtarchiv Stuttgart
StGB	Strafgesetzbuch
SZ	Süddeutsche Zeitung
undat.	undatiert
WHW	Winterhilfswerk
ZA	Zeitungsausschnittsammlung

Quellen und Literatur

Ungedruckte Quellen

Archiv des Caritasverbandes der Erzdiözese München und Freising e. V. (DiCV)

Altregistratur (AR)

Archiv des Caritasverbandes in Freiburg (ADCV)

Bahnhofsmission (281.20)
Deutscher Wanderdienst (288+6)
Gesundheits-, Gefährdeten-, Gefängnisfürsorge (SkF D)
Hilfe für Gefährdete (286)
Hilfe für gefährdete Personen in besonderen Lebenslagen (280)
Nichtseßhaftenhilfe (288)
Sozialverein katholischer Frauen – Ortsgruppen (SkF 319.41)
Zentralrat, Protokolle (112.055)
Zentralverband sozialer Heim- und Werkstätten (288.70)

Bayerisches Hauptstaatsarchiv (BayHStA)

Oberste Baubehörde (OBB)
Staatsministerium für Arbeit (MArb)

Bundesarchiv Berlin (BArch)

Bundesministerium des Innern (B 106)
Bundesministerium für Familie (B 189)
Bundespräsidialamt (B 122)
Deutscher Gemeindetag (R 36)
Ministerium des Innern (DO 1)
Nachlass Hans Harmsen (N1336)
Reichsarbeitsministerium (R 3901)

Fritz-Hüser-Institut

Gregor Gog (Gog)

Hauptstaatsarchiv Stuttgart (HStAS)

Innenministerium, Abteilung IX: Wohlfahrtspflege, Jugendfürsorge, Armenwesen (Fürsorge)
Staatsministerium

Haus der Essener Geschichte (HdEG)

Oberbürgermeister
Stadt Essen (Rep. 102)
Stadtamt 50/9
Wohnungsamt
Zeitungsausschnittsammlung

Institut für Stadtgeschichte Frankfurt a. M. (ISG FRA)

Asylverein für Obdachlose (V 106)
Fürsorgeamt
Konzessionsakten
Magistratsakten
Stadtverordnetenversammlungen
Wohlfahrtsamt

Institut für Stadtgeschichte Gelsenkirchen (ISG)

Fürsorge/ Wohlfahrtsamt (GE 5)
Handbücherei
Soziales (GE 50)
Stadt Gelsenkirchen (GE)
Städtische Polizeiverwaltung (GE 32)

Landesarchiv Berlin (LAB)

Akten des Magistrats (C Rep. 118)
Bezirksverwaltungen Neukölln (A Rep. 044-08)
Bezirksverwaltungen Prenzlauer Berg (C Rep. 134-16)
Bezirksverwaltungen Reinickendorf (A Rep. 050-08 und B Rep. 220)
Bezirksverwaltungen Steglitz (A Rep. 042-08)
Bezirksverwaltungen von Zehlendorf (B Rep. 210)
Bezirksverwaltungen Wedding (B Rep. 203)
Deutscher Gemeindetag (B Rep. 142-07)
Deutscher und Preußischer Landgemeindetag (B Rep. 142-05)
Polizeipräsident in Berlin (C Rep. 303-09)
Regierende Bürgermeister von Berlin/Senatskanzlei (B Rep. 002)
Senatsverwaltung für Arbeit und Soziales (B Rep. 008)
Stadtbezirksgericht Berlin-Mitte (C Rep. 341)
Städtisches Obdach (A Rep. 003-01-01)

Staatsarchiv Leipzig (StaatsAL)

Amtsgericht Leipzig (AG Leipzig)
Polizeipräsidium Leipzig (PP Leipzig)

Staatsarchiv Ludwigsburg (StaatsALB)

Verein zur Förderung der Wanderarbeitsstätten in Württemberg (PL 413)

Staatsarchiv München (StaatsAM)

Einwohnermeldekartei (EWK)
Erbgesundheitsgericht (EGG)
Polizeidirektion München (Pol. Dir. Mü.)
Polizeidirektion Oberbayern
Staatsanwaltschaft München I (Staatsanw.)

Stadtarchiv Bochum (StadtAB)

Stadt Bochum 1929–1975 (BO)

Stadtarchiv Dortmund (StadtAD)

Stadtverwaltung Dortmund 1803–1929 (3)

Stadtarchiv Düsseldorf (StadtADü)

Wohlfahrtsamt

Stadtarchiv Leipzig (StadtAL)

Armen-, Fürsorge- und Sozialamt (AFSA)
Heim für soziale Betreuung
Stadtverordnetenversammlung und Rat der Stadt Leipzig (StVuR)

Stadtarchiv München (StadtAM)

Bürgermeister und Rat (BUR)
Fotosammlung (FS)
Ratssitzungsprotokolle (RSP)
Wiederaufbaureferat (WAR)
Wohlfahrt
Wohnungsamt
Zeitungsausschnittsammlung (ZA)

Stadtarchiv Stuttgart (StadtAS)

10 Depot A
Sozialamt
Zentralregistratur Fürsorge für Nichtsesshafte/ Wandererfürsorge (18/1 Hauptakteigruppe 4)

Yad Vashem

Munich Municipality (M1DN)

Zentralverwaltung des Katholischen Männerfürsorgeverein (Zentralverwaltung KMFV)

Abgabe Familie Mathes
Fotografien
Presseberichte 1950–1963
Presseberichte ab 1964
Vereinsangelegenheiten 1950–1962
Vereinsangelegenheiten 1963–1972
Vorstandssitzungen

Periodika

8 Uhr Abendblatt
Abendzeitung München
Allensbacher Berichte
Amtsblatt der Landeshauptstadt München
Arbeiter Illustrierte Zeitung
AZ am Abend
Bayerische Kommunalkorrespondenz
Bayerische Staatszeitung
Berliner Tageblatt
Berliner Volkszeitung
Berliner Zeitung
Bezirks Stadtanzeiger
Christ und Welt
Das kommunale Leben
Das Kriminal-Magazin
Der Abend
Der Angriff
Der Berber
Der Kunde
Der Spiegel
Der Tagesspiegel
Der Vagabund
Der Volkswille
Der Wanderer
Deutsche Tagespost
Deutscher Bundestag Drucksache
Die Rote Fahne
Die Zeit
Dienstblatt des Senats von Berlin
Echo der Zeit
Essener Volkszeitung
Esslinger Zeitung
Frankfurter Allgemeine Zeitung (FAZ)
Frankfurter Neue Presse
Frankfurter Rundschau
Freiheit
Hamburger Abendblatt
Illustrierter Sonntag
Kölnische Zeitung

Leipziger Abendpost
Lokalanzeiger (Neukölln)
Mädchenschutz
München-Augsburger Abendzeitung
Münchener Post
Münchener Zeitung
Münchner Gemeindezeitung (MGZ)
Münchner Illustrierte
Münchner Merkur
Münchner Neueste Nachrichten (MNN)
Münchner Stadtanzeiger
Neue Leipziger Zeitung
Neue Zeit
Neue Zeitung
Neues Deutschland
Neuköllner Tageblatt
Petrus Blatt
Regensburger Anzeiger
Reichsgesetzblatt (RGBl.)
Reichsverwaltungsblatt
Rheinische Post
Sächsische Arbeiter-Zeitung
Sozialistische Volkszeitung
Städtischer Nachrichtendienst (München)
Stuttgarter Tageblatt
Süddeutsche Sonntagspost
Süddeutsche Zeitung (SZ)
Südpost
Telegrammzeitung der MNN
The Times
Tribüne
TZ
Völkischer Beobachter
Volksparole
Vorwärts
Vossische Zeitung
Welt am Sonntag
Zeitschrift für das Fürsorgewesen

Gedruckte Quellen und Forschungsliteratur

Abels, Heinz, Obdachlose. Zur gesellschaftlichen Definition und Lage einer sozialen Randgruppe, Opladen 1974.
Adams, Ursula, Erfahrungen aus der Begegnung mit Obdachlosen, in: Obdachlosigkeit. Ursachen – Folgen – Massnahmen. Bericht über die Hauptausschußtagung am 13. und 14. April 1967 in Köln, Köln 1967, S. 73–91.
Adams, Ursula, Nachhut der Gesellschaft. Untersuchung einer Obdachlosensiedlung in einer westdeutschen Großstadt, Freiburg im Breisgau 1971.
Aderhold, Dieter, Nichtseßhaftigkeit. Eine Gesamtdarstellung des Problems der Nichtseßhaften in der modernen Gesellschaft nach Erscheinungsformen, statistischer Struktur und Ursachen, Köln u. a. 1970.
Albrecht, Günter, Obdachlose als Objekte von Stigmatisierungsprozessen, in: Manfred Brusten (Hrsg.): Stigmatisierung. Zur Produktion gesellschaftlicher Randgruppen, Neuwied u. a. 1974, S. 79–107.
Alkemeyer, Thomas/Budde, Gunilla/Freist, Dagmar (Hrsg.), Selbst-Bildungen. Soziale und kulturelle Praktiken der Subjektivierung, Bielefeld 2014.
Althammer, Beate (Hrsg.), Bettler in der europäischen Stadt der Moderne. Zwischen Barmherzigkeit, Repression und Sozialreform, Frankfurt am Main u. a. 2007.
Althammer, Beate/Gerstenmayer, Christina (Hrsg.), Bettler und Vaganten in der Neuzeit (1500–1933), Essen 2013.
Althammer, Beate/Raphael, Lutz/Stazic-Wendt, Tamara (Hrsg.), Rescuing the vulnerable. Poverty, Welfare and Social Ties in Modern Europe, New York 2016.
Althammer, Beate, Einleitung, in: Beate Althammer (Hrsg.), Bettler in der europäischen Stadt der Moderne. Zwischen Barmherzigkeit, Repression und Sozialreform, Frankfurt am Main u. a. 2007, S. 3–22.
Althammer, Beate, Faszination des Elends, in: Uerlings, Herbert (Hrsg.), Armut. Perspektiven in Kunst und Gesellschaft, Darmstadt 2011, S. 215–233.
Althammer, Beate, Pathologische Vagabunden. Psychiatrische Grenzziehung um 1900, in: Geschichte und Gesellschaft 39 (2013), H. 3, S. 306–337.
Althammer, Beate, Vagabunden. Eine Geschichte von Armut, Bettel und Mobilität im Zeitalter der Industrialisierung (1815–1933), Essen 2017.
Amesberger, Helga/Halbmayr, Brigitte/Rajal, Elke, „Arbeitsscheu und moralisch verkommen". Verfolgung von Frauen als „Asoziale" im Nationalsozialismus, Wien 2019.
Amesberger, Helga/Halbmayr, Brigitte/Rajal, Elke, Stigma asozial. Geschlechtsspezifische Zuschreibungen, behördliche Routinen und Orte der Verfolgung im Nationalsozialismus, Wien 2020.
Anselm, Sigrun/Beck, Barbara (Hrsg.), Triumph und Scheitern in der Metropole. Zur Rolle der Weiblichkeit in der Geschichte Berlins, Berlin 1987.
Arbeitsgemeinschaft Wohnungslosenhilfe München und Oberbayern, Ausgegrenzt – ausgebeutet – ermordet. Wohnungslose Männer in der staatlichen Obhut des Naziregimes, München 2014.
Aschaffenburg, Gustav, Besprechung Hans Ostwald Großstadt-Dokumente, in: Monatsschrift für Kriminalpsychologie und Strafrechtsreform 2 (1906), S. 528.
Aschaffenburg, Gustav, Die Reformbedürftigkeit der Behandlung asozialer Personen vom Standpunkt der Kriminalpolitik und Sozialhygiene, in: Die Versorgung asozialer Personen. Gekürzter Bericht über die Tagung der Vorbereitenden Kommission zur Prüfung der Frage der Versorgung asozialer Personen am 7. und 8. Juli 1922 in Bielefeld, Frankfurt am Main 1922, S. 3–8.
Asylverein für Obdachlose München (Hrsg.), Rechenschaftsbericht 40 (1920) – 41 (1921).
Asylverein für Obdachlose München (Hrsg.), Rechenschaftsberichte. Jahrgänge (35–38) 1914–1918.
Ayaß, Wolfgang (Hrsg.), „Gemeinschaftsfremde". Quellen zur Verfolgung von „Asozialen" 1933–1945, Koblenz 1998.
Ayaß, Wolfgang (Hrsg.), Wohnungslose im Nationalsozialismus. Begleitheft zur Wanderausstellung der Bundesarbeitsgemeinschaft Wohnungslosenhilfe e. V., Bielefeld 2007.
Ayaß, Wolfgang, „Asoziale" im Nationalsozialismus, Stuttgart 1995.

Ayaß, Wolfgang, „Demnach ist zum Beispiel asozial …". Zur Sprache sozialer Ausgrenzung im Nationalsoziaismus, in: Nicole Kramer/Armin Nolzen (Hrsg.): Ungleichheiten im „Dritten Reich". Semantiken, Praktiken, Erfahrungen, Göttingen 2012, S. 69–89.

Ayaß, Wolfgang, „Vagabunden, Wanderer, Obdachlose und Nichtsesshafte". Eine kleine Begriffsgeschichte der Hilfe für Wohnungslose, in: Archiv für Wissenschaft und Praxis der sozialen Arbeit 44 (2013), H. 1, S. 90–102.

Ayaß, Wolfgang, Das Arbeitshaus Breitenau. Bettler, Landstreicher, Prostituierte, Zuhälter und Fürsorgeempfänger in der Korrektions- und Landarmenanstalt Breitenau (1874–1949), Kassel 1992.

Ayaß, Wolfgang, Die „korrektionelle Nachhaft". Zur Geschichte der strafrechtlichen Arbeitshausunterbringung in Deutschland, in: Zeitschrift für Neuere Rechtsgeschichte 15 (1993), S. 184–201.

Ayaß, Wolfgang, Die Einweisung von „Asozialen" in Konzentrationslager. Die „Aktion Arbeitsscheu Reich" und die kriminalpolizeiliche Praxis bei der Verhängung von Vorbeugehaft, in: Dietmar Sedlaczek/Thomas Lutz/Ulrike Puvogel/Ingrid Tomkowiak (Hrsg.): „Minderwertig" und „asozial". Stationen der Verfolgung gesellschaftlicher Außenseiter, Zürich 2005, S. 89–103.

Ayaß, Wolfgang, Vom „Pik As" ins „Kola Fu". Die Verfolgung der Bettler und Obdachlosen durch die Hamburger Sozialverwaltung, in: Verachtet – verfolgt – vernichtet. Zu den ‚vergessenen' Opfern des NS-Regimes, Hamburg 1986, S. 152–171.

Ayaß, Wolfgang, Wandererfürsorge im Nationalsozialismus, in: Scheffler, Jürgen (Hrsg.), Bürger & Bettler. Materialen und Dokumente zur Geschichte der Nichtseßhaftenhilfe in der Diakonie. Bd. 1: 1854 bis 1954. Vom Herbergswesen für wandernde Handwerksgesellen zur Nichtseßhaftenhilfe, Bielefeld 1987, S. 275–277.

Baak, Bernhard, Polizeiliche Maßnahmen bei Obdachlosigkeit, in: Preußisches Verwaltungsblatt 47 (1925/26), S. 319–323.

Baak, Bernhard, Polizeiliche Maßnahmen bei Obdachlosigkeit, in: Preußisches Verwaltungsblatt 47 (1925/26), S. 319–323.

Baier, Helmut, Liebestätigkeit unter dem Hakenkreuz. Die Innere Mission München in der Zeit des Nationalsozialismus, Stegaurach 2008.

Baumeister, Walter, Strandgut des Lebens, in: Caritas 38 (1933), S. 301.

Bayerischer Landesverband für Wanderdienst (Hrsg.), Der nichtseßhafte Mensch. Ein Beitrag zur Neugestaltung der Raum- und Menschenordnung, München 1938.

Beer, Hermann, Die Wiedereinweisung eines zwangsweise ausquartierten Mieters in die gleiche Wohnung, in: Bayerischer Bürgermeister 3 (1952), S. 57–60.

Beer, Mathias, Die deutsche Nachkriegszeit als Lagergeschichte. Zur Funktion von Flüchtlingslagern im Prozess der Eingliederung, in: Bispinck, Henrik (Hrsg.), Flüchtlingslager im Nachkriegsdeutschland. Migration, Politik, Erinnerung, Berlin 2014, S. 47–71.

Begründung der Bundesregierung zum Entwurf eines Gesetzes zur verstärkten Eigentumsbildung im Wohnungsbau und zur Sicherung der Zweckbestimmung von Sozialwohnungen; Bundestagsdrucksache IV/2891, 4. Wahlperiode, S. 21.

Benjamin, Walter, Passagen II, in: Ders., Gesammelte Werke, Band II, Frankfurt am Main 2011, S. 850–862.

Benkel, Thorsten, Die Sichtbarkeiten des Frankfurter Bahnhofsviertels. Ein soziologischer Rundgang, in: Benkel, Thomas (Hrsg.): Das Frankfurter Bahnhofsviertel. Devianz im öffentlichen Raum, Wiesbaden 2010, S. 15–102.

Benkel, Thorsten, Vorwort. Das Bahnhofsviertel der Gesellschaft, in: Benkel, Thomas (Hrsg.): Das Frankfurter Bahnhofsviertel. Devianz im öffentlichen Raum, Wiesbaden 2010, S. 7–14.

Benz, Wolfgang/Distel, Barbara, Der Ort des Terrors. Geschichte der nationalsozialistischen Konzentrationslager. Band 3, München 2015.

Benz, Wolfgang, Der ewige Jude. Metaphern und Methoden nationalsozialistischer Propaganda, Berlin 2010.

Bergien, Willi, Möglichkeiten der Psychotherapie bei Nichtseßhaften, in: Der Wanderer Nr. 2 (1966), S. 23–29.

Bergmann, Klaus (Hrsg.), Schwarze Reportagen. Aus dem Leben der untersten Schichten vor 1914: Huren, Vagabunden, Lumpen, Reinbek bei Hamburg 1984.

Bericht über die Situation der Obdachlosen, in: Abgeordnetenhaus Berlin, Drucksache Nr. 6/54.

Berliner Asyl-Verein für Obdachlose, Die Einweihungsfeier des Neuen-Männer-Asyls Berlin N., Wiesenstraße Nr. 55 am 13. Dezember 1896, Berlin 1897.
Bernhardt, Christoph, Urbanisierung im 20. Jahrhundert. Perspektiven und Positionen, in: Informationen zur modernen Stadtgeschichte (2012), H. 2, S. 5–12.
Bielefeld, Florian, Am Rande Berlins. Das städtische Obdach »Palme« 1887–1940, Berlin 2021.
Blum, Bettina, Polizistinnen im geteilten Deutschland. Geschlechterdifferenz im staatlichen Gewaltmonopol vom Kriegsende bis in die siebziger Jahre, Essen 2012.
Blume, Otto, Die Obdachlosen in Köln, Sozialstrukturelle Untersuchungen der Bewohnerschaft von Obdachlosen-Unterkünften im Kölner Raum, Göttingen 1960.
Bock, Gisela, Zwangssterilisation im Nationalsozialismus, Opladen 1986.
Bock, Harry, Die Psychologie der Obdachlosigkeit, in: Der Wanderer Nr. 2 (1962), S. 17–24.
Bock, Harry, Psychologie der Obdachlosigkeit, München 1958.
Bock, Wilhelm, Der sozial auffällige, nichtseßhafte Mensch als rechtliche, sozialpädagogische und fürsorgerische Aufgabe der Gegenwart, Hamburg 1953.
Böhner, Margarete, Fürsorge für Asoziale, in: Dünner, Julia (Hrsg.), Handwörterbuch der Wohlfahrtspflege, Berlin 1929, S. 252–258.
Bonhöffer, Karl, Ueber die Zusammensetzung des grossstädtischen Bettel- und Vagabundenthums, in: Allgemeine Zeitschrift für Psychiatrie und psychisch-gerichtliche Medicin 57 (1900), H. 4, S. 570–572.
Bourdieu, Pierre, Physischer, sozialer und angeeigneter physischer Raum, in: Wentz, Martin (Hrsg.), Stadt-Räume, Frankfurt am Main, New York 1991, S. 26–34.
Brandmann, Paul, Leipzig zwischen Klassenkampf und Sozialreform. Kommunale Wohlfahrtspolitik zwischen 1890 und 1949, Köln/Weimar/Wien 1998.
Braune, Paul, Wieviel Wanderer gibt es in Deutschland, in: Scheffler, Jürgen (Hrsg.), Bürger & Bettler. Materialen und Dokumente zur Geschichte der Nichtseßhaftenhilfe in der Diakonie. Bd. 1: 1854 bis 1954. Vom Herbergswesen für wandernde Handwerksgesellen zur Nichtseßhaftenhilfe, Bielefeld 1987, S. 210–213.
Breckenfelder, Michaela, Der Künstler als Theologe. Otto Pankoks Bildwerke im Religionsunterricht, Paderborn u. a. 2014.
Brennert, Hans/Stein, Erwin, Probleme der neuen Stadt Berlin, Berlin 1926.
Brinkhus, Jörn, Luftschutz und Versorgungspolitik. Regionen und Gemeinden im NS-Staat 1942–1944, Bielefeld u. a. 2010.
Brisch, Ulrich, Denkschrift über das Obdachlosenproblem im Stadtgebiet Köln, Köln 1960.
Brisch, Ulrich, Obdachlosigkeit. Ursachen, Folgen, Maßnahmen, in: Obdachlosigkeit. Ursachen – Folgen – Massnahmen. Bericht über die Hauptausschußtagung am 13. und 14. April 1967 in Köln, Köln 1967, S. 1–28.
Brückweh, Kerstin/Schumann, Dirk/Wetzell, Richard F./Ziemann, Benjamin (Hrsg.), Engineering society. The Role of the Human and Social Sciences in Modern Societies 1880–1980, Basingstoke 2012.
Brunn, Burkhard/Praeckel, Diedrich, Der Hauptbahnhof wird Stadttor. Zum Ende des Automobilzeitalters, Gießen 1992.
Brunner, Claudia, Arbeitslosigkeit in München 1927–1933. Kommunalpolitik in der Krise, München 1992.
Brunner, Claudia, „Bettler, Schwindler, Psychopathen". Die »Asozialen«-Politik des Münchner Wohlfahrtsamtes in den frühen Jahren des NS-Zeit (1933 bis 1936), München 1993.
Brunner, Claudia, Frauenarbeit im Männerstaat. Wohlfahrtspflegerinnen im Spannungsfeld kommunaler Sozialpolitik in München 1918–1938, Pfaffenweiler 1994.
Bundesarbeitsgemeinschaft für Nichtseßhaftenhilfe AG (Hrsg.), Jedem seien Chance. Eine Antwort auf die Frage: »Was wird aus uns?«, Bethel 1957.
Bura, Josef, Obdachlosigkeit in der Bundesrepublik: Ursachen und Entwicklung ein Beitrag zur Theoriebildung, München 1979.
Busch-Geertsema, Volker, Wohnungslosigkeit in Deutschland aus europäischer Perspektive, in: APUZ 68 (2018), 25–26, S. 15–22.
Buschmann, Nikolaus/Carl, Horst: Zugänge zur Erfahrungsgeschichte des Krieges. Forschungen, Theorie, Fragestellung, in: Buschmann, Nikolaus/Carl, Horst (Hrsg.), Die Erfahrung des Krie-

ges. Erfahrungsgeschichtliche Perspektiven von der Französischen Revolution bis zum Zweiten Weltkrieg, Paderborn, München u. a. 2001, S. 11–26.
Buschmann, Nikolaus, Persönlichkeit und geschichtliche Welt. Zur praxeologischen Konzeptualisierung des Subjekts in der Geschichtswissenschaft, in: Alkemeyer, Thomas/Budde, Gunilla/Freist, Dagmar (Hrsg.), Selbst-Bildungen. Soziale und kulturelle Praktiken der Subjektivierung, Bielefeld 2014, S. 125–149.
Carls, Hans, Der Arbeitsplatz. Ein Beitrag zum Wanderarmen-, Arbeitslosen- und Obdachlosen-Problem, Freiburg im Breisgau 1926.
Certeau, Michel de, Kunst des Handelns, Berlin 1988.
Christians, Annemone, Amtsgewalt und Volksgesundheit. Das öffentliche Gesundheitswesen im nationalsozialistischen München, Göttingen 2013.
Coché, Stefanie, Psychiatrie und Gesellschaft. Psychiatrische Einweisungspraxis im „Dritten Reich", in der DDR und der Bundesrepublik 1941–1963, Göttingen 2017.
Connell, Raewyn, Der gemachte Mann. Konstruktion und Krise von Männlichkeiten, Wiesbaden 2015.
Conze, Eckart, Geschichte der Sicherheit. Entwicklung – Themen – Perspektiven, Göttingen 2018.
Crew, David F., Germans on welfare. From Weimar to Hitler, New York u. a. 1998.
Daners, Hermann/Wißkirchen, Josef, Die Arbeitsanstalt Brauweiler bei Köln in nationalsozialistischer Zeit, Essen 2013.
Das Asyl für Obdachlose in Wort und Bild. Werbeschrift, hrsg. v. Frankfurter Asylverein für Obdachlose e. V., Frankfurt 1929,
Davis, Belinda Joy/Wildt, Michael/Lindenberger, Thomas, Einleitung, in: Joy Davis, Belinda/Lindenberger, Thomas/Wildt, Michael (Hrsg.), Alltag, Erfahrung, Eigensinn. Historisch-anthropologische Erkundungen, Frankfurt am Main, New York 2008, S. 11–28.
Deutscher Städtetag (Hrsg.), Hinweise zur Arbeit in sozialen Brennpunkten, Köln 1979.
Deutscher Städtetag (Hrsg.), Hinweise zur Obdachlosenhilfe, Köln 1968.
Deutscher Städtetag (Hrsg.), Stadtstreicher – Eine Herausforderung für die kommunale Sozialpolitik, Köln 1980.
Deutscher Städtetag (Hrsg.), Stadtstreicher – Kommunale Erfahrungen, Problem, Antworten, Köln 1978 (= Reihe B DST-Beiträge zum Kommunalrecht Heft 3).
Deutscher Verein für Armenpflege und Wohltätigkeit (Hrsg.), Die Versorgung asozialer Personen. Gekürzter Bericht über die Tagung der Vorbereitenden Kommission zur Prüfung der Frage der Versorgung asozialer Personen am 7. und 8. Juli 1922 in Bielefeld, Frankfurt am Main 1922.
Deutscher Verein für Armenpflege und Wohltätigkeit (Hrsg.), Stenographischer Bericht über die Verhandlungen der dreizehnten Jahresversammlung des deutschen Vereins für Armenpflege und Wohltätigkeit am 25. und 26. Mai 1893 in Görlitz, Leipzig 1893.
Deutsches Wörterbuch von Jacob Grimm und Wilhelm Grimm, URL: http://woerterbuchnetz.de/cgi-bin/WBNetz/genFOplus.tcl?sigle=DWB&lemid=GS52141 [10. 2. 2019].
Diakonische Werk der Evangelischen Kirche in Deutschland und Evangelischer Fachverband für Nichtseßhaftenhilfe (Hrsg.), Nichtseßhafte. Nichtseßhaftigkeit ist nur eine funktionale Entsprechung der Reaktion auf Armut in unserer Gesellschaft, Stuttgart 1978.
Dinghaus, Angela/Korff, Bettina, „Auf dem Pfade zu Sittlichkeit und Ordnung". Städtische Obdachlosigkeit: Frauenhort in der Fernroderstr., Tönniesberg und Welfenasyl, in: Alltag zwischen Hindenburg und Haarmann. Ein anderer Stadtführer durch das Hannover der 20er Jahre, Hannover 1987, S. 105–114.
Drexl, Cindy, Rufmord im Hasenbergl. Imageentwicklung eines Münchner Stadtviertels von 1953 bis 1989 im Diskurs, in: Bayerisches Jahrbuch für Volkskunde (2012), S. 51–76.
Dröge, Martin/Frölich, Matthias, Die Verwaltung des Individuums. Menschen und öffentliche Verwaltung im 20. Jahrhundert, in: Westfälische Forschungen 61 (2011), S. 365–368.
Dünner, Julia (Hrsg.), Handwörterbuch der Wohlfahrtspflege, Berlin 1929.
Düring, Ernst von, Asoziale Elemente, in: Otto Wöltz/Julia Dünner/Lothar Richter/Max Christian (Hrsg.): Handwörterbuch der Wohlfahrtspflege, Berlin 1924, S. 63–65.
Eberle, Annette, Herzogsägmühle in der Zeit des Nationalsozialismus. Beiträge zur Geschichte der bayerischen Obdachlosenhilfe, Peiting 1994.

Eiber, Ludwig, Frauenholz. Lagerleben in der Nachkriegszeit. Dokumentation zur Ausstellung der Projektgruppe „Frauenholz", München 1992.
Eiserhardt, Hilde, Bayerische Verordnung über die Unterbringung verwahrloster Frauen und Mädchen, in: NDV 26 (1946), S. 25–27.
Elling-Ruhwinkel, Elisabeth, Sichern und Strafen. Das Arbeitshaus Benninghausen (1871–1945), Paderborn/München/Wien, et al. 2005.
Elsner, Willi, Obdachlose Familien in der Großstadt, in: Der Wanderer Nr. 1 (1965), S. 1–7.
Fähnders, Walter (Hrsg.), Nomadische Existenzen. Vagabondage und Boheme in Literatur und Kultur des 20. Jahrhunderts, Essen 2007.
Fähnders, Walter/Zimpel, Henning (Hrsg.), Die Epoche der Vagabunden. Texte und Bilder 1900–1945, Essen 2009.
Fähnders, Walter, Zwischen Exklusion und Inklusion. Literarische Vagabundenfiguren, in: Rolshoven, Johanna (Hrsg.), Das Figurativ der Vagabondage. Kulturanalysen mobiler Lebensweisen, Bielefeld 2012, S. 163–184.
Faulhaber, Kardinal Michael von, Hohe Anerkennung für die Bahnhofsmission, in: Mädchenschutz. Zeitschrift des deutschen Nationalverbandes der katholischen Mädchenschutz-Vereine 1, 3/4 (1924/25), S. 17–18.
Fiehler, Karl (Hrsg.), München baut auf. Ein Tatsachen- und Bildbericht über den nationalsozialistischen Aufbau in der Hauptstadt der Bewegung, München 1937.
Finger, Ernst, Die Geschlechtskrankheiten als Staatsgefahr und die Wege zu ihrer Bekämpfung, Wien 1924.
Fings, Karola/Sparing, Frank, „z. Zt. Zigeunerlager". Die Verfolgung der Düsseldorfer Sinti und Roma im Nationalsozialismus, Köln 1992.
Flagge, Ingeborg (Hrsg.), Geschichte des Wohnens. 1945 bis heute: Aufbau Neubau Umbau, Stuttgart 1999.
Fleermann, Bastian, Nach dem Pogrom, in: Fleermann, Bastian/Genger, Angela (Hrsg.), Novemberpogrom 1938 in Düsseldorf, Essen 2008, S. 359–412.
Föcking, Friederike, Fürsorge im Wirtschaftsboom. Die Entstehung des Bundessozialhilfegesetzes von 1961, München 2007.
Foedrowitz, Michael, Bunkerwelten. Luftschutzanlagen in Norddeutschland, Berlin 1998.
Foitzik, Doris, „Sittlich verwahrlost". Disziplinierung und Diskriminierung geschlechtskranker Mädchen in der Nachkriegszeit am Beispiel Hamburg, in: 1999. Zeitschrift für Sozialgeschichte des 20. und 21. Jahrhunderts 12 (1997), H. 1, S. 68–82.
Foucault, Michel, Überwachen und Strafen. Die Geburt des Gefängnisses, Frankfurt am Main 2009.
Framke, Katrin, Arbeitshaus Rummelsburg, in: Allex, Anne (Hrsg.), Ausgesteuert – ausgegrenzt … angeblich asozial, Neu-Ulm 2009, S. 317–320.
Freeman, Mark/Nelson, Gillian, Vicarious Vagrants. Incognito Social Explorers and the Homeless in England, 1860–1910, Lambertville 2008.
Freist, Dagmar, „Ich will Dir selbst ein Bild von mir entwerfen". Praktiken der Selbst-Bildung im Spannungsfeld ständischer Normen und gesellschaftlicher Dynamik, in: Alkemeyer, Thomas/Budde, Gunilla/Freist, Dagmar (Hrsg.), Selbst-Bildungen. Soziale und kulturelle Praktiken der Subjektivierung, Bielefeld 2014, S. 151–174.
Freund-Widder, Michaela, Frauen unter Kontrolle. Prostitution und ihre staatliche Bekämpfung in Hamburg vom Ende des Kaiserreichs bis zu den Anfängen der Bundesrepublik, Münster 2003.
Frie, Ewald, Fürsorgepolitik zwischen Kirche und Staat. Wandererarmenhilfe in Preussen, in: Kaiser Jochen-Christoph/Loth, Winfried (Hrsg.), Soziale Reform im Kaiserreich. Protestantismus, Katholizismus und Sozialpolitik, Stuttgart, Berlin, Köln 1997, S. 114–127.
Friedländer, Saul, Das Dritte Reich und die Juden. Zweiter Band: Die Jahre der Vernichtung 1939–1945, München 2006.
Friedrichs, Jan-Hendrik, Massenunterkunft, Atombunker, Kunstobjekt. Bunkernutzungen im Nachkriegsdeutschland, in: Marszolek, Inge (Hrsg.), Bunker. Kriegsort, Zuflucht, Erinnerungsraum, Frankfurt am Main, New York 2008, S. 245–260.
Friemert, Chup, Radiowelten. Objektgeschichte und Hörformen, in: Ruppert, Wolfgang (Hrsg.), Chiffren des Alltags. Erkundungen zur Geschichte der industriellen Massenkultur, Marburg 1993, S. 61–104.

Fritzsche, Bruno, Stadt – Raum – Geschlecht. Entwurf einer Fragestellung, in: Imboden, Martina/Meister, Franziska/Kurz, Daniel (Hrsg.), Stadt – Raum – Geschlecht. Beiträge zur Erforschung urbaner Lebensräume im 19. und 20. Jahrhundert, Zürich 2000, S. 19–27.

Fritzsche, Peter, Vagabond in the Fugitive City. Hans Ostwald, Imperial Berlin and the Grossstadt-Dokumente, in: Journal of Contemporary History 1994 (29), H. 3, S. 385–402.

Fuchs, Thomas (Hrsg.), Strafgesetzbuch für das Deutsche Reich vom 15. Mai 1871. Historisch-synoptische Edition 1871–2013, Mannheim, URL: http://lexetius.com/StGB/Inhalt [2. 2. 2019].

Führer, Karl Christian, Exmissionen und Obdachlosenwohnungen. Die kommunale Fürsorge für obdachlose Familien in der Weimarer Republik, in: Archiv für Kommunalwissenschaften 35 (1996), S. 35–58.

Führer, Karl Christian, Mieter, Hausbesitzer, Staat und Wohnungsmarkt. Wohnungsmangel und Wohnungszwangswirtschaft in Deutschland 1914–1960, Stuttgart 1995.

Füssel, Marian, Die Rückkehr des ‚Subjekts' in der Kulturgeschichte. Beobachtungen aus praxeologischer Perspektive, in: Deines, Stephan/Jaeger, Stephan/Nünning, Ansgar (Hrsg.), Historisierte Subjekte – Subjektivierte Historie. Zur Verfügbarkeit und Unverfügbarkeit von Geschichte, Berlin, Boston 2003, S. 141–159.

Gaida, Oliver, Zwischen Arbeitshaus und Konzentrationslager. Die nationalsozialistische Verfolgung von als „asozial" Stigmatisierten 1933 bis 1937, in: Osterloh, Jörg/Wünschmann, Kim (Hrsg.), „… der schrankenlosesten Willkür ausgeliefert". Häftlinge der frühen Konzentrationslager 1933–1936/37, Frankfurt am Main, New York 2017, S. 247–268.

Galassi, Silviana, Kriminologie im Deutschen Kaiserreich. Geschichte einer gebrochenen Verwissenschaftlichung, Stuttgart 2004.

Geist, Rudolf, Der Kunde als revolutionärer Agitator, in: Der Kunde 3 (1929), Nr. 3/4 und Nr. 5/6, S. 50–75.

Gélieu, Claudia von, Arbeitshaus, Bettelvogt und Tretmühle, in: Allex, Annw (Hrsg.), Ausgesteuert – ausgegrenzt … angeblich asozial, Neu-Ulm 2009, S. 261–264.

Gestrich, Andreas/Raphael, Lutz (Hrsg.), Inklusion, Exklusion. Studien zu Fremdheit und Armut von der Antike bis zur Gegenwart, Frankfurt am Main u. a. 2008.

Gestrich, Andreas/Raphael, Lutz, Being poor in modern Europe. Historical perspectives 1800–1940, Oxford u. a. 2006.

Gestrich, Andreas, Das Leben der Armen. ‚Ego-Dokumente' als Quellen zur Geschichte von Armut und Armenfürsorge im 19. Jahrhundert, in: Sczesny, Anke/Kießling, Rolf/Burkhardt, Johannis (Hrsg.), Prekariat im 19. Jahrhundert. Armenfürsorge und Alltagsbewältigung in Stadt und Land, Augsburg 2014, S. 39–60.

Geyer, Martin H., Die Welt der Verlierer. Willy Römers Bilder von Not und Verelendung in der Inflationszeit, in: Kerbs, Diethart (Hrsg.), Auf den Strassen von Berlin. Der Fotograf Willy Römer (1887–1979), Berlin 2004, S. 201–215.

Geyer, Martin H., Verkehrte Welt. Revolution, Inflation und Moderne, München 1914–1924, Göttingen 1998.

Geyer, Martin H., Wohnungsnot und Wohnungszwangswirtschaft in München 1917 bis 1924, in: Feldman, Gerald D./Ambrosius, Gerold/Holtfrerich, Carl L. (Hrsg.), Die Anpassung an die Inflation, Berlin 1986, S. 127–162.

Ginzburg, Carlo, Der Käse und die Würmer. Die Welt eines Müllers um 1600, Frankfurt am Main 1979.

Girtler, Roland, Bahnhöfe als Bühnen für Vagabunden und andere Menschen aus Randkulturen, in: Herzog, Markwart/Girtler, Roland (Hrsg.), Der Bahnhof. Basilika der Mobilität – Erlebniswelt der Moderne, Stuttgart 2010, S. 83–91.

Göbbels, Hans, Die Asozialen. Über Wesen und Begriff der Aozialität. Eine charakterologisch-sozialpsychologische Studie als Beitrag zum Asozialenproblem, Hamburg 1947.

Gog, Gregor, „Philosophie" der Landstraße, in: Der Kunde 1 (1928), Nr. 5/6, S. 2–5.

Gog, Gregor, Die Philosophie der Landstraße, in: Der Kunde 1 (1927), Nr. 2, S. 6–8.

Gog, Gregor, Was will die Bruderschaft der Vagabunden, in: Der Kunde 3 (1929), Nr. 1/2, S. 15.

Gorki, Maxim, An die Vagabunden Deutschlands und anderer Länder, in: Der Vagabund 4 (1931), Nr. 3, S. 5–7.

Görtemaker, Manfred/Safferling, Christoph, Die Akte Rosenburg. Das Bundesministerium der Justiz und die NS-Zeit, München 2016.

Goschler, Constantin, Wiedergutmachung. Westdeutschland und die Verfolgten des Nationalsozialismus 1945–1954, Berlin/Boston 1992.
Gotto, Bernhard/Seefried, Elke, Von Männern mit „Makeln". Einleitende Überlegungen zur Gesellschaftsgeschichte der Bundesrepublik in geschlechterhistorischer Perspektive, in: Gotto, Bernhard/Seefried, Elke (Hrsg.), Männer mit „Makel". Männlichkeiten und gesellschaftlicher Wandel in der frühen Bundesrepublik, Berlin 2017, S. 7–23.
Gotto, Bernhard, Nationalsozialistische Kommunalpolitik. Administrative Normalität und Systemstabilisierung durch die Augsburger Stadtverwaltung 1933–1945, München 2006.
Gottwaldt, Alfred, Der Bahnhof, in: Geisthövel, Alexa (Hrsg.), Orte der Moderne. Erfahrungswelten des 19. und 20. Jahrhunderts, Frankfurt am Main, New York 2005.
Graf, Oskar Maria, Ohne Bleibe, in: Der Kunde 1 (1927) Nr. 3/4, S. 7–11.
Grand, Besucherzahlen des nächtlichen Obdachs, in: Berliner Wohlfahrtsblatt 5 (1929) Nr. 8, S. 68–70.
Grulich, Paul, Dämon Berlin. Aufzeichnungen eines Obdachlosen, Berlin 1907.
Gruner, Wolf, Die NS-Judenverfolgung und die Kommunen. Zur wechselseitigen Dynamisierung von zentraler und lokaler Politik (1933–1941), in: Vierteljahrshefte für Zeitgeschichte 48 (2000), S. 75–126.
Gruner, Wolf, Öffentliche Wohlfahrt und Judenverfolgung. Wechselwirkungen lokaler und zentraler Politik im NS-Staat (1933–1942), München 2002.
Gut, Albert, Fürsorge für obdachlose Familien, in: Zeitschrift für das Wohnungswesen 29 (1931), H. 1, S. 6–11.
Gut, Albert, Wohnungsfürsorge für Obdachlose und Räumungspflichtige in München, in: Zeitschrift für das Wohnungswesen in Bayern 25 (1927), S. 83–85.
Haasis, Lucas/Rieske, Constantin, Historische Praxeologie zur Einführung, in: Haasis, Lucas/Rieske, Constantin (Hrsg.), Historische Praxeologie. Dimensionen vergangenen Handelns, Paderborn 2015, S. 2–53.
Haerendel, Ulrike, Kommunale Wohnungspolitik im Dritten Reich. Siedlungsideologie, Kleinhausbau und „Wohnraumarisierung" am Beispiel Münchens, München 2009.
Hagen, Peter, Die Straße zu Hitler. Eine SA-Erzählung, Berlin 1933.
Hanke, Peter, Zur Geschichte der Juden in München zwischen 1933 und 1945, München 1967.
Hanschkow, Juliane, Die Kriminalisierung von Armen durch Verwaltungshandeln. Wandergewerbetreibende und Wohnungslose im Zugriff preußischer Zigeunerpolitik in Eifel und Hunsrück vor 1933, in: Brandes, Inga/Marx-Jaskulski, Kathrin (Hrsg.): Armenfürsorge und Wohltätigkeit. Ländliche Gesellschaften in Europa 1850–1930, Frankfurt am Main u. a. 2008, S. 259–281.
Hardtwig, Wolfgang/Tenfelde, Klaus, Einführung, in: Hardtwig, Wolfgang/Tenfelde, Klaus (Hrsg.), Soziale Räume in der Urbanisierung. Studien zur Geschichte Münchens im Vergleich 1850 bis 1933, München 1990, S. 7–16.
Hardtwig, Wolfgang, Soziale Räume und politische Herrschaft. Leistungsverwaltung, Stadterweiterung und Architektur in München 1870 bis 1914, in: Hardtwig, Wolfgang/Tenfelde, Klaus (Hrsg.), Soziale Räume in der Urbanisierung. Studien zur Geschichte Münchens im Vergleich 1850 bis 1933, München 1990, S. 59–154.
Harlander, Tilman/Hater, Katrin/Meiers, Franz, Siedeln in der Not. Umbruch von Wohnungspolitik und Siedlungsbau am Ende der Weimarer Republik, Hamburg 1988.
Harvey, Elizabeth, Youth and the Welfare State in Weimar Germany, Oxford 1993.
Haunschild, Meike, „Elend im Wunderland". Armutsvorstellungen und Soziale Arbeit in der Bundesrepblik 1955–1975, Baden-Baden 2018.
Hausen, Karin, Die Polarisierung der „Geschlechtscharaktere". Eine Spiegelung der Dissoziation von Erwerbs- und Familienleben, in: Conze, Werner (Hrsg.), Sozialgeschichte der Familie in der Neuzeit Europas. Neue Forschungen, Stuttgart 1976, S. 363–395.
Haußmann, Asyle, in: Wölz, Otto/Dünner, Julia/Richter, Lothar/Christian, Max (Hrsg.), Handwörterbuch der Wohlfahrtspflege, Berlin 1924, S. 65.
Hecker, Hans Rudolf, Rechtsgrundlagen zur Obdachlosenunterbringung in Bayern, Würzburg 1969.
Heinersdorff, Karl, Das Elberfeld-Barmer Vorasyl zur Rettung gesunkener Mädchen. Mitteilungen über die Wirksamkeit dieser Anstalt, Barmen 1888.

Hengartner, Thomas, Bahnhöfische Welten. Alltagskultur und städtische Kultur im Bahnhof, in: Herzog, Markwart/Girtler, Roland (Hrsg.), Der Bahnhof. Basilika der Mobilität – Erlebniswelt der Moderne, Stuttgart 2010, S. 63–81.
Hesse, Herman, Bruder Christ, in: Der Kunde 3 (1930), Nr. 9/10, S. 168.
Hesse, Herman, Über die Landstreicher, in: Der Kunde 2 (1929), Nr. 9/10, S. 1.
Hippel, Wolfgang von, Armut, Unterschichten, Randgruppen in der frühen Neuzeit, München 2013.
Hirschfeld, Magnus, Die Homosexualität des Mannes und des Weibes, Berlin 1914.
Hitzer, Bettina/Welskopp, Thomas (Hrsg.), Die Bielefelder Sozialgeschichte. Klassische Texte zu einem geschichtswissenschaftlichen Programm und seinen Kontroversen, Bielefeld 2015.
Hitzer, Bettina, Arbeiter- und Frauenkolonie für die Reichshauptstadt Berlin? Protestantische Obdachlosenfürsorge im Kontext urbaner Sozialpolitik um 1900, in: Althammer, Beate (Hrsg.), Bettler in der europäischen Stadt der Moderne. Zwischen Barmherzigkeit, Repression und Sozialreform, Frankfurt am Main u. a. 2007, S. 193–225.
Hitzer, Bettina, Im Netz der Liebe. Die protestantische Kirche und ihre Zuwanderer in der Metropole Berlin (1849–1914), Köln/Weimar/Wien 2006.
Hockerts, Hans Günter (Hrsg.), Geschichte der Sozialpolitik in Deutschland seit 1945. 1966–1974 Bundesrepublik Deutschland. Eine Zeit vielfältigen Aufbruchs, Baden-Baden 2006.
Hoffmann, Adolph, Adolph „Hoffmann's Erzählungen". Gesammelte ernste und heitere Erinnerungen aus sozialisten-gesetzlicher Zeit, Berlin 1928.
Hoffmann, Adolph, Ursachen der Obdachlosigkeit, in: Der Wanderer Nr. 1 (1965), S. 9–11.
Hollstein, Walter, Der Untergrund. Zur Soziologie jugendlicher Protestbewegungen, Neuwied 1969.
Holtmannspötter, Heinrich, Wanderarmenhilfe und Arbeiterkolonien zwischen 1913 und 1933, in: Hannes Kiebel (Hrsg.): Ein Jahrhundert Arbeiterkolonien. „Arbeit statt Almosen" – Hilfe für obdachlose Wanderarme 1884–1984, Bielefeld 1984, S. 48–86.
Honegger, Claudia, Die Ordnung der Geschlechter. Die Wissenschaften vom Menschen und das Weib 1750–1850, Frankfurt am Main/New York 1991.
Hörath, Julia, „Asoziale" und „Berufsverbrecher" in den Konzentrationslagern 1933 bis 1938, Göttingen 2017.
Hörath, Julia, Kriminalprävention im Maßnahmenstaat. Die KZ-Einweisungen und Entlassungen von Mehrfachstraftätern und Angehörigen sozialer Randgruppen in den ersten Jahren des NS-Regimes, Berlin 2012.
Hörath, Julia, Terrorinstrument und Volksgemeinschaft. KZ-Haft für „Asoziale" und „Berufsverbrecher" 1933 bis 1937/38, in: Zeitschrift für Geschichtswissenschaft 60 (2012), H. 6, S. 513–532.
Horn, Friedrich, Das Asyl für Obdachlose in Berlin, in: Der Arbeiterfreund. Zeitschrift für die Arbeiterfrage. Organ des Centralvereins für das Wohl der Arbeitenden Klassen Nr. 7, 1869, S. 241–264.
Irlinger, Mathias, „Stadion der Luftfahrt". Der Flughafen München Riem zwischen städtischer Repräsentation und nationalsozialistischer Stadtpolitik, in: Szöllösi-Janze, Margit (Hrsg.), Imagepolitik der „Hauptstadt der Bewegung", Göttingen 2017, S. 217–240.
Irlinger, Mathias, Die Versorgung der „Hauptstadt der Bewegung". Infrastrukturen und Stadtgesellschaft im nationalsozialistischen München, Göttingen 2018.
Jachmann, Hans, Düsseldorf in der Weltwirtschaftskrise, Köln 1988.
Jellonnek, Burkhard, Homosexuelle unter dem Hakenkreuz. Die Verfolgung von Homosexuellen im Dritten Reich, Paderborn 1990.
Jessen, Ralph, Polizei, Wohlfahrt und die Anfänge des modernen Sozialstaats in Preußen während des Kaiserreichs, in: Geschichte und Gesellschaft 20 (1994), H. 2, S. 157–180.
John, Wolfgang, … ohne festen Wohnsitz … Ursachen und Geschichte der Nichtseßhaftigkeit und die Möglichkeiten der Hilfe, Bielefeld 1988.
Joyce, Patrick, What is the Social in Social History?, in: Past and Present 205 (2009), H. 1, S. 175–210.
Jürgens, Hans W., Asozialität als biologisches und sozialbiologisches Problem, Stuttgart 1961.
Kähler, Gert (Hrsg.), Geschichte des Wohnens. Band 4: 1918–1945. Reform – Reaktion – Zerstörung, Stuttgart 1996.

Kaiser, Jochen-Christoph (Hrsg.), Sozialer Protestantismus und Sozialstaat. Diakonie und Wohlfahrtspflege in Deutschland 1890 bis 1938, Stuttgart/Berlin/Köln 1997.
Karpf, Ernst, Eine Stadt und ihre Einwanderer. 700 Jahre Migrationsgeschichte in Frankfurt am Main, Frankfurt am Main/New York 2013.
Katholischer Caritas-Verband der Erzdiözese München Freising: Jahres-Bericht 1928.
Katholischer Männerfürsorgeverein München e. V.: Jahresberichte, jeweiligen Jahrgänge von 1951 bis 1970, München 1952–1971.
Katholischer Männerfürsorgeverein München e. V.: Katholischer Männerfürsorgeverein München e. V. 1950–1990. Hinsehen, hingehen – Vorurteile fallenlassen, München 1990.
Kaufhold, Jan Andreas, Migration und Weltwirtschaftskrise, Paderborn 2019.
Kerbs, Diethart (Hrsg.), Im Obdachlosenasyl. Bilder aus dem städtischen Obdach „Die Palme", Berlin 1987.
Kerner, Karin/Trappmann, Klaus, Aus dem dunkelsten Berlin, in: Boberg, Jochen/Fichter, Tilmann/Gillen, Eckhardt (Hrsg.), Exerzierfeld der Moderne. Industriekultur in Berlin im 19. Jahrhundert, München 1984, S. 268–279.
Kiebel, Hannes (Hrsg.), Ein Jahrhundert Arbeiterkolonien. „Arbeit statt Almosen" – Hilfe für obdachlose Wanderarme 1884–1984, Bielefeld 1984.
Kirchhof, Astrid, Das Dienstfräulein auf dem Bahnhof. Frauen im öffentlichen Raum im Blick der Berliner Bahnhofsmission, Stuttgart 2011.
Kirchhof, Astrid, Die evangelische Bahnhofsfürsorge im Berlin der 1920er und 1930er Jahre, in: Althammer, Beate (Hrsg.), Bettler in der europäischen Stadt der Moderne. Zwischen Barmherzigkeit, Repression und Sozialreform, Frankfurt am Main u. a. 2007, S. 227–256.
Klumker, Christian Jasper, Deutsche Versorgungsanstalten und Heime für Alte, Sieche und Invalide. Deutsche Armen- u. Arbeitsanstalten, Frankfurt am Main 1913.
KMFV, Jahresbericht 2016. Haus an der Pilgersheimer Straße, URL: https://www.kmfv.de/fileadmin/mediapool/downloads/Jahresberichte/2016-Jahresbericht-Haus_an_der _Pilgersheimer_Strasse.pdf [13. 2. 2019].
Knickerbocker, Hubert Renfro, Deutschland so oder so?, Berlin 1932.
Kobus, Wyneken, Leitsätze, in: Muthesius, Hans (Hrsg.), Die Neuordnung des Fürsorgerechts als Teil der Sozialreform. Gesamtbericht über den Deutschen Fürsorgetag 1957, Berlin 1958, S. 98–104.
Koch, Fritz, Verwaltete Lust. Stadtverwaltung und Prostitution in Frankfurt am Main 1866–1968, Frankfurt am Main 2010.
Kocka, Jürgen, Perspektiven für die Sozialgeschichte der neunziger Jahre, in: Schulze, Winfried (Hrsg.), Sozialgeschichte, Alltagsgeschichte, Mikro-Historie. Eine Diskussion, Göttingen 1994, S. 33–39.
Kögler, Alfred, Obdachlosigkeit in der Bundesrepublik Deutschland. Eine Analyse der sozialen Situation Obdachloser, der Ursachen und Folgen von Obdachlosigkeit und der bisherigen Maßnahmenprogramme sowie Empfehlungen für die kommunale Praxis und die gemeinnützige Wohnungswirtschaft zur Reintegration von Obdachlosen, Hamburg 1976.
Könen, Ralf, Wohnungsnot und Obdachlosigkeit im Sozialstaat, Frankfurt am Main/New York 1990.
König, Wolfgang, Volkswagen, Volksempfänger, Volksgemeinschaft. „Volksprodukte" im Dritten Reich. Vom Scheitern einer nationalsozialistischen Konsumgesellschaft, Paderborn 2004.
Korzilius, Sven, „Asoziale" in der Deutschen Demokratischen Republik. Die Schaffung eines Anti-Bildes zum „sozialistischen Menschen" über das Strafrecht, in: Härter, Karl (Hrsg.), Repräsentationen von Kriminalität und öffentlicher Sicherheit. Bilder, Vorstellungen und Diskurse vom 16. bis zum 20. Jahrhundert, Frankfurt am Main 2010, S. 555–588.
Korzilius, Sven, „Asoziale" und „Parasiten" im Recht der SBZ/DDR. Randgruppen im Sozialismus zwischen Repression und Ausgrenzung, Köln/Weimar/Wien 2005.
Koselleck, Reinhart, Vergangene Zukunft. Zur Semantik geschichtlicher Zeiten, Frankfurt a. Main 1979.
Krack, Roland, Rebellen im Moos, in: Karl, Willibald (Hrsg.), Dörfer auf dem Ziegelland. Daglfing – Denning – Englschalking – Johanneskirchen – Zamdorf, München 2002, S. 174–179.
Krafft, Sybille, Zucht und Unzucht. Prostitution und Sittenpolizei im München der Jahrhundertwende, München 1996.

Kranstedt, Gabriele, Migration und Mobilität im Spiegel der Verbandsarbeit Katholischer Mädchenschutzvereine 1895–1945. Ein Beitrag zur Geschichte der Katholischen Frauenbewegung, Freiburg im Breisgau 2003.
Kuhn, Gerd, „Wildes" Siedeln und „stille" Suburbanisierung. Von den Wohnlauben zu den privaten Stadtrandsiedlungen, in: Janatková, Alena/Kozińska-Witt, Hanna (Hrsg.), Wohnen in der Großstadt 1900–1939. Wohnsituation und Modernisierung im europäischen Vergleich, Stuttgart 2006, S. 111–131.
Künstlerhaus Bethanien (Hrsg.), Wohnsitz: Nirgendwo. Vom Leben und vom Überleben auf der Strasse, Berlin 1982.
Küther, Carsten, Menschen auf der Straße. Vagierende Unterschichten in Bayern, Franken und Schwaben in der zweiten Hälfte des 18. Jahrhunderts, Göttingen 1983.
Landeshauptstadt München Sozialreferat (Hrsg.), Hilfen zur Überwindung besonderer sozialer Schwierigkeiten gemäß § 72 Bundessozialhilfegesetz. Gesamtplan, München 1979.
Langewiesche, Dieter, Wanderungsbewegungen in der Hochindustrialisierungsperiode. Regionale, interstädtische und innerstädtische Mobilität in Deutschland 1880–1914, in: Vierteljahrschrift für Sozial- und Wirtschaftsgeschichte 64 (1977), H. 1, S. 1–40.
Le Roy Ladurie, Emmanuel, Montaillou. Ein Dorf vor dem Inquisitor 1294–1324, Frankfurt am Main/Berlin/Wien 1980.
Lehmann, Karl, Die Bekämpfung der Wanderbettelei durch Wohlfahrtsschecks, in: Der Wanderer 42 (1925), S. 33–36.
Leitner, Sybille, ‚Vermessene Frauen'. Das Sozialprofil der Münchner Prostituierten, in: Prinz, Friedrich/Krauss, Marita (Hrsg.), München – Musenstadt mit Hinterhöfen. Die Prinzregentenzeit 1886–1912, München 1988, S. 158–162.
Leitner, Sybille, Großstadtlust. Prostitution und Münchner Sittenpolizei um 1900, in: Hardtwig, Wolfgang/Tenfelde, Klaus (Hrsg.), Soziale Räume in der Urbanisierung. Studien zur Geschichte Münchens im Vergleich 1850 bis 1933, München 1990, S. 261–276.
Lenger, Friedrich, Metropolen der Moderne. Eine europäische Stadtgeschichte seit 1850, München 2013.
Lerche, Eva-Maria, Alltag und Lebenswelt von heimatlosen Armen. Eine Mikrostudie über die Insassinnen und Insassen des westfälischen Landarmenhauses Benninghausen (1844–1891), Münster/München u. a. 2009.
Lesemann, Gustav, Obdachlose jugendliche Wanderer in der Großstadt. Aus der Arbeit des Städtischen Jugendheims Hannover-Kleefeld, Leipzig 1930.
Liebich, Constantin, Obdachlos. Bilder aus dem sozialen und sittlichen Elend der Arbeitslosen, Berlin 1894.
Lindenberger, Thomas, Straßenpolitik. Zur Sozialgeschichte der öffentlichen Ordnung in Berlin 1900 bis 1914, Bonn 1995.
Lindner, Ulrike, Gesundheitspolitik in der Nachkriegszeit. Großbritannien und die Bundesrepublik Deutschland im Vergleich, München 2004.
Lohalm, Uwe, Völkische Wohlfahrtsdiktatur. Öffentliche Wohlfahrtpolitik im nationalsozialistischen Hamburg, München/Hamburg 2010.
Lorke, Christoph, „Nur die Landstraße ist gerecht". Visualisierung und Images urbaner und ruraler „Armut" im deutsch-deutschen Vergleich (1961–1989), in: Kersting, Franz-Werner/Zimmermann, Clemens (Hrsg.), Stadt-Land-Beziehungen im 20. Jahrhundert, Paderborn u. a. 2015, S. 225–252.
Lorke, Christoph, Armut im geteilten Deutschland. Die Wahrnehmung sozialer Randlagen in der Bundesrepublik und der DDR, Frankfurt am Main/New York 2015.
Lorke, Christoph, Die Inszenierung des (Un-)Würdigen. „Armut" und Massenmedien im geteilten Deutschland (1949–1989), in: Ahrens, Jörn (Hrsg.), Kampf um Images. Visuelle Kommunikation in gesellschaftlichen Konfliktlagen, Wiesbaden 2015, S. 271–293.
Lorke, Christoph, Soziale Utopien – prekäre Viertel – problematische Menschen? Perzeptionen urbaner Segregation im geteilten Deutschland, in: Großbölting, Thomas/Schmidt, Rüdiger (Hrsg.), Gedachte Stadt – gebaute Stadt. Urbanität in der deutsch-deutschen Systemkonkurrenz 1945–1990, Köln, Wien, Weimar 2015, S. 267–300.
Löw, Martina/Ruhne, Renate, „Eine umfangreiche Konzeption, die Dirnen von den Straßen zu holen". Zur Verhäuslichung der Prostitution in Frankfurt/Main, in: Grenz, Sabine/Lücke, Mar-

tin (Hrsg.), Verhandlungen im Zwielicht. Momente der Prostitution in Geschichte und Gegenwart, Bielefeld 2006, S. 177–207.
Löw, Martina/Ruhne, Renate, Prostitution. Herstellungsweisen einer anderen Welt, Berlin 2011.
Löw, Martina, Raumsoziologie, Frankfurt am Main 2001.
Lücke, Martin, „Sein Hang zu einem liederlichen Lebenswandel". Geschlecht und Sexualität bei der Sanktionierung von jugendlicher männlicher und weiblicher Prostitution in der Weimarer Republik, in: Temme, Gaby/Künzel, Cristine (Hrsg.), Hat Strafrecht ein Geschlecht? Zur Deutung und Bedeutung der Kategorie Geschlecht in strafrechtlichen Diskursen vom 18. Jahrhundert bis heute, Bielefeld 2014, S. 213–228.
Lücke, Martin, Männlichkeit in Unordnung, Frankfurt am Main/New York 2008.
Lüdtke, Alf, Eigen-Sinn. Fabrikalltag, Arbeitererfahrungen und Politik vom Kaiserreich bis in den Faschismus, Hamburg 1993.
Lüdtke, Alf, Geschichte und Eigensinn, in: Berliner Geschichtswerkstatt (Hrsg.), Alltagskultur, Subjektivität und Geschichte. Zur Theorie und Praxis von Alltagsgeschichte, Münster 1994, S. 139–153.
Lürbke, Dorothee, Armut und Armutspolitik in der Stadt. Castrop-Rauxel, Freiburg und Schwerin im innerdeutschen Vergleich, 1955–1975, Reutlingen 2015.
Luxemburg, Rosa, Im Asyl, in: Künstlerhaus Bethanien (Hrsg.), Wohnsitz: Nirgendwo. Vom Leben und vom Überleben auf der Strasse, Berlin 1982, S. 116–121.
Marx, Karl, Das Kapital, Band 1, 7. Abschnitt, in: Ders./Engels, Friedrich, Werke (MEW), Band 23, Berlin (Ost) 1968, S. 640–677.
Massow, Conrad von, Die Fürsorge für Obdachlose in den Städten, Leipzig 1895.
Mayer, Ludwig, Der Wandertrieb, Würzburg 1934.
Mergel, Thomas, Soziale Ungleichheit als Problem der DDR-Soziologie, in: Reinecke, Christiane/Mergel, Thomas (Hrsg.), Das Soziale ordnen. Sozialwissenschaften und gesellschaftliche Ungleichheit im 20. Jahrhundert, Frankfurt am Main, New York 2012, S. 307–336.
Mertens, Uta/Ollertz, Heike, Pik As. 100 Jahre Nachtasyl, Hamburg 2013.
Meyers Großes Konversations-Lexikon. Band 7, Leipzig 1907.
Meyers Konversationslexikon. Band 1, Leipzig/Wien 1890–1891.
Müller, Christian, Verbrechensbekämpfung im Anstaltsstaat. Psychiatrie, Kriminologie und Strafrechtsreform in Deutschland 1871–1933, Göttingen 2004.
Müller, Max, Kumpel, Genosse, in: Der Vagabund 4 (1931), Nr. 4, S. 28–30.
Münsterberg, Emil, Die Fürsorge für Obdachlose in den Städten, Leipzig 1895.
Muthesius, Hans (Hrsg.), Die Neuordnung des Fürsorgerechts als Teil der Sozialreform. Gesamtbericht über den Deutschen Fürsorgetag 1957 in Essen, Köln/Berlin 1958.
Mylonas, Basilios, Der Wiederaufbau der verbandlichen sozialen Arbeit in München am Beispiel der Inneren Mission München. 1945–1955, Augsburg 2002.
Nabasik, Anja/Seeger, Christine/Wolff, Anja/Ziegan, Uta, Wanderarme und Obdachlose, in: Auffarth, Sid/Birkefeld, Richard/Saldern, Adelheid von/Döscher-Gebauer, Susanne/Jung, Martina/Ziegan, Uta (Hrsg.), Altes und neues Wohnen. Linden und Hannover im frühen 20. Jahrhundert, Seelze-Velber 1992, S. 89–100.
Nassehi, Armin, Dichte Räume. Städte als Synchronisations- und Inklusionsmaschinen, in: Löw, Martina (Hrsg.), Differenzierungen des Städtischen, Opladen 2002, S. 211–232.
Nerdinger, Winfried (Hrsg.), Die Verfolgung der Sinti und Roma in München und Bayern 1933–1945, Berlin 2016.
Neuhaus, Agnes, Gefährdetenfürsorge, in: Wölz, Otto/Dünner, Julia/Richter, Lothar/Christian, Max (Hrsg.), Handwörterbuch der Wohlfahrtspflege, Berlin 1924, S. 153–156.
Nicolay-Fischbach, Franziska, Erziehung zur „Sittlichkeit". Schutz und Ausgrenzung in der katholischen Jugendarbeit in Bayern 1918–1945, München/Wien 2021.
Niggemeyer, Bernhard, Kriminalpolizei, in: Sieverts, Rudolf (Hrsg.), Handwörterbuch der Kriminologie. Band 2: Kriminalpolitik – Rauschmittelmißbrauch, Berlin, Boston 2011, S. 19–47.
Oberhuber, Florian, Die Erfindung des Obdachlosen. Eine Geschichte der Macht zwischen Fürsorge und Verführung, Wien 1999.
Oesterreich, Charlotte, Die Situation in den Flüchtlingseinrichtungen für DDR-Zuwanderer in den 1950er und 1960er Jahren, Hamburg 2008.

Opp, Das Nichtseßhaftenproblem im Rahmen der öffentlichen Fürsorge, in: BAG, Woher? Wohin?, Bielefeld 1957.
Ostwald, Hans, Berliner Nachtbilder, Leipzig 1904.
Ostwald, Hans, Dunkle Winkel in Berlin, Berlin/Leipzig 1904.
Pankok, Otto, Zigeuner, Düsseldorf 1947.
Patrut, Iulia-Karin, „Zigeuner" als Grenzfigur deutscher Selbstentwürfe, in: Geschichte und Gesellschaft 39 (2014), H. 3, S. 287–305.
Peukert, Detlev, Grenzen der Sozialdisziplinierung. Aufstieg und Krise der deutschen Jugendfürsorge von 1878 bis 1932, Köln 1986.
Pine, Lisa, Hashude. An Experiment in Nazi „asocial" Policy, in: History today 45 (1995), S. 37–45.
Pine, Lisa, Hashude. The Imprisonment of „Asocial" Families in the Third Reich, in: German History 13 (1995), S. 182–197.
Pine, Lisa, Nazi Family Policy, 1933–1945, Oxford/New York 1997.
Preußer, Norbert/Rainer Völkel, Obdachlosenbericht der Landeshauptstadt Wiesbaden. Vorgelegt vom Jugendamt Wiesbaden, Wiesbaden 1976.
Preußer, Norbert, ObDach. Eine Einführung in die Politik und Praxis sozialer Aussonderung, Weinheim/Basel 1993.
Projektgruppe Margaretenhütte e. V., Die Siedlung am Rande der Stadt: Margaretenhütte Gießen, Gießen 1985.
Rabe, Paul-Moritz, Hauptstadt im Galopp. Das „Braune Band" als städtisches Prestigeobjekt, in: Szöllösi-Janze, Margit (Hrsg.), Imagepolitik der „Hauptstadt der Bewegung", Göttingen 2017, S. 169–195.
Raphael, Lutz (Hrsg.), Poverty and welfare in modern German history, New York 2017.
Raphael, Lutz/Uerlings, Herbert (Hrsg.), Zwischen Ausschluss und Solidarität. Modi der Inklusion/Exklusion von Fremden und Armen in Europa seit der Spätantike, Frankfurt am Main u. a. 2008.
Raphael, Lutz, Figurationen von Armut und Fremdheit. Eine Zwischenbilanz interdisziplinärer Forschung, in: Raphael, Lutz/Uerlings, Herbert (Hrsg.), Zwischen Ausschluss und Solidarität. Modi der Inklusion/Exklusion von Fremden und Armen in Europa seit der Spätantike, Frankfurt am Main u. a. 2008, S. 13–36.
Raphael, Lutz, Introduction. Poverty and Welfare in Modern German History, in: Raphael, Lutz (Hrsg.), Poverty and welfare in modern German history, New York 2017, S. 1–17.
Ratzka, Melanie, Wohnungslosigkeit, in: Albrecht, Günter/Groenemeyer, Axel/Stallberg, Friedrich Wilhelm (Hrsg.), Handbuch soziale Probleme. Band 1 und Band 2, Wiesbaden 2012, S. 1218–1252.
Ravenhill, Megan, The Culture of Homelessness, Aldershot 2008.
Recktenwald, Nadine, Der „Makel" als Protest. Geschlechtsidentitäten unter westdeutschen Gammlern, in: Gotto, Bernhard/Seefried, Elke (Hrsg.), Männer mit „Makel". Männlichkeiten und gesellschaftlicher Wandel in der frühen Bundesrepublik, Berlin 2017, S. 75–87.
Recktenwald, Nadine, Räume der Obdachlosen. Städtische Asyle im Nationalsozialismus, in: Süß, Winfried/Thießen, Malte (Hrsg.), Städte im Nationalsozialismus. Räume und soziale Ordnungen, Göttingen 2017, S. 67–88.
Recktenwald, Nadine, Vom Kunde zum Vagabund. Der Versuch der Adressierung der Landstraße durch die Bruderschaft der Vagabunden, in: Freunde der Monacensia e. V. (Hrsg.), Jahrbuch 2015, S. 247–263.
Reckwitz, Andreas, Das hybride Subjekt. Eine Theorie der Subjektkulturen von der bürgerlichen Moderne zur Postmoderne, Weilerswist 2006.
Reich, Hermann (Hrsg.), Das bayerische Zigeuner- und Arbeitsscheuengesetz vom 16. Juli 1926 mit der Ausführungsentschließung und den sonst einschlägigen Bestimmungen, München 1927.
Reichardt, Sven, Praxeologische Geschichtswissenschaft. Eine Diskussionsanregung, in: Sozial. Geschichte 22 (2007), S. 43–65.
Reif, Emil, Der größte Schuft im ganzen Land, das ist der Denunziant, in: Der Vagabund 4 (1931), Nr. 4, S. 7–10.
Reinecke, Christiane, Auf dem Weg zu einer neuen sozialen Frage? Ghettoisierung und Segregation als Teil einer veränderten Krisensemantik der 1970er Jahre, in: Informationen zur modernen Stadtgeschichte (2012), S. 110–131.

Reinecke, Christiane, Die Ungleichheit der Städte. Urbane Problemzonen im postkolonialen Frankreich und der Bundesrepublik, Göttingen 2021.
Reinecke, Christiane, Disziplinierte Wohnungsnot. Urbane Raumordnung und neue soziale Randständigkeit in Frankreich und Westdeutschland, in: Archiv für Sozialgeschichte 54 (2014), S. 267–286.
Reulecke, Jürgen (Hrsg.), Geschichte des Wohnens. Band 3. 1800–1918: Das bürgerliche Zeitalter, Stuttgart 1997.
Reulecke, Jürgen, Die Armenfürsorge als Teil der Kommunalen Leistungsverwaltung und Daseinsvorsorge im 19. Jahrhundert, in: Blotevogel, Hans Heinrich (Hrsg.), Kommunale Leistungsverwaltung und Stadtentwicklung vom Vormärz bis zur Weimarer Republik, Köln 1990, S. 71–80.
Reulecke, Jürgen, Geschichte der Urbanisierung in Deutschland, Frankfurt am Main 1985.
Reusch, Wolfgang, Bahnhofsmission in Deutschland 1897–1987. Sozialwissenschaftliche Analyse einer diakonisch-caritativen Einrichtung im sozialen Wandel, Frankfurt am Main u. a. 1988.
Reuter, Ursula, Paul Singer (1844–1911). Eine politische Biographie, Düsseldorf 2004.
Ritzel, Günther, Zur Ätiologie der Nichtsesshaftigkeit. Eine sozio-psychiatrische Untersuchung an 110 Nichtsesshaften, München 1965.
Roeck, Bernd, Außenseiter, Randgruppen, Minderheiten. Fremde in Deutschland in der frühen Neuzeit, Göttingen 1993.
Rosenblum, Warren, Beyond the Prison Gates. Punishment & welfare in Germany 1850–1933, Chapel Hill, NC 2008.
Rotering, Fritz, Das Landstreichertum der Gegenwart, in: Monatsschrift für Kriminalpsychologie und Strafrechtsreform 3 (1907), S. 193–210.
Rotering, Fritz, Der Bettel als anisoziale Erscheinung, in: Archiv für Rechts- und Wirtschaftsphilosophie 10 (1916), H. 1, S. 62–80.
Rotering, Fritz, Landstreicherei als Delikt, in: Archiv für Rechts- und Wirtschaftsphilosophie 2 (1908), H. 1, S. 470–480.
Roth, Andreas, Kriminalisierung von Bettlern und Obdachlosen in der zweiten Hälfte des 19. Jahrhunderts, in: Borck, Heinz-Günther/Dorfey, Beate (Hrsg.), Unrecht und Recht. Kriminalität und Gesellschaft im Wandel von 1500–2000, Koblenz 2002, S. 134–144.
Roth, Andreas, Kriminalitätsbekämpfung in deutschen Großstädten 1850–1914. Ein Beitrag zur Geschichte des strafrechtlichen Ermittlungsverfahrens, Berlin 1997.
Roth, Thomas, „Verbrechensbekämpfung" und soziale Ausgrenzung im nationalsozialistischen Köln. Kriminalpolizei, Strafjustiz und abweichendes Verhalten zwischen Machtübernahme und Kriegsende, Köln 2010.
Roth, Thomas, Die „Asozialen" im Blick der Kripo. Zur kriminalpolizeilichen Verfolgung von Landstreichern, Bettlern, „Arbeitsscheuen" und Fürsorgeempfängern nach 1933, in: Buhlan, Harald/Jung, Werner (Hrsg.), Wessen Freund und wessen Helfer? Die Kölner Polizei im Nationalsozialismus, Köln 2000, S. 424–464.
Rothe, Ernesto, Die Kultur der Landstreicher, in: Oestergaards Monatshefte Jan.–Juni (1928), S. 309–312.
Rothmaler, Christiane, „Erbliche Belastung liegt sicher vor, ist nur nicht festzustellen". Zwangssterilisation in Hamburg, in: Mitteilungen. Dokumentationsstelle zur NS-Sozialpolitik 2 (1986), 13/14, S. 57–72.
Ruck, Michael (Hrsg.), Geschichte der Sozialpolitik in Deutschland seit 1945. 1957–1966: Bundesrepublik Deutschland. Sozialpolitik im Zeichen des erreichten Wohlstandes, Baden-Baden 2007.
Rudloff, Wilfried, Die Wohlfahrtsstadt. Kommunale Ernährungs-, Fürsorge- und Wohnungspolitik am Beispiel Münchens 1910–1933, Göttingen 1998.
Rudloff, Wilfried, Im Schatten des Wirtschaftswunders. Soziale Probleme, Randgruppen und Subkulturen 1949 bis 1973, in: Schlemmer, Thomas/Woller, Hans (Hrsg.), Gesellschaft im Wandel 1949 bis 1973, München 2002, S. 347–467.
Rudloff, Wilfried, The Welfare State and Poverty in Weimar Republic, in: Raphael, Lutz (Hrsg.), Poverty and welfare in modern German history, New York 2017, S. 105–136.
Rudolph, Andrea, Die Kooperation von Strafrecht und Sozialhilferecht bei der Disziplinierung von Armen mittels Arbeit. Vom Arbeitshaus bis zur gemeinnützigen Arbeit, Frankfurt am Main u. a. 1995.

Sachße, Christoph/Tennstedt, Florian (Hrsg.), Bettler, Gauner und Proleten. Armut und Armenfürsorge in der deutschen Geschichte, Reinbek bei Hamburg 1983.
Sachße, Christoph/Tennstedt, Florian, Geschichte der Armenfürsorge. Band 1: Vom Spätmittelalter bis zum Ersten Weltkrieg, Stuttgart u. a. 1980.
Sachße, Christoph/Tennstedt, Florian, Geschichte der Armenfürsorge. Band 2: Fürsorge und Wohlfahrtspflege 1871-1929, Stuttgart u. a. 1988.
Sachße, Christoph/Tennstedt, Florian, Geschichte der Armenfürsorge in Deutschland. Band 3: Der Wohlfahrtsstaat im Nationalsozialismus, Stuttgart u. a. 1992.
Sachße, Christoph/Tennstedt, Florian, Geschichte der Armenfürsorge in Deutschland. Band 4: Fürsorge und Wohlfahrtspflege in der Nachkriegszeit 1945-1953, Stuttgart u. a. 2012.
Saldern, Adelheid von, Arme und Obdachlose im Hannover der Weimarer Republik, in: Schmid, Hans-Dieter (Hrsg.), Hannover – am Rande der Stadt, Bielefeld 1992, S. 221-252.
Saldern, Adelheid von, Häuserleben. Zur Geschichte städtischen Arbeiterwohnens vom Kaiserreich bis heute, Bonn 1997.
Saldern, Adelheid von, Kommunikation in Umbruchszeiten. Die Stadt im Spannungsfeld von Kohärenz und Entgrenzung, in: Saldern, Adelheid von (Hrsg.), Stadt und Kommunikation in bundesrepublikanischen Umbruchszeiten, Stuttgart 2006, S. 11-44.
Saldern, Adelheid von, Stadt und Öffentlichkeit in urbanisierten Gesellschaften. Neue Zugänge zu einem alten Thema, in: Informationen zur modernen Stadtgeschichte (2000), S. 3-15.
Salomon, Alice, Leitfaden der Wohlfahrtspflege, Leipzig/Berlin 1928.
Sauerteig, Lutz, Krankheit, Sexualität, Gesellschaft. Geschlechtskrankheiten und Gesundheitspolitik in Deutschland im 19. und frühen 20. Jahrhundert, Stuttgart 1999.
Schäder, Christian, Münchner Brauindustrie 1871-1945. Die wirtschaftsgeschichtliche Entwicklung eines Industriezweiges, Marburg 1999.
Scheffler, Jürgen (Hrsg.), Bürger & Bettler. Materialen und Dokumente zur Geschichte der Nichtseßhaftenhilfe in der Diakonie. Bd. 1: 1854 bis 1954. Vom Herbergswesen für wandernde Handwerksgesellen zur Nichtseßhaftenhilfe, Bielefeld 1987.
Scheffler, Jürgen, „Weltstadt" und „Unterwelt". Urbanisierung, Armenpolitik und Obdachlosigkeit in Berlin 1871 bis 1914, in: Internationale Wissenschaftliche Korrespondenz zur Geschichte der Deutschen Arbeiterbewegung 26 (1990), S. 158-181.
Scheffler, Jürgen, Die Gründerjahre 1883-1913, in: Kiebel, Hannes (Hrsg.), Ein Jahrhundert Arbeiterkolonien. „Arbeit statt Almosen" – Hilfe für obdachlose Wanderarme 1884-1984, Bielefeld 1984, S. 23-35.
Scheffler, Jürgen, Die Wandererfürsorge zwischen konfessioneller, kommunaler und staatlicher Wohlfahrtspflege, in: Kaiser, Jochen-Christoph (Hrsg.), Sozialer Protestantismus und Sozialstaat. Diakonie und Wohlfahrtspflege in Deutschland 1890 bis 1938, Stuttgart, Berlin, Köln 1997, S. 104-117.
Schenk, Britta-Marie, Die Grenzen der Disziplinierung. Devianzvorstellungen und Pathologisierungen in der Obdachlosenfürsorge des Deutschen Kaiserreichs, in: WerkstattGeschichte 27 (2018), S. 25-37.
Schenk, Britta-Marie, Eine Geschichte der Obdachlosigkeit im 19. und 20. Jahrhundert, in: Aus Politik und Zeitgeschichte 68 (2018), 25-26, S. 23-29.
Schenk, Britta-Marie, Freie Männer? Männlichkeitskonstruktionen von Hamburger Obdachlosen in den 1950er Jahren, in: Gotto, Bernhard/Seefried, Elke (Hrsg.), Männer mit „Makel". Männlichkeiten und gesellschaftlicher Wandel in der frühen Bundesrepublik, Berlin 2017, S. 62-74.
Scherer, Klaus, ‚Asozial' im Dritten Reich. Die vergessenen Verfolgten, Münster 1990.
Schick, Franz, Gestohlene Jugend. Die Tagebücher und Aufzeichnungen des Franz Schick 1930 bis 1933, Graz 1991.
Schikorra, Christa, „Herumtreiberei" und „liederlicher Lebenswandel". Frauen im Zugriff von Fürsorge und Polizei im NS-Staat, in: Allex, Anne (Hrsg.), Ausgesteuert – ausgegrenzt ... angeblich asozial, Neu-Ulm 2009, S. 55-61.
Schikorra, Christa, Kontinuitäten der Ausgrenzung. „Asoziale" Häftlinge im Frauen-Konzentrationslager Ravensbrück, Berlin 2001.
Schildt, Axel (Hrsg.), Massenwohnung und Eigenheim. Wohnungsbau und Wohnen in der Großstadt seit dem Ersten Weltkrieg, Frankfurt am Main/New York 1988.

Schildt, Axel, Die Sozialgeschichte der Bundesrepublik Deutschland bis 1989/90, München 2007.
Schildt, Axel, Wohnungspolitik, in: Hockerts, Hans Günther (Hrsg.), Drei Wege deutscher Sozialstaatlichkeit, München 1998, S. 151-189.
Schivelbusch, Wolfgang, Geschichte der Eisenbahnreise. Zur Industrialisierung von Raum und Zeit im 19. Jahrhundert, München, Wien 1977.
Schleupner, Franziska, „Arbeitsscheu Reich": Die Sonderaktion der Geheimen Staatspolizei im April 1938. Ursachen. Motive. Planung – und deren Umsetzung im Regierungsbezirk Mainfranken, Würzburg 2014.
Schlör, Joachim, Nachts in der großen Stadt. Paris, Berlin, London 1840-1930, München u. a. 1991.
Schmid, Armin, Frankfurt im Feuersturm. Die Geschichte der Stadt im Zweiten Weltkrieg, Frankfurt am Main 1965.
Schmincke, Imke, Der Bahnhof als Ort der Widersprüche. Eine raum- und körpersoziologische Analyse, in: Benkel, Thorsten (Hrsg.), Das Frankfurter Bahnhofsviertel. Devianz im öffentlichen Raum, Wiesbaden 2010, S. 105-124.
Schmitt, Sandra, Das Ringen um das Selbst. Schizophrenie in Wissenschaft, Gesellschaft und Kultur nach 1945, Berlin 2018.
Schmitz, Thomas, Strassen- und polizeirechtliches Vorgehen gegen Randgruppen (Bettler, Land- und Stadtstreicher), München 2003.
Scholtz, Arthur, Die Reformen im Berliner städtischen Obdach, in: Brennert, Hans/Stein, Erwin (Hrsg.), Probleme der neuen Stadt Berlin, Berlin 1926, S. 455-467.
Schreber, Bernhard, Obdachlosenasyle, Herbergen, Schlafhäuser, Ledigenheime, Volksküchen und Wärmehallen, in: Edelmann, R./Gottstein, A./Grotjahn, A./Schreber, B./Schwiening, H. (Hrsg.), Soziale Hygiene, Leipzig 1918, 293-329.
Schröder, Iris, Wohlfahrt, Frauenfrage und Geschlechterpolitik. Konzeptionen der Frauenbewegung zur kommunalen Sozialpolitik im Deutschen Kaiserreich 1871-1914, in: Geschichte und Gesellschaft 21 (1995), H. 3, S. 368-390.
Schubert, Ernst, Arme Leute, Bettler und Gauner im Franken des 18. Jahrhunderts, Neustadt a. d. Aisch 1983.
Schulz, Günther (Hrsg.), Geschichte der Sozialpolitik in Deutschland seit 1945. 1949-1957 Bundesrepublik Deutschland. Bewältigung der Kriegsfolgen, Rückkehr zur sozialpolitischen Normalität, Baden-Baden 2006.
Schürmann, Sandra, Stadtraum und Geschlecht in der deutschsprachigen Urbanisierungsforschung, in: IMS 1 (2004), S. 53-60.
Schütte/Naß, Die Unterbringung obdachloser Familien, in: Reichsverwaltungsblatt Nr. 4, 25. 1. 1936.
Schwartz, Michael, „Proletarier" und „Lumpen". Sozialistische Ursprünge eugenischen Denkens, in: Vierteljahrshefte für Zeitgeschichte 42 (1994), S. 537-570.
Schwarze, Friedrich Oskar von, Commentar zum Strafgesetzbuch für das Deutsche Reich, Leipzig 1873.
Sedlaczek, Dietmar/Lutz, Thomas/Puvogel, Ulrike/Tomkowiak, Ingrid (Hrsg.), „Minderwertig" und „asozial". Stationen der Verfolgung gesellschaftlicher Außenseiter, Zürich 2005.
Seiler, Hans, Kampf gegen den Bettel. Eine geschichtliche Ueberschau bis in die Gegenwart und Vorschläge, Augsburg 1925.
Siegfried, Detlef, Time is on my Side. Konsum und Politik in der westdeutschen Jugendkultur der 60er Jahre, Göttingen 2006.
Sieverts, Rudolf, Inwieweit sind die bisherigen Bestimmungen des Strafgesetzbuches für Gemeinlästige (Landstreicher, Bettler usw.) von der Fürsorg her gesehen entbehrlich oder reformbedürftig?, in: Muthesius, Hans (Hrsg.), Die Neuordnung des Fürsorgerechts als Teil der Sozialreform. Gesamtbericht über den Deutschen Fürsorgetag 1957 in Essen, Köln, Berlin 1958, S. 114-126.
Sillem, Zur Fürsorge für Obdachlose und namentlich für Wanderer, in: Zeitschrift für das Heimatwesen 31 (1926), S. 101-106, 144-150, 172-174.
Sparing, Frank, Die Düsseldorfer Ostjuden und die „Polenaktion" vom 28. Oktober 1938, in: Fleermann, Bastian/Genger, Angela (Hrsg.), Novemberpogrom 1938 in Düsseldorf, Essen 2008, S. 31-66.

Sparing, Frank, Nach der Pogromnacht. Hinweise in einer Akte der Obdachlosenpolizei Düsseldorf, in: Augenblick. Berichte, Informationen und Dokumente der Mahn- und Gedenkstätte Düsseldorf 7 (1995), S. 12–15.

Spindler, Wilhelm, Das Asyl für Obdachlose zu Berlin. Ein Vortrag vom 29. Oktober 1869, Berlin 1870.

Städtisches Wohlfahrts- und Jugendamt, Wohlfahrts- und Jugendamt der Landeshauptstadt München nach dem Weltkriege (bis 31. März 1929), München 1929.

Statistisches Amt der Stadt Berlin (Hrsg.), Statistisches Taschenbuch der Stadt Berlin, Berlin 1924.

Statistisches Amt der Stadt München (Hrsg.), Obdachlosenfürsorge in deutschen Städten, München 1910.

Statistisches Jahrbuch der Stadt Berlin 14 (1938), hrsg. vom Statistischen Amt Berlin, Berlin 1938.

Statistisches Jahrbuch deutscher Städte, hrsg. v. Deutschen Städtetag 22 (1927), Jena 1927.

Statistisches Jahrbuch deutscher Städte, hrsg. v. Deutschen Städtetag 23 (1928), Jena 1928.

Steer, Christine, Eingeliefert nach Rummelsburg. Vom Arbeitshaus im Kaiserreich bis zur Haftanstalt in der DDR, Berlin 2018.

Steigerthal, Georg, „Die gemeinlästigen Leute" – Asoziale, Sozialschwierige und Gefährdete. Ihre Behandlung in der Vergangenheit und Aufgaben der Gegenwart, in: Monatsschrift für Kriminologie und Strafrechtsreform 38 (1955), 1–2, S. 1–26.

Steinhöfel, Elke, Die Wohnungsfürsorgeanstalt Hashude. Die NS-„Asozialenpolitik" und die Bremer Wohlfahrtspflege, Bremen 2014.

Steinweg, D., Der Begriff der Gefährdetenfürsorge und die Aufgaben der Inneren Mission in der Gefährdetenfürsorge, in: Scheuner, Ellen (Hrsg.), Evangelische Gefährdetenfürsorge. Organisation und Gegenwartsaufgaben, Berlin 1928, S. 7–10.

Stöckel, Sigrid, Die große Ausstellung über GEsundheitspflege, SOzialfürsorge und LEIbesübungen (GESOLEI) 1926 in Düsseldorf, in: Deutschen Gesellschaft für Geschichte der Medizin, Naturwissenschaft und Technik e. V. (Hrsg.), Ideologie der Objekte – Objekte der Ideologie. Naturwissenschaft, Medizin und Technik in Museen des 20. Jahrhunderts, Kassel 1991, S. 31–38.

Stracke, Karl, Der Asoziale als Objekt der öffentlichen Fürsorge, in: Zeitschrift für das Fürsorgewesen 15 (1950), H. 2, S. 170–172.

Strauss, Eva, Wandererfürsorge in Bayern 1918 bis 1945 unter besonderer Berücksichtigung Nürnbergs, Nürnberg 1995.

Streicher, Hubert, Die graphischen Gaunerzinken, Wien 1928.

Strunk, Andreas, Eine kleine Hilfe für Berber – stürzt sie ein?, in: Sozialmagazin 6 (1981), H. 9, S. 54–63.

Stümper, Stadtstreicherei in rechtlicher Hinsicht, in: Der Wanderer (1962) H. 1, S. 4–8.

Süß, Dietmar, Tod aus der Luft. Kriegsgesellschaft und Luftkrieg in Deutschland und England, Bonn 2011.

Süß, Winfried, Der „Volkskörper" im Krieg. Gesundheitspolitik, Gesundheitsverhältnisse und Krankenmord im nationalsozialistischen Deutschland 1939–1945, München 2009.

Tatarinov, Juliane, Kriminalisierung des ambulanten Gewerbes. Zigeuner- und Wandergewerbepolitik im späten Kaiserreich und in der Weimarer Republik, Frankfurt am Main 2015.

Thies, Ralf, Ethnograph des dunklen Berlin. Hans Ostwald und die „Großstadt-Dokumente" (1904–1908), Köln/Weimar/Wien 2006.

Thießen, Malte, Von der „Heimstätte" zum Denkmal. Bunker als städtische Erinnerungsorte – das Beispiel Hamburgs, in: Marszolek, Inge (Hrsg.), Bunker. Kriegsort, Zuflucht, Erinnerungsraum, Frankfurt am Main, New York 2008, S. 45–60.

Thoben, Claudia, Prostitution in Nürnberg. Wahrnehmung und Massregelung zwischen 1871 und 1945, Neustadt an der Aisch 2007.

Tombrock, Hans, Vagabundenabend in Berlin am 25. Juli 1928, in: Der Kunde 2 (1928), Nr. 1/2, S. 14 f.

Transportliste in das Konzentrationslager Ravensbrück, https://www.alvin-portal.org/alvin/imageViewer.jsf?dsId=ATTACHMENT-0271&pid=alvin-record:109656.

Trappmann, Klaus, Landstrasse, Kunden, Vagabunden. Gregor Gogs Liga der Heimatlosen, Berlin 1980.

Trappmann, Klaus, Weh, dass es gibt, die darben ... Zur Geschichte des Berliner Asylvereins, in: Allex, Anne (Hrsg.), Ausgesteuert – ausgegrenzt ... angeblich asozial, Neu-Ulm 2009, S. 268–278.
Treuberg, Eberhard von, Mythos Nichtseßhaftigkeit. Zur Geschichte des wissenschaftlichen, staatlichen und privatwohltätigen Umgangs mit einem diskriminierenden Phänomen, Bielefeld 1990.
Uerlings, Herbert (Hrsg.), Armut. Perspektiven in Kunst und Gesellschaft, Darmstadt 2011.
Ulrich, Lic. D., Die Wanderer- und Obdachlosenfürsorge der freien Wohlfahrtspflege, in: Berliner Wohlfahrtsblatt 5 (1929), H. 8, S. 74–80.
Unruh, Bernhard, Die Unterbringung der Obdachlosen, Wiesbaden 1956.
Van Laak, Dirk, Alles im Fluss. Die Lebensadern unserer Gesellschaft – Geschichte und Zukunft der Infrastruktur, Frankfurt am Main 2018.
Vaskovics, Laszlo, Soziale Eingliederung von Randgruppen durch Wohnungsmaßnahmen dargestellt am Beispiel der Umsetzung von Obdachlosen. Abschlußbericht, Teil II, Bamberg 1979.
Vaskovics, Laszlo, Stand der Forschungen über Obdachlose und Hilfen für Obdachlose, Stuttgart 1979.
Verwaltungsbericht der Hauptstadt der Bewegung 1933/34–1935/36, hrsg. v. Statistischen Amt der Hauptstadt der Bewegung.
Verwaltungsbericht der Landeshauptstadt München 1913–1920, hrsg. v. Statistischen Amt München.
Verwaltungsbericht der Landeshauptstadt München 1924–1926, hrsg. v. Statistischen Amt München.
Verwaltungsbericht der Landeshauptstadt München 1927–1929, hrsg. v. Statistischen Amt München.
Verwaltungsbericht der Landeshauptstadt München 1930–1932, hrsg. v. Statistischen Amt München.
Verwaltungsbericht der Stadt Bochum 1963–1967, hrsg. v. der Stadt Bochum.
Verwaltungsbericht der Stadt Bochum 1966, hrsg. v. der Stadt Bochum.
Verwaltungsbericht der Stadt Bochum 1970, hrsg. v. der Stadt Bochum.
Vorländer, Herwart, NS-Volkswohlfahrt und Winterhilfswerk des deutschen Volkes, in: Vierteljahrshefte für Zeitgeschichte 34 (1986), H. 3, S. 341–380.
Wagner, Patrick, Volksgemeinschaft ohne Verbrecher. Konzeptionen und Praxis der Kriminalpolizei in der Zeit der Weimarer Republik und des Nationalsozialismus, Hamburg 1996.
Weber, Elisabeth, „Berlin, die Stadt ohne Bettler", in: Wildt, Michael/Kreutzmüller, Christoph (Hrsg.), Berlin 1933–1945. Stadt und Gesellschaft im Nationalsozialismus, München 2013, S. 325–340.
Wehner, B., Die Stadtstreicherei. Ein modernes Problem der öffentlichen Sicherheit und Ordnung, in: Der Wanderer (1962) H. 1, S. 1–3.
Welskopp, Thomas, Unternehmen Praxisgeschichte. Historische Perspektiven auf Kapitalismus, Arbeit und Klassengesellschaft, Tübingen 2014.
Werheit, Franz, Die Prostitution in der Stadt Köln. Eine statistisch-soziologische Studie, Köln 1923.
Wetzell, Richard F., Inventing the criminal. A History of German Criminology, 1880–1945, Chapel Hill/London 2000.
Wiede, Wiebke, Subjekt und Subjektivierung, Version: 1.0, in: Docupedia-Zeitgeschichte, 10. 12. 2014, URL: http://docupedia.de/zg/wiede_subjek_v1_de_2014 [4. 2. 2019]
Willing, Matthias, Das Bewahrungsgesetz (1918–1967). Eine rechtshistorische Studie zur Geschichte der deutschen Fürsorge, Tübingen 2003.
Wimmer, Florian, Die völkische Ordnung von Armut. Kommunale Sozialpolitik im nationalsozialistischen München, Göttingen 2014.
Windmüller, Joachim, Ohne Zwang kann der Humanismus nicht existieren ... „Asoziale" in der DDR, Frankfurt am Main u. a. 2006.
Wollasch, Andreas, Der Katholische Fürsorgeverein für Mädchen, Frauen und Kinder (1899–1945). Ein Beitrag zur Geschichte der Jugend- und Gefährdetenfürsorge in Deutschland, Freiburg 1991.

Wollasch, Andreas, Von der Bewahrungsidee der Fürsorge zu den „Jugendkonzentrationslagern" des NS-Staates. Der Katholische Fürsorgeverein und die Debatte um ein Bewahrungsgesetz 1918 bis 1945, in: Sachße, Christoph (Hrsg.), Wohlfahrtsverbände im Wohlfahrtsstaat. Historische und theoretische Beiträge zur Funktion von Verbänden im modernen Wohlfahrtsstaat, Kassel 1994, S. 51–79.

Wucherpfennig, Claudia, Bahnhof – (stadt)gesellschaftlicher Mikrokosmos im Wandel. Eine „neue kulturgeographische" Analyse, Oldenburg 2006.

Wucherpfennig, Claudia, Der Bahnhof. Ort spürbarer Phasenwechsel, in: Die alte Stadt 35 (2008), S. 131–145.

Zadach-Buchmeier, Frank, Anstalten, Heime und Asyle: Wohnen im institutionellen Kontext, in: Reulecke, Jürgen (Hrsg.), Geschichte des Wohnens. Band 3. 1800–1918: Das bürgerliche Zeitalter, Stuttgart 1997, S. 639–743.

Zeng, Matthias, „Asoziale" in der DDR. Transformationen einer moralischen Kategorie, Münster 2000.

Zentrale für private Fürsorge (Hrsg.), Die Wohlfahrtseinrichtungen von Groß-Berlin nebst einem Wegweiser für die praktische Ausübung der Armenpflege in Berlin, Berlin 1910.

Zierenberg, Malte, Stadt der Schieber. Der Berliner Schwarzmarkt 1939–1950, Göttingen 2008.

Personenregister

Achtelstetter, Fritz 77
Adams, Ursula 271, 273

Baak, Bernhard 132
Baumeister, Walter 30, 58, 119
Bergien, Willi 170
Blüml, Karl 77 f., 148, 238
Bock, Harry 169 f.
Bock, Wilhelm 123
Bodelschwingh, Friedrich 26, 145
Böll, Heinrich 270
Bornemann, Walter 264, 283
Brecht, Berthold 297
Brisch, Ulrich 132, 272

Durkheim, Emil 118

Eiserhardt, Hilde 123

Fiehler, Karl 41, 74, 279, 288, 325 f.
Fischer, Cuno 76
Freud, Sigmund 118
Freudenreich, Johann 108 f.

Göbbels, Hans 119
Goebbels, Joseph 54, 156, 200, 280 f.
Gog, Gregor 72 f.
Göring, Hermann 54
Gorki, Maxim 73
Graf, Oskar Maria 72
Grulich, Paul 47, 181–183

Haag, Fritz 271
Hamm, Erwin 258
Harbers, Guido 314, 326–328, 330
Hesse, Hermann 72
Heydrich, Reinhard 55, 119
Hilble, Friedrich 37, 40, 55, 78, 137, 149, 217, 243, 247, 249, 252 f., 255, 273, 279, 320
Himmler, Heinrich 56
Hirsch, Josef 279, 288
Hirschfeld, Magnus 96
Hitler, Adolf 280
Hoffmann, Adolph 183
Hufeland, Otto 243, 268

Jandl, Oskar 106
Jürgens, Hans W. 120, 271

Knickerbocker, Hubert Renfro 1 f., 5, 9, 196
Knorr, Wolfgang 248
Köglmeier, Max 328
Kolb, Walter 295 f., 307
Krebs, Friedrich 237 f.

Mathes, Adolf 120, 189 f., 203, 205, 235, 297, 304 f.
Mayer, Ludwig 124
Münsterberg, Emil 26–28, 122, 132

Neuhaus, Agnes 126

Ortner, Karl 331
Ostwald, Hans 47 f.

Pankok, Otto 331
Polligkeit, Wilhelm 123
Preis, Karl 247
Prestel, Rudolf 295 f.
Prochorow, Timofei 333

Salomon, Alice 206
Scharnagl, Karl 243
Schiedermaier, Otto 316–319, 327
Scholz, Arthur 184, 212
Schreiber, Manfred 79, 88
Seidler, Alarich 39 f.
Sieverts, Rudolf 135
Solschenizyn, Alexander 270
Spiewok, Karl 38, 104, 187 f.
Sprenger, Jakob 237 f.
Stracke, Karl 148
Sturm, Vilma 120, 335

Thierack, Otto 156
Tucholsky, Kurt 178 f.

Vaskovics, Laszlo 241
Vogel, Hans-Jochen 79

Wagner, Adolf 326, 328 f.
Weber, Christian 324, 330
Wetzel, Otto 254
Wimmer, Thomas 258, 279
Wolf, Georg 159

www.ingramcontent.com/pod-product-compliance
Lightning Source LLC
Chambersburg PA
CBHW061929220426

43662CB00012B/1844